"十三五"国家重点出版物出版规划项目

宏观经济学

第五版

Macroeconomics

Fifth Edition

Stephen D.Williamson

斯蒂芬·D. 威廉森 / 著

郭庆旺 / 译

中国人民大学出版社
·北京·

图书在版编目（CIP）数据

宏观经济学：第五版/（美）斯蒂芬·D. 威廉森著；
郭庆旺译 . -- 北京：中国人民大学出版社，2023.9
（经济科学译丛）
ISBN 978-7-300-31771-7

Ⅰ.①宏… Ⅱ.①斯… ②郭… Ⅲ.①宏观经济学
Ⅳ.①F015

中国国家版本馆 CIP 数据核字（2023）第 136051 号

"十三五"国家重点出版物出版规划项目
经济科学译丛

宏观经济学（第五版）
斯蒂芬·D. 威廉森　著
郭庆旺　译
Hongguan Jingjixue

出版发行	中国人民大学出版社			
社　　址	北京中关村大街 31 号		**邮政编码**	100080
电　　话	010 - 62511242（总编室）		010 - 62511770（质管部）	
	010 - 82501766（邮购部）		010 - 62514148（门市部）	
	010 - 62515195（发行公司）		010 - 62515275（盗版举报）	
网　　址	http://www.crup.com.cn			
经　　销	新华书店			
印　　刷	涿州市星河印刷有限公司			
开　　本	787 mm×1092 mm　1/16		**版　　次**	2023 年 9 月第 1 版
印　　张	38 插页 2		**印　　次**	2023 年 9 月第 1 次印刷
字　　数	771 000		**定　　价**	118.00 元

　　自新中国成立尤其是改革开放 40 多年来，中国经济的发展创造了人类经济史上不曾有过的奇迹。中国由传统落后的农业国变成世界第一大工业国、第二大经济体，中华民族伟大复兴目标的实现将是人类文明史上由盛而衰再由衰而盛的旷世奇迹之一。新的理论来自新的社会经济现象，显然，中国的发展奇迹已经不能用现有理论很好地加以解释，这为中国经济学进行理论创新、构建具有中国特色的经济学创造了一次难得的机遇，为当代学人带来了从事哲学社会科学研究的丰沃土壤与最佳原料，为我们提供了观察和分析这一伟大"试验田"的难得机会，更为进一步繁荣我国哲学社会科学创造了绝佳的历史机遇，从而必将有助于我们建构中国特色哲学社会科学自主知识体系，彰显中国之路、中国之治、中国之理。

　　中国经济学理论的创新需要坚持兼容并蓄、开放包容、相互借鉴的原则。纵观人类历史的漫长进程，各民族创造了具有自身特点和标识的文明，共同构成人类文明绚丽多彩的百花园。各种文明是各民族历史探索和开拓的丰厚积累，深入了解和把握各种文明的悠久历史和丰富内容，让一切文明的精华造福当今、造福人类，也是今天各民族生存和发展的深层指引。

　　"经济科学译丛"于 1995 年春由中国人民大学出版社发起筹备，其入选书目是国内较早引进的国外经济类教材丛书。本套丛书一经推出就立即受到了国内经济学界和读者们的一致好评和普遍欢迎，并持续畅销多年。许多著名经济学家都对本套丛书给予了很高的评价，认为"经济科学译丛"的出版为国内关于经济理论和经济政策的讨论打下了共同研究的基础。近三十年来，"经济科学译丛"共出版了百余种全球范围内经典的经济学图书，为我国经济学教育事业的发展和学术研究的繁荣作出了积极的贡献。近年来，随着我国经济学教育事业的快速发展，国内经济学类引进版图书的品种越来越多，出版和更新的周期也在明显加快。为此，本套丛书也适时更新版本，增加新的内容，以顺应经济学教育发展的大趋势。

"经济科学译丛"的入选书目都是世界知名出版机构畅销全球的权威经济学教材，被世界各国和地区的著名大学普遍选用，很多都一版再版，盛行不衰，是紧扣时代脉搏、论述精辟、视野开阔、资料丰富的经典之作。本套丛书的作者皆为经济学界享有盛誉的著名教授，他们对于西方经济学的前沿课题都有透彻的把握和理解，在各自的研究领域都作出了突出的贡献。本套丛书的译者大多是国内著名经济学者和优秀中青年学术骨干，他们不仅在长期的教学研究和社会实践中积累了丰富的经验，而且具有较高的翻译水平。

本套丛书从筹备至今，已经过去近三十年，在此，对曾经对本套丛书作出贡献的单位和个人表示衷心感谢：中国留美经济学会的许多学者参与了原著的推荐工作；北京大学、中国人民大学、复旦大学以及中国社会科学院的许多专家教授参与了翻译工作；前任策划编辑梁晶女士为本套丛书的出版作出了重要贡献。

愿本套丛书为中国经济学教育事业的发展继续作出应有的贡献。

中国人民大学出版社

分析宏观经济当用一般均衡思维

一、从机械思维到一般均衡思维的转变

看起来，分析宏观经济的直观做法是把整个经济想象成一台机器。而宏观经济学的任务就是把这台经济机器的结构弄清楚，各项参数测量准确，给出一本机器操控手册。这种把宏观经济比作一台机器的思想，我把它叫做"机械思维"。在20世纪70年代"理性预期革命"爆发之前，机械思维是宏观经济学的主流思维范式。从 IS-LM 这样的简单模型，到涵盖数百个方程的大型联立方程组计量模型，均是机械思维的产物。

不过，机械思维早已被宏观经济学抛弃。20世纪70年代，菲利普斯曲线（Phillips curve）的消失为机械思维敲响了丧钟。经济学家们发现，当人们有低通胀预期的时候，通胀与失业率之间存在此消彼长的负相关关系，即所谓的菲利普斯曲线。但当政府开始有意识地利用菲利普斯曲线，试图推高通胀来压低失业率时，菲利普斯曲线就不复存在，反而产生了高通胀与高失业率并存的"滞胀"（stagflation）现象。这是因为，政府推高通胀的政策改变了人们的预期，让之前的低通胀预期被高通胀预期取代了。预期改变之后，建立在低通胀预期上的菲利普斯曲线就消失了。

菲利普斯曲线的消失让经济学家认识到，宏观经济指标之间的数量关系并不稳固，会因为人们预期的变化而改变。因此，如果硬要把宏观经济比作一台机器，这会是一台奇怪的机器——机器内部结构会因为机器调控方式的不同而改变。当政府推高通胀来调控经济机器时，就改变了人们的通胀预期，从而改变了通胀与失业率之间的关系。

菲利普斯曲线消失之后，宏观经济学掀起了一场革命（理性预期革命），完成了范式的转换，之前的机械思维被"一般均衡思维"取代。宏观经济学家们认识到，宏观分析必须将微观个体的预期考虑进来，将经济分析奠基于微观主体（消费

者、企业等）的理性之上，以微观主体的优化问题为分析起点，这样才能得到稳固的结论。换言之，宏观分析要有微观基础。自此，从微观主体优化问题出发的一般均衡模型成了宏观经济研究的主要工具，取代了机械思维的产物——任意假设宏观经济变量关系的"特设模型"（ad-hoc model）。传统的 *IS-LM* 模型作为特设模型的一员，自此被扫出了宏观经济学的工具箱。

二、机械思维教学的弊端

理性预期革命虽然已经过去了半个世纪，机械思维却因为简单直观，仍然占据着中级宏观经济学教学的主流，为绝大多数中级宏观经济学教材所采用。

这种现状有一定的合理性。在经济学课程体系中，"中级宏观经济学"（中宏）这门课承接"经济学原理"，是本科生接触的第一门专注于宏观经济的课程。中宏这门课一开始一般会通过介绍 GDP、货币总量等宏观经济指标，带领学生认识宏观经济。而在介绍了经济指标之后，直接阐述经济指标之间的联系，看上去也符合人的一般认知规律。至于建立在微观基础上的一般均衡分析方法，则被留到为研究生开设的"高级宏观经济学"（高宏）课程中。

在我看来，用机械思维这种看似简单直观的思路来进行中宏教学其实是走了一段弯路，既容易让学生感到困惑，更可能让学生误入歧途，因而弊远大于利。这种教学的弊端主要有三：

弊端之一，机械思维教学会带来强烈脱节感，让学生困惑。这种脱节既体现在"中级微观经济学"（中微）与中宏这两门并列课程之间，也体现在中宏和高宏这两门前后承接的课程之间。把一本以机械思维为主线的中宏教材与任何一本中微教材放在一起对照着看，都能看出二者在方法论乃至世界观上的显著差异。微观经济学中常见的消费者效用最大化问题、企业利润最大化问题，在秉持机械思维的中宏中是看不见的，取而代之的是突兀给出的宏观经济变量之间的数量关系假设。这会使中宏与中微这两门课之间难以贯通，让学生产生割裂感。

目前在高宏的教学中，早已完成了一般均衡思维对机械思维的替代。毕竟，对那些马上要进入到宏观经济研究中的研究生而言，再用早被淘汰的宏观经济学范式来讲课，实在说不过去。但这样一来，学完了中宏的学生在接触高宏时，就会困惑于为什么要使用一般均衡模型这样看似迂回的方式来研究宏观经济，为什么不像在中宏里那样直接研究宏观经济变量之间的关系。而讲授高宏的教师通常不会在方法论上阐述为什么特设模型不应被使用，而是会直接进入一个又一个宏观模型。于是学生在中宏与高宏之间会产生很强的割裂感，在宏观经济学方法论上会产生很深的困惑。这种困惑虽大部分时间隐而不显，却因为埋藏在整个宏观经济学理论体系的根基处，所以会极大限制学生对宏观经济学知识的吸收和运用。

弊端之二，机械思维教学在方法论上会带来误导，令学生对经济学产生误解。

特设模型会给出宏观经济指标之间的联系规律假设，并用数量方法加以刻画。*IS-LM* 模型中的消费函数、货币需求函数就是这样的例子。当学生从中宏课本中学到这些看似从经济数据中总结出来的规律，并被教导运用这些规律去分析现实时，他们会以为自己学到了像物理定律那样描述世界运转的普适规律。

但正如前文所分析的那样，特设模型中假设的这些所谓的经济规律与物理定律完全不是一回事。这些假设的数量关系，在最好的情况下，不过只在特定前提下才会成立，并且会随着人们预期的变化而改变；而在更糟的情况下，它们不过是一堆对宏观经济运行的主观臆断而已。当学生带着从这些课本中学到的规律去分析真实世界时，会发现世界与他们学到的很不一样，本应帮助他们理解世界的规律很可能根本不成立。随之而来的理论信仰的幻灭感有可能让学生对整个经济学体系产生误解，对经济理论的有效性失去信心。

弊端之三，机械思维教学会将经济分析思路引向"黑箱"，让学生误入歧途。特设模型建立在若干对宏观经济指标间关系的假设之上。这些假设要么是对宏观经济数据的总结，要么是作出的合乎情理的推断（比如货币需求与名义利率负相关）。但不管这些假设来自哪里，它们本质上都是"断掉的线头"，学生没法对它们打破砂锅问到底。

比如，我们可能在经济数据中发现了消费和收入之间存在相关性，并将其总结为消费函数。但如果要问消费和收入之间为什么会有相关性，消费函数为什么会存在，以消费函数为前提假设的特设模型就难以回答了。当然，也可以给出解释消费函数为什么会存在的特设模型。但这样的特设模型又一定是以某些其他假设为前提的。对这些前提假设的解释又需要进一步的前提假设。于是，如果要避免在假设上的无限倒退，就必须在某个位置上接受一个凭空出现的突兀前提假设，而不再追问其原因。

这样，用机械思维来分析宏观经济，必定会以某些无法被追问的前提假设为出发点。当思路回溯到这些前提假设时，就会碰到不可被解释的"神秘黑箱"，只能到此为止而盲目接受。从最初的前提假设的不可辩护性角度而言，机械思维本质上是独断论的。有人会把实证的宏观经济问题（如债务对经济增长的影响）看成是价值观的冲突（你相信债务对经济增长有益，我相信债务对经济增长有害），深层次的原因就是他们受机械思维影响，把对客观问题的分析变成了对某些前提假设接受与否的信仰之争。

以上谈到的弊端对宏观经济学初学者的负面影响是巨大的。可以说，一个在机械思维中学习中级宏观经济学的学生，最终能否把宏观经济学学明白，取决于他能否在后续学习中清除中宏学习留下的错误印象，纠正中宏学习中建立起来的错误方法论，并最终树立一般均衡的正确宏观分析思维。由此可见，当前在中级宏观经济学教学中占主流地位的机械思维给学生带来的是一段危害极大的弯路，甚至可能让学生就此误入歧途。与机械思维会带来的危害相比，其在简单直观性方面能带来的收益微不足道。

三、当用一般均衡思维展开中级宏观经济学教学

理性预期革命之后，经济学家们以建立在微观基础上的一般均衡模型为工具，用一般均衡思维来分析宏观经济。在中级宏观经济学教学中，教师也应该跳过特设模型、机械思维的弯路，教导学生用建立在微观基础上的一般均衡分析方法来分析宏观经济。

所谓微观基础，是指宏观分析要回溯到对微观主体的理性这一假设上去。而理性假设不同于特设模型中的任意假设，是最为基本且不变的。不管多么复杂的宏观现象，一定是经济中相关微观主体理性行为产生的结果。对宏观经济现象的分析一定要抽丝剥茧，深入到相关经济主体的决策以及决策背后的动机及约束中。这样，经济分析思路就能够自然延伸，而不会被什么突兀的任意假设阻挡。

所谓一般均衡，是指宏观经济是一个环环相扣、相互联系的整体。对任何一个现象，都不能只就现象而谈现象地进行孤立的分析，而是一定要将其放在宏观大背景中来理解。比如，同样是政府增加开支，在宏观经济处于需求不足、产能过剩状态时，会"挤入"民间需求，带动民间开支的扩张，从而发挥刺激总需求的"乘数效应"；但如果宏观经济处于需求过剩、产能不足状态，则政府开支会"挤出"民间需求，对总需求没有刺激作用。这种将任何宏观现象都放在宏观大背景中来分析的思维，才是真正的宏观思维。而这种思维的建立需要借助一般均衡模型。

前面所说的宏观经济学机械思维教学的弊端也对应着一般均衡思维教学的长处：

首先，用建立在微观基础上的一般均衡模型来分析宏观经济，微观经济学的内容自然就被融合在了宏观经济学中，从而贯通了宏观和微观理论。而由于同样都以一般均衡模型为分析工具，中宏与高宏也就可以顺利衔接，不再给人带来割裂感。

其次，从微观主体优化问题导出的经济结论，根植于微观主体不变的理性，因而不再会因为人们预期的变化而变化（因为人们预期的可能变化已经在推导过程中被考虑到了）。这样得到的结论将成为分析经济现象的可靠参考，而不再是任意假设那样的无根浮萍。

最后，也是最重要的，建立在微观基础上的一般均衡分析自然给出了分析宏观经济现象的思维线索。从微观主体优化问题导出宏观结论的过程，反过来就是将宏观现象还原到微观主体理性的路径。这样的思维方法可以帮助学生在分析宏观经济时打通宏观与微观，将宏观经济现象与微观经济经验融会贯通起来，从而对宏观经济有全面且深入的理解。

当然，一般均衡思维也并非完美无缺。这种思维方式逻辑上固然自洽，却有其局限。比如，因为均衡求解的困难，许多重要的宏观经济现象就难以用一般均衡模型来严格分析。又比如，因为对市场效率作出了过高的假设，一般均衡模型没有预测到次贷危机的爆发。但在没有更好的选择之前，它仍然是经济学家在分析宏观经济时最好的选择，能够在很多宏观经济问题上带来直达本质的穿透力。

而对初次接触宏观经济学的学生来说，一般均衡分析方法有足够的解释力，能帮助学生更深刻地认识经济中发生的诸多现象。相比于在理论上已被淘汰、在实践中容易让人误入歧途的机械思维，这是更好的切入宏观分析的进路。与其让学生先学习一些看似直观的特设模型，留下诸多在未来学习和实践中需要被消除的错误观念，还不如一开始就用一般均衡模型来讲授宏观经济学知识。

四、威廉森的《宏观经济学》

斯蒂芬·威廉森是华盛顿大学的教授。他所著的《宏观经济学》是一本特别的中级宏观经济学教材。与市面上大多数采用机械思维的中级宏观经济学教材不同，这本教材采用一般均衡思维来介绍宏观经济学。

几年前，当我试图自己写一本介绍中国经济的教材时，有感于当初自己在从采用机械思维的中宏的学习转到采用一般均衡思维的高宏的学习时所碰到的困惑与困难，便决心用一般均衡思维来写有关中国经济的中级宏观经济学教材。这便是2018年出版的《宏观经济学二十五讲：中国视角》。我在写书的过程中，曾参考过威廉森的《宏观经济学》，并受到启发。

如果非要让我在威廉森这本《宏观经济学》中鸡蛋里挑骨头的话，我会觉得书中的图形显得略多了一些。看得出来，为了降低在数学上的难度，作者把不少本可以用数学推演简洁阐述的逻辑，改成了用更为直观的图形来展示。当然，这究竟是让这本书变得更清晰易懂，还是更拖沓冗长，是一个见仁见智的问题。

近期，中国人民大学出版社准备再次组织出版威廉森《宏观经济学》的第五版，并邀请我做推荐序，我欣然应允。这一方面是因为我本人曾受惠于这本书，另一方面则是因为当前国内外中级宏观经济学教材仍然为前文所批判的机械思维所主导。我曾不止一次地设想，如果我们的中级宏观经济学教学能够更多帮助学生培养一般均衡思维，我国的宏观经济运行会胜过现状多少。为此，我热情地推荐威廉森教授的这本《宏观经济学》，希望更多学子能够受惠于它。

是为序。

中银证券首席经济学家
北京大学国家发展研究院兼职教授
中国证券业协会首席经济学家委员会委员
中国首席经济学家论坛理事

前　言

本书根据微观经济学原理构建宏观经济模型，这与当今宏观经济学的研究方法是一脉相承的。

这种研究方法有三个优点：第一，可以更深入地考察经济增长过程、经济周期以及宏观经济学中的重大课题。第二，重视微观经济学原理，可以更好地将宏观经济学学习与学生在微观经济学课程和经济学专业课中所学到的研究方法结合起来。因此，学习宏观经济学和学习微观经济学可以相互促进，学生能学到更多的知识。第三，采用与当今宏观经济学研究相一致的方法学习宏观经济学，学生可以为进一步学习高级经济学奠定基础。

第五版的新意

前四版《宏观经济学》在市场上极受欢迎。第五版在保留前四版长处的同时，给学生们提供一个反映宏观经济思想所有最新进展的宏观经济学框架，并将其用于分析最近发生的经济事件和宏观经济政策的变化。2008—2009 年爆发金融危机以及由此导致全球经济衰退后，财政和货币政策对这些事件采取了应对措施，并引出了大量的宏观经济问题。这些问题在第四版中都讲过了，本版再做进一步的分析。本书阐释了如何将现有的宏观经济理论用于思考最近的金融危机和经济衰退。此外，第五版增添了一些新材料，以加深学生们对在最近的事件中起了重要作用的金融市场因素的认识，审视和评价美国政府和美联储采取的某些罕见的政策干预措施。

具体地说，第五版的主要变化如下：

● 第 6 章"搜寻和失业"是全新的一章。本章把 2010 年诺贝尔经济学奖获得者彼得·戴蒙德（Peter Diamond）、戴尔·莫特森（Dale Mortensen）和克里斯托弗·皮萨里迪斯（Christopher Pissarides）的搜寻与匹配模型变成了比较容易理解的形式。在过去 30 年里，这一基本搜寻模型一直是劳动经济学和宏观经济学研究所依据的主要模型。该模型让我们理解了失业的决定因素，成功地化解了金融危机后美国劳动力市场行为的一些困惑。

● 第 11 章"包含投资的实际跨期模型"新增一节，即"部门冲击与劳动力市场错配"，这对于理解 2008—2009 年经济衰退的某些特征以及从经济衰退中复苏非常重要。

● 第 12 章"货币、银行、价格和货币政策"简化了货币需求方法，充实了有关货币政策规则、流动性陷阱以及量化宽松的内容。这些材料对于理解美国和其他国家在金融危机期间和金融危机以来的货币政策至关重要。

● 第 13 章"价格和工资具有灵活性的经济周期模型"新增一节，即"新货币主义模型：金融危机与流动性不足"，这一节刻画了金融危机的某些原因，探讨了适当的应对政策。

● 第 15 章和第 16 章讲述了国际经济学，并进行了全面修订。特别是第 16 章增添了新凯恩斯主义黏性价格开放经济模型的内容。

● 各章章末思考题充实了新内容。

● 更新了"理论与经验数据"和"宏观经济学实践"专栏，增加了最近的宏观经济事件和宏观经济政策问题，特别是与金融危机和 2008—2009 年经济衰退有关的问题。

结构

本书第 1 篇包括导论和衡量问题。第 1 章描述了本书采用的学习方法和学生应掌握的主要思想。联系近来宏观经济学研究中的一些问题，本章概括了本书要解决的重要问题，以及研究这些问题的重点所在。第 2 章和第 3 章讨论了衡量问题，首先涉及的是国内生产总值、价格、储蓄和财富，然后是经济周期。在第 3 章中，我们阐述了一组重要的经济周期事实，全书都将用到这些事实，尤其是第 13 章和第 14 章分析了不同的经济周期理论与事实相符的状况。

在第 2 篇中我们研究了宏观经济理论。在第 4 章中，我们详细研究了消费者和企业行为。在第 5 章构建的一时期模型中，我们采用了以单一的典型消费者和单一的典型企业来刻画经济中全部消费者和全部企业的行为的方法。一时期模型用来说明政府支出和全要素生产率的变化如何影响总产出、就业、消费和实际工资，同时我们分析比例所得税对总体活动和政府税收收入所产生的影响。第 6 章研究了失业的一时期搜寻模型，该模型刻画了宏观经济背景下劳动力市场表现的一些重要细节问题。搜寻模型能使我们理解失业的决定因素，可以解释美国最近出现的一些反常的劳动力市场表现。

掌握了第 2 篇所讲的静态宏观经济理论的基本知识后，我们在第 3 篇开始研究经济增长的动态过程。第 7 章讨论了一组经济增长事实，然后我们用这些事实来思考经济增长模型。我们考察的第一个增长模型是马尔萨斯增长模型，这个模型与 18 世纪末托马斯·马尔萨斯（Thomas Malthus）的思想一脉相承。马尔萨斯增长模型较好地预测了工业革命前世界经济增长的特征，但它没有预计到 1800 年以后发达国家出现的人均收入的持续增长。我们考察的第二个增长模型是索洛增长模型，它较好地解释了有关现代经济增长的一些重要观察结果。最后，第7章解释了增长核算，这种核算是分解增长源泉的方法。第8章根据索洛增长模型的预测讨论了各国间的收入差距，并介绍了内生增长模型。

第4篇运用第2篇所阐述的消费者和企业行为的理论，构建了两时期模型（第9章）。用两时期模型可以研究消费-储蓄决策和政府赤字对经济的影响。第10章扩展了两时期模型，使之包括信贷市场缺陷，这对于理解最近的全球金融危机、财政政策和社会保障非常重要。然后，我们将两时期模型进一步扩展，把投资行为纳入第11章的实际跨期模型，以解决更广泛的宏观经济问题。实际跨期模型奠定了本书剩余内容的研究基础。

第5篇将货币现象纳入第11章的实际跨期模型中，以构建货币跨期模型。第12章用货币跨期模型探讨货币和其他支付手段的作用，分析货币供给变化对经济的影响，研究货币政策的作用。第13章和第14章研究了价格和工资具有灵活性的经济周期理论以及新凯恩斯主义经济周期理论，对这些理论进行了比较和对比分析，并考察了不同的经济周期理论与经验数据的拟合情况及其如何帮助我们认识美国近来经济周期的变化情况。

第6篇讲的是国际宏观经济学。第15章用第9章和第11章的模型研究了经常账户盈余的决定因素以及来自国外的宏观经济冲击的影响。第16章阐明了汇率是如何确定的，并在存在国际商品和资产贸易的开放经济下探讨了财政政策和货币政策的作用。

最后，第7篇考察了宏观经济学中的一些重大课题。第17章更深入地讨论了货币在经济中的作用、货币增长对通货膨胀和总体经济活动的影响以及银行和存款保险问题。第18章分析了中央银行因不能对低通货膨胀政策作出承诺而会引起通货膨胀。本章还讨论了美国过去25年通货膨胀是如何被遏制的以及目前的货币政策如何使美国经济处于未来发生通货膨胀的危险之中。

特色

本书的一些重要特色可以激发学生在学习过程中的兴趣，并阐明了重要思想。其目的是让宏观经济理论易懂、易用且切中要害。

理论与实践相结合

强调用理论分析当前问题与历史问题，体现在两个并存的特色上。第一个特色是一系列的"理论与经验数据"专栏，这些专栏说明了宏观经济理论与现实经济数据特点的匹配情况。例如，消费均匀化与股票市场；美国和加拿大的生产率、失业与实际GDP；2008—2009年经济衰退；利差与总体经济活动。

第二个特色是一系列的"宏观经济学实践"专栏。把宏观经济学前沿研究得到的思想所形成的理论直接应用于实践，有助于学生理解核心内容。例如，这些专栏分析的一些主题包括：自然失业率与2008—2009年经济衰退；经济周期模型和大萧条；新凯恩斯主义模型、零下限和量化宽松；等等。

图文并茂

本书图表丰富，形象地阐示了经复杂处理才能得出重要结论的宏观经济模型，也说明了重要宏观数据应用的主要特征。

章末小结和主要概念

每章章末都有对该章主要思想的重点概括，其后是该章主要概念的释义。主要概念按在书中出现的先后顺序排列，在其首次出现时用黑体字突出显示。

复习题

复习题的目的是让学生在完成一章内容的学习后进行自我测试。它们与各章所陈述的观点和事实直接相关，如果学生读过并理解了各章内容，这些问题就容易回答。

思考题

章末思考题有助于学生学习正文内容并将各章所建的宏观经济模型付诸应用。这些思考题具有挑战性并引人深思。

符号含义

为便于查阅，正文所用到的全部变量的定义都统一列在本书的最后。

数学附录

正文中的分析主要采用图解形式，学生只要掌握一些基本的代数知识即可；本书没有用到微积分。不过，对于希望更严密地解释正文内容且具备基本微积分知识和数理经济学基础的学生和教师，我们在数学附录中构建了主要模型，并对结果做了更加形式化的推导。数学附录还包含了一些更高级的内容。

灵活性

本书便于具有不同偏好和不同时间安排的教师使用。对所有教师，我们建议的核心内容如下：

第1章：导论

第 2 章：衡量

第 3 章：经济周期的衡量

第 4 章：消费者和企业行为：工作-闲暇决策和利润最大化

第 5 章：封闭经济下的一时期宏观经济模型

第 9 章：两时期模型：消费-储蓄决策与信贷市场

第 11 章：包含投资的实际跨期模型

一些教师对衡量问题不感兴趣，可省略第 2 章，不过教师起码应讲授重要的国民收入核算恒等式。如果教师不强调经济周期，则可省略第 3 章，但该章介绍的一些重要概念，诸如相关性的含义和如何解读散点图与时间序列图，总体而言对后面各章都是有用的。

第 6 章是本版新加的一章，介绍了失业的搜寻模型。这是一时期框架，与第 2 篇所讲的静态模型相吻合，但该模型通过包括搜寻摩擦而明确讨论了失业的决定因素。该模型对劳动力市场问题的处理比较有意思，但如果师生更喜欢其他议题，可跳过这一章。

第 7 章和第 8 章考察了早期的经济增长，与现代增长理论在宏观经济学中的作用一致。不过，第 7 章和第 8 章基本上自成一体，即便越过增长直接讲授接下来的内容（例如直接讲授第 13 章和第 14 章经济周期的内容），也不会有什么损失。虽然本书重视微观基本原理，但凯恩斯主义分析也得到了应有的关注。例如，我们在第 13 章研究了凯恩斯主义协调失效模型，在第 14 章考察了新凯恩斯主义黏性价格模型。凯恩斯主义经济学把灵活工资和价格方法完全融入了经济周期分析，学生不一定要学习单独的建模框架，因为比如新凯恩斯主义黏性价格模型只是第 12 章构建的一般建模框架的一个特例。那些选择忽略凯恩斯主义分析的教师，尽可忽略凯恩斯主义分析。教师可以选择强调经济增长或经济周期分析，或者，可以将国际宏观经济学作为课程重点。同样，忽视货币因素也是可行的。作为指南，本书可做如下安排：

强调工资和价格具有灵活性的模型：可以省略第 14 章（新凯恩斯主义经济学：黏性价格）。

强调经济增长：包含第 7 章和第 8 章；视时间而定，可考虑省略第 12~14 章。

强调经济周期：可以省略第 7 章和第 8 章，包括第 6 章、第 12~14 章。

强调国际问题：第 15 章和第 16 章可以在顺序上往前提。第 15 章可以放在第 11 章后面，第 16 章可以放在第 12 章后面。

高级数学解释：可以根据要求从数学附录中添加内容。

目 录

第1篇　导论和衡量问题

第 2 篇　宏观经济的一时期模型

第 4 篇　储蓄、投资和政府赤字

第 9 章　两时期模型：消费−储蓄决策与信贷市场　245

第 10 章　信贷市场缺陷：信贷摩擦、金融危机和社会保障　286

第 11 章　包含投资的实际跨期模型　313

第 5 篇　货币和经济周期

第 12 章　货币、银行、价格和货币政策 363

第 13 章　价格和工资具有灵活性的经济周期模型 401

第 7 篇 货币、银行和通货膨胀

第 17 章 货币、通货膨胀和银行   **505**

第 18 章 通货膨胀、菲利普斯曲线和中央银行承诺   **538**

导论和衡量问题

第1篇介绍宏观经济分析，描述依据微观经济学原理构建实用宏观经济模型的方法，讨论书中所要分析的重要思想和当前的一些宏观经济问题。为了给以后的分析打下基础，我们将探讨宏观经济理论的一些主要变量在实践中是如何衡量的。最后，我们分析与经济周期有关的一些重要经验事实。第2～7篇阐述的宏观经济理论，旨在理解导论中讨论的那些重要思想和问题，并通过对经验事实的系统思考来验证理论的成败。

第1章 导　论

本章论述了本书所采用的宏观经济学研究方法，提出了以后各章将要探讨的基本宏观经济学概念和问题。首先讨论何谓宏观经济学，接着根据美国 1900 年以来的经济史，分析宏观经济学家最感兴趣的两个现象，即经济增长和经济周期。其次，阐释本书所采用的研究方法，即根据微观经济学原理构建宏观经济模型，并探讨宏观经济学的分歧问题。最后，根据宏观经济理论所获得的重要启示，分析宏观经济学如何帮助我们认识近期和当前的种种问题。

何谓宏观经济学？

影响世上许多人和国家的大量问题与争议，激起了宏观经济学家的兴趣。为什么一些国家富得流油，而另一些国家却穷得叮当响？为什么大多数美国人要比他们的先辈活得优越？为什么总体经济活动存在着波动？是什么导致了通货膨胀？为什么会存在失业？

宏观经济学的研究对象是众多经济主体的行为。它关注的是消费者和企业的总体行为、政府的行为、单个国家的经济活动总水平、各国间的经济影响，以及财政政策和货币政策的效应。宏观经济学有别于微观经济学，因为它涉及的是所有经济主体的选择对经济的总影响，而不是单个消费者或企业的选择对经济的影响。然而，20 世纪 70 年代以来，微观经济学与宏观经济学之间不再那么泾渭分明了，微观经济学家与宏观经济学家都在使用非常相似的研究工具。也就是说，宏观经济学家用来描述消费者与企业的行为、目标与约束，以及他们之间如何相互影响的**经济模型**（economic models），是根据微观经济学原理建立起来的，而且在分析这些模型和拟合数据时通常都用微观经济学家所用的方法。如果要说宏观经济学还有一些特色的话，那就是它强调的问题主要是**长期增长**（long-run growth）和**经济周期**（business cycles）。长期增长是指一国长期的生产能力和平均生活水平的提高，经济周期是指总体经济活动的短期波动，或经济繁荣与经济衰退。

本书采用的研究方法始终是把宏观经济分析建立在微观经济学原理的基础之上。采用这种研究方法是需要一些努力的，但这种努力是非常值得的，因为这使你能够更好地理解经济是如何运转的以及如何改善它。

国内生产总值、经济增长与经济周期

要研究宏观经济现象，首先要搞清楚我们想要解释的事实是什么。在宏观经济学中，最基本的一组事实与总体经济活动随时间的变化相关。衡量总体经济活动的一个指标是**国内生产总值**（gross domestic product，GDP），它是一国在某一特定时期在境内生产的产品和服务的数量。GDP 也表示那些对国内产出作出贡献的人挣得的收入总量。图 1-1 给出了美国 1900—2011 年的实际人均 GDP。这是一个针对通货膨胀和人口增长因素进行调整后的总产出衡量指标，核算单位是 2005 年人均千美元。

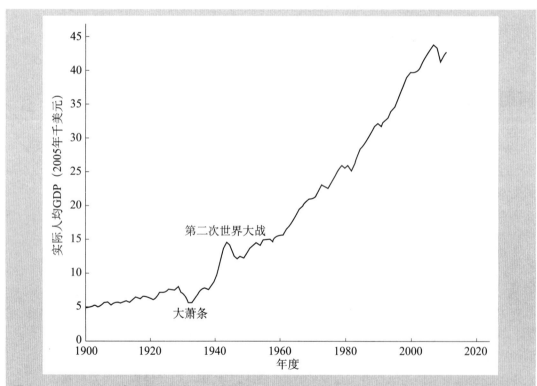

图 1-1　1900—2011 年美国实际人均 GDP（以 2005 年美元计）

实际人均 GDP 是衡量美国居民平均收入水平的指标。图中两个不同寻常且重大的事件是大萧条（当时普通美国人的生活水平大幅度下降）和第二次世界大战（当时人均产出大幅度提高）。

我们从图 1-1 中首先观察到的是人均 GDP 在 1900—2011 年间持续增长。1900年，一个美国人的平均收入是 4 793 美元（以 2005 年美元计），2011 年增加到

42 733 美元（以 2005 年美元计）。因此，以实际价值计算，美国人在 111 年间财富平均增长近 8 倍，这很了不起！我们从图 1-1 中观察到的第二个重要事实是，尽管 1900—2011 年间美国的实际人均 GDP 持续长期增长，但这种增长无疑是不稳定的。有些时期的增长要高于其他时期，而有些时期实际人均 GDP 却是下降的。经济增长中的这些波动就是经济周期。

在美国经济史上，两次重大但不常见的经济周期发生在大萧条和第二次世界大战期间，如图 1-1 所示。就经济增长的短期变化强度而言，这两次经济周期使美国在 20 世纪所出现的其他任何经济周期都相形见绌。在大萧条期间，实际人均 GDP 从 1929 年的 8 016 美元（以 2005 年美元计）的峰顶跌落至 1933 年的 5 695 美元（以 2005 年美元计）的谷底，下降了约 29%。在 1944 年战时生产达到最高峰时，人均 GDP 提高到 14 693 美元（以 2005 年美元计），从 1933 年算起提高了 158%。总体经济活动在这 15 年间发生的剧烈波动与 1900—2011 年间出现的人均 GDP 长期持续增长一样很不寻常，耐人寻味。除了大萧条和第二次世界大战以外，图 1-1 也显示了美国其他经济周期的实际人均 GDP 波动，尽管这些波动与大萧条和第二次世界大战期间相比不那么剧烈，但也是美国历史上重要的宏观经济事件。

因此，图 1-1 提出了下列宏观经济学的基本问题，这些问题构成了本书的许多素材：

1. 是什么导致了持续的经济增长？

2. 经济增长是无限持续下去，还是有一定极限？

3. 为改变经济增长率，政府能够或应该做些什么？

4. 是什么导致了经济周期？

5. 经济增长在大萧条和第二次世界大战期间发生的剧烈波动会重现吗？

6. 政府应该采取行动以熨平经济周期吗？

在分析经济数据以研究经济增长和经济周期时，要获得真知灼见，就要用各种方式对数据加以变换。就展现增长的经济时间序列而言（如图 1-1 中的实际人均 GDP），一种有用的变换方式是对时间序列取自然对数。为了说明这为什么是有用的，假定 y_t 是经济时间序列在 t 期的观测值；例如，y_t 表示在 t 年的实际人均 GDP，这里 $t=1900, 1901, 1902$，等等。于是，y_t 从 $t-1$ 期到 t 期的增长率就可以表示为 g_t，从而有

$$g_t = \frac{y_t}{y_{t-1}} - 1$$

现在，假如 x 是一个很小的数，那么 $\ln(1+x) \approx x$，即 $1+x$ 的自然对数约等于 x。因此，若 g_t 很小，则

$$\ln(1+g_t) \approx g_t$$

或

$$\ln\left(\frac{y_t}{y_{t-1}}\right) \approx g_t$$

或

$$\ln y_t - \ln y_{t-1} \approx g_t$$

由于 $\ln y_t - \ln y_{t-1}$ 是 y_t 的自然对数曲线在 t 期与 $t-1$ 期之间的斜率，故在增长率很小时，时间序列 y_t 的自然对数曲线的斜率几乎接近 y_t 的增长率。

在图 1-2 中，我们画出了美国在 1900—2011 年间的实际人均 GDP 的自然对数曲线。如前所述，该曲线的斜率几乎接近于实际人均 GDP 的增长率，因而该斜率的变动（例如，当该曲线的斜率在 20 世纪 50 年代和 60 年代稍微增大时）就代表了实际人均 GDP 增长率的变动。从图 1-2 可以看出的一个显著特点是，除了大萧条和第二次世界大战时期，图中的曲线几乎就是一条直线。也就是说，在 1900—2011 年间（仍将大萧条和第二次世界大战时期排除在外），实际人均 GDP 的增长每年"大体上"保持在 2.0% 左右。

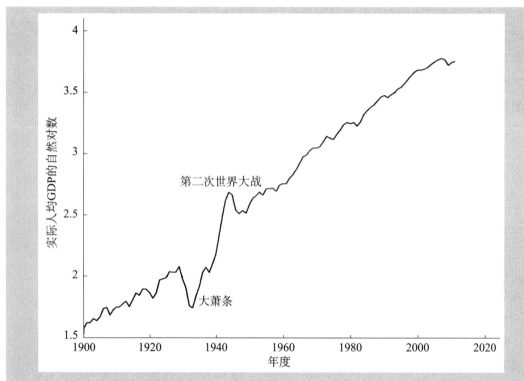

图 1-2　实际人均 GDP 的自然对数

图中曲线的斜率几乎等于实际人均 GDP 的增长率。除了大萧条和第二次世界大战时期外，1900—2011 年间的实际人均 GDP 增长率明显近乎不变。也就是说，该曲线几乎就是一条直线。

处理经济时间序列时第二个有用的变换是将该序列分成两部分：增长或**趋势**（trend）成分和经济周期成分。例如，实际人均 GDP 的经济周期成分是实际人均 GDP 与数据拟合的平滑趋势的差距。图 1-3 显示的是实际人均 GDP 的自然对数趋势线①以及现实的实际人均 GDP 的自然对数线。于是，我们把实际人均 GDP 自然对数的经济周期成分定义为图 1-3 中两条线之间的差额。把实际人均 GDP 分解为趋势成分和经济周期成分的理由是，分别考察解释趋势增长的理论和解释经济周期（是对趋势的偏离）的理论，通常更简单且更富有成效。

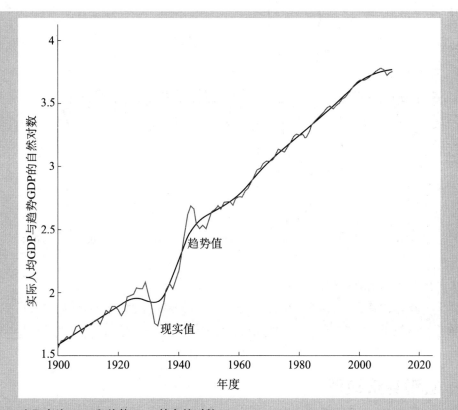

图 1-3　实际人均 GDP 和趋势 GDP 的自然对数

有时，将长期增长与经济周期波动分离开来是有用的。图中，一条线是实际人均 GDP 的自然对数，另一条线表示与经济数据拟合的平滑增长趋势。于是，对该平滑趋势的偏离就代表了经济周期。

　　在图 1-4 中，我们给出的只是实际人均 GDP 偏离趋势的百分比。与图中的其他任何时期相比，大萧条和第二次世界大战时期实际人均 GDP 大大偏离了趋势。在大萧条时期，实际人均 GDP 偏离趋势的百分比接近－20％，而在第二次世界大战时期，偏离趋势的百分比约为 20％。在第二次世界大战后的时期里——这是大多数经济周期分析所关注的时期——实际人均 GDP 偏离趋势的程度最多为±5％。②

①　趋势 GDP 用霍德里克-普雷斯科特（Hodrick-Prescott）滤波法计算，见 E. Prescott，Fall 1986. "Theory Ahead of Business Cycle Measurement," *Federal Reserve Bank of Minneapolis Quarterly Review* 10，9-22。

②　20 世纪 20 年代末实际人均 GDP 大大偏离了趋势，主要是所采用的消除趋势的特定方法产生的人为因素所致。这种方法类似于画一条平滑曲线贯穿该时间序列。大萧条的出现促使趋势增长率早在大萧条实际发生前就下降了。

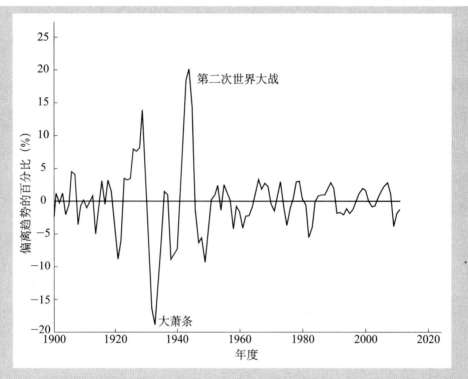

图 1-4　实际人均 GDP 偏离趋势的百分比

与第二次世界大战后的经济周期和大萧条前的经济周期相比，大萧条和第二次世界大战时期实际人均 GDP 大大偏离了趋势。

宏观经济模型

　　经济学是一门建立和完善有助于我们更好地认识和改善经济运行的理论的学问。有些学科，诸如化学和物理学，它们的理论可以通过实验室进行实验验证。在经济学领域，尽管实验是新出现的且日渐增多的活动，但就大多数经济理论而言，通过实验来验证理论简直就是不可能的。例如，假定某位经济学家提出了一种理论，认为如果美国没有了银行，则美国的产出会下降一半。为了评估这一理论，我们就得将美国全部的银行关闭一年，看看会发生什么情况。当然，我们事先知道，银行在促进美国经济有效运转方面发挥了非常重要的作用，将它们关闭一年恐怕会导致无可弥补的重大损失。因此，进行这样的实验是极不可行的。在宏观经济学领域，大多数实验可以使人增长见识，只不过因成本太高而无法实施，就此而言，宏观经济学很像气象学或天文学。在预测天气或行星在太空怎样运行时，气象学家和天文学家依靠的是**模型**（models），这些模型是人造工具，能够根据具体情况模拟实际气象系统或行星系的变化。

　　与研究气象学或天文学的学者一样，宏观经济学家也使用模型，经济学家构建的模型是用来解释长期经济增长、为什么存在经济周期，以及经济政策在宏观经济中应发挥什么作用的。所有经济模型都是抽象的——既不能完全准确地描述现实，也没打算这么做。构建经济模型的目的是反映现实的基本特征，以满足分析特定经济问题的需要。因此，为了实用，模型必须简化，简化就要求舍弃现实经济活动中的一些"真实"特征。例如，交通图是地球部分陆地的模型，绘制它是有特定目的的，是为了帮助司机经由公路网从一处驶往另一处。交通图几乎无法真实地描绘陆地，因为它无法反映地球表面的曲度，它通常也不含有大量的地貌、气候和植被信息。然而，这并没有限制交通图的有用性；交通图服务于绘制它的目的，在缺乏大量非必要信息的情况下，它做到了这一点。

确切地说，宏观经济模型的基本构造是用来描述下列特征的：

1. 经济中相互影响的消费者与企业。

2. 消费者希望消费的一组商品。

3. 消费者对商品的偏好。

4. 企业生产商品可采用的技术。

5. 可利用的资源。

本书以数学和图的形式，对任何特定宏观经济模型所包含的上述五个特征进行了描述。

一旦我们对经济模型中的主要经济参与者（消费者与企业）、消费者希望消费的商品和企业耗费资源生产商品时所采用的技术进行了描述，就可以利用这个模型进行预测。这一步需要我们具体说明此模型的另外两个特征。第一，我们需要知道模型中消费者与企业的目的是什么。在他们既定的生活环境中，消费者与企业如何行动？在本书所用的所有模型中，我们都假定消费者与企业尽可能达到**最优化**（optimize），即他们在既定的约束下都会竭尽所能。第二，我们必须说明消费者与企业的行为是如何实现协调一致的。在经济模型中，这意味着经济必须处于**均衡**（equilibrium）状态。在经济模型中一般使用几种均衡概念，但本书中普遍使用的一个概念是**竞争性均衡**（competitive equilibrium）。在竞争性均衡中，我们假定商品经由市场买卖，消费者和企业在市场中都是价格接受者；他们的行为对市场价格毫无影响。在每个市场中当可供销售的每种商品的数量（供给量）等于经济主体想要购买的数量（需求量）时，市场价格就能够确定下来，经济就处于均衡状态。

一旦我们有了一个实用经济模型，再加上对经济环境的描述、追求最优化的企业和消费者以及均衡的概念，我们就可以开始向模型提问题。[①] 对这一程序的一种认识是，认为经济模型是一种实验器具，我们要用这种器具进行实验。通常，我们先从我们已知答案的实验开始。例如，假定我们构建了一个经济模型，来研究经济

---

① 以下对宏观经济学的描述与罗伯特·卢卡斯（Robert Lucas）的论述类似，见 Robert Lucas,"Methods and Problems in Business Cycle Theory," reprinted in *Studies in Business Cycle Theory*, 1981, MIT Press, pp. 271 - 296。

增长。我们想进行的最初实验是，通过这个模型的数学运算、利用图形分析或在计算机上运行该模型，以确定模型经济实际上是否将增长，并进一步观察它是否以一种与实验数据近乎吻合的方式增长。如果不是，那么我们就要问为什么，并确定是改进模型，还是完全放弃它而从头再来。

最后，一旦模型既合理又准确地解释了我们所关注的经济现象，并让我们感到满意，我们就可以从我们不知道答案的模型开始进行实验。例如，我们想要进行的经济增长模型实验是想证明：倘若政府的支出水平更高，美国历史上的经济增长情况会有何不同？总体经济活动的增长速度会更高还是更低？这对商品的消费会产生怎样的影响？经济福利会提高还是降低？

模型应简化，模型构建也应根据所研究的问题而定，为了与此原则相符，我们在本书中并未拘泥于单一的全能模型。相反，我们针对不同的目的采用了一系列不同的模型，尽管这些模型的方法相同，使用的基本原理也相差不多。例如，有时不包括国际贸易、宏观经济增长或经济交换中的货币，有利于模型的构建；而有时，对这些特征中的部分或全部建模，对所研究的问题至关重要。

一般来说，宏观经济学研究是一个我们不断尝试构建更好的模型并用更好的方法分析这些模型的过程。经济模型不断发展，可以帮助我们更好地认识影响我们这个世界的经济力量，有助于我们制定出使社会变得更加美好的经济政策。

微观经济学原理

本书强调根据合理的微观经济学原理构建宏观经济模型。由于宏观经济由许多消费者和企业构成，它们的决策属于微观层面，因此宏观经济表现是许多微观经济决策的总和。构建宏观经济模型的最佳方式是，将目光放到微观层面的决策上，但这并不能被直接观察出来。例如，在物理学中，忽略微观行为常常无大碍。假如你从五层楼的楼顶扔下一块砖，并且你知道你施加在这块砖上的力量和砖的重力，那么对于这块砖何时落地和落在何处，牛顿物理学就能作出非常准确的预测。然而，牛顿物理学忽略了微观行为，在本例中，就是砖内分子的行为。

为什么忽略砖内分子的行为可能无大碍，而在研究宏观经济学时忽略消费者和企业的微观行为却可能破坏性极大呢？因为从楼上扔下一块砖不会影响砖内分子的行为，不会改变砖的运行轨迹。然而，政府政策的变动一般都会改变消费者与企业的行为，从而明显影响整个经济的行为。政府政策的任何变动都会有效地改变经济环境的特征，而消费者和企业必须在这种环境中作出决策。为了能胸有成竹地从总体经济行为出发预测政策变动的影响，我们必须分析政策的这一变动对单个消费者和企业会产生何种影响。例如，如果联邦政府改变了所得税税率，而我们又很关注这项政策变动的宏观经济影响，那么最富有成效的研究方法就是，运用微观经济学原理，以利益最大化的经济行为为根据，确定税率变动是如何影响单个消费者的劳动力供给和消费决策的。然后，将这些决策汇总，得到与经济体系中的个体行为相一致的结论。

宏观经济学家并不总是赞成宏观模型应具有合理的微观经济学基础这种观点。更确切地说，在 20 世纪 70 年代的**理性预期革命**（rational expectations revolution）之前（这场革命将更多的微观经济学知识广泛地引入宏观经济学中），大多数宏观经济学家都在用不具备可靠微观经济学基础的模型开展研究，尽管也有一些例外情况。[1] 只有认真对待微观经济行为，宏观经济政策分析才富有意义，小罗伯特·E. 卢卡斯（Robert E. Lucas，Jr.）在 1976 年发表的一篇文章中很有说服力地提出了这种观点。[2] 这种观点常常被称作**卢卡斯批判**（Lucas critique）。

宏观经济学中的分歧

就构建经济增长模型所采用的一般方法而言，在宏观经济学中几乎不存在分歧。索洛增长模型[3]（将在第 7 章和第 8 章论述）被公认为是理解经济增长过程的分析框架，**内生增长模型**（endogenous growth models，决定经济增长率的经济机制模型，将在第 7 章中论述）也已被大多数宏观经济学家所接受。但这并不是说宏观经济学中有关经济增长的讨论不存在分歧，而是说在增长建模的基本方法方面一般没有分歧。

然而，宏观经济学中的经济周期研究则是另一回事。业已证明，宏观经济学家在经济周期理论和随着时间的推移政府如何发挥作用以熨平经济周期方面，存在相当大的争论。我们将在第 6 章和第 12～14 章中研究几种不同的经济周期理论。

经济周期理论大体上可分为**凯恩斯主义**（Keynesian）经济周期理论和**非凯恩斯主义**（non-Keynesian）经济周期理论。传统的老凯恩斯主义模型根植于凯恩斯于 1936 年出版的《就业、利息和货币通论》（*General Theory of Employment，Interest，and Money*），基本观念是：工资和价格在短期是黏性的，不能迅速而充分地作出改变以实现有效的结果。在老凯恩斯主义情况下，政府通过财政政策和货币政策进行干预，就可以矫正私人市场存在的无效率。理性预期革命催生了一些非凯恩斯主义经济周期理论，包括由爱德华·普雷斯科特（Edward Prescott）和芬恩·基德兰德（Finn Kydland）在 20 世纪 80 年代初首先提出的**实际经济周期理论**（real business cycle theory）。实际经济周期理论表明，旨在熨平经济周期的政府政策对于经济运行，乐观地说是无效的，悲观地说是有害的。

---

[1] M. Friedman，1968. "The Role of Monetary Policy," *American Economic Review* 58，1-17.

[2] R. E. Lucas，1976. "Econometric Policy Evaluation: A Critique," *Carnegie-Rochester Conference Series on Public Policy* 1，19-46.

[3] R. Solow，1956. "A Contribution to the Theory of Economic Growth," *Quarterly Journal of Economics* 70，65-94.

在 20 世纪 80 年代和 90 年代，凯恩斯主义者把源自理性预期革命的宏观经济学的发展整合到凯恩斯主义经济学中，产生了现代宏观经济思想，形成两种新的凯恩斯主义思想，即**协调失效**（coordination failure）和**新凯恩斯主义经济学**（new Keynesian economics）。在经济周期的协调失效模型中，经济可能处于失衡状态，并不是因为黏性工资和黏性价格，而是因为经济主体的自我实现悲观情绪。而新凯恩斯主义模型同传统的老凯恩斯主义模型一样，包含黏性工资和黏性价格，但新凯恩斯主义模型使用的是所有现代宏观经济学家所用的微观经济学工具。

在第 6 章和第 11~14 章，我们研究许多现代经济周期模型，阐明货币因素的变化、生产率的变化、乐观情绪与悲观情绪的波动是如何引发经济周期的，同时，我们还将阐释关于宏观经济政策的实施，这些模型能告诉我们什么。第 13 章研究凯恩斯主义协调失效模型，第 14 章分析新凯恩斯主义黏性价格模型。第 13 章还考察了实际经济周期模型，且在第 12 章和第 13 章分别研究两个货币经济周期模型——货币意外模型和新货币主义模型。

本书力求客观地看待所有这些不同的经济周期理论。在第 6 章和第 12~14 章，我们将探讨上述经济周期理论各自的重要特征，还将根据它们的预测与经济数据的拟合程度，对这些理论作出评价。

我们能从宏观经济学分析中学到什么？

下面我们概括一下可以从宏观经济学分析中学到的并在本书中加以阐述的一些基本知识。

1. 在经济体系中，生产什么和消费什么，都是由经济体系的生产能力和消费者偏好决定的。在第 4 章和第 5 章中，我们构建了一个一时期经济模型，以说明利用资源生产商品的技术、消费者对商品的偏好、追求最优化的消费者与企业是如何在竞争性市场中共同决定生产什么和消费什么的。

2. 在自由市场经济中，存在着强大的推动力，往往会产生具有社会效率的经济结果。社会无效率可能出现，但应被看做异常现象。充斥着自私自利的个人的非管制经济有可能会导致社会效率，这种看法令人吃惊，此观点至少可追溯到亚当·斯密（Adam Smith）18 世纪出版的《国富论》（*Wealth of Nations*）一书。我们将在第 5 章中用一时期模型说明这一结果，并对实践中社会无效率可能出现的环境作出解释。

3. 失业是每个人的痛处，但它是现代经济中挥之不去的恶魔。运行良好的经济中也总会有失业。失业用未就业但正在积极寻找工作的人数衡量。由于所有这些人都在寻找他们没有的东西，因此失业似乎是令人讨厌的。不过，从社会的角度看，失业者用于寻找工作的时间通常是值得花费的。对劳动者来说，根据自身的技能找到适合自己的工作，是具有社会效率的，因此，如果一个人花较长时间寻找工作，这会增加找到称心工作的机会。在第 6 章，我们将探讨现代搜寻与匹配模型，该模型可用来理解劳动力市场数据和现状。

4. 从长期看，一国生活水平的提高要靠技术进步。在第 7 章和第 8 章中，我们将论述索洛增长模型（以及马尔萨斯经济增长模型和内生增长模型），它为我们理解增长的推动力提供了分析框架。这个模型表明，一国总产出的增长是由该国资本存量的增长、劳动力的增长和技术进步带来的。然而，从长期看，除非存在持续的技术进步，否则普通人生活水平的提高会停下来。因此，经济福利的最终改善不能只是制造更多的机器和建造更多的楼房；经济进步取决于持续的知识进步。

5. 减税不是免费的午餐。政府减税会使私人部门的当期收入增加，这似乎意味着人们会更富裕，可以消费更多。然而，如果政府减税，而支出水平保持不变，政府就必须更多地举债，这样政府不得不在未来增税，以偿还更多的债务。所以，私人部门的未来收入必定要减少。在第 9 章中，我们将证明，在有些情况下，减税不会产生什么效果；私人部门没有变得更富裕，总体经济活动也没有什么变化。

6. 信贷市场和银行在宏观经济中具有至关重要的作用。一些主流经济理论（包括经济增长理论、实际经济周期理论、新凯恩斯主义经济学）的倡导者认为，信贷市场以及使信贷市场和银行运转不佳的深层次矛盾都被忽略了。最近发生的宏观经济事件，以及最终导致的 2008—2009 年的全球金融危机也已证明，这种方法有隐患。一些标准的经济学工具可以用来理解最近宏观经济层面发生的金融事件，确定适当的财政和货币政策以应对金融危机。第 10 章分析信贷市场缺陷，说明它们对金融危机的重要性。第 11～14 章研究金融危机的一些总体影响，第 17 章讨论银行业的一些问题。

7. 消费者和企业的未来预期对当前的宏观经济运行至关重要。第 9～11 章考察两时期模型，在这个模型中，消费者和企业作出动态决策；消费者会为了未来的消费之需进行储蓄，企业会投资于厂房与设备，以便在未来生产更多的产品。比如，倘若消费者预期他们的未来收入将增加，他们就会减少当期储蓄并增加消费，这对当期的总产出、就业和利率都会产生重要影响。倘若企业预期新的技术革新在未来将会投入使用，这会使它们更愿意在当前投资于新厂房与设备，也会影响到总产出、就业和利率。消费者和企业的前瞻性行为方式对当前的总体经济活动和政府政策至关重要。

8. 货币有多种形式，拥有货币总比没有强；而一旦我们拥有了货币，其数量的变化最终就并不重要。货币与其他资产的不同之处是它的价值可作为交换媒介，在发达的经济中，拥有交换媒介会使经济交易变得更容易。当前在美国，有多种资产可充当交换媒介，包括美联储发行的纸币、银行的交易存款。在第 12 章和第 17 章中，我们将探讨货币与银行在经济中的作用。第 12 章的一个重要结论是，中央银行一次性增加货币供给，对一国的实体经济规模不会产生长期影响；它只会同比例地提高全部商品的价格。

9. 经济周期都类似，但产生的原因有很多。在第 3 章，我们将说明，在经济周期当中，总体宏观经济变量的波动有较强的规律性。在第 6 章和第 12～14 章，我们考察了有可能解释经济周期的若干理论。经济周期理论多种多样，虽然有些理论可能要比其他理论更有说服力，但选择其中一种理论并不意味着只有这种理论是正确的，其他理论是错误的。所有这些理论都有助于我们理解为何存在经济周期以及如何应对它们。

10. 各国都会从彼此间的商品和资产贸易中获益，但贸易也是冲击国内经济的一个来源。经济学家往往赞成取消贸易限制，因为自由贸易可以使一国利用它在生产方面的比较优势，从而造福于国民。但是，世界金融市场与商品市场的一体化意味着其他国家发生的事件可能会引发本国的经济周期。在第 15 章和第 16 章，我们将探讨世界市场中商品价格与利率的变动是如何影响本国经济的。

11. 从长期看，通货膨胀是由增加货币供给引起的。**通货膨胀**（inflation），即平均价格水平的上涨率，在短期可能发生变化的原因有很多。不过，从长期看，通货膨胀率是由中央银行［在美国是**联邦储备系统**（Federal Reserve System）］增加货币存量的速度决定的。我们将在第 17 章和第 18 章分析这一过程。

12. 总产出与通货膨胀间可能会存在明显的短期抵换关系，但除非长期通货膨胀导致无效率，否则不存在长期抵换关系。从某些国家和某些历史时期来看，总产出偏离趋势与通货膨胀率之间似乎存在正相关性。这种关系称为**菲利普斯曲线**（Phillips curve），一般说来，菲利普斯曲线看上去是一种相当不稳定的经验关系。第 18 章所讨论的弗里德曼-卢卡斯货币意外模型对观察到的菲利普斯曲线关系提供了一种解释，同时还解释了菲利普斯曲线为何不稳定以及它为何不能代表能为政府决策者利用的产出-通货膨胀长期抵换关系。第 18 章在分析美国所经历的通货膨胀时，探讨中央银行决策者作出的承诺的重要性。

认识近期和当前的宏观经济事件

学习宏观经济学的部分兴趣源于它能使我们弄懂近期和当前正在发生的经济事件。在本节，我们将概述一些近期和当前的经济问题以及我们如何运用经济学工具去更好地认识它们。

总生产率

衡量整个经济的生产率的指标是**平均劳动生产率**（average labor productivity），即 Y/N，其中，Y 表示总产出，N 表示就业人数。也就是说，我们可以用每个工人的总产出量来衡量总生产率。总生产率是重要的，因为经济增长理论告诉我们，从长期看，总生产率的提高决定了生活水平的提高。在图 1-5 中，我们绘制了美国平均劳动生产率的自然对数曲线，用每个工人的实际国内生产总值衡量平均劳动生产率。这里，我们给出了平均劳动生产率的自然对数曲线，曲线的斜率表示平均劳动生产率的增长率。图 1-5 的重要特征是，平均劳动生产率在整个 20 世纪 50 年代和 60 年代的大部分时间快速增长，60 年代末直至 80 年代初增长速度开始放慢，随后劳动生产率的增长速度在 80 年代中期开始提速，整个 90 年代直至跨入 21 世纪初仍保持较高速度。从 20 世纪 60 年代末到 80 年代初的这段时期，出现了**生产率增长放缓**（productivity slowdown）。

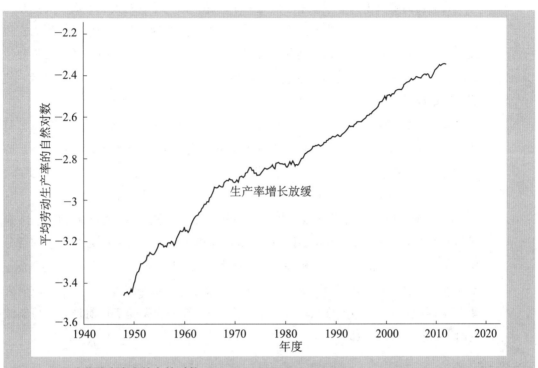

图 1-5　平均劳动生产率的自然对数

平均劳动生产率是每个工人的总产出量。由于曲线表示平均劳动生产率的自然对数，因此该曲线的斜率近似等于平均劳动生产率的增长率。该图的一个重要特征是生产率增长放缓，即 20 世纪 60 年代末一直持续到 80 年代初的曲线斜率减小。

　　是什么导致生产率增长放缓，又是什么使得生产率增长在 20 世纪 80 年代之后重新提速？如果能够弄懂近来总生产率的表现，我们或许就可以在将来避免生产率增长放缓，并大幅度提升我们未来的生活水平。生产率增长放缓的一个解释是，可能只是度量上出了问题。可能因为种种原因而对生产率增长放缓期间的经济增长估计偏低，导致生产率增长偏低。这种解释似乎相当乏力，但经济上的度量通常是有缺陷的。经济学家必须非常谨慎地推敲他们的结论，只有全面掌握他们所分析的数据才行。对于生产率增长放缓及随后的生产率提速，一个较为振奋人心的可能解释是新技术的应用。现代信息技术在 20 世纪 60 年代末开始得到应用，随后高速计算机得到广泛使用。在学习使用计算机技术时，存在一个暂时的适应期，这就可能会使生产率从 20 世纪 60 年代末到 80 年代初的增长速度放慢。然而到了 80 年代初，按照这一说法，人们知道如何将新的信息技术运用到个人计算机中去，并于 90 年代通过互联网使计算机技术得到进一步运用。因此，生产率增长放缓可能是由采用新技术的适应成本导致的，而生产率增长的回升是因为信息技术在整个经济中得到了广泛应用。我们将在第 7 章和第 8 章深入探讨这些问题。

失业和职位空缺

我们前面解释了失业现象不一定是一个问题，因为尽管对失业者而言失业是件痛苦的事，但对社会而言失业通常会产生有益的、必要的寻找工作活动。作为宏观经济学家，我们感兴趣的是，用什么去解释失业水平，以及随着时间的推移失业波动的原因是什么。假如我们能够弄懂这些特征，我们就可以形成宏观经济政策，使劳动力市场尽可能有效率地运转。

第 6 章基于诺贝尔经济学奖获得者彼得·戴蒙德（Peter Diamond）、戴尔·莫特森（Dale Mortensen）和克里斯托弗·皮萨里迪斯（Christopher Pissarides）的研究成果，介绍了搜寻与失业模型。该模型可以用来解释劳动力参与率、失业率、职位空缺率（企业寻找要雇佣的工人的比例）以及市场工资率的决定因素。

图 1-6 和图 1-7 描绘了我们想解释的劳动力市场数据的某些特征。图 1-6 表明的是美国 1948—2012 年的失业率——积极寻找工作的人占劳动力总人数的百分比。在第 6 章研究的失业搜寻模型中，企业和工人的搜寻行为、搜寻的工人和企业如何得到有效匹配用来解释失业。一般而言，失业率的影响因素有生产率、政府失业保险的慷慨程度以及匹配效率。在解释图 1-6 所示的失业率长期趋势和短期波动时，所有这些因素都有作用。

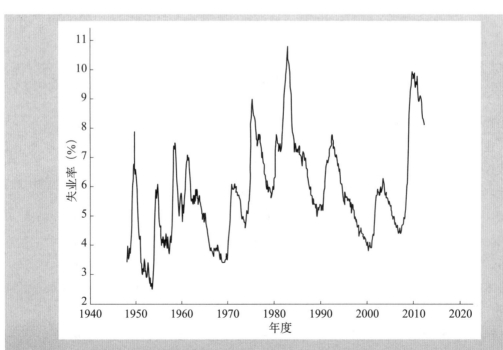

图 1-6　美国的失业率
失业率的决定因素包括生产率、政府失业保险的慷慨程度以及匹配效率。如图所示，失业率的波动很明显。

最近的劳动力市场数据显示出一个有趣的特征（见图1-7）。图1-7是2000—2012年间职位空缺率（职位空缺数占职位空缺数加上就业总数的百分比）与失业率的散点图。图中的圆点代表到2007年底的观察值（从最近一次经济衰退起始），图中的线条是从2008年1月到2012年3月的观察值的变化轨迹。2000—2007年间，这条向下倾斜的曲线——称为**贝弗里奇曲线**（Beveridge curve）——与观察值拟合得很好，但2009年中期以来的观察值落在了贝弗里奇曲线的北面。因此，在从2009年中期到2012年3月所观察到的职位空缺率既定的情况下，失业率比2008年以前要低得多。第6章讲的失业搜寻模型表明，贝弗里奇曲线的这种变化可能是由于劳动力市场错配所致。这种错配可能是由企业所需要的技能与工人所具有的技能不一致造成的，或由于职位空缺与失业者的居住地不在同一地方所致。

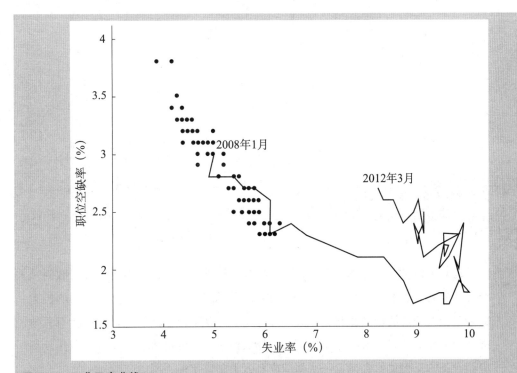

图1-7 贝弗里奇曲线

图中的圆点代表2000—2007年间的观察值，而线条则是把2008年1月到2012年3月的这些观察值连接起来。2000—2007年间的观察值与很稳定的向下倾斜的贝弗里奇曲线拟合得很好。可是，从2008年1月到2012年3月间，贝弗里奇曲线发生了变化。

税收、政府支出与政府赤字

在图1-8中，我们给出了美国各级政府（联邦、州和地方政府）1947—2012年的税收总收入和政府支出占国内生产总值的百分比。请注意，税收与支出呈不断上升趋势。一方面，1947年税收总收入占GDP的24%，到了2012年，这一比重提高到近27%；另一方面，1947年总支出占GDP的20%，到2012年提高到超过

35％。这些趋势大体上反映出美国政府规模与同期经济总规模相比扩大了，而自2000年以来，支出明显高于税收。

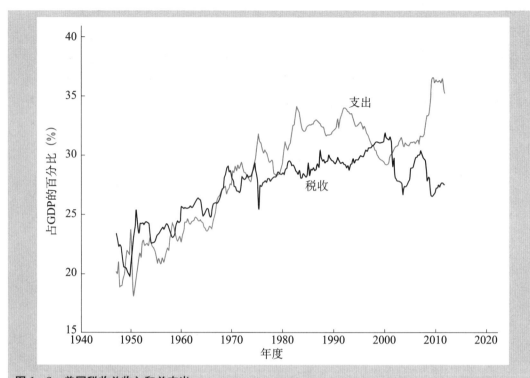

图1-8 美国税收总收入和总支出
税收与支出的增长趋势反映出政府规模不断扩大，而自2000年以来，支出占GDP的比重大大超过了税收占GDP的比重。

政府规模扩大对总体经济运行会产生什么影响？较高的政府支出和税收对私人经济活动会产生怎样的影响？我们将在第5章和第11章表明，政府活动的扩大一般会对私人经济活动产生**排挤**（crowding out）效应。也就是说，政府会与其他经济部门争夺资源。如果政府规模扩大，那么通过若干经济机制，私人企业用于新厂房和设备的支出量就会减少，从而造成私人消费支出的下降。

图1-8的一个有趣特征是，美国各级政府有时支出会大于税收收入，有时情况相反。与私人消费者的情况一样，原则上，政府可以通过借款与累积债务实现支大于收，也可以收大于支并将两者之差储蓄起来，减少其债务。图1-9描绘了1947—2012年间的**政府盈余**（government surplus）总额或**政府储蓄**（government saving）总额，是税收与支出之差。从图1-9可以看出，1948—1970年的大部分时间里，政府盈余是正的，但从1970年到20世纪90年代末，政府盈余通常是负的。当政府盈余为负时，我们就说政府存在赤字；**政府赤字**（government deficit）是负的政府盈余。这一时期政府赤字最大的年份是1975年，政府赤字占GDP的比重超过6％，而2010年末，政府赤字占GDP的比重曾高达10％。在20世纪70年

代末，有一很短的时期，美国政府存在盈余；1999 年，政府盈余占 GDP 的比重超过 2%。不过，1999 年后政府盈余明显下降；2003 年占 GDP 的－4%，之后有所回升，但在 2008—2009 年的经济衰退期间又急剧下降。

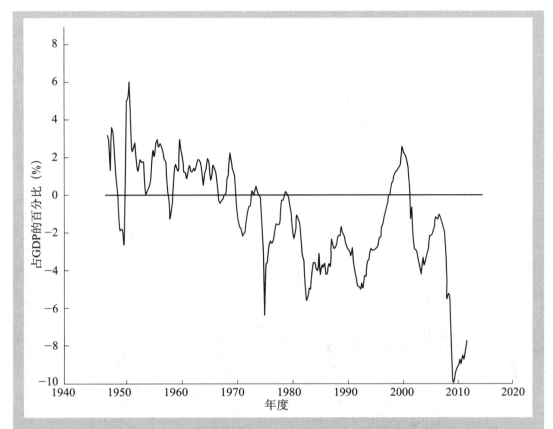

图 1-9　美国政府总盈余占 GDP 的比重

政府盈余在 20 世纪 90 年代初之前呈下降趋势，之后上升；到 2000 年又开始下降，随后有所上升；在 2008—2009 年的经济衰退期间又急剧下降。除了 20 世纪 90 年代末有短暂的正值以外，1980 年以来政府盈余基本都是负的。

政府赤字的后果是什么？我们的想法可能与普通家庭的理财观念相似，认为累积债务（有赤字）是件坏事，而减少债务（出现盈余）是件好事，但是从整体上看，这个问题并没有这么简单。个人与政府的一个主要区别是，当政府从居民那里借债从而积累了债务时，这只不过是作为国家欠自己的债罢了。因此，这表明政府赤字的影响取决于赤字产生的原因。政府出现赤字是因为税收减少还是因为政府支出增加？如果赤字是由于税收减少，那么为赤字融资的政府债务将最终不得不用未来更高的税收来偿还。因此，这种情况下出现的赤字意味着税负从一个群体再分配给另一个群体；一个群体的当期税负下降，而另一群体的未来税负增加。在有些情况下，这两个群体实质上可能是一个群体，在这种情况下，政府出现赤字不会产生影响。这种看法，即政府赤字在某些情况下无关紧要，被称为**李嘉图等价定理**（Ricardian equivalence theorem），我们将在第 9 章中讨论。如果是政府支出增加导致了政府赤字，那么这总会影响到总体经济活动，如先前谈到的排挤了私人支出问题。我们将在第 5 章和第 11 章分析政府支出的影响。

通货膨胀

如前所述，通货膨胀是平均价格水平的变化率。平均价格水平指的就是价格水平。图 1-10 显示了 1960—2012 年的通货膨胀率，用消费价格指数增长的百分比表示。通货膨胀率在 20 世纪 60 年代初相当低，到 60 年代末开始爬升，1975 年达到 12％左右，1980 年达到约 14％的峰值。随后通货膨胀率开始稳步下降，徘徊在 2％左右，2009 年初甚至跌落至负值区间。

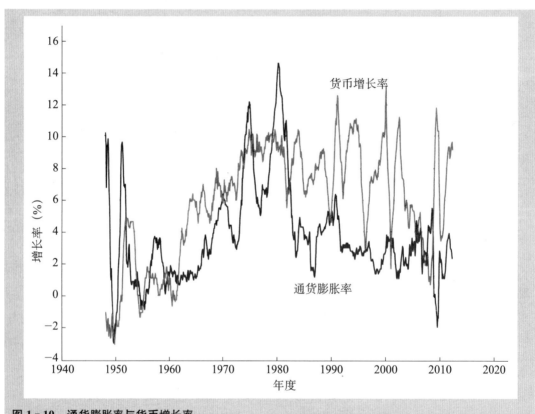

图 1-10　通货膨胀率与货币增长率

一般来说，货币增长率与通货膨胀率在一个较长的时期里呈现出同步变动。但是，在短期，二者间的关系很不确定。

通货膨胀的经济代价高昂，但近年来的低通货膨胀率使得美国公众或决策者认为它不值得高度重视。然而，弄清通货膨胀的成因、代价、美国降低通货膨胀的原因及手段，无疑是有益的。我们有理由思考 20 世纪 70 年代和 80 年代初的通货膨胀经历或更严重的通货膨胀是否会重现，特别是 2008—2009 年的金融市场突变以及美联储的戏剧性政策干预之后的通货膨胀状况。从长期看，通货膨胀率可用货币供给增长率来解释。没有货币供给的增长，价格就不能持续上涨；货币供给增长率提高，就意味着越来越多的货币追逐数量既定的商品，这最终会加快价格上扬。图

1-10 显示了货币增长率（用美国流通中的货币总量增长率衡量）。图中，通货膨胀率与货币增长率之间的短期关系显然很不确定；货币增长率在短期多半是上下波动的，但通货膨胀率没有出现类似的变化，反之亦然。因此，除了货币增长率因素外，必定还有其他因素可用来解释通货膨胀率的短期变化。然而，图 1-10 中货币增长的一般趋势与通货膨胀率的一般趋势相吻合。从趋势上看，尽管货币增长时常表现出很不规则（特别是 20 世纪 80 年代之后），但在 20 世纪 80 年代之前，货币增长加快，之后货币增长下降，通货膨胀亦如此。我们将在第 12～14 章探讨非货币因素对价格水平的短期影响，在第 17 章分析货币增长对通货膨胀的长期影响。

长期通货膨胀代价高昂，因为它会降低就业、产出和消费（见第 17 章的分析）。不过，由于长期通货膨胀是由货币增长引起的，所以中央银行可以通过控制货币供给的增长率来影响长期通货膨胀率。既然通货膨胀代价高昂，为什么中央银行还想制造通货膨胀呢？第 18 章将以美国的通货膨胀经历为背景解答这个问题。通货膨胀率的意外上升能在短期内促进就业、增加产出，中央银行或许会有这种短期的意外之举，要么是因为它不了解长期通货膨胀的后果，要么是因为它不能对其实施长期措施作出承诺。第 18 章将探讨中央银行认识通货膨胀的表现并对此作出承诺的重要性。

利率

利率很重要，因为它会影响许多私人经济决策，特别是会影响消费者关于借贷多少的决策和企业关于投资多少于新厂房与设备的决策。而且，利率的变动是经济机制的重要组成部分，货币政策可以通过利率在短期内影响实体经济规模。在图 1-11 中，我们给出了美国 1947—2012 年间短期**名义利率**（nominal interest rate）的变动情况。这是 91 天期美国国债的名义利率，而国债实质上是无风险的短期政府证券。20 世纪 50—70 年代，短期名义利率一直呈上升趋势，1980 年初曾高达 15％以上。自此以后，名义利率趋于下降，2008 年末以来甚至接近 0。

用什么解释名义利率的水平？图 1-11 的通货膨胀率可以用消费价格指数的上涨率度量。通货膨胀率与名义利率形影不离。通货膨胀率在 1970 年前后、20 世纪 70 年代中期、1980 年前后、1990 年前后和 2001 年达到峰值，名义利率也达到峰值。因此，名义利率往往与通货膨胀率同时升降。为何如此？经济决策的基础是实际利率而非名义利率。大体上讲，**实际利率**（real interest rate）是名义利率减去预期通货膨胀率。也就是说，实际利率是债务人预期要支付的利率，是针对债务人在债务清偿之前预期发生的通货膨胀进行调整后的利率。如果艾伦以 9％的利率获得了 1 年期的汽车贷款，他预期下一年的通货膨胀率是 3％，那么他所面临的汽车贷款的实际利率就是 6％。由于经济决策依据的是实际利率而不是名义利率，而市场力量往往决定实际利率，因此，随着通货膨胀率的上升，名义利率往往也会相伴而升。在第 9～12 章，我们将研究实际利率与名义利率的决定以及实际利率与名义利率之间的关系。

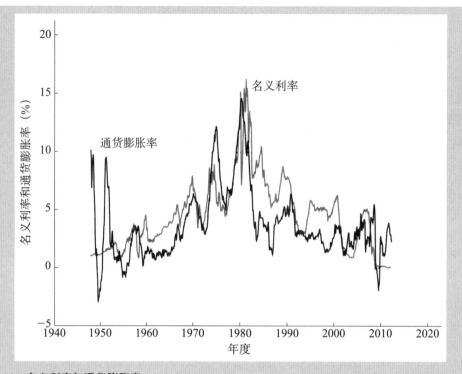

图 1−11　名义利率与通货膨胀率

宏观经济学理论告诉我们，名义利率与通货膨胀率正相关。如图所示，名义利率通常与通货膨胀率相伴而行。

　　图 1−12 显示的是实际利率的估计值，即名义利率减去现实的通货膨胀率。如果消费者和企业都能正确地预期通货膨胀，以至现实的通货膨胀等于预期的通货膨胀，那么实际利率的估计值就会成为现实的实际利率。消费者和企业都无法正确地预期现实的通货膨胀率。不过，只要通货膨胀在季度之间的变动幅度不太大，我们对实际利率的估计就不会有多大的度量误差。随着时间的推移，实际利率的波动会很大，有时是负的，比如，20 世纪 40 年代末跌落到 −9％，50 年代初为 −8％，1980 年为 −7％。自 2008 年末爆发金融危机以来的大部分时间里，实际利率都是负的。20 世纪 80 年代中期是实际利率特别高的一个时期。

　　在短期，实际利率受货币政策的影响，但关于中央银行为什么能控制实际利率，以及能控制多久，宏观经济学家之间存在不同意见。我们可以对图 1−12 所示的 20 世纪 70 年代中期至 2012 年的实际利率的变化路径作以下解释。首先，实际利率在 20 世纪 70 年代中后期比较低，其原因是美联储使货币供给高速增长，即货币政策是扩张性的和宽松的。由于货币高速增长造成了高通货膨胀，所以美联储在 20 世纪 80 年代初实施了紧缩性货币政策，降低货币供给的增长速度，导致实际利率上升。20 世纪 80 年代中期之后，美联储开始高度关注高通货膨胀重现的可能性，致使实际利率达到历史最高水平。20 世纪 90 年代初经济周期处于下行时期，美联储暂时放松了货币政策，使得实际利率降到接近 0。2001 年，为了应对总体经济活

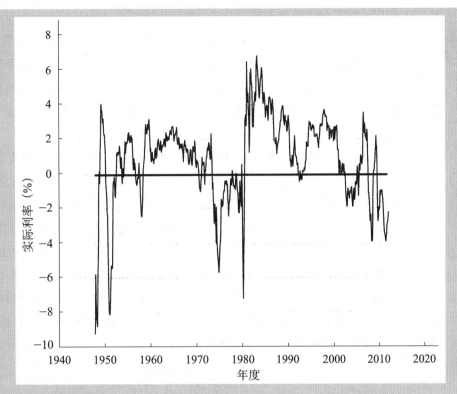

图 1-12 实际利率

该图显示的实际利率，是短期名义利率减去现实的通货膨胀率。货币政策可以对实际利率产生短期影响，例如，1990—1991 年、2001 年以及 2008—2009 年经济衰退时期的低实际利率都可归因于货币政策措施。

动减速，美联储再次降低实际利率。由于似乎没有出现严重的通货膨胀威胁，经济活动也未见明显起色，因此到 2003 年末实际利率持续下降。后来，经济快速增长，通货膨胀的威胁越来越大，实际利率一直提高到 2006 年。2008 年，美联储不断降低实际利率，以应对金融危机，抑制经济衰退。第 12～14 章将研究一些经济周期理论，解释中央银行是如何影响短期实际利率的。尽管货币增长率可能会影响长期实际利率，但货币政策的目标不是设定长期实际利率，而是决定长期通货膨胀，并与货币政策的短期效应保持一致。

美国的经济周期

如前所述，每个经济周期都有许多起因。一个经济周期的重要起因并不一定是另一个经济周期的重要起因。例如，某次经济衰退可能是由货币政策措施导致的，而另一次经济衰退可能主要是由总生产率增长下滑造成的。

如前所述，我们将经济周期定义为对总体经济活动趋势的偏离。在图 1-13 中，我们给出了 1947—2012 年实际 GDP 偏离趋势的百分比。图中的经济衰退是对趋势的负偏离，美国近年来明显的经济衰退发生在 1974—1975 年、1981—1982 年、1990—1991 年、2001 年和 2008—2009 年。引起这些经济衰退的原因是什么？

在 1974—1975 年经济衰退前，由于石油输出国组织（Organization of Petroleum Exporting Countries，OPEC）实行石油限产，世界市场的能源价格暴涨。在第 4 章、第 5 章和第 11 章，我们将解释 1974—1975 年能源价格上涨是如何降低生产率并造成总产出下降的，如图 1 - 13 所示。1974—1975 年经济衰退的其他特征，包括生产率下降、就业减少以及消费和投资支出降低，都与这次能源价格上涨引起的经济衰退并存。

1981—1982 年的经济衰退，与 1974—1975 年的经济衰退一样，发生在 1979—1980 年能源价格大幅上涨之后。对于第二次经济衰退，能源价格上涨在这次经济衰退前也许发生得太快了，以至于无法成为经济衰退的主要原因。而其他证据似乎把货币政策当做 1981—1982 年经济衰退的主要原因。美国的通货膨胀在 20 世纪 70 年代变得相当高，到 80 年代初，美联储［当时的主席是保罗·沃尔克（Paul Volcker）］采取了强有力的措施，通过限制货币供给的增长、促使利率上升来抑制通货膨胀，但这对经济衰退具有副作用。尽管宏观经济学家们在货币政策的短期效应和货币在经济周期中的作用方面存在许多争议，但大部分宏观经济学家都认为，1980—1981 年的经济衰退主要是由货币政策引起的。

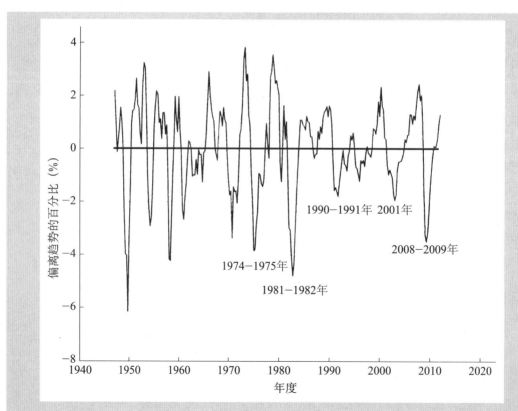

图 1 - 13　实际 GDP 偏离趋势的百分比，1947—2012 年
在图中，实际 GDP 对其趋势的偏离负值表示 1970 年以来的几次重大经济衰退发生在 1974—1975 年、1981—1982 年、1990—1991 年、2001 年和 2008—2009 年。

与前两次的大经济衰退相比，1990—1991 年的经济衰退算是温和的（在图 1-13 中，偏离趋势的负值较小），它只不过中断了美国从 1982 年到 2001 年长达约 19 年的持续经济增长。对于这次经济衰退，难以找出一个单独的原因。海湾战争期间能源价格的上涨也许是一个重要的诱因，但这次价格上涨是暂时的。

2001 年的经济衰退好像比 1990—1991 年的经济衰退还温和（见图 1-13），它似乎是乐观主义在美国崩溃的结果。20 世纪 90 年代，用于新厂房、设备和住房的投资支出激增，以及对信息技术革命及其对未来生产率的深远影响所充满的巨大的乐观主义情绪部分地促成了这一现象。20 世纪 90 年代，这种乐观主义也反映在股票平均价格的大幅上扬上。2000 年前后，乐观主义快速消退，投资支出锐减，股票行情暴跌，结果造成了 2001 年经济衰退。发生在 2001 年 9 月的恐怖袭击也促成了 2001 年的经济衰退：这次恐怖袭击直接扰乱了纽约的金融活动，使得旅行者害怕坐飞机，也不敢旅游。

1981—1982 年经济衰退后到 2008 年这一段时期，时常被称为"大缓和"（Great Moderation）时期，因为同 1947—1982 年这一时期相比，总体经济波动没那么大。而 2008—2009 年的经济衰退一点也不温和，偏离趋势的比例接近-4%。2008—2009 年经济衰退的根本原因在于美国爆发的金融危机。这次金融危机始于 2007 年，后扩散到世界各地。美国金融系统的监管失灵给高风险抵押贷款创造了盈利机会，而住房价格的下跌造成抵押品赎回权丧失，金融市场吃紧。这次的经济衰退表明了金融市场因素对总体经济活动的重要性。

信贷市场与金融危机

最近的这次金融危机以及随后的 2008—2009 年严重经济衰退，实质上是职业经济学家所说的意外事件。虽然这些事件引起经济学家重新思考信贷市场、银行以及金融关系对总体经济活动的重要性，但这并不妨碍我们利用主流宏观经济理论来理解在经验层面观察到的现象、指导经济政策制定。本版的一个目标就是要表明，经济理论如何有助于我们组织对金融危机和最近这次严重经济衰退的思考、评价应对这次金融危机的财政和货币政策。

第 6 章、第 10~14 章，特别是第 17 章，讨论了这次金融危机和经济衰退的相关问题。经济理论对于我们理解这次金融危机很有用的一个重要方面是，信贷市场"摩擦"或"缺陷"是如何放大对经济体系的冲击的。从第 10 章开始分析两大缺陷，一个是不对称信息，另一个是有限承诺。

不对称信息是指在市场上的两个经济主体中，一个经济主体比另一个经济主体拥有更多的信息。比如，在信贷市场上放贷的金融机构，对潜在借款人的信用的了解肯定不如借款人本人。在这种情况下，即使借款人根本不可能违约，也不得不对这笔贷款支付高额利息，因为贷款机构无法甄别谁是信用好的借款人、谁是信用差的借款人。可见，利率包含了违约溢价，而违约溢价随着贷款机构对借款人的平均信用度越来越不看好而趋于上升。正是因为存在这种不对称信息问题，信用好的借款人会吃亏。

度量信贷市场上违约溢价大小的一种方法，是看较为安全的公司债券的长期利率与有一定风险的公司债券的利率之间的差额。图 1-14 显示了 1919—2012 年间 AAA 级（安全的）公司债券与 BAA 级（有点风险的）公司债券之间的利差（利率"价差"）。首先，我们注意到，20 世纪 30 年代大萧条时期，这种利差非常大；自 1970 年以来的每一次经济衰退，都伴随着利差的增大。我们进一步看到，2008—2009 年经济衰退期间的利差是自大萧条以来最大的。这些都说明信贷市场上可观察到的平均违约风险在大大增加。第 10 章和第 11 章将说明，消费者和公司的信贷市场上的不对称信息导致可观察到的信贷风险增加，继而导致消费和投资总支出下降，这与 2008—2009 年所观察到的情况一样。

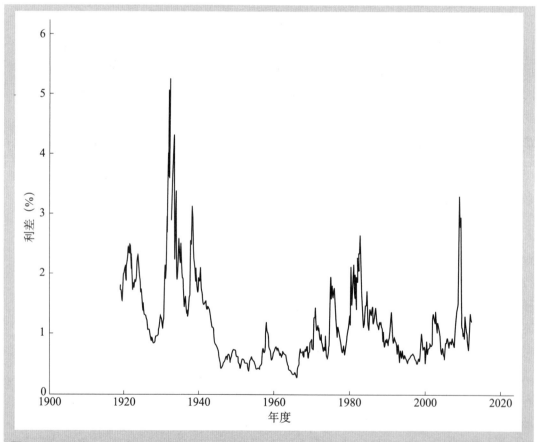

图 1-14　利差

本图显示了 AAA 级（安全的）公司债券与 BAA 级（有点风险的）公司债券之间的利差。可以看出，经济衰退时期的利差增大，而自大萧条以来，2008—2009 年金融危机时期的利差最大。

第二个信贷市场缺陷是有限承诺，指借款人在信贷市场上缺乏还款的激励。借款人在获取贷款时，贷款机构一般都要求有抵押品，以此来解决这种激励问题。比如，借款人要获取汽车贷款，他（她）就要以这辆车作为抵押品；借款人要获取按揭贷款，他（她）就要以住房作为抵押品。在抵押贷款情况下，如果借款人不偿还其债务，贷款人就可以扣押该抵押品。可见，消费者所持有的可作抵押的资产（在美国大多数是住房）的价值，关系到消费者能借多少。比如，我的住房价值增加了，我以住房抵押贷款的形式借款的能力就提高了，我可以用这笔贷款来增加消费支出。从整个经济来看，如果很大一部分消费者的借款能力受到可供抵押品的限制，那么，若住房价格下跌，消费总量就会明显下降。

图1-15显示了住房的相对价格——美国的住房平均价格除以消费价格指数。这是对住房存量的购买力的一种度量方法，或者说是对可作为抵押品的住房总存量价值的一种度量方法。需要特别指出的是，从2006年的峰值到2011年底，住房的相对价格下跌了28%。这不仅仅是因为一些按揭借款人想违约而使抵押贷款市场出了问题，而且还是因为抵押品的价值下跌引起了消费支出下降。

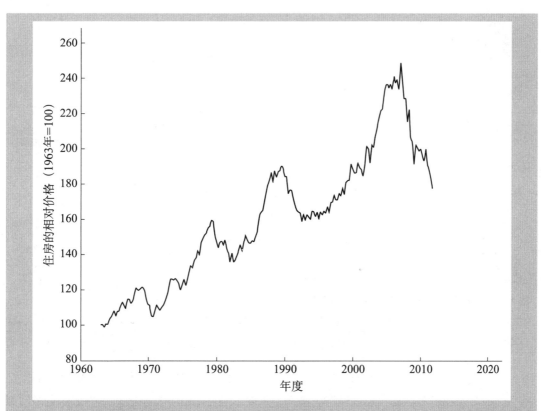

图1-15　住房的相对价格

本图显示出从2006年的峰值到2011年底，住房的相对价格下跌了28%左右。这表明抵押品的价值下跌了，这会引起消费支出下降。

经常账户盈余

随着跨国商品运输技术和信息技术的进步以及政府实施的贸易限制在第二次世

界大战后的减少，美国成为一个更加开放的经济体。也就是说，美国与世界其他国家的商品贸易和资产贸易增加了。美国与其他国家的商品和服务贸易量的变化如图1-16所示，该图描绘了美国1947—2012年出口与进口占GDP的百分比。美国的出口从1947年占GDP的5%增长到2012年占GDP的13%，进口从1947年刚过GDP的3%增长到2012年的16%左右。如前所述，贸易增加对总体经济福利有正效应，因为它会使各国的生产专门化并能利用各自的比较优势。不过，贸易增加也可能会将经济周期从国外传递到某一特定国家，尽管这种情况不是必然会发生。图1-16给出的数据展现出一个有趣的特征，即2008—2009年经济衰退期间，进口和出口占GDP的比重锐减。

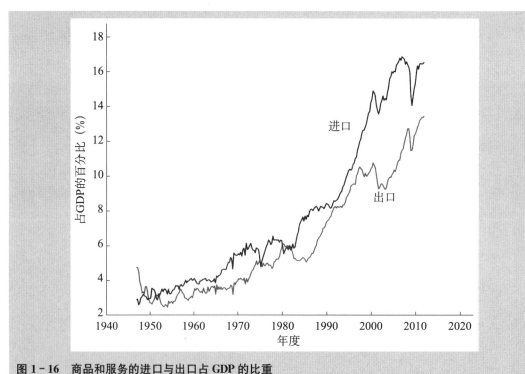

图1-16 商品和服务的进口与出口占GDP的比重

第二次世界大战后进出口增加反映出世界贸易普遍增加。但需要指出的是，2008—2009年经济衰退期间，美国与世界其他地区的贸易明显下降。

尽管与其他国家的贸易水平对总体经济活动及其波动很重要，但贸易差额也会对宏观经济活动和宏观经济决策产生重要影响。衡量贸易差额的一个指标是**经常账户盈余**（current account surplus），是商品与服务的**净出口**（net exports，出口减去进口）加上**净要素支付**（net factor payments，来自国外的净收入）。在图1-17中，我们描绘了美国1960—2011年经常账户盈余的情况。在图中，经常账户盈余在1960—1985年的大部分时间里都为正数，而在1985—2012年的大部分时间里都为负数。

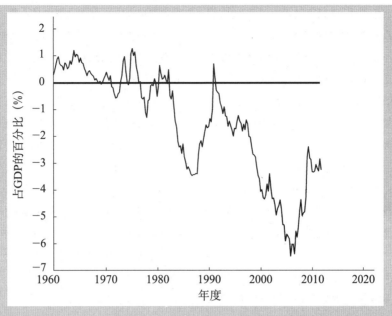

图 1-17 经常账户盈余

在 1960—1985 年的大部分时间里，经常账户盈余都是正数，而在 1985—2012 年的大部分时间里，经常账户盈余都是负数。

经常账户盈余为何重要？当美国的经常账户盈余为负数时，就产生了**经常账户赤字**（current account deficit），即国内居民从国外购买的商品与服务数量大于外国人从美国购买的商品与服务数量。为了弥补这种经常账户赤字，美国居民和（或）美国政府必须从国外借款。对一个国家来说，存在经常账户赤字是一件坏事吗？不一定，原因有二。首先，正如个人通过借款以使其长期的消费流平稳是合情合理的一样，一国通过经常账户赤字在短期内借款以使其长期总消费平稳也是合情合理的。其次，如果国外借款能为本国的生产能力提高提供额外资金，而这种生产能力又可以提高将来的生活水平，那么，持续存在的经常账户赤字也许就是合情合理的。

经常账户盈余随着时间的推移出现变化的原因是什么？政府支出是影响经常账户盈余的一个重要因素。当政府增加其支出，而税收收入不变时，就会增加政府赤字；而要弥补政府赤字，就要增加政府借债。影响经常账户盈余的另一个重要因素是收入增加——本国收入增加会增加进口，外国收入增加会增加出口。

我们将在第 15 章和第 16 章探讨国际贸易、经常账户盈余的决定因素，以及其他与国际经济周期和国际金融关系相关的一些问题。

本章小结

● 现代宏观经济学利用基于微观经济学原理构建的模型，研究与长期增长和经济周期有关的各种问题。

● 在 20 世纪，美国经历了人均国民生产总值的长期持续增长；我们也观察到，国民生产总值围绕平滑的长期趋势而呈现周期性波动。

● 在美国 20 世纪的经济史中，两个不寻常的重大事件是大萧条和第二次世界大战。

● 宏观经济学家感兴趣的主要问题是：长期增长与经济周期的原因和政府政策在影响经济运行方面的恰当作用。

● 宏观经济学家主要依靠抽象的模型对现实问题得出结论，因为不可能对现实经济进行实验，或者这样做代价太大。好的宏观经济模型既简化，又保留了模型要解决的宏观经济问题所必需的全部特征。

● 在我们构建和使用的模型中，消费者和企业在面临既定约束的情况下实现最优化，同时消费者和企业的行为在均衡中是一致的。

● 根据微观经济学原理构建模型是重要的，因为这更能使我们对经济政策变化的影响问题作出正确回答。

● 在增长建模的方法上，宏观经济学家之间的分歧相对较少，但在经济周期建模上，凯恩斯主义宏观经济学家与那些赞成用非凯恩斯主义观点解释经济周期的人之间还存在着争议。

● 本章讨论的并在后面要解答的问题有：生产率在经济中的作用；失业与职位空缺；税收、政府支出和政府赤字；通货膨胀与货币增长；利率；美国的经济周期；信贷市场与金融危机；经常账户盈余。

主要概念

经济模型（economic model）：对消费者和企业的目标与约束，以及他们如何相互影响的描述。

长期增长（long-run growth）：一国长期的生产能力和平均生活水平的提高。

经济周期（business cycles）：总体经济活动的短期上下波动，或经济繁荣或经济衰退。

国内生产总值（gross domestic product, GDP）：一国在一定时间内境内生产的商品和服务的数量。

趋势（trend）：一种平滑的增长路径，经济变量围绕它周而复始地波动。

模型（models）：能复制真实系统行为的人造工具。

最优化（optimize）：经济主体（企业和消费者）在面临既定约束的情况下竭尽所能的过程。

均衡（equilibrium）：所有消费者和企业的行为都一致时的经济状态。

竞争性均衡（competitive equilibrium）：假定企业和家庭都是价格接受者，且市场价格是经济体系中每个市场的商品供给量等于商品需求量的价格情况下出现的均衡。

理性预期革命（rational expectations revolution）：发生在 20 世纪 70 年代的宏观经济学进展，它将更多的微观经济学内容引入宏观经济学中。

卢卡斯批判（Lucas critique）：只有认真对待微观经济行为，宏观经济政策分析才有意义的一种观点。

内生增长模型（endogenous growth models）：描述决定经济增长率的经济机制的模型。

凯恩斯主义者（Keynesian）：指追随 J. M. 凯恩斯并认为政府应发挥积极作用以熨平经济周期的经济学家。

非凯恩斯主义者（non-Keynesian）：指不按 J. M. 凯恩斯的思想分析经济周期的经济学家。

实际经济周期理论（real business cycle theory）：由芬恩·基德兰德和爱德华·普雷斯科特提出的一种理论，认为经济周期主要是由技术冲击所致，政府在经济周期中应处于被动地位。

协调失效（coordination failure）：凯恩斯主义经济周期理论的现代化身。该理论假定，经济周期由本能的乐观情绪与悲观情绪波动所致，政府政策可以熨平经济周期。

新凯恩斯主义经济学（new Keynesian economics）：凯恩斯主义经济周期理论的现代说法，该理论认为价格和（或）工资是黏性的。

通货膨胀（inflation）：平均价格水平随时间推移而发生的变动率。

联邦储备系统（美联储）（Federal Reserve System，Fed）：美国的中央银行。

菲利普斯曲线（Phillips curve）：总产出对趋势的偏离与通货膨胀率之间的一种正相关关系。

平均劳动生产率（average labor productivity）：每个工人生产的总产出数量。

生产率增长放缓（productivity slowdown）：发生于20世纪60年代末到80年代初的生产率低增长时期。

贝弗里奇曲线（Beveridge curve）：失业率与职位空缺率之间的负相关关系。

排挤（crowding out）：政府支出会减少私人部门投资与消费支出的过程。

政府盈余（government surplus）：税收收入与政府支出的差额。

政府储蓄（government savings）：等同于政府盈余。

政府赤字（government deficit）：负的政府盈余。

李嘉图等价定理（Ricardian equivalence theorem）：认为政府征税的变化毫无影响的理论。

名义利率（nominal interest rate）：用货币单位表示的利率。

实际利率（real interest rate）：约等于名义利率减去预期通货膨胀率。

经常账户盈余（current account surplus）：等于出口减去进口再加上国内居民来自国外的净要素支付。

净出口（net exports）：商品与服务出口减去商品与服务进口。

净要素支付（net factor payments）：国内生产要素从国外获得的支付减去国外生产要素来源于国内的支付。

经常账户赤字（current account deficit）：经常账户盈余为负数的情形。

复习题

1. 宏观经济学的主要鲜明特征是什么？

2. 宏观经济学与微观经济学有何异同？

3. 2011年的普通美国人比1900年的普通美国人富多少？

4. 美国在过去112年间发生的两次异乎寻常的经济周期事件是什么？

5. 列出六个基本的宏观经济学问题。

6. 在经济时间序列的自然对数的曲线图中，曲线斜率表示什么？

7. 趋势与经济时间序列的经济周期成分之间的区别是什么？

8. 解释实验为何难以在宏观经济学中进行。

9. 宏观经济模型为何应是简化的？

10. 宏观经济模型应是对现实的精确描述吗？请解释。

11. 构成宏观经济模型基本结构的五个要素是什么？

12. 为什么宏观经济模型有用？我们如何确定它们是否有用？

13. 解释宏观经济模型为什么应根据微观经济学原理构建。

14. 现代经济周期理论的两大主线是什么？

15. 生产率增长放缓的两个可能原因是什么？

16. 在失业率没有相应降低的情况下，职位空缺率为何上升？

17. 政府支出增加的主要影响是什么？

18. 减税为什么可能毫无成效？

19. 在长期通货膨胀的原因是什么？

20. 解释名义利率与实际利率的区别。

21. 美国最近的五次经济衰退是什么时间发生的？

22. 信贷市场缺陷在最近的这次金融危机中起到了怎样的作用？

23. 一个国家让经常账户有赤字是一个坏主意吗？为什么？

思考题

1. 分析以下美国实际人均 GDP 数据：

年份	美国实际人均 GDP（以 2005 年美元计）
1950	13 244
1960	15 773
1970	20 994
1980	25 752
1990	32 275
2000	39 744
2002	40 063
2003	40 703
2004	41 707
2005	42 572
2006	43 282
2007	43 785
2008	43 287
2009	41 377
2010	42 311
2011	42 733

（a）计算 2003—2011 年每年实际人均 GDP 较上年的增长率。

（b）用近似估计法 $100 \times (\ln y_t - \ln y_{t-1})$ 计算 2003—2011 年的年度增长率，式中，y_t 为 t 年的实际人均 GDP。得出来的近似值与你在（a）中计算的现实增长率有多接近？

（c）重做（a）与（b），计算 1950—1960 年、1960—1970 年、1970—1980 年、1980—1990 年和 1990—2000 年的实际人均 GDP 增长率。因自然对数的变化而近似计算出来的误差有多大？与（a）和（b）相比，为什么会有差异？

2. 假定你拥有特殊本领，可以进行时空穿梭和做你想要做的任何经济实验。如果你可以将时钟拨回到大萧条时期，你愿意就当时的美国经济进行实验吗？为什么？

3. 除了本章所说的交通图的例子外，再举出一个经济学以外领域的模型例子。这个模型的不切实际之处是什么？该模型如何才能更好地达到它预定的目的？

4. 在图 1-6 中，失业是在其增加时变化得更快还是在其减少时变化得更快？基于以前的经验，在 2008—2009 年经济衰退之后，失业率何时会再次达到 4%？

5. 利用图 1-8 和图 1-9 来分析政府总赤字为何如此之大。这样大的赤字是由税收减少所致还是由支出增加所致？抑或是二者共同作用的结果？

6. 如图 1-10 所示，大约在 1980 年以前，通货膨胀率与货币增长率一直都呈上升趋势，之后呈下降趋势。1980 年后与 1980 年前相比，通货膨胀率的变化与货币增长率的变化发生了什么情况？请解释这种现象。

7. 根据图 1-11 和图 1-12，分析讨论 2000—2012 年间名义利率和通货膨胀的波动对实际利率的波动产生了怎样的影响。

8. 根据图 1-13，讨论同以前的经济衰退相比，2008—2009 年经济衰退的严重程度。

9. 分析图 1-14 所示的利差增大与图 1-13 所示的经济衰退的匹配状况。经济衰退之时，利差总是增大吗？利差增大之时，经济衰退就会发生吗？请作评论。

10. 如图 1-15 所示，2006—2012 年之前，有三个时期的住房相对价格下降。与 2006—2012 年的跌幅相比，以前这些时期的住房相对价格下降的程度如何？请作出评论。

第 2 章　衡　量

好的经济学家需要好的衡量方法和好的理论。同样，好的理论需要好的衡量方法，好的衡量方法也需要好的理论。对经济运行进行衡量，激发了宏观经济学家构建简单的模型，使我们能据此思考经济是如何运行的。例如，每年开展的消费价格调查，可以使我们对价格如何随着时间的推移而变动有所了解，再加上对其他经济变量的观察，有助于我们提出用以解释价格为何随着时间的推移而变动的理论。同时，经济理论能告诉我们进行经济衡量的最有效方法。例如，消费者行为理论告诉我们，利用消费品价格推导出的价格指数，就是衡量价格水平的一种好方法。

本章的目标就是要理解有关如何衡量重要的宏观经济变量的一些基本问题。这些重要的宏观经济变量在我们以后各章构建和研究的经济模型中起着非常重要的作用。本章重点考察的内容是衡量 GDP 及其构成，以及衡量价格、储蓄、财富、资本和劳动力市场变量。

衡量 GDP：国民收入与生产账户

国民收入核算的首要目的，是得到一个衡量一国在一定时期内生产的用于交易的产品和服务的总量指标。对宏观经济学的许多问题而言（尽管不是所有问题），我们最为关心的总体经济活动的衡量指标是**国内生产总值**（gross domestic product，GDP），它是一定时期内在美国境内创造的以美元核算的最终产值。作为**国民收入与生产账户**（National Income and Product Accounts，NIPA）的一部分，它按季公布，其来源之一是美国商务部（Department of Commerce）发布的《当期商业概览》（Survey of Current Business）。

衡量 GDP 的方法有三种，每一种方法都以某种形式包含在 NIPA 中。如果每一种方法都没有衡量误差，那么，这三种方法对 GDP 的衡量会完全一样。这三种方法分别是**生产法**（product approach）、**支出法**（expenditure approach）和**收入法**（income approach）。我们用例子依次讨论。

在我们所举的例子中，考察的是一个虚构的简单经济体，它包含了国民收入核算的基本成分。该经济体是一个孤岛经济，有一个椰子生产者、一家饭店、若干消费者和一个政府。椰子生产者拥有这个岛上的全部椰子树，采摘椰子树上的椰子；当年的椰子产量是 1 000 万个，每个卖 2 美元，获得的总收入为 2 000 万美元。椰子生产者付给工人的工资是 500 万美元（工人也是这个经济体中的一部分消费者），向一些消费者支付 50 万美元的贷款利息，向政府纳税 150 万美元。这个椰子生产者的有关数据如表 2-1 所示。

表 2-1　　　　　　　　　　　　　椰子生产者

总收入	2 000 万美元
工资	500 万美元
贷款利息	50 万美元
纳税	150 万美元

在产出的 1 000 万个椰子中，有 600 万个卖给了饭店，并用新方法精加工成椰子食品——例如椰奶、椰羹和椰子汁。剩下的 400 万个椰子被消费者买走。全部椰子的售价仍是每个 2 美元。椰子在这个经济体中起了两个作用。第一，椰子是**中间产品**（intermediate good），也就是说，椰子被生产出来后，又作为另一生产过程（这里是饭店食品的生产）的投入品。第二，它是最终消费品，因为椰子被消费者买走。作为饭店食品，饭店当年卖了 3 000 万美元（这是一家规模相当大的饭店）。这家饭店购买椰子的总成本是 1 200 万美元，付给工人的工资是 400 万美元，向政府纳税 300 万美元。这家饭店的有关数据如表 2-2 所示。

表 2-2　　　　　　　　　　　　　饭店

总收入	3 000 万美元
椰子成本	1 200 万美元
工资	400 万美元
纳税	300 万美元

接下来，我们需要计算每个生产者（椰子生产者和饭店）的税后利润。在本例中，税后利润是：

税后利润＝总收入－工资－利息－中间产品成本－税款

因此，根据表 2-1 和表 2-2，就可以计算出表 2-3 中的利润。

表 2-3　　　　　　　　　　　　　税后利润

椰子生产者	1 300 万美元
饭店	1 100 万美元

政府在这个经济体中的作用是保护本岛不受其他岛的侵扰。以前，入侵者会毁坏椰子树并掠走椰子。于是，政府为建立防务而征税。也就是说，政府用其全部税收收入给军队发饷。税收总收入为 550 万美元（课自生产者的税收收入是 450 万美元，课自消费者的税收收入是 100 万美元），因此政府的有关数据如表 2-4 所示。

表 2 - 4	政府
税收收入	550 万美元
工资	550 万美元

消费者为生产者和政府工作,所得的工资总收入是 1 450 万美元。他们从椰子生产者那里获得 50 万美元的利息收入,向政府纳税 100 万美元;由于一些消费者是椰子生产企业和饭店的所有者,所以他们可以从生产者那里获得税后利润 2 400 万美元。消费者的有关数据如表 2-5 所示。

表 2 - 5	消费者
工资收入	1 450 万美元
利息收入	50 万美元
纳税	100 万美元
从生产者那里分得的利润	2 400 万美元

基于上面给出的这个简单经济体的有关数据,接下来我们分析如何利用三种不同的国民收入核算方法来计算 GDP。

生产法

NIPA 的生产法也被称做**增加值法**(value-added approach),因为生产法的主要原理是将经济中全部生产单位生产的产品和服务的增加值加总起来计算 GDP。为了用生产法核算 GDP,我们首先将经济体生产的所有产品和服务的价值相加,然后减去投入生产的所有中间产品的价值,得到总增加值。如果不减去生产中投入的中间产品的价值,就会出现重复计算。在本例中,不应把饭店服务的生产过程中投入的椰子的价值算做 GDP 的一部分。

在这个例子中,椰子生产者在生产过程中没有投入任何中间产品,因此生产椰子的增加值即椰子生产者的总收入是 2 000 万美元。然而对饭店而言,增加值是总收入减去生产过程中投入的椰子的价值,因此,这家饭店的总增加值就是 1 800 万美元。对政府生产来说,存在一个问题,即政府提供的国防服务无法按市场价格销售。这时,通常的做法是,按提供国防服务时所投入的成本来计算国防服务的价值。这里,提供国防服务时的唯一投入是劳动力,所以,政府的总增加值是 550 万美元。这样,总增加值即 GDP,是 4 350 万美元。用生产法计算 GDP 的结果概括在表 2-6 中。

表 2 - 6	用生产法计算 GDP
增加值——椰子	2 000 万美元
增加值——饭店食品	1 800 万美元
增加值——政府	550 万美元
GDP	4 350 万美元

支出法

就支出法而言，以经济体中生产最终产品和服务的总支出来计算 GDP。再次提请注意，我们不计算用于中间产品的支出。在 NIPA 中，总支出的计算是：

总支出＝C＋I＋G＋NX

式中，C 为消费支出；I 为投资支出；G 为政府支出；NX 为净出口——即美国出口产品和服务的总额减去其进口的总额。加上出口，是因为它包括了在美国境内生产的产品和服务；减去进口，是因为 C、I 和 G 各自通常都包括了一些由外国生产的产品和服务，我们不应将这些算进美国的 GDP 中。

在我们的例子中，没有投资、出口和进口，因而 I＝NX＝0。消费者购买椰子的支出是 800 万美元，在饭店的消费是 3 000 万美元，因而 C＝3 800 万美元。对于政府支出，我们仍将政府的工资支出计为 550 万美元，即国防服务作为最终产品的购买支出为 550 万美元，因而 G＝550 万美元。因此，用支出法计算的 GDP 为：

GDP＝C＋I＋G＋NX＝4 350（万美元）

表 2-7 显示出用支出法计算 GDP 的过程。请注意，用这种方法计算 GDP 得到的结果与用生产法得到的结果一样。

表 2-7　　　　　　　　　　　　用支出法计算 GDP

消费	3 800 万美元
投资	0
政府支出	550 万美元
净出口	0
GDP	4 350 万美元

收入法

为了用收入法计算 GDP，我们要将各经济主体因参与生产而获得的全部收入加总。收入包括企业实现的利润。在 NIPA 中，收入包括雇员报酬（工资、薪金和津贴）、业主（自营企业的所有者）收入、租金收入、公司利润、净利息、企业间接税（企业缴纳的销售税和消费税）和折旧（固定资本损耗）。折旧是生产性资本（厂房和设备）在一定时期内损耗的价值。由于在计算利润时剔除了折旧，因而在计算 GDP 时需要将此再加进来。

在这个例子中，我们首先要将消费者的工资收入（1 450 万美元）作为 GDP 的构成部分加进来。其次，我们需要计算生产者的利润。假如我们按税后利润计算，两家生产者的总利润就是 2 400 万美元。再次，我们要加上消费者的利息收入（净利息）50 万美元。最后，我们需要加上生产者缴纳给政府的税款，这基本上就是政府收入，数额是 450 万美元。于是，GDP 总额是 4 350 万美元，这个结果自然与我们用其他两种方法得到的结果一样。用收入法计算 GDP 的结果被概括在表 2-8 中。

表 2-8	用收入法计算 GDP
工资收入	1 450 万美元
税后利润	2 400 万美元
利息收入	50 万美元
税收	450 万美元
GDP	4 350 万美元

为什么生产法、支出法和收入法会产生相同的 GDP 衡量结果呢？这是因为经济体中的总产量或总增加值最终会销售出去，从而表现为支出，而且花费在所有产品上的支出，对经济体中的某个人而言，都是某种形式的收入。假如我们用 Y 表示经济体中的 GDP 总额，那么 Y 就是全部总产出，也是总收入。进一步说，总收入等于总支出无疑是一种恒等关系，即

$$Y=C+I+G+NX$$

由于恒等式左边的数量是总收入，右边是总支出的各构成部分之和，所以这种关系时常被称为**收入-支出恒等式**（income-expenditure identity）。

包含存货投资的例子

投资支出的一个构成部分是存货投资，它由在当期生产出来但没有被消费的产品组成。存货量由完工产品（例如存放在仓库中的汽车）存货、在途产品（例如仍在生产线上的汽车）存货和原材料存货组成。

假定在我们上面所举的例子中，除生产者生产 1 300 万个椰子而非 1 000 万个椰子，且这多余的 300 万个椰子未出售而是作为存货存放起来外，其他情况不变。按照增加值法，GDP 的计算如下：椰子的生产总价值（现在是 2 600 万美元），加上饭店食品的生产价值（3 000 万美元），减去饭店食品生产过程中消耗的中间产品价值（1 200 万美元），加上政府创造的增加值（550 万美元），这样，GDP 总额就是 4 950 万美元。请注意，在这个例子中，我们按椰子的市场价格对椰子存货进行估价。而在实践中，情况不一定如此；有时企业存货的账面价值与市场价值并不相同，尽管经济学上说两者应该是相同的。

按照支出法，$C=3\,800$ 万美元，$NX=0$，$G=550$ 万美元，这些都与前面的例子一样，但现在 $I=600$ 万美元，因此 $GDP=C+I+G+NX=4\,950$ 万美元。将 600 万美元的存货投资计为支出看上去很奇怪，因为这似乎不是用于最终产品或服务上的支出。不过，这里把存货投资当做支出对待是惯例，就像椰子生产者从自己那里购买 600 万美元的椰子一样。

最后，按照收入法，与前面的例子一样，消费者的工资收入是 1 450 万美元，利息收入是 50 万美元，税款是 450 万美元；两个生产者的税后总利润现在是 3 000 万美元，因此 GDP 总额是 4 950 万美元。这里，由于存货是企业的新增资产，故我们把存货的 600 万美元加到椰子生产者的利润中。

包含国际贸易的例子

为了说明存在国际贸易会出现什么情况，我们仍举原先的例子，但稍有变动。假定饭店除了从本岛椰子生产者处购买椰子外，又以每个 2 美元的价格从其他岛进口 200 万个椰子，并对全部椰子进行加工处理。饭店依旧将此作为饭店食品出售给本岛的消费者，销售额为 3 000 万美元。

首先，按照增加值法，岛内椰子生产者创造的增加值为 2 000 万美元，与前面的例子一样。对饭店而言，增加值等于食品的生产价值（3 000 万美元）减去中间产品投入的价值（1 600 万美元，包括进口椰子的成本）。与前面的例子一样，政府创造的总增加值是 550 万美元。因此，GDP 是两个生产者和政府创造的总增加值之和，即 3 950 万美元。

其次，按照支出法，消费者的椰子消费是 800 万美元，饭店的餐饮消费是 3 000 万美元，从而 $C=3\,800$ 万美元。政府支出与原先的例子一样，即 $G=550$ 万美元，此外 $I=0$。总出口额为 0，而（椰子）进口额为 400 万美元，因而净出口额 $NX=-400$ 万美元。于是，$GDP=C+I+G+NX=3\,950$ 万美元。

最后，按照收入法，消费者的工资收入是 1 450 万美元，其利息收入是 50 万美元，税款是 450 万美元，与前面的例子一样。椰子生产者的税后利润是 1 300 万美元，也与前面的例子一样。这里发生变化的是饭店的税后利润，减少了 400 万美元（椰子的进口额），故饭店的税后利润是 700 万美元。于是，GDP 总额是 3 950 万美元。

国民生产总值

1991 年以前，美国曾用**国民生产总值**（gross national product，GNP）作为衡量总产出的官方指标。不过从 1991 年 12 月起，遵循国际惯例，GDP 成为官方衡量指标。在实践中，美国的 GDP 与 GNP 没有多大差异，但理论上两者有明显的区别。GNP 衡量的是国内生产要素创造的产出价值，不论生产是不是发生在美国境内。例如，如果耐克设在东南亚的工厂是由美国居民所有并进行管理的，则属于美国生产要素创造的收入，包括管理人员的收入和这家工厂的利润；该利润计入美国的 GNP，但不计入美国的 GDP。同样，如果本田设在俄亥俄州的工厂为日本人所有，该工厂的利润就不计入美国的 GNP，因为这些利润不是美国居民的收入，但该利润要计入美国的 GDP。

国民生产总值是 GDP 和国外对国内居民净要素支付（net factor payments，NFP）之和，即

$$GNP=GDP+NFP$$

式中，NFP 为来自国外的净要素支付。2011 年，美国的 GDP 是 150 940 亿美元，GNP 是 153 395 亿美元，故 NFP 是 2 455 亿美元。就这一年的情况而言，美国

GDP 与 GNP 之差占 GDP 的 1.62%，数值非常小。不过对有些国家来说，GDP 与 GNP 相差很大，对那些国民生产能力大部分为国外所有的国家尤其如此；在这些国家，NFP 非常大。

GDP 遗漏了什么？

GDP 旨在衡量一国经济中生产和交换的产品数量。然而，GDP 或人均 GDP 有时被当成衡量总经济福利的指标。这种方法至少有两个问题。第一，GDP 总量没有考虑收入在人口中是如何分配的。极端地讲，假如经济体系中的一个人拥有全部收入，而其他人一无所有，这个经济体系的平均福利水平就很低。第二，GDP 遗漏了所有非市场活动，家务劳动就是一个例子。如果人们在饭店而不是在家中就餐，那么 GDP 就增加了，因为现在市场生产的服务比以前多了。人们不在家吃饭而选择外出就餐，其境况应该得到改善。但因 GDP 无法衡量在家做饭时产生的增加值，GDP 的增加夸大了经济福利的提高。

GDP 除了不能精确地衡量福利外，作为衡量总产出的指标，还存在两个问题。第一，所谓**地下经济**（underground economy）的经济活动。按照定义，这类经济活动不计算在 GDP 中。地下经济包括任何未申报的经济活动，备受瞩目的例子是非法的毒品交易，不怎么引人注目的例子是有偿代人临时照看小孩。经济活动走入地下，避免了法律上的罚款和课税，而地下经济活动常常涉及现金交易。在美国，地下经济规模非常大，2012 年 3 月美国居民人均持有的货币约为 3 490 美元就是一个证据![1] 显然，大多数从事普通市场交易的人无须持有这么多货币。尽管大量货币在流通的部分原因是其他国家拥有大量的美元，但这仍反映了地下经济对美国 GDP 的衡量有很大影响这个事实。

GDP 衡量的第二个问题是如何计算政府支出，这个问题在我们的例子中曾遇到过。政府生产的大部分产品无法按市场价格出售。例如，我们要为道路、桥梁和国防定价多少？如同我们的例子所示，NIPA 的解决办法是按照成本来为政府支出定价，即成本就是支付给所有参与生产产品或服务的生产要素的资金。在一些情况下，这可能会对生产的产品估价过高。例如，假如政府生产了没有人想要的东西，比如建了一座毫无用处的桥梁。在另一些情况下，政府生产又可能会被估价过低。例如，我们非常愿意为国防支付比其按工资、薪金、设备等计算的成本高得多的钱。

总支出的构成

通常，特别是当我们为了认识经济是如何运转的而构建经济模型时，主要关心的是 NIPA 的支出方面。下面，我们将深入分析支出的构成因素。表 2-9 列出了

---

[1]　资料来源：U. S. Department of Commerce and Board of Governors of the Federal Reserve System.

美国 2011 年 GDP 的构成。

表 2 - 9　　　　　　　　　　　**美国 2011 年 GDP 的构成**

GDP 构成	金额（10 亿美元）	占 GDP 的百分比（%）
GDP	15 094.0	100.0
消费	10 726.0	71.1
耐用品	1 162.9	7.7
非耐用品	2 483.7	16.4
服务	7 079.4	46.9
投资	1 916.2	12.7
固定投资	1 870.0	12.4
非住宅	1 532.5	10.2
住宅	337.5	2.2
存货投资	46.3	0.3
净出口	−578.7	−3.8
出口	2 085.5	13.8
进口	2 664.2	17.7
政府支出	3 030.6	20.1
联邦国防	824.9	5.5
联邦非国防	407.9	2.7
州和地方	1 797.7	11.9

消费　消费支出是 GDP 构成中的最大支出因素，2011 年占 GDP 的 71.1%（见表 2 - 9）。**消费**（consumption）是当期用于产品和服务消费的支出，由耐用品、非耐用品和服务构成。耐用品包括汽车、家用电器和家具之类的物品；非耐用品包括食品和衣服；服务包括理发和旅馆住宿之类的服务。显然，耐用品与非耐用品之间的区分多少有些不准确，原因是，比如鞋（非耐用品）可以看成是与洗衣机（耐用品）一样的耐用品。此外，一些包括在消费品中的物品明显是跨期消费的。例如，假如以一年为一个时期，汽车可以为购车者提供 10 年或 10 年以上的服务，因而它不是消费品；从经济意义上讲，在购车时，将它看做一项投资支出更为恰当。购买二手车或其他二手耐用品不包括在 GDP 中，但出售二手车时（如经销商）提供的服务就包括在其中。

投资　在表 2 - 9 中，2011 年投资支出占 GDP 的 12.7%。**投资**（investment）是用于当期生产而未消费的产品的支出。投资分为两类，即固定投资和存货投资。**固定投资**（fixed investment）是指资本（诸如厂房、设备和住房）的生产；**存货投资**（inventory investment）主要由被储存的产品构成。固定投资由非住宅投资和住宅投资组成。非住宅投资增添了厂房、设备和软件，这些构成了生产产品和服务的资本存量；住宅投资即住房也具有生产性，因为它提供了住房服务。

尽管投资占 GDP 的比重大大低于消费，但投资在经济周期中的地位举足轻重。投资比 GDP 或消费更易变，它的一些构成因素也常常会导致经济周期。例如，住房投资的骤然升降常常会造成 GDP 的骤然升降。我们将在第 3 章研究这个现象。

净出口　由于美国 2011 年的出口小于进口，所以美国与其他国家的产品和服务贸易中出现了赤字，即**净出口**（net export）为负数（见表 2 - 9）。2011 年美国出口占 GDP 的 13.8%，而进口占 GDP 的 17.7%。因此，与其他国家的产品和服务贸易对美国经济相当重要，如第 1 章所述。

政府支出　**政府支出**（government expenditures）由联邦政府、州政府和地方政府用于最终产品和服务的支出构成，2011 年占 GDP 的 20.1%，如表 2 - 9 所示。政府支出的主要构成是联邦国防支出（2011 年占 GDP 的 5.5%）、联邦非国防支出（2011 年占 GDP 的 2.7%）、州和地方政府支出（2011 年占 GDP 的 11.9%）。与我们区分私人消费和私人投资一样，NIPA 也对政府消费和政府总投资作了重要区分。重要之处是，NIPA 所包含的政府支出仅是用于最终产品和服务的支出，并不包括**转移性支出**（transfers），而这种支出在政府预算中非常重要。这些转移性支出实质上是将购买力从一群经济主体转移给另一群经济主体，其中包括社会保障支出和失业保险支出等。转移性支出不包含在 GDP 中，因为它们只不过是将资金从一群人转移给另一群人，也就是说，是收入再分配，而不是收入创造。

名义 GDP、实际 GDP 和价格指数

尽管某一特定时期的 GDP 各构成因素可以告诉我们经济体系在同期创造的产品和服务的总价值，但为了多种目的，我们要比较不同时期的 GDP。这可以告诉我们，随着时间的推移，经济体系的生产能力和生活水平的提高情况。然而，问题是，平均价格水平会随着时间的推移而变化，这使得我们观察到的 GDP 增长通常部分是由通货膨胀造成的。在本节，我们要说明如何调整通货膨胀对 GDP 增长的这种影响，为此，我们要找到一个可以衡量价格水平和通货膨胀率的指标。

价格指数（price index）是经济体系在一段时期内生产的一组产品和服务的加权平均价格。如果价格指数包括了全部产品和服务的价格，那么它就是衡量总体**价格水平**（price level）的指标，即各种产品和服务的平均价格水平。我们用价格指数衡量**通货膨胀率**（inflation rate），即价格水平从一个时期到另一个时期的变动率。如果我们能够衡量通货膨胀率，我们也就能确定在 GDP 从一个时期到另一个时期的变动中，有多少只不过是**名义**（nominal）变动，又有多少是**实际**（real）变动。GDP 的名义变动指仅仅因价格水平变化而引起的 GDP 变化，而 GDP 的实际变动指产品和服务的实际数量（比如在一段时期卖掉的苹果和柑橘数量）增加，这对消费者来说最为重要。

实际 GDP

为了说明实际 GDP 在 NIPA 中是如何计算的，举个例子会很有帮助。我们现在虚构一个经济体系，它的产品只有苹果和柑橘。第 1 年，它生产了 50 个苹果和 100 个柑橘，其价格分别是 1.00 美元和 0.80 美元；第 2 年，它生产了 80 个苹果和 120 个柑橘，其价格分别是 1.25 美元和 1.60 美元。这些数据如表 2-10 所示。为了便于说明实际 GDP 的计算公式，我们将第 1 年的苹果产量和柑橘产量分别用 Q_1^a 和 Q_1^o 表示，价格分别用 P_1^a 和 P_1^o 表示。第 2 年的产量和价格也以类似方式表示（见表 2-10）。

表 2-10　　　　　　　　　　　实际 GDP 例子的数据

	苹果	柑橘
第 1 年产量	$Q_1^a = 50$	$Q_1^o = 100$
第 1 年价格	$P_1^a = 1.00$ 美元	$P_1^o = 0.80$ 美元
第 2 年产量	$Q_2^a = 80$	$Q_2^o = 120$
第 2 年价格	$P_2^a = 1.25$ 美元	$P_2^o = 1.60$ 美元

由于没有中间产品，所以每年的名义 GDP 很好计算。第 1 年的名义 GDP 是：

$$\text{GDP}_1 = P_1^a Q_1^a + P_1^o Q_1^o = 1.00 \text{ 美元} \times 50 + 0.80 \text{ 美元} \times 100 = 130 \text{ 美元}$$

同理，第 2 年的名义 GDP 是：

$$\text{GDP}_2 = P_2^a Q_2^a + P_2^o Q_2^o = 1.25 \text{ 美元} \times 80 + 1.60 \text{ 美元} \times 120 = 292 \text{ 美元}$$

因此，从第 1 年到第 2 年的名义 GDP 的增长百分比等于：

$$\left(\frac{\text{GDP}_2}{\text{GDP}_1} - 1 \right) \times 100\% = \left(\frac{292}{130} - 1 \right) \times 100\% = 125\%$$

也就是说，名义 GDP 从第 1 年到第 2 年翻了一番多。

现在的问题是，在名义 GDP 的增幅中，有多少是由通货膨胀造成的？实际总产出量增长了多少？1996 年以前，美国 NIPA 的做法是，首先选定一个基年，然后用基年的价格计算实际 GDP。换言之，为了获得实际 GDP，我们不是用当年的价格乘以当年的产出量（这是我们在计算名义 GDP 时所使用的方法），而是用基年的价格乘以当年的产出量。在上面的例子中，假定我们把第 1 年作为基年，用 RGDP$_1^1$ 和 RGDP$_2^1$ 分别表示第 1 年和第 2 年的实际 GDP 并加以计算。于是，由于第 1 年是基年，所以第 1 年的实际 GDP 等同于该年的名义 GDP，即

$$\text{RGDP}_1^1 = \text{GDP}_1 = 130 \text{ 美元}$$

对于第 2 年的实际 GDP，我们用第 2 年的产出量乘以第 1 年的价格，得到：

$$\text{RGDP}_2^1 = P_1^a Q_2^a + P_1^o Q_2^o = 1.00 \text{ 美元} \times 80 + 0.80 \text{ 美元} \times 120 = 176 \text{ 美元}$$

因此，将第 1 年作为基年，第 2 年的实际 GDP 与第 1 年的实际 GDP 之比是：

$$g_1 = \frac{\text{RGDP}_2^1}{\text{RGDP}_1^1} = \frac{176}{130} = 1.354$$

因此，利用这种方法得到的实际 GDP 增长率是 $(1.354 - 1) \times 100\% = 35.4\%$。假定我们以第 2 年为基年，用 RGDP$_1^2$ 和 RGDP$_2^2$ 分别表示第 1 年和第 2 年的实际

GDP，利用这种方法计算实际 GDP。同理，第 2 年的实际 GDP 等同于该年的名义 GDP，即

$$\text{RGDP}_2^2 = \text{GDP}_2 = 292 \text{ 美元}$$

用第 1 年的产出量乘以第 2 年的价格，得到第 1 年的实际 GDP：

$$\text{RGDP}_1^2 = P_2^a Q_1^a + P_2^o Q_1^o = 1.25 \text{ 美元} \times 50 + 1.60 \text{ 美元} \times 100 = 222.50 \text{ 美元}$$

将第 2 年作为基年，第 2 年的实际 GDP 与第 1 年的实际 GDP 之比是：

$$g_2 = \frac{\text{RGDP}_2^2}{\text{RGDP}_1^2} = \frac{292}{222.5} = 1.312$$

从而得到实际 GDP 从第 1 年到第 2 年增长了 $(1.312 - 1) \times 100\% = 31.2\%$。

这个例子传递的一个重要信息是，选择哪一年作为基年对计算 GDP 至关重要。假如将第 1 年作为基年，那么实际 GDP 就增长了 35.4%；假如将第 2 年作为基年，实际 GDP 就增长了 31.2%。对基年的选择在本例和现实中之所以重要，是因为产品的相对价格会随着时间的推移发生变动。也就是说，苹果和柑橘的相对价格在第 1 年为 1.00 美元/0.80 美元＝1.25，到了第 2 年就变成 1.25 美元/1.60 美元＝0.78。因此，从第 1 年到第 2 年，与柑橘相比，苹果的价格变得相对便宜了。如果相对价格在第 1 年和第 2 年之间保持不变，那么对基年的选择就不重要。由于相对价格通常在短期内变动不大，因此在计算接近于基年的实际 GDP 时（如以 2009 年为基年，计算 2011 年或 2010 年的 GDP），相对价格的变动问题不是很严重。然而，经过若干年后，例如，以 1982 年为基年，计算 2011 年的实际 GDP 时，这个问题会很严重。NIPA 对这个问题的解决办法是，采用**链式加权**（chain-weighting）法计算实际 GDP。

在采用链式加权法时使用了费雪指数（Fisher index），这种方法实质上与采用滚动基期类似。第 2 年的实际 GDP 与第 1 年的实际 GDP 的链式加权比率是：

$$g_c = \sqrt{g_1 \times g_2} = \sqrt{1.354 \times 1.312} = 1.333$$

因此，这两年实际 GDP 的链式加权比率是一个以第 1 年和第 2 年各自为基年计算出的几何平均比率。[①] 在上面的例子中，我们用链式加权法计算出的第 1 年到第 2 年的实际 GDP 增长率是 $(1.333 - 1) \times 100\% = 33.3\%$。这个增长率介于我们用其他两种方法计算出的两种增长率之间。鉴于链式加权可以对分别以第 1 年和第 2 年为基年计算出的增长率有效地进行（几何）平均，所以我们得到这个结果是理所当然的。

一旦我们有了某一年相对于另一年的实际 GDP 链式加权增长率（即例子中的 g_c），我们就能以美元为单位计算任意年份的实际 GDP。例如在上面的例子中，如果我们想把实际 GDP 用第 1 年的美元表示，则第 1 年的实际 GDP 等同于该年的名义 GDP，即 $\text{GDP}_1 = 130$ 美元，第 2 年的实际 GDP 等于 $\text{GDP}_1 \times g_c = 130$ 美元 $\times 1.333 =$

---

① 有关采用链式加权法计算实际 GDP 的详情，见 Bureau of Economic Analysis，*A Guide to the NIPA's*。

173.29 美元。如果我们想把实际 GDP 用第 2 年的美元表示，则第 2 年的实际 GDP 是 GDP_2＝292 美元，第 1 年的实际 GDP 等于 GDP_2/g_c＝292 美元/1.333＝219.05 美元。

在实践中，相邻年份的实际 GDP 增长率的计算方法与我们在这里所采用的方法如出一辙，即将年与年之间的实际 GDP "链锁"在一起。从理论上讲，链式加权法可以更准确地衡量年与年之间或季与季之间实际 GDP 的变动情况。图 2 - 1 采用链式加权法，计算出了美国 1947—2012 年的名义 GDP 和实际 GDP。在图中，实际 GDP 以 2005 年美元来衡量，因此 2005 年的实际 GDP 等同于该年的名义 GDP。由于通货膨胀率在 1947—2012 年这段时期通常为正，且在 20 世纪 70 年代特别高，所以图 2 - 1 中的实际 GDP 增长率低于名义 GDP 增长率。

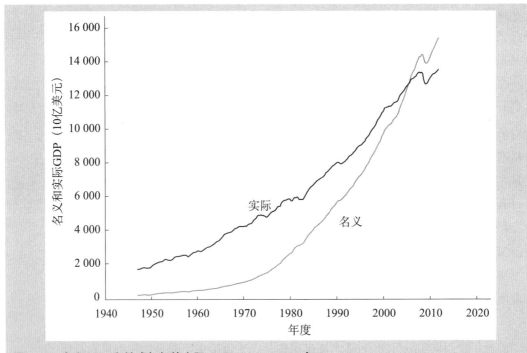

图 2 - 1　名义 GDP 和链式加权的实际 GDP，1947—2012 年

请注意，两个时间序列在 2005 年相交了，原因是实际 GDP 是以 2005 年美元衡量的。由于这段时期内通货膨胀率为正，所以实际 GDP 增长率低于名义 GDP 增长率。

资料来源：U. S. Department of Commerce, Bureau of Economic Analysis.

价格水平的衡量指标

价格水平的衡量指标一般有两种。第一种指标叫**隐含 GDP 价格缩减指数**（implicit GDP price deflator）；第二种指标叫**消费价格指数**（consumer price index，CPI）。隐含 GDP 价格缩减指数的衡量公式是：

$$隐含\ GDP\ 价格缩减指数 = \frac{名义\ GDP}{实际\ GDP} \times 100$$

这里，乘以 100 是以我们选定的名义 GDP 等于实际 GDP 的年份为 100，对价格缩减指数作标准化处理。就上面的例子而言，我们计算的价格缩减指数取决于是以第 1 年为基年、以第 2 年为基年，还是采用链式加权法计算实际 GDP。我们在表 2-11 中给出了结果，并指定链式加权法的实际 GDP 用第 1 年的美元表示。请注意，表 2-11 计算出的第 1 年到第 2 年的通货膨胀率答案关键取决于我们如何衡量实际 GDP。

表 2-11 　　　　　　　　　　　隐含 GDP 价格缩减指数的例子

	第 1 年	第 2 年	增长率（%）
以第 1 年为基年	100	165.9	65.9
以第 2 年为基年	58.4	100	71.2
链式加权	100	168.5	68.5

衡量价格水平的第二种指标，即 CPI，不如隐含 GDP 价格缩减指数用得广泛，原因是它只包括由消费者购买的商品和服务。而且，CPI 是一种固定加权价格指数，是将普通消费者在基年购买的代表性商品的消费额作为该基年的消费额，然后以这些消费额为权数计算每年的 CPI。因此，当年的 CPI 就是：

$$当年的 CPI = \frac{按当年价格计算的基年消费额}{按基年价格计算的基年消费额} \times 100$$

在本例中，如果我们以第 1 年为基年，那么该年（基年）的 CPI 就是 100，第 2 年的 CPI 就是 222.5/130×100＝171.2，因此从第 1 年到第 2 年，CPI 增长了 71.2%。

实践中，用隐含 GDP 价格缩减指数和用 CPI 计算出的通货膨胀率差异很大。图 2-2 显示了美国 1947—2012 年按季计算的隐含 GDP 价格缩减指数通货膨胀率和 CPI 通货膨胀率。这两种衡量通货膨胀率的指标大体上形影相随，但 CPI 通货膨胀率常常比隐含 GDP 价格缩减指数通货膨胀率更具波动性。有时，这两种衡量指标的差异很大。例如在 1979 年末，CPI 通货膨胀率超过 14%，而隐含 GDP 价格缩减指数通货膨胀率却稍高于 10%。通货膨胀率衡量指标的这种差异与将通货膨胀率指数化的合同（如劳动合同）或制定货币政策关系重大，在这种情况下，就需要对通货膨胀走势予以密切关注。

图 2-2 显示出了用 CPI 与用隐含 GDP 价格缩减指数度量价格水平所计算出来的通货膨胀率的差异。从长时期来看，用两种不同的价格水平度量方法计算出来的通货膨胀率会有很大差异。为了看清这一点，图 2-3 描绘出了 1947—2012 年的 CPI 和 GDP 价格缩减指数的水平，每一度量指标都设定在 1947 年第一季度为 100。我们从中得知，如果把 CPI 作为价格水平的良好指标，那么生活费用在过去 65 年里上升了 10.52 倍；而按 GDP 价格缩减指数来计算，生活费用只上升了 8.55 倍。换言之，1947—2012 年间的年均通货膨胀率按 CPI 计算为 3.63%，按隐含 GDP 价格缩减指数计算为 3.32%。这表明，用 CPI 方法度量的通货膨胀率偏高。

2

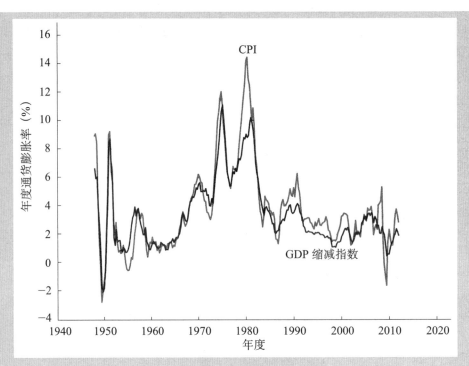

图 2 - 2　分别用 CPI 和隐含 GDP 价格缩减指数计算的通货膨胀率

这两种衡量指标大体上类似，但有时也存在很大差异。

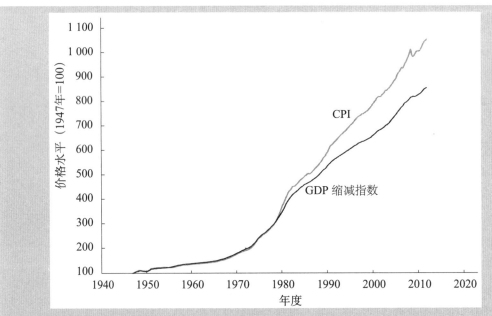

图 2 - 3　用 CPI 和隐含 GDP 价格缩减指数计算的价格水平，1947—2012 年

图中，每一价格水平度量指标都设定在 1947 年第一季度为 100。这一时期的 CPI 上升了 10.52 倍，而隐含 GDP 价格缩减指数上升了 8.55 倍。

资料来源：U. S. Department of Commerce and the Bureau of Labor Statistics.

在度量通货膨胀率时，GDP 价格缩减指数往往好于 CPI。不过，在有些情况下，还有比 GDP 价格缩减指数或 CPI 更好的指标。比如，如果我们只想计算美国的消费者生活费用，最好用隐含消费缩减指数而非隐含 GDP 价格缩减指数来度量价格水平。隐含消费缩减指数是一种只包括包含在消费支出中的产品和服务的价格指数。GDP 价格缩减指数包括投资品、出口商品和出售给政府的商品和服务的价格，而这些商品和服务与消费者没有多少直接关系。不过，如果我们要看反映美国生产的总产出价格的价格指数，GDP 价格缩减指数还是比较好的指标。

专 栏

宏观经济学实践：各国实际 GDP 比较与宾大效应

找到度量某国实际 GDP 的方法是有用的，因为可以通过它了解该国在一定时期的产出增长情况；同时也可以用它来比较各国的实际 GDP 或人均 GDP。例如，如果我们能比较世界各国的实际 GDP，我们就可以知道各国生活水平不同的原因。当我们研究经济增长时（特别是在第 8 章），这只是我们关注的问题之一。

提出可比的 GDP 度量方法，多少有些让人望而却步。首先，尽管国际组织研究过各国国民收入和生产核算的标准化问题，但如何获取不同国家的关键数据仍困难重重。例如，穷国缺乏用于数据收集的资金。不过，即使在所有国家最终商品和服务的价格与数量的度量都毫无误差，实际 GDP 的国际比较仍会有问题。这是因为同样商品的出售价格在不同的国家一般都会相差悬殊，即使用相同的货币单位来表示该价格。

为了理解度量问题，假定 P 代表美国的商品和服务的价格（用美元计），P^* 代表墨西哥的商品和服务的价格（用墨西哥比索计）。又假定 e 为美元兑比索的汇率，即 e 是用美元表示的比索的价格。对美国人来说，eP^* 是墨西哥商品和服务的成本，或墨西哥商品和服务用美元表示的价格。倘若我们观察到 $P=eP^*$，那么，我们就可以说我们观察到了一价定律（law of one price）或购买力平价（purchasing power parity），因为按汇率调整后，商品和服务的价格在美国和墨西哥是相同的。事实上，就美国和墨西哥两国来说，我们通常观察到的是 $P>eP^*$，即按美元计价的商品和服务的价格在美国常常比在墨西哥高。对于服务来说，像汽车维修，这种差异尤其大，因为这些服务很难发生国际贸易。

宾大效应（Penn effect）指的是各国间的价格和汇率数据的规律性——按汇率调整后，高收入国家的价格通常比低收入国家的价格高。问题在于，如果我们把所有价格都用同一种货币计价来比较各国的实际 GDP，富国和穷国之间的收入差异就会扩大。就拿美国和墨西哥来说，如果某种商品的生产数量在两国是相同的，并用美元把这种商品的产量换算成价值，那么，这种商品对实际 GDP 的贡献在墨西哥就比在美国小。

校正宾大效应的一种方法是按购买力平价对实际 GDP 进行国际比较。仍拿美国和墨西哥来说，如果 P 是美国的价格水平（用美元计），P^* 是墨西哥的价格水平（用比索计），那么，为了比较美国和墨西哥的 GDP，墨西哥的 GDP 就要用名义数量乘以 P/P^* 而非 e。这是在由宾夕法尼亚大学（University of Pennsylvania）的艾伦·赫斯顿（Alan Heston）、罗伯特·萨默斯（Robert Summers）和贝蒂纳·阿坦（Bettina Aten）建立的综合性国际数据库——《宾大世界统计》（Penn World Tables，也称《佩恩表》）[①] 中采用的方法。我们在第 7 章和第 8 章研究经济增长时，会用到《宾大世界统计》。

衡量实际 GDP 和价格水平时存在的问题

如上所述，特别是在如何获得隐含 GDP 价格缩减指数方面，衡量实际 GDP 和衡量价格水平联系密切。假如衡量实际 GDP 的某个指标低估了实际 GDP 的增长，那么也就低估了通货膨胀率。在实践中，衡量实际 GDP 和价格水平时存在三个重大问题。

第一个问题是上面所提及的，即相对价格会随着时间的推移而变动。在用隐含 GDP 价格缩减指数衡量通货膨胀时，我们论述了如何用链式加权法校正衡量实际 GDP 时出现的问题，从而校正相对价格变动的偏差。在用 CPI 衡量通货膨胀时，相对价格变动也会导致严重的偏差。当相对价格变动时，消费者通常会减少变贵商品的购买量，增加相对便宜商品的购买量。在前面的例子中，苹果在第 2 年变得比柑橘相对便宜，以致苹果消费量对柑橘消费量的比率提高了。在计算 CPI 时，隐含的假定是消费者在相对价格变动时并不改变他们的购买习惯，这显然不是事实。由此，在 CPI 中，相对变贵的商品得到的权重大于它本应得到的；这样一来，以 CPI 衡量的通货膨胀率就会偏高。这是一个严重的政策问题，因为一些联邦转移性支出，包括社会保障支出，都与 CPI 挂钩；偏高的 CPI 通货膨胀会使联邦政府增加转移性支出，这又会扩大联邦政府预算赤字的规模。还有，联邦所得税的税率档次也是根据 CPI 调整的。偏高的 CPI 通货膨胀会使税收收入减少，增加政府赤字。与 CPI 增长率不同，更准确地衡量消费品通货膨胀率的指标是隐含消费价格缩减指数，它是与链式加权的实际消费支出联系在一起的价格缩减指数。

衡量实际 GDP 时存在的第二个问题是，商品的质量会随着时间的推移而发生变化。我们以 2012 年产的老爷车与 1950 年产的老爷车为例。很明显，2012 年产的新车，其价格远高于 1950 年产的新车，但 2012 年产的老爷车与 1950 年产的老爷车完全不同。在 2012 年，美国销售的大多数汽车都有监控发动机工作的电脑化装置、自动变速器、电动窗、安全气囊、座椅安全带和 CD 播放机，这些没有一项是

[①] Alan Heston，Robert Sumers，and Bettina Aten，Penn World Table Version 6.2，Center for International Comparisons of Production，Income，and Prices at the University of Pennsylvania，September 2006.

1950 年产汽车的标准配置（有些在 1950 年甚至还未发明）。从某种意义上讲，2012
年产的汽车"更像车"，因为它的质量提高了，因此，从 1950 年到 2012 年，在价
格的涨幅中，有一部分只不过表明了如下事实：购车者用他的钱获得了更多。NI-
PA 没有反映商品质量随着时间的推移而发生的变化，从这一点来讲，对实际 GDP
增长的计算偏低了，而对通货膨胀的计算偏高了。

第三个问题是衡量出的 GDP 如何对待新的商品。例如，个人电脑出现于 20 世
纪 80 年代初，此前，它们并不包括在 NIPA 中。显然，我们无法直接计算实际
GDP 从 20 世纪 70 年代到 80 年代的增长，因为在 70 年代不存在个人电脑的价格。
如果 NIPA 不能正确对待新出现的个人电脑（最初的价格很高）与老式计算器和计
算尺相比在性能上有巨大进步这个事实，那么对实际 GDP 增长的衡量就会偏低，
对通货膨胀率的衡量就会偏高。

专 栏

宏观经济学实践：住房价格与 GDP 衡量

2008 年起始于美国后遍及全球的金融市场危机有一个重要特征，即美国的房价暴跌。
图 2-4 显示出以凯斯-希勒 20 座城市房价指数（Case-Shiller 20-city house price index）除
以消费价格指数衡量的美国住房相对价格的情况。该相对价格以 2000 年为 100 作标准化
处理。从 2000 年到 2006 年，住房的相对价格飙升——在这几年间大约上涨了 70%。住房
相对价格的这种快速上涨，可归因于抵押贷款市场创新所产生的住房需求高涨。在此期
间，所谓的"次级"抵押贷款市场上的抵押贷款数量激增。次级抵押贷款是贷给高于平均
违约风险的低收入借款者的抵押贷款。有些次级抵押贷款不仅不怎么筛选借款人，还提供
非常慷慨的条件（至少在短期），比如低利率和低首付款。

从 2006 年开始，一个意想不到的变化是住房的相对价格急剧下跌。如图 2-4 所示，
住房的相对价格从最高峰到 2012 年初，下跌了大约 40%。这一时期房价为什么下跌，成
为经济学家们争论的一个主题。有些经济学家认为，2006 年以前房价快速上涨，属于资产
价格"泡沫"。在这种所谓的"泡沫论"（bubble view）的倡导者看来，2006 年以前，房价
不仅脱离了基本经济决定因素——收入、其他商品和服务的价格、利率、建筑成本以及土
地的稀缺性，同时又受到投机的驱动，不断上涨。根据泡沫论，泡沫终将破灭，始于 2006
年的房价大跌就应验了。另一种观点是基本面论（fundamental view），认为资产的市场价
格无外乎由供给和需求（在此就是住房的供给和需求）的影响因素来解释（也许要经过一
番艰苦的思索与研究）。针对 2006—2012 年住房价格下跌的一种可能解释是，住房市场的
参与者已经意识到，许多借款人用借来的次级抵押贷款买了房子后还不起款。次级借款人
开始拖欠贷款，要求退房子，同时新的次级贷款又被切断。所有这些都降低了住房需求，
同时也就降低了住房价格。

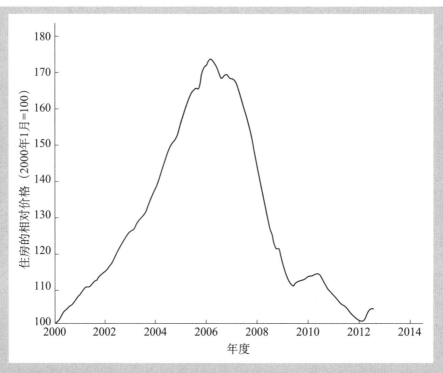

图 2-4 美国住房的相对价格

本图显示了住房的相对价格（住房的名义价格除以消费价格指数）。特别要指出的是，从 2006 年开始，住房的相对价格急剧下降。

　　不管泡沫论和基本面论谁对谁错，总之，有充分的理由认为，2012 年伊始的住房价格比 2006 年住房市场繁荣时期的住房价格更准确地反映出美国住房对于居民的价值。这对 GDP 的衡量有什么影响？2006 年，实际 GDP 是 129 585 亿美元（以 2005 年美元计），而实际住宅建设合 7 182 亿美元（以 2005 年美元计）。[①] 因此，住宅建设占 GDP 的 5.5%。当衡量住宅建设时，新住房的产出是用住房销售价格来衡量的。因此，如果住房的相对价格比 2006 年低 40%，那么，计入 GDP 的住宅建设也要低 40%，或者说是 4 309 亿美元（以 2005 年美元计）而非 7 182 亿美元（以 2005 年美元计）。这相当于实际 GDP 减少了 2.2%，是一笔可观的数量。GDP 的这种错误计算结果分摊到每个居民头上大约是 925 美元，也可以说，在这次温和的经济衰退中，减少的实际 GDP 分摊到每个居民头上大约是 925 美元。

储蓄、财富和资本

　　尽管 NIPA 中的 GDP 各构成因素衡量的是当期发生的总体经济活动，但引起

---

　　① 资料来源：Department of Commerce，Bureau of Economic Analysis.

宏观经济学家兴趣的另一个重要方面是总生产能力，以及总储蓄是如何提高这种生产能力的。在本节，我们将用几个核算恒等式探讨储蓄、财富和资本之间的关系。

经济学中的一个重要区别是**流量**（flows）和**存量**（stocks）。流量是单位时间的速率，而存量是客观对象在某时点上存在的数量。在 NIPA 中，GDP、消费、投资、政府支出和净出口都是流量。例如，GDP 是用每个时期花掉的美元来衡量的。相反，美国在某一年末的住房数量就是存量。下面，我们将论述国民储蓄是流量，而国民财富是存量。在此情况下，国民储蓄是一种每年都增加国民财富存量的流量。流进浴缸的水是一个典型的相似例子，每分钟从水龙头流出的水量是一个流量，而任何时点上浴缸里的水量就是一个存量。

储蓄有多种不同的表现形式，取决于我们指的是私人（非政府）部门、政府还是整个国家。要想确定私人部门的储蓄，我们必须首先了解哪些收入是私人部门可用于支出的，这类收入称作**私人可支配收入**（private disposable income），用 Y^d 表示如下：

$$Y^d = Y + NFP + TR + INT - T$$

式中，Y 为 GDP；NFP 为国外对美国居民的净要素支付；TR 为政府对私人部门的转移性支出；INT 为政府债务的利息；T 为税收。提醒一下，GNP 等于 $Y +NFP$。私人部门储蓄只不过是其可用于支出的收入减去消费，用 S^p 表示**私人部门储蓄**（private sector saving），即

$$S^p = Y^d - C = Y + NFP + TR + INT - T - C$$

政府可用于支出的收入是它的税收 T 减去转移性支出 TR，再减去政府债务的利息 INT，它的消费就是**政府支出**（G）。因此，**政府储蓄**（government saving）S^g 可以表示为：

$$S^g = T - TR - INT - G$$

政府储蓄其实就是**政府盈余**（government surplus），而政府盈余则是负的**政府赤字**（government deficit），用 D 表示，即

$$D = -S^g = -T + TR + INT + G$$

这正是政府支出减去政府收入。如果我们把私人储蓄与政府储蓄相加，就可以得到**国民储蓄**（national saving），即

$$S = S^p + S^g = Y + NFP - C - G$$

它等于 GNP 减去私人消费，再减去政府消费。根据收入－支出恒等式可以得出 $Y = C + I + G + NX$，用上面的等式替代 Y，可以得到：

$$S = Y + NFP - C - G$$
$$= C + I + G + NX + NFP - C - G$$
$$= I + NX + NFP$$

因此，国民储蓄必定等于投资加净出口，再加上来自国外的净要素支付。

$NX+NFP$ 等于**经常账户盈余**（current account surplus），用 CA 表示，则有：

$$S=I+CA$$

经常账户盈余是衡量对外商品贸易差额的指标。上面的恒等式反映的事实是，国内投资未吸收的国内储蓄一定会以商品和服务的形式输往国外。

作为流量，国民储蓄增加意味着国民财富增加。由于 $S=I+CA$，所以财富积累有两个途径。第一，财富可以通过投资（I）积累，投资会增加一国的**资本存量**（capital stock）。资本存量是经济体系在某一时点上存在的厂房、设备、住房和存货数量。第二，财富可以通过经常账户盈余（CA）积累，因为经常账户盈余意味着美国居民积累了对外国人的债权。例如，美国出口商品到其他国家，那么支付这些商品的价款一定会使财富从国外转移到美国居民手中，所以经常账户盈余表示对外国人的债权增加。经常账户盈余是一种流量，而美国所拥有的对外国人的债权数量则是一种存量。

劳动力市场衡量

本节讨论的劳动力市场变量是以月度家庭调查衡量的那些变量，这种调查由劳工统计局负责实施。这项调查把人分为三组：**就业者**（employed）——在过去一周里有兼职或全职工作的人；**失业者**（unemployed）——在过去一周里无工作但在过去四周里积极寻找工作的人；**未纳入劳动力人口的人**（not in the labor force）——既不是就业者也不是失业者的人。因此，劳动力人口等于就业者加上失业者。

在分析家庭调查的结果时，焦点是**失业率**（unemployment rate）、**参与率**（participation rate）和**就业-人口比率**（employment/population ratio），衡量方法分别如下：

$$失业率 = \frac{失业人数}{劳动力人口}$$

$$参与率 = \frac{劳动力人口}{适龄就业总人口}$$

$$就业\text{-}人口比率 = \frac{就业总人数}{适龄就业总人口}$$

失业率是非常有用的经济指标，其原因至少有两个。第一，失业率有助于确定**劳动力市场紧张度**（labor market tightness）——企业雇用工人时面临的困难程度，以及潜在的工人找到工作的难易程度。在其他条件不变的情况下，失业率上升，劳动力市场紧张度下降。因为失业率越高，企业招聘工人就越容易，而潜在的工人找到工作的难度就越大。[1] 第二，失业率可作为衡量经济福利的一个间接指标。人均

---

[1] 劳动力市场紧张度的另一衡量指标是失业人数除以职位空缺数，其中的职位空缺数是企业试图填补的公开招聘的职位数。遗憾的是，至少从前几年到现在，美国对职位空缺的测度都不怎么好。

GDP 诚然是衡量一国总经济福利的一个合理指标，但失业率能使我们了解个人收入分配状况。尽管许多国家都有失业保险制度，但失业保险不能提供充分的收入，失业者的收入还是偏低。因此，失业率越高，人口中的收入差距就越大，穷人的集中度就越高。

失业率作为衡量劳动力市场紧张度的一个指标可能有些缺陷，原因在于，它不能针对失业者寻找工作的强度进行调整。当失业率高时，失业者也许没有很努力地寻找工作，例如，每个失业者每天可能会花 1～2 个小时寻找工作。而当失业率低时，失业者可能会竭尽全力找工作，例如，他们每天可能会花 8 或 10 个小时寻找工作。倘若如此，失业率可能是度量劳动力市场紧张度的一个有偏指标，因为同失业率单独反映的情况相比，在经济衰退时企业更难招到工人，而在经济繁荣时企业更容易招到工人。

失业率在反映经济福利时也有偏差。特别是失业率的标准衡量指标没有包括**边缘劳动力**（marginally attached），即不积极寻找工作，但如果给一份工作就接受的潜在工人。在高失业时期，边缘劳动力可能是一个很大的群体。劳工统计局实际上在收集边缘劳动力的数据，其中有些人属于劳动力，但在传统的失业计算方法中未计入。专栏"宏观经济学实践：失业率的各种衡量方法"讨论了其他失业衡量方法如何校正一些潜在的衡量问题，以及如何使用这些衡量方法。

专 栏

宏观经济学实践：失业率的各种衡量方法

图 2-5 显示了劳工统计局（BLS）公布的用三种方法衡量的失业率。图中，U3 是用标准方法衡量的失业率——正在积极寻找工作的适龄就业人数占劳动力总人数的比例。U4 是把沮丧的劳动力（discouraged workers）分别加到失业人数和劳动力人数中。在劳工统计局每月一次的当期人口调查（Current Population Survey，CPS）中，沮丧的劳动力是指既没有就业也没有失业但可以工作，且在最近 12 个月内有时也找工作以及因就业市场的原因而不找工作的适龄就业人员。最后，U5 是把适龄就业的边缘劳动力分别加到失业人数和劳动力人数中而计算出的失业率。边缘劳动力是指既没有就业也没有失业但可以工作，且在最近 12 个月内有时也找工作的适龄就业人员。所有沮丧的劳动力都属于边缘劳动力，但可能是边缘劳动力的人，不一定是沮丧的劳动力。例如，如果一个人一直在寻找工作，但因缺乏合适的职位而停止找工作，他（她）就被归类为沮丧的劳动力。而如果一个人可以工作但没在找工作，也没有明显的理由就不努力找工作，他（她）就被归类为边缘劳动力而不属于沮丧的劳动力。

图 2-5 表明，从长期来看，U3、U4 和 U5 这三种方法所衡量的失业率，其变化如影

随形。因此，每一种衡量指标反映出来的劳动力市场条件的变化都差不多相同。从图2-5看出的一个有趣的特征是，最近这次2007年末发生的经济衰退开始后，U3和U4之间的差额以及U3和U5之间的差额都变大了。比如，2000年1月，U3、U4和U5分别为4.0%、4.2%和4.8%。而到2012年4月，它们分别为8.1%、8.7%和9.5%。因此，2000年1月，沮丧的劳动力在U4中占0.2个百分点，边缘劳动力在U5中占0.8个百分点。然而，到2012年4月，上述比例已分别上升到0.6个百分点和1.4个百分点。可见，在最近这次严重的经济衰退期间，沮丧的劳动力和边缘劳动力变得更加重要了。

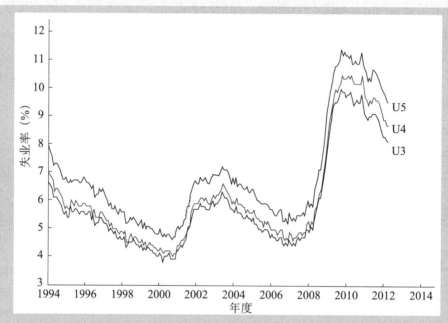

图2-5 失业率的各种衡量指标

图中，U3代表传统的失业率，U4代表包含沮丧的劳动力的失业率，U5代表包含所有边缘劳动力的失业率。在最近始于2007年末的这次经济衰退期间，U4和U3之间的差额、U5和U3之间的差额都变大了。

宏观经济学家在分析劳动力市场活动的情况时，由于对失业率变化的含义的解释存在各种问题，因此，他们经常关注就业水平和就业增长率。从经验角度来说，我们有时对参与率或就业-人口比率的变化比对失业率的变化更感兴趣。从理论上说，我们在本书分析的许多模型没有解释失业的变化，但在第6章详细分析了失业率及其决定因素。

至此，我们已经讲了在NIPA中如何衡量总体经济活动，如何分解名义GDP以获得实际GDP和价格水平的衡量指标，储蓄、财富与资本之间的关系，以及劳动力市场存在的主要衡量问题是什么。在开始论述第4章的宏观经济理论之前，我们先在第3章讨论经济周期的衡量，推导出一些重要的经济周期事实，以后各章专注于理论探讨。

2

本章小结

- 美国的国民收入与生产账户（NIPA）衡量了国内生产总值（GDP）。GDP 的衡量方法有生产法、支出法和收入法，如果没有衡量误差，则每一种方法对某一时期 GDP 的衡量结果都是一样的。

- 由于 GDP 遗漏了家务生产，所以用 GDP 作为衡量总福利的指标必须谨慎。而且，由于存在地下经济，又由于政府产出难以衡量，所以 GDP 作为衡量总产出的指标也存在种种问题。

- 考虑名义 GDP 增长中有多少是由通货膨胀所致、实际 GDP 增长多少是有用的。衡量实际 GDP 的两种方法是选定基年法和链式加权法。后者是 NIPA 当前所采用的方法。当选用基年法且相对价格随着时间的推移而变动时，计算实际 GDP 时出现的偏差可以由链式加权法予以校正。由于难以反映商品质量和性能随着时间的推移而发生的改变，又由于新的商品面世而其他商品会过时，因此衡量实际 GDP 时会出现诸多问题。

- 私人储蓄等于私人可支配收入减去消费，而政府储蓄等于政府收入减去政府支出（包括转移性支出）。政府盈余等于政府储蓄。国民储蓄是私人储蓄和政府储蓄之和，它等于投资支出加上经常账户盈余。国民储蓄就是国民财富的积累，而国民财富主要来自资本存量（投资）增加和国内对外国人的债权（经常账户盈余）增加。

- 我们关注的劳动力市场变量是劳工统计局家庭调查所衡量的那些变量。适龄就业人口由就业者、失业者（那些在寻找工作的人）和那些未纳入劳动力人口的人构成。三个重要的劳动力市场变量是失业率、参与率和就业-人口比率。失业率有时用作衡量劳动力紧张度的指标，但在如何解释失业率上必须谨慎。

主要概念

国内生产总值（gross domestic product，GDP）：一国境内在一定时期内创造的以美元核算的最终产值。

国民收入与生产账户（National Income and Product Accounts，NIPA）：美国官方的总体经济活动账户，包括 GDP 指标。

生产法（product approach）：衡量 GDP 的一种方法，它将 GDP 确定为经济体系中全部生产单位创造的产品和服务增加值之和。

支出法（expenditure approach）：衡量 GDP 的一种方法，它将 GDP 确定为经济体系中用于全部最终产品和服务的支出总额。

收入法（income approach）：衡量 GDP 的一种方法，它将 GDP 确定为各类经济主体因参与生产而获得的全部收入之和。

中间产品（intermediate good）：生产出来然后作为投入品用于另一生产过程的产品。

增加值（value-added）：创造的产品价值减去用于生产的中间产品的价值。

收入-支出恒等式（income-expenditure identity）：$Y=C+I+G+NX$，式中，Y 为总收入（产出）；C 为消费支出；I 为投资支出；G 为政府支出；NX 为净出口。

国民生产总值（gross national product，GNP）：GNP＝GDP＋国外对美国居民的净要素支付。

地下经济（underground economy）：所有未报告的经济活动。

消费（consumption）：当期生产和消费的产品和服务。

投资（investment）：当期生产但不当期消费的产品和服务。

固定投资（fixed investment）：对厂房、设备

和住房的投资。

存货投资（inventory investment）：当期生产并储存起来以备未来之用的产品。

净出口（net exports）：外国人用于购买一国国内生产的产品和服务的支出（出口）减去该国国内居民用于购买外国生产的产品和服务的支出（进口）。

政府支出（government expenditures）：联邦、州和地方政府用于最终产品和服务上的支出。

转移性支出（transfers）：将购买力从一群私人经济主体转移给另一群私人经济主体的政府支出。

价格指数（price index）：经济体系在一特定时期内所生产的一组产品和服务的加权平均价格。

价格水平（price level）：经济体系中全部产品和服务的平均价格水平。

通货膨胀率（inflation rate）：价格水平从一个时期到另一个时期的变动率。

名义变动（nominal change）：产品、服务或资产的货币价值变动。

实际变动（real change）：产品、服务或资产的数量变动。

链式加权（chain-weighting）：利用滚动基年计算实际 GDP 的方法。

隐含 GDP 价格缩减指数（implicit GDP price deflator）：名义 GDP 除以实际 GDP，然后再乘以 100。

消费价格指数（consumer price index，CPI）：按当年价格计算的基年支出额除以按基年价格计算的基年支出额，然后再乘以 100。

流量（flow）：单位时间的速率。

存量（stock）：某种东西在某时点上存在的数量。

私人可支配收入（private disposable income）：GDP＋净要素支付＋政府转移性支出＋政府债务的利息－税收。

私人部门储蓄（private sector saving）：私人可支配收入－消费支出。

政府储蓄（government saving）：税收－转移性支出－政府债务的利息－政府支出。

政府盈余（government surplus）：等于政府储蓄。

政府赤字（government deficit）：负的政府盈余。

国民储蓄（national savings）：私人部门储蓄＋政府储蓄。

经常账户盈余（current account surplus）：净出口＋来自国外的净要素支付。

资本存量（capital stock）：经济体系在某一时点存在的厂房、设备、住房和存货数量。

就业者（employed）：在劳工统计局家庭调查中，在过去一周里从事兼职或全职工作的人。

失业者（unemployed）：在劳工统计局家庭调查中，在过去一周里无工作但在过去 4 周某些时候积极寻找工作的人。

未纳入劳动力人口的人（not in the labor force）：在劳工统计局家庭调查中，既不是就业者也不是失业者的人。

失业率（unemployment rate）：失业人数除以劳动力人口数。

参与率（participation rate）：劳动力人口数除以适龄就业人口数。

就业-人口比率（employment/population ratio）：就业总人数除以适龄就业总人口。

劳动力市场紧张度（labor market tightness）：企业雇用工人时面临的困难程度以及潜在的工人找到工作的难易程度。

边缘劳动力（marginally attached）：既没有就业也没有失业但可以工作，且在最近 12 个月内也找工作的适龄就业人员。

复习题

1. 衡量 GDP 的三种方法是什么？

2. 解释增加值的概念。

3. 收入-支出恒等式为什么重要？

4. GDP 和 GNP 的区别是什么？

5. GDP 是衡量经济福利的好指标吗？为什么？

6. 用 GDP 衡量总产出时的两个难题是什么？

7. GDP 中的最大支出因素是什么？

8. 什么是投资？

9. 国防在政府支出中占很大比例吗？

10. 基年为什么对计算实际 GDP 重要？

11. 解释什么是链式加权法。

12. 解释衡量实际 GDP 时出现的三个问题。

13. 私人部门储蓄、政府储蓄和国民储蓄有何异同？

14. 国民财富积累有哪两种途径？

15. 解释失业率可能没有正确地衡量我们所希望衡量的两个原因。

思考题

1. 假定经济体系中有两个生产者，一个是小麦生产者，另一个是面包生产者。在某一年，小麦生产者生产了 3 000 万蒲式耳小麦，以每蒲式耳 3 美元的价格卖给面包制造者 2 500 万蒲式耳，余下的 500 万蒲式耳小麦储存起来，作为来年种植小麦的种子。面包生产者生产了 1 亿个面包，将其以每个 3.5 美元的价格卖给消费者。用生产法和支出法分别计算这个经济体系该年的 GDP。

2. 假定经济体系中有一个煤炭生产者、一个钢铁生产者和一些消费者（不存在政府）。在某一年，煤炭生产者生产了 1 500 万吨煤，以每吨 5 美元的价格将其卖出。煤炭生产者付给消费者的工资是 5 000 万美元。钢铁生产者将 2 500 万吨的煤作为中间产品投入到钢铁生产中，所有煤的采购价都是每吨 5 美元。在这 2 500 万吨煤中，有 1 500 万吨购自国内的煤炭生产者，有 1 000 万吨依靠进口。钢铁生产者生产钢铁 1 000 万吨，以每吨 20 美元的价格将其出售。其中，国内消费者购买了 800 万吨钢铁，余下的 200 万吨出口外销。钢铁生产者付给消费者的工资是 4 000 万美元。国内生产者创造的全部利润都分配给国内消费者。

（a）用生产法、支出法和收入法分别计算 GDP。

（b）计算经常账户盈余。

（c）这个经济体的 GNP 是多少？若煤炭生产者是外国人，国内生产煤炭所产生的利润都归外国人所有，并不分配给国内消费者，计算这种情形下的 GNP 和 GDP。

3. 假定经济体系中有两家企业。企业 A 生产小麦，企业 B 生产面包。在某一年，企业 A 生产了 50 000 蒲式耳小麦，以每蒲式耳 3 美元的价格卖给企业 B 20 000 蒲式耳小麦，以同样价格出口 25 000 蒲式耳小麦，将余下的 5 000 蒲式耳小麦作为存货储存起来；它付给消费者的工资是 50 000 美元。企业 B 生产了 50 000 个面包，以每个 2 美元的价格全部卖给国内消费者；它付给消费者的工资是 20 000 美元。消费者除了从企业 B 那里购买 50 000 个面包外，还进口并消费了 15 000 个面包，他们支付的进口面包价格是每个 1 美元。用生产法、支出法和收入法分别计算该年的 GDP。

4. 在第 1 年和第 2 年，某一经济体中有两个生产者，即计算机生产者和面包生产者。假定没有中间产品。在第 1 年，计算机的产量是 20 台，并以每台 1 000 美元的价格售出；在第 2 年，以每台 1 500 美元的价格卖了 25 台计算机。在第 1 年，10 000 个面包以每个 1 美元的价格售出；在第 2 年，以每个 1.1 美元的价格卖了 12 000 个面包。

（a）计算每一年的名义 GDP。

（b）计算每一年的实际 GDP，并以第 1 年为基年，计算实际 GDP 从第 1 年到第 2 年的增长百分比。然后，用链式加权法进行同样的计算。

（c）以第 1 年为基年，计算隐含 GDP 价格缩减指数和从第 1 年到第 2 年的通货膨胀率。然后，用链式加权法进行同样的计算。

（d）假定第 2 年计算机的生产力是第 1 年的 2

倍，也就是说，第 2 年计算机的质量提高了，第 2 年的一台计算机相当于第 1 年的两台计算机，这将如何改变 (a)、(b)、(c) 的计算结果？解释其中的差异。

5. 假定经济体中只有花椰菜和西兰花两种产品。在第 1 年，花椰菜生产并消费了 5 亿磅，售价是每磅 0.5 美元；而西兰花生产并消费了 3 亿磅，售价是每磅 0.8 美元。在第 2 年，花椰菜生产并消费了 4 亿磅，售价是每磅 0.6 美元，而西兰花生产并消费了 3.5 亿磅，售价是每磅 0.85 美元。

（a）以第 1 年为基年，计算第 1 年和第 2 年的隐含 GDP 价格缩减指数，并根据这个指数计算从第 1 年到第 2 年的通货膨胀率。

（b）以第 1 年为基年，计算第 1 年和第 2 年的 CPI，并计算 CPI 通货膨胀率。解释 (a) 和 (b) 计算结果的差异。

6. 假定经济体中有一个玉米生产者、一些消费者和一个政府。在某一年，玉米生产者种植了 3 000 万蒲式耳玉米，其市场价格是每蒲式耳 5 美元。在这 3 000 万蒲式耳玉米中，2 000 万蒲式耳玉米卖给了消费者，500 万蒲式耳玉米作为存货储存起来，500 万蒲式耳玉米卖给政府作为军队的给养。玉米生产者付给消费者的工资是 6 000 万美元，向政府纳税 2 000 万美元。消费者向政府纳税 1 000 万美元，得到政府债务支付的利息 1 000 万美元，领取政府支付的社会保障金 500 万美元。玉米生产者的利润被分配给消费者。

（a）分别用生产法、支出法和收入法计算 GDP。

（b）计算私人可支配收入、私人部门储蓄、政府储蓄、国民储蓄和政府赤字。政府预算是赤字还是盈余？

7. 一些国家对某些商品实行价格管制，对一些出售的商品实行最高限价。实际上，在尼克松政府于 1971 年实行工资和价格管制后，美国经历了一段工资和价格管制时期。有时，实行价格管制会导致黑市盛行，黑市里买卖商品的价格要高于法定的最高限价。请解释价格管制对于衡量 GDP、价格水平和通货膨胀提出了什么问题。

8. 在本章得知，2012 年 3 月每位美国居民人均持有的货币约为 3 490 美元。假定我们想用此数来估计美国 2009 年的地下经济产出量。试讨论如何利用流通中的货币量这一信息以及你能想到的其他信息提出一种不错的估计。在你的答案中，要考虑地下交易在美国不用美元而用其他手段是如何发生的，以及在美国部分美元如何未被用于地下交易。

9. 国内生产总值包括所谓的 FIRE 部门（即金融、保险和房地产部门）的产值。都知道 FIRE 部门的增加值难以衡量，因为无法准确确定投入和产出。比如，银行属于 FIRE 部门，而且我们知道，银行通过使借贷活动更有效率和提供交易服务会增加我们的福利。可是，由于银行的大多数投入和产出不能表现为现实的物理量，因此，银行业务的增加值比苹果生产的增加值衡量起来要困难得多。最近，发生了几起备受瞩目的金融丑闻，比如安然事件和纽约的麦道夫丑闻，都是财务公司和个人赚了大钱，而实际上提供了很少的金融服务或根本没有提供金融服务。请讨论这种金融犯罪活动对 GDP 衡量的影响。

10. 在美国，银行间的大部分交易都是通过美联储大额转账系统（Fedwire）完成的，这是由美联储操控的电子支付系统。2008 年，通过美联储大额转账系统完成的支付平均每天有 521 000 笔，总值达 2.7 万亿美元。这些交易的中位值是 24 000 美元，平均值是 580 万美元。2008 年的 GDP 为 14.3 万亿美元，通过美联储大额转账系统完成的日平均交易总量大约占年 GDP 总量的 19%。这些统计数字表明美国官方的国民收入核算可能存在很大误差吗？或者说，这与准确衡量的总体经济活动的官方 GDP 数字完全一致吗？请解释并讨论你的答案。

11. 考虑以下恒等式：

$$S^p - I = CA + D$$

式中，S^p 为私人部门储蓄；I 为投资；CA 为经常账户盈余；D 为政府赤字。

(a) 证明上述恒等式成立。

(b) 解释上述恒等式的含义。

12. 令 K_t 代表一国在第 t 期伊始的资本量。假设资本折旧率为常量 d，则 dK_t 为在第 t 期资本存量的损耗量。假定第 t 期期间的投资为 I_t，该国与其他国家没有贸易（经常账户盈余总为零），则在第 $t+1$ 期伊始的资本量为：

$$K_{t+1}=(1-d)\ K_t+I_t$$

假定在第 0 年伊始该国有 80 单位的资本量，从第 0 年到第 10 年间每年的投资支出都为 10 单位，资本存量的折旧率每年为 10%。

(a) 计算从第 0 年到第 10 年每年伊始的资本量。

(b) 重做（a），但现在假定该国第 0 年的资本量为 100 单位。请解释现在会发生什么情况，并讨论你关于（a）和（b）的计算结果。

13. 假定政府赤字是 10，政府债务的利息是 5，税收是 40，政府支出是 30，消费支出是 80，净要素支付是 10，经常账户盈余是 -5，国民储蓄是 20，计算以下项目（不一定按给定的顺序）。

(a) 私人可支配收入。

(b) 政府对私人部门的转移性支出。

(c) 国民生产总值。

(d) 国内生产总值。

(e) 政府盈余。

(f) 净出口。

(g) 投资支出。

14. 假定失业率为 5%，全部适龄就业人口为 1 亿人，失业人数为 250 万。计算：

(a) 参与率。

(b) 劳动力。

(c) 失业人数。

(d) 就业-人口比率。

第3章 经济周期的衡量

在构建总体经济活动模型用于解释经济周期为何存在以及应如何应对之前，我们必须搞清楚用以界定经济周期的经济数据所表现出来的重要特征。在本章，我们集第2章所讨论的国内生产总值（GDP）、价格水平、储蓄和财富于一体，分析总体经济变量随时间推移而波动时各变量之间的关系规律。

我们认为，经济周期相当无规律，原因是实际GDP的变化难以预测；宏观经济预测也很难预测经济周期好转或经济衰退的时间点。然而，就宏观经济变量的联动而言，经济周期又是相当有规律的，也就是说，这些变量一起变化的情况是可预测的。我们将分别讨论实际GDP的各构成因素、名义变量和劳动力市场变量。

本章描述了一些与美国宏观经济数据联动有关的重要经济周期事实。在第4章、第5章、第11章和第12章，我们将利用这些事实说明模型如何能解读我们对数据的观察。在第13章和第14章，我们还将利用这些重要的经济周期事实帮助我们评价不同的经济周期理论。

GDP 波动的规律性

经济周期（business cycles）的主要特征是，它们围绕着实际GDP的趋势波动。我们在第1章讲过，用与现实的实际GDP拟合得很好的平滑曲线来表示实际GDP的趋势；趋势则表明部分实际GDP可由长期增长因素来解释，而其余部分，即偏离趋势的部分，代表经济周期活动。

图3-1显示了实际GDP的理想化经济周期活动，它围绕着长期趋势波动。在图中，实际GDP及其趋势分别用不同的曲线表示。在实际GDP中有**高峰**（peaks）和**低谷**（troughs），高峰是对趋势比较大的正偏离，低谷是对趋势比较大的负偏离。实际GDP偏离趋势的高峰和低谷被称为**拐点**（turning points）。比照物理学中的波浪运动，我们把图3-1中对趋势的最大偏离称作经济周期的**波幅**（amplitude），把实际GDP中高峰每年发生的次数称作经济周期的**频率**（frequency）。

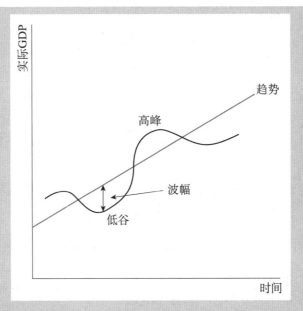

图 3－1　理想化的经济周期

图中，一条曲线是理想化的实际 GDP 随时间变化的轨迹，另一条曲线是实际 GDP 的增长趋势。随着时间的推移，实际 GDP 围绕趋势变化，低谷是对趋势的最大负偏离，高峰是对趋势的最大正偏离。波幅是对趋势的最大偏离程度，频率是一年内高峰发生的次数。

　　图 3－2 显示了美国 1947—2012 年实际 GDP 偏离趋势的现实百分比。最终形成高峰的对趋势的一系列正偏离代表**经济繁荣**（boom），而最终形成低谷的对趋势的一系列负偏离代表**经济衰退**（recession）。图 3－2 标出了 5 次重大的经济衰退，分别发生在 1974—1975 年、1981—1982 年、1990—1991 年、2001 年和 2008—2009 年。在这些经济衰退中，前两次经济衰退非常明显，实际 GDP 偏离趋势在 4％以上；中间两次经济衰退相对温和一些，偏离趋势在 1％～2％之间；而最近的一次经济衰退——2008—2009 年经济衰退与 1981—1982 年经济衰退的严重程度差不多。

　　观察图 3－2 可看出明显的规律性，即对实际 GDP 趋势的偏离具有**持续性**（persistent）。也就是说，当实际 GDP 高于趋势时，它往往就保持在趋势之上；当它低于趋势时，它往往就保持在趋势之下。这个特征对短期经济预测意义重大；持续性意味着我们可以胸有成竹地预言：如果实际 GDP 目前低（高）于趋势，那么从现在开始，它将在几个月内低（高）于趋势。然而，除了具有持续性外，实际 GDP 的趋势偏离实际上相当无规律。图 3－2 显示出其他三个特征：

　　1. 实际 GDP 偏离趋势的时间序列很不稳定。

　　2. 实际 GDP 围绕趋势波动的幅度没有规律性。有些高峰和低谷对趋势的偏离很大，而有些高峰和低谷对趋势的偏离则较小。

　　3. 实际 GDP 围绕趋势波动的频率没有规律性。实际 GDP 中高峰和低谷之间的时间跨度变化很大。

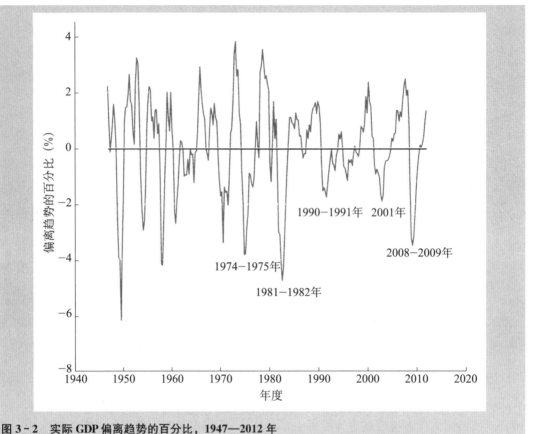

图 3-2 实际 GDP 偏离趋势的百分比，1947—2012 年
特别标明的是 1974—1975 年、1981—1982 年、1990—1991 年、2001 年和 2008—2009 年这五次最近的经济衰退。

尽管实际 GDP 的趋势偏离具有持续性，使短期预测比较容易，但上述三个特征则意味着长期预测是很难的。实际 GDP 波动的不稳定使这些波动难以预测，而波幅和频率的无规律则意味着难以预测经济衰退和经济繁荣的强度和时间长短。因此，单凭过去的实际 GDP 来预测未来的实际 GDP 波动，与试图看窗外来预测天气相差无几。假如今天艳阳高照，明天也可能艳阳高照（天气具有持续性），但今天艳阳高照的事实对我们预测随后一周里是否也艳阳高照，提供的信息量非常少。

专栏

宏观经济学实践：经济预测与金融危机

如第 1 章所说，每个宏观经济模型都有特定目的。首先，我们可能需要一个有助于我们理解某一特定经济现象的模型。比如，我们可能想知道经济为什么随着时间的推移而不断增长。其次，我们也许对预测经济政策的影响感兴趣，比如某项政府税收提案对实际 GDP 和就业有何影响。对于了解经济现象、预测经济政策的影响等这类问题，应用结构模型很重要。这里所谓的"结构",意思是说,这类模型的构建依据的是基本的微观经济学原理,且当政策制定者改变其行为时,私人行为关系并不改变。可以说,结构模型不会遭受"卢卡斯批判"。[①]

预测经济政策的影响完全不同于宏观经济预测,后者基于我们今天观察到的情况来预测未来经济变量的变化过程。有些经济学家指出,经济预测不一定非要经济理论。与托马斯·萨金特(Thomas Sargent)共同获得 2011 年诺贝尔经济学奖的克里斯托弗·西姆斯(Christopher Sims)在一定程度上就是因创立了向量自回归方法而闻名,这种与理论无关的统计方法刻画了经济时间序列的动态特征。[②] 这种方法被应用于明尼阿波利斯联邦储备银行(Federal Reserve Bank of Minneapolis)在 20 世纪 70 年代和 80 年代创立的贝叶斯向量自回归(Bayesian vector autoregression,BVAR)模型中,而这些贝叶斯向量自回归模型在预测中已得到成功的运用。在构建或运行贝叶斯向量自回归模型时,无须经济理论作支撑,只要知道统计数据和计算方法即可。贝叶斯向量自回归模型捕捉到的细节比我们在图 3-2 中看到的更多;该模型的部分功能就是根据实际 GDP 的历史表现——比如它的持续时间和变化频率来预测实际 GDP。贝叶斯向量自回归模型在进行预测时,还考虑了实际 GDP 与其他经济变量之间的历史关系。

如果我们认真接受克里斯托弗·西姆斯的思想,那么宏观经济学知识的价值不是要作出预测,而是在于理解宏观经济现象,指导宏观经济政策。这也许与人们对经济学家应当做什么的看法不一致。就像人们期待气象学家做好天气预报一样,人们时常期望宏观经济学家做好重大的宏观经济事件的预测。的确,在最近的全球金融危机之后,宏观经济学家受到了一些批评,被指责他们没有提前预警到这次危机。这些批评有无道理?

经济理论有时告诉我们,预测是徒劳的。比如,基本理论告诉我们,股票价格每天的变化是无法预测的。假如我们知道明天的股票价格比今天的高,我们就会买进股票。结果,今天的股票市场价格会被拉升(因为购买股票的需求增加了),直到今天的股票价格与明天的股票价格相同为止。同样,如果大家都认为明天的股票价格将比今天的低,那么今天的股票价格就会下跌。我们应该看到,在任何时点上,某只股票的价格是对其明天价格的最好预测。因此,经济理论告诉我们,股票价格每天的变化无法预测。这时常称为"有效市场假说"(efficient markets hypothesis)。

类似的思想适用于金融危机。金融危机涉及信贷市场的剧烈动荡。利率和股票价格大幅波动,信贷市场活动骤减。要是有人预测到这种事件,他们就能据此信息获得丰厚的利润。正如有效市场假说所说的那样,一个得到普遍认可的观点是,金融危机明天将发生会使其今天就发生。比如,如果人们预测金融危机使股票价格下跌 20%,那么今天的股票价格就会下跌 20%。

---

① R. Lucas,1976. "Econometric Policy Evaluation:A Critique," *Carnegie-Rochester Conference Volume on Public Policy* 1,19-46.

② C. Sims,1980. "Macroeconomics and Reality," *Econometrica* 48,1-48.

在金融危机的经济模型中，生活在模型中的虚拟人知道金融危机可能发生，但他们不能预测它。同样存在的可能情况是，生活在模型中的政策制定者不能预测金融危机，也无法防范金融危机。[①] 进一步来说，我们即使有很好的金融危机模型，经济学家也不可能用这些模型对金融危机作出预测。不过，经济学家也许能用金融危机模型设计出一些防范金融危机爆发或减轻金融危机影响的监管措施。

结论就是，预测未来事件的能力不能视为检验宏观经济学的试金石。宏观经济学虽然在预测方面做不了什么，但在其他许多方面可以大有作为。

联动

尽管实际 GDP 波动具有不规律性，但宏观经济诸变量一起波动的格局显示出了较强的规律性。我们把这些波动格局称为**联动**（comovement）。罗伯特·卢卡斯曾经评论道："就（经济时间）序列之间联动的行为性质而言，经济周期都是类似的。"[②]

宏观经济变量可以用**时间序列**（time series）来衡量；例如，实际 GDP 可以用一系列季度观测数据来衡量。当我们分析宏观经济时间序列中的联动时，每次我们都是成对地观察这些时间序列，并对数据作图。例如，假定有两个时间序列，我们想研究它们的联动。首先我们会通过消除趋势将这两个时间序列加以变换，用 x 和 y 表示对这两个时间序列趋势偏离的百分比。对 x 和 y 作图的一种方式是时间序列形式，如图 3-3 所示。对于时间序列图，我们首先要观察的是 x 和 y 中的**正相关**（positive correlation）或**负相关**（negative correlation）格局。在图 3-3（a）中，x 和 y 正相关：当 y 高时，x 也高；当 y 低时，x 也低。也就是说，当一个经济时间序列高于（低于）趋势时，另一个经济时间序列往往也高于（低于）趋势。在图 3-3（b）中，x 和 y 负相关：当 y 低（高）时，x 高（低）。

对数据作图的另一种方式是**散点图**（scatter plot），用横轴表示 x，用纵轴表示 y。在图 3-4 中，散点图上的每一点都是 x 和 y 在特定时期的观察值。图中 x 和 y 是正相关还是负相关，取决于与散点图中各点最拟合的那条直线的斜率。图 3-4（a）显示 x 和 y 正相关，图 3-4（b）显示两者负相关，图 3-4（c）显示两者不相关。例如，如果我们有各时期的消费总额和收入总额数据，作出消费（y 轴）与收入（x 轴）的散点图，我们就会观察到它们呈正相关关系；一条斜率为正的直线会与散点图中的各点拟合得很好。

---

① 比如参见 H. Ennis and T. Keister, 2010. "Banking, Panics and Policy Responses," *Journal of Monetary Economics* 57，404-419。

② R. Lucas, 1981. "Understanding Business Cycles," in *Studies in Business Cycle Theory*, Cambridge, MA：MIT Press，p. 218.

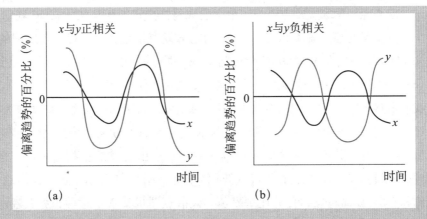

图 3-3　x 和 y 的时间序列图

(a) 两个时间序列正相关。当 x 高（低）时，y 往往也高（低）。(b) 两个时间序列负相关。当 x 高（低）时，y 往往低（高）。

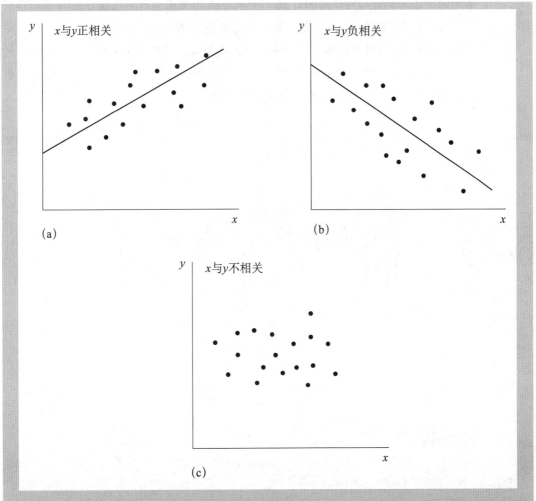

图 3-4　变量 x 和 y 的相关性

(a) 在散点图中，变量 x 与 y 正相关。(b) x 与 y 负相关。(c) x 与 y 不相关。

3

  宏观经济学家常常主要关注单个宏观经济变量如何与实际 GDP 联动。如果一个经济变量的趋势偏离和实际 GDP 的趋势偏离正相关，它就是**顺周期的**（procyclical）；如果它的趋势偏离和实际 GDP 的趋势偏离负相关，它就是**逆周期的**（countercyclical）；如果它既不顺周期，也不逆周期，它就是**非周期的**（acyclical）。我们考察美国 1947—2012 年实际 GDP 和实际进口之间的关系，以此作为两个宏观经济时间序列联动的例子。图 3-5 显示了实际 GDP 偏离趋势的百分比和实际进口偏离趋势的百分比这两个时间序列格局，呈现出明显的正相关格局：当 GDP 高（低）于趋势时，进口往往也高（低）于趋势。图 3-6 显示了进口偏离趋势的百分比和 GDP 偏离趋势的百分比观察值，该散点图也呈现了这种正相关性。请注意，在图 3-6 中，与各点拟合的直线的斜率是正的。

  衡量两个变量相关程度的指标是**相关系数**（correlation coefficient）。变量 x 和 y 的相关系数的取值范围是 $-1\sim1$。如果相关系数为 1，那么 x 和 y 就**完全正相关**（perfectly positively correlated），x 和 y 散点图的观察值就落在具有正斜率的直线上。如果相关系数为 -1，那么 x 和 y 就**完全负相关**（perfectly negatively correlated），散点图就由具有负斜率的直线上的各点构成。如果相关系数为 0，那么 x 和 y 就不相关。在上面的例子中，实际 GDP 偏离趋势的百分比和实际进口偏离趋势的百分比具有 0.72 的相关系数，表明两者正相关。

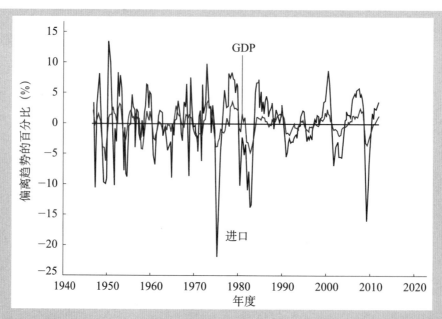

图 3-5　进口和 GDP

该图作为一个例子，显示了美国 1947—2012 年实际进口偏离趋势的百分比和实际 GDP 偏离趋势的百分比这两个时间序列。进口和 GDP 明显正相关，因此进口是顺周期的。

资料来源：U. S. Department of Commerce，Bureau of Economic Analysis.

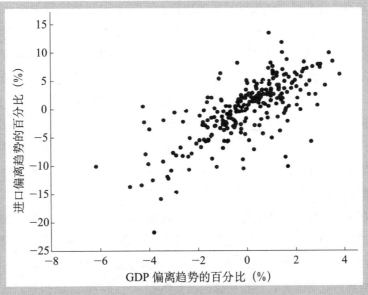

图 3-6　进口和 GDP 的散点图

图中的数据与图 3-5 中的一样,但是以散点图而不是以时间序列的形式出现。图中,我们再次观察到进口和 GDP 正相关,因为具有正斜率的直线与散点非常吻合。这再次表明进口是顺周期的。

　　联动的一个重要组成部分是存在于宏观经济数据中的先行关系和滞后关系。一方面,倘若某个宏观经济变量有助于预测实际 GDP 的未来走向,我们就将它称为**先行变量**(leading variable);另一方面,倘若实际 GDP 有助于预测某一特定宏观经济变量的未来走向,这一变量就被称为**滞后变量**(lagging variable)。图 3-7 显示了实际 GDP 偏离趋势的百分比与两个变量(x 和 y)的理想化时间序列图。图 3-7(a)中的变量 x 是先行变量,而图 3-7(b)中的变量 y 是滞后变量。**同步变量或一致变量**(coincident variable)是既不先于实际 GDP 变动也不后于实际 GDP 变动的变量。

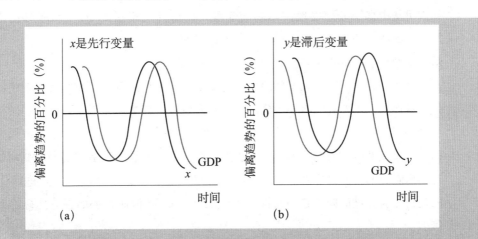

图 3-7　先行变量和滞后变量

图(a)中的 x 是先行变量,因为它的高峰和低谷常常比实际 GDP 出现得早。图(b)中的 y 是滞后变量,因为它的高峰和低谷常常比实际 GDP 出现得晚。

3

知道经济变量之间先行关系的规律性，对于宏观经济预测和政策制定大有裨益。一般来说，内含丰富的未来宏观经济活动信息的宏观经济变量，在预测实际GDP的未来走向时可能很有用。比如，股票市场就是一个极其有用的候选先行经济变量。金融理论告诉我们，股票市场价格包含了经济体系中企业未来盈利能力的信息，所以，股票市场价格的联动很可能是实际GDP未来联动的重要信号。不过，股票市场的波动是出了名的——股票市场价格在某一天就可能发生剧烈震荡，似乎没有任何理由说它能提供什么有价值的新信息。引用获得诺贝尔经济学奖的经济学家保罗·萨缪尔森（Paul Samuelson）的一句名言："股票市场对过去五次经济衰退预测到九次。"

在美国，另一个重要的先行宏观经济变量是月度住房开工数。住房开工是指私人住宅的建设计划开始。私人住宅可能是一座独门独院的房子，也可能是一栋多家庭居住的楼房。因此，住房开工意味着承诺要在今后几个月甚至几年进行住宅投资。要履行这种承诺，建筑商就应该有信心——经济状况会很好，住宅一旦完工就会很快售罄。因此，如果出现引起经济决策者对未来变得更加乐观（悲观）的信息，住房开工率将上升（下降）。住宅投资在GDP中所占的比重虽然不大（2011年大致仅为2.2%），但变化无常，是GDP组成部分中很不稳定的一部分，也是经济衰退时期GDP下降的罪魁祸首。的确，人们普遍认为，正是房地产行业和抵押贷款市场出了问题才触发了2008—2009年经济衰退。

图3-8显示出1959—2012年实际GDP和住房开工率偏离趋势的百分比。图中，将住房开工率偏离趋势的百分比除以10之后，我们就可以更加清楚地看到二者的联动关系。图中，住房开工率偏离趋势4%，意味着现实住房开工率偏离趋势40%，从中可清楚地看出住房开工率与GDP之间的先行关系。特别需要指出的是，住房开工率的拐点往往领先于实际GDP的拐点。还有一个令人感兴趣的特征是，我们可从中得知最近房地产市场的崩盘。住房开工率从2006年高峰时比趋势高28%（即图中的2.8%），跌至2009年比趋势低45%（即图中的4.5%）。如图所示，这种跌落虽然并非是史无前例的，但不能不说非常大。

经济变量之间联动关系的最后一个重要特征是，经济变量在经济周期中的变化是有规律的。正如我们将要看到的，有些宏观经济变量变化无常，而有些宏观经济变量相对于趋势而言，其变动格局又是非常平滑的。这些变化格局是经济周期演变的重要组成部分，而经济周期演变正是我们想要弄清楚的。衡量周期性变动的指标是偏离趋势的百分比**标准差**（standard deviation）。例如在图3-5中，进口比GDP的变化更大。进口偏离趋势的百分比标准差是GDP偏离趋势的百分比标准差的两倍多。

下面我们要分析一些重要的宏观经济变量，并评判它们（1）是顺周期的还是逆周期的；（2）是先行变量还是滞后变量；（3）比实际GDP的变化大还是小。这些事实构成了重要的经济周期规律，我们将用宏观经济理论来解释这些规律。

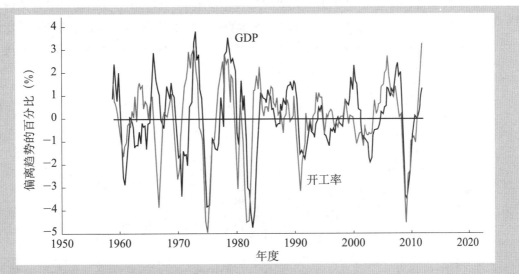

图 3 - 8 实际 GDP 和住房开工率偏离趋势的百分比，1959—2012 年

将住房开工率偏离趋势的百分比除以 10 后，我们可以更清楚地看到二者的联动关系。住房开工率显然领先于实际 GDP（请特别注意拐点的时间起始）。

GDP 的构成

图 3 - 9 给出了实际总消费和实际 GDP 偏离趋势的百分比。显然，消费的趋势偏离和 GDP 的趋势偏离高度正相关，原因是当 GDP 高（低）于趋势时，消费往往也高（低）于趋势；这两个时间序列联动紧密。实际消费偏离趋势的百分比和实际 GDP 偏离趋势的百分比之间的相关系数是 0.78，远大于零，因此消费是顺周期的。在图 3 - 9 中，实际消费和实际 GDP 之间的先行关系或滞后关系看上去不明显，即消费拐点看上去既不在实际 GDP 拐点之前，也不在其之后，因此，消费是同步变量。

从图 3 - 9 可知，消费的变化幅度要小于 GDP，原因是消费的趋势偏离常常小于 GDP 的趋势偏离。在第 9 章，我们将学习消费的跨期决策理论，它解释了消费为何往往比 GDP 平滑。从图 3 - 9 给出的数据可知，实际消费偏离趋势的百分比标准差是实际 GDP 偏离趋势的百分比标准差的 76.6%。这是对我们在图 3 - 9 中观察到的消费比 GDP 平滑这一情况的更准确的衡量。

图 3 - 10 显示了实际投资和实际 GDP 偏离趋势的百分比。与消费一样，投资是顺周期的，因为当 GDP 高（低）于趋势时，它往往也高（低）于趋势。投资偏离趋势的百分比和 GDP 偏离趋势的百分比之间的相关系数为 0.85。由图 3 - 10 可知，投资没有先于或后于 GDP 发生的倾向，故它是一个同步变量。然而，投资的一些组成部分，尤其是住宅投资和存货投资，往往发生在经济周期之前。与消费不

一样的是，投资比 GDP 的变化幅度更大。如图 3-10 所示，投资的趋势偏离往往大于 GDP 的趋势偏离。投资偏离趋势的百分比标准差是 GDP 偏离趋势的百分比标准差的 489.9%。鉴于投资的一些组成部分发生在 GDP 之前，且变化很大，所以投资在经济周期中具有十分重要的作用。

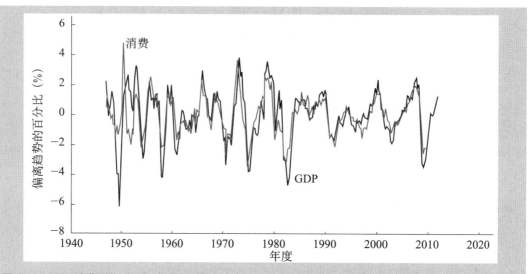

图 3-9 实际消费和实际 GDP 偏离趋势的百分比，1947—2012 年

从图中我们可以看出，消费是顺周期、同步、变化幅度小于 GDP 的变量。

资料来源：U. S. Department of Commerce, Bureau of Economic Analysis.

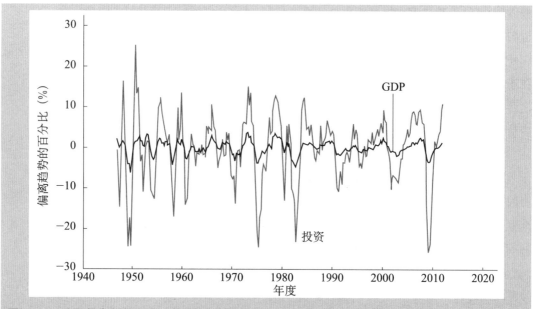

图 3-10 实际投资和实际 GDP 偏离趋势的百分比

由该图可知，投资是顺周期、同步、变化幅度大于 GDP 的变量。

资料来源：U. S. Department of Commerce, Bureau of Economic Analysis.

名义变量

　　货币价格和总体经济活动之间的相关性一直都是宏观经济学家的兴趣所在。20世纪50年代，A. W. 菲利普斯（A. W. Phillips）观察到，在英国，货币工资的变动率和失业率负相关，这种关系后来被称作**菲利普斯曲线**（Phillips curve）。[1] 如果我们把失业率作为衡量总体经济活动的指标（如第6章所述，失业率是一个较强的逆周期变量；当实际GDP高于趋势时，失业率就低），那么菲利普斯曲线就反映了货币价格（货币工资）的变动率与总体经济活动水平的正相关关系。自菲利普斯首次观察到这种现象以来，菲利普斯曲线就被用来说明货币价格（或工资）的变动率或者货币价格（或工资）的趋势偏离与总体经济活动的趋势偏离之间的正相关关系。如第18章所述，观察到的菲利普斯曲线很不稳定（即曲线往往会随着时间的推移而发生变动），且有完善的理论对这种不稳定性作出解释。不过，美国1947—2012年期间的规律是，价格水平对趋势的偏离和GDP对趋势的偏离负相关，在图3-11的散点图中可观察到这一点。我们把这种情况称作**反向菲利普斯曲线**（reverse Phillips curve），因为价格水平和实际GDP负相关，而非正相关；图3-11中的数据显示的相关系数是－0.19。因此，1947—2012年间，价格水平是逆周期变量，但其逆周期性不强。

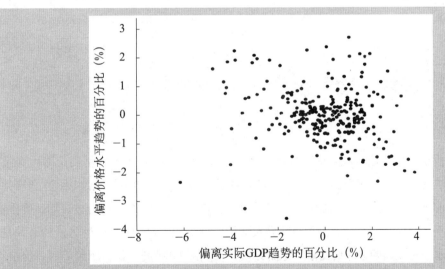

图 3-11　价格水平（隐含 GDP 价格缩减指数）和实际 GDP 偏离趋势的百分比散点图

该图表明，1947—2012年期间两者负相关，因此，价格水平在这个时期是逆周期的。该图反映了反向菲利普斯曲线关系。

资料来源：U. S. Department of Commerce，Bureau of Economic Analysis.

---

[1]　Phillips，A.，1958. "The Relationship Between Unemployment and the Rate of Change of Money Wages in the United Kingdom，1861-1957," *Econometrica* 25，283-299.

在图 3-12 中，价格水平比实际 GDP 更平滑；价格水平偏离趋势的百分比标准差是 GDP 偏离趋势的百分比标准差的 56.4%。价格水平往往比大多数资产价格更平滑。例如，股票市场的股票平均价格比商品和服务的货币价格的变化更大。图 3-12 看上去不存在价格水平有先于或后于实际 GDP 发生的倾向，因而表明价格水平是同步变量。

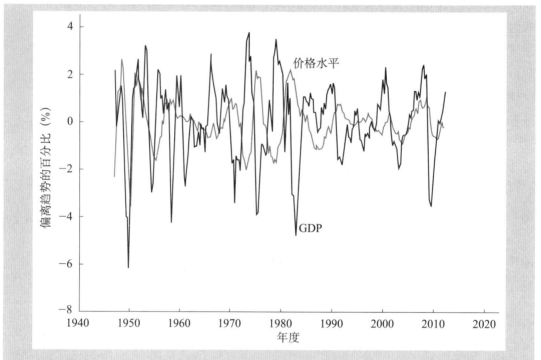

图 3-12　价格水平和 GDP

该图显示了与图 3-11 数据相同的时间序列图。从图中可以看出，价格水平是逆周期、同步、变化幅度小于实际 GDP 的变量。

资料来源：U. S. Department of Commerce, Bureau of Economic Analysis.

价格水平无论是顺周期变量还是逆周期变量，无论是先行变量还是滞后变量，在解决有关经济周期起因的争执中都发挥着重要作用，如第 13 章和第 14 章所述。与先前分析的美国 1947—2012 年的数据相反，在一些国家的某些历史时期，价格水平似乎是顺周期变量，例如两次世界大战期间的美国。对图 3-12 的另一种解释是，价格水平是顺周期、滞后变量。也就是说，当实际 GDP 高（低）于趋势时，价格水平往往大约两年后才高（低）于趋势。然而，在未获得其他证据的情况下，我们仍坚持认为，在第二次世界大战后美国的数据中，价格水平是逆周期的同步变量。

除了菲利普斯曲线关系和反向菲利普斯曲线关系外，名义变量和总体经济活动之间联动的一项重要构成因素是，名义货币供给的趋势偏离与实际 GDP 的趋势偏离正相关。货币供给是衡量经济体系中用于交易的名义资产数量的指标。在美国，货币供给包括美元、银行和其他存款机构的交易账户。图 3-13 给出了美国 1959—

2012 年货币供给指标和实际 GDP 偏离趋势的百分比。[1] 大约在 1980 年以前，货币供给的顺周期性质相当明显，此后，货币供给和实际 GDP 的联系弱化了。图 3-13 中数据的相关系数是 0.20。对名义货币供给和实际 GDP 的另一个重要观察结果是，货币往往是先行变量，我们在图 3-13 中看到，货币供给的拐点往往出现在 GDP 的拐点之前。米尔顿·弗里德曼（Milton Friedman）和安娜·施瓦茨（Anna Schwartz）在研究了美国 1867—1960 年货币供给和实际 GDP 的演变之后，发现了这一结果。[2] 如图 3-13 所示，在 1980 年之前，货币一般领先于产出，但在此之后，很难再看到这种关系。

　　货币供给比 GDP 要平滑一些，货币供给偏离趋势的百分比标准差是 GDP 偏离趋势的百分比标准差的 81.0%，这也可以从图 3-13 中观察到。

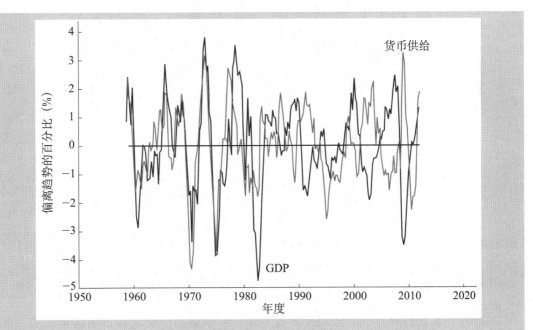

图 3-13　货币供给和实际 GDP 偏离趋势的百分比，1959—2012 年

货币是顺周期、先行变量，其变化幅度小于实际 GDP。

资料来源：U. S. Department of Commerce, Bureau of Economic Analysis, and Board of Governors of the Federal Reserve System.

劳动力市场变量

　　最后我们要考察的经济周期规律是劳动力市场方面的，与我们在第 11～14 章

---

[1]　这里用 M2 作为货币供给的衡量指标。在第 12 章和第 17 章，我们将更详细地讨论货币供给的衡量问题。

[2]　Friedman, M. and Schwartz, A., 1963, *A Monetary History of the United States：1867-1960*, Princeton University Press, Princeton, NJ.

的经济周期模型中所确定的变量有关。首先，图 3 - 14 给出了美国 1948—2012 年期间就业和实际 GDP 偏离趋势的百分比。显然，就业的趋势偏离紧随实际 GDP 的趋势偏离，因而就业是顺周期变量。图 3 - 14 中数据的相关系数是 0.80。在先行关系或滞后关系方面，我们从图 3 - 14 中观察到，就业的拐点滞后于 GDP 的拐点，因而就业是滞后变量。就业的变化小于 GDP，在图 3 - 14 中，就业偏离趋势的百分比标准差是实际 GDP 偏离趋势的百分比标准差的 62.9%。

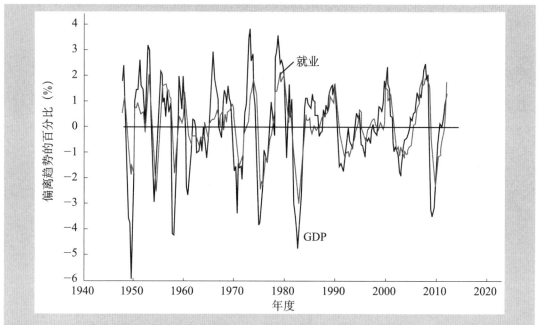

图 3 - 14　就业和实际 GDP 偏离趋势的百分比

就业是顺周期、滞后变量，其变化幅度小于实际 GDP。

资料来源：U. S. Department of Commerce，Bureau of Economic Analysis，and Bureau of Labor Statistics.

在我们所分析的宏观经济模型中，一个重要的变量是市场**实际工资**（real wage），它是单位工时所得工资的购买力，用全部工人的平均货币工资除以价格水平来衡量。实际工资的周期性变化对我们在第 13 章和第 14 章区别不同的经济周期理论至关重要。经验证据有力地表明，实际工资是顺周期的。[1] 我们没有给出总体实际工资的数据，因为难以通过分析总体数据来衡量实际工资和实际 GDP 之间的关系。关键问题是，劳动力的构成常常在经济周期之间发生变动，而经济周期常常会扭曲实际工资和实际 GDP 的相关性。对于实际工资是先行变量还是滞后变量，并没有什么有力的证据。

---

[1]　G. Solon，R. Barsky，and J. Parker，February 1994. "Measuring the Cyclicality of Real Wages：How Important Is Composition Bias?" *Quarterly Journal of Economics* 109，1 - 25.

宏观经济学实践：失业型复苏

在图 3 - 14 中，我们无法清楚地看到美国就业的一个特征，即"失业型复苏"（jobless recoveries）现象。从图 3 - 14 看到，就业是顺周期的，且常常滞后于实际 GDP。如果把实际 GDP 陷入低谷后的一段时间界定为"复苏"的话，我们观察到的一般情况会是一种失业型复苏，意思是说，实际 GDP 陷入低谷之后，就业往往陷入低谷。不过，人们通常所理解的失业型复苏远不止如此。一般而言，就业在实际 GDP 陷入低谷后返回到其趋势前经历了相当长的时期，就可以说发生了失业型复苏。

图 3 - 15 显示了 1970—2012 年间就业总量的自然对数，揭示出该数据的增长趋势。图 3 - 15 与图 3 - 14 所用的就业衡量指标不同。图 3 - 15 中的就业是从企业层面来衡量的（一个企业就是一个生产单位，比如一家生产厂），而图 3 - 14 中的就业则是从家庭层面来衡量的。企业层面的就业比家庭层面的就业在衡量误差上要小，但使用得不广泛。

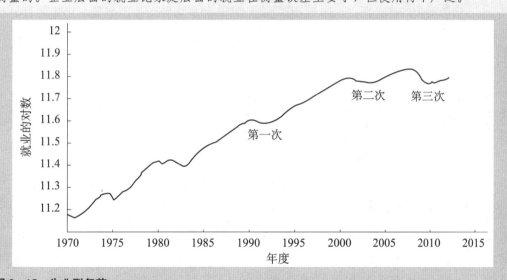

图 3 - 15　失业型复苏
就业在实际 GDP 陷入低谷后恢复到其趋势前经历了相当长的时期，就可以说发生了失业型复苏。本图描绘了最近发生在 1990—1991 年、2001 年和 2008—2009 年的三次经济衰退后出现的失业型复苏。

如图 3 - 15 所示，伴随 1974—1975 年和 1981—1982 年经济衰退就业陷入低谷，之后就业走上正轨。1975 年和 1983 年陷入低谷之后，就业以高于平均趋势增长的速度开始回升，在两三年内就恢复到趋势路径上；在以往的经济衰退后，就业恢复也是这样。然而，在最近的三次经济衰退中，就业在每一次经济衰退后不是等了很长时间才恢复到其趋势水平（如 1990—1991 年经济衰退后），就是根本看不到会恢复到其趋势水平（如最近的两次经济衰退后）。的确，2012 年初，就业远低于其趋势水平，自 2007 年末爆发经济衰退以来至今已 4 年有余。

3

　　为什么会出现失业型复苏这种现象？一种原因可能是美国的劳动力市场结构发生了变化。麻省理工学院大卫·奥特尔（David Autor）教授认为[1]，美国出现了具有中级技能（诸如文秘工作技能）的工人比例明显下降的情形。结果，技能变得"两极分化"，劳动力市场主要被这两部分人占据：一部分人具有很高的技能，另一部分人的技能很低。这种两极分化在某种程度上是由技术进步特别是计算机信息技术的变革所致。劳动力的技能构成变化可以改变经济周期的动态，特别是在经济衰退时期工作机会的减少主要发生在低技能职业中。还有，经济衰退可能会加速劳动力市场的技能构成演化，中级技能劳动力在经济衰退时期失去工作，不是离开劳动力队伍，就是要接受一个长时间的培训。

　　如第 1 章所言，生产率在经济中起重要作用，它是我们在后面章节学习经济周期和经济增长的重要内容。衡量生产率的一个指标是**平均劳动生产率**（average labor productivity），用 Y/N 来衡量，其中，Y 是总产出，N 是总劳动投入。为了便于理解，用 Y 表示 GDP，用 N 表示总就业，这样就可以用单位工人产出来衡量平均劳动生产率。图 3 - 16 给出了实际 GDP 和平均劳动生产率偏离趋势的百分比。

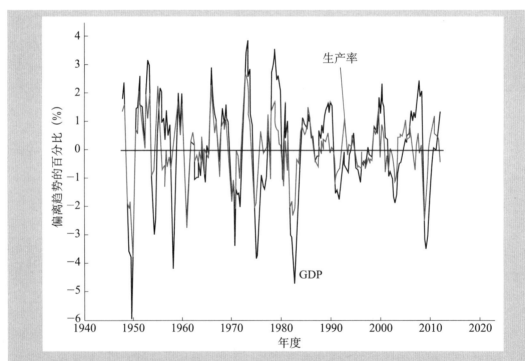

图 3 - 16　平均劳动生产率和实际 GDP 偏离趋势的百分比，1948—2012 年

平均劳动生产率是顺周期、同步变量，其变化幅度小于实际 GDP。

资料来源：U. S. Department of Commerce，Bureau of Economic Analysis，and Bureau of Labor Statistics.

---

　　[1]　D. Autor，2010. *The Polarization of Job Opportunities in the U. S. Labor Market*，The Hamilton Project，Center for American Progress.

由该图可知，平均劳动生产率显然是顺周期变量。实际 GDP 偏离趋势的百分比和平均劳动生产率偏离趋势的百分比之间的相关系数是 0.80。平均劳动生产率的变化小于 GDP；平均劳动生产率偏离趋势的百分比标准差是实际 GDP 偏离趋势的百分比标准差的 62.3%。此外，图 3-16 没有显示出平均劳动生产率是先行于还是滞后于实际 GDP 的明显倾向，因此平均劳动生产率是同步变量。在第 13 章和第 14 章，不同经济周期理论有关平均劳动生产率和实际 GDP 之间联动的预测，将有助于我们评价和比较这些理论。

季节调整

本章研究的经济数据，以及在宏观经济研究中和形成宏观经济政策中使用的大多数数据，都要经过**季节调整**（seasonally adjusted）。也就是说，在大多数宏观经济时间序列中，存在一个可预测的季节成分。例如，GDP 在夏季往往较低，因为很多工人在休假；投资支出在冬季常常较低，因为道路、桥梁和某些建筑物等建设起来比较困难；货币供给在圣诞节期间通常较多，因为零售交易量大增。

数据的季节调整方法有很多，但基本思想是观察历史季节格局，然后去掉特定的某一周、某一月或某一季度多出来的数量，取其平均值。比如，为了对货币供给进行季节调整，我们会减掉 12 月的一定数量，因为这部分数量只是在假日多花的开支。为了看清如何进行季节调整，图 3-17 显示了季节调整后的货币供给（此时为 M1）和未进行季节调整的货币供给。如图所示，季节调整往往使包含季节成分的时间序列变得平滑。

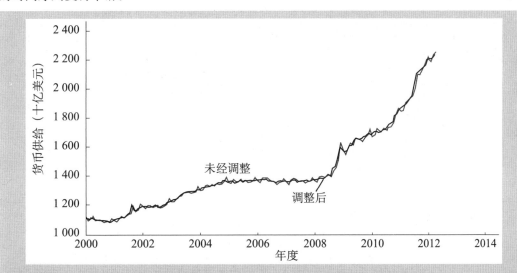

图 3-17 季节调整后和未进行季节调整的货币供给，2001—2012 年

季节调整往往使包含季节成分的时间序列变得平滑。

资料来源：Federal Reserve Board.

对数据进行季节调整是应该做的事情，但我们要注意，季节调整过程不能掩盖我们可能感兴趣的重要现象。比如，从长期来看，有可能存在引起季节性变化的经济因素。又比如，技术开发可能使冬季筑路不那么费事，从而投资支出的季节性波动不那么大。倘若我们只顾对数据进行季节调整，也许就看不到这一过程的发生。

专栏

宏观经济学实践：大缓和与 2008—2009 年经济衰退

1981—1982 年经济衰退后到 2008 年这一段较长的时期，有时被称为"大缓和"（Great Moderation）时期，其特征是实际 GDP 波动不算大，通货膨胀率也比较低且较为稳定。在此，我们专门讨论第一个特征，如图 3-2 所示。从 1947 年直到 1981—1982 年经济衰退结束，实际 GDP 偏离趋势高达或超过±4%，但在 1982 年之后至 2008 年之前，实际 GDP 偏离趋势一般不到±2%。现任美联储主席本·伯南克（Ben Bernanke）在 2004 年他还是美联储理事的时候，在一次讲演中提出了"大缓和"这样一个富有启发性的观点。[①] 伯南克仔细观察了"大缓和"时期，提出了三点理由。第一，美国经济在这一时期发生了许多结构性变化，对外部冲击的适应能力较强，未受太大影响。第二，在应对外部冲击的影响时，经济政策一直表现较好。第三，我们的运气可能一直较好，也就是说，对美国经济的冲击较少，且这些冲击都比较小。

在讲演中，伯南克认为，"大缓和"并非只是由于运气好，在很大程度上要归功于明智的货币政策。他还说，结构性变化包括"金融市场的深化和精细化程度提高……"，使得美国经济的快速恢复能力更强。可是，我们经历了始于 2008 年的金融危机和 2008—2009 年的经济衰退，感受到的根本不是什么"缓和"。曾被认为深化和精细化的金融市场，现在看来存在着严重缺陷，部分原因是监管不力。倘若货币政策制定者在"大缓和"时期出色地减轻了总体 GDP 的波动，为什么未能阻挡或大大减轻 2008—2009 年大幅度的经济萎缩？

"大缓和"这段经历对经济政策是一个很好的教训。事后看来，货币政策制定者包括本·伯南克过于自负，也太倾向于把良好的经济表现归功于他们自身的才能。从 2012 年的情况来看，"大缓和"似乎更像是运气好的结果。

联动总结

表 3-1 和表 3-2 总结了对以上经济周期事实的讨论。这两个表，特别是表 3-2，当我们在第 13 章和第 14 章讨论不同经济周期理论的预测时非常有用。就各种

---

① 参见美联储官网。

宏观经济理论的有用性而言，首先要验证的是它们与我们从宏观经济数据中观察到的现象相吻合的能力。

表 3 - 1 相关系数和偏离趋势的百分比变化幅度

	相关系数	标准差（占 GDP 标准差的％）
消费	0.78	76.6
投资	0.85	489.9
价格水平	−0.19	56.3
货币供给	0.20	81.0
就业	0.80	63.0
平均劳动生产率	0.80	62.4

表 3 - 2 经济周期事实总结

	周期性	先行/滞后	相对于 GDP 的可变性
消费	顺周期	同步	较小
投资	顺周期	同步	较大
价格水平	逆周期	同步	较小
货币供给	顺周期	先行	较小
就业	顺周期	滞后	较小
实际工资	顺周期	?	?
平均劳动生产率	顺周期	同步	较小

我们对衡量问题的论述已结束，因为我们现在了解了国民收入核算、基本的宏观经济核算恒等式、价格衡量、劳动力市场因素和经济周期事实的基本原理。在后面各章，我们将从有关消费者和企业行为的一些基本微观经济学原理开始，着手构建实用的宏观经济模型。

本章小结

● 关键的经济周期事实与重要的宏观经济变量对其趋势的偏离和它们对趋势偏离中的联动有关。

● 最重要的经济周期事实是实际 GDP 围绕趋势以非规律的形式波动。尽管实际 GDP 的趋势偏离是持续的，但实际 GDP 围绕趋势的波幅或频率并未观察到有规律。

● 主要从各宏观经济时间序列间的联动来看，经济周期都十分相似。通过以时间序列图或散点图的形式为两个经济变量偏离其趋势的百分比作图，或通过计算偏离趋势的百分比标准差，就可判别联动关系。

● 我们的主要兴趣在于：与实际 GDP 相比，某一特定变量如何围绕趋势变动（它是顺周期、

逆周期还是非周期变量）；（与实际 GDP 相比）它是先行变量、滞后变量还是同步变量；与实际 GDP 相比，它的可变性如何。

● 消费是顺周期、同步、变化幅度小于实际 GDP 的变量。

● 投资是顺周期、同步、变化幅度大于实际 GDP 的变量。

● 在本章分析的数据集中，价格水平是逆周期变量（存在反向菲利普斯曲线），它是同步、变化幅度小于 GDP 的变量。

● 货币供给是顺周期、先行、变化幅度与实际 GDP 差不多的变量。米尔顿·弗里德曼认为，货币供给往往发生在实际 GDP 之前这个事实意义重大。

● 在劳动力市场中，就业是顺周期、滞后、变化幅度小于实际 GDP 的变量。实际工资也是顺周期变量。不过，对于实际工资是先行变量还是滞后变量，宏观经济学家们意见不一。平均劳动生产率是顺周期、同步、变化幅度小于实际 GDP 的变量。

● 经济分析使用的许多宏观经济时间序列是要进行季节调整的。季节调整剔除了可预料的季节成分，比如圣诞节期间多开销的支出对货币供给的影响。

主要概念

经济周期（business cycles）：围绕实际 GDP 趋势的波动。

高峰（peak）：实际 GDP 对趋势比较大的正偏离。

低谷（trough）：实际 GDP 对趋势比较大的负偏离。

拐点（turning points）：实际 GDP 的高峰和低谷。

波幅（amplitude）：经济时间序列中对趋势的最大偏离。

频率（frequency）：经济时间序列中高峰每年发生的次数。

经济繁荣（boom）：实际 GDP 对趋势的一系列正偏离，最终达到高峰。

经济衰退（recession）：实际 GDP 对趋势的一系列负偏离，最终达到低谷。

持续性（persistent）：对经济时间序列在近期高（低）于趋势时，往往就保持高（低）于趋势的描述。

联动（comovement）：总体经济变量在整个经济周期过程中一起变动。

时间序列（time series）：对某一经济变量在一定时期内的连续衡量。

正相关（positive correlation）：当与两个变量的散点图相拟合的一条直线具有正斜率时，两个经济时间序列之间的关系。

负相关（negative correlation）：当与两个变量的散点图相拟合的一条直线具有负斜率时，两个经济时间序列之间的关系。

散点图（scatter plot）：描述两个变量 x 和 y 的图，x 用横轴衡量，y 用纵轴衡量。

顺周期的（procyclical）：对某一经济变量在实际 GDP 高（低）于趋势时，它也高（低）于趋势的描述。

逆周期的（countercyclical）：对某一经济变量在实际 GDP 高（低）于趋势时，它则低（高）于趋势的描述。

非周期的（acyclical）：对某一经济变量既不是顺周期也不是逆周期的描述。

相关系数（correlation coefficient）：衡量两个变量相关程度的指标。

完全正相关（perfectly positively correlated）：对相关系数为 1 的两个变量的描述。

完全负相关（perfectly negatively correlated）：对相关系数为 −1 的两个变量的描述。

先行变量（leading variable）：有助于预测未来实际 GDP 的经济变量。

滞后变量（lagging variable）：过去的实际 GDP 有助于预测的经济变量。

同步（一致）变量（coincident variable）：既不先于实际 GDP 变动，也不后于实际 GDP 变动的经济变量。

标准差（standard deviation）：衡量变化幅度的指标。经济时间序列中的周期性变化幅度可以用偏离趋势的百分比标准差衡量。

菲利普斯曲线（Phillips curve）：货币价格或货币价格的变动率和总体经济活动指标正相关。

反向菲利普斯曲线（reverse Phillips curve）：货币价格或货币价格的变动率和总体经济活动指标负相关。

实际工资（real wage）：每工时所得工资的购

买力。

平均劳动生产率（average labor productivity）：等于 Y/N，其中，Y 是总产出，N 是总劳动投入。

季节调整（seasonal adjustments）：从某一经济时间序列中消除可预料的季节成分的统计过程。

复习题

1. 经济周期的主要特征是什么？

2. 除持续性外，GDP 偏离趋势的三个重要特征是什么？

3. 解释预测长期 GDP 为何困难。

4. 总体经济变量的联动为何重要？

5. 罗伯特·卢卡斯关于经济变量联动的论述是什么？

6. 如何判别时间序列图（和散点图）中的正相关和负相关？

7. 举两个非经济方面的例子，一个是两个变量正相关的例子，另一个是两个变量负相关的例子。

8. 为什么先行经济指标指数对预测 GDP 有用？

9. 宏观经济学家对联动的哪三个特征感兴趣？

10. 描述消费和投资支出中的重要经济周期规律。

11. 价格水平和货币供给方面的重要经济周期规律是什么？

12. 在本章分析的数据集中，是否存在菲利普斯曲线关系？

13. 劳动力市场中的重要经济周期规律是什么？

思考题

1. 在图 3 - 13 中，假如我们只有 1980—2012 年间的数据，对于名义货币供给与实际 GDP 间的关系，我们会得到怎样的结论？请解释这一点的重要性。

2. 平均劳动生产率常常是同步变量。请仔细分析图 3 - 16。在 1990—1991 年、2001 年和 2008—2009 年经济衰退期间，相对于 GDP 而言，你如何观察平均劳动生产率的表现？请对此作出评论，并解释这与宏观经济学实践专栏中的"失业型复苏"有何关系。

3. 从与趋势的比较看，耐用品消费的变化幅度大于非耐用品消费，而非耐用品消费的变化幅度大于服务消费。请思考我们为什么会观察到这些现象，为什么要将此与表 3 - 1 和表 3 - 2 中的重要经济周期事实相联系。

4. 如图 3 - 12 所示，1981—1982 年经济衰退之后，价格水平看起来像是顺周期的、逆周期的还是非周期的？这为什么很重要？

5. "大缓和"在某种程度上是指 1981—1982 年经济衰退后到 2008—2009 年经济衰退之前这一时期的实际 GDP 变化幅度不大。在图 3 - 12 中，你对 1947—2007 年间价格水平偏离趋势的情况会作出怎样的判断？将你观察到的情况与"大缓和"时期的情况进行对比讨论。

宏观经济的一时期模型

第 2 篇的目的是构建实用的宏观经济模型，用以分析一些重要的宏观经济问题。该模型的构建基础是消费者和企业的微观经济行为。第 4 章开始分析典型消费者和典型企业在一时期决策下的行为。在这种情况下，典型消费者的基本选择是，在工作和闲暇之间如何分配时间，使其境况既尽可能地得到改善，又满足其预算约束。典型企业的选择是，该雇用多少工人才能实现利润最大化。第 5 章把消费者行为和企业行为纳入一时期宏观经济模型，在这个模型中有政府，包括政府支出和税收。我们用这个模型说明，在理想条件下，自由市场的结果具有社会效率；政府支出在增加总产出的同时排挤了私人消费；提高生产率会增加福利、消费和总产出。第 6 章讨论另一种一时期模型，旨在刻画劳动力市场表现的某些重要特征。这便是搜寻模型——解释失业、劳动力市场职位空缺以及劳动力市场参与的决定因素。该模型用来理解经济冲击对失业率的影响。

消费者和企业行为：工作－闲暇决策和利润最大化

我们在第 2 章和第 3 章中重点讨论了一些重要的宏观经济变量的衡量。现在，我们构建并分析某一具体的宏观经济模型。回顾在第 1 章，我们描述了消费者及其对商品的偏好、企业及其利用现有资源生产商品可利用的技术，以及如何在此基础上构建宏观经济模型。在本章，我们只用简单的一时期模型讨论消费者和企业的行为。消费者和企业的一时期决策使得我们只能用由此得到的模型解决特定的宏观经济问题。不过，这种简化使得我们更易于理解消费者和企业最优化的基本微观经济学原理，而这种原理正是本书后面内容的基础。由于只是一时期，因此消费者和企业所作的决策是**静态的**（static），而非**动态的**（dynamic）。动态决策是不止一时期的筹划，例如个人要作出当前支出多少、为未来储蓄多少的决策。本书第 3 篇和第 4 篇将分析动态决策。

在消费者行为方面，我们关注的是消费者如何在消费与工作之间的权衡取舍中作出选择。就消费者而言，消费更多的商品要付出代价：消费者必须更加努力地工作，减少闲暇时间。我们主要关注的问题是，消费者的偏好及其所面临的约束是如何影响其工作-闲暇选择的。例如，我们想知道，市场工资率和消费者的非工资收入的变动如何影响他对工作多少、消费多少和享受多少闲暇时间的选择。就企业而言，我们关注的是，生产商品所采用的技术和市场环境如何影响企业在这一时期雇用多少工人的决策。

如第 1 章所说，我们在此遵循的基本原则是，消费者和企业要实现最优化。也就是说，消费者在所面临的约束既定的情况下，希望使自己的境况尽可能地得到改善。同样，企业在市场价格和可利用的技术既定的情况下，追求利润最大化。最优化原则是经济学中一个强有力的实用工具，有助于提高经济模型的预测能力。给定消费者和企业的最优化行为，我们就能分析这些经济主体对生存环境的变化会作出怎样的反应。例如，我们要说明，消费者和企业面对市场工资率的变动将如何改变劳动供给量和劳动需求量，消费者对税收的变动将作出什么反应。我们在本章讲述的这些最优化反应方面的知识对下一章至关重要。在下一章，我们将研究，当经济体系受到重大冲击时，例如政府支出大幅增加或出现重大发明，整个经济会出现什么情况。

典型消费者

首先，我们分析单个典型消费者的行为，他代表了经济中的所有消费者。我们将论述消费者对经济中可得商品的偏好及其预算约束。预算约束告诉我们，在市场价格既定的前提下，消费者可以购买多少商品。然后，我们把偏好和预算约束结合在一起，确定在市场价格既定的前提下消费者的行为如何、消费者对非工资收入和市场工资率的变动会作出怎样的反应。

典型消费者的偏好

假定消费者想购买的商品只有两种，那么分析消费者的选择就非常简单，足以满足我们在本章和下一章解决诸多问题的需要。第一种商品是实物（physical good），我们把它看做经济中所有消费品的集合或计算出的总消费，称为**消费品**（consumption good）。第二种商品是**闲暇**（leisure），它是市场中的非工作时间。因此，按照我们的定义，闲暇包括娱乐活动、睡眠和家务（做饭、庭院杂务，以及打扫房间）。

假定经济中的所有消费者都是同质的，这便于进行宏观经济分析。当然，在现实中，消费者并不是同质的，但对许多宏观经济问题而言，消费者之间的多样化对于我们所要解决的问题的经济意义不大，它只会扰乱我们的思路。一般而言，同质消费者的行为方式一样，因此我们只需分析其中一个消费者的行为即可。而且，如果所有消费者都是同质的，则经济行为就好像只有一个消费者那样，便于我们构建仅有单个**典型消费者**（representative consumer）的模型。不过，我们必须认识到，宏观经济模型中的典型消费者所起的作用是，代表经济中的所有消费者。

确定典型消费者如何作出选择的关键一步，是分析我们如何用**效用函数**（utility function）来刻画典型消费者对闲暇和消费品的偏好。效用函数可写成：

$$U(C, l)$$

式中，U 为效用函数；C 为消费量；l 为闲暇量。我们把消费和闲暇的特定组合称为**消费束**（consumption bundle），例如 (C_1, l_1)，其中 C_1 是特定消费量，l_1 是特定闲暇量。效用函数表示的是消费者如何对不同的消费束排序。换言之，假定有两个不同的消费束，代表不同的消费量和闲暇量，分别用 (C_1, l_1) 和 (C_2, l_2) 表示。如果

$$U(C_1, l_1) > U(C_2, l_2)$$

我们就说，与 (C_2, l_2) 相比，消费者完全偏好 (C_1, l_1)。如果

$$U(C_1，l_1)<U(C_2，l_2)$$

则与（C_1，l_1）相比，消费者完全偏好（C_2，l_2）。如果

$$U(C_1，l_1)=U(C_2，l_2)$$

则消费者对这两种消费束的偏好无差异。

把 $U(C，l)$ 看做表示消费者从消费束（C，l）中获得的幸福或效用水平很有用。对消费者来说，效用的现实水平无关紧要，重要的是，与另一个消费束相比，从某一既定的消费束中可获得多少效用水平。

为了把消费者偏好的表达式用于分析宏观经济问题，我们必须对偏好的形式作一些假定。这些假定对分析很有用，它们也与消费者的现实行为相一致。我们假定，典型消费者的偏好有三个特性：多总比少好；消费者喜欢其消费束具有多样性；消费和闲暇是正常品。我们依次讨论如下：

1. 多总比少好。消费者总是喜爱具有更多消费、更多闲暇或两者兼有的消费束。我们似乎可以取之无度，但这看上去有悖常理。例如，过多消费一种商品有时可能会适得其反，比如当我们暴饮暴食的时候。然而，就一般消费品而言，现今美国普通消费者的消费水平是 200 年前的普通消费者无法想象的，如有可能，现今美国普通消费者似乎肯定希望消费更多。的确，甚至连富豪也想多多益善。

2. 消费者喜欢其消费束具有多样性。为了说明这是消费者偏好的天性，以一个消费者为例。他不是在决定是消费消费品还是闲暇，而是要决定本周在哪儿吃午饭。林恩可以选择两家饭馆吃午饭，一家只有汉堡包，另一家只有金枪鱼三明治。林恩的一种选择是，本周每天的午餐都是汉堡包；另一种选择是，本周每天中午都吃金枪鱼三明治。假定林恩对这两种选择无差异。如果她喜欢多样性，她可能愿意变换不同的餐馆，而不是一周里每天都在一个地方吃饭。对要在具有不同消费品和闲暇的组合中选择各种消费束的典型消费者而言，喜欢多样性意味着，如果这个消费者对两种消费束无差异，那么两个消费束的某种组合要优于任何单个的消费束。极端地讲，假定有两种消费束，一种具有 6 单位的消费品，无闲暇；另一种具有 8 单位的闲暇，无消费品。消费者对这两种消费束无差异。那么，喜欢多样性意味着，与这两种消费束相比，他可能会更喜欢第三种消费束，即由这两种消费束各自的一半构成。这种更合意的第三种消费束，具有 3 单位的消费品和 4 单位的闲暇。

3. 消费和闲暇是正常品。假如消费者在收入增加时会增加商品购买量，这种商品对消费者来说就是**正常的**（normal）。例如，若收入增加，我们往往会多去上档次的餐馆就餐，高档餐馆的饭菜对多数人而言就是正常品；相反，若消费者在收入增加时会减少商品购买量，这种商品对消费者来说就是**低档的**（inferior）。低档品的一个例子是快餐；多数人在收入增加时往往会少吃快餐。在我们的模型中，鉴于消费和闲暇都是正常品，典型消费者在收入增加时，会购买更多的消费品，增加闲暇时间。这似乎是天性。例如，或许你通过继承遗产，发了一笔横财，收入大增，你可能就会增加商品消费，拿出更多的时间度假（闲暇）。在现实中，对于同

4

属于正常品的消费和闲暇，消费者的行为是一致的。

我们下一步的分析将说明，如何用图形描述典型消费者偏好的第一、二个特性，等到我们拥有更多的工具来分析消费者的行为时再讨论第三个特性。用图形描述效用函数有助于分析典型消费者的偏好，这种图形称为**无差异图**（indifference map），是各种**无差异曲线**（indifference curves）的集合。

定义 1

无差异曲线连接一组表示消费者对各种消费束无差异的点。

图 4-1 给出了两条无差异曲线。图中，I_1 是一条无差异曲线，曲线上的两点是 (C_1, l_1)（B 点）和 (C_2, l_2)（D 点）。由于这两个消费束位于同一条无差异曲线上，故必定有 $U(C_1, l_1) = U(C_2, l_2)$。也就是说，无差异意味着消费者从每个消费束中获得的幸福水平相同。另一条无差异曲线是 I_2。由于它在无差异曲线 I_1 之上，我们又知道多总比少好，故 I_2 上的消费束肯定优于 I_1 上的消费束。例如，就 A 点来说，它代表的消费束所具有的闲暇量与 B 点一样，但消费品量比 B 点的大。由于多总比少好，所以 A 点必定优于 B 点。

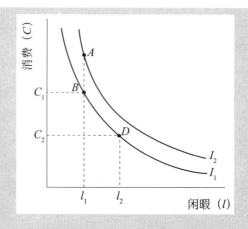

图 4-1 无差异曲线

该图描绘了消费者的两条无差异曲线。每条无差异曲线都表示消费者对其无差异的一组消费束。较高的无差异曲线表示消费者有较高的福利。

无差异曲线有两个重要特性：

1. 无差异曲线向下倾斜。

2. 无差异曲线凸向原点。

由于无差异图就是对偏好的图形表示，所以，无差异曲线的特性与上述偏好的特性 1 和特性 2 相关，这也就不奇怪了。事实上，无差异曲线的特性 1 源于偏好的特性 1（多总比少好），无差异曲线的特性 2 源于偏好的特性 2（消费者喜欢其消费束具有多样性）。

为了说明无差异曲线向下倾斜为何源自多总比少好，请看图 4-2。在 A 点，消费是 C_1，闲暇是 l_1。假定消费者的闲暇量保持在 l_1 处不变，将其消费量降至 C_2，此时消费者的消费束由 D 点表示。由于多总比少好，D 点所在的无差异曲线（无差异曲线 I_2）必定低于 A 点所在的无差异曲线（无差异曲线 I_1）。我们现在要问，在消费量保持在 C_2 处不变的情况下，在 l_1 上要加上多少闲暇量才得到消费束 B，使消费者对 A 点和 B 点无差异。B 点必定位于 A 点的右下方，这是因为如果减少消费者的消费品，就需要增加他的闲暇。因此，由于多总比少好，故无差异曲线 I_1 向下倾斜。

为了理解无差异曲线凸向原点为何源自典型消费者对多样性的偏好，我们引入**边际替代率**（marginal rate of substitution，MRS）概念。

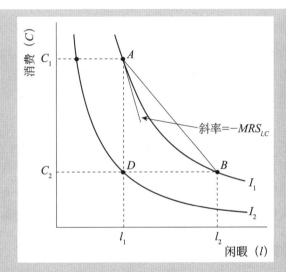

图 4-2　无差异曲线的特性

由于多总比少好，故无差异曲线向下倾斜。喜欢多样性意味着无差异曲线凸向原点。无差异曲线的斜率是负的边际替代率。

定义 2

闲暇对消费的边际替代率是消费者愿意用闲暇替代消费品的比率，用 $MRS_{l,C}$ 表示。

我们有：

$$MRS_{l,C} = -[\text{经过}\ (C,\ l)\ \text{的无差异曲线的斜率}]$$

为了说明边际替代率为何是负的无差异曲线的斜率，请看图 4-2 中的消费束 A 和 B。图中，从 A 点到 B 点，消费者愿意用闲暇替代消费的比率是 $(C_1-C_2)/(l_2-l_1)$，即线段 AB 斜率的负值。AB 斜率的负值告诉我们，在消费者对 A 点和 B 点的偏好无差异的情况下，从 A 点到 B 点，每增加 1 单位闲暇需要减少的消费量。

如果我们在无差异曲线 I_1 上选择低于 A 点，但越来越接近 A 点的一点，如 B 点，那么，随着该点与 A 点之间的距离越来越小，A 点与选定点之间的比率（消费者愿意用闲暇替代消费的比率）就是边际替代率，它是无差异曲线在 A 点处的斜率负值（即与无差异曲线相切于 A 点的切线的斜率负值）。

例如，假定克里斯蒂娜可以选择每年度假多少周，并假定她现在一年里工作 50 周、度假 2 周，因此她的闲暇时间是 2 周。为简化起见，假定她只消费椰子，因此我们可以用椰子来表示她的消费。当前，她每年吃 500 个椰子。如果克里斯蒂娜每年多度假 1 周，即使她每年要放弃消费 50 个椰子，她也会感到像现在一样满足。这就意味着，鉴于克里斯蒂娜当前的消费束是 500 个椰子的消费和 2 周的闲暇，因而她的闲暇对消费的边际替代率是每周 50 个椰子。

无差异曲线凸向原点（无差异曲线的特性 2）表明，边际替代率是递减的。也就是说，如图 4-2 所示，当我们沿无差异曲线从左向右移动时，即当消费者增加闲暇、减少消费品时，曲线会越来越平坦。因此，随着闲暇的增加、消费的减少，无差异曲线的斜率负值会逐渐变小。换言之，边际替代率是递减的。这是因为，随着闲暇量的增加、消费量的减少，为了放弃额外 1 单位消费，消费者需要在闲暇时间方面获得越来越多的补偿。因为喜欢多样性，故消费者需要这种额外补偿。

下面举一个具体的例子从消费-闲暇选择角度说明多样性偏好。假定艾伦每天 24 小时中有 8 小时睡觉。因此，他每周要在 112 小时中划分工作时间和闲暇时间。考虑两种情形：第一种，艾伦每周的闲暇时间是 10 小时，工作时间是 102 小时；第二种，他每周的闲暇时间是 102 小时，工作时间是 10 小时。在第一种情形下，艾伦愿意放弃更多消费支出以换取额外 1 小时闲暇的愿望要强于第二种情形。

典型消费者的预算约束

在了解了典型消费者的偏好之后，我们还要说明他的预算约束和目标，以便预测他会做些什么。我们假定典型消费者的行为是竞争性的。这里，**竞争性行为**（competitive behavior）意指消费者是价格接受者，即他认为市场价格是既定的，其行为对价格没有影响。如果消费者与市场相比微不足道，这自然就是现实情况，但如果只有一个消费者，情况就完全变了。不过，回想一下，单一的典型消费者是经济中所有消费者的替身。尽管现实经济中显然不止一个消费者，但现实经济的运行仍旧好像只有一个典型消费者。

我们在此作的一个重要假设是，该经济中不存在货币。也就是说，在商品交换中无政府供应的货币可用，也无人们交易时赖以依存的银行，例如，没有与借记卡和支票结合使用的交易账户。对一些宏观经济问题而言，引入货币会使问题复杂，无益于我们的分析，因此忽略它是上策。我们将在第 12～14 章中分析货币在宏观经济中的作用，以解决诸如通货膨胀的影响和货币政策的实施等问题。

没有货币交换的经济是**易货**（barter）经济。在易货经济中，全部交易都是物物交易。这里只有两种商品：消费品和时间。当时间是在家中度过时，我们就称之为闲暇时间；当时间是在市场中用于交易时，我们称之为工作，更明确地说，是劳动时间（或工作时间）。这种经济中的任何交易必定是劳动时间和消费品的互换。假定消费者的可用时间是 h 小时，分别在闲暇时间 l 和工作时间 N^s 之间进行分配。那么，消费者的**时间约束**（time constraint）是：

$$l + N^s = h \tag{4.1}$$

式（4.1）表明，闲暇时间加上工作时间，必定等于全部可用时间。

消费者的实际可支配收入

在说明了典型消费者如何分配工作时间和闲暇时间后，我们就可以界定消费者的实际可支配收入，它等于工资收入加上股息收入减去税收。

消费者在劳动力市场上，按消费品的价格 w 出卖劳动时间。也就是说，用 1 单位的劳动时间交换 w 单位的消费品。因此，w 是**实际工资**（real wage），也就是用购买力单位表示的消费者的工资率。消费品自始至终都起了**记账单位**（numeraire）的作用，即所有价格和数量都以此计价的商品。在现实经济中，货币是记账单位，但在易货经济模型中，记账单位是任意选定的。我们选择消费品作为记账单位，因为这是惯例。

如果消费者工作 N^s 小时，则他的实际工资就是 wN^s，用若干单位的消费品表示。消费者的第二种收入来源是企业作为股息分配给他的利润。我们用 π 表示消费者获得的实际利润数。在模型中，企业必定为某人所有，而这个人一定是典型消费者。因此，企业赚取的利润，必定作为收入分配给典型消费者，我们把这种收入看做股息，用 π 表示实际**股息收入**（dividend income）。

最后，消费者要向政府纳税。我们假定实际纳税额是一次总付额 T。**一次总付税**（lump-sum tax）是与被课税经济主体的活动无关的税种。在实践中，并不存在一次总付税。例如，我们缴纳的销售税额取决于我们购买的应税商品的数量，所得税额取决于我们的工作量。非一次总付的税种对消费者在市场中面临的实际价格会产生重要影响。例如，相对于其他商品而言，提高汽油销售税会提高消费者的汽油实际价格。汽油实际相对价格的变动会影响汽油需求和其他商品需求。课税的这些扭曲效应很重要，但现在我们将注意力集中在一次总付税上，原因是从建模角度来说这比较简单。

实际工资收入加上实际股息收入减去税收，就是消费者的实际可支配收入，也就是消费者可用于消费品支出的数额。

预算约束

已知典型消费者如何分配工作时间和闲暇时间，以及他的实际可支配收入是什么，我们就可以通过数学形式得出消费者的预算约束，并用图形说明。

我们可以认为，典型消费者会将获得的实际可支配收入在市场上用于购买消费品。不过，实际情况是，消费者获得收入后会先用消费品纳税，然后决定可支配收入中有多少用于消费。由于这是一时期经济（意味着消费者无储蓄动机），又由于消费者喜欢多而非少，所以全部可支配收入都用于消费，于是有：

$$C=wN^s+\pi-T \tag{4.2}$$

即实际消费总额等于实际可支配收入。等式（4.2）是消费者的**预算约束**（budget constraint）。现在用等式（4.1）替换等式（4.2）中的 N^s，得到：

$$C=w(h-l)+\pi-T \tag{4.3}$$

对等式（4.3）的解释是，等式右边是实际可支配收入，左边是消费品支出，因此市场支出总额等于可支配收入。

或者，我们在等式（4.3）的两边各加上 wl，于是有：

$$C+wl=wh+\pi-T \tag{4.4}$$

对等式（4.4）的解释是，等式右边是消费者的隐性实际可支配收入额，左边是用于消费和闲暇的隐性支出。就等式（4.4）的右边来说，由于消费者有 h 单位的时间，每单位时间的实际增加值根据市场实际工资 w 计算，$\pi-T$ 是实际股息减税收，所以隐性实际可支配收入总额是 $wh+\pi-T$。就等式（4.4）的左边来说，C 是消费品支出，而 wl 是隐性闲暇"支出"。也就是说，由于每单位的闲暇是放弃的劳动，而劳动时间按实际工资 w 定价，故 w 是闲暇时间的市场价格，$C+wl$ 是用于消费品和闲暇的隐性实际支出。

为了用图形表示消费者的预算约束，将 C 作为因变量，于是我们很方便地用斜率-截距形式将等式（4.4）写成：

$$C=-wl+wh+\pi-T \tag{4.5}$$

这样，预算约束线的斜率是 $-w$，纵截距是 $wh+\pi-T$。图 4-3 把预算约束等式（4.5）画成 AB 线。此时的预算约束线针对的是 $T>\pi$ 的情况，故股息收入减税收（$\pi-T$）为负值。此外，我们假设等式（4.5）中的 $C=0$，求解 l，可以得出横截距为 $h+(\pi-T)/w$。纵截距表示消费者可以获得的最大消费量，也就是如果消费者工作 h 小时且无闲暇所能获得的消费量。横截距表示消费者能够享受且仍有能力缴纳一次总付税时的最大闲暇小时数。

图 4-4 给出了预算约束线在 $T<\pi$ 情况下的形状，$T<\pi$ 表示股息收入减税收（$\pi-T$）为正值。图中的预算约束线有些不寻常，它是弯折的：在图的上半部分，预算约束线的斜率是 $-w$，而在图的下半部分，预算约束线是垂直的。由于消费者无法消费多于 h 小时的闲暇，所以预算约束线会弯折。因此，在 B 点，$l=h$，表示消费者的工作小时数为零。BD 上的各点都表示消费者工作零小时，消费一定量的 $C\leqslant\pi-T$，即消费者总是选择花掉一些股息收入。尽管消费者在 B 点不工作，但仍有 $C=\pi-T>0$，原因是股息收入大于税收。下面，我们将始终考虑 $\pi-T>0$ 的情形，因为这是一个比较复杂的情形（原因是消费者的预算约束线会弯折），也因为

无论我们是只考虑 $\pi-T>0$ 的情形，还是只考虑 $T-\pi<0$ 的情形，在分析时最终都会殊途同归。

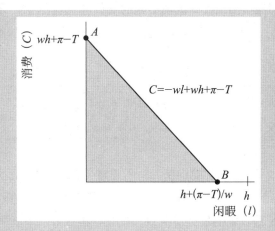

图 4 - 3 典型消费者的预算约束（$T>\pi$ 时）
该图显示了消费者在税收大于股息收入时的预算约束。预算约束线的斜率是 $-w$，并随着非工资实际可支配收入（$\pi-T$）数量的变化而移动。消费者可以购买阴影内和预算约束线上的所有点。

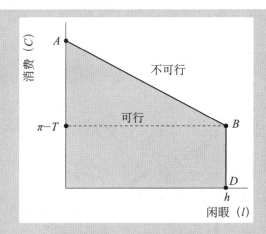

图 4 - 4 典型消费者的预算约束（$T<\pi$ 时）
该图显示了消费者在税收小于股息收入时的预算约束。这意味着预算约束线会弯折。我们分析的例子都是讨论这种情形，而不讨论税收大于股息收入的情形。对消费者而言，阴影内和预算约束线上的消费束都是可行的，而所有其他消费束都不可行。

　　由典型消费者的预算约束可知，当市场实际工资、股息收入和税收既定时，哪些消费束对他来说是可行的。在图 4 - 4 中，阴影内和预算约束线上的各消费束都是可行的，而所有其他消费束都不可行。

消费者最优化

　　我们描述了典型消费者对消费和闲暇的偏好，确定了预算约束，从中得知什么样的消费和闲暇组合是可行的。下面，我们把偏好与预算约束相结合，分析典型消费者的行为。

为了确定消费者作出的消费和闲暇选择，我们假定消费者是**理性的**（rational）。理性是指典型消费者知道他本人的偏好和预算约束，并能鉴别哪种可行的消费束最适合他。我们假定消费者基本上能作出明智的最优决策。

定义3

最优消费束（optimal consumption bundle）表示的是位于尽可能最高的无差异曲线上且在消费者预算约束线上或之内的一对消费-闲暇组合的点。

请看图4-5。提请注意的是，由于忽略 $T>\pi$ 这种情形无关紧要，所以我们只考虑 $T<\pi$ 的情形。我们要阐明的是，无差异曲线 I_1 与预算约束线 ABD 相切的切点 H 为什么是消费者的最优消费束。首先，消费者从不选择预算约束线之内的消费束。这是因为，与少相比，消费者更偏爱多。以位于预算约束线内的某点为例，如图4-5中的 J 点。显然，与 J 点相比，位于预算约束线上的 F 点更受消费者偏爱。原因是消费者在 F 点得到的消费比 J 点的多，而闲暇量一样。而且，除 B 点外，消费者也不会选择 BD 线段上的任何一点。由于较多的消费品优于较少的消费品，所以 B 点优于 BD 线段上的其他点。

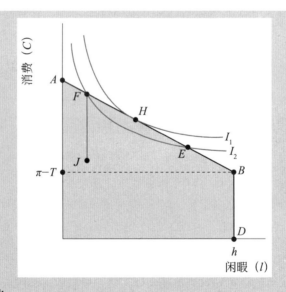

图4-5 消费者最优化

由无差异曲线与预算约束线相切的切点 H 表示的消费束，代表消费者的最优消费束。预算约束线以内的各点，如 J 点，都不是最优的（多比少好）；无差异曲线与预算约束线的交点，如 E 点和 F 点，也不是最优的。

在分析消费者的最优化问题时，鉴于前面提到的理由，我们只关注图4-5中 AB 线段上的诸点。在这些点中，消费者会选择哪一点？考虑到典型消费者的偏好假设，我们确信，AB 线段上对消费者最优的消费束只有一个，这个点就是无差异

曲线与 AB 线段相切的切点。为什么消费者会选择这个点作为最优点？再来分析图 4-5。例如在 F 点，经过 F 点的无差异曲线的斜率负值即 $MRS_{l,c}$ 要大于 F 点的预算约束线的斜率负值（等于 w）。或者，在 F 点，消费者愿意用闲暇替代消费的比率，要大于消费者在市场中可以用闲暇替代消费的比率，即 $MRS_{l,c}>w$。因此，如果从 F 点朝 H 点方向移动，消费者会为增加闲暇而牺牲消费，他的境况就会改善。这样做会使得消费者不断地向较高的无差异曲线移动，这又意味着他的境况在改善。同样，在图 4-5 中的 E 点，无差异曲线要比预算约束线扁平，因而 $MRS_{l,c}<w$。因此，从 E 点向 H 点移动，意味着消费者会用消费替代闲暇并向较高的无差异曲线移动，从而使境况得到改善。在 H 点，无差异曲线恰好与预算约束线相切，消费者愿意用闲暇替代消费的比率，等于在市场中用闲暇替代消费的比率，因此消费者处于他的最优状态。换言之，当典型消费者处于最优状态时，有

$$MRS_{l,c}=w \tag{4.6}$$

即闲暇对消费的边际替代率等于实际工资。在等式（4.6）中，这种最优化（或边际）条件采取以下形式：闲暇对消费的边际替代率等于用消费品表示的闲暇的**相对价格**（relative price）。一般而言，用商品 y 表示的商品 x 的相对价格，是交换 1 单位 x 所需 y 的单位数量。一般来说，竞争性市场中的消费者最优化意味着，消费者会使商品 x 对其他商品 y 的边际替代率等于用 y 表示的 x 的相对价格。这个事实在以后的章节将用到。

给定我们画出图 4-5 所示的预算约束的方式，最高的无差异曲线未及 B 点，这似乎没有明显的理由；若在 B 点，消费者会将全部时间用在闲暇上，如图 4-6 所示。然而，当考虑到消费者和企业的互动关系时，这种情况就不会发生——如果典型消费者不工作，什么也不生产，消费者的消费就无从谈起。消费者总希望消费品和闲暇兼得，这个假定会使得消费者在图 4-5 中既不选 A 点，也不选 B 点。

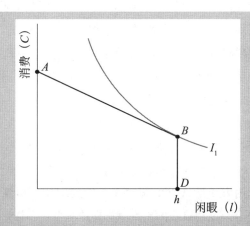

图 4-6 典型消费者选择不工作

消费者的最优消费束位于预算约束线弯折处的 B 点，此时消费者不工作（$l=h$）。鉴于消费者和企业行为的一致性，这种情形不会发生。

典型消费者的最优行为会受其预算约束的制约，这个假设非常有利于我们预测当消费者的预算约束变化或其偏好变化时，他会作出什么反应。消费者能作出最优决策这一假定合理吗？在日常生活中，一般认为，在许多场合下我们所作的决策并不是最优的。例如，假设詹妮弗是个体户，可以选择每年里有多少时间用来度假。假定在 10 年的时间里，詹妮弗每年夏天都度假 2 周。有一年，她偶尔度假 3 周，发现比以前快乐多了。我们认为这种情形之所以发生，不是因为詹妮弗的偏好或预算约束发生了变化，而是由于她未曾尝试过不同的消费-闲暇组合，实际上她并不知道她本人的偏好。这就违背了我们对典型消费者所作的理性假设，即消费者总是确切地知道其偏好是什么。将消费者的最优行为作为模型的基本原则，是以消费者永远不可能出错为后盾的。人们最终会了解什么才是最优行为，特别是就宏观经济模型而言，重要的是人们的行为大体上来看是最优的，而不是经济中的每个人总能如此。进一步看，假如我们舍弃最优行为，恐怕就会有多种选择，用模型作预测会很难。尽管行为最优化的方法一般只有一种，但把人们当傻瓜的方法却有无数！

典型消费者对实际股息或税收的变化会作出什么反应？ 我们在第 1 章中曾经指出，宏观经济模型一旦构建起来，就能用来"实验"，这有点类似于化学家或物理学家利用实验室做实验。我们已经说明了典型消费者如何选择消费和闲暇，作为经济学家，我们的兴趣是，消费者是如何对其所在的经济环境变化作出反应的。我们对典型消费者做两项实验。第一项是，改变他的实际股息收入与税收之差（$\pi-T$）；第二项是，改变他的市场实际工资 w。在这两项实验中，我们的关注是，实验对典型消费者选定的消费量和闲暇量会产生怎样的影响。

我们首先观察实际股息收入减税收（$\pi-T$）的变化，这是实际可支配收入的组成部分，这部分并不取决于实际工资 w。在改变 $\pi-T$ 时，我们令 w 保持不变。$\pi-T$ 的变化要么由 π 或 T 的变化引起，要么由两者的共同变化引起。例如，企业生产率的提高增加了 π，这会导致付给消费者的股息增加。同样，如果 T 下降，这表示消费者的纳税减少，可支配收入增加。不管怎样，我们都认为 $\pi-T$ 的增加对消费者的选择产生了**纯收入效应**（pure income effect），因为价格仍是一样的（w 保持不变），而可支配收入增加了。

对于 $\pi>T$ 的情形，我们考察 $\pi-T$ 增加的情形（提醒一下，$\pi<T$ 的情形并无根本性区别）。在图 4-7 中，我们假定最初 $\pi=\pi_1$、$T=T_1$，π 和 T 的变化使 $\pi=\pi_2$、$T=T_2$，且 $\pi_2-T_2>\pi_1-T_1$。回顾预算约束线的纵截距是 $wh+\pi-T$，因此消费者最初的预算约束线是 ABD；随着 $\pi-T$ 的增加，预算约束线外移至 FJD。由于实际工资未变，预算约束线的斜率（$-w$）与当初一样，因此 FJ 平行于 AB。现在假定消费者最初选择了 H 点，最高的无差异曲线 I_1 与最初的预算约束线相切于此，在这一点有 $l=l_1$、$C=C_1$。当 $\pi-T$ 增加时，消费者会选择哪个消费束呢？我们让消费者选择 K 点，它是无差异曲线 I_2 与新的预算约束线的切点。在 K 点，有

$l＝l_2$、$C＝C_2$，因此消费和闲暇都增加了。为何必然是这种情形呢？其实，我们画出的无差异曲线符合典型消费者的偏好，即当收入增加时，多比少好，且偏爱多样性，这让消费者或选择少消费，或选择少闲暇。不过，回顾本章前面假定消费和闲暇都是正常品，这就意味着，假如我们保持实际工资不变，那么收入增加意味着典型消费者会选择增加消费和闲暇，如图 4-7 所示。

为了说明为何理所当然假定消费和闲暇都是正常品，以消费者吉利安为例，她因彩票中奖而收入暴增。因此，吉利安很可能会增加消费品支出、增加度假时间，因此减少工作、增加闲暇时间。只有她的偏好具有如下特性，即消费和闲暇都是正常品，这种情形才会发生。

消费和闲暇都是正常品的假定，意味着较高的非工资可支配收入会增加消费、减少劳动供给。因此，比如，若实际税收减少，消费者就会增加支出、减少工作。收入增幅由图 4-7 中 AF 的距离表示，但消费增幅 $C_2－C_1$ 却小于 AF。这是因为，尽管非工资收入增加了，但工资收入却因消费者减少工作而减少了。由于工资收入下降导致的收入减少小于非工资收入的增加，所以消费必定会因其是正常品而增加。

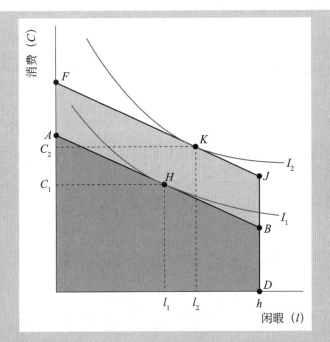

图 4-7　消费者的 $\pi－T$ 增加

消费者最初会选择 H 点，且当 $\pi－T$ 增加时，预算约束线会向外平移（决定预算约束线斜率的实际工资保持不变）。因为消费和闲暇都是正常品，所以两者同时增加。

典型消费者和实际工资变化：收入效应和替代效应　第二项实验会改变典型消费者的实际工资，而其他因素保持不变。在研究消费者对市场实际工资变化会作出什么反应时，我们虽然对消费者的消费量会受到何种影响也感兴趣，但最关心的是，闲暇和劳动供给会发生怎样的变化。在初级经济学中，我们通常认为供给曲线是向上倾斜的，因为在其他因素保持不变的情况下，供给的商品量会随着商品市场价格的上升而增加。然而，劳动供给却不同。虽然容易说明，当实际工资增加时，消费者选择的消费品数量会增加，但劳动供给 N^s 可能增加，也可能减少。本节将着重分析为何会出现这种情形。

在分析消费者对实际工资 w 变化会作出怎样的反应时，我们令实际股息 π 和实际税收 T 保持不变。以这种方式实验，是为了消除上面提到的对消费者行为的纯收入效应。在图 4-8 中，最初的预算约束线是 ABD，实际工资 w 的增加会使预算约束线外移至 EBD。图中，EB 会因实际工资增加而比 AB 陡峭，但预算约束线的弯折处仍在 B 点，原因是非工资可支配收入 $\pi-T$ 未变。消费者最初会选择 F 点，它是无差异曲线 I_1 与最初的预算约束线的切点，此时，有 $l=l_1$、$C=C_1$。当实际工资增加时，消费者会选择一点，如 H 点，它是无差异曲线 I_2 与新的预算约束线的切点。如图 4-8 所示，闲暇保持不变，仍为 l_1，消费会从 C_1 增至 C_2。我们要说明的是，鉴于消费和闲暇都是正常品，因此作为对实际工资增加的反应，消费必定增加，而闲暇可能增加，也可能减少。为了弄清楚为何会出现这种情形，我们需要引入收入效应和替代效应这两个概念。

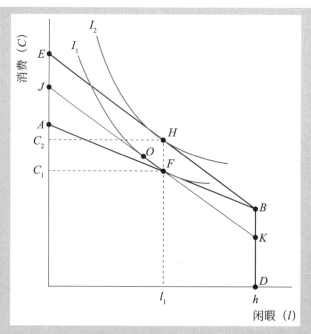

图 4-8 实际工资率提高：收入效应和替代效应

实际工资增加会使预算约束线从 ABD 移至 EBD。预算约束线的弯折点不变，但预算约束线会变得更陡峭。消费必定增加，但因替代效应和收入效应作用相反，所以闲暇可能增加，也可能减少。替代效应是从 F 点到 O 点的移动，而收入效应是从 O 点到 H 点的移动。

实际工资增加对消费者选择最优消费和闲暇组合产生的影响，可以分为收入效应和替代效应。首先，在新增实际工资的情况下，假定我们减少消费者的股息或增加税收，直至他选择位于最初的无差异曲线 I_1 上的消费束 O。鉴于实际工资增加，故我们减少消费者的实际可支配收入，使他恰好对选定的消费束（O 点）和最初的消费束（F 点）感到无差异。这就好像消费者现在面临的是预算约束线 JKD。从 F 点到 O 点的移动是纯**替代效应**（substitution effect），因为它恰恰反映了实际工资增加而带来的沿无差异曲线的移动。实际工资增加，会使闲暇变得比消费品更昂贵，消费者不得不用变得相对便宜的商品（消费）替代变得更为昂贵的商品（闲暇）。实际工资增加的替代效应是消费增加、闲暇减少，因而替代效应会使劳动供给（$N^s = h - l$）增加。

由于实际工资在预算约束线从 JKD 外移至 EBD 时保持不变，且非工资收入增加，所以从 O 点到 H 点的移动是纯**收入效应**（income effect）。由于消费和闲暇都是正常品，故从 O 点移动到 H 点时，两者都增加了。因此，当实际工资增加时，消费者就能消费更多的消费品和闲暇，原因是预算约束线外移了。最终，由于替代效应和收入效应都有增加消费的作用，所以消费必定增加。不过，替代效应和收入效应对闲暇的作用相反，所以无法最终确定闲暇是增还是减。因此，实际工资增加会使劳动供给 N^s 或升或降。

为了直观地理解这个结果背后的道理，假定亚历克斯每周工作 40 小时，每小时收入 15 美元，因此他的周工资收入是 600 美元。现在假定他的工资率提高到每小时 20 美元，并可以自由安排工作时间。一方面，由于他的工资率提高了，因此闲暇成本增加，他可能会选择增加工作（替代效应）。另一方面，他现在每周只需工作 30 小时，就仍能得到 600 美元的工资收入，享受到的自由时间可以多出 10 个小时（收入效应），因此亚历克斯可能会选择减少工作时间。

尽管一些分析尤其是第 5 章中的分析利用了无差异曲线，但用供求关系来总结消费者的行为有时也很有用。在第 9 章以及后面的章节，我们将用不同市场中的供求曲线进行分析。一个重要的关系是**劳动供给曲线**（labor supply curve），它是指在实际工资既定的情况下典型消费者愿意提供多少劳动。为了构建劳动供给曲线，我们可以先虚构出不同实际工资率下的典型消费者，再了解消费者在每个工资率上会选择提供多少劳动。也就是说，我们假定 $l(w)$ 是表示实际工资 w 既定的情况下消费者希望享受多少闲暇的函数。于是，劳动供给曲线的函数形式是：

$$N^s(w) = h - l(w)$$

现在，由于工资增加对消费者的闲暇选择的影响不确定，因此我们不清楚在实际工资变化时，劳动供给是增加还是减少。假定实际工资变化的替代效应大于收入效应，则劳动供给会随实际工资增加而增加，劳动供给曲线向上倾斜，如图 4-9 所示。此外，我们知道，由于闲暇量在非工资可支配收入增加时会增加，因此非工资可支配收入会使劳动供给曲线向左移动，即从 N^s 移至 N^s_1，如图 4-10 所示。在利用供求关系进行分析时，我们通常假定实际工资增加的替代效应大于收入效应，因此劳动供给曲线向上倾斜，如图 4-9 所示。

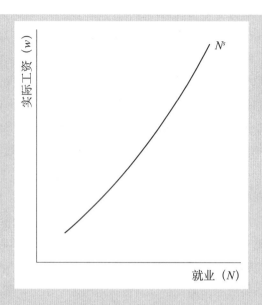

图 4-9　劳动供给曲线

劳动供给曲线说的是，对于每一可能的实际工资水平，消费者愿意提供多少劳动。图中，劳动供给曲线向上倾斜，这意味着，消费者的实际工资增加的替代效应大于收入效应。

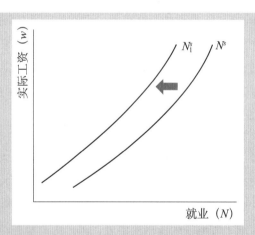

图 4-10　股息收入增加或税收减少的影响

当股息收入增加或税收减少时，劳动供给曲线会向左移动，因此对消费者的闲暇具有正的收入效应。

　　一个例子：消费和闲暇完全互补　我们可以用简单的代数和图解方法，用一个例子来说明消费者的最优化，在这个例子中典型消费者的偏好具有**完全互补**（perfect complements）特性。如果消费者总愿意按固定比例消费商品，则这些商品对他而言就是完全互补的。在实践中，商品是完全互补的情形有很多。例如，一双鞋几乎总是一对一地一起被消费，因为缺了左脚那只鞋，右脚那只鞋通常也就没用了。同样，汽车和轮胎通常也按 1∶4 的固定比例（忽略备用轮胎）被消费。

　　假如消费和闲暇完全互补，那么消费者总希望让 C/l 等于某一常数，或

$$C=al \qquad\qquad (4.7)$$

式中，$a>0$，是一个常数。在完全互补的情形下，消费者的无差异曲线呈 L 形，如图 4-11 所示，无差异曲线的直角都沿 $C=al$ 线下移。在无差异曲线 I_2 上的点如 E 点处，增加消费而保持闲暇不变，只会让消费者感到无差异；增加闲暇而保持消费不变亦是如此。只有消费者获得的这两种商品都增加了，他的境况才能改善。请注意，完全互补偏好并不满足我们通常假定的所有偏好特性。多并不总是比少好，因为在一种商品增加的情形下，消费者的境况并未改善，除非他拥有的另一种商品也增加了。不过，消费者的确偏爱多样性，而且是非常明显地偏爱。也就是说，当我们沿无差异曲线向下移动时，斜度并未变得越来越平缓，而是突然由垂直变为水平。

消费者的最优消费束总在 $C=al$ 线上，如图 4-11 所示。图中，预算约束线是 ABD，消费者可以通过选择预算约束线和最高无差异曲线上的一点而实现最优化，这个点就是 F 点。用代数方法来说，消费和闲暇量必须通过求解等式（4.7）得出，也必须满足预算约束：

$$C=w(h-l)+\pi-T \qquad\qquad (4.8)$$

此时，在等式（4.7）和等式（4.8）中，C 和 l 是两个未知数，a、w、h、π 和 T 是已知数。通过代换，求解两式的两个未知数，可以得到：

$$l=\frac{wh+\pi-T}{a+w}$$

$$C=\frac{a(wh+\pi-T)}{a+w}$$

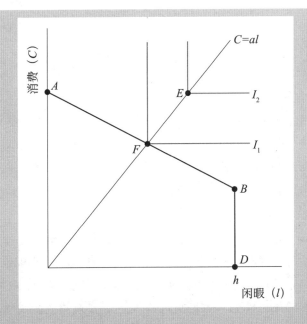

图 4-11 完全互补

当消费和闲暇对消费者来说是完全互补的时候，无差异曲线呈 L 形，其直角在 $C=al$ 线上，a 是常数。预算约束线是 ABD，最优消费束总在 $C=al$ 线上。

4

由上述解可知，闲暇和消费会随着非工资可支配收入 $\pi - T$ 的增加而增加，且当实际工资 w 增加时，消费和闲暇都会增加。在完全互补的情形下，不存在替代效应。而且，如果 a 增大，消费者对增加消费的偏好甚于闲暇，那么显然，消费者的最优选择是增加 C 并减少 l。

在第 8 章中，我们将列举一个具有完全互补偏好的例子。另一个简单的例子是偏好具有**完全替代**（perfect substitutes）特性的情形，见本章末的思考题。在这种情形中，边际替代率是常数，无差异曲线是向下倾斜的直线。

专栏

宏观经济学实践：劳动供给弹性有多大？

我们很容易把贫困看作是一个不难解决的问题。要是假定实际 GDP 基本上是固定的，那么，把收入从幸运的富人再分配给不幸的穷人，也许对集体境况的改善有好处。政府的收入再分配措施——通过税制和提供像公园、卫生保健之类的物品和服务——可以看作是一种贫困保险。既然私人部门不能提供这种防贫保险，政府就应该拾遗补缺。

在美国和其他一些国家，收入再分配的一个重要手段就是对劳动征税。尤其是联邦和州所得税是累进的，亦即典型穷人的所得税占其收入的比例低于典型富人。这与倾向累退的销售税截然不同，在政府征收销售税的情况下，典型穷人缴纳的销售税占其收入的比例高于典型富人。

所得课税具有激励效应也就不难理解。在我们的简单消费者行为模型中，研究所得课税对消费者影响的一个简便方法是，假定消费者的工资收入按一个不变的税率 t 征税；又假定一次总付税为零，或 $T=0$。消费者支付的税收总额为 $tw(h-l)$，则消费者的预算约束为：

$$C = w(1-t)(h-l) + \pi$$

在给定市场工资率 w 的情况下，若打算分析所得税率 t 的变化对劳动供给的影响，可视同分析实际工资变化的影响，因为此时 $w(1-t)$ 就是消费者的有效实际工资，t 上升与消费者的有效实际工资减少等价。就本章的分析而言，我们知道，从理论上说所得税率 t 上升可能引起劳动供给量上升或下降，取决于作用相反的收入效应和替代效应的相对强度。比如，t 上升可以减少劳动供给，那是因为替代效应大于收入效应。也就是说，如果替代效应比较大，那么，所得税率提高对工作时数的抑制作用比较大。

这种抑制效应也许会使我们把所得税作为收入再分配的有力工具这一想法改变。如果替代效应比较大，从而劳动供给对工资的弹性比较大，那么实际 GDP 不应当被看作是一块可以随意再分配的不变的蛋糕。想通过提高富人的所得税率、降低穷人的所得税率来分割蛋糕，实际上有可能会使这块蛋糕大大缩小。

再分配性税制使实际 GDP 缩小是不是一个严重的问题，取决于劳动力供给的弹性有多大。一般来说，在对个人面对工资变化而如何调整工作时间的研究中，劳动经济学家发现，该效应很小。因此，根据微观经济证据，劳动供给对工资的弹性很小，从而所得税的抑制效应也很小，再分配蛋糕不会使蛋糕缩小很多。

然而，在宏观经济学家看来，问题还没有结束。最近，迈克尔·基恩（Michael Keane）和理查德·罗杰森（Richard Rogerson）的一篇工作论文考察了劳动供给弹性的证据。[①] 宏观经济学家认为，重要的思想在于，总劳动投入对于总体经济活动至关重要，而总劳动投入又是由下列三个因素决定的：第一，每个人工作多少小时；第二，有多少人在工作；第三，所提供的劳动工时的质量。

劳动供给的微观经济证据一般强调的是个人所供给的劳动工时及其对工资的变化会有怎样的反应。这正是所谓的集约边际（intensive margin），即一个人的工作强度如何。然而，正如基恩和罗杰森所指出的，无论是在短期还是在长期，从外延边际（extensive margin）角度来说，人们工作还是不工作的选择，对工作时数总量的变化产生重要影响。虽然在市场上较高的所得税率对任何个人工作时数的影响可能很小，但会引起更多的人离开劳动力队伍。例如，有人可能选择在家照看自己的孩子，而不是在市场上工作。实际上，如果我们把外延边际考虑进来，总体劳动供给弹性相当高。

因此，在我们的宏观经济模型中，最有用的是把典型消费者看作一个虚拟人，代表经济体系中的一般消费者。该虚拟人的工作时数应当被看作是整个经济体系的平均工作时数。因此，在实践中，当工作时数总量因集约边际和外延边际变化而变化时，我们应当把它看作是我们模型中典型消费者的工时变化。

如上所述，劳动供给可能变化的另一方面表现在所提供的劳动工时的质量上。这实质上是一种通过职业选择而产生的长期效应。例如，如果提高富人的所得税率、降低穷人的所得税率，这会降低年轻人接受教育的积极性，而教育又是获得高薪工作所必需的。结果是，会有越来越少的人选择成为工程师，而会有越来越多的人选择当水暖工。基恩和罗杰森的文章所分析的证据表明，这种效应很大。

倘若我们利用所得税把收入从富人再分配给穷人，把我们的社会变成一个更加平等的社会，那么，美国会出现什么情况？对一个很富的人来说，多工作一小时所挣得的税后工资要比现在低得多，而对于一个很穷的人来说，边际税后工资会比现在高得多。在这种平等社会里，就业人员的平均工作时数也许比现在少得不多，但选择不加入劳动力队伍的人可能会比较多。如此下去，整个人口所具有的平均技能水平会大大降低，实际 GDP 无疑会降低。

有证据表明，对劳动征高税解释了美国与欧洲国家之间劳动供给和实际人均 GDP 的

---

① M. Keane and R. Rogerson，2001. "Reconciling Micro- and Macrolabor Supply Elasticities：A Structural Perspective," NBER working paper 17430.

差异。[1] 类似地，加拿大的所得税制比美国的税制累进程度更高。因此，加拿大比美国的收入再分配程度更高，可能在一定程度上解释了美国的实际人均 GDP 为什么比加拿大的高。

4 典型企业

在我们的经济模型中，消费者和企业聚集到一起，用劳动交换消费品。典型消费者供给劳动，需求消费品；企业需求劳动，供给消费品。本节分析企业的行为。企业作出的选择取决于可采用的技术和对利润最大化的追求。与分析消费者的行为一样，本节立足于单个典型企业的选择。

在这种经济中，企业拥有生产资本（厂房和设备），雇用工人生产消费品。我们把每家企业都可采用的生产技术称为**生产函数**（production function），它表示将投入要素转化为产出的技术可能性。这种关系的代数表达式是：

$$Y = zF(K, N^d) \tag{4.9}$$

式中，z 为全要素生产率；Y 为消费品产出；K 为投入生产过程的资本量；N^d 为劳动投入量，用企业职工的总工时表示；F 为函数。由于这是一个一时期或静态（与动态相对）模型，因此我们把 K 视作固定的生产投入量，把 N^d 作为可变生产要素。也就是说，在短期，企业不能改变其所拥有的厂房和设备数量（K），但可灵活地雇用和解雇工人（N^d）。**全要素生产率**（total factor productivity）z 反映了生产过程的先进程度，即提高 z，就会使生产要素 K 和 N^d 的生产率得到提高，因为投入要素既定，较高的 z 意味着有更多的产出。

例如，假定上面的生产函数表示一家面包店可采用的技术。资本量 K 包括面包店的经营场所、制作面包的烤炉、记账用的电脑和其他各种各样的设备。劳动量 N^d 是面包店全部员工的总工时，这些员工包括经理、操作烤炉的面包师和把面包制品卖给顾客的店员。表示全要素生产率的变量 z 受生产中所用技术的影响。例如，生产面包的方法，一是让每个面包师都操作一台烤炉，用它生产不同种类的面包；二是每个面包师都精于生产特定的某种面包，当需要烤炉时，碰到哪台烤炉可用就用哪台烤炉。运用相同的资本和劳动投入，如果后一种生产方法每天生产的面包多，那么就意味着它的 z 值要高于第一种生产方法。

就我们的分析而言，我们需要讨论生产函数的几个特性。在讨论之前，需要作如下定义。

---

① E. Prescott, 2004. "Why Do Americans Work More Than Europeans?" *Minneapolis Federal Reserve Bank Quarterly Review* 28，No. 1，2 - 13.

定义 4

　　生产要素的**边际产量**（marginal product）是在其他要素投入量不变的情形下，一种要素投入每增加 1 单位所增加的产量。

　　在生产函数（4.9）中，有两种要素投入，即劳动和资本。图 4 - 12 给出了生产函数曲线，其中，取资本量为任意固定值 K^*，劳动投入量 N^d 为可变要素。对该图的一些特性需作进一步的解释。图中，给定劳动量 N^*，边际劳动产量就是生产函数在 A 点的斜率；这是因为生产函数的斜率是劳动量为 N^*、资本量为 K^* 时每增加 1 单位劳动投入所增加的产量。边际劳动产量用 MP_N 表示。

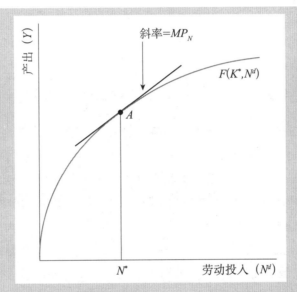

图 4 - 12　资本量固定、劳动量可变的生产函数
边际劳动产量是生产函数在某一给定点处的斜率。值得注意的是，边际劳动产量会随着劳动量的增加而下降。

　　图 4 - 13 再次给出了生产函数曲线，但这次是取劳动量为固定值 N^*，资本量为可变要素。在图 4 - 13 中，给定资本量 K^*，边际资本产量就是生产函数在 A 点的斜率，用 MP_K 表示。

　　生产函数具有五项重要特性，我们依次讨论。

　　1. 生产函数表现为规模收益不变。**规模收益不变**（constant returns to scale）意味着，给定任意常量 $x > 0$，下列关系式成立：

$$zF(xK, xN^d) = xzF(K, N^d)$$

也就是说，如果所有投入要素都按因子 x 变动，那么产出也会按同样的因子 x 变动。例如，若所有投入要素都增加 1 倍（$x = 2$），那么产出也会增加 1 倍。除了生产的规模收益不变外，还有**规模收益递增**（increasing returns to scale）和**规模收益递减**（decreasing returns to scale）。规模收益递增意味着大企业（产量巨大的企业）

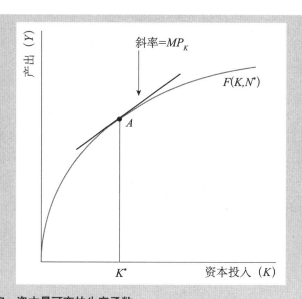

图 4 - 13 劳动量固定、资本量可变的生产函数
生产函数的斜率是边际资本产量，边际资本产量会随着资本量的增加而下降。

比小企业更有效率，而规模收益递减又意味着小企业比大企业更有效率。当规模收益不变时，小企业与大企业一样有效率。更确切地说，规模收益不变意味着超大企业只不过是多次重复超小企业的生产而已。对于规模收益不变的生产函数，只要所有企业的行为都是竞争性的（它们都是产品市场和要素市场中的价格接受者），则其经济行为方式（无论是许多小企业生产消费品，还是少数大企业生产消费品）就相同。因此，这很容易假定经济中只存在一家企业，即**典型企业**（representative firm）。与典型消费者一样，把典型企业视作许多企业（都具有相同的规模收益不变的生产函数）的替身颇有益处。在实践中，在有些行业，规模收益递减显然很重要。例如，高质量的快餐食品以小规模生产似乎最有效率。相反，在汽车行业，规模收益递增很重要，所有生产活动都在像通用汽车公司那样的超大规模企业里完成（当然，现在的通用汽车公司规模已没有往日的辉煌了）。不过，这并不意味着在总体层面上假定生产具有规模收益不变的特性（本模型就是这样假定的）是有害的。这是因为，就连美国最大的企业，其产量与美国 GDP 相比也犹如沧海一粟，整个经济仍显示出总体生产的规模收益不变性，即使对经济中的每家企业而言并非如此。

2. 当资本投入或劳动投入增加时，产出会增加，这是生产函数的一个特性。换言之，边际劳动产量和边际资本产量都为正，即 $MP_N > 0$，$MP_K > 0$。在图 4 - 12 和图 4 - 13 中，生产函数的这种特性表现为生产函数曲线向上倾斜。回顾在这两幅图中，生产函数的斜率分别是边际劳动产量和边际资本产量。边际产量为正是生产函数的自然属性，因为不言而喻，多投入就会多产出。在前面讨论的面包店的例子中，如果这家面包店雇用更多的员工，而资本设备保持不变，它生产的面包就会增

4

加；如果它安装更多的烤炉，而员工数量保持不变，它生产的面包也会增加。

3. 边际劳动产量会随着劳动力数量的增加而下降。在图 4 - 12 中，边际劳动产量递减表现为生产函数曲线凹向原点。也就是说，在图 4 - 12 中，生产函数的斜率 MP_N 会随着 N^d 的增加而下降。下面的例子有助于说明边际劳动产量为何会随着劳动投入量的增加而下降。假定若干会计师在一间办公室里工作，只有一台复印机，同时假定他们用铅笔和纸工作，但需要不定时地停下手头的工作而使用复印机。第一个加入生产过程的会计师是萨拉，她的工作效率很高，即她具有高边际产量，原因是每当她想用复印机时，她就能用到。不过，当第二个会计师即保罗加入进来时，若萨拉要用复印机，她必须起身离开办公桌走到复印机前，但发现保罗正在用。因此，一些本可以用来工作的时间却被浪费了。保罗和萨拉的产出要大于萨拉一个人的产出，但保罗的产出增量（边际产量）却小于萨拉的边际产量。同样，当第三个会计师即朱莉娅加入进来时，复印机旁便挤满了人；朱莉娅的边际产量小于保罗的边际产量，保罗的边际产量又小于萨拉的边际产量。图 4 - 14 给出了典型企业的边际劳动产量曲线。这是一条企业的边际产量曲线，其中，资本量固定，企业的边际产量是劳动投入的函数。也就是说，它是图 4 - 12 中生产函数斜率的曲线。边际产量曲线总为正，且向下倾斜。

4. 边际资本产量会随着资本量的增加而下降。生产函数的这个特性与上述情况十分类似，如图 4 - 13 所示。生产函数的斜率递减，即呈凹状。用上面的例子来说，如果我们假定萨拉、保罗和朱莉娅都是在一间办公室里工作的会计师，并设想一下如果增加复印机会发生什么情况，我们对边际资本产量为何具有递减的自然属性就能产生一些直观认识。添置一台复印机，总产出会大增，因为萨拉、保罗和朱莉娅

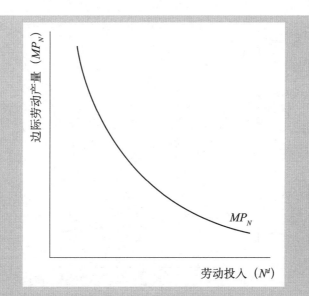

图 4 - 14 典型企业的边际劳动产量曲线
边际劳动产量会随着生产过程中所用劳动量的增加而下降。

现在可以复印以前不得不用手抄的文件了。然而，当办公室里有三个会计师时，复印机旁难免会挤满人。随着有了第二台复印机，拥挤得以缓解，因此第二台复印机增加了产出，但这台复印机的边际产量要小于第一台复印机的边际产量，依此类推。

5. 边际劳动产量会随着资本投入量的增加而增加。为了对生产函数的这个特性有一些直观认识，仍以会计师事务所为例。假定萨拉、保罗和朱莉娅最初只有一台复印机可用。添置一台复印机相当于增加了资本设备，使复印机旁的拥挤得以缓解，提高了萨拉、保罗和朱莉娅（她是最后一个加入这家事务所工作的会计师）各自的工作效率。因此，增加资本提高了每一劳动量的边际劳动产量。在图 4-15 中，资本量由 K_1 增加到 K_2，会使边际劳动产量曲线从 MP_N^1 右移至 MP_N^2。

全要素生产率变化对生产函数的影响

全要素生产率 z 的变化对于我们认识经济增长和经济周期的起因至关重要，因此我们必须弄清楚 z 的变化是如何改变生产技术的。提高全要素生产率 z 有两个重要作用。第一，由于在资本和劳动给定的情形下，产出在 z 提高时会增加，所以会使得生产函数曲线上移。在图 4-16 中，资本量固定为 K^*，当 z 从 z_1 提高到 z_2 时，生产函数曲线会上移。第二，当 z 提高时，边际劳动产量会增加。这反映出对于任意给定的劳动投入量 N^d，$z= z_2$ 时的生产函数曲线斜率大于给定 $z= z_1$ 时的斜率，如图 4-16 所示。在图 4-17 中，当 z 提高时，边际劳动产量曲线会从 MP_N^1 右移至 MP_N^2。提高 z 对边际劳动产量曲线的影响与增加资本存量对边际劳动产量曲线的影响（见图 4-15）差不多。

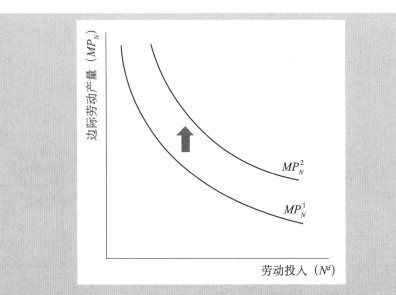

图 4-15　增加资本会提高边际劳动产量

对每一劳动投入量而言，当生产中所用资本的数量增加时，边际劳动产量就会提高。

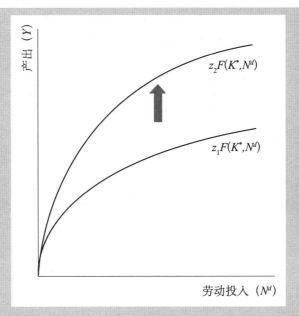

图 4 - 16　全要素生产率提高

全要素生产率的提高有两个作用：在每一劳动投入量给定的情形下，产出会增加，每一劳动投入量的边际劳动产量也会增加。

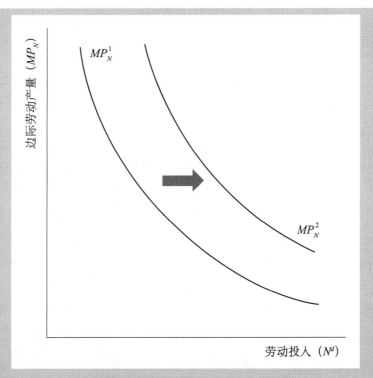

图 4 - 17　全要素生产率提高对边际劳动产量的影响

当全要素生产率提高时，边际劳动产量曲线会向右移动。

什么会使全要素生产率发生变化？一般而言，在投入给定的情形下使产出增加的任何因素，都会提高 z。在宏观经济中，导致 z 提高的因素有若干项，其中之一便是技术创新。通过技术创新提高全要素生产率的最佳例证是，生产组织形式或管理技术的变革。例如，亨利·福特（Henry Ford）将生产流水线引入汽车生产中（见专栏"宏观经济学实践：亨利·福特和全要素生产率"），在资本设备和工人数量不变的情形下，使福特 T 型车的产量剧增。20 世纪的一些最重要发明，如个人电脑，被认为是资本存量增加而非 z 提高也许更恰当，原因是，在资本设备中体现了这种新技术。使 z 提高的第二项因素是良好的气候。气候对农业和建筑业尤其重要。例如，在投入要素给定的情形下，假如雨量充沛（只要别太多就行），农作物产量就会增加；假如雨量较少，建筑工程进度就会加快。影响 z 的第三项因素是政府管制。例如，如果政府规定企业必须安装消除污染的设备，这也许有益于大众福利的改善，但会导致 z 降低。这种情形之所以发生，是因为安装消除污染的设备增加了生产过程中投入的资本量，对于计算产出却毫无贡献。第四，能源相对价格的提高常常被认为会降低 z。当能源相对价格提高时，企业在生产中就会减少能源消耗，以致资本和劳动的生产率都会降低，因而造成 z 降低。在美国，能源价格的大幅上涨分别发生在 1973—1974 年、1979 年、1990 年、2000 年和 2002—2008 年。能源价格上涨产生了重大的宏观经济影响，我们将在第 5 章、第 11 章和第 13 章讨论这些影响。

专栏

宏观经济学实践：亨利·福特和全要素生产率

福特汽车公司由福特和一位资助人于 1903 年创立，但直至 1908 年福特 T 型车在市场上推出，福特才算取得了一定的成功。由于这种车轻便、耐用、简单、易驾驶，故极受欢迎。考虑到对 T 型车的高需求，亨利·福特决定增加产量，但他不是通过设立相同的工厂来简单复制现有的生产过程；相反，他提高了全要素生产率，同时增加了生产中的资本和劳动投入。全要素生产率提高的一项重要因素是，将生产流水线引入汽车生产中。亨利·福特从芝加哥肉类加工业中使用的生产流水线上得到启发。不过，生产流水线的工作原理早已为人所知，例如现代经济学之父——亚当·斯密（Adam Smith）在《国富论》（*Wealth of Nations*）中就讨论了在制针厂中如何组织生产，以此来说明他所称的"劳动分工"：

> 第一个人抽出铁丝，第二个人将其拉直，第三个人再截断铁丝……用这种方式，把制针这种烦琐的工作分为 18 道不同的工序……[1]

---

[1] A. Smith. *An Enquiry into the Nature and Causes of the Wealth of Nations*，Liberty Fund，Indianapolis，reprinted 1981，p. 15.

斯密对专业分工如何导致制针的生产率提高印象深刻。一个多世纪后，亨利·福特的生产流水线取代了按班组装配汽车的做法，而在这种做法下，每个班组都在厂房的单独一个场地堆放零部件并完成汽车装配。如同制针厂的生产组织形式一样，福特得益于生产流水线所带来的专业分工，每名工人都只做一项专门的工作，因此完成汽车装配的速度大大提高。1914 年，福特汽车公司用 13 000 名工人生产汽车 260 720 辆，同期其他美国汽车公司用 66 350 名工人才生产了汽车 286 770 辆，这个事实反映出福特汽车公司全要素生产率的提高。福特汽车公司单位工人的产量几乎是其他美国汽车公司的 5 倍！我们无法衡量福特和其他美国汽车公司的资本存量规模，因此，将福特单位工人较高的产量简单地归功于较高的单位工人资本，这个可能性不大。不过，可以有把握地讲，福特汽车公司因亨利·福特的创新而使其全要素生产率得以显著提高，这些创新很快就被其他汽车公司所效仿。[①]

专　栏

理论与经验数据：全要素生产率和美国的总量生产函数

至此，我们已假定典型企业生产函数的表达式是 $Y=zF(K, N^d)$，其中函数 F 具有某些共性（规模收益不变、边际产量递减等）。当宏观经济学家用数据验证理论时，或当他们想在电脑上模拟宏观经济模型以便研究理论的某些量化特征时，他们就需要更具体的生产函数表达形式。在理论和经验研究中使用非常普遍的一个生产函数是**柯布-道格拉斯生产函数**（Cobb-Douglas production function）。它的表达式是：

$$Y=zK^a(N^d)^{1-a}$$

式中，a 为参数，且 $0<a<1$。函数中 K 和 N^d 的指数之和等于 1（$=a+1-a$），表示规模收益不变。假如企业追求利润最大化、是价格接受者且规模收益不变，那么柯布-道格拉斯生产函数就意味着，在均衡中，a 是国民收入中资本所占的份额（在我们的模型中，是企业利润），$1-a$ 是劳动所占的份额（税前工资收入）。引人注目的是，在美国的国民收入与生产账户（NIPA）中，资本和劳动在国民收入中所占的份额大体不变，这与柯布-道格拉斯生产函数相符。鉴于此，对 a 的经验估计就是资本在国民收入中所占的平均份额，由数据可知，约为 0.30 或 30%，因此美国的现实总量生产函数相当近似于：

$$Y=zK^{0.30}(N^d)^{0.70} \tag{4.10}$$

在等式（4.10）中，Y、K 和 N^d 的数值都可被计算出来。例如，Y 可以用 NIPA 中的实际 GDP 表示，K 可以用现有的资本总量（NIPA 中资本品支出之和）表示，N^d 可以用劳工统计局所作的当前人口调查中的总就业表示。那么，如何计算全要素生产率 z 呢？全要素生产率无法直接计算出来，但可以作为残差间接计算出来。也就是说，根据等式（4.10），

---

①　H. Ford, 1926. *My Life and Work*, Doubleday, Page and Co., New York；A. Nevins, 1954, *Ford：The Times, the Man, the Company*, Charles Scribner's and Sons, New York.

如果我们能计算出 Y、K 和 N^d，那么衡量指标 z 就是**索洛残差**（Solow residual），计算公式为：

$$z = \frac{Y}{K^{0.30}(N^d)^{0.70}} \tag{4.11}$$

全要素生产率的这个衡量指标以罗伯特·索洛（Robert Solow）的名字命名。[1] 利用等式（4.11）以及上面给出的 Y、K 和 N^d 的值，图 4-18 描绘出美国 1948—2010 年的索洛残差。计算出的全要素生产率随着时间的推移而提高，并围绕趋势波动。在第 7 章、第 8 章和第 13 章，我们将揭示全要素生产率的提高和波动是如何导致实际 GDP 的增长和波动的。

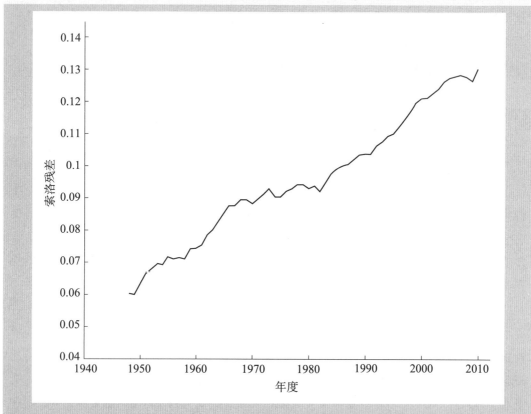

图 4-18 美国的索洛残差

索洛残差是全要素生产率的一个衡量指标，在此是用柯布-道格拉斯生产函数计算的。计算出的全要素生产率随着时间的推移而提高，并围绕趋势波动，如 1948—2010 年这段时期所示。

典型企业的利润最大化问题

在论述了典型企业的生产技术特性后，我们就能分析决定企业劳动需求的因素。与典型消费者一样，典型企业的行为具有竞争性，因为它是既定实际工资的接受者，而实际工资是用劳动交换消费品时的价格。企业的目标是利润最大化，由

---

[1] R. Solow，1957. "Technical Change and the Aggregate Production Function," *Review of Economic Statistics* 39，312-320.

$Y-wN^d$ 得出，其中，Y 是企业产品销售的总收入，用若干单位的消费品表示，wN^d 是劳动投入的实际总成本，即实际可变总成本。于是，用生产函数 $Y=zF(K$，$N^d)$ 替换 Y，企业的问题就是选择 N^d，以实现下式最大化：

$$\pi=zF(K，N^d)-wN^d$$

式中，K 为固定值；π 为实际利润。图 4-19 描绘出收入函数 $zF(K，N^d)$ 和可变成本函数 wN^d 的曲线。利润是总收入减可变总成本的差额。在图 4-19 中，为了实现利润最大化，企业会选择 $N^d=N^*$。最大化的利润数量 π^* 是图 4-19 中 AB 的间距。π^* 的参考值是 ED 的间距，因为 AE 是与可变成本曲线平行的一条线。因此，AE 的斜率为 w。当利润最大化时的劳动量为 N^* 时，总收入函数的斜率就等于可变总成本函数的斜率。然而，总收入函数的斜率恰好是生产函数的斜率，或是边际劳动产量，而可变总成本函数的斜率是实际工资 w。因此，通过取

$$MP_N=w \tag{4.12}$$

企业就实现了利润最大化。

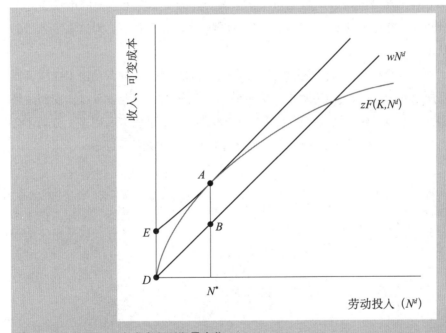

图 4-19 收入、可变成本和利润最大化

$Y=zF(K，N^d)$ 是企业的收入，而 wN^d 是企业的可变成本。利润是两者之差。企业在边际收入等于边际成本（即 $MP_N=w$）的点上实现利润最大化。最大化的利润是 AB 或 ED 的间距。

为了理解等式（4.12）背后的逻辑，请注意，让工人多工作 1 小时所贡献的企业利润是新增产出减去新增的投入成本，即 MP_N-w。鉴于资本量是固定量，故工人第 1 小时工作的边际劳动产量非常高，生产函数曲线如图 4-12 所示，MP_N 在 $N^d=0$ 时非常大，这样当 $N^d=0$ 时，$MP_N-w>0$，值得企业雇用第 1 个单位的劳动，因为这意味着利润为正。随着企业雇用更多的劳动，MP_N 会下降，以至于每增

加 1 单位劳动带来的利润越来越少，但成本 w 都是一样的。最终，当 $N^d = N^*$ 时，企业已雇用了足够多的劳动，使得再雇用 1 单位劳动就意味着 $MP_N - w < 0$，这也意味着多雇用 1 单位劳动只会使利润下降，这不可能是最优的。因此，追求利润最大化的企业会根据等式（4.12）来选择它的劳动投入。

在前面所举的会计师事务所的例子中，我们假定事务所只有一台复印机，事务所的产出用其拥有的客户来表示。每个客户每年向该事务所支付 20 000 美元，每名会计师每年的工资是 50 000 美元。因此，实际工资为 50 000/20 000 = 2.5 个客户。如果这家事务所有 1 名会计师，它每年就可以有 5 个业务客户；如果它有 2 名会计师，它每年就可以有 9 个业务客户；如果它有 3 名会计师，它每年就可以有 11 个业务客户。这家事务所要雇用多少会计师才能实现利润最大化？假如该事务所雇用萨拉，她的边际产量是每年 5 个客户，高于 2.5 个客户的实际工资，它雇用萨拉就值得。假如该事务所雇用萨拉和保罗，而保罗的边际产量是每年 4 个客户，也高于 2.5 个客户的市场实际工资，它雇用保罗也值得。假如该事务所雇用萨拉、保罗和朱莉娅，而朱莉娅的边际产量是每年 2 个客户，低于 2.5 个客户的市场实际工资。由此可见，在这种情况下，雇用 2 名会计师，即萨拉和保罗，对这家事务所而言是最优的。

由上面的分析可知，典型企业的边际劳动产量曲线是企业的劳动需求曲线（如图 4 - 20 所示）。这是因为当劳动投入量使得 $MP_N = w$ 时，企业就可以实现利润最大化。因此，给定实际工资 w，由边际劳动产量曲线可知企业需雇用多少劳动才会使 $MP_N = w$，因而边际劳动产量曲线同企业的劳动需求曲线是一回事。

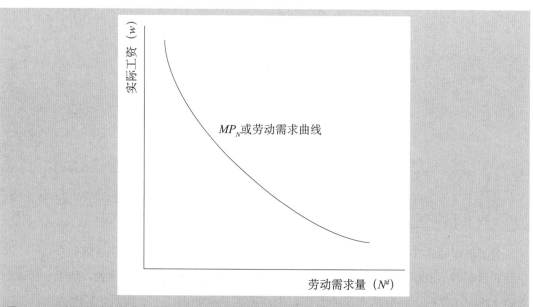

图 4 - 20　边际劳动产量曲线是利润最大化企业的劳动需求曲线

事实如此，因为企业雇用劳动直至 $MP_N = w$ 时为止。

本章小结

● 在本章，我们学习了一时期（或静态）环境里典型消费者和典型企业的行为。这种行为是构建第 5 章的宏观经济模型的基础。

● 典型消费者代表了整个经济中的大量消费者，典型企业是大量企业的化身。

● 典型消费者的目标是在他的预算约束下选择消费和闲暇，尽可能地改善其境况。

● 消费者的偏好具有的特性是：多总比少好，喜欢消费和闲暇具有多样性。消费者是价格接受者，因为他把市场实际工资视为既定的，他的实际可支配收入是实际工资收入加实际股息收入减实际税收。

● 由图可知，通过选择无差异曲线与预算约束线相切处的消费束，也就是在这一点闲暇对消费的边际替代率等于实际工资，典型消费者实现了最优。

● 根据消费和闲暇是正常品的假设，典型消费者的收入增加，会导致消费增加和闲暇增加，

从而带来劳动供给下降。

● 增加实际工资会增加消费，但会使闲暇或增或减，原因是收入效应和替代效应的作用相反。因此，劳动供给在实际工资增加时，要么增加，要么减少。

● 在一时期环境里资本为固定量的情形下，典型企业会选择雇用使其利润最大化的劳动量。

● 企业的生产技术体现在生产函数上，生产函数的特性是：规模收益不变，边际劳动产量递减，边际资本产量递减。而且，边际劳动产量和边际资本产量都为正，边际劳动产量随着资本量的增加而增加。

● 无论使用多少劳动和资本，全要素生产率的提高都能增加其产出量，也增加了边际劳动产量。

● 当企业追求利润最大化时，它会使边际劳动产量等于实际工资。这意味着企业的边际劳动产量曲线就是它的劳动需求曲线。

主要概念

静态决策（static decision）：消费者或企业所作的仅一时期的决策。

动态决策（dynamic decision）：消费者或企业所作的一时期以上的决策。

消费品（consumption good）：代表经济中全部消费品的一种商品。

闲暇（leisure）：在市场中花费在非工作上的时间。

典型消费者（representative consumer）：经济中所有消费者的化身。

效用函数（utility function）：反映消费者对商品偏好的函数。

消费束（consumption bundle）：某一给定的消费-闲暇组合。

正常品（normal good）：消费随着收入的增加而增加的商品。

低档品（inferior good）：消费随着收入的增加而减少的商品。

无差异图（indifference map）：表示典型消费者对商品的偏好的一组无差异曲线，与效用函数表达的意思相同。

无差异曲线（indifference curve）：一组表示典型消费者对各种消费品组合都无差异的点。

边际替代率（marginal rate of substitution）：无差异曲线的斜率负值，也就是消费者愿意用一种商品替代另一种商品的比率。

竞争性行为（competitive behavior）：当市场价格不受其控制时消费者或企业所采取的行动。

易货（barter）：物物交换。

时间约束（time constraint）：工作时间加闲暇时间之和等于消费者全部可用时间的条件。

实际工资（real wage）：用消费品单位表示的工资率。

记账单位（numeraire）：表示价格的商品。

股息收入（dividend income）：分配给作为企业所有者的消费者的企业利润。

一次总付税（lump-sum tax）：不受被课税消费者或企业的行为影响的税种。

预算约束（budget constraint）：消费等于工资收入加非工资收入减税收的条件。

理性（rational）：对能作出明智的最优决策的消费者的描述。

最优消费束（optimal consumption bundle）：消费者的境况尽可能得到改善，同时又满足预算约束的消费束。

相对价格（relative price）：用另一种商品单位表示的某种商品的价格。

纯收入效应（pure income effect）：价格保持不变，实际可支配收入变动对消费者最优消费束的影响。

替代效应（substitution effect）：消费者的福利保持不变，某种商品价格变动对该商品消费量的影响。

收入效应（income effect）：因拥有的实际收入不同，某种商品价格变动对该商品消费量的影响。

劳动供给曲线（labor supply curve）：描述每一实际工资水平下劳动供给量的关系。

完全互补品（perfect complements）：总按固定比例消费的两种商品。

完全替代品（perfect substitutes）：边际替代率不变的两种商品。

生产函数（production function）：描述要素投入转换为产出的技术可能性的函数。

全要素生产率（total factor productivity）：是生产函数的一个变量，如果它提高了，就能提高所有生产要素的生产能力。

边际产量（marginal product）：当生产过程中再投入 1 单位生产要素时所增加的产量。

规模收益不变（constant returns to scale）：生产技术的一个特性，根据这一特性，如果企业按因子 x 增加全部投入，产出也会按同样的因子 x 增加。

规模收益递增（increasing returns to scale）：生产技术的一个特性，根据这一特性，如果企业按因子 x 增加全部投入，产出增幅会大于因子 x。

规模收益递减（decreasing returns to scale）：生产技术的一个特性，根据这一特性，如果企业按因子 x 增加全部投入，产出增幅会小于因子 x。

典型企业（representative firm）：经济中所有企业的化身。

柯布-道格拉斯生产函数（Cobb-Douglas production function）：生产函数的一个特定数学形式，与美国的总体数据比较吻合。

索洛残差（Solow residual）：是衡量全要素生产率的一个指标，通过给定总产出、劳动投入和资本投入指标，以生产函数的残差计算而得。

复习题

所有问题都涉及本章宏观经济模型的一些内容。

1. 在模型中，消费者消费的是什么商品？

2. 如何表示消费者对商品的偏好？

3. 典型消费者的三个偏好特性是什么？解释每一个特性的重要意义。

4. 无差异曲线的两个特性是什么？这些特性与消费者的偏好特性有怎样的联系？

5. 典型消费者的目标是什么？

6. 当消费者在其预算约束下选择最优消费束时，需满足什么条件？

7. 实际股息收入增加对典型消费者的行为会产生怎样的影响？

8. 实际税收增加对典型消费者的行为会产生怎样的影响？

9. 当实际工资增加时，典型消费者的工作时间为何会减少？

10. 典型企业的目标是什么？

11. 边际劳动产量为何是递减的？

12. 全要素生产率的提高对生产函数有什么影响？

13. 解释边际劳动产量曲线为何就是企业的劳动需求曲线。

思考题

1. 画图说明，如果与少相比，消费者喜欢多，那么各条无差异曲线就不能相交。

2. 在本章，我们给出了一个消费者喜欢具有完全互补特性的消费例子。另外，假定闲暇和消费品是完全替代的。在这种情形下，无差异曲线可由下式表示：

$$u=al+bC$$

式中，a 和 b 为正的常量；u 为效用水平。也就是说，对于给定的一条无差异曲线，u 有一个具体值；对于较高的无差异曲线，u 有较高的值。

(a) 说明当消费和闲暇可以完全替代时，消费者的无差异曲线的形状，用图形和代数形式判定消费者会选择什么样的消费束。说明消费者对消费束的选择取决于 a/b 和 w 的关系，并解释原因。

(b) 你认为消费者会把消费品和闲暇视做完全替代品吗？

(c) 若两者为完全替代品，多比少好吗？偏好满足边际替代率递减的特性吗？

3. 看一下本章的消费者选择的例子，此时的消费和闲暇是完全互补品。假定消费者总是想要这样一种消费束，即消费和闲暇的数量相等，也就是说，$a=1$。

(a) 假定 $w=0.75$，$\pi=0.8$，$T=6$。确定消费者对消费和闲暇的最优选择，并作图说明。

(b) 现假定 $w=1.5$，$\pi=0.8$，$T=6$。确定消费者对消费和闲暇的最优选择，并作图说明。请根据收入效应和替代效应，解释消费者的最优消费束如何变化以及为何变化。

4. 假定政府对典型消费者的工资收入课征比例所得税。也就是说，消费者的工资收入是 $w(1-t)(h-l)$，其中 t 是税率。所得税对消费和劳动供给会产生什么影响？用收入效应和替代效应解释你的结果。

5. 假定典型消费者缴纳的工资所得税有标准扣除（这也是美国联邦所得税法规定的）。也就是说，典型消费者对实际工资收入中前 x 单位的工资收入不纳税，而是对超过 x 单位的每单位实际工资收入按比例 t 纳税。因此，如果 $w(h-l)\leqslant x$，消费者的预算约束为 $C=w(h-l)+\pi$；如果 $w(h-l)\geqslant x$,消费者的预算约束则为 $C=(1-t)w(h-l)+tx+\pi$。现假定政府降低纳税扣除 x。作图确定这种税收变化对消费者的影响，并用收入效应和替代效应解释你的结果。你一定要考虑两种情况。第一种情况，消费者在 x 被降低之前不纳税；第二种情况，消费者在 x 被降低之前纳税。

6. 假定典型消费者的股息收入增加，同时其工资率下降。确定对消费和劳动供给的影响，并用收入效应和替代效应解释你的结果。

7. 假定消费者因"加班"而使工资率提高。也就是说，对于消费者最初的 q 小时工作时间，他获得的实际工资率为 w_1，对于超过 q 的工作时间，他的实际工资率为 w_2，其中 $w_2>w_1$。假定消费者不纳税，也无非工资收入，他可以自由选择工作时间。

(a) 画出消费者的预算约束线，说明他对消费和闲暇的最优选择。

(b) 说明消费者绝不会选择工作 q 小时，也不会选择非常接近 q 小时的工作时间。解释这背后的道理。

（c）说明如果加班工资率 w_2 提高会发生什么情况。用收入效应和替代效应解释你的结果。你必须考虑工人一开始就加班的情况和工人一开始并不加班的情况。

8. 说明：假定一次总付税和比例所得税为政府筹措的税收收入是相同的，对工资收入课征前一种税而非后一种税（如思考题 4 中的比例所得税），消费者的境况会改善。你要画图说明。提示：在一次总付税情况下，消费者选择的消费束必须恰好是能负担得起的。

9. 回忆一下在我们的典型消费者模型中，闲暇时间包含未在市场上工作所花费的时间，包括归置庭院、照看小孩等家务生产时间。假定政府准备免费提供儿童日托；为了分析其效应，假定这对市场实际工资 w、税收 T 和股息收入 π 没有影响。分析日托计划对消费者的消费、闲暇和工作时间的影响。

10. 假定消费者不能按他的选择改变工作时数。具体来说，他必须在工作 q 小时与一点都不工作之间进行选择，其中 $q>0$。假定股息收入为零。又假定如果他工作，所缴纳的税收为 T；如果他不工作，获得失业保险计划的救济金为 b。

（a）倘若工资率提高，这对消费者的工作时数会产生怎样的影响？当工资变化时，消费者的实际行为会发生怎样的变化？

（b）假定失业保险救济金增加。这对工作时数将产生怎样的影响？请解释这对失业保险计划意味着什么。

11. 假定政府对生产者征税。也就是说，企业对其生产的每单位产量都要向政府缴纳 t 单位的消费品。确定这种税对企业的劳动需求所产生的影响。

12. 假定政府对就业实行补贴。也就是说，对企业雇用的每单位劳动，政府都要向企业支付 s 单位的消费品。确定这种补贴对企业的劳动需求所产生的影响。

13. 假定企业拥有最低数量的工人 N^*，即除非劳动投入大于或等于 N^*，否则企业就无法生产。除此之外，企业按照本章所讲的生产函数进行生产。考虑到这些情况，确定实际工资增加对企业选择劳动投入的影响。构建企业的劳动需求曲线。

14. 假定某一单个消费者为一家企业工作，投入到这家企业的劳动量 N 与这个消费者的工作小时数 $h-l$ 相同。画出产出 Y（以纵轴表示）和这个消费者的闲暇时数 l（以横轴表示）的关系曲线，它表示这家企业的生产函数（在第 5 章，我们将此关系称为生产可能性边界）。你画出的这条曲线的斜率是多少？

15. 企业在生产过程中产生了污染。政府通过一项法律，要求企业停止污染。企业发现，如果针对每个生产工人再雇用 x 个工人，就可防止污染；也就是说，如果企业雇用 N 个生产工人，就要再雇用 xN 个工人清除 N 个工人在生产过程中产生的污染。分析污染管制对企业利润最大化的劳动力投入决策和企业的劳动需求曲线的影响。

16. 假定企业的生产函数为 $Y=zK^{0.3}N^{0.7}$。

（a）若 $z=1$、$K=1$，画出生产函数曲线。边际劳动产量是正的且递减的吗？

（b）当 $z=2$、$K=1$ 时，画出生产函数曲线。解释此时的生产函数与（a）的有何不同？

（c）当 $z=1$、$K=2$ 时，画出生产函数曲线。这时的生产函数会怎样？

（d）给定上述生产函数，且边际劳动产量 $MP_N=0.7zK^{0.3}N^{-0.3}$。画出边际劳动产量在 $(z, K)=(1,1)$，$(2,1)$，$(1,2)$ 时的曲线并予以解释。

17. 假定生产函数 $zF(K,N)$ 是规模收益递增的，当劳动投入量增加时，边际劳动产量增加。

（a）给定这种生产函数，典型企业的劳动需求如何？

（b）如果我们试图构建一个生产是规模收益递增的竞争性均衡模型，你会发现什么问题？

封闭经济下的一时期宏观经济模型

第4章研究了典型消费者和典型企业的微观经济行为,本章的第一个目标是,把这种微观经济行为纳入实用宏观经济模型中,然后利用这个模型阐明,不受约束的市场是如何产生具有社会效率的经济结果的。这种社会效率将有益于我们利用模型去分析一些重要的宏观经济问题。我们要说明,增加政府支出是如何使得总产出增加并排挤私人消费支出的;提高生产率是如何导致总产出增加和生活水平提高的。接着考察一种修正模型,在该模型中,在一个私人市场不受约束的经济中产生的经济结果不具有社会效率,因为政府征税扭曲了私人决策。这可以使我们探讨所得税的激励效应对总体经济活动的重要性。最后,我们将考察另一种相关的模型,研究最优政府规模。

从本章开始,通过分析在**封闭经济**(closed economy)中,市场中的消费者和企业是如何互动的,来探讨宏观经济模型的构建。这是一个单一国家模型,即不存在与其他国家的联系,或者说没有与其他国家的贸易往来。首先,封闭经济是如何运行的比较容易理解,然后我们把对封闭经济的一些经济认识,推广到存在国际贸易的**开放经济**(open economy)中。此外,对许多经济问题而言,尤其是本章所要阐释的这些问题,问题的答案在我们假设经济是开放的时候并无根本性区别。

在封闭经济中,有三个不同的参与者:典型消费者,是经济中许多消费者的化身,他出卖劳动,购买商品;典型企业,是经济中许多企业的化身,它购买劳动,出售商品;政府。我们在第4章中已详细描述了典型消费者和典型企业的行为,现在只需解释政府的行为是什么。

政府

在我们的模型中,政府的行为相当简单。它希望购买一定数量的消费品 G,而资金来源正是它对典型消费者的征税。在实践中,政府提供许多不同的物品和服务，包括道路和桥梁、国防、空中交通管制以及教育。尽管对政府应提供哪些物品和服务，在政治上和经济上还存在争议，但经济学家一般认为，政府在提供**公共物品**（public goods）如国防中应发挥特殊作用，因为私人部门难以或不可能提供公共物品。国防是公共物品的一个恰当例子，因为在私人市场中，让个人根据其享用多少国防服务和对国防价值的评估为国防付费是困难的或不可能的。

为了尽可能简单，我们对政府支出的公共物品性质不作具体分析。本章的后面将详述公共物品，分析政府部门的最优规模应当如何确定。这里想要说明的是，政府支出耗用了资源，我们的模型假定政府支出仅涉及从私人部门取得商品。商品在私人部门生产出来后，政府从中购买的数量为 G，剩下的由典型消费者消费，而 G 属于**外生**（exogenous）变量。外生变量由模型以外的因素决定，而**内生**（endogenous）变量则由模型本身决定。在我们的封闭经济模型中，政府支出是外生变量，因为我们假定政府支出与其他经济部门发生的事情无关。政府必须遵守**政府预算约束**（government budget constraint），它可表示为：

$$G = T$$

或者说，政府的实际购买等于实际税收。

以这种方式引入政府，使我们能研究一些基本的财政政策效应。一般来说，**财政政策**（fiscal policy）是指政府对其（购买性）支出、税收、转移性支出和借债的选择。回顾在第 2 章中我们论述过，政府（购买性）支出是用来购买最终商品和服务的，而转移性支出只不过是将购买力从一组人那里重新分配给另一组人。由于身处一时期的经济环境中，因此政府的选择非常有限，上面的政府预算约束对此进行了说明。政府不能通过借债为其支出筹资，因为在一时期中，偿还债务的未来是不存在的；政府的税收收入也不能高于其支出，因为这意味着政府会愚蠢地白白浪费商品。政府预算赤字即 $G-T$ 总为零。因此，我们在本章论述的财政政策的仅有的要素是政府购买 G 的确定和改变 G 的宏观经济影响。第 9 章将探讨政府在有赤字或盈余时会发生什么情况。

竞争性均衡

我们已讨论了典型消费者、典型企业和政府的行为，在我们构建的模型中，剩下的内容则是要说明这三类经济主体的行为如何实现一致。一旦完成了这种分析，我们就能利用这个模型，预测整个经济对经济环境变化会作出怎样的反应。

从数学上讲，宏观经济模型是选取外生变量（由模型以外的因素决定，用于模型要解决的问题），来确定内生变量的值，如图 5-1 所示。在本章讨论的模型中，外生变量是 G（政府支出）、z（全要素生产率）和 K（经济中的资本存量）；内生变量是 C（消费）、N^s（劳动供给）、N^d（劳动需求）、T（税收）、Y（总产出）和 w（市场实际工资）。利用这个模型的过程，就是进行实验以确定外生变量的变化是如何改变内生变量的过程。通过这些实验，我们希望弄懂现实的宏观经济事件，为宏观经济政策出谋划策。例如，我们在本章进行的实验之一，是改变外生的政府支出，然后确定它对消费、就业、总产出和实际工资的影响。比如，这有助于我们理解美国在第二次世界大战期间政府支出大幅增加后经济所发生的情况。

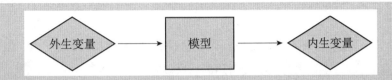

图 5-1 模型选取外生变量，以确定内生变量

外生变量是由宏观经济模型以外的因素决定的。已知外生变量，模型就能确定内生变量。在实验中，我们的兴趣是，当外生变量变化时，内生变量如何变化。

一致性意味着，给定市场价格，经济中每个市场的需求都等于供给。这种状态被称为**竞争性均衡**（competitive equilibrium）。这里，竞争性是指所有消费者和企业都是价格接受者，当所有消费者和企业的行为一致时，经济就处于均衡中。所有市场的需求都等于供给，被称为**市场出清**（markets clear）。在我们建模的经济中，只存在一种价格，这就是实际工资 w。我们也可认为，这种经济只有一个市场，在这个市场上，可以用劳动时间交换消费品。在这个劳动力市场中，典型消费者供给劳动，典型企业需求劳动。当外生变量 G、z 和 K 已知，且实际工资 w 处于使消费者愿意供给的劳动量等于企业希望雇用的劳动量的水平时，竞争性均衡就实现了。消费者的劳动供给部分地取决于税收 T 和股息收入 π。在竞争性均衡中，T 必须满足政府预算约束，π 必须等于企业所创造的利润。

在给定外生变量 G（政府支出）、z（全要素生产率）和 K（资本存量）的情况下，竞争性均衡是满足下列条件的一组内生数量——C（消费）、N^s（劳动供给）、N^d（劳动需求）、T（税收）、Y（总产出）以及内生实际工资 w。

1. 给定 w（实际工资）、T（税收）和 π（股息收入），典型消费者在他的预算约束下选择 C（消费）和 N^s（劳动供给），使其境况尽可能得到改善。也就是说，给定他的预算约束，而这种预算约束是由实际工资、税收和消费者以股息形式从企业获得的利润所决定的，典型消费者可以实现最优。

2. 在产出 $Y=zF(K,N^d)$、利润 $\pi=Y-wN^d$ 最大化的情况下，典型企业选择 N^d（劳动需求），使其利润最大化。企业把 z（全要素生产率）、K（资本存量）和 w（实际工资）视为既定。也就是说，给定全要素生产率、它的资本存量和市场实际工资，典型企业可以实现最优。在均衡中，典型企业获得的利润必定等于消费者获得的股息收入。

3. 劳动力市场出清，即 $N^d=N^s$。此时，典型企业想要雇用的劳动量等于典型消费者想要供给的劳动量。

4. 政府预算约束得到满足，即 $G=T$。此时，消费者缴纳的税款等于外生的政府支出额。

竞争性均衡的一个重要特性是：

$$Y=C+G \tag{5.1}$$

这是收入-支出恒等式。回忆在第 2 章，我们一般把收入-支出恒等式表示为：

$$Y=C+I+G+NX$$

其中，I 是投资，NX 是净出口。而在这种经济中，没有投资支出，因为只是一时期；净出口为零，因为经济是封闭的。所以，$I=0$，$NX=0$。

为了说明收入-支出恒等式在均衡状态下为何成立，我们从典型消费者的预算约束入手：

$$C=w N^s+\pi-T \tag{5.2}$$

或者说，消费支出等于实际工资加上实际股息收入减去税收。在均衡状态下，股息收入等于企业的最大化利润，或者说

$$\pi=Y-w N^d$$

并且政府预算得到满足，因此 $T=G$。如果替换等式（5.2）中的 π 和 T，我们就可以得到：

$$C=w N^s+Y-w N^d-G \tag{5.3}$$

在均衡中，劳动供给等于劳动需求，即 $N^s=N^d$。于是，替换等式（5.3）中的 N^s，经重新整理，就可以得到等式（5.1）的恒等式。

宏观经济模型的处理方式多种多样。现代宏观经济学的研究者有时会采用模型的代数表达式，有时会采用模型的方程式以便进行计算机模拟，有时会采用图解形式。本书通常采用最后一种方式。在进行图形分析时，有时处理模型的最简单的方法是采用供求曲线形式，因为所考察的每个市场都有一条供给曲线和一条需求曲线。随着模型中市场数量的增加，这种方法变得最实用，在第 11～14 章以及后面若干章，我们主要采用供求曲线形式来处理模型。这些供求曲线是根据消费者和企业的微观经济行为推导出来的，我们在第 4 章分析劳动供求曲线时就是这样做的，但基本的微观经济行为并不明确。不过，就我们这里所作的分析来讲，典型消费者和典型企业之间的交换只发生在唯一一个市场中，因而微观经济学原理很容易一眼就看出来。我们在本章所采用的方法是，通过在同一个图形中分析消费者和企业的决策，研究模型中的竞争性均衡，从而确定在竞争性均衡中如何实现总体一致性。

我们首先从典型企业所采用的生产技术入手。在竞争性均衡中，$N^d=N^s=N$，即劳动需求等于劳动供给，N 表示就业。于是，同第 4 章一样，根据生产函数，产出由下式给定：

$$Y=zF(K, N) \tag{5.4}$$

给定资本存量 K，我们在图 5-2（a）中就可以画出生产函数曲线。由于典型消费者最大限度的工作时间是 h 小时，所以 N 不可能大于 h，这意味着在

图 5 - 2（a）中，最大产出是 Y^*。

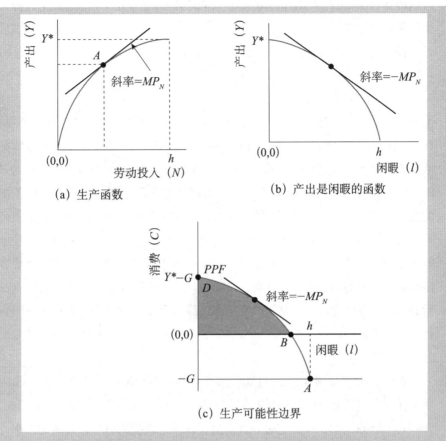

图 5 - 2　生产函数和生产可能性边界
图（a）显示出典型消费者消费的闲暇数量与总产出之间的均衡关系。图（b）显示出的关系是图（a）所示生产函数的镜像。图（c）说明的是生产可能性边界（PPF），这是 C 与 l 之间的技术关系，是由图（b）所示的关系向下移动 G 单位所决定的。图（c）中的阴影部分代表该经济在技术上可以生产出来的消费束。

　　画出生产函数曲线图的另一种方法是，利用在均衡中 $N=h-l$ 的事实，这种方法可以把企业的生产行为与消费者的行为结合起来。替换等式（5.4）生产函数中的 N，可以得到：

$$Y=zF(K, h-l)\tag{5.5}$$

上式反映了在给定外生变量 z 和 K 时产出 Y 和闲暇 l 之间的关系。如果我们画出了这种关系图，如图 5 - 2（b）所示，横轴表示闲暇，纵轴表示产出，我们就可以得到图 5 - 2（a）中生产函数的镜像图。也就是说，图 5 - 2（b）中 $(l, Y)=(h, 0)$ 的点对应于图 5 - 2（a）中 $(N, Y)=(0, 0)$ 的点。当消费者把其全部时间都用于闲暇时，就业就为零，也就没有产出可言。随着图 5 - 2（b）中的闲暇从 h 开始减少，图 5 - 2（a）中的就业就从零开始增加，产出也增加。在图 5 - 2（b）中，当 $l=0$ 时，消费者会把其全部时间都用来工作，享受不到闲暇，于是可以得到最大的

产出量 Y^*。由于图 5-2（a）中生产函数曲线的斜率是 MP_N，即边际劳动产量，所以图 5-2（b）中产出和闲暇关系曲线的斜率是 $-MP_N$，原因在于这种关系正是生产函数的镜像。

根据收入-支出恒等式，由于在均衡中有 $C=Y-G$，考虑到等式（5.5），我们可以得到：

$$C=zF(K,\ h-l)-G$$

上式反映了在给定外生变量 z、K 和 G 时 C 和 l 之间的关系。这种关系如图 5-2（c）所示，也正是图 5-2（b）中的关系曲线向下移动 G 单位，因为在均衡中，消费等于产出减去政府支出。图 5-2（c）中的这种关系称为**生产可能性边界**（production possibilities frontier，PPF），即用消费品的生产和闲暇表示的、整个经济的技术可能性是什么。尽管闲暇无法被生产出来，但图 5-2（c）中生产可能性边界之内阴影部分里的和生产可能性边界之上的所有点，在该经济中都是技术上可能的。生产可能性边界反映的是这种经济中可利用的生产技术能使典型消费者获得的闲暇和消费之间的抵换。就这种经济而言，生产可能性边界 AB 段上的点都是不可行的，因为消费为负。只有生产可能性边界 DB 段上的点才是可行的，因为在这些点上，足够多的消费品被生产出来，政府既能拿走其中一些消费品，又能留下一部分供私人消费。

在图 5-2（c）中，生产可能性边界的斜率是 $-MP_N$，和图 5-2（b）中的斜率一样。生产可能性边界斜率的负值的另一种称谓是**边际转换率**（marginal rate of transformation，MRT）。它是一种商品在技术上转换为另一种商品的比率；在这种情况下，边际转换率是闲暇通过工作转换为消费品的比率。我们用 $MRT_{l,C}$ 表示闲暇转换成消费的边际转换率。于是有：

$$MRT_{l,C}=MP_N=-（PPF\ 的斜率）$$

接下来我们把生产可能性边界与消费者的无差异曲线结合在一起，说明我们是如何在一幅图中分析竞争性均衡的（如图 5-3 所示）。在图 5-3 中，生产可能性边界由曲线 HF 表示。根据图 5-2 中生产函数和生产可能性边界之间的关系，考虑到第 4 章中讨论过的企业利润最大化决策，并给定均衡实际工资 w，我们就能确定企业在生产可能性边界上所选择的生产点。也就是说，令 $MP_N=w$，因而在均衡中生产可能性边界的斜率负值必定等于 w（原因是在均衡中，$MRT_{l,C}=MP_N=w$），典型企业选择劳动投入以使利润最大化。因此，如果 w 是均衡实际工资率，我们就能在图 5-3 中画出一条斜率为 $-w$ 且与生产可能性边界相切于 J 点的线 AD，其中 $MP_N=w$。于是，根据生产函数，企业会选择等于 $h-l^*$ 的劳动需求，生产 $Y^*=zF(K,\ h-l^*)$。企业的最大化利润是 $\pi^*=zF(K,\ h-l^*)-w(h-l^*)$（总收入减去雇用劳动的成本），也就是图 5-3 中 DH 的距离（回忆第 4 章的内容）。现在，根据政府预算约束 $G=T$，图 5-3 中的 DB 就等于 $\pi^*-G=\pi^*-T$。

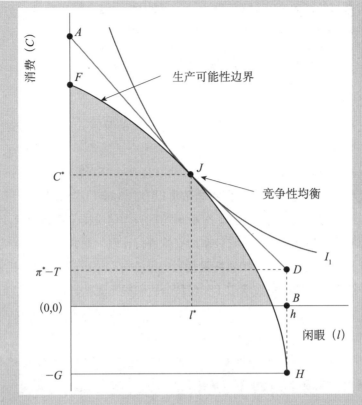

图 5 - 3　竞争性均衡

该图把典型消费者的偏好和典型企业的生产技术结合在一起，以确定竞争性均衡。*J* 点表示均衡消费束。*ADB* 是消费者在均衡中所面临的预算约束，*AD* 的斜率等于负的实际工资，*DB* 的距离等于股息收入减去税收。

图 5 - 3 的一个有趣的特征是：图中的 *ADB* 是消费者在均衡时所面临的预算约束，因为 *AD* 的斜率是 $-w$，*DB* 的长度是消费者的股息收入减去税收（股息收入是企业赚取的、分配给消费者的利润）。由于 *J* 表示竞争性均衡下的生产点，其中 C^* 是企业生产的消费品量，$h-l^*$ 是企业雇用的劳动量，因此 C^* 也是典型消费者想要的消费品量，l^* 是他想要的闲暇量，情况必定如此（因为这是总体一致性所要求的）。这意味着，图 5 - 3 中的无差异曲线（曲线 I_1）必定与 *AD*（预算约束线）相切于 *J* 点。有鉴于此，在均衡状态下的 *J* 点，我们有 $MRS_{l,C}=w$，即消费者的闲暇对消费的边际替代率等于实际工资。因为在均衡中，$MRT_{l,C}=MP_N=w$，因此在图 5 - 3 中的 *J* 点就有：

$$MRS_{l,C}=MRT_{l,C}=MP_N \tag{5.6}$$

或者说，闲暇对消费的边际替代率等于边际转换率，又等于边际劳动产量。也就是说，由于消费者和企业在均衡中面临相同的市场实际工资，因此，消费者愿意用闲暇交换消费的比率，与利用生产技术将闲暇转换为消费品的比率是一样的。

等式（5.6）所表明的条件，对下一节确定竞争性均衡的经济效率意义重大。

市场结果与经济效率之间的这种联系，对于利用这个简单模型分析宏观经济问题至关重要。

最优

现在我们已由图 5-3 知道了竞争性均衡的特点，就能分析竞争性均衡和经济效率之间的联系。这种联系很重要，原因有二。第一，它说明了自由市场是如何产生社会最优结果的。第二，它表明在模型中分析社会最优状态要比分析竞争性均衡状态更容易，因此我们在本节可以有效地运用模型进行分析。

经济学的一项重要内容是，分析市场行为如何安排生产和消费活动，探究这种安排如何与某种理想化的或有效率的安排进行比较。通常，经济学家在评价市场结果时所采用的效率标准是**帕累托最优**（Pareto optimality）。（帕累托是 19 世纪的意大利经济学家，他以把数学应用于经济分析和提出无差异曲线概念而闻名于世。）

定义 1

要使有些人的境况改善，就必须使其他人的境况变差，否则就无法重新安排生产或重新分配商品，这时的竞争性均衡就是帕累托最优。

就本模型而言，我们想问的问题是，竞争性均衡是不是帕累托最优？不过，由于只有一个典型消费者，我们就不必考虑商品在人群中是如何分配的，我们的工作也就变得相对简单了。在模型中，我们可以只关注生产如何安排才能使典型消费者的境况尽可能地改善。为了构建帕累托最优，我们虚构了社会计划者这一工具，一般用该工具来判定经济模型中的效率。社会计划者无须与市场打交道，他只是命令典型企业雇用既定数量的劳动力并生产既定数量的消费品。社会计划者也有权力强迫消费者提供必要的劳动量。生产出来的消费品都交给这个计划者，他会把其中的 G 分配给政府，剩下的分配给消费者。社会计划者心怀善意，其选择的数量是为了尽可能改善典型消费者的境况。这样，社会计划者的选择可以告诉我们，在可能的最佳条件下，这种经济可以实现什么。

社会计划者问题是，给定将 l 转换为 C 的技术，选择 C 和 l，使典型消费者的境况尽可能改善。也就是说，社会计划者会为消费者选择位于生产可能性边界之上或之内，且位于尽可能最高的无差异曲线之上的消费束。在图 5-4 中，帕累托最优位于 B 点，在该点，无差异曲线恰好与生产可能性边界（曲线 AH）相切。社会计划者问题非常类似于典型消费者在其预算约束既定的情形下使自己境况尽可能改善的问题。唯一的区别是，消费者的预算约束线是一条直线，而生产可能性边界是凹向原点的曲线。

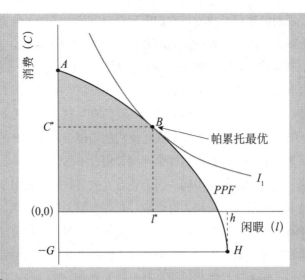

图 5 - 4　帕累托最优

帕累托最优是在投入劳动力生产消费品的技术给定的情形下，社会计划者选择使典型消费者的境况尽可能改善的点。图中，帕累托最优是 B 点，即无差异曲线与生产可能性边界相切的点。

由图 5 - 4 可知，由于无差异曲线的斜率是负的边际替代率 $-MRS_{l,C}$，生产可能性边界的斜率是负的边际转换率 $-MRT_{l,C}$，即负的边际劳动产量 $-MP_N$，所以帕累托最优的特性是：

$$MRS_{l,C}=MRT_{l,C}=MP_N$$

这个特性与竞争性均衡即等式（5.6）的特性相同。比较图 5 - 3 和图 5 - 4，我们就能发现帕累托最优与竞争性均衡是一回事，原因是在图 5 - 3 中，竞争性均衡是无差异曲线与生产可能性边界的切点，而在图 5 - 4 中，帕累托最优亦是如此。因此，本章的一个重要结论是，就这个模型而言，竞争性均衡等同于帕累托最优。

这里用到了经济学的两条基本定理，分别如下：

定义 2

　　福利经济学的第一基本定理（first fundamental theorem of welfare economics）指出，在某些条件下，竞争性均衡就是帕累托最优。

定义 3

　　福利经济学的第二基本定理（second fundamental theorem of welfare economics）指出，在某些条件下，帕累托最优就是竞争性均衡。

这两条定理经常被称做"第一福利定理"和"第二福利定理"。在我们的模型中，由于有一个竞争性均衡和一个帕累托最优，因此由图 5 - 3 和图 5 - 4 可知，第一福利定理和第二福利定理显然成立，它们明显是一回事。不过，在其他类型的经济模型中，无论是第一福利定理还是第二福利定理，要表明其是否成立恐怕都是件难事。

第一福利定理所包含的理念至少可追溯到亚当·斯密所著的《国富论》。斯密认为，由自利的消费者和企业构成的自由市场经济，可以实现具有社会效率的资源和商品配置，因为自由市场经济的运行，就像有一只"看不见的手"在指引着每个人向惠泽所有人的状态行动。我们在这里构建的模型，其具有的竞争性均衡（即自由市场的结果）特性，与虚构的社会计划者用看不见的手选择的结果一样。

第一福利定理相当与众不同，因为它看上去与我们年轻时所受的教诲不符。那时，我们通常都被鼓励要对别人有同情心，要与他人有福同享。大多数人都很看重慷慨大方和富有同情心，因此，人们出于贪婪和利润最大化就能实现某种社会乌托邦，似乎很难让人相信。不过，如果我们考虑一下有许多消费者而非单一典型消费者的经济，那么帕累托最优就可能具有一些人赤贫、另一些人暴富的特性。也就是说，我们若不使富人的境况变糟，就不可能使穷人的境况变好。极端地讲，一个人拥有全部社会财富，尽管可能是帕累托最优的，但几乎没有人认为这是经济安排的明智之举。帕累托最优是非常狭义的社会最优概念。在一些情形下，社会既关注公平，也关注效率，而这两者之间存在着抵换。

社会无效率的原因

是什么导致竞争性均衡无法达到帕累托最优？在实践中，许多因素都可能造成市场经济的无效率。

首先，竞争性均衡会因**外部性**（externalities）而无法达到帕累托最优。外部性是指单个企业或消费者未考虑到所有相关成本和收益的活动；它既可为正，也可为负。例如，污染是负外部性的一个常见例子。假定"烦人化工公司"（Disgusting Chemical Corporation，DCC）生产并销售化学制品，生产过程中产生的副产品以气体形式排放到大气中。这种副产品充满有害的异味，住在 DCC 周围的人因 DCC 造成的空气污染而苦不堪言。然而，这种负外部性，即给 DCC 的邻居们带来的污染成本，在 DCC 的利润中并未体现出来。因此，DCC 在决定雇用多少工人和生产多少化学制品时，不会考虑污染的负外部性。鉴于此，DCC 生产的致污化学制品，往往超出了社会最优水平。一个关键的问题是，没有一个交易污染（或污染权）的市场。如果这种市场存在，那么私人市场就可以产生社会最优的结果。这是因为承受污染成本的人们可以把污染权卖给 DCC，DCC 负担了污染成本，它在进行生产决策时就要考虑这种成本。在实践中，不管哪种类型的污染，都不存在污染权市场，只是有这类市场的某些实验。一般来说，政府采取其他办法来矫正污染产生的负外部性，诸如管制和征税。

正外部性是指他人获得的、本人得不到补偿的收益。例如，假定 DCC 的总部设在某一大城市，它是由著名建筑师设计的，让人赏心悦目。这幢办公大楼给那些在其周围大街上散步并欣赏其华丽外观的人带来了收益。但是，这些人没有为这种正外部性而对该企业进行补偿，因为对公众观赏该建筑而制定收费制度，要么成本高昂，要么不可能。结果，DCC 就会对它的总部大楼投资不足。如果 DCC 考虑到这种正外部性，这家企业建成的这幢建筑就会逊色不少。因此，正外部性会导致社会无效率，就像负外部性一样，而外部性的根源则是市场失灵；为买卖与外部性有关的收益或成本建立一个交易市场，要么成本高昂，要么不可能。

竞争性均衡无法达到帕累托最优的第二个原因是**扭曲性税收**（distorting taxes）的存在。我们在第 4 章讨论了一次总付税（它不取决于纳税人的行为）与扭曲性税收（它取决于纳税人的行为）的区别。在我们的模型中，扭曲性税收的一个例子是，政府购买性支出的资金来源是比例工资所得税而非一次总付税。也就是说，对每单位的实际工资收入，典型消费者都要向政府缴纳 t 单位的消费品，因此 t 是税率。工资收入是 $w(1-t)(h-l)$，消费者的有效工资是 $w(1-t)$。于是，当消费者实现最优时，他会取 $MRS_{l,c}=w(1-t)$，而企业会取 $MP_N=w$ 以实现最优。因此，在竞争性均衡中，

$$MRS_{l,c}<MP_N=MRT_{l,c}$$

税收在边际替代率和边际劳动产量之间打入了一个"楔子"。因此，帕累托最优所需的等式（5.6）不成立，从而竞争性均衡不是帕累托最优，第一福利定理不成立。在竞争性均衡中，比例工资所得税往往会抑制工作（只要工资变动的替代效应大于收入效应），闲暇消费往往多于消费品消费。本章的后面将讨论扭曲性税收对劳动所得的总体效应。实际上，各种税，包括销售税、所得税和财产税，都会产生扭曲。事实上，一次总付税在实践当中不具可操作性①，然而这并不意味着模型里有一次总付税就毫无意义。模型里有一次总付税的假设是为了便于简化，因为对我们用模型阐释的大多数宏观经济问题而言，很符合现实的扭曲性税收所产生的影响微不足道。

市场经济不能实现效率的第三个原因是，企业不是价格接受者。假如一家企业所占的市场份额很大，我们就说它具有垄断力量（垄断力量不一定意味着在一个行业中只有一家企业），它就能利用其垄断力量采取策略行为，限制产量，提高价格，扩大利润。垄断力量往往会使生产低于社会最优水平。在美国，垄断力量方面的例子有许多。例如，计算机操作系统市场就被少数几家生产商所把持（微软公司相对于该市场而言就是一个非常大的生产者），汽车行业同样如此。

由于有充足的理由相信，上面所讨论的三种无效率（外部性、税收扭曲和垄断力量）对现代经济很重要，这就产生了两个问题。第一，如果一种经济从竞争性均衡是帕累托最优这个意义上说是有效率的，那么我们为什么还要分析这种经济呢？原因是，在研究大多数宏观经济问题时，包含无效率的经济模型与不包含无效率的

---

① 这是因为一次总付税税负重，有的人无法承受。因此，一些人必定会免于课税；不过，如果是这样，那么人们就会为了免于课税而改变行为，以致该税会扭曲私人决策。

经济模型的表现非常相似。然而，如果真的要对所有这些无效率建模，会给我们的模型带来混乱，更难以利用模型进行分析，因而上策常常是忽略这些无关的细枝末节。从分析竞争性均衡的角度看，在我们的模型中，把竞争性均衡看成与帕累托最优等价十分有利。这是因为确定竞争性均衡只需解决社会计划者问题，不需要解决竞争性均衡中确定价格和数量这一更复杂的问题。

有关现实社会无效率的第二个问题是，亚当·斯密是否完全无保留地强调不受约束的市场会产生具有社会效率的结果。外部性、税收扭曲和垄断力量的存在，似乎应当使我们竭力要求各种各样的政府管制，以抵消这些无效率的负效应。不过，不受管制的市场常常会产生具有效率的结果，而且，政府管制的成本所增加的浪费有时会超过矫正私人市场失灵所获得的收益。治疗可能比疾病本身还糟糕。

如何使用模型

使用模型的关键在于，竞争性均衡与帕累托最优是等价的。我们只需画出像图 5-5 这样的图，在图中，我们主要考虑如何解决社会计划者问题。其中，生产可能性边界就是曲线 AH，竞争性均衡（即帕累托最优）位于 B 点，该点是无差异曲线 I_1 与生产可能性边界的切点。均衡消费量是 C^*，均衡闲暇量是 l^*，均衡就业量是 $N^*=h-l^*$，均衡产出量是 $Y^* = C^* +G$。实际工资 w 由生产可能性边界在 B 点的负斜率也就是无差异曲线 I_1 在 B 点的负斜率确定。实际工资之所以这样确定，是因为我们知道，在均衡时，企业会通过使得边际劳动产量等于实际工资而实现最优，消费者会通过使得边际替代率等于实际工资而实现最优。

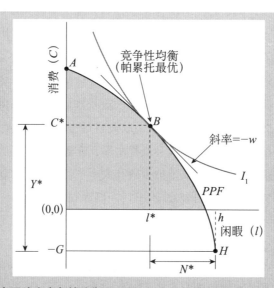

图 5-5 利用第二福利定理确定竞争性均衡

由于竞争性均衡和帕累托最优是一回事，所以我们找出帕累托最优，也就是图中的 B 点，就可以分析竞争性均衡。在帕累托最优处，无差异曲线与生产可能性边界相切，均衡实际工资等于生产可能性边界在 B 点的负斜率，也等于无差异曲线在 B 点的负斜率。

我们现在的主要兴趣是外生变量的变化对主要内生变量 C、Y、N 和 w 有何种影响。外生变量 G、z 和 K 分别是政府支出、全要素生产率和资本存量，通过移动生产可能性边界，会以特定方式使各内生变量发生变化。我们将在下一节考察并解释这些变化的影响。

图 5-5 用尽可能最明了的方式说明了本章的一个重要概念。经济中生产什么、消费什么，完全取决于消费者的偏好与企业的可用技术的相互作用。尽管经济活动涉及许多经济参与者之间发生的大量复杂交易，但总体经济活动基本上可归结为消费者的偏好（由典型消费者的无差异曲线体现）和企业的技术（由生产可能性边界体现）。消费者的偏好和企业的技术对总产出、总消费、就业和实际工资的确定有重要意义。无差异曲线和生产可能性边界，无论哪一个变化，都会影响到生产什么、消费什么。

用模型分析：政府购买变化的影响

我们在第 1 章讲过，在运用宏观经济模型分析时要做实验。在本节，我们做的第一项实验是改变政府支出 G，看看这会对总产出、消费、就业和实际工资产生什么影响。在图 5-6 中，对每一数量的闲暇 l，当 G 由 G_1 增加到 G_2 时，都会使得生产可能性边界从 PPF_1 下移至 PPF_2，下降的幅度等于 G_2-G_1 的数量。对于每一数量的闲暇 l，这种移动都不会改变生产可能性边界的斜率。按某一常量下移生产可能性边界的影响，与通过减少消费者的非工资可支配收入移动其预算约束线的影响（见第 4 章）非常相似。的确，由于 $G=T$，政府支出增加必定会等量增加税收，减少消费者的可支配收入。于是，毫无疑问，政府支出增加必然会对消费和闲暇产生负的收入效应。

在图 5-6 中，初始均衡位于 A 点，无差异曲线 I_1 与 PPF_1（初始生产可能性边界）相切于该点。均衡消费是 C_1，而均衡闲暇量是 l_1，均衡就业是 $N_1=h-l_1$。初始均衡实际工资是无差异曲线在 A 点的负斜率（或 PPF_1 的负斜率）。这时，当政府支出增加时，生产可能性边界会移至 PPF_2，均衡点位于 B 点，在该点，消费和闲暇分别降至 C_2 和 l_2。消费和闲暇为何减少？这是因为消费和闲暇都是正常品。[①] 有了正常品的假设，生产可能性边界下移所产生的负的收入效应必定会减少消费和闲暇。由于闲暇减少，就业（$N_2=h-l_2$）必定增加。进一步说，由于就业增加，产出量必定增加。我们知道，这是因为资本量在实验中是固定的，而就业增加了。若一种生产要素（资本）数量相同、另一生产要素（劳动力）增加、全要素生产率不变，则产出必定增加。

---

① 细心的读者会注意到，正常品的定义在此有所改变，不同于第 4 章的定义，因为我们在讨论非线性生产可能性边界的移动而非线性预算约束的移动。不过，这种方法的实质未变。更详细的讨论见本书末的数学附录。

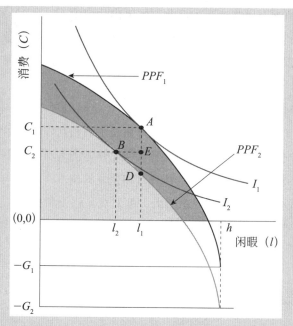

图 5 - 6　政府支出增加的均衡效应

政府支出增加会使生产可能性边界按 G 的增量下移。这会对消费和闲暇产生负的收入效应，使 C 和 l 减少，就业增加，同时产出（等于 $C+G$）增加。

　　由收入-支出恒等式可知，$Y=C+G$，因此 $C=Y-G$，从而有：

　　　$\Delta C=\Delta Y-\Delta G$

式中，Δ 表示变动。因此，由于 $\Delta Y>0$，所以 $\Delta C>-\Delta G$，从而政府购买会**排挤**（crowded out）私人消费，但因产出增加，故私人消费并未受到完全排挤。在图 5 - 6 中，ΔG 是 AD 的距离，ΔC 是 AE 的距离。规模增大的政府（用政府支出增加表示）会导致产出增加，因为这对闲暇产生负的收入效应，因而对劳动供给产生正效应。然而，规模增大的政府表现为增加政府支出，就需要通过增税来筹资，从而产生负的收入效应，这会减少私人消费。典型消费者要缴纳较高的税收，他的可支配收入自然会下降，在均衡中他会减少消费品支出，同时要努力工作以支撑规模增大的政府。

　　当 G 增加时，实际工资会发生什么变化？在图 5 - 6 中，对于每一数量的闲暇 l，PPF_2 的斜率都等于 PPF_1 的斜率。因此，由于生产可能性边界会随着 l 的增加而变得陡峭（边际劳动产量随着就业的减少而增加），所以 PPF_2 在 B 点就不如 PPF_1 在 A 点陡峭。因此，鉴于生产可能性边界在均衡点的负斜率等于均衡实际工资，所以实际工资会因政府支出增加而下降。因为我们知道均衡就业会增加，实际工资必定下降；市场实际工资下降后，典型企业的反应只能是增加雇用劳动力。

　　现在，我们想要问的问题是，政府支出的波动是不是经济周期的可能起因。回顾在第 3 章中，我们论述了一些重要的经济周期事实。如果政府支出的波动是导致经济周期的重要原因，那么，G 变化后，我们的模型就应当能反映出对此作出反应的重要的经济周期事实。模型预测到，当政府支出增加时，总产出和就业会增加，消费和实际工资会下降。重要的经济周期事实之一是，就业是顺周期的。这个事实与导致经济周期的政府支出冲击是相符的，原因是，在对 G 的变化作出反应时，就业总是与总产出同向变动。另一个经济周期事实是，消费和实际工资是顺周期的，但模型预测到，消费和实际工资在对政府支出冲击作出反应时，都是逆周期的。这是因为，当 G 变化时，消费和实际工资总是与由此导致的 Y 的变化反向变动。因此，政府支出冲击似乎难以作为经济周期的起因。无论经济周期的主要起因是什么，事实是，政府不可能时时改变其支出计划。我们将在第 13 章和第 14 章深入探讨这个观点。

专　栏

理论与经验数据：第二次世界大战时的政府支出

　　战争通常会造成政府支出大幅增加，因此它们是让人感兴趣的"自然实验"，我们可以借此对模型的预测进行非正式的经验验证。美国在第二次世界大战期间增加政府支出的影响就是这样一个令人感兴趣的例子。1941 年末美国卷入第二次世界大战后不久，总产出就从主要用于私人消费转向主要用于军事，实际 GDP 总量急剧增加。图 5-7 给出了美国 1929—2011 年实际 GDP、实际消费支出和实际政府支出的自然对数。特别值得注意的是，第二次世界大战期间政府支出急剧增加，而第二次世界大战前后，G 围绕趋势小幅波动。显然，图中的 GDP 在第二次世界大战期间也跃至趋势之上，而消费稍稍跌至趋势之下。因此，这些对第二次世界大战期间消费和产出变化的观察结果，与我们的模型是相符的——私人消费受到了一些排挤，但产出增加了。

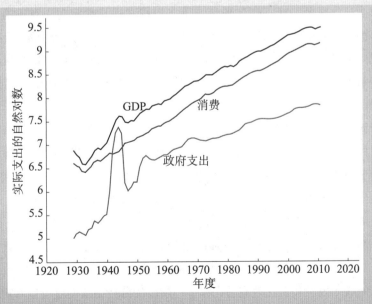

图 5-7　GDP、消费和政府支出

第二次世界大战期间，政府支出的增加伴随着总产出的增加和消费的略微下降，这与我们的模型是相符的。

用模型分析：全要素生产率的变化

全要素生产率的提高意味着将要素投入转化为总产出的技术进步。正如本节所述，全要素生产率的提高会增加消费和总产出，但对就业的影响不确定，这种不确定是收入效应和替代效应对劳动供给的作用相反所致。尽管政府支出的增加对消费者的行为基本上只产生收入效应，但全要素生产率的提高既会产生收入效应，又会产生替代效应。

假定全要素生产率 z 提高了。如前所述，z 的提高可解释为技术进步（新发明或管理技术的进步）、一段时期的好天气、放松政府管制或能源价格下跌。解释 z 的提高和由此产生的影响，取决于模型中的一时期代表现实中的多长时间。一时期可以是许多年，在这种情形下，我们把模型的结论解释为是对长期情况的反映；一时期也可以是一个月、一个季度或一年，在这种情形下，我们研究的是短期影响。在分析了模型提供的信息后，我们就能解释**短期**（short-run）和**长期**（long-run）的经济意义。一般来说，在宏观经济学中，短期通常指影响发生在一年以内，而长期指影响持续一年以上。不过，短期与长期的界限划分在不同背景下变化很大。

z 提高的影响是使生产函数曲线上移，如图 5-8 所示。在劳动力投入给定的情况下，z 的提高不仅会使产出增加，也会提高每一单位劳动投入的边际劳动产量；也就是说，对于每一个 N，生产函数曲线的斜率都是增加的。在图 5-8 中，z 由 z_1 提高到 z_2。我们可以看出，生产函数曲线的位移与图 5-9 中生产可能性边界由 AB 外移至 AD 完全一样。在这种情形下，当技术进步给定时，对于消费的任意闲暇量，消费都会增加。而且，消费和闲暇之间的抵换也会得到改善，因为对于任意给定的闲暇量，新的生产可能性边界都更为陡峭。也就是说，由于 MP_N 的提高以及生产可能性边界的斜率是 $-MP_N$，因此生产可能性边界在 z 提高时会变得更为陡峭。

图 5-9 让我们可以确定 z 提高所产生的全部均衡效应。图中，无差异曲线 I_1 与初始生产可能性边界相切于 F 点。在生产可能性边界移动后，经济就处于诸如 H 点这样的状态，而该点是新的生产可能性边界与无差异曲线 I_2 相切的切点。必定发生的情形是，由 F 点移至 H 点时，消费会增加，由 C_1 增至 C_2。然而，闲暇或升或降，在图中它保持不变，仍为 l_1。由于在均衡中 $Y=C+G$，又由于 G 保持不变，而 C 增加，因此总产出增加；由于 $N=h-l$，就业未变（但就业可能或升或降）。均衡实际工资是生产可能性边界在 H 点的负斜率（即 $w=MP_N$）。当区分了 z 提高的收入效应和替代效应后，在下一阶段的分析中我们就可以看出均衡中的实际工资必定增加。在图 5-9 中，生产可能性边界在 H 点显然比在 F 点更陡峭，因而均衡中的实际工资会增加，但我们要证明在一般情况下也成立，甚至当闲暇和就业量变化时也如此。

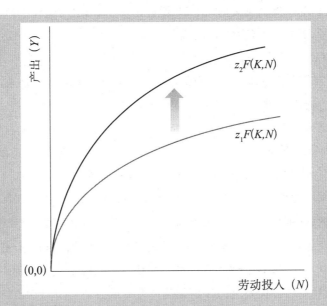

图 5 - 8　全要素生产率的提高

全要素生产率的提高会使生产函数曲线上移，提高每单位劳动投入的边际劳动产量。

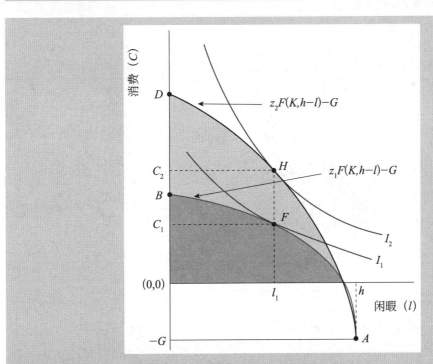

图 5 - 9　全要素生产率提高的竞争性均衡效应

全要素生产率提高会使生产可能性边界由 AB 移至 AD。因此，竞争性均衡会由 F 点变为 H 点。产出和消费增加，实际工资增加，而闲暇或升或降。由于就业是 $N=h-l$，所以就业或升或降。

　　为了说明消费为何一定增加，以及闲暇的变化为何不确定，我们把生产可能性边界的移动区分为收入效应和替代效应。在图 5 - 10 中，PPF_1 是初始生产可能性边界，当 z 由 z_1 提高至 z_2 时，它就移至 PPF_2。初始均衡位于 A 点，在 z 提高后，最终均衡位于 B 点。PPF_2 由下式给出：

$$C= z_2F(K，h-l)-G$$

现在我们分析虚构的生产可能性边界，称为 PPF_3，它是通过将 PPF_2 按固定量下移得到的。也就是说，PPF_3 由下式给出：

$$C= z_2F(K，h-l)-G-C_0$$

式中，C_0 为一个固定量，它大得足以使 PPF_3 正好与初始无差异曲线 I_1 相切。为了得到 z 提高的纯替代效应，我们去掉典型消费者的消费（即"收入"）。在图 5-10 中，替代效应是由 A 点到 D 点的移动，收入效应是由 D 点到 B 点的移动。与我们分析消费者工资率提高时的收入效应和替代效应非常相似，这里，替代效应会使消费增加、闲暇减少，因此工作时间增加。同样，收入效应会使消费和闲暇都增加。如前所述，消费因消费品和闲暇都是正常品而一定增加，但闲暇会因收入效应和替代效应的作用相反而或升或降。

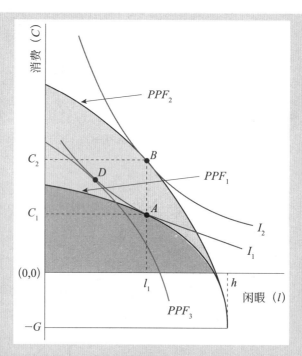

图 5-10 全要素生产率提高的收入效应和替代效应

图中，全要素生产率提高的效应区分为替代效应和收入效应。全要素生产率提高，会引起由 PPF_1 到 PPF_2 的移动。曲线 PPF_3 是一条虚构的生产可能性边界，若将 z 提高的收入效应去掉，它就是 PPF_2。替代效应是由 A 点到 D 点的移动，收入效应是由 D 点到 B 点的移动。

那么，即使闲暇量和就业量或升或降，实际工资为何还会由 A 点上升至 B 点？首先，替代效应会导致 $MRS_{l,c}$ 提高（无差异曲线更为陡峭），从无差异曲线上的 A 点移至 D 点。其次，由于 PPF_2 恰好是 PPF_3 按固定量上移所致，所以对于每一数量的闲暇，PPF_2 的斜率与 PPF_3 的斜率都相同。由于 B 点的闲暇量大于 D 点，故生产可能性边界在 B 点比在 D 点更陡峭，因此从 D 点移到 B 点，$MRS_{l,C}$ 也会提高。因此，当 z 提高时，在均衡中等于边际替代率的实际工资必然增加。

全要素生产率的提高会增加边际劳动产量，而后者会增加企业对劳动力的需求，驱动实际工资上升。这时，在给定的工作时间下，工人的收入增加，并将增加的收入用于购买消费品。不过，由于对劳动供给量产生的收入效应和替代效应相互抵消，因此工作时间或增或减。全要素生产率提高的一个重要特征是，典型消费者的福利一定增加。也就是说，当 z 提高时，典型消费者一定会在更高的无差异曲线上消费。因此，全要素生产率的提高无疑会提高总体生活水平。

对模型预测的解释

图 5-9 说明了长期技术进步——如美国在第二次世界大战后的技术进步——所产生的长期经济影响。自第二次世界大战以来，重大的技术创新层出不穷，突出表现在电子和信息技术领域。同样，对第二次世界大战后美国经验数据的一些重点观察表明：其总产出稳步增加，消费增加，实际工资提高，而就业人口的人均工作时间大体保持不变。图 5-9 与这些观察结果吻合，因为它预测：技术进步会使产出增加、消费增加、实际工资增加，但对工作时间的影响不确定。因此，如果收入效应和替代效应在长期彼此大体抵消，那么模型就与美国工人在第二次世界大战后人均工作时间大致保持不变的事实相符。在美国的这段历史中，除技术进步对产出、消费、实际工资和工作时间的影响外，也许还有许多其他影响因素。不过，由模型可知，对这段时期的观察结果，与技术进步是导致这些重要宏观经济变量变化的重要因素是一致的。

对图 5-9 的第二个解释是，宏观经济变量在短期的总体波动。全要素生产率的波动是经济周期的重要起因吗？我们在第 3 章中论述过的三个重要的经济周期事实分别为：消费是顺周期的，就业是顺周期的，实际工资也是顺周期的。根据图 5-9，我们模型的预测是，z 的提高导致总产出增加、消费增加、就业或升或降、实际工资增加。因此，模型与顺周期的消费和实际工资是相符的，因为当 z 变化时，消费和实际工资总是与产出同向变动。不过，就业要么是顺周期的，要么是逆周期的，这取决于收入效应和替代效应相互反方向作用的大小。模型如果要与观察数据相符，就要求替代效应大于收入效应，当市场实际工资增加时，消费者会增加劳动供给。因此，全要素生产率冲击很可能就是经济周期的主要起因，但如果要与观察数据相符，就要求工人在全要素生产率在经济周期期间上升或下降时增加或减少劳动供给。

有些倡导**实际经济周期理论**（real business cycle theory）的宏观经济学家认为，全要素生产率冲击是经济周期的最重要起因。这种观点与第二次世界大战后实际工资增加对劳动供给产生的收入效应和替代效应看上去大致互为抵消的长期证据似乎相矛盾。不过，实际经济周期理论认为，多数劳动供给的短期变化是**劳动的跨期替代**（intertemporal substitution of labor）导致的，而劳动的跨期替代是指在长期因实际工资的变化而发生的劳动替代。例如，如果一个工人目前的工资较高，他就会选择当前努力工作，而打算未来拿出较多的时间度假，这个工人基本上是"趁热打铁"。从这个意义上讲，即使收入效应和替代效应在长期能互相抵消，但在短期，实际工资增加的替代效应会大于收入效应。我们将在第9～14章更深入地分析跨期替代。

专栏

理论与经验数据：全要素生产率、实际 GDP 和能源价格

全要素生产率冲击似乎对经济周期具有至关重要的作用。作为这方面的证据，图 5-11 给出了 1948—2010 年实际 GDP 和索洛残差偏离趋势的百分比。我们在第 4 章中论述了索洛残差是衡量全要素生产率即无法用资本和劳动投入来解释的实际产出量的指标。该图显然表明，索洛残差与实际 GDP 紧密联动。这个观察结果是实际经济周期理论兴起的部分动因，我们将在第 13 章具体论述这种理论。实际经济周期理论认为，全要素生产率冲击是经济周期的主要起因，如果我们承认索洛残差是衡量全要素生产率的合适指标（对此还有一些质疑之声，我们将在第 13 章讨论），鉴于图 5-11 的说明，似乎就难以否定这种观点。其他数据也与我们模型的预测很吻合。特别是，消费和就业围绕趋势的波动（见第 3 章）与图 5-11 中实际 GDP 和索洛残差的波动如影随形，这与理论预测的一样（只要全要素生产率提高对劳动供给产生的替代效应大于收入效应）。

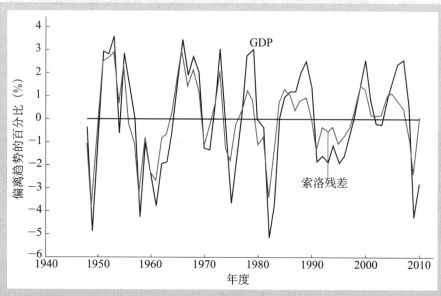

图 5-11　实际 GDP 和索洛残差对趋势的偏离

索洛残差对趋势的偏离与实际 GDP 对趋势的偏离如影随形，这符合实际经济周期理论。

　　尽管图 5-11 显示全要素生产率围绕趋势的波动和实际 GDP 围绕趋势的波动之间联系密切，但对于导致全要素生产率波动的基本冲击，从此图中是看不出来的。在第 4 章，我们讨论了技术创新、气候变化、政府管制变化和能源相对价格变化使全要素生产率发生的变化。自 20 世纪 70 年代以来，能源相对价格的变化似乎对全要素生产率产生了重大影响，并对 70 年代以后的经济衰退影响深远。

　　图 5-12 显示了美国 1948—2012 年的能源相对价格，用燃料、相关商品和电力的生产价格指数与全部商品的生产价格指数之比表示。从图 5-11 和图 5-12 可以看出，在几次能源相对价格大幅上扬后，紧接着就是索洛残差和实际 GDP 猛降至趋势之下。尤其是，石油输出国组织（OPEC）在 1973 年和 1979 年锐减石油产量，造成能源相对价格在 1973—1974 年、1979—1980 年大涨（见图 5-12）。这两个事件之后不久，1974—1975 年和 1981—1982 年便发生了经济衰退。类似地，能源相对价格在海湾战争（1990 年）和 2000 年时上涨，随后在 1990—1991 年和 2001 年分别发生了经济衰退。2008—2009 年的经济衰退也是伴随着全要素生产率的下滑（见图 5-11），而且之前也出现了能源相对价格飙升，高达 1948 年水平的 2.8 倍。

　　能源相对价格上涨当然不是造成 20 世纪 70 年代以来经济衰退的唯一因素。特别地，货币政策似乎对 1981—1982 年的经济衰退起了重大作用，2001 年的"9·11"事件和悲观情绪造成的投资暴跌也是导致 2001 年经济衰退的重要原因，而金融因素显然是造成 2008—2009 年经济衰退的主角。不过，能源相对价格的变化显然对美国 20 世纪 70 年代以来的经济衰退起了关键作用，也将继续对美国未来的宏观经济事件具有重要影响。

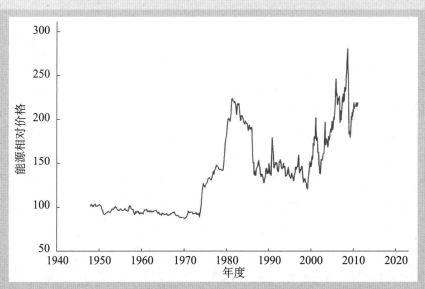

图 5-12　能源相对价格

能源相对价格用燃料、相关商品和电力的生产价格指数与全部商品的生产价格指数之比表示，以 1948 年为 100。就最近的 5 次经济衰退（1974—1975 年、1981—1982 年、1990—1991 年、2001 年和 2008—2009 年）来看，每次经济衰退发生之前，都曾经出现能源相对价格飙升。

宏观经济学实践：政府支出与 2009 年《美国复苏和再投资法案》

2009 年 1 月 17 日，奥巴马总统签署了法律《美国复苏和再投资法案》（American Recovery and Reinvestment Act，ARRA）。国会的这项法案是基于这样的理念，即政府有责任实施经济政策，在实际 GDP 下降到低于趋势之时（正如 2008—2009 年发生的情况，如图 3-2 所示），增加总体经济活动。第 6 章、第 13 章和第 14 章将予以研究和评价的凯恩斯主义宏观经济学，为政府在熨平经济周期中具有重要作用这种理念提供了理论基础。

《美国复苏和再投资法案》授权美国政府增加总额为 7 870 亿美元的预算。7 870 亿美元占美国 2008 年 GDP 的 5.5%，这是一个不小的数目。不过，要理解《美国复苏和再投资法案》对总体经济的影响，我们要确定该法案所包含的不同项目的经济重要性。首先，在 7 870 亿美元当中，有大约 2 880 亿美元是对个人和公司的减税。其次，大约有 2 090 亿美元是政府的转移性支出。这两项都不属于前述的一时期模型中的政府支出 G。减税只是政府收入的减少，且由第 2 章可知，政府转移性支出（比如失业保险金）不构成 GDP，因为它不是用于最终商品和服务的支出，故不包括在 G 中。剩下的 2 900 亿美元政府支出用于购买商品和服务。倘若这 2 900 亿美元在一年都花掉（事实不是这样，得到授权的这笔增支要持续到 2010 年和 2011 年），那么，它要占到 2008 年政府支出增量的 10.1%，或相当于 2008 年 GDP 的 2.0%。因此，即使去掉《美国复苏和再投资法案》中不作为核算 GDP 的部分，该增支额也很大。

为了直观地看到《美国复苏和再投资法案》授权的政府支出情况，我们用图展现出 1947—2012 年政府支出占 GDP 的比重，如图 5-13 所示。该数据表现出来的一个令人感兴趣的特征是，政府支出占 GDP 的比重自 20 世纪 50 年代中期以来一直在持续下降。还有一个有意思的特征是，在 1980—1992 年共和党总统罗纳德·里根（Ronald Reagan）和乔治·H. W. 布什（George H. W. Bush）执政时期，政府支出比重大致稳定在 22%，但在 1992—2000 年民主党总统克林顿执政时期，政府支出比重下降了。在 2008—2009 年经济衰退伊始，政府支出比重下降到不足 19%，但到 2009 年底又上升到超过 20%。可以预期，《美国复苏和再投资法案》的实施，特别是在这次经济衰退期间 GDP 下降后，政府支出占 GDP 的比重会大幅度提高。不过，由于在这次经济衰退期间，州和地方政府支出减少，在一定程度上会抵消联邦政府支出增加的影响。因此，《美国复苏和再投资法案》授权的支出水平的最终影响似乎不是很大。

为了理解《美国复苏和再投资法案》授权的全部支出的影响，图 5-14 显示出 1947—2012 年政府总支出占 GDP 的比重。政府总支出包括政府的商品和购买支出、转移性支出和政府债务的利息支出（回忆一下第 2 章的讨论）。虽然图 5-13 看上去好像政府在经济中

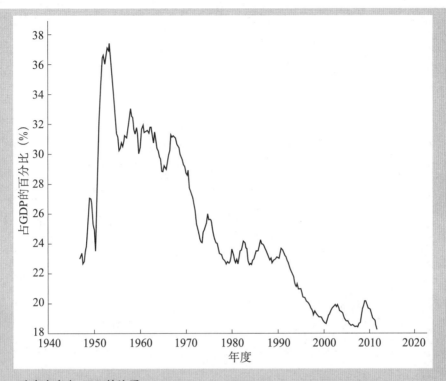

图 5 - 13 政府支出占 GDP 的比重

1947—2012 年间，政府支出占 GDP 的比重一直呈现下降趋势。

的作用自第二次世界大战以来在不断下降，但图 5 - 14 则表明政府的作用在提高，其中的
差异就是因为转移性支出在增加。虽然各级政府在商品和服务上的支出占 GDP 的比重在
下降，但政府的转移性支出项目在大大增加，其中包括联邦政府的社会保障和医疗保险制
度、州政府的医疗补助制度和失业保险制度。因此，从各级政府的总预算来讲，《美国复
苏和再投资法案》增加的购买性支出和转移性支出，在本已很大的政府总支出上又加上了
一个不小的数额。提请注意的是，如图 5 - 14 所示，2012 年第一季度的政府总支出占 GDP
的比重达到 35%，几乎是自 1947 年以来的最高水平。

《美国复苏和再投资法案》中的税收和转移性支出项目对政府预算赤字和赤字融资有
一定影响，这将在后面的章节探讨。现在，我们将利用一时期模型，重点分析政府购买性
支出增加 GDP 的 2% 对总体经济活动会产生怎样的影响。

首先，根据我们的一时期模型分析，是什么原因引起像 2008—2009 年 GDP 的下降？
一种可能的原因是，全要素生产率下降引起生产可能性边界内移。对于这种对经济的冲
击，政府采取的应对措施可能是增加政府购买性支出 G，从而增加实际 GDP，增加就业，
减少消费，如图 5-6 所示。可是，我们的模型并没有告诉我们政府的这种政策措施有何意
义，因为实际 GDP 的最初减少只是经济体系对糟糕的经济环境作出反应的结果。为抵消
生产率下降引起的 GDP 下滑而增加 G，也恰恰会减少闲暇和消费，使典型消费者的境况

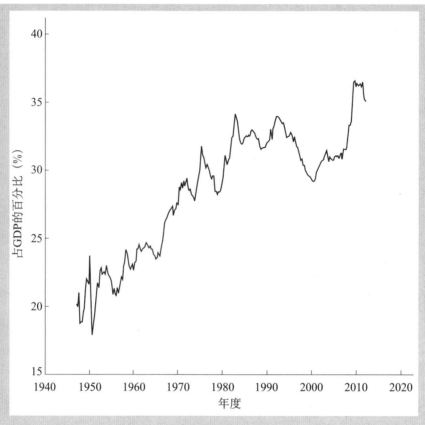

图5-14 政府总支出占GDP的比重

1947—2012年间，政府总支出一直呈现上升趋势。与图5-13相比较可知，这反映出转移性支出的作用不断加强。

变差。我们的模型遗漏了什么？我们考察下列各种情况。

1. 在我们构建的一时期模型中，政府支出对经济来说是一种无谓损失。也就是说，在本模型中，政府的开支等于把商品买回来又把它们扔掉了。在实践中，有些政府支出恰似如此。比如军事支出，虽然军事力量给我们提供了保护，但从经济角度来看，纯粹是对整个经济中资源的浪费。不过，有些类型的政府支出会使经济的生产力提高。比如政府在道路和桥梁上的支出，会有效地增加一国的资本存量，使生产可能性边界外移。的确，很容易扩展一时期模型，用于分析生产性政府支出，本章末的思考题就要问到你怎么做。在《美国复苏和再投资法案》中，许多增支项目都可被认为是生产性政府支出，其中有909亿美元的教育支出、809亿美元的基础设施支出、613亿美元的能源计划支出以及89亿美元的科学支出。这些钱为什么要现在花？一种观点认为，经济衰退时期是生产性政府支出增加的好时机，像桥梁和道路改善，这些本来就是应该做的事。在原材料和劳动力都比较廉价的时候，为什么不做这些事？从消极的一面来看，有些项目可能没有经过充分论证，匆忙上马，完全有可能无任何成效。我们也可以扩展我们的模型，使之包含公共物品，像可以对消费者产生消费价值的国家公园等。本章后面对此进行分析。

2.《美国复苏和再投资法案》的极力支持者，比如诺贝尔经济学奖得主保罗·克鲁格曼（Paul Krugman）就是一个典型，他作为《纽约时报》的一位专栏作者，常常利用凯恩斯主义论点为这些支出计划辩护。凯恩斯主义思想（将在第 13 章和第 14 章讲述）认为，在经济体系中存在短期无效率，这意味着经济运行可能没有达到帕累托最优状态。在凯恩斯主义者看来，政府的"刺激措施"——政府支出的短期增加——会驱使经济走向帕累托最优状态，从而消除这种无效率。然而，凯恩斯主义经济学存在许多缺陷，比如凯恩斯主义者时常忽略未被利用的资源转移到政府部门的过程中所发生的成本，或实施财政政策遇到的棘手的时机问题。就拿后一种情况来说，虽然《美国复苏和再投资法案》很快就通过了，但大部分拨款到 2009 年末甚至到 2010 年或 2011 年都没有实际花出去。

3. 一时期模型没有考虑金融因素，而金融因素似乎又是引发 2008—2009 年经济衰退的主要因素。这避免不了要受到正当的批评。对于目前面临的问题而言，有些特征似乎很重要，而在这样一个没有包含这些特征的模型中，我们如何能向政府提出政策建议？我们对此的抗辩是，模型的构建总得要从某一处开始。一时期模型能让我们对经济体系是如何运转的有一定了解，并提供了模型构建的坚实基础。况且，金融因素是不是 2008—2009 年 GDP 下降到趋势之下的唯一原因，尚不清楚。例如，在"理论与经验数据"专栏中，我们看到，到 2008 年中期，能源价格已大幅度攀升，且也知道高能源价格实质上是对总体全要素生产率的负冲击。这种冲击在一定程度上也可在一时期模型中加以分析。从这个意义上说，高能源价格是 2008—2009 年经济衰退的原因，故没有理由认为政府为应对经济衰退而增加支出是适当的。

对工资所得课征扭曲性税收、税率变化与拉弗曲线

我们现在要考察一个修正模型，其中包含扭曲性税收。如前所述，一般来说，扭曲性税收意味着竞争性均衡不是帕累托最优的，故我们不能用以前的方法来分析该模型。我们将考察的扭曲性税收是一种对工资所得课征的比例税。这可以使我们以一种简便的方式了解美国和其他国家所得课税的某些特征，讨论某些财政政策问题，包括所得课税的激励效应。我们惊奇地发现，当所得税率下降时，政府征收的税收收入有可能上升，这一特征可用著名的"拉弗曲线"（Laffer curve）来说明。在美国经济中，拉弗曲线的这种形式对于税率变化对劳动力供给和政府税收收入的影响至关重要。

简化的、包含比例所得税的一时期模型

为使分析简化、目的明确，假定仅用一种生产要素——劳动力，典型企业按下列关系从事生产：

$$Y = zN^d \tag{5.7}$$

式中，Y 为总产出；N^d 为企业的劳动力投入；z 为全要素生产率。由于只有一种生产要素——劳动力，我们就继续假定生产中的规模收益不变，即 N^d 增加 x 倍，产出 Y 也同样增加 x 倍。

现在，在竞争性均衡中，因劳动力需求等于劳动力供给（$N^d = h - l$）、消费加政府支出等于产出（$C + G = Y$），故根据等式（5.7），可把生产可能性边界写成：

$$C = z(h - l) - G \tag{5.8}$$

并在图 5-15 中把生产可能性边界画成 AB 线。请注意，此时的生产可能性边界是线性的。在 A 点，典型消费者的闲暇为零单位，可能的消费量达到最大 $zh - G$。而在 B 点，消费者的消费量为零，工作时间为 G/z 单位（$l = h - G/z$），从而提供给政府的商品为 G 单位。

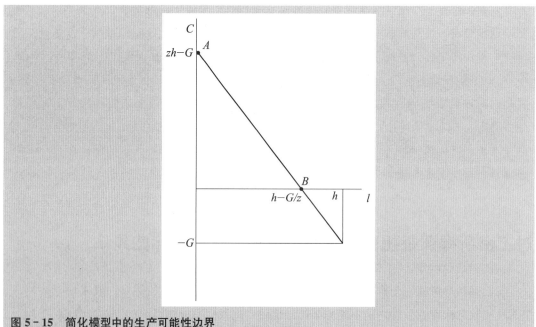

图 5-15　简化模型中的生产可能性边界

生产可能性边界是线性的。最大消费量（闲暇量为零）是 $zh - G$。

为了购买 G 单位的商品，政府对消费者的工资所得课征比例税，并假定这是该经济体系中唯一的税种，尤其是没有一次总付税（$T = 0$）。令 t 代表此税的税率，消费者将向政府纳税 $tw(1 - l)$，则消费者的预算约束可写成：

$$C = w(1 - t)(h - l) + \pi \tag{5.9}$$

或者说，消费等于税后工资收入加上股息收入。请注意，$w(1 - t)$ 是消费者的有效工资率或税后实际工资。

接下来考察典型企业的利润最大化问题。根据等式（5.7），企业的利润可写成：

$$\pi = Y - wN^d = (z-w)N^d \qquad (5.10)$$

在 z 和 w 既定的情况下，企业选择 N^d 以尽可能地做大 π。式中的 $z-w$ 是企业投入的每单位劳动力所赚取的利润，不管企业投入多少劳动力都一样。因此，如果 $z>w$，企业每投入一单位劳动力都能赚取利润，它就会无止境地投入劳动力。如果 $z<w$，不管投入多少劳动力，企业的利润都是负的，它就不会雇用劳动力。然而，如果 $z=w$，不管怎么做，企业的利润都是零，也就是说，企业对于雇用多少劳动力都无所谓。结果，当工资 $w=z$ 时，企业的劳动力需求曲线 $[N^d(w)]$ 具有无限弹性，如图 5-16 所示。

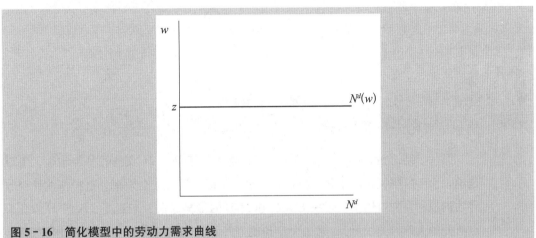

图 5-16　简化模型中的劳动力需求曲线
由于生产率是常量 (z)，当 $w=z$ 时，典型企业的劳动力需求曲线具有无限弹性。

因此，在均衡中，不管劳动力的供给曲线 $[N^s(w)]$ 是什么样的（由典型消费者的行为决定），均衡工资都必定是 $w=z$。这大大简化了我们的工作。进一步而言，由于在均衡中 $w=z$，根据等式 (5.10)，在均衡中企业赚取的利润为零（$\pi=0$），典型消费者的股息收入也必为零。因此，令等式 (5.9) 中的 $w=z$、$\pi=0$，在均衡中消费者的预算约束为：

$$C = z(1-t)(h-l) \qquad (5.11)$$

在均衡中，消费者选择消费 C 和闲暇 l，以满足其预算约束 [等式 (5.11)] 和市场出清条件 [等式 (5.8)]。请注意，等式 (5.8) 和等式 (5.11) 反过来又意味着政府预算约束得到满足，因为如果把等式 (5.11) 代入等式 (5.8)，会得到 $G=zt(h-l)$，即政府总支出等于税收总收入。图 5-17 描绘了竞争性均衡，AB 是生产可能性边界，即满足等式 (5.8) 的 C 和 l 的组合。均衡中消费者面临的预算约束是 DF，即满足等式 (5.11) 的 C 和 l 的组合。在均衡中，税率 t 调整，消费者在 DF 上选择的点是 H 点，此时 DF 与 AB 相交，这正是市场出清所必需的条件。因此，在均衡中，无差异曲线与 DF 相切于 H 点。由于 AB 比 DF 陡 $[z<z(1-t)]$，这条无差异曲线必然与生产可能性边界相交。

5

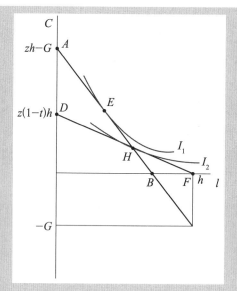

图 5-17　包含对劳动所得课征比例税的简化模型中的竞争性均衡

竞争性均衡位于 H 点，帕累托最优位于 E 点。

第一个结论是，处于 E 点的帕累托最优不同于处于 H 点的竞争性均衡。也就是说，由于所得税扭曲了私人决策，竞争性均衡不具有社会效率。这种扭曲性税收导致的福利损失可用消费者在 E 点比在 H 点的境况好多少来测度（注意 H 点比 E 点所处的无差异曲线低）。第二个结论是，E 点与 H 点相比，消费和产出肯定高，闲暇肯定低。这是因为无差异曲线不能相交，这是第 4 章已经说明的无差异曲线的一个性质。也就是说，扭曲性所得税抑制了消费者的工作积极性，通常会降低总消费和总产出。当然，如果政府需要征税且所有税收都扭曲了私人决策，那么，就要容忍所得课税的这些负的激励效应。

所得税收入与拉弗曲线　我们换一个角度来考察存在所得税的竞争性均衡。我们首先考察政府课征每一税率 t 所能产生的所得税收入，其中考虑了消费者在每一税率下希望提供的劳动数量，然后确定为政府支出 G 筹措资金的均衡税率（或各种税率）。这种方法有助于我们了解改变税率的潜在效应。

我们已经知道，在均衡中，消费者面临的预算约束是等式（5.11），在税率为 t 的情况下选择 C 和 l 以满足等式（5.11），均衡实际工资为 $w=z$。如果希望知道在每一税率 t 既定的情况下消费者可能选择的闲暇数量是多少，我们可推导函数 $l(t)$，它描述了在 z 既定的情况下，如果税后实际工资是 $z(1-t)$，消费者选择的闲暇数量。于是，我们知道，如果所得税率是 t，政府能征收的税收收入是：

$$REV=tz\left[h-l(t)\right] \tag{5.12}$$

式中，REV 为来自所得税的总收入。在等式（5.12）中，t 是税率，$z\left[h-l(t)\right]$ 是**税基**（tax base），是课税对象的市场交易量的价值（此处的课税对象的市场交易量便指劳动数量），等于消费品乘以实际工资率 z。在等式（5.12）中，我们必须认识到，税收总收入不仅取决于税率，还取决于税基的规模，而税基的规模反过来又取决于税率。倘若税基不因 t 上升而改变，那么，当税率上升时，税收收入增加。可是，当 t 上升时，税收收入有可能下降。如果 t 上升引起 $l(t)$ 大大增加，那么，持续缩小的税基会抵消税率上升对 REV 的影响 [见等式（5.12）]，以致当 t 上升时，REV 下降。之所以会发生这种情况，是因为税后实际工资变化的替代效应大于收入效应。也就是说，由于 t 上升意味着均衡实际工资 $z(1-t)$ 下降，劳动供给量 $h-l(t)$ 大幅度减少，或者说提高所得税率大大抑制了工作积极性，所以，t 上升，REV 下降。

图 5-18 用税收收入与税率画出了等式（5.12）的图形，其中考虑了税率变化时消费者选择对劳动供给量的影响。图中的曲线 AB 就是**拉弗曲线**（Laffer curve）。拉弗曲线是以经济学家阿瑟·拉弗（Arthur Laffer）的名字命名的，表明政府征收的税收收入量是税率的函数的曲线。在理论上，图 5-18 中 A 和 B 两点间的曲线形状很难确定；在实践中，该曲线的形状取决于在所有可能的税后实际工资率情况下劳动供给行为的具体情况。不过，A 点和 B 点肯定是在这条曲线上，因为在 A 点，如果税率为零，税收收入肯定是零 [$t=0$ 意味着 $REV=0$，见等式（5.12）]；在 B 点，如果 $t=1$，消费者不工作，税基为零 [$t=1$ 意味着 $l(1)=h$，$REV=0$，见等式（5.12）]。在图 5-18 中，存在一个政府能征收到的最大税收收入量：如果税率是 t^*，政府得到的最大税收收入量是 REV^*。

现在，给定政府支出量 G，政府要选择税率 t 以征收足够的收入为此支出量融资，或根据等式（5.12），在均衡中，

$$G=tz[h-l(t)]$$

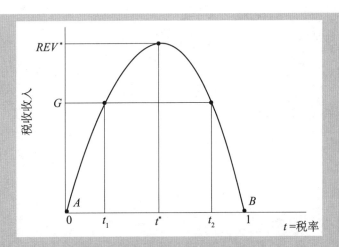

图 5-18 拉弗曲线

拉弗曲线表明了所得税收入与所得税率之间的关系。不管 $t=0$ 还是 $t=1$（如果所有收入都被征税，那么没有人会工作），税收收入肯定都为零。政府通过设定 $t=t^*$，可使税收收入最大化。如果政府想为政府支出 G 融资，可规定税率为 t_1（位于拉弗曲线的良区）或 t_2（位于拉弗曲线的禁区）。

这是另一种形式的政府预算约束。从图 5-18 可以看出，如果 $G>REW^*$，政府不可能筹措足够的税收收入，将收不抵支；如果 $G<REW^*$（我们想要考察的情况），在政府支出量 G 既定的情况下，将有两种可能的均衡税率。的确，一般来说，至少有两种税率可以产生足够的税收收入，为小于 REW^* 的任何政府支出量 G 融资。我们看图 5-18 画出的简单的拉弗曲线，如果 $G<REW^*$，就有两个可能的均衡税率，即 t_1 和 t_2，其中，$t_2>t_1$。当然，拉弗曲线也有可能是一个比较复杂的形状，均衡税率也许不止两个。

现在，对于任何政府支出量 G，都有两个均衡税率 t_1 和 t_2，那么我们就可借助前面所用的图来看看竞争性均衡是什么样的。如图 5-19 所示，F 点代表的是低税率 t_1 时的竞争性均衡，H 点代表的是高税率 t_2 时的竞争性均衡。回想一下，竞争性均衡总是位于由 AB 曲线给定的生产可能性边界上和均衡中消费者所面临的预算约束上。当税率为 t_2 时，消费者的预算约束不那么陡，位于税率为 t_1 时均衡状态的预算约束之下。因此，我们可以说，同高税率均衡状态相比，低税率均衡状态下的消费量 C 比较高，劳动供给量（$h-l$）比较高，闲暇 l 比较低，总产出（$Y=C+G$）比较高。而且，由于 F 点比 H 点所处的无差异曲线高，因此，同高税率均衡状态相比，在低税率均衡状态下，消费者的境况更好。

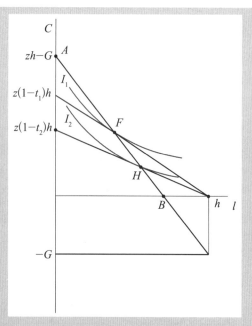

图 5-19　存在两种竞争性均衡

给定政府支出 G（与图 5-18 一样），有两个均衡税率。低税率（高税率）在 F 点（H 点）实现均衡。同高税率均衡状态相比，在低税率均衡状态下，消费和产出都比较高，而闲暇比较低。

明智的政府可能决不会选择高税率 t_2，因为这与用低税率 t_1 征收的税收收入相同，却不能使典型消费者的境况变好。不过，我们可以设想，不明智的政府可能会

因采用高税率 t_2 而陷入不良均衡，处于图 5-18 中拉弗曲线的禁区而非处于提高税率将增加税收收入的区域。在拉弗曲线的禁区，提高税率会减少税收收入。在 1980 年美国总统大选期间，罗纳德·里根得到所谓的**供给面经济学家**（supply-side e-conomists）的理论支持，提出包括降低所得税率在内的经济方案。供给面经济学家普遍认为，所得税对劳动供给有强大的激励效应，降低税率会大幅度提高劳动供给量。里根的论点可以解释为，1980 年的美国经济处于图 5-18 和图 5-19 中高税率 t_2 的均衡点上。也就是说，里根认为，降低税率不会减少税收收入，反而人人都会努力工作，GDP 会增长，每个人的境况都会变好。里根的观点与理论一致，但实践问题是，1980 年的美国经济到底位于拉弗曲线的良区（曲线向上倾斜的部分）还是禁区（曲线向下倾斜的部分）？供给面观点再现于乔治·W. 布什执政时期，但他并没有把供给面观点作为其减税计划的核心点。经济学家在这个争论上的共识是，美国经济典型地处于拉弗曲线的良区而非禁区。

公共物品模型：政府规模应当多大？

至此，在我们的模型中只考虑了一种政府支出。政府购买物品 G，消费者未从这些物品中获得好处。同时，我们一直在假定政府通过征税取得的物品全都被扔掉了。虽然这种方法可以让我们集中考察政府活动的资源成本，抓住某些支出类型（比如国防支出）的本质，但大多数政府支出还存在其他影响，在构建模型时应予以考虑。

为简化起见，假定没有生产，该经济体系只有一个典型消费者和政府。典型消费者对于如何利用他的时间没有选择，仅获得外生的商品量 Y。因此，按照假设，GDP 是固定的，从而我们就可集中探讨这样一个问题：资源如何在政府和私人部门之间配置？与我们在基本模型中所作的假设一样，政府可以对该典型消费者课征一次总付税，用 T 来表示税收总额，消费者的预算约束便为：

$$C+T=Y \tag{5.13}$$

政府以征税的形式取得物品，然后利用其技术把这些私人消费品转化为公共物品。假定政府通过征税取得的一单位消费品可以转化为 q 单位的公共物品。这些公共物品表现为诸如公园、公共交通、卫生服务以及政府提供的其他物品和服务。于是，我们有 $G=qT$；通过替代等式（5.13）中的 T 并重新整理，得到该经济体系的生产可能性边界：

$$C=Y-\frac{G}{q} \tag{5.14}$$

在等式（5.14）中，q 代表相对于私人部门而言的政府效率。从边际角度来说，q 越大，在私人物品转化为公共物品的过程中抽取的资源就越少。图 5-20 说明了该经济体系的生产可能性边界 [等式（5.14）]，无差异曲线表明的是典型消费者分别对私人物品（C）和公共物品（G）的偏好。对私人物品和公共物品的偏好具有与第4章所讲的消费者对消费和闲暇的偏好一样的性质。

倘若政府的行为属于最优行为，如图5-20所示，所选择的政府支出数量会是G^*（这意味着税收$T= G^* /q$），私人消费量会是C^*。该经济体系的竞争性均衡会出现在图5-20中的A点，此时，典型消费者的无差异曲线与生产可能性边界相切，实现帕累托最优。可是，没有什么能够阻止政府选择的政府支出量或太小（比如图5-20中的B点）或太大（比如图5-20中的D点）。

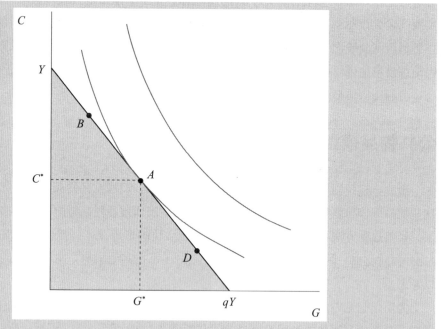

图5-20　政府支出的最优选择

倘若政府选择$G= G^*$，那么，位于A点的均衡是帕累托最优。B点和D点都是政府的次优选择。

请注意，图5-3与图5-20所描述的情况截然不同。在图5-3中，单个私人部门的经济主体对于市场价格作出最优反应，市场出清，由此导致的均衡状态正好是帕累托最优。可是，在图5-20中，对于政府来说，要达到帕累托最优状态，必须弄清典型消费者的偏好，了解其本身具有的把私人物品转化为公共物品的技术。私人部门通过许多经济主体根据其自身的情况和信息作出决定而能够解决非常复杂的资源配置问题，但政府要解决G的最优数量的决定问题极其困难，因为政府必须收集大量的详细信息才能作出明智的决定。

在图5-20中，决定最优政府支出数量G^*的因素是什么？显然，这项决定取决于GDP总量Y、政府和私人部门的相对效率q以及消费者对私人物品和公共物品的偏好。为了找到分析这一问题的某种视角，我们将分别考察政府的决定是如何随着Y和q的变化而改变的。

首先，我们考察GDP从Y_1增加到Y_2时所发生的情况，如图5-21所示。生产

可能性边界从 PPF_1 向外移至 PPF_2，而其斜率保持不变，因为它是由 q 决定的。和我们在本章的基本模型中所作的假设一样，私人物品和公共物品都是正常品，均衡点将从 A 点移至 B 点，政府将选择增加支出。因此，当 GDP 水平提高时，无论是对私人物品还是对公共物品都存在着正的收入效应，政府将选择在公共物品上开支更多，因为这是公共需要。但公共物品占 GDP 的比例是否上升了，取决于公共物品是不是奢侈品。倘若公共物品是奢侈品，例如倘若私人部门的经济主体希望随着收入的增加而将其收入的较大比例用于支持公园建设，那么，随着 GDP 的增加，政府规模（以占 GDP 的百分比衡量）将扩大。公共物品看起来很可能是奢侈品，因为事实上，国家越发达，政府支出占 GDP 的比重往往越大。不过，可能还有其他因素影响财政支出比重的提高。比如，随着国家的发展，征税的技术越来越先进，使得为政府活动筹资所付出的代价较小，这可能反映在 q 上而非 Y 上。

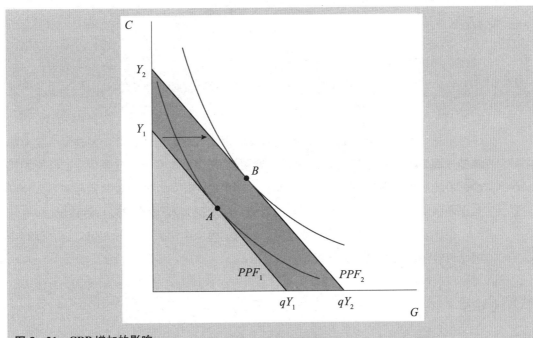

图 5-21　GDP 增加的影响
Y 增加使生产可能性边界向外移动。假定私人物品和公共物品都是正常品，则政府支出增加。

其次，图 5-22 显示出 q（政府可把私人物品转化为公共物品的效率）从 q_1 提高到 q_2 的影响。在这种情况下，生产可能性边界从 PPF_1 向右移至 PPF_2 并变得更加平缓。从本章和第 4 章的分析可知，政府对最优支出数量的选择会产生收入效应和替代效应。在图中，均衡点从 A 点移至 B 点。为了分离收入效应和替代效应，画一条与无差异曲线 I_1 相切且与 PPF_2 斜率相同的直线，切点位于 D 点。从 A 点到 D 点的变化就是替代效应，从 D 点到 B 点的变化就是收入效应。收入效应使 C 和 G 都增加，替代效应则使 C 减少、G 增加，因为以放弃的私人物品来说，现在政府生产 G 更加便宜。因此，最终 G 会增加，而 C 可能增加也可能减少。

5

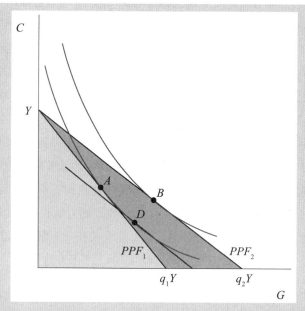

图 5-22 政府效率提高的影响

q 提高使生产可能性边界向外移动并使其更加平缓。如果政府作出最优选择，政府支出将增加，但私人支出也许增加（如果替代效应小），也许减少（如果替代效应大）。

可见，倘若政府比私人部门更有效率，那么，政府应当扩张，但这不一定意味着私人部门萎缩。提请注意的是，政府可能十分无效率，也就是说，q 可能相当小，但政府想提供某些公共物品仍然是有理由的。比如，倘若公共物品和私人物品是很勉强的替代品（此时的无差异曲线的弯曲度很大），就会出现这种情况。

至此，我们从有关宏观经济运行的一时期模型中学到了一些知识，第 3 篇将继续研究经济增长的原因和结果。

本章小结

● 在本章，我们把在第 4 章所阐释的消费者行为和企业行为结合在一起，再加上政府行为，共同构建了一个完整的一时期宏观经济模型。

● 在竞争性均衡中，典型消费者、典型企业和政府的行为必须相互一致，这意味着用劳动交换商品的市场一定是出清的，而且要严守政府预算约束。

● 在竞争性均衡中，给定资本存量、全要素生产率和政府支出（外生变量），就可以确定总产出、消费、就业、税收和实际工资（内生变量）。

● 竞争性均衡可以用一个图形来阐明，而且该图形用来阐示竞争性均衡与反映经济效率状态的帕累托最优是等价的。

● 模型表明，政府支出增加对典型消费者会产生纯负收入效应，导致就业增加和消费减少。因此，政府支出会排挤私人消费，但也不会将私人消费完全排挤出去，因为总产出毕竟增加了。

● 产生于技术进步的全要素生产率的提高，会使产出、消费和实际工资有所增加，但就业会因收入效应和替代效应的作用相反而或增或减。

● 在对工资收入课征扭曲性税收的情况下，税率变化的激励效应对劳动供给会产生很大的刺激作用。这种激励效应便产生了拉弗曲线，很可能会出现这样的情况：在税率已经很高的情况下，税率再提高可能引起政府税收收入的下降。

● 修正后的一时期模型包含了公共物品，解释了如何决定政府的最优规模。该模型表明，通过对公共物品需求的纯收入效应，政府的规模随着 GDP 的增加而增加。随着公共物品的提供变得更加有效率，政府的规模也会扩张。

主要概念

封闭经济（closed economy）：与其他国家无贸易往来的经济。

开放经济（open economy）：与其他国家有贸易往来的经济。

公共物品（public goods）：难以或不可能由私人部门提供的物品，如国防。

外生变量（exogenous variable）：由模型以外因素决定的变量。

内生变量（endogenous variable）：由模型本身决定的变量。

政府预算约束（government budget constraint）：描述政府收入来源和使用的等式。

财政政策（fiscal policy）：政府对其支出、税收、转移性支出和借债的选择。

竞争性均衡（competitive equilibrium）：一种经济状态，在这种状态下形成的价格和数量，正是作为价格接受者的消费者和企业的行为一致时的价格和数量。

市场出清（market clearing）：某一市场或诸市场中的供给等于需求。

生产可能性边界（production possibilities frontier，PPF）：描述消费束在技术上可以生产出来的边界。

边际转换率（marginal rate of transformation）：生产可能性边界的斜率的负值，即经济中一种商品在技术上可以转换为另一种商品的比率。

帕累托最优（Pareto optimality）：不使其他消费者的境况恶化就无法让一个消费者的境况改善的一种经济状态。

福利经济学的第一基本定理（first fundamental theorem of welfare economics）或**第一福利定理**（first welfare theorem）：在一定条件下，竞争性均衡就是帕累托最优。

福利经济学的第二基本定理（second fundamental theorem of welfare economics）或**第二福利定理**（second welfare theorem）：在一定条件下，帕累托最优就是竞争性均衡。

外部性（externality）：一个经济主体的行为对其他经济主体的影响，而该经济主体采取行动时并未考虑这种影响。

扭曲性税收（distorting taxes）：导致某种商品的买卖双方面临的实际价格存在差异的税收，如所得税。

排挤（crowding out）：私人支出被政府购买（支出）所取代。

短期（short-run）：通常描述的是宏观经济影响发生在一年以内。

长期（long-run）：通常描述的是宏观经济影响持续一年以上。

实际经济周期理论（real business cycle theory）：认为总体波动的主要起因是全要素生产率波动的理论。

劳动的跨期替代（intertemporal substitution of labor）：在长期由实际工资变化引起的工人的劳动替代。

税基（tax base）：某种税的课税对象数量。例如，对劳动所得课税的税基是劳动力供给量。

拉弗曲线（Laffer curve）：政府征收的税收收入与税率之间的关系。

供给面经济学家（supply-side economists）：

认为所得课税具有巨大的激励效应，从而所得税

率降低将引起劳动力供给量大幅增加的经济学家。

复习题

1. 学习封闭经济模型为什么有用？

2. 政府在一时期封闭经济模型中的作用是什么？

3. 在一时期模型中，政府可以有赤字吗？请解释。

4. 模型中的内生变量有哪些？

5. 模型中的外生变量有哪些？

6. 就这个模型而言，竞争性均衡必须满足哪四个条件？

7. 生产可能性边界的斜率的经济意义是什么？

8. 为什么这个模型中的竞争性均衡是帕累托最优？

9. 解释第一福利定理和第二福利定理的区别。这两个定理为什么有用？

10. 给出均衡可能不是帕累托最优的三个原因。

11. 政府支出增加会产生什么影响？

12. 政府购买（支出）为什么排挤了私人支出？

13. 全要素生产率提高的均衡效应是什么？

14. 解释全要素生产率的提高为什么会造成就业或升或降？

15. 对劳动所得课征扭曲性税收为什么会导致无效率的经济结果？

16. 所得课税的激励效应对于拉弗曲线有多重要？

17. 当经济处于拉弗曲线的禁区且所得税率降低时，会发生什么情况？请解释。

18. 公共物品最优数量的两个决定因素是什么？

19. 当 GDP 增加时，公共物品提供和私人消费会怎样？当公共物品提供的机会成本变大时，它们又会怎样？

思考题

1. 城市里存在许多负外部性。例如，城市里高密度的汽车交通会造成污染和拥堵，而污染和拥堵都具有负外部性。当某人有一天决定在城市里驾车时，他并不会考虑到驾车会产生负外部性，即造成污染和妨碍其他驾车族顺利到达目的地（拥堵）。尽管负外部性（包括污染和拥堵）似乎在城市里普遍存在，但人们仍喜欢生活在城市里（否则城市就不会存在了）。从经济学角度讨论人们喜欢生活在城市里的动力。这些动力与市场结果是否具有经济效率有怎样的联系？

2. 假定政府决定减税。用本章所讲的模型，确定减税对总产出、消费、就业和实际工资产生的影响，并解释你的结果。

3. 假定有一场自然灾害，减少了一国的部分资本存量。

（a）根据收入效应和替代效应，确定对总产出、消费、就业和实际工资的影响，并解释你的结果。

（b）你认为资本存量的变化是经济周期的可能起因吗？根据你对（a）的回答和第 3 章所述的重要经济周期事实来解释。

4. 假定全要素生产率 z 影响政府生产的生产率，就像它对私人生产的影响一样。也就是说，假定当政府征税时，政府获得了物品，而根据 $G=zT$，这些物品可转变为政府生产的物品，因此对于每单位的税收，就有 z 单位的政府物品被生产出来。当政府确定了 G 时，z 的提高就意味着为既定数量的政府购买 G 筹资只需较少的税收。在此情况下，把 G 视为给定的，用图形确定 z 提高对产出、消费、就业和实际工资的影响。解释你的结果。

5. 假定典型消费者的偏好发生了变化，因为

对于任意的消费和闲暇量，他的闲暇对消费的边际替代率都提高了。

（a）用比较直观的语言，解释偏好的这种变化意味着什么。

（b）这对均衡实际工资、工作时间、产出和消费会产生什么影响？

（c）你认为诸如此类的偏好变化可以解释经济为什么会出现衰退（产出低的时期）吗？根据第 3 章的重要经济周期事实，解释其中的原因。

6. 假定政府支出使私人企业的生产能力得到提高。例如，政府用于道路和桥梁的支出降低了运输成本。这意味着，政府支出的影响有二：第一个影响就是本章所讨论的 G 增加的影响，第二个影响类似于一国资本存量 K 增加的影响。

（a）说明生产性政府支出以这种方式增加，可以提高典型消费者的福利。

（b）说明除产出增加外，政府支出的这种增加对消费和工作时间的影响都不确定。你在说明时必须考虑收入效应和替代效应。

7. 在一时期模型中，典型消费者花费在教育上的时间既不是闲暇时间也不是生产时间。该经济体系在将来可获得的是，典型消费者有更多的时间可利用（用有效劳动时间单位来衡量），或者说技能水平提高或经济学家们所谓的人力资本增加。

（a）利用一时期模型说明，目前的教育增加对消费、闲暇、就业、总产出以及实际工资的影响。

（b）同样利用一时期模型说明，目前的教育增加对将来的消费、闲暇、就业、总产出以及实际工资的影响。

（c）在（a）和（b）的分析中，如何考虑社会在现在和将来投资于教育之间作出权衡取舍？

8. 在包含比例课税的简化模型中，可能有两个均衡：一个是高税率下的均衡，另一个是低税率下的均衡。现假定政府支出增加。确定 G 增加在高税率均衡中与在低税率均衡中对消费、闲暇、劳动供给、实际产出和税率的影响有何不同，请解释。

9. 假定对于典型消费者来说，实际工资增加的替代效应总是大于收入效应。又假定经济总是处于拉弗曲线良区的低税率均衡状态。确定全要素生产率 z 提高对拉弗曲线、均衡税率、消费、闲暇、劳动力供给量和产出的影响。

10. 考察本章最后一节所讲的公共物品模型。

（a）假定对私人物品 C 和公共物品 G 的偏好使得这两种物品是完全替代的，也就是说，公共物品对私人物品的边际替代率是一个常量 $b>0$。确定政府应当提供的公共物品的最优数量，并解释你的结果。你要说明所有相关的情况。当 b 变化时或当 q 变化时，会怎样？

（b）同（a）的问题一样，只是此时是完全互补的偏好，也就是说，典型消费者总是希望以固定的比例（或 $C=aG$，$a>0$）消费私人物品和公共物品。

11. 扩展本章最后一节所讲的公共物品模型。假定在包含比例税的简化模型中，只用劳动力且 $z=1$ 来生产出产品。不过，此时存在一次总付税，且生产可能性边界由 $Y=h-l-G$ 给定。现在，消费者对三种东西有偏好：私人物品 C、公共物品 G 和闲暇 l。假定对消费者来说，C 和 l 是完全互补的，也就是说，消费者总是想以固定比例（$C=dl$，$d>0$）消费 C 和 l。

（a）正如思考题 10（a）中的那样，假定公共物品和私人物品是完全替代的。确定 G 增加对消费和劳动供给的影响，并解释你的结果。

（b）正如思考题 10（b）中的那样，假定公共物品和私人物品是完全互补的。确定 G 增加对消费和劳动供给的影响，并解释你的结果。

第6章 搜寻和失业

第 4 章和第 5 章构建了一个一时期竞争性均衡宏观经济模型，使我们对总产出和时间在闲暇与市场工作之间配置的决定因素有了初步了解。本章的目的就是要通过考虑劳动力市场摩擦来丰富这些基本思想。在宏观经济学中，有多种摩擦能让我们超越基本的竞争性均衡模型，使我们能更多地理解和解释宏观经济是如何运行的。其中的一种摩擦就是"搜寻"。一般而言，一个人要想找到一份合适的、企业也想雇用他的工作需要时间。同样，企业要想填补一个职位空缺也需要时间。劳动力市场的供求双方都需要搜寻；总是有正在寻找工作的潜在工人，也总是有正在寻找工人以填补职位空缺的企业。

美国劳工统计局每个月都要测算失业人数——没有工作但正在积极寻找工作的适龄就业人数。重要的是要理解决定失业的因素是什么。特别是，我们重点分析政府政策对搜寻行为会产生怎样的影响，失业率是否可能是无效率的高或低。

本章的第一个目标是，分析美国失业率的变动情况。同时，我们还要研究另外三个重要的劳动力市场变量，即职位空缺率、参与率和就业-人口比率。我们要阐明失业率、职位空缺率、参与率以及就业-人口比率在经济周期中是如何变化的，并讨论这些变量的一些决定因素。

其次，我们将基于 2010 年诺贝尔经济学奖获得者彼得·戴蒙德（Peter Diamond）、戴尔·莫特森（Dale Mortensen）和克里斯托弗·皮萨里迪斯（Christopher Pissarides）的研究成果，研究失业的一时期搜寻模型。该模型与第 4 章和第 5 章构建的一时期模型十分不同。尽管我们要构建的搜寻模型是从消费者和企业的最优化行为角度建立起来的，但搜寻模型要求我们构建均衡的方式不同于第 5 章讲的竞争性均衡模型。在有劳动力市场摩擦的搜寻过程中，我们不能用价格变化出清有很多参与者的市场这种方式来思考。

搜寻模型将用来说明生产率、失业保险以及市场外的机会对失业率、职位空缺率和劳动力参与率的影响。然后，该模型将用来初步讲解凯恩斯主义思想，第 13 章和第 14 章再重新审视凯恩斯主义思想。

劳动力市场事实

在研究失业的搜寻模型之前，我们先探讨美国失业率、参与率、就业-人口比率和职位空缺率的历史变化情况。我们将从中得到一组劳动力市场事实，为本章研究搜寻模型提供背景知识。我们想用该模型来解释这些事实，帮助我们辨别出这些数据特征的成因是什么。

失业率、参与率和就业-人口比率

回忆第 2 章，如果 N 是适龄就业人口数，Q 是劳动力人数（就业人数加上失业人数），U 是失业人口数，那么，失业率和参与率的定义分别是：

$$失业率 = \frac{U}{Q}$$

$$参与率 = \frac{Q}{N}$$

我们还对就业-人口比率的变化感兴趣，它的定义是：

$$就业-人口比率 = \frac{Q-U}{N}$$

图 6-1 是美国 1948—2012 年的失业率曲线图。失业率是逆周期变量，因为它在经济衰退时高，在经济繁荣时低。尤其值得注意的是，失业率在 1974—1975 年、1981—1982 年、1990—1991 年和 2008—2009 年经济衰退时期剧增，而在各经济衰

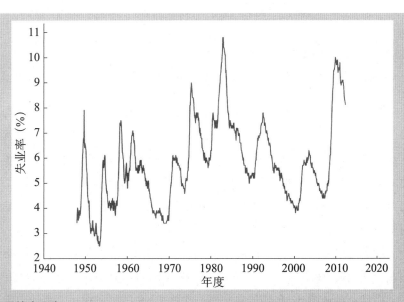

图 6-1　美国的失业率

失业具有逆周期性。从 20 世纪 60 年代到 80 年代中期，失业率呈现上升趋势；而从 20 世纪 80 年代中期直到 2008—2009 年经济衰退时期，失业率呈现下降趋势。

退之间的时期下降。失业率的这种周期性变化在图 6-2 中看得更加清楚，该图展示了实际 GDP 偏离趋势的百分比和失业率偏离趋势的百分比。在图 6-2 中，我们可以清楚地看到，当实际 GDP 低于（高于）趋势时，失业率往往就高于（低于）趋势，也就是说，失业率表现出逆周期性。

除了失业率的周期性变动，图 6-1 中还显现出失业率的长期变动情况。例如，从 20 世纪 60 年代末到 80 年代中期之前，失业率呈现上升趋势；而从 20 世纪 80 年代中期直到 2008—2009 年经济衰退时期，失业率呈现下降趋势。我们想了解失业率的周期性变动和长期变动的原因。

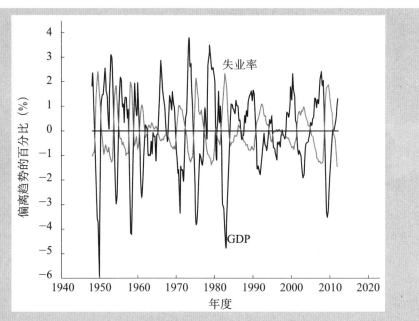

图 6-2　失业率和实际 GDP 偏离趋势的百分比

失业率显然是逆周期的，因为当实际 GDP 偏离趋势的百分比是负的（正的）时，失业率偏离趋势的百分比是正的（负的）。

图 6-3 显示的是劳动力参与率的情况。注意观察图 6-3 我们发现，参与率从 20 世纪 40 年代末的 59% 左右一路上升到 2000 年的 67% 强，此后跌至不足 64%。图 6-4 显示了男性和女性的行为对总体劳动力参与率的影响。自 1948 年以来，男性的劳动力参与率一直是逐渐下降的，因此，2000 年以前总体劳动力参与率上升完全是由女性的行为所致。自 2000 年以来，女性参与率也下降了，但没有男性参与率下降得那么大。

用参与率和实际 GDP 偏离趋势的百分比来说明总体参与率的周期性变化，如图 6-5 所示。在图中，参与率显然是顺周期的，但要比实际 GDP 的变化稳定得多。而且，可从图 6-6 清楚地看到，同就业-人口比率相比，劳动力参与率没那么像周期性变量。在经济衰退时期，失去工作的工人往往要寻找其他工作，虽然处于失业但仍属劳动力。

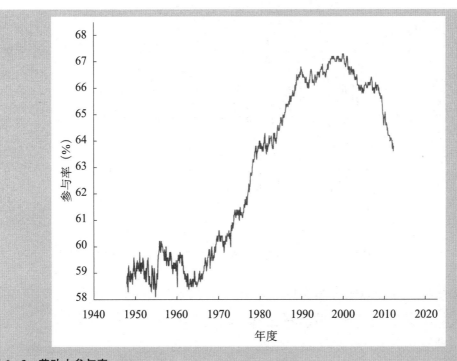

图 6-3　劳动力参与率

从 20 世纪 40 年代末到 2000 年，劳动力参与率一直在上升，此后呈下降趋势。

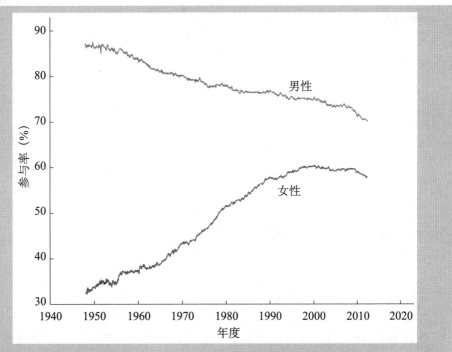

图 6-4　男性和女性的劳动力参与率

如图 6-3 所示，自 20 世纪 40 年代末到 2000 年总体劳动力参与率一直在上升，这完全是因为女性的劳动力参与率提高所致，因为自 1948 年以来，男性的劳动力参与率一直在逐渐下降。

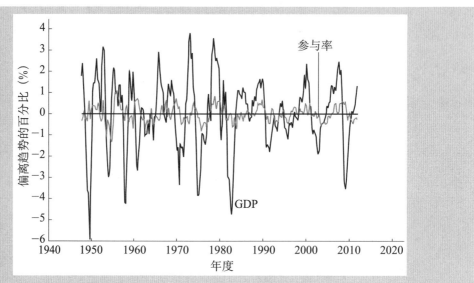

图 6-5　劳动力参与率和实际 GDP 偏离趋势的百分比
劳动力参与率是顺周期的，但要比实际 GDP 的变化稳定得多。

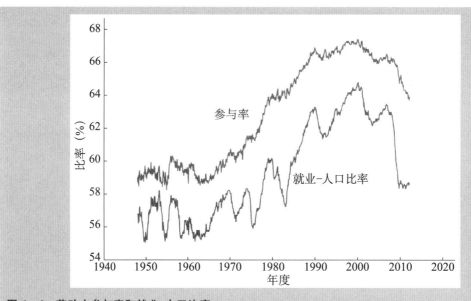

图 6-6　劳动力参与率和就业-人口比率
劳动力参与率的周期性变化要比就业-人口比率的周期性变化稳定得多。

职位空缺率与贝弗里奇曲线

在任何时点上，只要企业出现了想要填补的职位空缺，就可以通过做广告，招聘新工人。如果令 A 代表整个经济体系的职位空缺数量，那么，职位空缺率就可定义为：

$$职位空缺率 = \frac{A}{A+Q-U}$$

即职位空缺数占职位空缺数加上就业数的百分比。自 2000 年 12 月以来，职位空缺率一直是劳工统计局开展的**"职位空缺和劳动力流动调查"**（Job Openings and Labor Turnover Survey，JOLTS）要测算的一个指标。

　　图 6-7 描绘了职位空缺率和失业率。鉴于可利用的数据有限，我们只能画出比较短的时间序列（2000—2012 年），但这也能清晰地表明，失业率和职位空缺率是负相关的，且职位空缺率是一个顺周期变量。特别是，2001 年和 2008—2009 年的经济衰退一开始，职位空缺率就随着下跌。

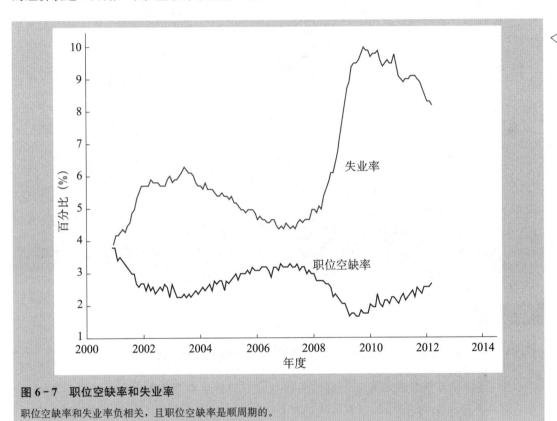

图 6-7　职位空缺率和失业率

职位空缺率和失业率负相关，且职位空缺率是顺周期的。

　　我们从这些数据中观察到的一个令人感兴趣的规律是**贝弗里奇曲线**（Beveridge curve）。这是一条向下倾斜的曲线，反映的是失业率与职位空缺率之间可观察到的关系。图 6-8 显示的就是 2000—2012 年间这种可观察到的贝弗里奇曲线关系。图中，对这些观察值注明日期很有用，以表明在 2008—2009 年经济衰退结束时发生的曲线变化。图中的圆点代表的是 2000 年 12 月到 2007 年 12 月间的观察值，那条实线把 2007 年 12 月到 2012 年 3 月的这些观察值连接了起来。大约在 2009 年 12 月之前，这些观察值似乎还都落在这条稳定的、向下倾斜的曲线上，但最后一组观察值似乎落在了已向左移动的曲线上。我们想用我们的模型来解释是什么原因导致了这种贝弗里奇曲线关系，又是什么原因引起了该曲线在最近的这次经济衰退结束时发生移动。

6

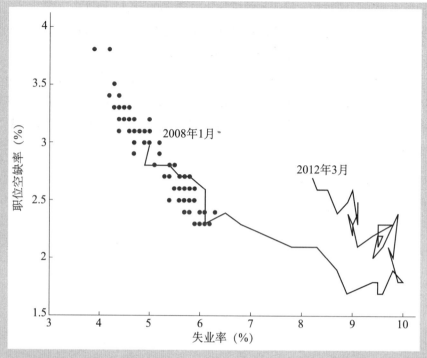

图 6-8　贝弗里奇曲线

图中的散点是 2000 年 12 月到 2007 年 12 月间的观察值，这些点表现出清晰的贝弗里奇曲线关系———条向下倾斜的曲线。用一条线把 2007 年 12 月到 2012 年 3 月的这些观察值连接起来。大约在 2009 年 12 月，贝弗里奇曲线似乎发生了变化。

专 栏

宏观经济学实践：美国和欧洲的失业与就业

研究劳动力市场的经济学家一直对美国和欧洲的劳动力市场结果的差异感兴趣。比如，解释为什么自 20 世纪 70 年代以来，同美国相比，欧洲国家的失业率上升了。大多数研究都集中于欧洲的劳动力市场刚性，包括慷慨的失业保险、高额的最低工资、高税收、严格的雇员雇佣与解雇的限制，是如何导致欧洲失业增加的。而美国则是一个劳动力市场刚性比较小的国家，故对于欧洲和美国之间出现的失业率的数量差异，在很多研究者看来，问题只是是否由更大的刚性造成。

理查德·罗格森（Richard Rogerson）在《欧洲经济学会杂志》（*Journal of the European Economic Association*）上撰文提出，欧洲劳动力市场问题有不同的特征[1]，开辟了经济研究的一个新方向。罗格森研究了欧美两地就业-人口比率和失业率的变化。在欧洲，他主要研究了三个国家，即法国、德国和意大利。罗格森证明，20 世纪 70 年代到 2000 年

---

① R. Rogerson，2004. "Two Views on the Deterioration of European Labor Market Outcomes," *Journal of the European Economic Association* 2，447 - 455.

间，欧洲失业率与美国失业率间的差额提高了大约 6%，与其他作者的研究结果恰好相同。但从就业-人口比率来看，罗格森发现，欧洲情况变糟的起始时期更早——该差额出现在 20 世纪 50 年代，且在 20 世纪 50 年代到 2000 年间该差额上升了大约 18%。也就是说，从图 6-6 中观察到的美国的就业-人口比率上升趋势在欧洲并未出现。同欧洲失业率的相对恶化相比，这也许是更惊人的发现，因为它代表了欧美劳动力投入增长的根本性差异。

什么能解释劳动力市场结果的这种差异？罗格森进一步研究了劳动力市场数据，但不是从劳动力市场刚性角度寻求解释，而是研究了欧美产出的部门构成。同美国一样，欧洲自 20 世纪 50 年代以来也经历了从制造业到服务业的部门转移，但在欧洲，部门转移的性质不同。在美国，服务部门的增长比欧洲快得多。因此，劳动力市场结果差异的一种解释是：在欧美，因从制造业到服务业的部门转移，失业都增加了——工人没有了制造业的工作，而转向服务部门工作要失业一段时间。可是，在欧洲，这段失业时间更长，因为欧洲的服务部门没有美国的服务部门成长得快，服务部门的成长吸收不了从制造业失业的全部工人。再加上欧洲的劳动力市场刚性延长了这种过渡期——对失业工人的保护使得失业工人没有积极性获取到服务部门就业所需的新技能。总之，这些都仅是猜测，需要作进一步的详细研究。

戴蒙德-莫特森-皮萨里迪斯的搜寻与失业模型

第一代搜寻模型创建于 20 世纪 60 年代末[①]，后来这些模型经过改进，被广泛用于劳动经济学和宏观经济学。我们将用的模型是戴尔·莫特森和克里斯托弗·皮萨里迪斯所构建的理论框架的简化版[②]，我们称之为 "DMP 模型"，因为彼得·戴蒙德、戴尔·莫特森和克里斯托弗·皮萨里迪斯因在搜寻经济学领域的研究成果而共同分享了 2010 年诺贝尔经济学奖。

正如第 4 章和第 5 章的模型一样，只有一个时期，但在这个搜寻模型中，并非只有一个典型消费者和一个典型企业，而是有许多消费者和企业。假定有 N 个消费者，他们都是潜在工人，所以，我们可以把 N 看作是适龄就业人口。企业的数量是内生的，由模型决定。

消费者

N 个消费者当中的每个消费者都可以选择在市场之外工作，或者寻找市场工

---

① J. McCall，1970. "Economics of Information and Job Search," *Quarterly Journal of Economics* 84，113-126.

② D. Mortensen and C. Pissarides，1994. "Job Creation and Job Destruction in the Theory of Unemployment," *Review of Economic Studies* 61，397-416.

作。市场外工作一般都属于家务生产，比如照看小孩、进行庭院劳作或干家务活。令 Q 代表决定寻找工作的消费者数量，则 $N-Q$ 就是选择家务生产的消费者数量。我们把 Q 看作是劳动力，把 $N-Q$ 看作是不属于劳动力的适龄就业人员。

令 $P(Q)$ 界定选择寻找市场工作的工人的供给曲线，故 $P(Q)$ 代表能诱使 Q 个消费者寻找市场工作的预期报酬。图 6-9 描绘了供给曲线 $P(Q)$。图中，供给曲线是向上倾斜的，因为家务生产的价值对不同的消费者来说是不同的。因此，倘若寻找工作的预期报酬比较高，那么，这将诱使更多的消费者放弃家务生产，转而寻找市场工作。

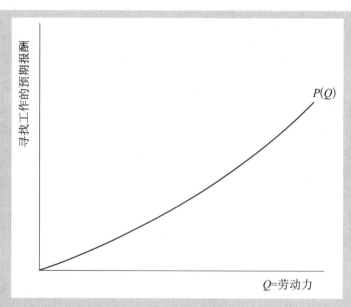

图 6-9　寻找工作的消费者的供给曲线

曲线 $P(Q)$ 代表能诱使 Q 个消费者寻找工作所必需的预期报酬。这条供给曲线向上倾斜，是因为不同的消费者做家务的报酬不同。

企业

企业要生产，就必须招工，以（有望）找到合适的工人。招聘工人是要花钱的，假定企业招工一次要花掉 k（以多少消费品衡量）。不招工的企业属于不积极企业，也不能生产。令 A 代表积极企业的数量，这是选择招工的企业数量。

匹配

在期初，有 Q 个消费者在寻找工作，有 A 个企业在招工。我想以简单的方式表达这样的思想，即工人与企业的匹配是一个耗时、花钱的过程。一般而言，企业与企业间所提供的工种可能千差万别，不同工人之间的特点也大相径庭。这使得工人与企业之间的匹配过程难上加难。在标准的劳动搜寻模型中，匹配的种种困难由

匹配函数（matching function）来表现。令 M 代表工人与企业成功匹配的数量，则 M 由下式决定：

$$M = em(Q, A) \tag{6.1}$$

在等式（6.1）中，等式右边的匹配函数很像生产函数——给定找工作的消费者和找工人的企业的"投入"，"生产"工人和企业之间的匹配作为"产出"。变量 e 代表**匹配效率**（matching efficiency），与第 4 章讲的全要素生产率在生产函数中所起的作用几乎一样。在找工作的消费者和找工人的企业数量既定的情况下，e 越高，匹配度就越高。在实践中，由于像网络广告这类更有效的搜寻技术促使获得了更好的信息，或者由于消费者具有的技能正好是企业想要的、匹配较好的技能，匹配效率 e 会提高。

函数 m 与第 4 章描述的生产函数 F 具有极为相似的性质。特别是：

1. 函数 m 具有规模收益不变的性质。回想一下，这意味着，对于任何 $x > 0$，

$$em(xQ, xA) = xem(Q, A) \tag{6.2}$$

对于匹配函数来说，规模收益不变意味着，在生产工人和企业间的匹配时，大型经济并不比小型经济更有效率，反之亦然。

2. 倘若没有消费者在寻找工作，或者没有企业在寻找工人，那么，就不存在匹配问题，或者说，$m(0, A) = m(Q, 0) = 0$。

3. 当 Q 或 A 增加时，匹配数量 M 也增加。

4. 边际产量是递减的——随着 Q 的增加，Q 每增加一单位所获得的匹配增量减少，这对 A 来说也是如此。

劳动力市场的供给方：消费者的最优化

如果某个消费者选择找工作，他可能会找到工作，在这种情况下，按劳工统计局的标准，该消费者就可算作就业人员。可是，即使某个消费者选择找工作，他也可能没有找到工作。在这种情况下，该消费者就被算作失业人员，因为他虽然一直在积极地寻找，但最终没有被雇用。倘若消费者找到了工作，他就挣实际工资 w；倘若没有找到工作，处于失业状态，就假定他领取失业保险（UI）救济金 b。因此，消费者知道其家务生产的价值——如果他找到工作，就是工资；如果失业，就是失业救济金。消费者还知道找到工作的可能性，这是由匹配函数决定的。假如有 Q 个消费者正在找工作，有 M 个成功匹配，那么，对于一个消费者来说，找到工作的概率是 M/Q，或者根据匹配函数等式（6.1）有：

$$p_c = \frac{em(Q, A)}{Q} \tag{6.3}$$

式中，p_c 是一个消费者找到工作的概率。在匹配函数具有规模收益不变性质的情况下，令等式（6.2）中的 $x = 1/Q$，并定义 $j \equiv A/Q$，则根据等式（6.3）可得：

$$p_c = em\left(1, \frac{A}{Q}\right) = em(1, j) \tag{6.4}$$

6

因此，根据等式（6.4），一个消费者找到工作的概率只取决于比率 $j = A/Q$，即正在寻找工人的企业与正在寻找工作的消费者的比率，这是衡量**劳动力市场紧张度**（labor market tightness）的一个指标。既然等式（6.4）给定了一个消费者找到工作的概率，那么，一个消费者选择寻找工作但没有得到雇用的概率便是：

$$1 - p_c = 1 - em(1, j) \qquad (6.5)$$

回想一下，$P(Q)$ 界定的是选择寻找工作的消费者数量 Q 的供给曲线。在均衡中，$P(Q)$ 必定等于消费者从搜寻中获得的预期报酬，因而

$$P(Q) = p_c w + (1 - p_c)b = b + em(1, j)(w - b) \qquad (6.6)$$

在等式（6.6）中，第一个等式后面的表达式是消费者寻找工作所获得的预期报酬——找到工作的概率乘以市场工资加上未被雇用的概率乘以失业保险救济金，第二个等式后面的表达式是利用等式（6.4）替换 p_c 而得。

图 6-10 阐示了等式（6.6）。图中，寻找工作的工人的"市场价格"或寻找工作的预期报酬由纵轴表示，是由市场工资率 w、失业保险救济金 b 和劳动力市场紧张度 j 决定的。在这种市场价格既定的情况下，寻找工作的工人的供给曲线决定了寻找工作的工人的数量 Q。在第 4 章和第 5 章中，竞争性均衡模型中的工人知道这种市场工资，据此决定在市场上出卖多少劳动。可是，在 DMP 模型中，潜在工人考虑的不只是市场工资，还有找到工作的可能性以及假如没有找到工作的失业保险救济金。

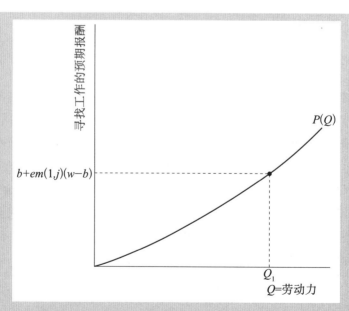

图 6-10　劳动力市场的供给方

对于一个消费者而言，市场工资、失业保险救济金和劳动力市场紧张度决定了寻找工作的预期报酬。于是，在这种预期报酬既定的情况下，寻找工作的工人的供给曲线决定了劳动力数量。

劳动力市场的需求方：企业的最优化

选择承担招工成本 k 的企业，找到一个工人的概率是 $p_f = M/A$，即匹配总量与寻找工人的企业数量的比率决定了实现成功匹配的可能性。于是，根据匹配函数等式（6.1），我们得到：

$$p_f = \frac{em(Q,A)}{A} = em\left(\frac{Q}{A}, 1\right) = em\left(\frac{1}{j}, 1\right) \tag{6.7}$$

式中的第二个等式是根据等式（6.2）——匹配函数具有规模收益不变性质推导出来的。

在一个工人实现成功匹配的情况下，企业和工人生产的产出是 z，企业从该匹配中获取的利润是 $z-w$，或者说产出减去付给工人的工资。企业将进入劳动力市场招工，直到预期的净报酬为零［或者说 $p_f(z-w)-k=0$］为止。给定等式（6.7），我们可以把此等式写成：

$$em\left(\frac{1}{j}, 1\right) = \frac{k}{z-w} \tag{6.8}$$

在工资率 w、生产率 z 和招工成本 k 既定的情况下，等式（6.8）决定了劳动力市场紧张度 j。如图 6-11 所示，在 $k/(z-w)$ 既定的情况下，劳动力市场紧张度是 j_1。

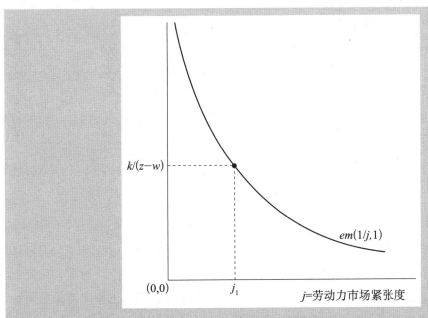

图 6-11 劳动力市场的需求方

企业招工量达到一个企业与一个工人相匹配的概率等于招工成本与企业从一次成功的匹配中获取的利润的比率为止。

均衡

当一个企业与一个工人相匹配时，他们能一起生产的产出是 z。在这个模型中，

z 既是全要素生产率又是平均劳动生产率，因为我们把该模型看作是一个不包含资本的模型，由一个企业和一个工人生产 z 单位的产出。企业和工人要就工人获得的工资 w 达成一项协议。从经济理论上讲，如何解决经济行为主体之间的讨价还价，需要做大量的工作。在这方面，约翰·纳什（John Nash）作出了巨大贡献，他开创了一个现在所谓的**"纳什讨价还价理论"**（Nash Bargaining Theory）。[①]

在纳什讨价还价解中，两个人要达成协议，取决于两个因素：（1）如果两个人都不同意，每个人所面临的另外一种选择是什么；（2）两个人的相对讨价还价能力。就我们所说的这个企业和工人的情况而言，求解的关键是对剩余的理解：作为讨价还价的结果，工人获得的剩余，企业获得的剩余，以及企业和工人可获得的总剩余——这是他们达成协议所必须共同获取的。在这种情况下，工人将获取的剩余是 $w-b$，即工人获得的工资减去失业保险救济金，其中的 b 代表如果工人与企业未能达成协议他所作出的选择。企业的剩余是 $z-w$，这是企业赚取的利润。于是，若把工人的剩余与企业的剩余加在一起，就可得到总剩余，即 $z-b$。

此时的纳什讨价还价理论表明，企业和工人各自会获得总剩余的一定份额。令 a 代表工人在总剩余中占有的份额，$0<a<1$。其实，a 代表的正是工人的讨价还价能力。于是，工人和企业达成协议，工人的剩余是总剩余的一个比例 a，或者说

$$w-b=a(z-b) \tag{6.9}$$

解等式（6.9），求出工资：

$$w=az+(1-a)b \tag{6.10}$$

确定均衡解的最后一步是利用等式（6.10），替代等式（6.6）和等式（6.8）中的 w，分别得到：

$$p(Q) = b+em(1,j)a(z-b) \tag{6.11}$$

和

$$em(\frac{1}{j},1) = \frac{k}{(1-a)(z-b)} \tag{6.12}$$

通过等式（6.11）和等式（6.12）可求解出内生变量 j 和 Q。我们用图 6-12 来描绘等式（6.11）和等式（6.12）。图 6-12（b）描绘的是等式（6.12）——它决定的是劳动力市场紧张度 j。招工成本 k 越小［相对于企业占总剩余的份额 $(1-a)(z-b)$ 而言］，对企业来说，进入劳动力市场招工的诱惑力或动力就越大，这将使 j 变大。在图 6-12（a）中，等式（6.9）描述出一条 Q 与 j 之间的向上倾向的关系曲线，这种关系是由等式（6.11）界定的。倘若劳动力市场紧张度 j 比较高，那么，对于消费者而言，找到一份工作的可能性就比较大，大多数人都会决定去寻找工作，因而 Q 将比较高。比如，在图 6-10 中，较高的 j 会使寻找工作的预期报酬增加，寻找工作的工人的供给量 Q 就会随之增加。在图 6-12 中，在图 6-12（b）决定的劳

---

① J. Nash, 1950. "The Bargaining Problem," *Econometrica* 18, 155-162.

动力市场紧张度 j^* 既定的情况下，我们在图 6 - 12（a）中就确定了选择找工作的消费者的数量 Q^*。

一旦确定了 j 和 Q，我们就可以反过来确定其他所有感兴趣的变量。首先，不找工作的消费者数量是 $N-Q$，这些人不算作劳动力。其次，由于 Q 是属于劳动力的人数，因此利用等式（6.5），失业率为：

$$u = \frac{Q(1-p_c)}{Q} = 1 - em(1,j) \tag{6.13}$$

同样，职位空缺率是尚未填补的职位空缺数与最初公布的工作职位数之比：

$$v = \frac{A(1-p_f)}{A} = 1 - em(\frac{1}{j},1) \tag{6.14}$$

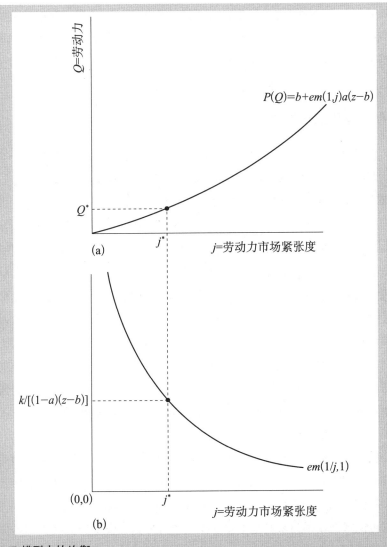

图 6 - 12　DMP 模型中的均衡

在图（b）中，招工成本与企业成功匹配所获取的剩余的比率决定了劳动力市场紧张度。在图（a）中，劳动力市场紧张度决定了劳动力的规模。

最后，该经济的总产出量是 $Y = Mz$，即匹配数量乘以每一匹配所生产的产出量。根据等式（6.1），并利用匹配函数的规模收益不变性质，我们就可以把总产出表示为：

$$Y = em(Q, A)z = Qem(1, j)z \tag{6.15}$$

在等式（6.15）中，总产出随着 Q 和 j 的增加而增加。因此，倘若劳动力规模比较大，或者劳动力市场紧张度比较高，总产出就会比较多。

基于 DMP 模型的分析

我们的下一个目标就是把上一节构建的 DMP 模型用于分析。我想用该模型去理解劳动力市场是如何运行的，去解释本章开始讨论的那些数据的某些特征。同第 5 章讲的模型一样，我们能从该模型学到的东西源于考察外生变量变化时，该模型的内生变量将如何变化。我们看一看三种不同的实验：失业保险救济金增加、生产率提高以及匹配效率下降。

失业保险救济金增加

根据等式（6.10），如果失业保险救济金 b 增加，这将减少一个工人和一个企业的匹配所产生的总剩余（$z - b$），增加工资 w。在图 6-13 中，初始劳动力市场紧张度是 j_1 且最初有 Q_1 个消费者属于劳动力。在图 6-13（b）中，由于总剩余减少，$k/[(1-a)(z-b)]$ 将提高，在均衡状态下，这将引起劳动力市场紧张度下降至 j_2，因为现在对企业来说招工的兴趣已经不大了。在图 6-13（a）中，b 增加、总剩余减少使曲线向上移动，因为寻找工作的预期报酬增加了。在均衡状态下，劳动力数量 Q 可能上升也可能下降，尽管在图中它已降低到 Q_2。由于劳动力市场紧张度降低了，因而就业市场搜寻对消费者来说吸引力不大了，这往往会缩小劳动力的规模。不过，失业保险救济金 b 增加可使劳动力搜寻具有较大的吸引力，这往往又会增加 Q。这两种效应的作用方向相反，最终对劳动力规模产生怎样的影响还说不清楚。不过，根据等式（6.13）和等式（6.14），鉴于劳动力市场紧张度降低，失业率肯定会上升，职位空缺率肯定会下降，这会降低消费者找到工作的概率，提高招工企业成功匹配的概率。

就总产出而言，根据等式（6.15），影响是模棱两可的。劳动力市场紧张度 j 降低可使产出减少，但 Q 可能增加也可能减少，所以，原则上，总产出或减少或增加。我们的直觉告诉我们，通过失业保险制度提供的社会保险越好，实际 GDP 就越有可能降低，因为人们都不想工作了。可是，本模型告诉我们，更加慷慨的失业保险很可能具有让更多的人加入到劳动力队伍中的作用，从而会增加总产出。

本模型得到的这些结果与不同国家的平均失业率观察值大致吻合。特别是，加拿大和西欧国家的失业率从历史上来看就比美国的失业率高。这与我们的模型相一致——加拿大和西欧国家的失业保险比美国的失业保险要慷慨。一般地说，较高的失业保险救济金会鼓励职位搜寻，增加失业。

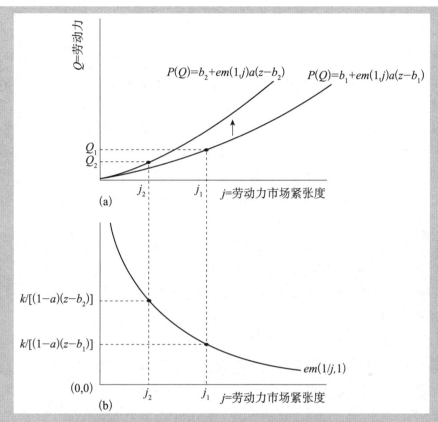

图 6-13 失业保险救济金增加

在图（b）中，失业保险救济金 b 增加将减少企业从一次匹配中获得的剩余，降低劳动力市场紧张度。然后，在图（a）中，失业保险救济金 b 增加将使曲线向上移动。劳动力可能增加也可能减少。

专栏

宏观经济学实践：失业保险与激励

　　DMP 模型说明了失业保险的一种影响，即较高的失业保险救济金往往会抬高市场工资，减少企业从与一个工人的匹配中获得的剩余，从而减少职位空缺。这使得潜在工人更加难以找到工作，提高失业率。失业保险还有其他一些影响，未包含在 DMP 模型中。由于较高的失业保险费使失业者对他们想接受的工种更加挑剔，因而产生了第二种影响。对于典型的失业工人来说，这会延长失业的平均持续时间，提高失业率。第三种影响是失业保险对在职工人工作表现的影响。对就业者而言，为了保住工作就需要努力工作。如果雇主感到工人未达到工作努力的最低程度，那么工人就会被解雇。当然，雇主要完全观察到工人的工作努力程度是困难的，因此，一般而言，雇主可能会犯一些错误，工作努力程度高的工人有时也会被解雇，而工作努力程度低的工人却会被留下来。不过，从总体上看，如果工人提高了其工作努力程度，被解雇的可能性就会降低。然而，较高的失业保险救济金会降低被解雇的成本，因而工人会降低工作努力程度，失去工作的可能性会大增。因此，通过这种影响，较高的失业保险救济金会提高从就业到失业的转换率，从而提高失业率。

失业保险的第四种影响是它对失业者努力寻找工作的影响。正像失业者在有较高的失业保险救济金时对其想要从事的工作更加挑剔一样，他们往往也不太急于寻找工作，因为较高的失业保险救济金降低了作为失业者的成本。

失业保险对工人行为的后三种影响（对接受工作的影响、对在职工作努力程度的影响和对搜寻努力的影响）的主要特征是，这些影响都不是完全可观察到的。也就是说，正如其他形式的保险（包括第 17 章将讨论的存款保险）存在道德风险问题一样，失业保险也存在道德风险问题。失业保险的提供者难以观察到失业者是否拒绝了合适的工作机会、工人是否因其工作不努力而被解雇，或较长的失业时间是不是由搜寻不努力造成的。的确，在美国，失业保险是由政府提供的，这个事实表明，失业保险的道德风险问题很严重，以至于除了政府，失业保险不会由私人保险公司提供。

失业保险制度需要针对道德风险问题进行设计，而美国的失业保险制度的确具有至少在一定程度上矫正道德风险的特点。例如，救济金水平并不意味着全额保险，替代率（失业时的救济金与就业时的工资之比）约为 0.5，而且对个人而言，救济金是有期限的，通常只是 6 个月左右的失业期限。最优失业保险制度要实现保险救济金与道德风险成本之间的最优抵换。如果保险太多（例如，若失业者得到的救济金永远都等于他们的工资），那么对工人和失业者而言就存在不良激励；但是，如果保险微乎其微，失业就会很痛苦。

最优失业保险制度会是什么样的？美国的失业保险制度与最优制度有多接近？在经济学文献中，若干篇文章都试图解决这些问题。在这方面，一种有用的方法是动态契约模型，它使我们可以在信息不完全的动态框架下思考经济问题，失业保险就属此种情形。S. 谢威尔（S. Shavell）和 L. 韦斯（L. Weiss）在其早期的一篇文章中指出[1]，最优失业保险救济金应随着时间的推移而下降。也就是说，相对于美国的失业保险制度在失业的 6 个月内都是不变的，其后变为零，最优的失业保险金应随着时间的推移而逐渐下降，并无限期地延续下去。最优失业保险救济金方案之所以这样，是因为人们的失业时间越长，他们就越可能不很努力地寻找工作，因此，失业的时间越长，得到的救济金就应越低，以此作为对他们的惩罚。可是，一个人长时间失业，可能完全是因为他不走运，因而，对长期失业者的救济金降为零并不合理。

---

① S. Shavell and L. Weiss，1979. "The Optimal Payment of Unemployment Insurance Benefits Over Time," *Journal of Political Economy* 87，1347 - 1362.

王成（Cheng Wang）和斯蒂芬·威廉森（Stephen Williamson）在最近的一篇文章中[1]，对谢威尔和韦斯的方法作了扩展。王成和威廉森指出，在保持谢威尔和韦斯的特征（即失业保险救济金随着失业时间的延长而下降）的同时，最优失业保险制度应更因人而异。也就是说，某个失业者的救济金水平应不仅取决于这个人失业时间的长短及其就业时的工资，还应取决于这个人的整个就业和失业历史。让每个美国人在失业保险管理机构拥有一个账户，在就业时期缴纳失业保险费时记入这个账户的贷方，在失业时期领取失业保险救济金时记入这个账户的借方，这样一来，这种最优制度就能得以实施。当期所允许的失业保险救济金水平取决于当时该账户的余额。尽管这种制度看起来与美国现行的失业保险制度相去甚远，但令人灰心的消息是，转为最优制度的福利增加比较少。王成和威廉森估计，从美国现行的失业保险制度转变为最优制度，所增加的福利至多相当于 GDP 的 1% 左右。

生产率提高

接下来分析生产率 z 提高时情况会怎样。在图 6-14（b）中，这会降低 $k/[(1-a)(z-b)]$，故在均衡中劳动力市场紧张度将从 j_1 提高到 j_2。之所以会发生这种情况，是因为生产率提高会增加企业与工人匹配的总剩余，企业便会发现招工更有利可图。因此，在图 6-14（a）中，z 提高将使曲线上移，这时因消费者看到工资提高了，找到工作的可能性增大了，加入劳动力队伍更有利可图，故劳动力从 Q_1 增加到 Q_2。从等式（6.13）和等式（6.14）可知，由于劳动力市场紧张度提高，故失业率下降，职位空缺率上升。同时，从等式（6.15）可知，由于 Q 和 j 都上升了，因而总产出增加。

上述这些预言与劳动力市场变量在经济周期期间的长期观察值和联动情况一致。从与长期观察值的匹配角度来说，首先在图 4-18 中，我们观察到美国的生产率在不断提高，在图 6-3 中我们又看到，这与大多数样本的劳动力参与率提高是一致的。不过，还有一些事情需要解释，比如从 2000 年到 2012 年间劳动力参与率下降了，而这一时期的生产率在提高。其次，图 1-1 显示出美国长期的产出增长趋势，这在本模型中被解释为是生产率提高所致。最后，在图 6-6 中，我们观察到，1960—2000 年间，就业-人口比率呈现上升趋势，这与该时期观察到的生产率提高趋势以及本模型的预测都是一致的。不过，我们要加倍努力，解释 2000—2012 年间发生的就业-人口比率的下降问题。

---

[1] C. Wang and S. Williamson，2002. "Moral Hazard，Optimal Unemployment Insurance，and Experience Rating," *Journal of Monetary Economics* 49，1337-1371.

6

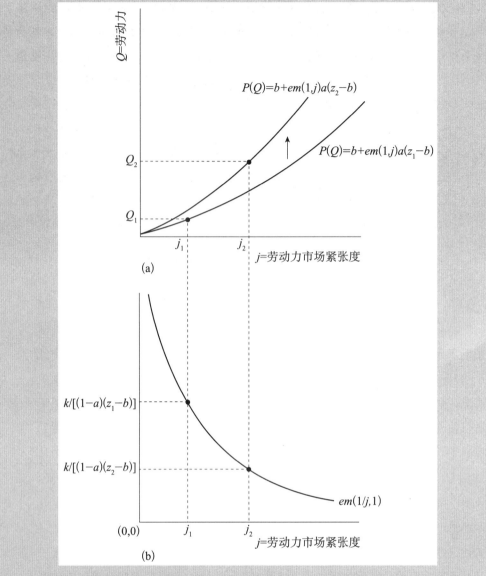

图 6-14　生产率 z 提高

生产率提高会增加企业与工人匹配的剩余。在图（b）中，劳动力市场紧张度提高，在图（a）中，曲线向上移动，故而劳动力必然增加。

从周期性变化角度来看，这种变化起始于总体生产率之间的联动（如图 5-11 所示），这表明生产率偏离趋势的百分比和实际 GDP 偏离趋势的百分比高度正相关。我们的模型告诉我们，这与在经济周期中起重要作用的生产率冲击一致——在本模型中生产率引致产出增加。此外，在本模型中，生产率提高还会增加就业（就业是顺周期的），提高劳动力参与率（劳动力参与率是顺周期的）和职位空缺率（职位空缺率是顺周期的），降低失业率（失业率是逆周期的）。本模型的所有这些预测都与数据吻合。值得注意的是，由生产率提高所引发的职位空缺率提高和失业率降低意味着，生产率冲击将导致一条向下倾斜的贝弗里奇曲线，这从图 6-8 的数据中就可看出来。

鉴于这种实验的经验观察与本模型的预测吻合，我们就有一定理由认为，无论是对于长期增长还是对于经济周期，生产率都很可能是一个重要的驱动力量。第 7 章和第 8 章将研究生产率在经济增长中的地位，第 13 章和第 14 章将进一步考察生产率冲击对经济周期的影响。

匹配效率下降

在匹配函数中，因子 e 代表匹配效率，是指企业与工人能碰在一起的难易程度。通过改进信息技术，加速需要特定技能的工种与具有特定技能的工人的匹配，就能提高匹配效率。更为重要的是，当企业需要的技能与消费者具有的技能之间错配的程度加大时，匹配效率会降低，尤其在短期经常会发生这种现象。例如，当出现对经济的**部门冲击**（sectoral shock）时，就可能发生这种情况。部门冲击是指对消费者偏好或生产技术产生的、引起生产要素在经济各部门间流动的任何冲击。部门可从产品类型角度也可从地理角度来界定。美国经济中起因于部门冲击的变化的例子有，生产从制造业向服务业的长期转移、汽车制造从北部移向南部。部门冲击使劳动力市场发生错配，或是因为离开日渐衰落部门的工人的技能与日益壮大部门所需的技能不匹配（如纺织业工人不具备金融服务业工作所需的技能），或是因为失业工人与空缺职位不在同一地区（如密歇根州汽车行业的失业工人在亚拉巴马州找到工作要举家搬迁的成本很大）。

图 6-15 表明了匹配效率降低的影响。在图 6-15（b）中，e 降低会使曲线向左移动，劳动力市场紧张度因而会从 j_1 降至 j_2。从本质上讲，由于企业发现找到合适的工人比较困难，因而企业会减少在劳动力市场上招工，劳动力市场紧张度减轻。在图 6-15（a）中，曲线向右移动，Q 必然从 Q_1 下降到 Q_2。因此，鉴于找到工作的可能性比较低，故很少有消费者选择寻找工作（劳动力规模缩小）。而找到工作的可能性比较低，有两个原因：第一，较低的匹配效率降低了匹配的可能性；第二，正在搜寻的企业比较少。

从等式（6.13）可知，当 e 下降时，失业率必然上升，因为 j 和 e 都下降了。至于职位空缺率，有两种作用相反的影响。在等式（6.14）中，劳动力市场紧张度的降低会压低职位空缺率，但 e 的降低会抬高职位空缺率。不过，根据等式（6.12）可知，当 e 变化时，其右式并没有变化，左式也保持不变，故从等式（6.14）可知，职位空缺率肯定保持不变。因此，由于 Q 下降且 $j = A/Q$ 也下降，所以，A 必然也降低。结果，根据等式（6.15），由于 e、Q 和 j 都下降了，总产出必定下跌。

因此，匹配效率降低，比如由于劳动力市场中技能与工种的错配增大，导致劳动力规模缩小，职位招聘减少，失业率上升，总产出下降，职位空缺率不变。所有这些理论预测都与 2008—2009 年经济衰退和从经济衰退中复苏期间的观察值吻合。

具体来说，正如我们在图 6-8 中观察到的 2009 年底之后的情况，匹配效率降低引起贝弗里奇曲线向右移动，因为 e 降低引起失业率上升，而对职位空缺率没有影响。

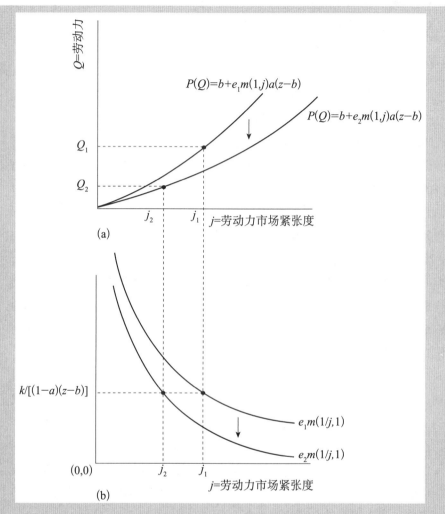

图 6-15　匹配效率 e 降低

这会使曲线向下移动，如图（a）和图（b）所示。劳动力市场紧张度和劳动力规模都会下降。

专栏

理论与经验数据：2008—2009 年经济衰退期间美国和加拿大的生产率、失业与实际 GDP

2008—2009 年经济衰退期间，加拿大和美国的经济表现十分不同，尤其是劳动力市场表现差异很大。为此，我们利用本章构建的 DMP 模型来解读这些数据。

图 6-16 至图 6-18 分别显示出 2008 年第一季度到 2012 年第一季度加拿大和美国的

生产率、失业率和实际 GDP 数据。图 6-16 中的生产率指标是平均劳动生产率（实际
GDP 除以就业总人数），与 DMP 模型中的生产率概念完全相符。图中的生产率指标以
2008 年第一季度为 100。图 6-16 表明，2008—2009 年经济衰退期间，两国的生产率开始
是下降的，后随着两国经济的复苏开始上升，但加拿大的生产率增长复苏要比美国缓慢得
多。值得注意的是，加拿大的生产率增长在 2012 年第一季度比 2008 年第一季度高出 2%
左右，而美国的生产率在同期几乎增长了 5%。

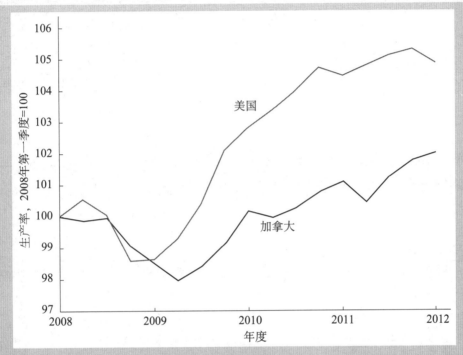

图 6-16　2008—2012 年加拿大和美国的平均劳动生产率

在这次经济衰退期间，美国的生产率增长要比加拿大高得多。

　　再看图 6-17，此图表明的是加拿大和美国同期的失业率。从历史上看，加拿大的失
业率往往比美国高。2008 年伊始，加拿大的失业率为 6% 左右，美国的失业率为 5% 左右。
不过，在 2008—2009 年经济衰退期间，美国的失业率要比加拿大上升得多。最后，图 6-
18 描述的是 2008 年第一季度到 2012 年第一季度实际 GDP 的变化情况（仍以两国的 2008
年第一季度为 100）。此图表明，这次经济衰退在美国比在加拿大更为严重且持续时间更
长，而加拿大的经济复苏相对更为强劲。在加拿大，2012 年第一季度比 2008 年第一季度
的实际 GDP 高出 4% 左右，而在美国，实际 GDP 仅高出不到 2%。

　　如何解释这些观察值？这些数据在某些方面令人困惑。比如，DMP 模型告诉我们，
生产率提高将增加总产出，降低失业率。这本应告诉我们，在美国的生产率比加拿大高的
情况下，美国的实际 GDP 会比加拿大的实际 GDP 增长得更快，失业率会更低。可是，美
国的实际 GDP 增长较慢，而失业率上升得更多。这是怎么回事？

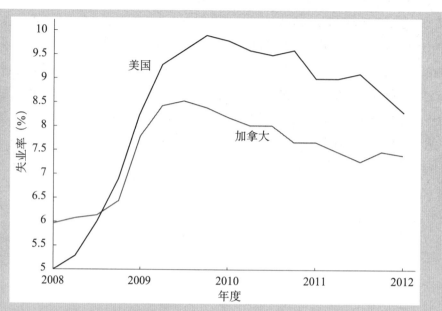

图 6-17　2008—2012 年加拿大和美国的失业率

在这次经济衰退期间，美国的失业率要比加拿大高得多。

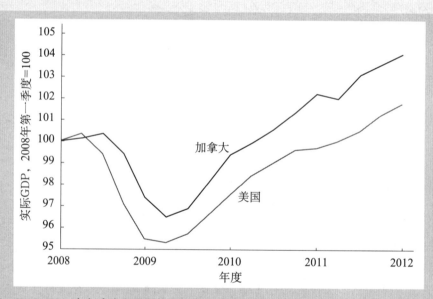

图 6-18　2008—2012 年加拿大和美国的实际 GDP

这次经济衰退在美国比在加拿大更为严重且持续时间更长，同期加拿大的实际 GDP 增长率高于美国。

　　一种可能的解释是，从 2008 年第一季度到 2012 年第一季度，美国劳动力市场的错配程度比加拿大上升得更多。在美国，这种错配可以追溯到不同地区的建筑业低迷。因此，在美国，2008—2009 年经济衰退期间，出现了从建筑业向其他部门的部门转移，有些地区的失业率居高不下。相比之下，在加拿大，2008—2009 年经济衰退期间，建筑业只是稍有下滑，特别是住宅建设比美国恢复得要强劲。

因此，倘若我们把美国发生的劳动力市场错配程度提高考虑进来，DMP 模型就可能会潜在地解释图 6-16 至图 6-18 的数据。尽管同加拿大相比，美国的生产率表现良好，但失业较高，同期实际 GDP 增长缓慢，很可能就是由劳动力市场错配造成的。

凯恩斯主义 DMP 模型

我们可以用 DMP 模型来初步讲解凯恩斯主义思想，第 13 章和第 14 章再更广泛地讨论凯恩斯主义模型及其政策含义。凯恩斯主义理论的一个重要思想可追溯到凯恩斯的《通论》，即工资和价格的决定存在市场失灵。按照这种观点，私人部门经济行为主体基本上不能出于公共利益达成工资和价格协议。这时常被说成是工资和价格的"刚性"或"黏性"，因为价格和工资不管怎么改变都会有成本，故而不会迅速地调整到足以出清市场的地步或不能向工人、企业和消费者发出正确的市场信号。

上一节假定一个工人和一个生产者实现匹配，并就他们应当如何划分这种匹配所产生的剩余达成某种协议。市场实际工资 w 是由企业和工人的外部条件与相对讨价能力决定的。可是，罗杰·法默（Roger Farmer）认为[1]，就失业的搜寻模型而言，把工资 w 看作是由凯恩斯所谓的"动物精神"决定的来理解凯恩斯主义的市场失灵可能更好。在这种情况下，我们可以将其理解为工人和企业的相对讨价能力在某种意义上是随机的。企业可能决定与工人拼命地讨价还价，而且这是会传染的，会使市场工资较低；或者，企业可能决定善待工人，支付较高的工资，这同样会传染。此外，我们可以把市场工资看作是黏性的且由历史决定。

为了看出这种思想在我们的 DMP 模型中是如何体现的，我们将改变该模型，从而使等式（6.6）和等式（6.8）在工资 w（w 是外生的）既定的情况下，决定劳动力市场紧张度 j 和劳动力 Q。图 6-19 考察了两种不同的情形，一种是工资为 w_1，另一种是工资为 w_2，$w_1 > w_2$。在图 6-19（b）中，在高工资 w_1 的情况下，劳动力市场紧张度是 j_1；在低工资 w_2 的情况下，劳动力市场紧张度是 j_2，$j_1 < j_2$。因此，在市场工资比较高的情况下，招工对企业来说没有吸引力，劳动力市场紧张度因此而下降。在图 6-19（a）中，在工资比较高的情况下，曲线向上移动，但劳动力市场紧张度比在工资较低的情况下要低。因此，较高的工资使劳动力参与的积极性更高，但较低的劳动力市场紧张度使找到工作更加困难。这两种作用相反的影响意味着，Q_1 可能大于也可能小于 Q_2，尽管图中表明的情况是 $Q_1 < Q_2$（此时是高工资、低劳动力参与的情况）。

---

[1] R. Farmer，2012. "Confidence, Crashes, and Animal Sprits," *Economic Journal* 122，155-172.

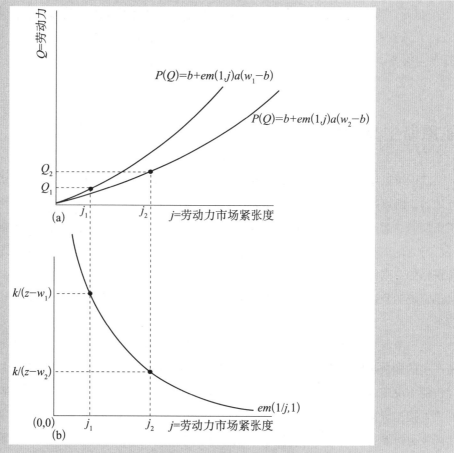

图 6-19 凯恩斯主义 DMP 模型

本图是高工资与低工资情况下（$w_1 > w_2$）的均衡状态比较。在高工资均衡状态下，劳动力市场紧张度低、劳动力数量低，尽管在高工资均衡状态下，劳动力数量有可能较高。

最后，根据等式（6.13）至等式（6.15），我们就可以对高工资均衡状态和低工资均衡状态下的失业率、职位空缺率和总产出水平进行比较分析。在高工资（$w = w_1$）情况下，劳动力市场紧张度 j 低，故由等式（6.13）和等式（6.14）可知，失业率高，职位空缺率低。至于总产出，由等式（6.15）可知，高工资均衡状态下的产出是否比低工资均衡状态下的高还很难说。虽然我们知道，高工资均衡状态下的劳动力市场紧张度低，这可能会使产出降低，但在高工资均衡状态下劳动力数量可能低也可能高，根据等式（6.15），这与劳动力市场紧张度对产出的影响方向或相同或相反。

若本模型的分析大部分与凯恩斯主义思想和数据一致，就要求 $Q_1 < Q_2$，如图 6-19 所示。这样，本模型便意味着，在高工资情况下，不仅失业率高、职位空缺率低（这是任何条件下的情况），而且劳动力数量和产出也都低。因此，我们可以把这种情况看作是一种不良状态——从某种意义上说实际市场工资"太高"，而且这种不良状态表现为高失业率和低总产出，亦即经济衰退。在这种情况下，每个

人都在采取最优化行为，但市场力量不管怎样都没有产生"正确的"市场工资，这是凯恩斯主义经济学的基本思想。

凯恩斯主义经济学的很大一部分内容是要解决我们如何"弄清"这种不良状态这一问题，比如像图 6-19 高工资情况下的那种情形。从某种程度上说，我们没有构建出那种能够解决政策问题的凯恩斯主义搜寻模型，但我们将在后面的第 13 章和第 14 章讨论这些政策问题。

凯恩斯主义搜寻模型给了我们生产率冲击之外的另一种选择，作为对图 6-8 所示的贝弗里奇曲线关系的一种解释。倘若在工资波动的情况下（如图 6-19 所示），经济周期是由凯恩斯主义的"动物精神"驱动的，那么，当工资高时，失业率高，职位空缺率低；而当工资低时，失业率低，职位空缺率高。从数据中我们可以观察到贝弗里奇曲线关系。因此，至少在劳动力市场活动的某些方面，对于我们所观察到的现象，可能难以区分非凯恩斯主义和凯恩斯主义解释。

相对于工资由讨价还价决定的基本 DMP 模型而言，对凯恩斯主义搜寻模型的一个重要批评是，它遗漏了某些基本经济学原理。它把工资看作是由市场力量（即工人和企业的讨价还价能力）以及工人和企业的外部条件决定的，这的确很有道理。然而，没有充分的理由认为，讨价还价能力过一段时间就会戏剧性地、以与基本经济学原理毫不相干的方式发生变化，产生我们分析的那种总产出、就业和失业波动。对此，我们在第 13 章和第 14 章还将作进一步的分析。凯恩斯主义经济学让我们懂得了很多东西，但尚未提供一个明确的工资和价格黏性理论，而工资和价格黏性是凯恩斯主义思想的核心。

专栏

宏观经济学实践：自然失业率与 2008—2009 年经济衰退

"自然失业率"是米尔顿·弗里德曼（Milton Friedman）创造的一个术语，他给出的定义是[1]：

> ……内含劳动力市场和商品市场的现实结构特征的瓦尔拉斯一般均衡方程体系所推导出的水平。

弗里德曼虽然没有把当时还不存在的现代搜寻理论纳入他的方程结构中，但他的自然失业率理念似乎可以体现在搜寻模型中，与我们现在正在讨论的搜寻模型联系在一起。弗里德曼似乎认为，经济中存在着决定自然失业率的长期因素，诸如慷慨的失业保险、税收制度以及人口结构因素等。此外他还认为，可能因为对经济的暂时冲击，诸如货币政策的变化或生产率冲击等，而出现对自然率的短期偏离。

---

[1]　M. Friedman，1968. "The Role of Monetary Policy," *American Economic Review* 58，1–17.

自然失业率与在新凯恩斯主义经济学中居核心地位的"产出缺口"概念联系紧密。在新凯恩斯主义模型中，产出缺口具有特定的理论含义，即潜在总产出与现实总产出之间的差额。潜在总产出是在价格和工资不是黏性的情况下可能出现的均衡产出水平。

自然失业率和产出缺口的这种表述通常表明，偏离自然失业率或存在正的产出缺口是有问题的。比如，凯恩斯主义经济学家认为，如果失业率高于自然率，就说明存在着闲置资源，而这些资源本可以通过政策干预加以利用去"刺激"经济。

假定我们接受凯恩斯主义观点——失业率围绕某种长期自然率而波动，且围绕这种自然率波动的原因是存在黏性工资和价格。这会出现什么问题？首先是衡量自然失业率的实践问题。显然我们不能用历史平均失业率来衡量自然率，否则，在某一时期，这会导致明显的政策偏差。比如，如图6-1所示，假如1985年的自然失业率用前20年的平均失业率来衡量，那么对于此后到2000年的15年，政策制定者就会认为劳动力市场状况很不好，打算实施更加宽松的经济政策。这样做可能不合适，因为1985—2000年间的失业率一直是走低的。

显然，需要一种更加高级的自然失业率衡量方法，比如要考虑到自然率与其长期决定因素之间的关系。不过，政策制定者最终在利用这种方法时，就应当如何衡量自然失业率的问题必须表明立场。这种要求也许太过分了。

就像宏观经济学中应用的现代搜寻理论，一般不用自然失业率概念，因为一旦有了一个可以决定任何一个时点失业率的良好模型，自然失业率概念也就没用了。一个良好的搜寻模型可以让我们充分了解失业率的决定因素，而且能够告诉我们在什么情况下要采取怎样的政策措施。

在2008—2009年经济衰退背景下，一种普遍的看法（尤其在凯恩斯主义者之间）似乎是，由于2008年和2009年的GDP总量下滑得太快，失业率上升得太快（见图6-1），两年后就能够且应该能够恢复到2007年底的GDP和失业率水平。进一步而言，有一种共识是，通过规模足够大的政府支出增加和减税计划并辅之以货币政策，马上就可以实现2007年末的失业率。然而，关键的问题是，没有什么马上能做的事可使世界金融市场以像2007年末那样的方式运转，即使可以做，也不知道应该怎样做。相信自然失业率和产出缺口理念会让我们认为，我们可以完成实质上是不可能或不明智的事情。虽然自然失业率概念对于1968年的米尔顿·弗里德曼来说也许很有用，但经济科学已经发展到了我们似乎可以做得更好的阶段。

本章小结

● 失业率的主要决定因素是总体经济活动、人口状况、政府干预和部门转移。

● 参与率受人口状况和男女不同的劳动力市场表现的影响。

- 失业率是逆周期变量，参与率是顺周期变量。

- 就业-人口比率比参与率的周期性变化更大。

- 贝弗里奇曲线是一条反映失业率与职位空缺率关系的向下倾斜的曲线。贝弗里奇曲线关系可从数据中观察到，但在 2009 年底似乎发生了变化。

- 在 DMP 搜寻模型中，企业招工要支付费用，消费者要决定是做家务还是寻找市场工作。

- 在 DMP 搜寻模型中，当一个工人与一个企业相匹配时，他们对工资进行讨价还价，而工资是由工人和企业的外部条件及其相对讨价还价能力决定的。

- DMP 模型决定了劳动力市场紧张度（正在搜寻的企业与正在寻找工作的消费者的比率）、劳动力数量、市场工资、职位空缺率、失业率和实际 GDP。

- 失业保险救济金增加会减少一个企业在一次匹配中获得的剩余，这继而会降低劳动力市场紧张度，提高失业率，降低职位空缺率。同总产出一样，劳动力规模可能扩大也可能缩小。

- 在 DMP 模型中，生产率提高会增加工人和企业成功匹配的剩余，这继而会提高劳动力市场紧张度，扩大劳动力规模；而失业率下降，职位空缺率上升，总产出增加。

- 匹配效率下降会降低劳动力市场紧张度，缩小劳动力规模；而失业率上升，职位空缺率不变，总产出减少。匹配效率的变化可能解释了美国失业率和职位空缺率近年来的变化。

- 在凯恩斯主义 DMP 模型中，企业和工人在社会最为关心的工资问题上难以达成协议。在高工资均衡状态下，失业率高，职位空缺率低，总产出低。

主要概念

职位空缺和劳动力流动调查（Job Openings and Labor Turnover Survey，JOLTS）：美国劳工统计局每月开展的一项调查，其中包括职位空缺率指标。

贝弗里奇曲线（Beveridge curve）：职位空缺率与失业率之间可观察到的反向关系。

匹配函数（matching function）：在 DMP 模型中，在招工企业数量和寻找工作的消费者数量既定的情况下，决定工人与企业成功匹配次数的一个函数。

匹配效率（matching efficiency）：在寻找工作的消费者和寻找工人的企业数量既定的情况下，匹配成功率的衡量指标。

劳动力市场紧张度（labor market tightness）：正在招工的企业数量与正在寻找工作的消费者数量的比率。

纳什讨价还价理论（Nash Bargaining Theory）：约翰·纳什创立的一个简单理论。根据交换双方的相对讨价还价能力以及每一方可从交换中获得的剩余，决定双方之间交换条件的理论。

复习题

1. 失业率变化的短期规律是什么？

2. 失业率变化的长期规律是什么？

3. 劳动力参与率随着时间的推移而发生了怎样的变化？女性和男性的劳动力参与率变化相同吗？

4. 参与率是顺周期的还是逆周期的？

5. 同劳动力参与率的变化相比，就业-人口比率的变化情况如何？

6. 同失业率的变化相比，职位空缺率的变化情况如何？这将对贝弗里奇曲线产生怎样的影响？

7. 在 DMP 模型中，什么因素决定了消费者决定寻找工作？

8. 在 DMP 模型中，什么因素决定了企业决定招工？

9. 在 DMP 模型中，什么是总剩余、工人剩余和企业剩余？

10. 在 DMP 模型中，当一个工人和企业匹配时，什么因素决定了支付给工人的工资？

11. 在 DMP 模型中，失业保险救济金增加的影响是什么？

12. 在 DMP 模型中，生产率提高的影响是什么？

13. 在 DMP 模型中，匹配效率下降的影响是什么？

14. 如何解释从 2000 年到 2012 年观察到的贝弗里奇曲线关系？

15. 在凯恩斯主义经济学中，什么是基本的市场失灵？

16. 如何用凯恩斯主义 DMP 模型解释总体波动？

思考题

1. 对于像洗碗机、洗衣机、吸尘器等省工家用设备，DMP 模型预测它们会有什么影响？用图说明它们对失业率、职位空缺率、劳动力数量、企业数量、总产出以及劳动力市场紧张度的影响，并讨论你的结果。

2. 假定政府的目标是降低失业率。有些立法者建议，政府应当对雇用工人的企业予以补贴。而有些立法者则认为，直接对待在家里而不寻找工作的消费者付酬可能更富有成效，也就是说，不选择成为劳动力一员的任何人都应得到一笔报酬 q。在实现政府的这个目标时，哪种政策效果更好？请利用 DMP 模型并借助图进行解释。［在你作出解答时，先不要考虑政府的这些补贴是如何筹措到的。］

3. 假定存在着能降低企业招工成本的技术进步。利用 DMP 模型，确定这对失业率、职位空缺率、劳动力数量、企业数量、总产出以及劳动力市场紧张度的影响。利用图解释你的结果。

4. 修改 DMP 模型，使之包括政府活动。假定政府可以经营企业，受到的约束与私人企业相同。特别是，政府也会发生招工成本 k。假定政府经营 G 个企业，整个经济的匹配数量是 $M = em(Q, A+G)$，其中，A 是选择招工的私人企业数量。假定政府支付的工资与私人部门企业支付的相同。确定 G 对失业率、职位空缺率、劳动力数量、私人企业数量、企业总数量（私人企业加上政府企业）、总产出以及劳动力市场紧张度的影响，并解释你的结果。

5. 请说明在凯恩斯主义 DMP 模型中，如果工资被认定为高得无效率，政府就可能向企业提供补贴以解决这一问题。请解释你的结果。政府是补贴招工的企业还是补贴成功匹配的企业有关系吗？请讨论。

6. 假定所有社会计划项目都变得比较慷慨，特别是假定社会保险救济金增加、福利救济金增加，而这些社会计划项目在 DMP 模型中都是支付给不属于劳动力的任何人。这对失业率、职位空缺率、劳动力数量、企业数量、总产出以及劳动力市场紧张度会产生怎样的影响？请解释你的结果。

第 3 篇

经济增长

本篇将研究经济增长的基本事实和经济学家赖以认识这些事实的主要宏观经济模型。第7章首先考察马尔萨斯经济增长模型，在这个模型中，人口会随着生活水平的提高而增长。商品生产的任何技术进步都会导致人口增长，从长期看，生活水平并没有提高。马尔萨斯模型很好地解释了19世纪工业革命前的经济增长，却无法解释1800年后的经济增长经历。因为马尔萨斯没有看到资本积累对经济增长的作用。而在索洛增长模型中，资本积累起了重要作用，该模型为现代经济增长理论提供了难得的分析框架。索洛增长模型预测，生活水平的长期提高来源于技术进步，储蓄率高（低）的国家往往人均收入水平高（低），人口增长率高（低）的国家往往人均收入水平低（高）。对于生活水平提高的前景，索洛增长模型要比马尔萨斯模型乐观。最后，第7章还研究增长核算，这是把经济增长归结为生产要素增长和生产率提高的一种方法。

在第8章，我们首先研究索洛增长模型对各国生活水平趋同的预测。经验数据表明，最富裕国家的人均收入有趋同的趋势，但从所有国家来看显然没有这种趋同的趋势。如果我们考虑到各国在技术运用上的差异，或者生产要素在企业间的配置效率差异，索洛增长模型就与此相符。其次，考察内生增长模型，它有助于我们分析经济增长率的决定因素。内生增长模型的特性是，各国间的生活水平存在差异，教育是决定经济增长率的一个重要因素。

经济增长：马尔萨斯和索洛

第7章

宏观经济学家研究的两个基本现象是经济周期和经济增长。虽然许多宏观经济研究都集中在经济周期上，但对经济增长的研究也备受关注，20 世纪 80 年代末以来尤其如此。罗伯特·卢卡斯（Robert Lucas）曾经指出[1]，深刻认识经济周期所获得的潜在社会收益，比不上认识增长所获得的收益。这是因为（最乐观地讲）即使经济周期可以被完全消除，从美国第二次世界大战后的经验数据看，最坏的且我们能避免的事情恐怕也就是实际 GDP 降至低于趋势 5% 左右了。可是，如果经济政策的变动能使实际 GDP 在 100 年中每年增长 1%，那么 100 年后，GDP 可能就会比年增长未及 1% 的 GDP 高出 2.7 倍。

经济增长的影响是显著的。2011 年美国的人均收入是 48 442 美元[2]，而在 19 世纪初工业革命之前，美国的人均收入只不过为数百美元（以 2011 年美元计）。事实上，1800 年以前，生活水平并不随着时间的推移而有多大变化，各国的差异也很小。不过，自工业革命以来，各国的经济增长不同，造成当前世界各国的生活水平差异很大。2009 年，墨西哥的人均收入只是美国的 29.7%，埃及是美国的 12.9%，布隆迪仅为美国的 1.0% 左右。目前，各国（地区）的增长率也存在很大差异。1960—2009 年，美国的人均实际收入的平均增长率是 1.89%，相比之下，马达加斯加是 −0.24%，津巴布韦是 −1.40%，新加坡是 4.69%，中国台湾地区是 5.41%。[3]

在本章，我们首先探讨一些基本的经济增长事实，这提供了有用的背景，有助于我们运用一些标准的增长模型进行思考。我们要学习的第一个模型体现了托马斯·马尔萨斯（Thomas Malthus）在 18 世纪末提出的观点。马尔萨斯模型的特征

---

[1] R. Lucas，1987. *Models of Business Cycles*，Basil Blackwell，Oxford，UK.

[2] Bureau of Economic Analysis，Department of Commerce.

[3] 人均收入的统计数字来源于 A. Heston，R. Summers，and B，Aten. Penn World Table Version 7.0，Center for International Comparisons at the University of Pennsylvania（CICUP），May 2011.

是，商品生产的技术进步导致了人口增长，因此从长期看，生活水平并没有得到改善。人口的大量增长致使人均消费和人均产出都没有增加。与马尔萨斯的结论一致，这个模型预测，提高生活水平的唯一手段就是控制人口。

马尔萨斯模型对人均收入长期增长前景的预测相当悲观。当然，马尔萨斯的预测是错误的，因为他没有预见到工业革命。工业革命之后，经济增长的动力部分来自资本存量随着时间的推移而增加，并未受到马尔萨斯模型中的固定生产要素（如土地）的限制。

其次，我们学习索洛增长模型，它是运用得最为广泛的经济增长模型，由索洛于20世纪50年代创建。[①] 索洛增长模型所作的重要预测是储蓄率、人口增长和全要素生产率变化对一国生活水平和GDP增长率的影响。可以看出，这些预测与经济数据非常吻合。

索洛增长模型的一个重要含义是，若没有全要素生产率的持续提高，一国的生活水平就不能长期地持续提高。在短期，若一国居民增加储蓄和投资，进而积累更多的资本，其生活水平就能提高。不过，由索洛增长模型可知，除非生产技术变得更有效率，否则，生产能力的提升并不能提高长期生活水平。因此，虽然索洛模型对生活水平长期提高的展望比马尔萨斯模型更乐观，但也是有限度的。由索洛模型可知，知识和技术能力的进步是持续增长的必要条件。

索洛模型是**外生增长模型**（exogenous growth model），因为模型中推动增长的因素是模型本身无法解释的因素。为了深入认识经济增长，分析导致增长的经济因素会受益匪浅，而这是**内生增长模型**（endogenous growth model）要做的工作，我们将在第8章考察这种模型。

最后，我们将在本章讨论增长核算，它是把GDP增长归结为要素投入增加和全要素生产率提高的一种方法。增长核算凸显了经验数据的有趣特征，例如美国20世纪60年代末到80年代初发生了生产率增长下滑，而在20世纪80年代和90年代生产率增长又有所反弹。

经济增长事实

在构建和分析经济增长模型之前，我们先总结一下各国经济增长的重要经验规律。我们可以从中得到评估模型的框架，帮助我们构思如何分析经济增长。以下是重要的增长事实：

1. 在1800年前后工业革命发生之前，生活水平几乎长期没有变化，各国的差异也很小。在1800年前的很长一段时期内，生活水平看起来基本没有提高。尽管

---

① R. Solow，1956. "A Contribution to the Theory of Economic Growth," *Quarterly Journal of Economics* 70, 65 - 94.

人口增长、总收入增加，且经济增长不时受阻于疾病和战争，但人口增长与总收入
增加保持同步，造成人均实际收入变动很小。世界各国的生活水平差异不大，特别
是西欧和亚洲，生活水平相近。

2. 工业革命以来，最富裕国家的人均收入持续增长。1900 年以来，美国人均
收入的年均增长率约为 2%。工业革命始于 1800 年前后的英国，后来，美国超过英
国，成为世界经济的老大。图 7-1 给出了美国 1900—2011 年人均收入的自然对
数。第 1 章曾经讲过，时间序列自然对数的斜率约等于增长率。该图的引人注目之
处在于，在这 111 年间，美国人均收入的自然对数与直线相当吻合。也就是说，在
这段时期内，除大萧条（1929—1933 年）与第二次世界大战（1941—1945 年）造
成的重大中断和经济周期引起的微小变化外，美国人均收入的年均增长率一直维持
在 2% 上下。

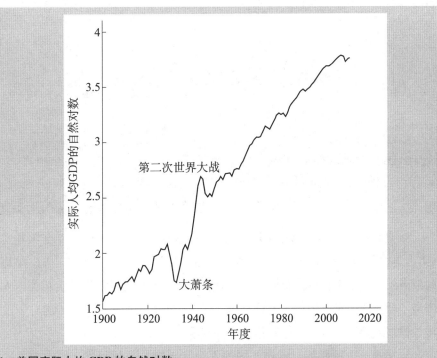

图 7-1　美国实际人均 GDP 的自然对数

自 1900 年以来，除了大萧条和第二次世界大战时期以外，美国实际人均 GDP 的年均增长率大致为 2%。

3. 各国的投资率与劳均产出正相关。图 7-2 给出了 2007 年世界各国劳均产
出（用占美国劳均产出的百分比表示）和投资率（用占总产出的百分比表示）的
散点图。显然，与这些点拟合的直线具有正斜率，因此这两个变量正相关，尽管
这种相关性比较低。将大（小）部分产出转化为投资的国家，生活水平往往也比
较高（低）。这个事实对于检验索洛增长模型的预测是否与经验数据相符特别
重要。

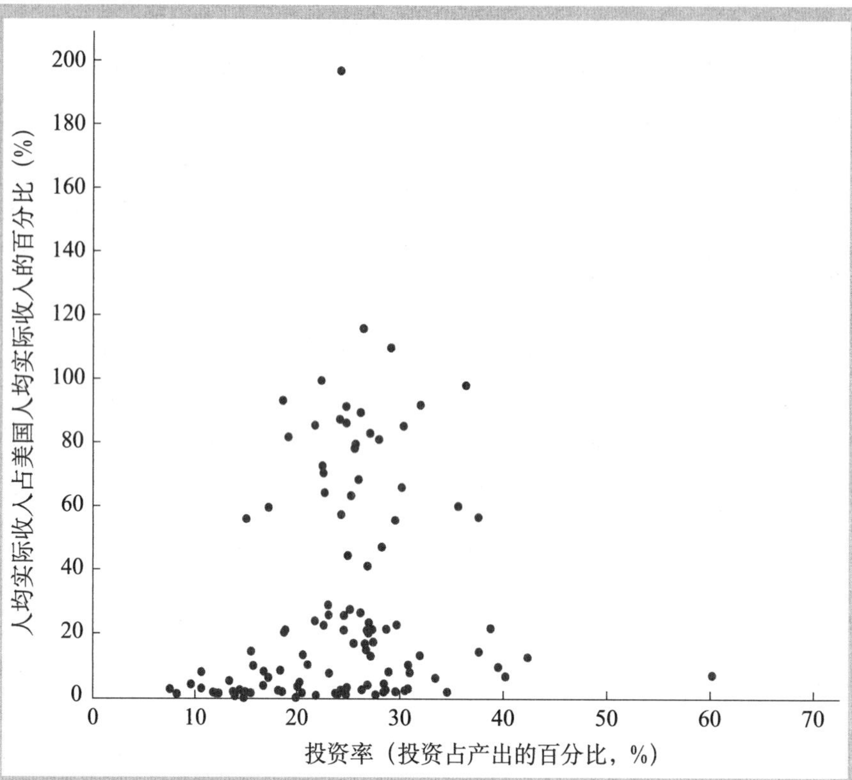

图 7 - 2 人均实际收入与投资率

该图显示出世界各国的人均产出与投资率正相关。

资料来源：A. Heston，R. Summers，and B. Aten，Penn World Table Version 7.0，Center for International Comparisons of Production，Income and Prices at the University of Pennsylvania，May，2011.

4. 各国的人口增长率与劳均产出负相关。图 7 - 3 给出了 2007 年人均实际收入（用占美国人均实际收入的百分比表示）和世界各国 1960—2007 年人口年均增长率的散点图。与图中各点拟合的直线具有负斜率，因此这两个变量负相关。人口增长率高（低）的国家，生活水平往往低（高）。与前一个事实一样，这对于检验索洛增长模型的预测是否与经验数据相符特别重要。

5. 1800—1950 年间，世界各国的人均收入增长差异很大，西欧、美国、加拿大、澳大利亚和新西兰这些国家拉大了与世界其他国家的差距。在本章和下一章我们感兴趣的一个问题是，世界各国的生活水平是否在趋同。19 世纪初爆发的工业革命从英国扩散到西欧和美国，再到加拿大、澳大利亚和新西兰这些新兴国家。非洲、亚洲和南美洲诸国大部分被抛在后面，一些亚洲（在某种程度上还有南美洲）国家在 20 世纪后半期缩小了与富国的差距。1800—1950 年间，最富裕国家与最贫穷国家的生活水平差距加大了。[1]

---

[1] S. Parente and E. Prescott，2000. *Barriers to Riches*，MIT Press，Cambridge，MA.

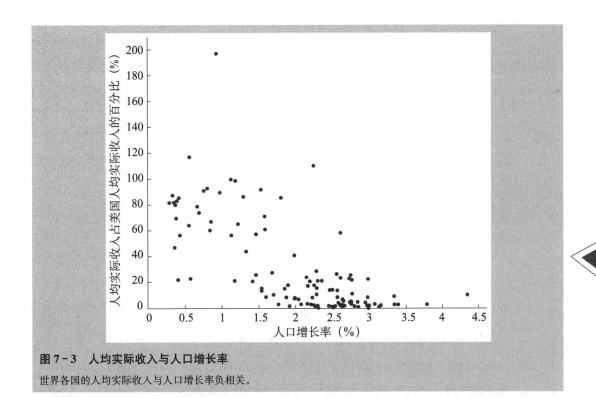

图 7-3 人均实际收入与人口增长率

世界各国的人均实际收入与人口增长率负相关。

6. 各国 1960 年的人均产出水平与 1960—2007 年间的人均产出平均增长率基本不相关。如果人均实际收入（产出）趋向于一个共同值，各国的生活水平就会趋同。要想实现这一点，（人均实际收入水平低的）穷国的增长速度就要高于（人均实际收入水平高的）富国。因此，假如人均实际收入趋同，我们就应该观察到，各国的人均实际收入增长率与人均实际收入水平负相关。图 7-4 给出了 1960—2007 年的数据，在这一时期，世界上大部分国家的数据都比较真实可靠。该图给出的数据是 99 个国家 1960—2007 年劳均产出的平均增长率和 1960 年的人均实际收入水平（用占美国人均实际收入的百分比表示）。该图表明，两者基本上不相关，这意味着，在这段时期，看不出世界各国存在着趋同。

7. 从人均实际收入的增长率来看，富国之间比穷国之间更接近。从图 7-4 可以看出，散点图中左半部分的纵向散点分布比右半部分宽。也就是说，同穷国相比，富国的实际收入增长率的变化小得多。

在本章和第 8 章，我们将用增长事实 1~7 构建模型，并据此检验这些模型的预测。

马尔萨斯经济增长模型

托马斯·马尔萨斯是英格兰的政治经济学家，1798 年出版了具有深远影响的

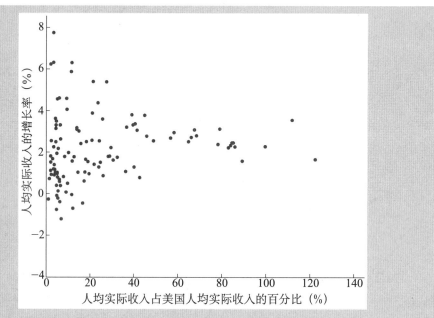

图7-4 人均收入的增长率与人均收入水平

图中显示出这两个变量不存在相关关系，表明在1960—2007年间世界各国的人均收入没有趋同趋势。同富国相比，穷国的增长差异变得更大。

《人口原理》（或《人口论》）（*An Essay on the Principle of Population*）。[1] 马尔萨斯并没有构建一个现代经济学论证中所用的、正式的经济模型，但他的思想通俗易懂、条理清楚，可以容易地转变成便于理解的结构。

马尔萨斯认为，食物生产的任何技术进步都必然导致人口的进一步增长，较多的人口最终会把一般人的消费水平降至技术进步前所具有的能维持生计的消费水平。人口和消费总水平将随着时间的推移而增长，但从长期来看，如果不对人口增长采取某些限制措施，生活水平就不会提高。因此，马尔萨斯的理论对生活水平提高的前景非常悲观，认为只有采取集体性的强制措施，实行家庭计划生育，才能提高人均收入。

下面的模型描述了马尔萨斯的理论。这个模型是一个动态的多时期模型，尽管对大多数分析而言，我们只关注当期和未来（当期以后的时期）即可。我们从总量生产函数入手，这个函数说明了如何利用当期土地投入 L 和当期劳动投入 N 来生产出当期总产出 Y，即

$$Y = zF(L, N) \tag{7.1}$$

式中，z 为全要素生产率；F 具有的某些特性——包括规模收益不变——都与我们在第4章中论述的相同，不同的是这里把生产函数中的资本用土地代替了。把 Y 视为食物很有用，因为食物放一段时间就要变质腐烂。在这种经济中，没有投资（因

---

① T. Malthus，1798. "An Essay on the Principle of Population," St. Paul's Church-Yard，London.

此没有储蓄，回顾在第 2 章，封闭经济中的储蓄等于投资），因为我们假定没有办法把食物存放一段时间，所以不存在将食物转换为资本的技术。为简便起见，假定也没有政府支出。土地 L 的供给是固定的，1798 年的西欧就是这种情况，所有可能用于农业的土地基本上都成了耕田。假定不论是什么工资水平，这种经济中的每个人都愿意工作，都有一单位的劳动用于供给（一种标准化），因此等式（7.1）中的 N 既是人口，也是劳动投入。

倘若令 N' 代表下一时期的人口，则

$$N' = N + 出生人数 - 死亡人数$$

或者

$$N' = N + N（出生率 - 死亡率） \tag{7.2}$$

出生率是出生人数与人口的比率，死亡率是死亡人数与人口的比率。现在，特别是工业革命之前，出生率理所当然是人均消费 C/N（这是衡量营养状况的一个指标）的增函数，其中，C 代表消费总量。随着人均消费的增加，营养状况得到改善，人们将选择拥有更多的孩子，因为他们能获得更好的营养，而更好的营养也会提高生育能力。而死亡率则是人均消费 C/N 的减函数，因为更好的营养会降低婴儿死亡率，通常也会使人口更加健康，从而延长平均寿命。这意味着我们可以将等式（7.2）的两边同除以 N，将其改写成：

$$\frac{N'}{N} = g\left(\frac{C}{N}\right) \tag{7.3}$$

式中，g 是一个增函数。请注意，等式（7.3）中的 N'/N 等于 1 加上人口增长率。我们用图 7-5 说明等式（7.3）所描述的这种关系。

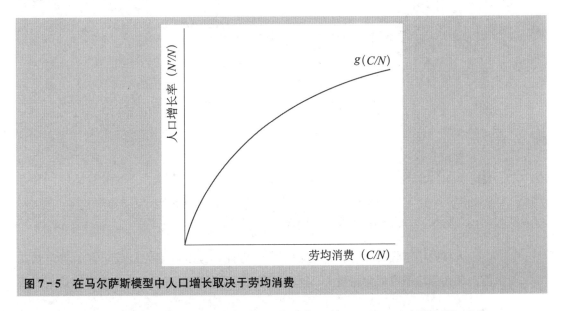

图 7-5 在马尔萨斯模型中人口增长取决于劳均消费

在均衡中，生产出来的所有商品全部用于消费，故 $C=Y$，对这种经济而言，这是收入-支出恒等式（因为此时 $I=G=NX=0$，见第 2 章）。因此，用 C 替换等

式（7.1）中的 Y，在均衡中，就有：

$$C = zF(L, N) \tag{7.4}$$

然后用等式（7.4）替换等式（7.3）中的 C，则有：

$$\frac{N'}{N} = g\left(\frac{zF(L,N)}{N}\right) \tag{7.5}$$

现在，我们回顾一下第 4 章，生产函数的规模收益不变特性意味着：

$$xzF(L, N) = zF(xL, xN)$$

对于任意的 $x > 0$，若上式中 $x = 1/N$，则：

$$\frac{zF(L,N)}{N} = zF\left(\frac{L}{N}, 1\right)$$

因此，等式（7.5）两边同乘以 N，并重新整理，有：

$$N' = g\left(zF\left(\frac{L}{N}, 1\right)\right)N \tag{7.6}$$

等式（7.6）说明了在均衡中人口是如何随着时间的推移而变动的，因为它把未来人口表示为当期人口的函数。我们假定等式（7.6）所描述的关系可以用图 7-6 描绘。[①] 在图 7-6 中，N^* 是人口的静止点或**稳定状态**（steady state），它是由曲线与 45°线的交点决定的。如果当期人口是 N^*，则未来人口就是 N^*，此后人口永远都是 N^*。图中，如果 $N < N^*$，则 $N' > N$，人口增长；如果 $N > N^*$，则 $N' < N$，人口减少。因此，无论当期人口是多少，从长期看，它最后都会止于 N^*。也就是说，稳定状态 N^* 是人口的长期均衡状态。

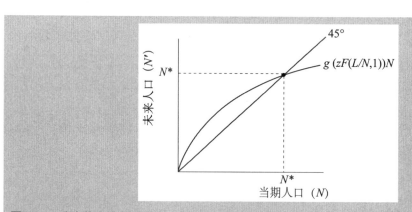

图 7-6　稳定状态的人口决定

图中，N^* 是稳定状态的人口，取决于曲线与 45°线的交点。如果 $N > N^*$，则 $N' < N$，人口将随着时间的推移而减少；如果 $N < N^*$，则 $N' > N$，人口将随着时间的推移而增长。

人口向稳定状态收敛的原因如下：一方面，假定当期人口低于它的稳定状态值，那么劳均消费量会相当大，这意味着人口增长率为正，且比较高，因此人口将

[①]　例如，如果 $F(L,N) = L^a N^{1-a}$，$g(C/N) = (C/N)^\gamma$，且 $0 < a < 1$，$0 < \gamma < 1$，这些特性就会一目了然。

增长；另一方面，假定当期人口高于它的稳定状态值，那么劳均消费量会较小，人口增长率会为负，且相当低，因此人口将减少。

由于土地量是固定的，因此当人口向长期均衡 N^* 收敛时，由等式（7.4）可知，消费总量（这里等于总产出）将收敛于：

$$C^* = zF(L, N^*)$$

马尔萨斯模型中稳定状态的分析

因为马尔萨斯式经济在人口和总消费不变的情况下，会向长期的稳定状态均衡收敛，因此，这对分析这种稳定状态以确定影响稳定状态变量的环境特征颇有益处。在本小节，我们要说明如何进行这类分析。

给定生产函数 F 具有规模收益不变的特性，如果我们把等式（7.1）的两边同时除以 N 并重新整理，就可以得到：

$$\frac{Y}{N} = zF\left(\frac{L}{N}, 1\right)$$

用小写字母表示劳均量，即 $y \equiv Y/N$（劳均产出），$l \equiv L/N$（劳均土地），$c \equiv C/N$（劳均消费），于是我们有：

$$y = zf(l) \tag{7.7}$$

式中，$zf(l)$ 为**劳均生产函数**（per-worker production function），它描述了在函数 f 被定义为 $f(l) \equiv F(l, 1)$ 的情况下，对于每一劳均土地量 l，每个工人的产出数量 y。劳均生产函数如图 7-7 所示。由于均衡时 $c = y$，根据等式（7.7），有：

$$c = zf(l) \tag{7.8}$$

等式（7.3）也可改写成：

$$\frac{N'}{N} = g(c) \tag{7.9}$$

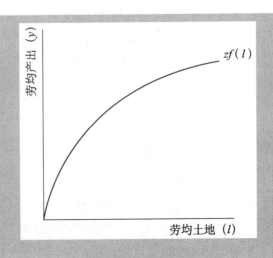

图 7-7 劳均生产函数

假定规模收益不变，该图描绘了马尔萨斯模型中劳均产出与劳均土地之间的关系。

现在可以用图 7-8 来说明等式（7.8）和等式（7.9）。在稳定状态下，$N'=N=N^*$，因此 $N'/N=1$，在图 7-8（b）中，就可以决定 c^*，即稳定状态的劳均消费量；而在图 7-8（a）中，c^* 可以决定稳定状态的劳均土地量 l^*。由于土地量固定为 L，因此，我们就能把稳定状态的人口确定为 $N^*=L/l^*$。在这个模型中，我们可以把生活水平视为取决于稳定状态的劳均消费 c^*。因此，长期生活水平完全取决于函数 g，g 反映了生活水平对人口增长的影响。这个模型的关键特征是，在图 7-8（a）中，没有什么能影响 c^*，因此生产技术的提高或土地数量的增加对长期生活水平没有影响。

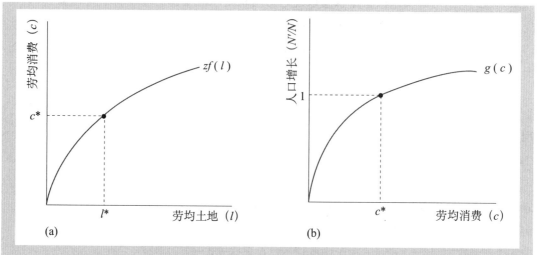

图 7-8　马尔萨斯模型中稳定状态的决定

图（b）中，稳定状态的劳均消费 c^* 被确定为没有人口增长的劳均消费水平。给定 c^*，稳定状态的劳均土地量 l^* 可以根据图（a）中的劳均生产函数确定。

z 提高对稳定状态的影响　现在我们考察一项实验，即全要素生产率提高，并把它看做是农业技术进步的结果。也就是说，假定经济最初处于稳定状态，给定全要素生产率为 z_1，随后全要素生产率永久性提高到 z_2。图 7-9 揭示了 z 提高对稳定状态的影响。在图 7-9（a）中，劳均生产函数从 $z_1 f(l)$ 升至 $z_2 f(l)$，这对稳定状态的劳均消费 c^* 未产生影响，而 c^* 可以在图 7-9（b）中得到确定。在新的稳定状态下，图 7-9（a）中的劳均土地量会从 l_1^* 降至 l_2^*，这意味着稳定状态的人口会从 $N_1^*=L/l_1^*$ 增至 $N_2^*=L/l_2^*$。

经济并没有即刻转入新的稳定状态，因为人口和消费的调整需要时间。图 7-10 揭示了劳均消费和人口调整的路径。在时间 T 之前，经济处于稳定状态，在时间 T，全要素生产率提高了。其最初的影响是提高了产出、消费和劳均消费，因为在时间 T，当期人口不受影响。不过，由于劳均消费提高了，人口也就增长了。随着图 7-10（b）中的人口在时间 T 之后增长，劳均消费会下降（给定土地量为固定的），直至劳均消费收敛于它的初始水平 c^*，人口收敛于它的新的较高水平 N_2^*。

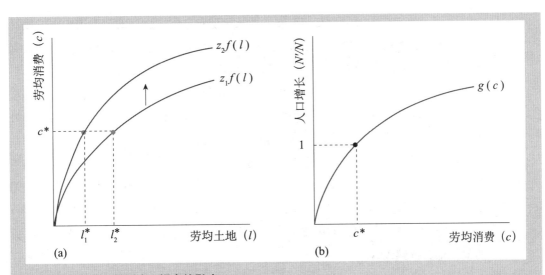

图 7-9 马尔萨斯模型中 z 提高的影响

z 提高时，在稳定状态下，劳均土地量会减少（因此人口增长），从而劳均消费保持不变。

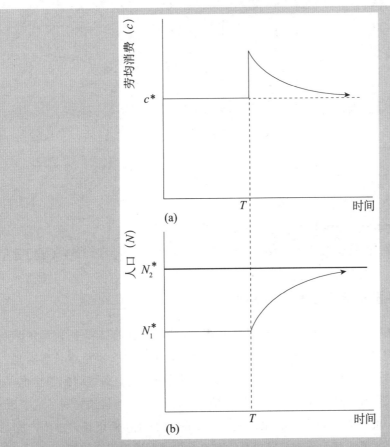

图 7-10 z 提高时马尔萨斯模型中发生的向稳定状态的调整

图中，z 在时间 T 提高，会使劳均消费增加，然后随着时间的推移，又会使之降至其稳定状态值，在这个过程中，人口会增至其稳定状态值。

因此，马尔萨斯的结论是悲观的，即从长期看，食物生产的技术进步不能提高生活水平。技术进步会使营养改善、人口增长，但增加的人口最终会将增加的食物全部消耗掉，所以每个人的境况不一定好于技术进步前的境况。

人口控制 在马尔萨斯的理论中，社会如何才能富裕起来呢？他提出的办法是，政府强制实施人口控制。如果政府实行控制人口增长的政策，不论劳均消费处于何种水平，都会起到降低人口增长率的作用。在图 7-11（b）中，因人口控制政策的实行，函数 $g_1(c)$ 会下移至 $g_2(c)$。在稳定状态下，图 7-11（b）中的劳均消费会从 c_1^* 增至 c_2^*，这意味着在图 7-11（a）中，稳定状态的劳均土地量会从 l_1^* 增至 l_2^*。由于土地量是固定的，因此稳定状态的人口会从 $N_1^* = L/l_1^*$ 降至 $N_2^* = L/l_2^*$。这里，人口规模的缩小增加了劳均产出和劳均消费，因此从长期看，每个人的境况都会得到改善。

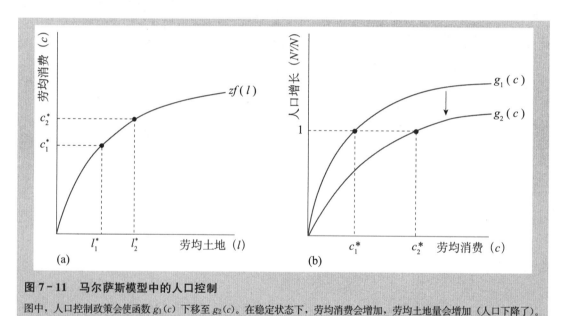

图 7-11 马尔萨斯模型中的人口控制

图中，人口控制政策会使函数 $g_1(c)$ 下移至 $g_2(c)$。在稳定状态下，劳均消费会增加，劳均土地量会增加（人口下降了）。

马尔萨斯经济增长模型有多大用处？

考虑到 1798 年的情况，当马尔萨斯在当年出版《人口原理》时，马尔萨斯模型被认为是相当成功的。我们在本章开始时所讨论的第一个经济增长事实是，在 1800 年左右工业革命发生前，生活水平几乎长期没有变化，各国间的差异也很小。如果人口增长同样也取决于各国的人均消费，马尔萨斯模型就预见到了这个事实。工业革命前，世界以农业生产为主；人口随着时间的推移而增长，总生产亦是如此，但生活水平并未显示出有显著提高。这与马尔萨斯模型完全相符。

不过，以 21 世纪初的观点看，马尔萨斯显然太悲观了。1800 年后，最富裕国家的生活水平持续提高，而这些国家的政府并没有强制实行什么重大的人口控制政策，其人口出生率反倒大幅下降。当前，尽管医疗卫生事业的进步大大延长了富国的人口预期寿命，但若没有外来移民，大部分富国的人口仍会下降。因此，从经济促进生活水平长期提高的能力和生活水平对人口增长的影响看，马尔萨斯最终都是错误的。

为什么说马尔萨斯是错误的？首先，他没有考虑资本存量增加对生产的影响。与供给有限的土地相比，资本存量的规模是无限的，资本越多，意味着创造额外资本的生产能力就越大。也就是说，资本具有再生性。本章随后讨论的索洛增长模型，使得我们可以分析资本积累对增长的作用。

其次，马尔萨斯没有考虑各经济因素对人口增长所产生的全部影响。尽管显而易见，较高的生活水平通过提高营养水平和医疗卫生水平降低了死亡率，但出生率也在下降。随着经济的发展，人们有了走出家门、参加工作的大好机会。就家庭决策而言，面对高的市场工资，支撑起一个大家庭的机会成本变大了，人们宁可将更多的时间用于市场工作，也不愿在家抚养小孩。

索洛模型：外生增长

索洛增长模型非常简单，不过它对经济增长的源泉、生活水平逐渐提高的原因、储蓄率或人口增长率提高时总收入水平和增长率的变化、我们所观察到的各国相对生活水平的不断变化等作出了敏锐的预测。这个模型关于生活水平长期提高的前景比马尔萨斯模型乐观得多。尽管在索洛模型中生活水平可以持续提高，但持续的技术进步对此必不可少。同样，索洛模型也很好地解释了本章所讨论的经济增长事实。

在构建索洛模型时，我们首先要描述生活在此环境中的消费者和生产技术。与马尔萨斯模型一样，我们这里考虑的也是动态情形。我们要研究在竞争性均衡中经济如何随着时间的推移而演变，其中很大一部分分析涉及这个模型的稳定状态，根据对马尔萨斯模型的分析可知，这种稳定状态就是长期均衡或静止点。

消费者

与马尔萨斯模型一样，尽管有许多时期，但我们只从"当期"和"未来"方面分析经济。与马尔萨斯模型不同的是，我们假定人口增长是外生的。也就是说，消费者的人数是增长的，用 N 表示当期人口。与马尔萨斯模型一样，N 也是劳动力，或就业量（不存在失业）。随着时间的推移，人口增长可用下式表示：

$$N' = (1+n)N \tag{7.10}$$

式中，N' 为未来人口；n 为人口增长率，且 $n > -1$，并假定持续不变。我们考虑到了 $n < 0$ 这种可能性，在这种情形中，人口随着时间的推移而下降。

在每一时期，某一消费者都有一单位时间可用，并假定消费者不重视闲暇，因此在每一时期，他们都将一单位时间全部用于劳动。在这个模型中，人口等同于劳动力，因为我们假定人口中的所有成员都工作且没有失业。于是，N 表示工人数量或劳动力数量，n 表示劳动力增长率。

因为没有政府部门和税收，消费者都以收入形式（从企业获得工资收入和股息收入）获得全部当期实际产出 Y。与我们至此分析的所有模型不同的是，消费者此时面临的决策是当期收入中多少用来消费、多少用来储蓄。为简便起见，我们假定消费者每一时期的消费占收入的比例不变，即：

$$C=(1-s)Y \tag{7.11}$$

式中，C 为当期消费。对消费者而言，$C+S=Y$，其中 S 是总储蓄。由等式（7.11）可知，$S=sY$，其中 s 是总储蓄率。在第 9 章和第 10 章，我们将更深入地讨论消费者如何作出消费-储蓄决策。

典型企业

典型企业根据下列生产函数进行生产：

$$Y=zF(K, N) \tag{7.12}$$

式中，Y 为当期产出；z 为当期全要素生产率；K 为当期资本存量；N 为当期劳动投入。生产函数 F 具有我们在第 4 章中讨论的所有特性。与马尔萨斯模型一样，规模收益不变意味着，将等式（7.12）两边同时除以 N，经重新整理后就可以得到：

$$\frac{Y}{N} = zF\left(\frac{K}{N},1\right) \tag{7.13}$$

在等式（7.13）中，Y/N 为劳均产出（此时等同于人均实际收入），K/N 为劳均资本，因此由等式（7.13）可知，如果生产函数具有规模收益不变的特性，那么［等式（7.13）左边的］劳均产出只取决于［等式（7.13）右边的］劳均资本量。为简便起见，与马尔萨斯模型一样，我们将等式（7.13）改写为：

$$y=zf(k)$$

式中，y 为劳均产出；k 为劳均资本；$f(k)$ 为劳均生产函数，定义为 $f(k)\equiv F(k, 1)$。下面，我们将用小写字母表示劳均数量。劳均生产函数的形状如图 7-12 所示。劳均生产函数的一个重要特性是，它的斜率是边际资本产出 MP_K。这是因为，由于 $f(k)\equiv F(k, 1)$，故增加一单位劳均资本量 k，劳均产出 y 就会与边际资本产出增加相同的量。由于劳均生产函数的斜率是 MP_K，又由于 MP_K 随 K 而递减，因此劳均生产函数在图中呈凹状，也就是说，它的斜率随着 k 的增加而下降。

我们假定在每一时期里，资本存量都会因使用而消耗掉一些，即存在折旧。于是，我们假定折旧率是一个常量 d，且 $0<d<1$。根据

$$K'=(1-d)K+I \tag{7.14}$$

资本存量会随着时间的推移而发生变化。式中，K' 是未来资本存量；K 是当期资本存量；I 是投资。

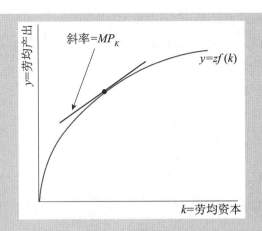

图 7 - 12 劳均生产函数

劳均生产函数反映了由规模收益不变生产函数决定的劳均总产出与劳均资本之间的关系。劳均生产函数的斜率是边际资本产出 MP_K。

竞争性均衡

我们现已描述了索洛增长模型中的消费者行为和企业行为，这样就可以把这两种行为结合起来，确定一致性在竞争性均衡中是如何实现的。在经济中，当期有两个市场。在第一个市场中，我们用当期消费品来交换当期劳动；在第二个市场中，我们用当期消费品来交换资本。也就是说，索洛模型中的资本是资产，消费者的储蓄就是积累资产。劳动力市场和资本市场在每一时期都必须出清。在劳动力市场，劳动力数量总是取决于无弹性的劳动供给（用 N 表示）。也就是说，由于不论实际工资为多少，劳动供给都为 N，因此典型企业会调整当期的实际工资，希望雇用到数量为 N 的工人。用 S 表示当期总储蓄量，若 $S = I$，即如果消费者希望储蓄等于投资，则资本市场在当期就处于均衡状态。不过，由于在这种经济中，$S = Y - C$，亦即国民储蓄等于总收入减去消费（因为没有政府），均衡条件就可以表示为：

$$Y = C + I \tag{7.15}$$

或者说，当期产出等于总消费加上总投资。根据等式（7.14），我们有 $I = K' - (1-d)K$，利用这一等式与等式（7.11）替换等式（7.15）中的 C 和 I，就可以得到：

$$Y = (1-s)Y + K' - (1-d)K$$

整理式中各项，就可以简写为：

$$K' = sY + (1-d)K \tag{7.16}$$

也就是说，未来时期的资本存量等于当期总储蓄量（$S = Y - C = sY$）加上当期剔除折旧后的资本存量。现在，如果用等式（7.12）中的生产函数替换等式（7.16）中的 Y，就可得到：

$$K' = szF(K,N) + (1-d)K \tag{7.17}$$

等式（7.17）表明，未来的资本存量等于当期储蓄量（等于投资量）加上折旧后未来仍存在的当期资本量。

此时，很容易用劳均数表示等式（7.17）。等式（7.17）两边各项都除以工人人数 N，便可得到：

$$\frac{K'}{N} = sz\frac{F(K,N)}{N} + (1-d)\frac{K}{N}$$

然后在上式的左边乘以 $1 = N'/N'$，可以得到：

$$\frac{K'}{N}\frac{N'}{N'} = sz\frac{F(K,N)}{N} + (1-d)\frac{K}{N}$$

我们可将上式重新写成：

$$k'(1+n) = szf(k) + (1-d)k \tag{7.18}$$

在等式（7.18）中，$k' = K'/N'$ 是未来劳均资本量，并由等式（7.10）可知，$N'/N = 1+n$；由于生产函数具有规模收益不变的特性，且根据定义 $F\left(\frac{K}{N},1\right) = f(k)$，因此等式（7.18）右边的第一项源于这样的事实，即 $\frac{F(K,N)}{N} = F\left(\frac{K}{N},1\right)$。于是，我们将等式（7.18）的两边同时除以 $1+n$，得到：

$$k' = \frac{szf(k)}{1+n} + \frac{(1-d)k}{1+n} \tag{7.19}$$

等式（7.19）很重要，它归纳出了我们需要了解的索洛增长模型中有关竞争性均衡的大部分内容，而且利用这个等式，我们就能推导出这个模型的重要含义。这个等式把等式左边的未来劳均资本存量 k' 界定为等式右边的当期劳均资本存量 k 的函数。

等式（7.19）给出的关系如图 7-13 所示。在图 7-13 中，该曲线的斜率递减，因为图 7-12 中劳均生产函数 $f(k)$ 的斜率递减。在图 7-13 中，45°线是 $k' = k$ 的直线；45°线与等式（7.19）给出的曲线的交点就是稳定状态。经济一旦达到这个稳定状态，即当期劳均资本 $k = k^*$，那么就有未来劳均资本 $k' = k^*$，此后，经济就永久拥有 k^* 单位的劳均资本。假如当期劳均资本存量 k 小于稳定状态值，即 $k < k^*$，则根据图 7-13 有 $k' > k$，即从当期到未来，劳均资本存量会增加。在这种情形下，相对于折旧和劳动力增长而言，当期投资要很大，这样劳均资本量才能增加。不过，如果 $k > k^*$，则 $k' < k$，即从当期到未来，劳均资本存量会减少。在这种情形下，投资应很小，这样它才不会与折旧和劳动力增长保持同步，从当期到未来，劳均资本存量就会减少。因此，如果劳均资本量小于它的稳定状态值，它就会增加，直到达到稳定状态；如果劳均资本量大于它的稳定状态值，它就会减少，直到达到稳定状态。

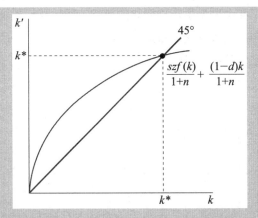

图 7-13　稳定状态劳均资本量的决定

曲线反映了当期劳均资本量 k 与未来劳均资本量 k' 之间的关系，它是由索洛模型中的竞争性均衡决定的。45°线与该曲线的交点对应的就是稳定状态劳均资本量 k^*。

由于索洛增长模型预测到劳均资本量在长期会向常量 k^* 收敛，因此也就预测到劳均产出量会向一个常量收敛。根据劳均生产函数，这个常量是 $y^*=zf(k^*)$。于是，由索洛模型可知，假如储蓄率 s、劳动力增长率 n、全要素生产率 z 都是常量，则实际劳均收入在长期就无法增加。因此，由于模型中的实际劳均收入也就是实际人均收入，我们可以把 y 看做是生活水平的度量指标。于是，该模型的结论是，在这些情形下，生活水平会长期得不到提高。这种情况为什么会发生呢？原因是边际资本产出递减。只有劳均资本持续增加，劳均产出才会增加。然而，取决于边际资本产出的边际投资收益会随着劳均资本存量的增加而递减。换言之，随着劳均资本存量的增加，未来多增加一单位劳均资本，就需要越来越多的当期劳均投资。因此，随着经济的增长，新的投资最终只能与折旧和劳动力增长保持同步，而劳均产出的增加便会停止。

从长期看，当经济向稳定状态的劳均资本量 k^* 收敛时，所有实际总量都会按劳动力增长率 n 增长。在稳定状态下，资本总量是 $K=k^*N$；由于 k^* 是一个常量，N 按增长率 n 增加，因此 K 也一定会按增长率 n 增加。类似地，实际总产出是 $Y=y^*N=zf(k^*)N$，因此 Y 也一定按增长率 n 增加。此外，由于投资量等于储蓄量，因此稳定状态的投资是 $I=sY=szf(k^*)N$；由于 $szf(k^*)$ 是一个常量，因此 I 也一定按稳定状态的增长率 n 增加。同样，总消费是 $C=(1-s)zf(k^*)N$，因此消费也按稳定状态的增长率 n 增加。所以，从长期看，如果储蓄率、劳动力增长率和全要素生产率都是常量，那么各总量的增长率都取决于劳动力增长率。这是索洛增长模型的一个含义，即它是外生增长模型。从长期看，索洛增长模型告诉我们，当储蓄率、劳动力增长率和全要素生产率都不变时，各重要宏观经济总量的增长都取决于外生的劳动力增长。

对稳定状态的分析

本小节将用索洛增长模型做一些实验，以分析稳定状态或长期均衡如何受储蓄率、人口增长率和全要素生产率变化的影响。然后我们要说明，该模型对这些实验所作出的反应与我们观察到的数据是否相符。

为了分析稳定状态，我们从等式（7.19）开始。给定当期劳均资本存量 k，等式（7.19）就决定了未来劳均资本存量 k'。在稳定状态下，我们有 $k=k'=k^*$，用 k^* 替换等式（7.19）中的 k 和 k'，得到：

$$k^* = \frac{szf(k^*)}{1+n} + \frac{(1-d)k^*}{1+n}$$

等式两边同时乘以 $1+n$，重新整理得到：

$$szf(k^*) = (n+d)k^* \tag{7.20}$$

等式（7.20）解出了稳定状态的劳均资本存量 k^*。我们希望用这个等式分析与确定储蓄率 s、人口增长率 n 和全要素生产率 z 变化对稳定状态的劳均资本存量 k^* 的影响。

图 7-14 刻画了等式（7.20）的两边。在图 7-14 中，两条曲线的交点决定了稳定状态的劳均资本量，图中用 k_1^* 表示。曲线 $szf(k^*)$ 是劳均生产函数乘以储蓄率 s，因此这个生产函数延续了图 7-12 中劳均生产函数的特性。在图 7-14 中，曲线 $(n+d)k^*$ 是一条直线，斜率为 $n+d$。

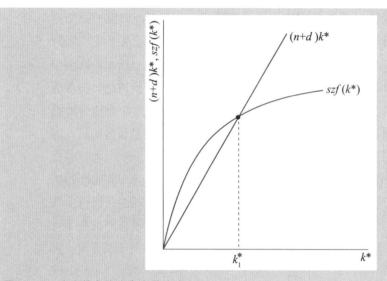

图 7-14 稳定状态劳均资本量的决定

稳定状态的资本量 k_1^* 是由曲线 $szf(k^*)$ 与直线 $(n+d)k^*$ 的交点决定的。

储蓄率提高的稳定状态效应 索洛增长模型要分析的一个重要实验是储蓄率 s 的变化。我们可以把 s 变化的原因解释为消费者偏好的变化。例如，如果消费者更关心未来，他们就会增加储蓄，从而提高 s。政府政策也会引起 s 的变化，例如，政府提供储蓄补贴（但第9章的分析表明，这会对储蓄产生作用相反的收入效应和替代效应）。对于政府政策，在用于解释我们的结论时需要小心翼翼，因为若要做到滴水不漏，我们就应把对政府行为的描述纳入索洛增长模型中。

图 7-15 揭示了储蓄率从 s_1 提高到 s_2 对稳定状态劳均资本量的影响。s 提高会使曲线 $szf(k^*)$ 上移，k^* 从 k_1^* 增加到 k_2^*。因此，在新的稳定状态下，给定劳均生产函数 $y = zf(k^*)$，劳均资本量会增加，这意味着劳均产出也会增加。尽管劳均资本和劳均产出在新的稳定状态下增加了，但储蓄率提高对各总变量的增长率没有影响。在储蓄率提高前后，总资本存量 K、总产出 Y、总投资 I 和总消费 C 都按劳动力增长率 n 增加。这也许出乎意料，因为我们认为，一国要是增加投资和储蓄，资本积累就会加速，经济增长就会加快。

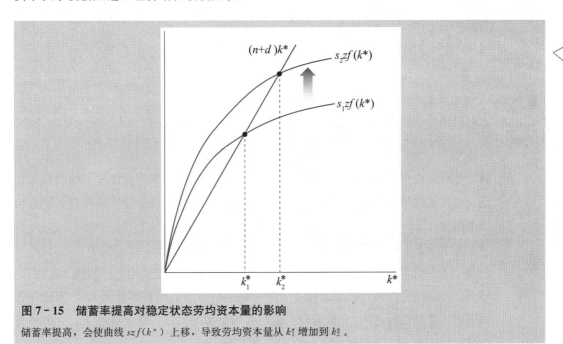

图 7-15　储蓄率提高对稳定状态劳均资本量的影响

储蓄率提高，会使曲线 $szf(k^*)$ 上移，导致劳均资本量从 k_1^* 增加到 k_2^*。

尽管在稳定状态下，各总变量的增长率不受储蓄率提高的影响，但从一种稳定状态调整到另一种稳定状态还是需要一些时间的。图 7-16 给出了储蓄率提高时产出的自然对数的变化路径，图中的横轴表示时间。在时间 T 之前，总产出按不变速度 n 增长（提示：如果增长率是不变的，则自然对数的时间路径是一条直线）；在时间 T，储蓄率会提高。在时间 T 之后，总产出会向其更高的增长路径调整，但在转向新的增长路径的过程中，Y 的增长率高于 n。转向过程中暂时的高增长率来源于储蓄率提高时较高的资本积累率，而储蓄率提高会导致较高的总产出增长率。不过，随着资本积累的速度加快，边际资本产出会递减，增长速度会放慢，最终收敛于稳定状态的增长率 n。

劳均消费和黄金律资本积累　第 2 章曾说到，GDP 或人均 GDP 常常被用作衡量总福利的指标。然而，消费者最终关心的是他们的一生消费。在这个模型中，鉴于我们只关注稳定状态，因此我们要分析的总福利指标是稳定状态的劳均消费水平。在本小节，我们将根据与图 7-15 类似的图，说明稳定状态的劳均消费是如何决定

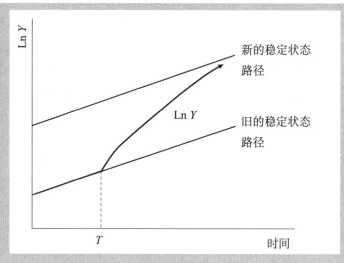

图 7-16 储蓄率在时间 T 提高的影响

该图给出了总产出的自然对数。在时间 T 之前，经济处于稳定状态。在时间 T，储蓄率会提高，从长期看，产出会向新的较高稳定状态的增长路径收敛。

的。然后，我们说明在稳定状态下，存在某一既定的劳均资本量能使劳均消费最大化。这意味着储蓄率提高会减少稳定状态的劳均消费，即使储蓄率提高总会使劳均产出增加。

稳定状态下的劳均消费是 $c=(1-s)zf(k^*)$，这是稳定状态的劳均收入 $y^*=zf(k^*)$ 与稳定状态的劳均储蓄 $szf(k^*)$ 之差。如果我们把劳均生产函数加到图 7-15 中，如图 7-17 所示，那么图 7-17 中稳定状态的劳均资本量是 k_1^*，稳定状态的劳均消费是距离 AB，它是劳均产出与劳均储蓄之差。在稳定状态下，劳均消费也是劳均产出 $y^*=zf(k^*)$ 与 $(n+d)k^*$ 的差额。

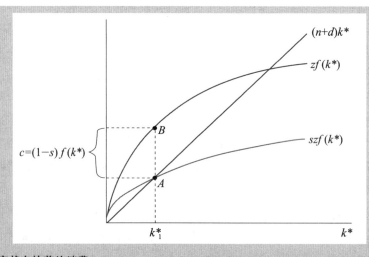

图 7-17 稳定状态的劳均消费

在稳定状态的劳均资本量 k_1^* 既定的情况下，稳定状态的劳均消费如距离 AB 所示。

在稳定状态下，下式给出了劳均消费：

$$c^* = zf(k^*) - (n+d)k^*$$

图 7-18 说明了如何将稳定状态的劳均消费 c^* 构建成稳定状态的劳均资本 k^* 的函数，如图 7-18（b）所示。在图 7-18 中，劳均消费最大化时的劳均资本量是 k_{gr}^*。如果稳定状态的资本量是 k_{gr}^*，那么最大化的劳均消费就是 c^{**}。这里，k_{gr}^* 被称为**黄金律劳均资本量**（golden rule quantity of capital per worker）。根据图 7-18（a），黄金律的特征是，劳均生产函数在 $k^* = k_{gr}^*$ 处的斜率等于函数 $(n+d)k^*$ 的斜率。也就是说，由于在黄金律稳定状态下，劳均生产函数的斜率是边际资本产出 MP_K，因此有：

$$MP_K = n+d$$

所以，当资本以能使稳定状态的劳均消费最大化的速度积累时，边际资本产出就等于人口增长率加上折旧率。

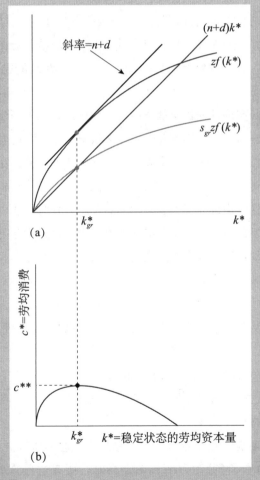

图 7-18　黄金律劳均资本量

使稳定状态的劳均消费最大化的资本量是 k_{gr}^*，最大化的劳均消费是 c^{**}。在竞争性均衡的稳定状态下，黄金律储蓄率 s_{gr} 可以实现黄金律劳均资本量。

在稳定状态下如何实现黄金律呢？图 7 - 18（a）表明，假如储蓄率是 s_{gr}，则曲线 $s_{gr}zf(k^*)$ 会与直线 $(n+d)k^*$ 相交，此时 $k^* = k_{gr}^*$。因此，s_{gr} 就是**黄金律储蓄率**（golden rule savings rate）。如果储蓄是按黄金律储蓄率实现的，那么在稳定状态下，当期人口只要适量地消费和储蓄，人口中的每个人在接下来的每个时期里就都能持续地消费这个最大量。黄金律是《圣经》里的一句格言：你希望别人怎样对待你，你就先怎样对待别人。

由图 7 - 18（b）可知，如果稳定状态的劳均资本存量小于 k_{gr}^*，那么，储蓄率 s 的提高将增加稳定状态的劳均资本存量，并增加劳均消费。不过，如果 $k^* > k_{gr}^*$，储蓄率的提高将增加 k^*，减少劳均消费。

假定我们计算了美国的黄金律储蓄率，发现现实的美国储蓄率有别于黄金律储蓄率。例如，假定我们发现现实的储蓄率低于黄金律储蓄率。这必然就意味着美国政府会实行提高储蓄率的政策吗？答案是否定的，原因有二。第一，提高储蓄率会牺牲当期消费。积累较高的资本存量来维持新稳定状态的较高劳均消费需要时间，当代人可能不愿意负担这种短期成本。第二，在实践中，储蓄行为是各个消费者最优决策的产物。一般而言，我们应假设私人市场的结果会在当期消费与储蓄之间实现正确的替换，除非我们有充分的理由相信，存在政府能够有效矫正的某种市场失灵。

劳动力增长率提高的稳定状态效应 我们用索洛模型要做的下一个实验是，若劳动力增长率提高，从长期看会发生什么情况。由于劳动力是生产要素，较高的劳动力增长率显然最终会使总产出以较高的速度增加，那么在稳定状态下这会对劳均产出产生什么影响呢？总产出以较高的速度增加，待分的"收入馅饼"会越来越大，而要分享这块馅饼的工人也会越来越多。如我们所述，索洛增长模型预测，尽管劳动力增长率提高时，劳均资本和劳均产出在稳定状态下将减少，但总产出将以较高的速度增加，这个较高的速度就是新的劳动力增长率。

图 7 - 19 揭示了劳动力增长率从 n_1 提高到 n_2 的稳定状态效应。最初，劳均资本量是 k_1^*，由曲线 $szf(k^*)$ 与 $(n_1+d)k^*$ 的交点确定。当人口增长率提高时，会造成劳均资本量从 k_1^* 降至 k_2^*。由于劳均资本量减少，因此根据劳均生产函数，劳均产出也会减少；也就是说，劳均产出会从 $zf(k_1^*)$ 降至 $zf(k_2^*)$。出现这种结果的原因是，当劳动力以较高的速度增长时，当期劳动力积累下一期消费者所需资本的任务艰巨，而这一群消费者是成比例扩大的群体。因此，在稳定状态下，劳均产出和劳均资本最终都会减少。

我们早已断定，在稳定状态下，总产出、总消费和总投资都会按劳动力增长率 n 增长。因此，当劳动力增长率提高时，所有这些变量的增长率也一定会提高。这个例子说明，从长期看，较高的总收入增长不一定伴随着较高的人均收入增长。

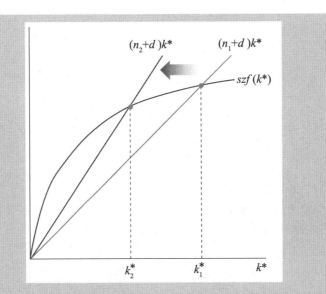

图 7 - 19　劳动力增长率提高的稳定状态效应

劳动力增长率从 n_1 提高到 n_2 会减少稳定状态的劳均资本量。

全要素生产率提高的稳定状态效应　假如把实际劳均收入作为衡量一国生活水平的指标，我们迄今的发现是，在索洛模型中，储蓄率提高或劳动力增长率降低，从长期看都会提高生活水平。不过，储蓄率提高和劳动力增长率降低却不能持续提高一国的生活水平。这是因为储蓄率一定总是低于 1（没有哪个国家的储蓄率会等于 1，因为这意味着消费为零），劳动力增长率不可能无限期地下降。索洛模型预测，从长期看，只有全要素生产率持续提高，一国的生活水平才能不断增长，正如我们在这里将要说明的。

图 7 - 20 给出了全要素生产率提高的影响。首先，全要素生产率从 z_1 提高到 z_2，会使劳均资本从 k_1^* 增加到 k_2^*，由此增加了劳均产出。全要素生产率进一步提高到 z_3，会使劳均资本增加到 k_3^*，又进一步增加了劳均产出。只要全要素生产率不断提高，劳均资本和劳均产出的增加就能无限期地持续下去。

这是索洛增长模型的一个重要见解。一国储蓄倾向的提高或劳动力增长率的下降，意味着其生活水平的提高只是一次性的，但是，只要全要素生产率持续提高，生活水平就能无限制地提高。因此，一国生活水平持续长期提高的源泉，只能是不断改进生产方法，更好地整合要素投入，提高全要素生产率。

与人口增长抵消了技术进步收益的马尔萨斯模型相比，索洛模型对生活水平长期提高的前景更乐观。如果我们相信索洛模型，由这个模型就可知，美国自 1900 年以来人均收入稳定增加（见图 7 - 1）的原因正是 111 年来全要素生产率的持续提高。如果在这样长的时期内技术进步持续不断，似乎就有理由相信未来这种技术进步仍可无限地持续下去。

7

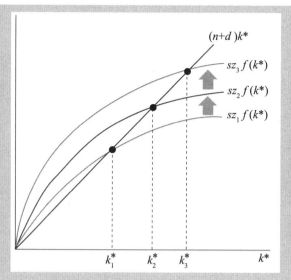

图 7 - 20　索洛增长模型中的全要素生产率提高

全要素生产率从 z_1 提高到 z_2，再从 z_2 提高到 z_3，会使劳均资本量从 k_1^* 增加到 k_2^*，再从 k_2^* 增加到 k_3^*。因此，全要素生产率提高会增加劳均产出。

专栏

理论与经验数据：索洛增长模型、投资率和人口增长

我们现在对索洛增长模型所作的预测有了一些了解，把它的预测与经验数据相对照，就能对这个模型作出评价。相对而言，经济学家们能获得世界各国全面的国民收入账户数据，时间还不是很长。宾夕法尼亚大学的艾伦·赫斯顿（Alan Heston）、罗伯特·萨默斯（Robert Summers）和贝蒂纳·阿坦（Bettina Aten）的研究成果——《宾大世界统计》[①]除其他宏观经济变量外，还比较了各国的 GDP。比较 GDP 是一项复杂的计算工作，因为衡量不同国家某一时点上的 GDP 所使用的货币单位不同，仅用汇率进行调整得不出正确答案。《宾大世界统计》的不足是，其数据只上溯到 1950 年，仅用几十年的数据与索洛增长模型的长期预测作对照，恐怕告诉不了多少我们想要知道的。在几十年内就能实现稳定状态吗？不过，正如我们将要看到的，索洛增长模型的两个预测看上去与《宾大世界统计》的数据相当吻合。

索洛增长模型的两个重要预测是：首先，从长期看，储蓄率提高将增加劳均收入量；其次，劳动力增长率提高将减少劳均收入量。下面，我们把这两个预测依次与经验数据进行对照。

索洛增长模型中的储蓄率是投资支出与 GDP 的比率，且因在该模型中人口等同于劳

---

① 人均实际收入统计来源于 A. Heston，R. Summers and B. Aten，Penn World Table Version 7.0，Center for International Comparisons at the University of Pennsylvania（CICUP），May 2011。

动力，因而劳均收入与人均收入是一回事。首先，索洛增长模型预测，如果我们观察一组国家的数据，就应发现人均 GDP 同投资支出与 GDP 的比率正相关。这种正相关，我们早在本章第一节"经济增长事实"中就已讨论过。在图 7-2 中，我们观察到具有正斜率的直线与图中各点非常吻合，因此世界各国的投资率和劳均收入正相关。显然，正如索洛模型所预测的，投资与 GDP 的比率高（低）的国家，其劳均收入量也一定高（低）。

其次，索洛模型预测，从一组国家的数据中，我们会发现劳动力增长率与人均产出负相关。索洛增长模型的预测是，人口增长率和劳均收入水平应是负相关的，这是本章开始时讨论过的第四个经济增长事实。在图 7-3 中，我们观察到各国的人口增长率与劳均收入负相关，这符合索洛模型的预测。

专　栏

宏观经济学实践：资源错配与全要素生产率

有关全要素生产率增长源泉和各国全要素生产率差异解释的宏观经济研究，大多都聚焦于单个企业的生产率决定因素。这正是我们在利用索洛增长模型时采用的方法，有助于我们理解经济增长。因为在索洛增长模型中，产出是由一个典型企业生产的，且总体全要素生产率与该典型企业的全要素生产率相同。

我们通过研究单个企业的行为，可以对生产率与经济增长间的关系有更多的认识，故此，宏观经济学家们最近已开始认识到资本和劳动力在不同企业间的配置在总体生产率决定中的重要作用。为了理解生产要素在不同企业间的配置是如何影响总体全要素生产率的，我们首先分析生产要素在不存在无效率的完美世界里是如何配置的。在这种世界里我们知道，市场力量会把劳动力和资本从生产率低的企业重新配置到生产率高的企业。在某一特定的行业里，比如在汽车行业里，全要素生产率低的生产厂家的盈利将低于全要素生产率高的生产厂家，生产率低的企业往往会倒闭，而生产率高的企业会茁壮成长。在各行业之间，劳动力和资本常常会流向生产率高的行业，因为在这些行业，工资和资本收益往往比较高。在美国，这一过程导致信息技术部门发展壮大，而相比之下，制造业部门不断萎缩。

现在，在我们生活的这种不完美的世界里，经济中可能存在一些扭曲，不让市场力量有效地配置资本和劳动力。首先，政府征税和补贴可能扭曲了企业间的资本和劳动力收益。比如，联邦政府对乙醇生产实施补贴。这项补贴可能会提高玉米的相对价格，继而比如相对于大豆生产而言，把更多土地用于玉米生产更有利可图。乙醇补贴使得把玉米用于乙醇生产比把它用作牛饲料赚头更大。因此，乙醇补贴很可能会改变该经济体系的生产格局。在某些情况下，征税和补贴可以矫正外部性（见第 5 章），因而可以提高经济效率。不过，像这种乙醇补贴，虽然愿望也许是好的，但最终很可能造成无效率。

其次，劳动力和资本很可能因为政治腐败而在企业间错配。比如，一项政府合同给了贿赂政府官员的企业而没有给最有效率的企业，这会使生产要素在企业间错误配置。

最后，在某一行业的企业间或行业之间，可能存在信贷配置无效率。我们可以把这种无效率看作会改变不同企业或行业的资本收益。比如，人们有时认为，日本银行业的垄断力量导致信贷配置无效率，因为银行作出的贷款决定可能取决于借款者与银行家的个人关系而不是赚不赚钱。

倘若经济体系中的扭曲使得劳动力和资本没有配置给全要素生产率最高的企业，那么，这将使总体生产率低于没有这些扭曲情况时的总体生产率水平。最近的一些研究表明，这些扭曲在实践中很重要，而且这些扭曲的差异很可能是各国生产率和人均收入差异的一个重要决定因素。蒂亚哥·雷斯图恰（Diego Restuccia）和理查德·罗杰森（Richard Rogerson）的一项研究[①]分析了假定的税收和补贴扭曲，表明由此导致的企业间生产要素错配可能使总体生产率下降30％～50％。谢长泰（Chang-Tai Hsieh）和彼得·克莱诺（Peter Klenow）的一项相关研究[②]采取了一种完全不同的方法，但得到的结论很接近。他们分析了中国和印度制造业的微观经济数据，认为如果扭曲程度降低到美国的水平，中国制造业的全要素生产率会提高30％～50％，印度制造业的全要素生产率会提高40％～60％。全要素生产率会提高如此之大，表明发展中国家（也包括富裕国家）努力根除无效率的税收和补贴、腐败以及垄断力量，会大大提高生活水平。

专栏

宏观经济学实践：美国最近的经济增长趋势

图7-1显示出美国自20世纪初以来的实际人均GDP持续增长情况。从长期来看，倘若全要素生产率不断提高，索洛增长模型的确表明实际人均GDP会不断增加。因此，图7-1似乎恰与索洛增长模型所包含的思想吻合：美国的经济增长过程是由全要素生产率提高驱动的。

可是，从长期来看，全要素生产率为什么会大致保持一个不变的增长率？在索洛增长模型中，全要素生产率增长是外生的。尽管外生的全要素生产率增长在一个很长的时期里按一个不变的比率增长与美国实际人均GDP时间序列拟合得相当好，但本书至此讨论的经济增长理论并没有告诉我们全要素生产率为什么会按一个不变的比率增长。因此，谁又能说我们所看到的美国过去的不断增长会持续到未来呢？

---

① D. Restuccia and R. Rogerson，2008. "Policy Distortions and Aggregate Productivity with Heterogeneous Establishments," *Review of Economic Dynamics* 11，707‐720.

② C. Hsieh and P. Klenow，2009. "Misallocation and Manufacturing TFP in China and India," *Quarterly Journal of Economics* 124，1403‐1448.

图 7-21 描绘了 1947—2012 年间实际 GDP 的自然对数，显现出线性趋势，与现实数据吻合。这种与实际 GDP 时间序列呈现出最佳拟合的趋势表明，这一时期的实际 GDP 平均增长率是 3.24%。从图 7-21 可以看出，特别是从图 7-22（显示的是实际 GDP 偏离趋势的百分比）看得更加明显，1960—2000 年间，实际 GDP 的增长率通常高于趋势，而 1947—1960 年间以及 2000 年以后，实际 GDP 的增长率大多低于趋势。

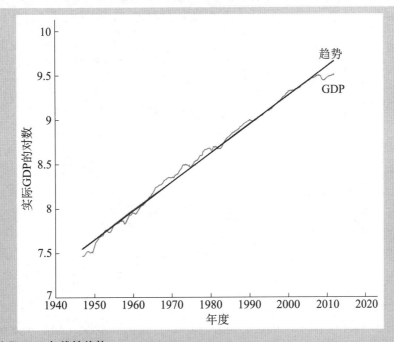

图 7-21　实际 GDP 与线性趋势

本图显示出实际 GDP 的自然对数以及与现实数据最佳拟合的趋势。1947—2012 年间，实际 GDP 的平均增长率是 3.24%，但 1947—1960 年间以及 2000 年以后，实际 GDP 的平均增长率比较低。在最近的这次经济衰退之后，实际 GDP 增长率尚未恢复到线性趋势。

此外，即使最近发生的经济衰退已基本结束，但实际 GDP 要以快于 3.24% 的速度增长，才能恢复到线性趋势，可惜还没有出现。的确，实际 GDP 目前低于趋势 14% 左右，所以还有很大的空间要"填补"。

这至少有两种可能性。第一种可能性是，与从典型的经济衰退中复苏相比，从最近的这次经济衰退中复苏可能需要更长的时间。这是为什么？可能有一些特殊的原因。例如，卡门·莱因哈特（Carmen Reinhart）和肯尼思·罗格夫（Kenneth Rogoff）的著作研究了 800 年的金融危机经验证据[1]，认为一般来说，金融危机过后，宏观经济调整需要一个很长的时期。这一思想的确值得关注，但驱动金融危机后长期经济低迷的经济机制是什么，还不是很清楚。

① C. Reinhart and K. Rogoff，2009. *This Time Is Different*：*Eight Centuries of Financial Folly*，Princeton University Press，Princeton，NJ.

第二种可能性是，这次经济衰退后经济下滑调整到较低的增长路径上，正如我们在图 7-21 和图 7-22 中所看到的那样。比如，美国实际 GDP 总体水平下调了，并且从此以后实际 GDP 将以年均 3％左右的速度增长。倘若如此，美国经济将永远无法填补金融危机和经济衰退期间形成的缺口。如果未来这样发展下去，美国经济很可能要发生基本结构变化。或许美国劳动力市场业已发生的变化会变成重要的长期变化，或许美国会失去其作为世界技术领头雁的优势。毫无疑问，如何解决这些问题，将是宏观经济研究的一个热门话题。

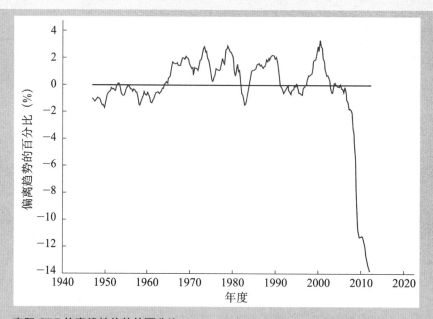

图 7-22　实际 GDP 偏离线性趋势的百分比

本图显示出图 7-21 描绘的现实实际 GDP 与线性趋势之间的百分比差额。尤其要注意的是，在 2012 年第一季度，实际 GDP 比趋势低近 14％。

增长核算

如果实际总产出要随着时间的推移而增长，某种生产要素或全部生产要素就必须随着时间的推移而增长，或者说全要素生产率必须提高。一般来说，经济在不断增长的国家，其生产要素和全要素生产率也都在不断增长。一种有用的做法是，计算某一给定时期内的总产出增长当中，有多少来自各生产要素投入的增长，有多少来自全要素生产率的提高。这种做法被称为**增长核算**（growth accounting），它促进了各种经济增长理论的发展，也有助于辨别不同的经济增长理论。增长核算由罗伯特·索洛（Robert Solow）于 20 世纪 50 年代首先提出，也是我们上一节刚研究过的增长模型的创建者。[1]

　　增长核算首先要从分析下列索洛增长模型的总量生产函数开始：

$$Y = zF(K, N)$$

式中，Y 为总产出；z 为全要素生产率；F 为生产函数；K 为资本投入；N 为劳动投入。为了结合产出和要素投入数据来使用总量生产函数，我们需要确定函数 F 的形式。得到广泛运用的柯布-道格拉斯生产函数（见第 4 章）与美国的总量数据非常吻合，而且它也是分析增长核算的一个良好工具。为使生产函数符合柯布-道格拉斯生产函数，函数 F 采取的形式是：

$$F(K, N) = K^a N^{1-a} \tag{7.21}$$

式中，a 是介于 0～1 之间的一个数。第 4 章讲过，在竞争性均衡中，a 是国民收入中资本投入的贡献比例，$1-a$ 是劳动投入的贡献比例。在美国战后的数据中，国民收入中的劳动份额一直保持在 70% 左右，因此我们可以令 $a = 0.3$，则生产函数为：

$$Y = zK^{0.3}N^{0.7} \tag{7.22}$$

　　如果我们有总产出、资本投入和劳动投入的衡量指标值（分别用 $\hat{Y}$、$\hat{K}$ 和 $\hat{N}$ 表示），那么全要素生产率 z 就可以用残差来衡量，如第 4 章所述。根据等式（7.22）的生产函数，索洛残差（用 $\hat{z}$ 表示）就可以用下列等式来衡量：

$$\hat{z} = \frac{\hat{Y}}{\hat{K}^{0.3}\hat{N}^{0.7}} \tag{7.23}$$

　　索洛残差自然是以罗伯特·索洛的名字命名的。全要素生产率的这个衡量指标之所以是一个残差，是因为它是在我们衡量了资本投入和劳动投入对产出的直接贡献后剩下的还要解释的产出，如第 4 章所述。我们在第 4 章和第 5 章论述过，全要素生产率有多种解释，索洛残差亦是如此。所衡量出来的全要素生产率的提高，可能来源于新发明、良好的气候、新的管理技术、政府管制的良性变化、能源相对价格的下跌、经济中各生产单位间资源配置的改善，或在要素投入总量相同的情况下可使总产出增加的任何其他因素。

索洛残差、生产率减速和生产率回升

　　首先我们根据第二次世界大战后美国的数据计算索洛残差并作图，然后解释图中令人感兴趣的问题。我们用衡量出的总产出 $\hat{Y}$ 表示 GDP，用 $\hat{N}$ 表示总就业，用 $\hat{K}$ 表示资本存量，根据等式（7.23），就可以计算出美国 1948—2010 年的索洛残差 $\hat{z}$，并画出它的自然对数图，如图 7 - 23 所示。从图中我们发现，在 20 世纪 50 年代和 60 年代的大部分时间里，全要素生产率的增长很快，表现为这一时期的图形

[1]　R. Solow，1957. "Technical Change and the Aggregate Production Function," *Review of Economic Statistics* 39，312 - 320.

的倾斜度高。然而，从 20 世纪 60 年代末直至 80 年代，全要素生产率的增长急剧下滑，称为**生产率减速**（productivity slowdown）。生产率减速情况也可见表 7-1，它给出了 1950—1960 年、1960—1970 年、1970—1980 年、1980—1990 年、1990—2000 年以及 2000—2010 年索洛残差的年均增长率。我们看到，表中用索洛残差衡量的全要素生产率增长率在 20 世纪 50 年代比较高，在 60 年代更高。到了 20 世纪 70 年代，全要素生产率增长率大幅降低，80 年代开始回升，90 年代又达到相当高的水平，而 2000—2010 年间的全要素生产率增长稍缓。

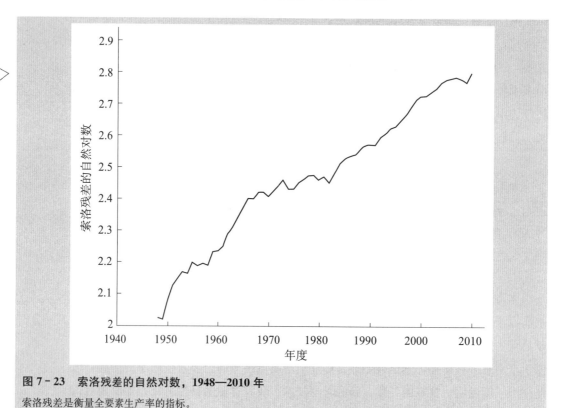

图 7-23 索洛残差的自然对数，1948—2010 年
索洛残差是衡量全要素生产率的指标。

表 7-1	索洛残差的年均增长率
年度	年均增长率
1950—1960	1.61
1960—1970	1.74
1970—1980	0.54
1980—1990	1.10
1990—2000	1.56
2000—2010	0.75

对于生产率减速，经济学家至少给出了三个原因：

1. 生产率减速也许是由衡量误差所致。这段时期，美国经济从工业品的生产转向了服务的生产。第 2 章曾经说过，商品和服务的质量会随着时间的推移而发生变化，这给衡量实际 GDP 增长带来了问题。这种衡量问题在服务业表现得尤为突出。因此，如果生产从商品转向服务，往往就会低估 GDP 增长。GDP 增长和全要素生产率提高虽然看起来低，可现实中它们却不低。

2. 生产率减速可能是由能源相对价格上涨所致。20 世纪 70 年代，美国经历了两次石油进口价格的大幅上涨：一次发生在 1973—1974 年，另一次发生在 1979—1980 年。石油价格上涨的影响是不节能的陈旧资本设备（如处于寒冷气候带的隔热性能差的建筑）变得过时。过时的厂房和设备可能要被淘汰或不再使用，而这种情况在衡量资本存量时未得到充分反映。换言之，所衡量的一些资本存量实际上不具生产性。这实质上是另一种类型的衡量问题，但这是在衡量投入时出现的问题，而我们在第一个原因中讨论的衡量问题是在衡量产出时出现的问题。

3. 生产率减速或许是由采用新技术的成本所致。一些经济学家，如杰里米·格林伍德（Jeremy Greenwood）和梅迈特·约鲁科格卢（Mehmet Yorukoglu）[1]，把 20 世纪 70 年代初视为信息革命的开始，计算机和其他信息技术开始在美国得到广泛应用。任何全新技术都需要工人花时间去学习如何使用，而这些新技术体现在像计算机一类的新资本设备中。在这个学习阶段，生产率的增长可能比较低，因为工人们在工作中要花一些时间来学习，故他们对所衡量出的产出的贡献会下降。

从图 7-23 和表 7-1 可以看出，到了 20 世纪 80 年代和 90 年代，生产率增长回升了。不过，2000—2010 年间，生产率的增长尽管比 20 世纪 70 年代高，但同 90 年代相比还是下降了。这与上述的第 3 点一致。我们认为，到 20 世纪 80 年代中期，美国工人已经学会了如何利用新信息技术，并能得到这种技术的报偿，生产率提高就说明了这一点。到 90 年代末，美国经济可能实现了来自先进信息技术的大部分效率收益，因此，到 2000—2010 年间，生产率增长就没有原来那么快了。2000—2010 年间的生产率低增长至少在一定程度上也是由 2000 年后的能源价格上涨所致，如上述第 2 点所说。

增长核算实例

现在我们知道了索洛残差是如何构造的及其某些经验特征，就可以进行完整的增长核算了。我们在这里举例说明如何运用柯布-道格拉斯生产函数等式（7.22）和 GDP、资本存量、就业等的观察值来衡量资本存量、就业、全要素生产率等的增长对实际产出增长的贡献。

为了进行增长核算，我们利用等式（7.23）计算索洛残差 $\hat{z}$。表 7-2 列出了 1950—2010 年每隔 10 年的实际 GDP、资本存量、就业的数据，我们利用这些数据就能进行增长核算。表中的索洛残差 $\hat{z}$ 是用等式（7.23）计算出来的。

---

[1]　J. Greenwood and M. Yorukoglu, 1997. "1974," *Carnegie-Rochester Conference Series on Public Policy* 46, 49－95.

表 7 - 2		衡量出的 GDP、资本存量、就业和索洛残差		
年度	$\hat{Y}$ （10 亿 2005 年美元）	$\hat{K}$ （10 亿 2005 年美元）	$\hat{N}$ （百万）	$\hat{z}$
1950	2 159.3	7 421.4	58.89	7.98
1960	2 828.5	10 622.2	65.79	9.35
1970	4 266.3	15 504.0	78.67	11.11
1980	5 834.0	21 363.3	99.30	11.72
1990	8 027.1	28 258.5	118.80	13.09
2000	11 216.4	36 999.0	136.90	15.27
2010	13 088.0	46 544.5	139.07	16.45

利用表 7 - 2 的数据，我们计算 1950—1960 年、1960—1970 年、1970—1980 年、1980—1990 年、1990—2000 年以及 2000—2010 年的产出、资本、就业、索洛残差的年均增长率。如果 X_n 是某变量在第 n 年的值，X_m 是该变量在第 m 年的值，且 $n>m$，则 X 从第 m 年到第 n 年的年均增长率（用 g_{mn} 表示）就是：

$$g_{mn} = \left(\frac{X_n}{X_m}\right)^{\frac{1}{n-m}} - 1$$

例如，在表 7 - 2 中，1950 年的 GDP 是 21 593 亿 2005 年美元，或者说 $Y_{1950}=$ 21 593，同理，$Y_{1960}=28\ 285$。于是，我们有 $n-m=10$，1950—1960 年的 GDP 年均增长率是 $\left(\frac{28\ 285}{21\ 593}\right)^{\frac{1}{10}} - 1 = 0.0351$，或 3.51%，如表 7 - 3 所示。

表 7 - 3		年均增长率（%）		
年度	$\hat{Y}$	$\hat{K}$	$\hat{N}$	$\hat{z}$
1950—1960	3.51	3.65	1.11	1.61
1960—1970	4.20	3.85	1.80	1.74
1970—1980	3.18	3.26	2.36	0.54
1980—1990	3.24	2.84	1.81	1.10
1990—2000	3.40	2.73	1.43	1.56
2000—2010	1.56	2.32	0.16	0.75

表 7 - 3 表明，实际 GDP 的年均增长率在 20 世纪 60 年代非常高，50 年代、70 年代、80 年代和 90 年代稍低，2000—2010 年的实际 GDP 增长率明显低于其他时期，仅为 1.56%。20 世纪 60 年代的 GDP 增长率非常高有多方面的原因：资本增长率很高、就业增长率比较高、全要素生产率增长率（用 $\hat{z}$ 的增长率来衡量）很高。值得注意的是，尽管 20 世纪 70 年代出现了生产率减速，但由于生产要素的高增长，所以产出仍以相当高的速度增长。20 世纪 70 年代，资本积累速度很高。此外，在一定程度上由于女性劳动力参与率的快速提高，就业增长速度也是超常的。尽管资本和就业的增长速度在 20 世纪 80—90 年代有所下降，但全要素生产率增长又恢复了生机。全要素生产率的增长成为 20 世纪 90 年代总产出高速增长的推动力。同 20 世纪 90 年代相比，2000—2010 年的产出增长率较低，是由生产要素和全要素生

产率等的增长疲软所致，而就业增长尤其疲软，甚至在此期间几乎没有增长。

在下一章，我们将研究持续存在的世界各国生活水平的差异，分析索洛增长模型是如何解释这些差异的。同时，我们也将介绍内生增长模型，用它来探讨各国收入的趋同和教育在增长中的作用等问题。

专栏

宏观经济学实践：发展核算

本节讨论的增长核算方法是按索洛增长模型的结构构建的。在利用劳动投入和资本投入生产出总产出的情况下，我们可以继续利用总量数据来分解劳动、资本和全要素生产率对经济增长的贡献。

我们要更深入地研究经济增长过程，就需要采取更宽的视角看待经济增长的决定因素，在某种程度上就像第 8 章所做的那样。一种有用的方法是把总量生产函数界定为：

$$Y = zF(hN, K)$$

式中，h 是劳均人力资本量，N 是劳动力数量。人力资本是衡量一个人具有的技能存量和教育程度的指标，故 hN 是投入到生产总量中的劳动力总量，它随着一般人所获得的技能和教育的增加而增加。

因此，我们可以把某一国家的实际 GDP 增长归因于人力资本总量的增长、物质资本 K 的增长和全要素生产率的增长。我们还可以对各国进行比较分析，据此解释各国间的收入差异在多大程度上是由这三个因素决定的：人力资本差异、物质资本差异以及全要素生产率差异。

谢长泰和彼得·克莱诺出色地总结了已发表的有关发展核算的经济研究成果。[①] 他们提出问题的方式是，利用经济理论和经验证据，讨论经济学家们如何把各国的收入差异归结为地理、气候、机遇、制度、文化、政府政策、法律以及腐败等方面的根本性差异。这些根本性差异反过来造成了人力资本差异、物质资本差异和全要素生产率差异，而这些差异又决定了各国的收入差异。

谢长泰和克莱诺告诉我们，有关发展的经济研究结论是：各国的收入差异有 10％～30％ 可归因于人力资本差异，有 20％ 左右可归因于物资资本差异，有 50％～70％ 可归因于全要素生产率差异。这与我们分析索洛增长模型得到的结论相符，该模型预测，人均收入的持续增长是由全要素生产率持续增长驱动的。如果我们观察一组国家，索洛增长模型将告诉我们，全要素生产率差异应当可以解释各国人均收入差异的大部分，这也是我们看到的现实情况。

① C. Hsieh and P. Klenow, 2010. "Development Accounting," *American Economic Journal：Macroeconomics* 2, 207-223.

各国的人力资本差异虽然没有全要素生产率差异那么重要，但仍然是各国收入差异的一个重要影响因素。另外，人力资本差异也有可能通过影响全要素生产率差异而造成收入差异。高人力资本国家拥有受教育程度很高的劳动力，很善于研究与开发，这又会驱动全要素生产率增长。这一过程并没有反映在索洛增长模型中，而成为现在许多宏观经济研究的对象。

具体到一个国家，到底是什么因素决定了人力资本积累？政府政策可能很重要，比如公共教育的资金支持、私人教育的税收待遇以及在职培训的补贴等。再者，社会如何有效地利用人们的天赋也是极其重要的。谢长泰、埃里克·赫斯特（Erik Hurst）、查尔斯·琼斯（Charles Jones）和彼得·克莱诺阐释了这一问题。[1]

一个经济体要解决的一个大问题是，把具有不同天赋的人配置到不同的职业上。有些人在医学上具有比较优势，这些人就应该当医生；有些人在核算上具有比较优势，这些人就应该当会计。但社会可能没有很好地解决这类问题。也许是因为教育机会的不平等或歧视，一些少数族裔进不了高技能职业。职场上女性受到的待遇可能会扭曲女性的职业选择。

谢长泰、赫斯特、琼斯和克莱诺观察到，美国在 1960 年医生、律师和经理是白人的比例分别为 94％、96％和 86％。到 2008 年，该比例分别为 63％、61％和 57％。在他们看来，这些观察值表明，美国社会在 2008 年比在 1960 年更好地配置了人才，同时他们还打算测算这对经济的影响。在他们的论文中，他们认为，1960—2008 年间，美国实际 GDP 增长的 17％～20％可能要归因于各职业的人尽其才。他们没有打算具体解释哪些因素作出了贡献，比如他们没能告诉我们平权行动计划对改善人才配置是不是一个重要因素。不过，这些数字是惊人的，表明消除有效职业选择的障碍能大大改善社会的平均经济福利。

本章小结

● 我们讨论了七个经济增长事实，它们是：

1. 在 1800 年左右工业革命发生之前，生活水平几乎长期没有什么变化，各国的差异也很小。

2. 工业革命之后，最富裕国家的人均收入持续增长。1900 年后，美国人均收入的年均增长率约为 2％。

3. 各国的投资率与人均产出正相关。

4. 各国的人口增长率与人均产出负相关。

5. 1800—1950 年间，世界各国的人均收入增长差异很大，西欧国家、美国、加拿大、澳大利亚和新西兰这些国家拉大了与世界其他国家的收入差距。

6. 各国 1960 年的劳均产出水平与 1960—2007 年的劳均产出平均增长率基本不相关。

7. 同穷国相比，富国的人均实际收入增长率

---

[1] C. Hsieh, E. Hurst, C. Jones, and P. Klenow, 2011. "The Allocation of Talent and U. S. Economic Growth," working paper, Stanford University.

非常接近。

● 本章讨论的第一个模型是马尔萨斯经济增长模型。在该模型中，劳均消费增加导致人口增长，产出取决于劳动投入和固定数量的土地。

● 马尔萨斯模型预测，从长期看，全要素生产率提高对劳均消费没有影响，但人口会增长。从长期来看，只有人口增长下降——通过政府的人口控制，生活水平才能提高。

● 索洛增长模型是一个外生增长模型，在这个模型的长期稳定状态中，总产出、总消费和总投资等的增长可以用劳动力的外生增长来解释。

● 在索洛增长模型中，若全要素生产率无变化，则劳均产出在长期会向稳定状态水平收敛。这个模型预测，从长期看，当储蓄率提高或人口增长下降时，劳均产出将增长。这两个预测都与经验数据相符。

● 在索洛增长模型中，储蓄率提高会使劳均消费或增或减。在稳定状态下，黄金律储蓄率会使劳均消费最大化。索洛增长模型还预测，从长期来看，除非全要素生产率持续提高，否则用劳均收入衡量的一国生活水平无法提高。

● 增长核算是衡量资本存量、就业和全要素生产率等增长对总产出增长的贡献的一种方法，而全要素生产率是用索洛残差衡量的。

● 用柯布-道格拉斯生产函数衡量的索洛残差表明，美国 20 世纪 60 年代末出现了生产率减速，一直持续到 80 年代。生产率减速的原因是：（1）衡量总产出时出现误差；（2）衡量生产投入特别是资本投入时出现误差；（3）因采用新的信息技术而发生学习成本。

● 20 世纪 80 年代和 90 年代的生产率增长有所回升，而 2000—2010 年的生产率增长低于 20 世纪 90 年代。所观察到的这些现象与下列事实相符：到 20 世纪 80 年代中期，新信息技术的学习成本大部分都没有了，而 2000 年后能源价格快速攀升。

主要概念

外生增长模型（exogenous growth model）：模型中导致增长的因素不是由模型本身决定的模型。

内生增长模型（endogenous growth model）：模型中导致增长的因素是由模型本身决定的模型。

稳定状态（steady state）：长期均衡或静止点。马尔萨斯模型和索洛模型都具有经济向单一稳定状态收敛的特征。

劳均生产函数（per-worker production function）：在马尔萨斯模型中，劳均生产函数是 $y=zf(l)$，其中，y 是劳均产出，z 是全要素生产率，l 是劳均土地量，f 是函数。这个函数描述了在规模收益不变的前提下劳均产出与劳均土地量之间的关系。在索洛增长模型中，劳均生产函数是 $y=zf(k)$，其中，y 是劳均产出，z 是全要素生产率，k 是劳均资本量，f 是函数。在这种情况下，劳均生产函数描述了在规模收益不变的前提下劳均产出与劳均资本之间的关系。

黄金律劳均资本量（golden rule quantity of capital per worker）：在稳定状态下，使劳均消费最大化的劳均资本量。

黄金律储蓄率（golden rule savings rate）：在竞争性均衡的稳定状态下，使劳均消费最大化的储蓄率。

增长核算（growth accounting）：用生产函数和总产出、资本投入、劳动投入的数据来衡量资本、劳动力、全要素生产率等的增长对总产出增长的贡献。

生产率减速（productivity slowdown）：测量出的全要素生产率增长从 20 世纪 60 年代末开始放慢速度，一直持续到 80 年代。

复习题

1. 外生增长与内生增长的区别是什么?

2. 七个经济增长事实的内容是什么?

3. 在马尔萨斯模型中,全要素生产率提高对稳定状态的人口和劳均消费有什么影响?

4. 在马尔萨斯模型中,能提高生活水平的因素有哪些?

5. 马尔萨斯是正确的吗?请说说你的理由。

6. 索洛增长模型中的稳定状态有什么特点?

7. 在索洛增长模型中,储蓄率提高、人口增长率提高和全要素生产率提高的稳定状态效应是什么?

8. 解释是什么决定了黄金律劳均资本量和黄金律储蓄率。

9. 从何种意义上讲,索洛增长模型对于生活水平提高的前景给出的结论比马尔萨斯模型更乐观?

10. 柯布-道格拉斯生产函数对分析经济增长为什么有用?

11. 在等式 (7.21) 中,生产函数中的参数 a 是什么?

12. 索洛残差衡量的是什么?它的经验特征是什么?

13. 生产率减速的三个可能原因是什么?

14. 用什么因素来解释 20 世纪 80 年代和 90 年代的生产率增长回升以及始于 2000 年的生产率增长下降?

思考题

1. 在马尔萨斯模型中,假定土地量增加。用图形确定这在长期稳定状态中的影响,解释你的结论。

2. 在马尔萨斯模型中,假定出现了降低死亡率的技术进步。用图形确定这在长期稳定状态中的影响,解释你的结论。

3. 在索洛增长模型中,假定每一数量资本投入的边际资本产出都增加,劳动投入既定。

(a) 说明这对总量生产函数的影响。

(b) 用图形确定稳定状态下这对劳均资本量和劳均产出的影响。

(c) 解释你的结论。

4. 假定折旧率提高。在索洛增长模型中,确定稳定状态下这对劳均资本量和劳均产出的影响。解释你的结论背后的经济学直觉。

5. 假定经济最初处于稳定状态,且在一国的资本存量中,有一些会因自然灾害或战争而减少。

(a) 确定这对劳均资本量和劳均产出的长期影响。

(b) 在短期,总产出增长率会高于还是低于劳动力增长率?

(c) 第二次世界大战后,联邦德国和日本的实际 GDP 增长都很高。你有关 (a) 和 (b) 的结论怎样才能阐释这个史实?

6. 如果全要素生产率下降,用图形确定其对黄金律劳均资本量和黄金律储蓄率的影响。解释你的结论。

7. 修改一下索洛增长模型,把政府支出加进去。政府当期购买 G 单位的消费品,其中 $G=gN$,g 是一个正的常量。政府通过向消费者征收一次总付税为其购买筹资,用 T 表示税收总收入,政府预算在每一期都是平衡的,因此 $G=T$。消费者的消费占可支配收入的比例是不变的,即 $C=(1-s)(Y-T)$,其中 s 是储蓄率,且 $0<s<1$。

(a) 推导出与等式 (7.18)、等式 (7.19) 和等式 (7.20) 类似的等式,用图形说明劳均资本量 k^* 是如何决定的。

(b) 证明可能有两个均衡状态,一个是高 k^*

的均衡状态，一个是低 k^* 的均衡状态。

(c) 不考虑低 k^* 的稳定状态（可以证明，这种稳定状态是"不稳定的"）。确定稳定状态下 g 提高对劳均资本和劳均产出的影响。这对总产出、总消费和总投资的增长率有何影响？

(d) 解释你的结论。

8. 确定人口增长率下降对黄金律劳均资本量和黄金律储蓄率的影响。解释你的结论。

9. 利用索洛增长模型，看一个数字例子。假定 $F(K, N) = K^{0.5} N^{0.5}$，$d = 0.1$，$s = 0.2$，$n = 0.01$，$z = 1$，时间为一年。

(a) 确定稳定状态下的劳均资本、人均收入和人均消费。

(b) 现假定经济最初处于你在（a）中计算出来的稳定状态。然后，s 提高至 0.4。

i. 确定储蓄率提高后 10 年里每年的劳均资本、人均收入和人均消费。

ii. 确定新的均衡状态下的劳均资本、人均收入和人均消费。

iii. 讨论你的结果；特别是要谈一谈储蓄率变化后向新均衡状态的调整速度以及劳均资本、人均收入和人均消费的变化路径。

10. 假定我们修正索洛增长模型，即考虑长期技术进步。也就是说，为方便起见，假定 $z = 1$，且出现了增加劳动力的技术进步，生产函数为：

$$Y = F(K, bN)$$

式中，b 为劳均"人力资本"的数量；bN 为劳动力的"效率单位"。令 b' 为未来劳均人力资本，假定 $b' = (1 + f)b$，其中，f 是人力资本增长率。

(a) 证明长期均衡具有如下性质：$k^{**} = K/(bN)$ 是常量。在这种稳定状态下，总产出、总消费、总投资和人均收入的增长率是多少？请解释。

(b) f 提高对人均收入增长会有什么影响？同标准的索洛增长模型相比，该模型的表现如何？

11. 改变索洛增长模型，使生产技术由 $Y = zK$ 确定，其中 Y 是产出，K 是资本，z 是全要素生产率。因此，产出只取决于资本。

(a) 说明人均收入无限期增长是可能的。

(b) 说明储蓄率提高会提高人均收入增长率。

(c) 根据（a）和（b），这个模型与基本的索洛增长模型有什么区别？解释这些区别并讨论。

12. 看一个数字例子。在索洛模型中，假定 $n = 0$，$s = 0.2$，$d = 0.1$，$F(K, N) = K^{0.3} N^{0.7}$。又假定最初在时期 $t = 0$，$z = 1$，经济处于均衡状态。

(a) 确定初始均衡状态下的消费、投资、储蓄和总产出。

(b) 假定在时期 $t = 1$，全要素生产率下降到 $z = 0.9$，然后在时期 $t = 2, 3, 4, \cdots$，全要素生产率又恢复到 $z = 1$。计算 $t = 1, 2, 3, 4, \cdots$ 每一时期的消费、投资、储蓄和总产出。

(c) 在时期 $t = 1$，全要素生产率下降到 $z = 0.9$ 且此后总保持该水平，请重做（b）的问题。

(d) 讨论你在（a）到（c）中得到的结果。

13. 分析下列数据：

年度	$\hat{Y}$（10 亿 2005 年美元）	$\hat{K}$（10 亿 2005 年美元）	$\hat{N}$（百万）
1995	9 086.0	31 438.0	124.9
1996	9 425.8	32 338.4	126.7
1997	9 845.9	33 307.7	129.6
1998	10 274.7	34 428.0	131.5
1999	10 770.7	35 679.0	133.5
2000	11 216.4	36 999.0	136.9
2001	11 337.5	38 164.0	136.9
2002	11 543.1	39 233.9	136.5
2003	11 836.4	40 322.6	137.7
2004	12 246.9	41 471.4	139.2
2005	12 623.0	42 609.9	141.7
2006	12 958.5	43 836.6	144.4
2007	13 206.4	44 949.2	146.1

(a) 计算 1995—2007 年每年的索洛残差。

(b) 计算 1996—2007 年产出、资本、就业和全要素生产率的年度增长率。每年哪一因素对总产出增长的贡献最大？贡献最小的是哪一因素？有没有让你感到意外的？如有，请解释。

第8章 各国收入差距与内生增长

本章扩展第 7 章的内容，探讨另外一些与索洛增长模型的预测有关的问题，并分析内生增长理论，尤其是更多地分析有关世界各国之间持续存在的巨大收入差距的原因。

索洛增长模型对穷国追赶富国的能力作出了令人信服的预测。特别是在索洛模型中，各国最初虽有穷富之分，但若其他方面都一样，人均收入总会趋同。这个模型表明，最初贫穷的国家，其人均收入的增长速度要快于最初富裕的国家。联系索洛增长模型来看，最富裕的国家看上去已经趋同了。也就是说，1960 年相对富裕的国家，之后的人均收入的年均增长率没有多大差别。不过，那些比较贫穷的国家，人均收入似乎并没有趋同的趋势，且最贫穷的国家似乎离最富裕的国家越来越远，更谈不上追赶。因此，如果我们假定所有国家都是一样的，特别是在所拥有的技术方面都一样，那么索洛模型与世界各国收入分配的演变方式就不完全相符。

然而，如果不同的国家拥有不同的技术将会怎样？如果在某些国家，因技术变革而遭受损失的群体有能力阻止新技术的应用，各国的技术状况就会不同。例如，如果一国的法律制度赋予工会以权力，那么工会可能就会阻止企业采用会使其会员的技能变得过时的技术。同样，国际贸易的政治障碍（关税、进口配额和补贴）也会使企业免于国际竞争，抑制新技术开发的积极性。因此，如果不同的国家设置不同的技术应用障碍，各国生活水平的差距就可以用索洛增长模型那种方式来解释。

在不同的国家，企业间的生产要素配置效率有别，各国间的总体技术能力便会有差异。例如，在撒哈拉以南非洲国家，政治腐败和糟糕的金融制度增加了具有良好政治关系或碰巧认识银行家的企业的获利机会，而这些企业实际上没有商品生产的高效技术。这些事不大可能出现在美国、瑞典、加拿大和澳大利亚，在这些国家，政治腐败没那么严重，而金融体系高度发达，这会引导生产要素流向最有效率的用途。

用于解释各国生活水平差距持续存在的另一类模型是内生增长模型。在本章，我们将分析一个简单的内生增长模型，并说明这个模型的一些预测如何有别于索洛增长模型的预测。我们要分析的内生增长模型将说明，技能和教育的积累对经济增长何等重要。我们将利用这个模型，评价经济政策是如何影响配置给技能和教育的资源数量以及如何影响增长的。

与索洛增长模型不同，对于除了最初有贫富之分外其他都相同的各国，我们要论述的内生增长模型并没有就其人均收入水平的趋同趋势作出预测。事实上，内生增长模型预测，人均收入的差距永远存在。该模型指明了一些因素，这些因素对于解释世界上最富裕国家和最贫穷国家生活水平差距的持续存在非常重要。

趋同

第 7 章讨论了各国间人均收入水平和人均收入增长率的巨大差距。尽管这些统计数字可以使我们了解到世界各国（地区）生活水平和增长存在巨大差距，但我们也很想知道，这些差距随着时间的推移，是在扩大还是在缩小，原因是什么。在生活水平上，穷国有赶上富国的趋势吗？如果穷国赶不上富国，原因是什么？穷国需要采取什么措施？

索洛增长模型对穷国赶上富国的能力作出了有说服力的预测。例如，假定两个国家在全要素生产率（它们都拥有相同的技术）、劳动力增长率和储蓄率方面都一样，但最初富国的劳均资本水平高于穷国；给定劳均生产函数，富国的劳均产出量也高于穷国。索洛增长模型预测，两国将趋向于相同的劳均资本水平和劳均产出水平。最终，穷国将在生活水平方面赶上富国。

根据索洛增长模型，图 8-1 给出了当期劳均资本 k 与未来劳均资本 k' 的关系。穷国最初的劳均资本量为 k_p，而富国最初的劳均资本量为 k_r。两国的劳均资本和劳均产出都会增长，但在长期，两国的劳均资本都是 k^* 单位，劳均产出量相同。

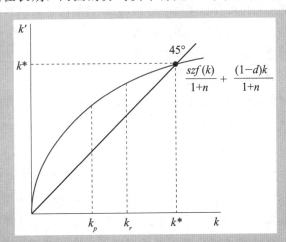

图 8-1　贫富国家和稳定状态

两个在其他方面都相同的国家，最初的劳均资本分别为 k_p（穷国）和 k_r（富国）。在长期稳定状态中，两国都将收敛于 k^* 数量的劳均资本。

图 8-2 给出了富国和穷国实际劳均收入的长期变化路径。富国和穷国最初的差距随着时间的推移会缩小，而且从长期看将消失。

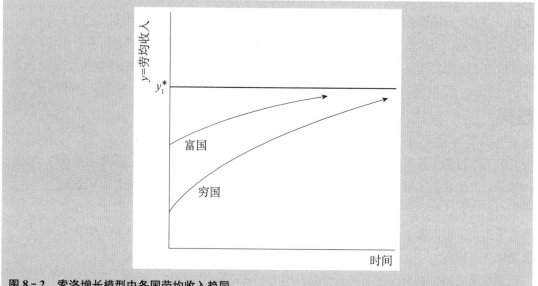

图 8-2　索洛增长模型中各国劳均收入趋同
两个在其他方面都相同的国家，如果一国劳均收入（穷国）低于另一国（富国），在长期稳定状态中，两国都将收敛于相同的劳均收入水平 y_1^*。

在上面的例子中，富国和穷国在长期也具有相同的总产出增长率（等于它们都相同的劳动力增长率）。前面讲过，索洛增长模型预测总产出在长期将按劳动力增长率增长，因此，若富国和穷国有相同的劳动力增长率，它们的长期总产出增长率将相同。假定富国和穷国最初也有相同的劳动力水平，则如索洛增长模型所预测的，总产出的增长路径在长期将一样。图 8-3 给出了富国和穷国总产出的自然对数长期增长路径。如索洛增长模型所预测的，如果穷国的总产出最初较低，它的总产出增长率将高于富国，这将使穷国的总产出水平赶上富国。在长期，富国和穷国的总产出增长将趋向于相同的增长率。

因此，假定各国在技术上无差异，索洛模型对目前是穷国的发展前景十分乐观。在这些条件下，该模型预测，世界各国的生活水平将趋同，若是有差距的话，也是因为储蓄率和人口增长率不同。

然而，有充分的理由表明，各国间的技术有差异，从而全要素生产率不尽相同。首先，不管是工人还是管理者，学习和使用新技术都需要时间。第 7 章曾经讨论过，美国从 20 世纪 60 年代末到 80 年代发生的生产率下降，就可以解释为这一时期是新的信息技术被消化吸收的学习时期。这一过程正是所谓的**"边干边学"**（learning by doing）。边干边学不仅推动了世界最新技术的采用，在各国间的技术扩散过程中也很重要。一般来说，富国所用的技术扩散到穷国要有一个学习时期。所以，边干边学的结果是，全要素生产率在国家间的差异持续存在。

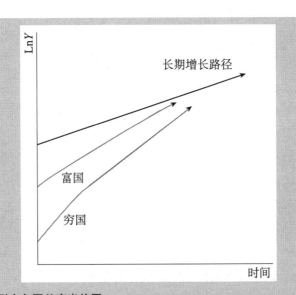

图 8 - 3　索洛增长模型中各国总产出趋同

最初有穷富之分的两国，在长期都将收敛于相同的长期增长路径，产出按不变速度增长。

其次，各国间的生产率差异持续存在是因为新技术应用有障碍。[①] 这种障碍源于工会权力，工会可以保护企业现有职工的利益，也可以阻止生产重组或新型机器设备的引进。还有，保护本国产业的贸易限制或政府补贴，形成了技术应用的障碍。享受补贴的产业不愿意在研究与开发上投资，从而失去在世界市场上的竞争力。

最后，各国间的总体技术水平不同是由企业间生产要素的配置效率差异所致。例如，政治腐败可能使无效率的企业处于优势地位，比如某一政治家的亲戚获得政府合同，或补贴给予了行贿的行业等。再有，一国的金融部门越不发达，越不能将资源配置到其最佳用途上。例如，在一个金融市场很糟糕的国家，想创办一家创新型企业可能借不到钱。

边干边学、新技术应用的种种障碍以及各国生产要素的配置效率差异，凡此种种会导致全要素生产率千差万别，生活水平难以趋同。为了分析其机理，请看图 8 - 4。假定有三个不同的国家，分别称其为穷国、中等收入国和富国，它们的全要素生产率水平分别是 z_p、z_m 和 z_r，且 $z_p < z_m < z_r$。我们还假定这三个国家有相同的人口增长率和相同的储蓄率。在图 8 - 4 中，穷国、中等收入国和富国的稳定状态劳均资本水平分别是 k_p^*、k_m^* 和 k_r^*，稳定状态劳均产出按穷国、中等收入国和富国以升序排列。在稳定状态下，这三国的生活水平差距永久存在，但总产出的增长率都相同。因此，如果存在着引起各国总体全要素生产率不同的因素，索洛模型就可以解释各国人均收入的差距。

① S. Parente and E. Prescott，2000. *Barriers to Riches*，MIT Press，Cambridge，MA.

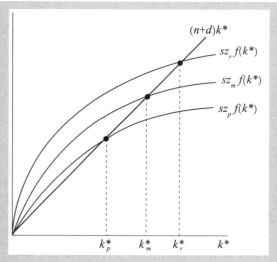

图 8-4 全要素生产率差异可以解释各国劳均收入的差距

如果各国因技术应用的障碍不同而具有不同的全要素生产率水平，那么稳定状态下的各国劳均资本和劳均收入就会不同。

　　假如各国人均收入差距巨大的部分原因是全要素生产率差异，穷国怎样做才能赶上富国？第一，政府应促使企业加大竞争力度。如果垄断权力不受政府保护，那么企业为了具有竞争力，就不得不开发和采用新技术，从而提高生产率。第二，政府应推动自由贸易。正如激烈的国内竞争一样，国与国之间的竞争加剧，可以促进尖端技术的创新和应用。第三，政府应使一些生产私有化，因为国有制的经济理由并不充分。不必要的国有制常常以牺牲效率为代价来保护就业，这往往会降低全要素生产率。第四，政府可以采取行动减少政府腐败。

专　栏

理论与经验数据：世界各国的劳均收入会趋同吗？

　　如果世界各国的劳均收入趋同，我们就会观察到，随着时间的推移，劳均收入的差距会缩小。同样，如果在某一时点上我们观察世界各国，就会看到穷国劳均收入的增长率高于富国。也就是说，我们会看到各国的劳均收入增长率与劳均收入水平负相关。

　　在本节我们分析了世界各国的趋同证据。由第 7 章 "经济增长事实" 的事实（6）可知，当我们考察世界上所有国家时，1960 年的劳均产出水平与 1960—2007 年间的劳均产出平均增长率之间基本不相关。事实（7）是，同穷国相比，富国间的实际人均收入增长率非常接近。因此，1960—2007 年，世界上所有国家之间看不出趋同。不过，有证据显示，同期世界上最富裕的国家之间出现了趋同，因为它们的人均收入增长率相差无几（至少相对于我们看到的穷国的情况而言）。

　　下列情况可以使我们从数据中观察到的趋同与索洛增长模型的预测相符。首先，我们认为，1960 年世界上最富裕的国家（西欧各国、美国、加拿大、澳大利亚和新西兰）都具有大致相同的技术。由索洛增长模型可知，我们应预见到这些国家的生活水平会出现趋同，所出现的细微差距只是由于人口增长率和储蓄率不同。其次，穷国生活水平长期存在的差距趋势可用索洛模型来解释，即这些国家因技术应用的障碍不同以及企业的生产要素配置效率不同而导致全要素生产率水平不同。

　　技术应用的障碍会导致各国劳均收入差距长期存在，为了证实这一观点，我们需要额外的证据，包括各国存在这些障碍的证据和这些障碍明显不同的证据。斯蒂芬·帕伦特（Stephen Parente）和爱德华·普雷斯科特（Edward Prescott）在其《走向富国的障碍》（*Barriers to Riches*）一书中，考察了特定行业和特定国家的情况，提供了大量的两类证据。[①] 他们认为，美国的纺织业和采矿业存在抵制新技术应用的证据。而且，如果我们分析各国的这些行业并测算它们的生产率，就可以得到证据来证实下列观点：技术应用的障碍对解释生产率差距极其重要。

　　存在阻碍穷国采用最富裕的国家所用技术的障碍，这一观点得到了数据的证实，这些数据的一个重要特征是，增长奇迹没有发生在非常富裕的国家和地区。根据我们在第 7 章的观察，自 1900 年以来，美国人均收入增长率的波幅每年不超过 2%。第二次世界大战后，日本、韩国、中国台湾、新加坡和中国香港出现了增长奇迹。就在这些国家和地区迅速增长之时，它们的生活水平仍明显落后于美国。它们的增长奇迹来自技术应用障碍的消除，这些障碍消除后，其劳均收入便很快接近美国的水平。

　　一些经济学家在解释国家间生活水平差异时，研究了生产要素在企业间错配的影响程度。比如，谢长泰（Chang-Tai Hsieh）和彼得·克莱诺（Peter Klenow）估计，如果中国和印度的资本和劳动力配置效率就像美国那样，那么，中国的全要素生产率会高出 30%～50%，印度的全要素生产率会高出 40%～60%。[②] 这一证据表明，消除政府腐败、金融部门无效率以及无效的税收和补贴，可以实现世界各国的生活水平不相上下，但不可能一蹴而就。

> **专栏**
>
> ## 宏观经济学实践：衡量经济福利——人均收入、收入分配、闲暇和寿命
>
> 　　本章把注意力集中在了衡量一国经济福利的一种特定指标——实际人均 GDP 上。如第 2 章所讲，人均 GDP 是衡量市场经济活动的一个良好指标，它的确与总体经济福利高度正相关。不过，实际人均 GDP 遗漏了经济活动和经济福利的某些方面，而这些方面对于评价一国的经济健康状况以及进行国际比较又很重要。

[①]　S. Parente and E. Prescott, 2000. *Barriers to Riches*, MIT Press, Cambridge, MA.

[②]　C. Hsieh and P. Klenow, 2009. "Misallocation and Manufacturing TFP in China and India," *Quarterly Journal of Economics* 124, 1403-1448.

作为衡量总体经济福利的一个指标，实际人均 GDP 遗漏了什么？第一，这一衡量指标没有考虑收入在人们之间是如何分配的。说得极端一些，如果一个人拥有全部收入，而其他所有人一无所有，该社会不可能是小康社会。在其他一切都保持不变的情况下，我们还是希望一个社会的收入分配比较平等。近年来，收入和财富分配问题变得越来越紧迫。由于高技能工人的需求、技术的变革以及来自欠发达国家的激烈竞争等种种原因，美国高技能工人和低技能工人间的工资差距扩大了。这使得发达国家的家庭之间的收入差距越来越大。再有，金融行业高层管理者以及获得最高收入的人不配得到那么高的报酬，尤其是金融危机之后，公众对此越来越关注。这种关注是有道理的，因为在金融部门的这种高收入当中，有一部分可能是来自政府救助（政府把收入从穷人那里再分配给富人）、腐败甚至欺诈。

实际人均 GDP 作为衡量经济福利的一个指标的第二个缺陷是没有考虑闲暇。一国比较富裕在一定程度上可能是因为其居民将其所有时间都用在工作上，几乎没有时间去享受其劳动果实。第三，人口的健康状况很重要，这可以用寿命的长短来衡量。第四，一国的收入可能很高，但如果它投资太多，或者对其他国家的居民负债，消费就会很低。我们宁愿用消费取代收入，作为衡量经济福利的指标。

查尔斯·琼斯（Charles Jones）和彼得·克莱诺（Peter Klenow）的研究旨在求出某一国家的某一数值，该数值能够涵盖上述所有因素，并且是一个可以进行国际比较的经济福利衡量指标。[①] 该福利指标是根据选择理论框架推演而来的，并以普通人的消费单位数量得到一个数值。

琼斯-克莱诺的结果很有意思。从某种意义上说，他们的研究是令人信服的，因为这项研究表明，在进行福利的国际比较时，实际人均 GDP 可作为一个粗略指标。琼斯和克莱诺发现，他们的福利指标与各国实际人均 GDP 之间的相关系数是 0.95。不过，琼斯-克莱诺指标缩小了西欧国家和美国之间的差距。比如在 2000 年，法国的人均实际收入是美国的 70%，但按琼斯-克莱诺福利指标，法国居民的富裕程度是美国居民的 94%。这种缩小的原因在于，法国更平等，法国人的闲暇更多，寿命也比美国人长。

内生增长：人力资本积累模型

索洛增长模型存在的主要缺陷可能源于它对增长本身这个重要的观察结果未作解释。索洛模型依赖于模型以外的全要素生产率提高导致的人均产出的增长，这似乎并不令人满意，因为我们想弄明白隐藏在全要素生产率提高背后的经济力量是什

---

① C. Jones and P. Klenow, 2011. "Beyond GDP? Welfare Across Countries and Time," working paper, Stanford University.

么。全要素生产率增长涉及企业研发、教育和职业培训，而所有这些活动都受经济环境的影响。因此，我们想用一个经济增长模型来回答下列问题：全要素生产率增长对用于公共教育的公共资金数量有何反应？研发补贴对全要素生产率增长有何影响？通过政府干预推动经济增长明智吗？索洛增长模型无法回答这些问题，但解释增长率的内生增长模型可以回答。

我们在此分析的内生增长模型是罗伯特·卢卡斯（Robert Lucas）构建的内生增长模型的一种简化形式。[①] 早期对内生增长研究作出重要贡献的另一位学者是保罗·罗默（Paul Romer）。[②] 在这个模型中，典型消费者在供给创造产出的劳动与积累**人力资本**（human capital）之间分配其时间，其中人力资本是工人在某一时点所积累的技能和教育存量。工人拥有的人力资本水平越高，其创造的产出就越多，生产的新的人力资本也就越多。因此，较高水平的人力资本意味着经济能以较快速度增长。

如果我们考虑现实经济，则在任何给定的时间，在适龄就业人口当中，一部分人就业，生产产品和服务；一部分人上学；一部分人失业，或不在劳动力之列。那些上学的适龄就业人口会有一种社会机会成本，因为这些人若不上学，就可以从事产品和服务生产。然而，通过接受学校教育，人们积累了技能（人力资本），较多的高技能劳动力在未来可以创造更多的产出。同样，较多的高技能人口可以更好地将技能传授给其他人，这样，如果人力资本水平较高，则人力资本积累就更有效率。

因此，人力资本积累是一种投资，就像对厂房和设备的投资一样，因为它会有当期成本和未来收益。然而，除了物质投资体现在机器和建筑上、人力资本投资体现在人本身上这种明显的差异之外，还有充足的理由认为，物质投资与人力资本投资有根本的区别。回想一下，在索洛增长模型中，物质资本积累的边际收益是递减的，因为更多的资本加入到了固定数量的劳动力上，边际产出的增加最终会下降。人力资本积累的不同之处在于，人类的知识似乎没有极限，或者说在知识与技能增加的情况下，人的生产能力似乎没有极限。保罗·罗默认为，知识的一个重要特征是**非竞争性**（nonrivalry）。[③] 也就是说，某个人获得知识并不会减弱其他人获得同样知识的能力。大多数商品具有竞争性；例如，我享用了饭店服务，就限制了其他人获得饭店服务的收益，因为在某个城市的某一时刻，只有固定数量的饭店客房是可用的。物质资本积累也具有竞争性，因为某家企业添置厂房和设备，会耗减其他企业添置厂房和设备所需的资源。因此，人力资本投资的边际收益递减似乎有点反常。人力资本投资的收益不递减，导致在我们分析的内生增长模型中增长无止境，

---

① R. Lucas，1988. "On the Mechanics of Economic Development," *Journal of Monetary Economics* 22，July，3－42.

② P. Romer，1986. "Increasing Returns and Long-Run Growth," *Journal of Political Economy* 94，500－521.

③ P. Romer，1990. "Endogenous Technological Change," *Journal of Political Economy* 98，S71－S102.

哪怕是没有推动经济增长的外生力量。

典型消费者

在我们所分析的内生增长模型中，假定存在一个典型消费者，在当期拥有 H^s 单位的人力资本。在每一时期，这个消费者都有一单位时间（与在马尔萨斯模型和索洛模型中一样，有一单位时间只是为了标准化），可以在工作和人力资本积累之间进行分配。为简化起见，我们假定消费者没有时间用于闲暇。用 u 表示每一时期用于工作的时间量，因此用于工作的**有效劳动量**（efficiency units of labor）是 uH^s，即消费者能有效提供的劳动量是用于工作的时间量乘以消费者的人力资本量。消费者的人力资本量是衡量其工作时间的生产率的指标。消费者的每一有效劳动量的当期实际工资为 w。为简化起见，我们假定消费者没有储蓄，因此其当期的预算约束是：

$$C = wuH^s \tag{8.1}$$

或者说，消费等于总劳动所得。

尽管消费者没有储蓄，但其通过积累人力资本，就可以用当期消费换取未来消费。由于用 u 单位的时间来工作，因此，剩余的 $1-u$ 就可用于人力资本积累。积累人力资本的技术由下式给定：

$$H^{s\prime} = b(1-u)H^s \tag{8.2}$$

也就是说，未来的人力资本存量（用 $H^{s\prime}$ 表示）与用于人力资本积累的当期有效劳动量［用 $(1-u)H^s$ 表示］成正比。这里，b 是一个参数，用以反映人力资本积累技术的效率，且 $b>0$。因此，等式（8.2）表达的思想是，技能和教育的积累越容易，人（或社会）所拥有的技能和教育就越多。

典型企业

为简化起见，在这个模型中没有物质投资，典型企业只用有效劳动量生产产品。生产函数表示为：

$$Y = zuH^d \tag{8.3}$$

式中，Y 为当期产出，$z>0$ 为有效劳动量的边际产量，uH^d 为当期投入生产的有效劳动量。也就是说，uH^d 是典型企业对有效劳动量的需求。生产函数式（8.3）具有规模收益不变的性质，原因是，只有一种生产投入，即有效劳动量，增加有效劳动量会同比例地增加产出。例如，有效劳动量 uH^d 增加 1%，当期产出也增加 1%。

典型企业雇用有效劳动量 uH^d，使当期利润最大化，其中利润为：

$$\pi = Y - wuH^d$$

即生产的产出量减去支付给工人的工资。将等式（8.3）代入上式，得到：

$$\pi = zuH^d - wuH^d = (z-w)uH^d \tag{8.4}$$

此时，若 $z-w<0$，那么，如果企业雇用的有效劳动量为正，等式（8.4）的利润

就为负，因而当 $uH^d = 0$ 时，企业实现利润最大化。若 $z - w > 0$，那么，对于雇用的每一单位有效劳动量，利润都为 $z - w$，因而企业想雇用无限数量的工人来实现利润最大化。若 $z = w$，那么，无论雇用多少工人，企业利润都为零，因而企业对所雇用的有效劳动量不在乎。我们断定，企业的有效劳动量需求曲线在 $z = w$ 时具有完全弹性。图 8-5 给出了企业的有效劳动量需求曲线，这只不过是一种特殊情形，即有效劳动量的需求曲线等同于边际产量曲线。这里，有效劳动量的边际产量为常数 z。因此，不论有效劳动量的供给曲线是什么，需求与供给总会在实际工资 $w = z$ 处相交，如图 8-5 所示。换言之，每一有效劳动量的均衡实际工资总是 $w = z$。这意味着每工作小时的实际工资是 $wH^d = zH^d$，因而我们从经验角度衡量的实际工资与典型消费者的人力资本量成正比。

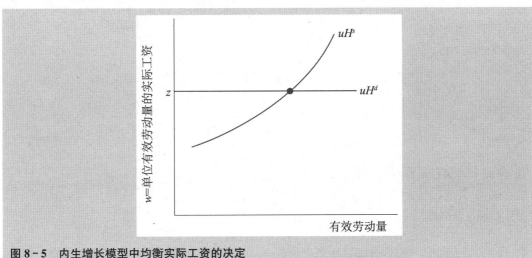

图 8-5　内生增长模型中均衡实际工资的决定

该图给出了内生增长模型中有效劳动量的供求曲线。均衡工资是 z，即有效劳动量的边际产量不变。

竞争性均衡

此时理解竞争性均衡相当简单。每一时期只有一个市场，在该市场上用消费品交换有效劳动量，我们已经知道，这个市场总在实际工资 $w = z$ 时出清。由市场出清可得 $uH^s = uH^d$（有效劳动量的供求相等），因此 $H^s = H^d = H$。于是，替换等式（8.1）和等式（8.2）中的 w 和 H^s，得到：

$$C = zuH \tag{8.5}$$

和

$$H' = b(1 - u)H \tag{8.6}$$

因此，给定当期人力资本 H，等式（8.6）就可以确定未来人力资本 H'，图 8-6 揭示了这种关系。曲线 $b(1-u)H$ 的斜率是 $b(1-u)$，如果 $b(1-u) > 1$，那么 $H' > H$，未来人力资本总大于当期人力资本，而且随着时间的推移，人力资本无限增长。由等式（8.6）可以推导出人力资本的增长率为：

$$\frac{H'}{H} - 1 = b(1-u) - 1 \tag{8.7}$$

这是一个常数。此时重要的是，如果 b 升或 u 降，人力资本增长率会提高。如前所述，b 决定了人力资本积累技术的效率，它可解释为教育部门的效率。因此，该模型预测，教育体系效率越高的国家，其人力资本增长率也应该越高。如果 u 下降，那么在每一时期，用于人力资本积累的时间就更多，而用于生产产品的时间就更少。这会使人力资本增长率提高，似乎是顺理成章的事。

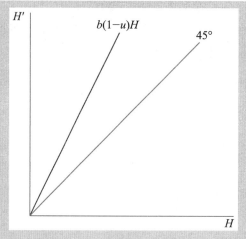

图 8-6 内生增长模型中的人力资本积累

曲线 $b(1-u)H$ 把未来人力资本量 H' 表示为当期人力资本 H 的函数。如图所示，对于任意的 H，有 $H' > H$，从而人力资本永远持续增加。

此时，等式（8.5）在未来也成立，则 $C' = zuH'$，其中 C' 是未来消费。因此，根据等式（8.5），我们可以确定消费的增长率，即：

$$\frac{C'}{C} - 1 = \frac{zuH'}{zuH} - 1 = \frac{H'}{H} - 1 = b(1-u) - 1$$

也就是说，消费增长率等于人力资本增长率。而且，由等式（8.3）和等式（8.5）可以得出 $C=Y$。我们还知道，给定第 2 章的收入-支出恒等式（在我们的模型中，假定无投资、无政府、无净出口），$C=Y$ 在均衡时也一定成立。因此，在均衡时，人力资本、消费和产出都以相同的速度 $[b(1-u)-1]$ 增长。

该模型研究的经济不会因为外生力量而增长。人口无增长（只有一个典型消费者），生产技术长期不变（b 和 z 保持不变）。因此，增长是由于内生力量而导致的，增长率由 b 和 u 决定。在内生增长模型中，导致无限增长的关键因素是等式（8.3）给定的生产函数没有表现出人力资本的规模收益递减。也就是说，该生产函数表现出人力资本的规模收益不变，原因是给定 u，产出与人力资本成正比增长。例如，如果人力资本增长 10%，那么，若 u 保持不变，则产出增长 10%。在索洛增长模型中，由于边际物质资本产量递减，所以增长是有限的，但在这里，边际人力资本产量并不会随着生产中所用的人力资本量的增加而减少。边际人力资本产量不会随着人力资本的增长而减少，原因是知识和技能具有非竞争性；增加教育和技能，不会减少通过获得更多的教育和技能而增加的产量。

经济政策与增长

内生增长模型表明，政府的政策可以影响总产出和消费的增长率。由于人力资本、消费和产出的增长率都取决于 b 和 u，因此应该思考政府的政策如何影响 b 和 u。由于 b 是人力资本积累技术的效率，所以政府的政策可以影响 b，使教育体系更具效率。例如，对学校系统的运转施以更有效的激励，或改变公立教育和私立教育的搭配，就可以提高教育体系的效率。至于政府究竟要采取何种政策来提高 b，我们提不出什么建议，因为我们对教育体系模式缺乏具体的了解。不过，政府的确可以影响教育体系的效率，政治家好像也相信这一点。

政府的政策通过改变 u，也改变了经济增长率。例如，利用税收或对教育进行补贴可以改变 u。如果政府对教育提供补贴，那么，这种政策就会使得人力资本积累比当期生产更可取，从而会使得 u 下降，提高产出和消费的增长率。

假定政府有权降低 u 或提高 b，从而提高消费和产出的增长率。这个主意是好还是坏？为了回答这个问题，我们要问典型消费者的福利因此会有怎样的变化。此时，降低 u 显然会提高消费增长率 $b(1-u)-1$，但也会产生副作用，即使得消费水平下降。也就是说，当期消费是 $C=zuH$，因此就在第一时期，若 u 下降，C 也一定下降，因为初始人力资本 H 是给定的。我们在第 1 章曾经讲过，如果我们按时间画出某一变量的自然对数曲线，那么这条曲线的斜率就约等于增长率。由于在均衡中，消费的增长率 $b(1-u)-1$ 不变，因此若我们按时间画出消费的自然对数曲线，则这条曲线就是一条直线。消费曲线的斜率会随着 u 下降而提高，提高消费的增长率；这条曲线的纵截距会随着 u 下降而减小，因为在第一时期，这会减少消费。因此，当 u 下降时，典型消费者面临着取舍：初期要减少消费，但消费会以更快的速度增加，以至消费最终会高于较高水平 u 时的消费。消费变化的路径如图 8-7 所示。图中，时期 T 之前消费在 u 变化后较低，时期 T 之后，变化后的消费较高。

尽管在长期消费提高了，但消费者是否喜欢高消费增长率的新消费路径尚不清楚。增长率较高的成本是，必须放弃近期消费。消费者喜欢哪种消费路径，取决于他具有怎样的耐心。消费者很没有耐心，通常喜欢低消费增长率的初始消费路径。或者，消费者很有耐心，通常喜欢高消费增长率的新消费路径。因此，结论是，即使政府通过降低 u（比如提供教育补贴）来促进消费增长率提高，也可能会因产生近期成本而不可取。

我们也可以对政府通过提高 b 来提高消费增长率这种情形作类似的分析，b 是决定人力资本积累效率的参数。在这种情形下，内生增长模型并没有明确说明通过提高 b 来提高消费增长率所产生的近期成本。也就是说，当期消费由 $C=zuH$ 给定，因此在第一时期，消费不取决于 b。不过，如果政府通过教育政策来提高 b，这恐怕会产生一些实际的资源成本。假定政府会通过加强对教师和学生表现的监管，以使公共教育更具效率。显然，这种监管存在着成本，用劳动时间表示。在模型中，我们可以把这种成本表示为消费水平的降低，因为用于商品生产的劳动转而用于政府的监管活动了。因此，b 提高虽然会使消费增长率提高，但正如我们分析 u 下降的影响一样，在第一时期，消费会下降。因此，b 提高后的新消费路径与初始消费路径之间的关系如图 8-7 所示。如同 u 下降的情形，典型消费者的境况在消费增长率提高时是否改善尚不清楚，因为存在着短期成本，即消费减少了。

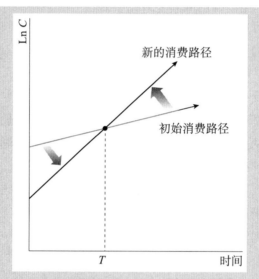

图 8-7　内生增长模型中 u 下降对消费路径的影响

该图揭示了 u 下降的影响，即每一时期都增加了用于积累人力资本的时间。消费（消费等于收入）的增长路径发生了转变。因此，短期内消费下降，但在长期消费会更高。

内生增长模型中的趋同

在索洛的外生增长模型中，除了初始劳均资本量之外各方面都一样的各国，从长期来看，劳均收入水平与劳均增长率都一样。上一节已说明了，索洛增长模型的这种预测与世界上最富裕国家人均收入的变化数据相符，但与穷国的数据不符。要用索洛增长模型解释穷国之间以及穷国与富国之间的差距，就不能不考虑该模型所分析的各国在某种外生因素方面存在的显著差距，即全要素生产率差距。

在这里构建的内生增长模型中，除了人力资本的初始水平不同之外，即使各国在其他各方面都相同，也不会发生趋同。为了说明这一点，首先需要注意的是，在内生增长模型中，消费等于收入，且只有一个消费者，因而，人均收入就等于总收入。相应地，当期消费由 $C=zuH$ 给定，消费增长率是常数 $b(1-u)-1$，因而按时间画出的消费的自然对数曲线是一条直线，如图 8-7 所示。现在，假定我们分析两个国家的情形，这两个国家拥有相同的技术，以相同的方式在商品生产和人力资本积累之间配置劳动。换言之，这两国的 b、z 和 u 都相同。不过，假定两国因初始人力资本水平不同而不同。富国的初始人力资本水平高，用 H_r 表示；穷国的初始人力资本水平低，用 H_p 表示。这意味着富国的初始消费是 $C = zuH_r$，大于穷国的初始消费 $C = zuH_p$。此时，由于两国的 b 和 u 都相同，因此它们的消费增长率 $b(1-u)-1$ 也相同。富国和穷国的消费增长路径如图 8-8 所示。也就是说，两国的收入和消费的初始差距永远存在，不会发生趋同。

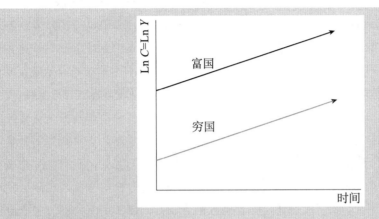

图 8-8　内生增长模型中未发生趋同
在内生增长模型中，只是初始收入不同而其他方面都相同的两个国家不会发生趋同。

　　我们如何使内生增长模型对趋同的预测与事实相一致？这个模型似乎与以下事实相符，即较贫穷国家间的人均收入差距持续存在，较贫穷国家与较富裕国家间的人均收入差距持续存在。不过，这个模型似乎与下列事实不符，即较富裕国家间的人均收入好像是趋同的。对此的解释也许是，在世界各地，劳动和资本都是流动的，技能的传播很容易，存在着罗伯特·卢卡斯所讨论的一个重要现象，即**人力资本外部性**（human capital externalities）。[1] 当与人力资本水平高的其他国家有来往而增加了我们的人力资本或提高了我们的生产率时，就产生了人力资本外部性。人力资本外部性可以解释城市的存在及发生在城市的专业化分工活动。比如，要不是在纽约工作有着大量的正外部性，从事金融业的专业人士才不愿意与那里的交通拥堵和污染为伍。在高度发达的国家和地区，其他国家和地区通过商业来往与教育利用其人力资本外部性的机会很多，各地区人力资本水平的巨大差距不会长期存在，劳均收入会趋同。不过，发展中国家与高度发达国家交往时会处于劣势，人力资本水平高的人常常会从发展中国家流向高度发达国家（人才流失）。因此，非常富的国家与非常穷的国家之间的人力资本差距将持续存在。

---

① R. Lucas，1988．"On the Mechanics of Economic Development，" *Journal of Monetary Economics* 22，July，3-42.

本篇完成了对经济增长的讲述。第 4 篇将深入分析储蓄行为和政府赤字，着手构建用于研究经济周期的模型。

专栏

宏观经济学实践：教育和增长

经济学家从各国的经济数据中观察到，一国人口的教育水平（比如用人口的平均受教育年限来度量）与实际 GDP 增长率之间具有正相关关系。[①] 马克·比尔斯（Mark Bils）和彼得·克莱诺（Peter Klenow）估计，以 1960 年一国平均受教育情况计，1960—1990 年，平均多受一年教育，人均 GDP 年均增长率将提高 0.30 个百分点。[②] 有人据此得出如下结论：受更高教育的人口越多，经济增长率就越高。于是，有人认为，由于经济增长是件好事，政府采取措施增加教育、促进增长就是一个好思路。然而，这种观点没有坚实的经济学基础。

从经济数据中观察到的相关性不一定反映因果关系，就像从某种科学数据中观察到的相关性不一定能告诉我们其原因是什么一样。比如，你可以通过观察人口中肺癌发病率与吸烟正相关而得到结论：肺癌致使人们吸烟。对于肺癌与吸烟的相关性，至少有另外两种解释。一种解释是，存在第三个因素，既与肺癌发病率有关，又与吸烟有关，实际上是这种相关性的根本解释。例如，穷人往往患肺癌，穷人通常吸烟，而正是使他们贫穷的因素（比如很差的生活条件）引起他们患肺癌。另一种解释（有大量科学证据作支撑）是，吸烟引起肺癌。

现就平均受教育程度与经济增长之间的相关性来说，出现了与解释肺癌和吸烟之间相关性的类似经验问题。也就是说，教育与增长的相关性可能意味着：(a) 较高的教育引起较高的 GDP 增长率；(b) 某个第三因素引起受教育程度与 GDP 增长率正相关；(c) 较高的经济增长引起更多的教育。事实上，从 (a) 到 (c) 可能都在起作用，只是经济学家对 (a) ～ (c) 中每一个因素对这种相关性的贡献如何感兴趣，其中一个原因是这将有助于了解政府教育政策的可能影响。马克·比尔斯和彼得·克莱诺发表在《美国经济评论》（American Economic Review）上的一篇文章研究的就是这类问题。[③]

在上述 (a)～(c) 的情况中，起作用的特定经济机制是什么？就 (a) 而言，本章上一节研究的内生增长模型就能让我们在一定程度上看清更多的教育是如何引起经济增长率提高的。在该模型中，如果社会中的普通人用更多的时间来积累人力资本（可将其解释为教育），那么，总产出将以更快的速度增长。就 (b) 而言，除了教育与经济增长之外，还有什么因素引起受教育程度与经济增长率共同变化？正如比尔斯和克莱诺所说，在法律体系健全的国家，产权得到有效保护，受教育程度高，因为人们知道投资于教育将来会有很高

[①] 例如，参见 R. Barro，1990. "Economic Growth in a Cross Section of Countries," *Quarterly Journal of Economics* 106，407 - 443。

[②] M. Bils and P. Klenow，2000. "Does Schooling Cause Growth?" *American Economic Review* 90，1160 - 1183.

[③] M. Bils and P. Klenow，2000. "Does Schooling Cause Growth?" *American Economic Review* 90，1160 - 1183.

的回报。在这样的社会里，GDP 增长率也会很高，部分原因是产权保护会导致更多的创新、研究与开发。因此，我们看到，在各国，教育与增长正相关，并不是因为二者之间具有直接的因果关系。就（c）而言，由于人们预期将来的经济增长会更高，受教育程度也会高。未来经济增长率高意味着教育的收益率高，因为高增长率会扩大高技能工人与低技能工人之间的工资差距。

比尔斯和克莱诺的重要发现是：从教育到增长的因果关系只解释了教育与增长之间关系的 30%。这表明，如果我们对政府促进增长的政策感兴趣，那么，改善专利政策或加强政府在研究与开发领域里的作用也许比改进教育政策更为重要。

本章小结

● 如果所有国家除初始劳均资本有差距外，其他方面都相同，索洛增长模型就预测各国间将发生趋同。也就是说，从长期看，所有国家的劳均收入水平都将相同，总收入的增长速度也都相同。

● 数据表明，世界上最富裕的国家间会出现趋同，但是所有国家间或最贫穷的国家间似乎未出现趋同。

● 如果各国的全要素生产率不同，索洛增长模型就与数据相符。生产率差距可能是由下列因素导致的：边干边学、技术应用障碍以及各国国内生产要素的配置无效率。

● 我们构建了人力资本积累的内生增长模型。这个模型的特性是，即使全要素生产率不提高，人口无增长，但因人力资本存量（即技能和教育）的增长，总产出和总消费也会无限增长。

● 在内生增长模型中，产出增长率和消费增长率取决于人力资本积累的效率和劳动时间在商品生产与人力资本积累之间的分配。

● 在内生增长模型中，假如政府实行改变人力资本积累或劳动时间分配的政策，它就能改变经济增长率。

● 提高经济增长率能不能改善经济福利还很难说，原因是总消费增长率的提高在短期总是伴随着消费的降低。

● 在内生增长模型中，即使各国除初始人力资本水平之外其他方面都相同，富国和穷国的人均收入也不趋同。

主要概念

边干边学（learning by doing）：全要素生产率因使用新技术而不断提高的过程。

人力资本（human capital）：工人在某一时点上所积累的技能和教育存量。

非竞争性（nonrivalry）：知识的一个特点，一个人获取知识并不减弱其他人获取知识的能力。

有效劳动量（efficiency units of labor）：针对工人所拥有的人力资本量进行调整后的有效劳动投入量。

人力资本外部性（human capital externalities）：某人的人力资本对他人的生产率所产生的影响。

复习题

1. 如果各国最初除了劳均资本水平之外其他方面都相同，索洛模型对这些国家的长期发展会作出怎样的预测？这个预测与经验数据相符吗？

2. 索洛模型与各国趋同的证据相符吗？

3. 各国生产率存在差距的三个原因是什么？

4. 一国如何解决生产率低下问题？

5. 在内生增长模型中，什么因素导致了经济增长？

6. 知识为什么具有非竞争性？

7. 在内生增长模型中，哪两个因素会影响收入和消费的增长率？

8. 如果政府能够提高消费增长率，它应该这样做吗？解释原因。

9. 在内生增长模型中，人均收入水平和人均收入增长率会趋同吗？解释原因。

思考题

1. 各国在人口增长上的差距是各国收入差距长久存在的原因吗？用索洛增长模型解答这个问题并讨论。

2. 在索洛增长模型中，假定劳均生产函数由下式给定：$y = zk^{0.3}$，其中 $s = 0.25$，$d = 0.1$，$n = 0.02$。

(a) 假定在 A 国，$z = 1$。计算人均收入和劳均资本。

(b) 假定在 B 国，$z = 2$。计算人均收入和劳均资本。

(c) 若用人均 GDP 作为衡量指标，B 国比 A 国富裕多少？我们从中看到全要素生产率差距能在多大程度上解释各国间的生活水平差距？

3. 假定有两个国家，它们的全要素生产率水平不同，而造成这种差异的原因在于低生产率国家存在技术应用障碍。又假定这两个国家之间没有贸易往来。现假定每一国家的居民都可自由移民。这会发生什么情况？你从中会得到什么结论？

4. 在索洛增长模型中，假定边干边学反映为新固定资产的建安成本。具体来说，假定对于每一单位投资，所用掉的 r 单位商品都被看作企业的成本。

(a) 确定 r 对稳定状态的劳均资本量以及稳定状态的人均收入产生的影响。

(b) 现假定各国间的 r 不同。在长期，这些国家将会出现怎样的差异？请讨论。

5. 假定在内生增长模型中，有效劳动量的边际产量 z 提高了。这对人力资本、消费和产出的水平及其增长率有何影响？解释你的结论。

6. 在内生增长模型中加入政府活动，如下所示。除用 u 单位时间生产商品外，典型消费者还在当期为政府工作 v 单位的时间，生产 gvH 的商品供政府使用，且 $g > 0$。消费者此时在每时期用 $1 - u - v$ 单位的时间来积累人力资本。

(a) 假定 v 提高，u 下降，且升降幅度一样。确定对消费增长率和消费水平的影响。画图说明消费的自然对数的初始路径及其在 v 提高后的相应路径。

(b) 假定 v 提高，而 u 保持不变。确定对消费增长率和消费水平的影响。画图说明消费的自然对数的初始路径及其在 v 提高后的相应路径。

(c) 解释你的结论和（a）与（b）的不同。

7. 假定政府对新建公立学校的校舍进行一次性投资，导致一次性的消费减少。新建公立学校的校舍提高了人力资本积累的效率。确定这对总消费和总产出的长期路径的影响。这种对新建学校的投资确实是个好主意吗？试解释。

8. 把本章的内生增长模型重新解释如下。假定在一国中有两组人，即低技能工人和高技能工人。一开始，低技能工人每人拥有的人力资本不如高技能工人。从整个经济来看，产出是用有效劳动量生产的，全要素生产率为 z，这同本章的内生增长模型一样。该经济体中的每个人都自行积累人力资本，每人都有一单位时间分配于人力资本积累和工作。不过，现在，对于高技能工人，$b=b_h$，$u=u_h$；对于低技能工人，$b=b_l$，$u=u_l$。在美国，近 30 年来，高技能工人与低技能工人之间的工资差距拉大了。对于观察到的这一情况，本模型能作出怎样的解释？并加以讨论。

9. 假定有两个国家。在富国，典型消费者拥有 H_r 单位的人力资本，全要素生产率为 z_r。在穷国，典型消费者拥有 H_p 单位的人力资本，全要素生产率为 z_p。假定贫富两国的 b 和 u 相同，$H_r > H_p$，$z_r > z_p$。

（a）如何比较富国与穷国之间的人均收入水平、人均收入增长率和实际工资？

（b）如果消费者可以选择居住国，他们会想在哪个国家生活？

（c）如果每个国家都能决定移民政策，那么，每个国家应如何使其现有居民的福利最大化？

（d）使两国居民福利最大化的移民政策是什么？

（e）请解释你的结论。你认为这是一个分析移民影响的好模型吗？请解释你的理由。

10. 在内生增长模型中，假定时间有三种可能的用途。令 u 代表工作时间的比例，s 代表既没有用在工作上也没有用在积累人力资本上（称之为失业）的时间比例，$1-u-s$ 代表积累人力资本的时间比例。假定 $z=1$，$b=4.2$；又假定该经济体从时期 1 开始，拥有 100 单位的人力资本。

（a）假定对于时期 1，2，3，…，10，$u=0.7$，$s=0.05$。计算每一时期的总消费、总产出和人力资本量。

（b）假定在时期 11，$u=0.6$，$s=0.15$。然后，在时期 12，13，14，…，$u=0.7$，$s=0.05$。计算时期 11，12，13，…，20 的总消费、总产出和人力资本量。

（c）假定在时期 11，$u=0.6$，$s=0.05$。计算时期 11，12，13，…，20 的总消费、总产出和人力资本量。

（d）假定在时期 11，$u=0.6$，$s=0.10$。计算时期 11，12，13，…，20 的总消费、总产出和人力资本量。

（e）根据你在（a）～（d）中得到的结果，你会得到怎样的结论？请讨论。

8

第 4 篇

储蓄、投资和政府赤字

本篇将进一步探讨跨期决策和动态问题的宏观经济学。第 9 章将根据在第 4 章中学到的消费者行为知识，先分析消费者的消费-储蓄决策，然后讨论李嘉图等价定理。李嘉图等价定理表明，在一定条件下，政府改变征税的时间安排，对实际宏观经济变量或消费者的福利不会产生影响。李嘉图等价定理的一个重要含义是，政府减税不是免费的午餐。

李嘉图等价定理为我们理解一些重要的信贷市场"摩擦"奠定了基础，而这些信贷市场"摩擦"对宏观经济政策会产生极大影响。第 10 章探讨与这些重要摩擦有关的问题。第一类摩擦与信贷市场缺陷——不对称信息和有限承诺有关，这些缺陷不仅导致信贷市场参与者的借款利率超过其贷款利率，也造成借款人先要提供抵押品才能获得贷款。在最近的金融危机中，信贷市场缺陷起了重要作用，第 10 章探讨这一问题。另一类信贷市场摩擦与人的生命是有限的这一事实有关，这也为社会保障计划提供了用武之地。第 10 章的后半部分研究现收现付制和完全基金制社会保障制度。

第 11 章将用第 9 章和第 10 章讲的有关消费-储蓄行为的微观经济学知识，以及对消费者的跨期劳动供给行为和企业投资决策的分析，构建一个完整的跨期宏观经济模型。该模型是本书后面所讲大部分内容的基础。第 11 章所讲的模型用来说明宏观经济冲击对产出、就业、消费、投资、实际工资和实际利率的影响。我们还关注关于未来的预期对当前事件的影响。

第9章

两时期模型：消费-储蓄决策与信贷市场

本章重点分析**跨期决策**（intertemporal decisions）以及跨期决策对政府赤字如何影响宏观经济活动所产生的作用。跨期决策涉及各时期的经济取舍关系。在第7章和第8章中，我们研究了索洛增长模型，其中，消费者可以任意对消费和储蓄作出跨期决策，消费占收入的比例不变。在本章，我们将更深入地分析这些决策，研究必须作出动态的**消费-储蓄决策**（consumption-savings decision）的消费者的微观经济行为。为此，我们会用到在第4章学到的消费者在其预算约束下如何实现最优的知识。然后，我们论述一个既有许多消费者又有政府的模型，这个政府无须实现预算平衡，并能通过举债为政府预算赤字筹资。这个模型的重要含义是**李嘉图等价定理**（Ricardian equivalence theorem）成立。该定理表明，在有些条件下，政府赤字规模并不重要，因为它影响不了任何重要的宏观经济变量和任何人的经济福利。

消费-储蓄决策涉及跨期选择，因为从根本上讲，这是一种要在当期消费与未来消费之间作出权衡取舍的决策。同样，政府为政府支出筹资的决策也是跨期选择，涉及当期税收与未来税收的权衡取舍。如果政府现在减税，它就不得不向私人部门借债，这意味着未来一定会增税，才能还清较高的政府债务。从本质上看，政府的筹资决策是关于政府储蓄量或政府赤字规模的决策，它与私人消费者的消费-储蓄决策关系密切。

为了研究消费者的消费-储蓄决策和政府的跨期选择，我们在本章将采用**两时期模型**（two-period model），它是理解跨期选择和动态问题的最简单的分析框架。在两时期模型中，我们把第一个时期作为当期，把第二个时期作为未来。在跨期选择中，一个重要的变量是**实际利率**（real interest rate），它在模型中是消费者和政府可按其借贷的利率。实际利率决定了以当期消费表示的未来消费的相对价格。就消费者选择而言，我们的兴趣在于，市场实际利率的变化、消费者的当期收入和未来收入的变化是如何影响当期和未来的消费与储蓄的。从实际利率变化的影响来看，收入效应和替代效应是重要的，我们可以把在第 4 章和第 5 章学到的如何区分消费者选择问题中的收入效应和替代效应用于本章的分析。

消费对收入变化作出反应的一个重要原则是**消费均匀化**（consumption smoothing），也就是说，消费者出于本能而希望消费的时间轨迹是平滑的，而非起伏不定的。我们在第 4 章讨论过的无差异曲线的某些特性，就含有消费均匀化行为的意思。消费者对政府政策的变化或对影响其收入流的其他外部环境特征的变化总体上会作出怎样的反应，消费均匀化行为对此都会有重要影响。

本章与第 5 章讨论的一时期模型一样，认为增加政府支出对宏观经济活动会产生实际影响，但在李嘉图等价定理成立的条件下，征税的时间安排对总体经济活动没有影响。大卫·李嘉图（李嘉图等价定理以其名字命名）因其 19 世纪初对比较优势理论和国际贸易理论的研究而享誉于世。李嘉图等价定理备受争议，因为它牵涉到政府赤字规模重要与否的问题。我们要解释李嘉图等价在经济分析中为何重要，李嘉图等价定理为何是思考如何分担政府债务负担的一个有益起点。李嘉图等价定理的一个重要含义是，减税不是免费的午餐。减税或许毫无用处，或许会引起当代人之间的财富再分配或代际的财富再分配。

信贷市场"摩擦"违背了李嘉图等价，产生了一些有意思的问题。在分析当前的金融危机以及在理解社会保障制度如何运行时，这些摩擦很重要。这些问题将在第 10 章阐述。

为简化起见，也为了将注意力集中在重要思想上，我们的两时期模型不考虑生产和投资。在第 11 章，我们再引入生产，增添企业的投资决策，以便更完整地理解产出、就业、消费、投资、实际工资率和利率的总体决定因素。

经济的两时期模型

消费者的消费-储蓄决策主要是一种在当期消费与未来消费之间权衡取舍的决策。消费者可以在当期放弃消费，进行储蓄，来换取资产，以便未来消费更多；消费者也可以在当期借债超支，以获得更多的当期消费，这样一来，当偿还借债时，未来消费就减少了。因此，借债（或超支）是一种负储蓄。

消费者的消费-储蓄决策是一种动态决策，因为它所涉及的不仅仅是一个时期，这与第 4 章和第 5 章分析的消费者的工作-闲暇静态决策相反。我们将用最简单的形式构建消费者的动态问题模型，即两时期模型。在两时期模型中，我们把第一个时期表示为当期，把第二个时期表示为未来。对某些经济问题而言，假定消费者的决策只涉及两个时期显然不切实际。例如，如果一个时期表示一个季度，那么由于普通人的工作年限约为 200 个季度，因此 200 个时期模型似乎更为恰当。不过，我们在本章所分析的结果，都能适用于更复杂的模型，不管这个模型是多时期的，还是无限时期的。研究两时期模型的原因在于，虽然分析起来简单，但却能体现消费者和企业所作动态决策的实质。

消费者

就我们用两时期模型所要达到的目的而言，假定有许多不同的消费者而非单一典型消费者并不困难。因此，我们假定有 N 个消费者，且认为 N 是一个很大的数字；假定每个消费者的生存时间都是两个时期，即当期和未来；还假定消费者在每一时期都不进行工作-闲暇决策，只获得外生收入。假定收入是外生的，可以使我们将注意力集中于我们的兴趣所在，即消费者的消费-储蓄决策。用 y 表示消费者的当期实际收入，用 y' 表示消费者的未来实际收入。自始至终，我们都用小写字母表示个人层面上的变量，用大写字母表示总变量。上标符号表示未来变量（例如 y' 表示消费者的未来收入）。每个消费者在当期和未来分别缴纳一次总付税 t 和 t'。假定消费者的收入是不同的，但所有消费者都缴纳相同的税收。如果我们用 s 表示消费者的当期储蓄，那么消费者的当期预算约束是：

$$c+s=y-t \tag{9.1}$$

式中，c 为当期消费。等式（9.1）表明，当期消费加当期储蓄等于当期可支配收入。我们假定消费者当期伊始没有资产，这对于我们的分析并非至关重要。

在等式（9.1）中，若 $s>0$，则消费者是信贷市场上的贷方；若 $s<0$，则消费者是借方。我们假定金融资产是债券，可以通过信贷市场进行交易。在该模型中，消费者和政府都可以发行债券。消费者如果有资金盈余，他就购买债券；如果资金短缺，就出售债券。这里有两个重要假设。第一，所有债券都是难以区分的，因为消费者从不拖欠其债务，因此持有任何一种债券都没有风险。实际上，不同的信贷工具有不同程度的风险。美国政府发行的生息证券基本上无风险；公司债券，若投资者感到公司发行者可能会不履行偿还义务，就存在风险；银行发放给消费者的贷款也存在风险。第二个重要假设是，债券可以直接在信贷市场上交易。在实践中，经济中的许多信贷活动都是通过金融中介进行的，商业银行就是金融中介的一个例子。例如，当消费者借款购买汽车时，通常就是从商业银行或其他存款机构取得贷款的；但消费者不是从最终的贷方那里直接借款的（就商业银行而言，最终的贷方是银行储户）。就我们用此模型要解决的问题来讲，假定忽略信贷风险和诸如商业银行之类的金融机构，将事情大大简化，对我们所得到的见解并无大碍。我们将在第 10 章和第 17 章详细讨论信贷风险和金融机构。

在两时期模型中，当期发行 1 单位债券就必须承诺未来支付 $1+r$ 单位的消费品，每单位债券的实际利率是 r。由于这意味着在信贷市场上，1 单位的当期消费品可以交换 $1+r$ 单位的未来消费品，因此以当期消费品来衡量，未来消费品的相对价格是 $1/(1+r)$。回顾我们在第 1 章中论述过的内容，在实践中，实际利率近似等于名义利率（以货币单位衡量的利率）减去通货膨胀率。我们将在第 12 章研究实际利率与名义利率的关系。

本章的一个重要假设是，消费者的贷款实际利率与消费者的借款实际利率相同。在实践中，消费者的借款利率通常高于其贷款利率。例如，消费者的借款利率常常比银行存款的利率高几个百分点，这反映了银行吸收存款和发放贷款的成本。借款利率与贷款利率相同的假设，对我们这里所作的一些分析很重要，我们最后将说明这一假设对我们的分析有何影响。

未来，消费者的可支配收入是 $y'-t'$，其储蓄的本息合计为 $(1+r)s$。由于未来就是最后时期，因此消费者会选择在这个时期末没有任何资产，即消费掉全部可支配收入和储蓄的本息（我们假定没有遗产留给后代）。于是就有：

$$c'=y'-t'+(1+r)s \tag{9.2}$$

式中，c' 为未来消费。在等式（9.2）中，若 $s<0$，则消费者要支付其借款的本息（清偿其当期发行的债券），然后消费其剩下的未来可支配收入。

消费者会选择当期消费 c、未来消费 c' 和储蓄 s，以使其境况尽可能改善，同时满足预算约束等式（9.1）和等式（9.2）。

消费者的一生预算约束 如果我们把等式（9.1）和等式（9.2）所表达的预算约束结合起来，将它们表示成一个一生预算约束，我们就能用类似于第4章分析消费者的工作-闲暇决策时所使用的图形进行分析。为此，我们首先用等式（9.2）求解 s，得到：

$$s=\frac{c'-y'+t'}{1+r} \tag{9.3}$$

再将等式（9.3）中的 s 代入等式（9.1），得到：

$$c+\frac{c'-y'+t'}{1+r}=y-t$$

或重新整理，得到：

$$c+\frac{c'}{1+r}=y+\frac{y'}{1+r}-t-\frac{t'}{1+r} \tag{9.4}$$

等式（9.4）就是消费者的**一生预算约束**（lifetime budget constraint），它表明，一生消费的现值 $c+\dfrac{c'}{1+r}$ 等于一生收入的现值 $y+\dfrac{y'}{1+r}$ 减去一生税收的现值 $t+\dfrac{t'}{1+r}$。这里的现值，是指以时期1的消费品衡量的价值。换言之，$1/(1+r)$ 是以当期消费品衡量的未来消费品的相对价格，原因是消费者通过储蓄一个时期，就可放弃1单位的当期消费品以获得 $1+r$ 单位的未来消费品。消费者的问题此时被简化了——给定 r、y、y'、t 和 t'，他选择 c 和 c'，以使其境况尽可能改善，同时满足预算约束式（9.4）。一旦我们确定了消费者当期和未来的最优消费是多少，我们就能根据当期预算约束式（9.1）确定储蓄 s。

为了用数字例子说明现值，假定当期收入 $y=110$，未来收入 $y'=120$，当期税收 $t=20$，未来税收 $t'=10$。又假定实际利率是10%，因此 $r=0.1$。在这个例子中，用当期消费品衡量的未来消费品的相对价格是 $1/(1+r) = 0.909$。这里，当我们将未来收入和未来税收折现以获得用当期消费品单位表示的这些数值时，乘以折现因子 0.909 即可。折现因子小于 1，意味着未来收入的值小于当期同等收入的值。一生收入的当期贴现值是：

$$y + \frac{y'}{1+r} = 110 + 120 \times 0.909 = 219.1$$

一生税收的现值是：

$$t + \frac{t'}{1+r} = 20 + 10 \times 0.909 = 29.1$$

于是，在这个例子中，根据等式（9.4），我们就可把消费者的一生预算约束表示为：

$$c + 0.909c' = 190$$

我们把一生可支配收入的现值，即等式（9.4）等号右边的数量，称为**一生财富**（lifetime wealth），用 we 表示，因为它是用现值表示的消费者在其一生可用于消费支出的财力。于是我们有：

$$we = y + \frac{y'}{1+r} - t - \frac{t'}{1+r} \tag{9.5}$$

等式（9.4）就可以改写为：

$$c + \frac{c'}{1+r} = we \tag{9.6}$$

图 9-1 画出了等式（9.6）所表示的消费者的一生预算约束。将这个等式用斜截（斜率-截距）式表示，得到：

$$c' = -(1+r)c + we(1+r) \tag{9.7}$$

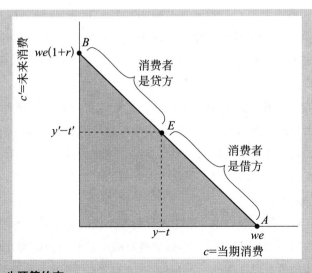

图 9-1 消费者的一生预算约束

给定当期和未来的收入与税收，通过在信贷市场上借款和贷款，一生预算约束确定了消费者能够获得的当期和未来消费数量。在禀赋点 E 的左上部，消费者的储蓄为正，是贷方；在禀赋点 E 的右下部，消费者的储蓄为负，是借方。

因此，在等式（9.7）和图 9-1 中，如果消费者将其当期可支配收入储蓄起来，并在未来消费掉一生财富（在获取了储蓄的实际利率 r 之后），纵截距 $we(1+r)$ 就是未来可用于消费的数量。如果消费者根据未来可支配收入尽可能最大限度地借款，并在当期将一生收入消费掉，等式（9.7）和图 9-1 中的横截距 we 就是可用于消费的数量。一生预算约束的斜率是 $-(1+r)$，它取决于实际利率。图 9-1 中的 E 点是**禀赋点**（endowment point），如果消费者在储蓄为零的情况下将当期和未来可支配收入都用于消费（即 $c=y-t$，$c'=y'-t'$），这个点就是他得到的消费束。如果将 $c=y-t$，$c'=y'-t'$ 代入等式（9.4），就可证实禀赋点满足一生预算约束。此时，在图 9-1 中，BE 上的任何点都意味着 $s \geq 0$，因此消费者是贷方，原因是 $c \leq y-t$。同样，在图 9-1 中，AE 上的消费束意味着 $s \leq 0$，因此消费者是借方。

在图 9-1 中，AB 上或 AB 内阴影部分中的任何点，都表示可行的消费束，即满足消费者一生预算约束的当期与未来消费组合。至此，可以清楚地看出，我们这里解决消费者的问题时所用的方法，非常类似于我们在第 4 章分析消费者的工作-闲暇决策时所用的方法。一旦我们描述了消费者的偏好，并把无差异曲线加到图 9-1 中的预算约束线上，就能确定消费者的最优消费束。

消费者的偏好　与第 4 章消费者的工作-闲暇决策一样，消费者所选择的消费束（这里是当期与未来消费组合）是由消费者的预算约束及其偏好共同决定的。与第 4 章一样，我们假定偏好具有三个特性，分别为：

1. 多总比少好。这意味着更多的当期消费或更多的未来消费总会使消费者的境况改善。

2. 消费者喜欢自己的消费束具有多样性。从消费者希望在长期能均匀消费这个角度来说，多样性偏好具有特定含义。也就是说，消费者不喜欢当期消费与未来消费差别太大。注意，这并不意味着消费者在当期和未来总是选择均等的消费。

3. 当期消费和未来消费是正常品。这意味着，如果消费者的预算约束线平行右移，那么当期消费和未来消费都会增加。这与消费者希望在长期均匀消费有必然联系。假如消费者的预算约束线平行右移，这是因为一生财富 we 增加了。鉴于消费者希望在长期均匀地消费，因此一生财富的增加意味着消费者在当期和未来都会选择更多的消费。

与第 4 章一样，我们用一组无差异曲线组成的无差异曲线图表示偏好。典型的无差异曲线图如图 9-2 所示，当期消费对未来消费的边际替代率（即 $MRS_{c,c'}$）是无差异曲线的负斜率。例如，图 9-2 中 A 点处的 $MRS_{c,c'}$ 是与无差异曲线相切于 A 点的切线的负斜率。回想一下，多样性偏好或边际替代率递减表现为无差异曲线凸向原点，此时多样性偏好或边际替代率递减也意味着消费者希望在长期均匀消费。在无差异曲线 I_1 上的 A 点，消费者的当期消费量大，而未来消费量小，他需要获得大量的当期消费才愿意放弃少量的未来消费（无差异曲线在 A 点处的负斜率小）。相反，在 B 点，消费者的当期消费量小，而未来消费量大，他需要获得大量的未来消费才愿意放弃少量的当期消费（无差异曲线的负斜率大）。因此，消费者不喜欢两个时期的消费有巨大差异。

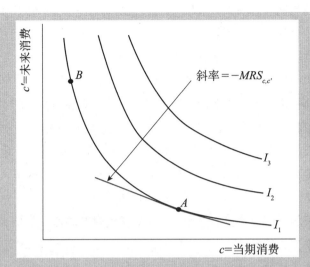

图 9-2　消费者的无差异曲线

该图给出了消费者的无差异曲线。无差异曲线凸向原点，且向下倾斜。无差异曲线的负斜率是当期消费对未来消费的边际替代率。

为了说明消费均匀化是偏好的自然属性，我们举一个例子。假定萨拉是一个消费者，居住在荒岛上，只以椰子为食。假定椰子可以储存两周而不变质，从本周（当期）到下周（未来），萨拉靠 20 个椰子生活。她的一种选择是，本周吃 5 个椰子，下周吃 15 个椰子。假定萨拉对第一种消费束和第二种消费束（本周吃 17 个椰子，下周吃 3 个椰子）无差异。不过，第一周只吃 5 个椰子或第二周只吃 3 个椰子，会让萨拉觉得食不果腹。事实上，她更喜欢第一周吃 11 个椰子，第二周吃 9 个椰子，而不喜欢上面讲到的那两种消费束。第三种消费束由第一种消费束和第二种消费束的各一半组成，即 $(5+17)/2=11$ 和 $(15+3)/2=9$。萨拉的偏好反映了消费均匀化的愿望或喜欢消费束有多样性，这似乎是人之常情。表 9-1 是根据萨拉的选择列出的消费束。

表 9-1　　　　　　　　　　　　　　　　萨拉的消费均匀化愿望

	第一周的椰子消费	第二周的椰子消费	总消费
消费束 1	5	15	20
消费束 2	17	3	20
偏好的消费束	11	9	20

消费者最优化　与我们在第 4 章分析的工作-闲暇决策一样，这里，消费者的最优消费束取决于无差异曲线在何处与预算约束线相切。图 9-3 给出了消费者决

定作为一个贷方的最优消费选择。禀赋点是 E 点，而消费者选择的消费束位于 A 点，在此处，$(c, c')=(c^*, c'^*)$。在 A 点，出现下列情况：

$$MRS_{c,c'}=1+r \tag{9.8}$$

也就是说，当期消费对未来消费的边际替代率（无差异曲线的负斜率）等于用未来消费衡量的当期消费的相对价格（$1+r$ 是消费者一生预算约束线的负斜率）。由第 4 章可知，等式（9.8）是消费者最优化所隐含的标准边际条件的一个特例（在最优状态下，商品 1 对商品 2 的边际替代率等于用商品 2 衡量的商品 1 的相对价格）。这里，如果消费者在其一生预算约束上的某处愿意用当期消费换取未来消费的比率，等于其在市场上用当期消费换取未来消费（通过储蓄）的比率，消费者选择该处的消费束就会实现最优。在图 9-3 的 A 点，储蓄量是 $s=y-t-c^*$，即 BD 的距离。与此类似，图 9-4 给出了消费者选择作为借方的情形。也就是说，禀赋点是 E 点，消费者选择 A 点，在此处，$(c, c')=(c^*, c'^*)$。这里，消费者在第一时期的借款量是 $-s=c^*-y+t$，即 DB 的距离。

在下面的分析中，我们将做一些实验，通过实验考察消费者对当期收入、未来收入和利率变化的反应。

当期收入增加 由第 4 章可知，增加消费者的股息收入或减税具有纯收入效应，这会增加消费，减少劳动供给。这里，我们关注的是提高消费者的当期收入对跨期决策的影响。我们尤其想知道增加当期收入对当期消费、未来消费和储蓄的影响。如我们所言，这些影响反映出消费者均匀消费的愿望。

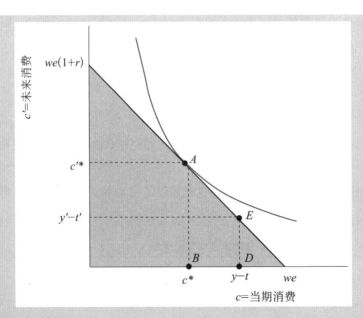

图 9-3 作为贷方的消费者

消费者的最优消费束位于 A 点，在此处，边际替代率（无差异曲线的负斜率）等于 $1+r$（一生预算约束线的负斜率）。消费者是贷方，因为在禀赋点为 E 点的情形下，所选择的消费束意味着有正储蓄。

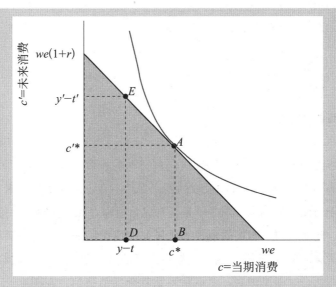

图 9-4　作为借方的消费者

最优消费束位于 A 点。由于当期消费超过当期可支配收入，储蓄为负，所以消费者是借方。

　　假定利率、当期税收与未来税收、未来收入都保持不变，消费者在第一时期的收入增加。考察消费者对收入增加的反应与考察一个人中了彩票后的反应很类似。在图 9-5 中，最初的禀赋点是 E_1 点，消费者最初选择的消费束在 A 点。该图虽然给出的是消费者最初为贷方的情形，但如果消费者是借方，也不影响我们要表达的思想。我们假定当期收入从 y_1 增至 y_2，导致一生财富从

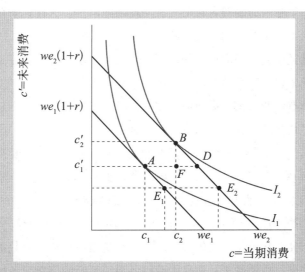

图 9-5　贷方当期收入增加的影响

当期收入增加时，一生财富会从 we_1 增至 we_2。一生预算约束线外移，而其斜率保持不变，原因是实际利率未变。最初，消费者会选择 A 点，在当期收入增加后，就会选择 B 点。当期消费和未来消费都会增加（因为两者都是正常品），而当期消费的增幅小于当期收入的增幅。

$$we_1 = y_1 + \frac{y'}{1+r} - t - \frac{t'}{1+r}$$

增至

$$we_2 = y_2 + \frac{y'}{1+r} - t - \frac{t'}{1+r}$$

一生财富的变化是：

$$\Delta we = we_2 - we_1 = y_2 - y_1$$

因此，最终的结果就是预算约束线向右移动的程度是 $y_2 - y_1$，即 $E_1 E_2$ 的距离，其中 E_2 是新的禀赋点。预算约束线的斜率保持不变，因为实际利率未变。

由于当期消费和未来消费都是正常品，所以，此时消费者会选择如 B 点所示的消费束，此时，两个时期的消费都比最初的消费增加了。当期消费会从 c_1 增至 c_2，未来消费会从 c'_1 增至 c'_2。因此，如果当期收入增加，消费者就希望把多出来的收入分散在两个时期里消费，而不是当期就全部消费掉。在图 9-5 中，当期收入的增幅是 AD 的距离，而当期消费的增幅是 AF 的距离，$AF < AD$。消费者的储蓄变化由下式给定：

$$\Delta s = \Delta y - \Delta t - \Delta c \tag{9.9}$$

由于 $\Delta t = 0$，且 $\Delta y > \Delta c > 0$，故 $\Delta s > 0$。因此，当期收入增加，会导致储蓄增加，以及两个时期的消费增加。

我们的分析表明，任何一个当期收入增加的消费者，都一方面会增加当期消费，另一方面会将一部分增加的收入储蓄起来，以供未来增加消费之用。这种行为之所以产生，是因为消费者希望在长期均匀地消费。从直觉来看，这种行为也完全合理。以消费者保罗为例，他现年 25 岁，因中彩票获得 100 万美元。保罗当然可以在当年就把中彩得来的钱全部花掉，但是，如果他当年只花一小部分钱，而将大部分钱存起来以供日后消费，似乎更明智些。

假如所有消费者都根据他们的收入情况均匀地消费，那么总消费也会相对于总收入而言是均匀的。我们的理论预测的确与我们从经验数据中所观察到的一致。回忆我们在第 3 章所讲，实际消费总量没有实际 GDP 那么易变。其实，从经济意义上讲，消费总量中有一部分并不是消费，如果考虑到这一点，那么消费总量与 GDP 在变化幅度上的差异会更大。例如，购买新汽车会作为耐用消费品包括在国民收入与生产账户（NIPA）中，但购买一辆轿车算作投资似乎更恰当，原因是轿车在其整个使用年限里会提供源源不断的消费服务。从经验数据看，耐用消费品支出比现实消费（用消费者从商品中获得的源源不断的消费服务衡量）的变化幅度大得多。图 9-6 显示了 1947—2012 年耐用品消费和 GDP 偏离趋势的百分比。显然，耐用品消费比总收入的变化幅度大得多，而且，如果我们比较一下图 9-6 和第 3 章的图 3-10，显然可以看出，耐用品消费的变化与总投资的变化十分相似。

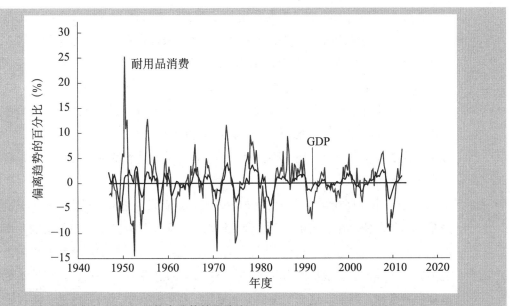

图 9-6 耐用品消费和实际 GDP 偏离趋势的百分比

从经济意义上说，耐用品消费类似于投资支出，这正说明了耐用消费品支出为什么比实际 GDP 的变化幅度大得多（如图所示）。

图 9-7 描绘了非耐用品和服务消费与实际 GDP 偏离趋势的百分比。从中可以清楚地看到，非耐用品和服务消费（几乎完全可以用消费服务的流量来衡量）要比实际 GDP 的变化幅度小得多。我们从图 9-7 观察到的情况，准确地反映出消费者根据其收入情况而均匀消费的趋势。

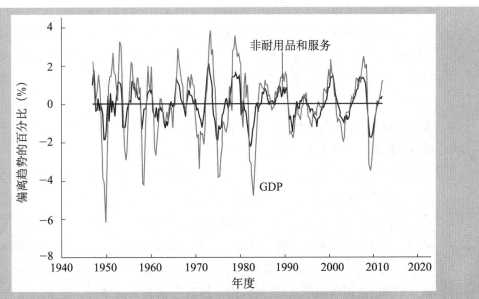

图 9-7 非耐用品和服务消费与实际 GDP 偏离趋势的百分比

非耐用品和服务消费几乎完全等同于消费服务的流量，所以，毫不奇怪，非耐用品和服务消费要比实际 GDP 的变化幅度小得多。这反映出消费者想根据其收入情况而均匀地消费。

虽然消费和收入的总量数据在定量分析上明显与消费者的消费均匀化行为相符，但宏观经济学家感兴趣的是消费理论与经验数据在定量分析上是否相符。问题在于，衡量出的消费相对于衡量出的收入而言是否均匀要与理论相符。一般而言，经验研究的结果是，尽管理论指出的方向是正确的，但相对于总收入而言，总消费还是存在一定程度的**变化幅度过大**（excess variability）。也就是说，虽然消费比收入更均匀，如同理论预测的那样，但消费并没有均匀得完全与理论吻合。[①] 因此，如果理论要与实际吻合，还需要做更多的工作。关于消费的变化幅度过大，有以下两种可能的解释：

1. 信贷市场存在缺陷。我们的理论假定，消费者通过按市场实际利率 r 借款或贷款来均匀消费。在现实中，消费者无法按市场利率借入其全部想要借的，市场贷款利率通常比消费者将款贷出去时的利率高。因此，在现实中，消费者均匀消费的能力要低于理论上所说的能力。我们把信贷市场缺陷加入到模型中，有助于更好地解释经验数据。然而，这会使模型更加复杂。我们将在本章的后面进一步讨论信贷市场缺陷。

2. 当所有消费者都同时试图以相同方式均匀消费时，就会改变市场价格。到目前为止，我们分析的消费均匀化理论并没有考虑消费者彼此之间、消费者与其他经济部门的相互影响。所有消费者都希望在长期均匀消费，但总消费必然会在经济衰退时下降，因为总收入下降了。同样，总收入在经济繁荣时也必然上升。让消费者在产出高时高消费、产出低时低消费的调整方式，是通过市场价格的变动来实现的，其中也包括了市场利率的变动。一言以蔽之，我们要研究的是单个消费者对实际利率变动的反应。

未来收入增加 消费者对其当期收入变化的反应可从消费均匀化行为看出来，而预期的未来收入变化对消费行为会产生什么影响呢？例如，假定珍妮弗准备 4 个月后完成大学学业，于是找了一份工作，可以一毕业就工作。有了工作，珍妮弗的未来收入会大幅增加。她对未来收入的增加作何反应？显然，这意味着她打算增加未来消费，但她也想均匀消费，因此她同样会增加当期消费。如果她以未来收入作后盾而借款，并在工作后还款，她现在就能增加消费。

图 9-8 揭示了消费者未来收入从 y_1' 增至 y_2' 的影响。在一生财富从 we_1 增至 we_2、预算约束线按 $y_2' - y_1'$ 的数量右移的情形下，这种影响类似于当期收入增加对一生财富的影响。最初，消费者会选择消费束 A，未来收入增加后会选择消费束 B。当期消费和未来消费都增加；当期消费会从 c_1 增至 c_2，未来消费会从 c_1' 增至 c_2'。在图 9-8 中，未来消费的增幅（用 AF 的距离表示）小于未来收入的增幅（用 AD 的距离表示）。这是因为，随着未来收入的增加，消费者想在长期均

---

① 例如，参见 O. P. Attanasio, 1999. "Consumption," in *Handbook of Macroeconomics*, J. Taylor and M. Woodford, eds., 741-812, Elsevier.

匀消费。消费者不是花光未来所增加的全部收入，而是在当期减少储蓄，以便增加当期消费。储蓄的变化由等式（9.9）给出，其中 $\Delta t = \Delta y = 0$，由于 $\Delta c > 0$，故一定有 $\Delta s < 0$，即储蓄减少。

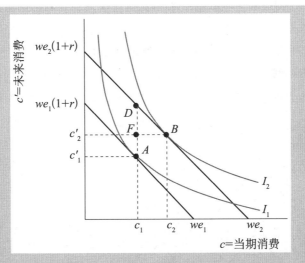

图 9-8　未来收入增加

未来收入增加，会使一生财富从 we_1 增至 we_2，一生预算约束线右移，而其斜率保持不变。消费者最初会选择 A 点，预算约束线移动后，就会选择 B 点。未来消费的增幅小于未来收入的增幅，储蓄减少，而当期消费增加。

在预期未来收入会增加的情况下，消费者会在长期均匀消费，这与其当期收入增加时的做法一样。不同之处在于，未来收入增加会导致往后均匀消费，则消费者的当期储蓄减少，当期消费增加；而当期收入增加会导致往前均匀消费，则当期储蓄增加，未来消费增加。

收入的暂时性变化和永久性变化　当消费者的当期收入变化时，收入的变化是暂时性的还是永久性的，对他的当期消费-储蓄决策影响很大。例如，艾伦面对收入意外增加 1 000 美元，比如买彩票中了奖，与面对预期每年加薪 1 000 美元且这种预期可以无限期持续下去相比，他的反应会大不相同。如果是买彩票中奖，我们估计，艾伦只会增加一点点当期消费，而将大部分中彩收入存起来供增加未来消费之用。如果艾伦的收入是永久性增加的，例如第二种情形，我们估计，他会大幅度增加当期消费。

米尔顿·弗里德曼（Milton Friedman）在其**永久收入假说**（permanent income hypothesis）中，明确指出了收入的暂时性变化和永久性变化对消费的不同影响。[①] 他认为，决定消费者当期消费的主要因素是他的永久收入，而永久收入与我们模型中的一生财富这个概念密切相关。收入的暂时性变化导致的永久收入（一生财富）变化小，对当期消费的影响小；而收入的永久性变化对永久收入（一生财富）和当

---

① 参见 M. Friedman，1957. *A Theory of the Consumption Function*，Princeton University Press，Princeton，NJ.

期消费的影响巨大。

在我们的模型中，通过分析收入只在当期增加和收入在当期与未来都增加，阐明收入的暂时性变化和永久性变化所产生的影响。在图 9-9 中，消费者的预算约束线最初为 AB，选择的是无差异曲线 I_1 上 H 点所代表的消费束。然后，消费者的收入暂时性增加了，当期收入从 y_1 增至 y_2，预算约束线外移至 DE。实际利率未变，预算约束线的斜率亦未变。HL 的距离等于当期收入变化 $y_2 - y_1$。此时，消费者在无差异曲线 I_2 上会选择 J 点，根据以前的讨论可知，当期消费的增幅 $c_2 - c_1$ 要小于当期收入的增幅 $y_2 - y_1$，原因是储蓄会因消费均匀化行为而增加。

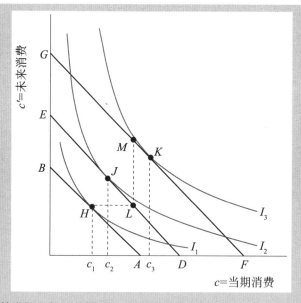

图 9-9 收入的暂时性增加和永久性增加

收入的暂时性增加是当期收入的增加，预算约束线会从 AB 移至 DE，最优消费束会从 H 点变为 J 点。当收入是永久性增加时，当期收入和未来收入都会增加，预算约束线会从 AB 移至 FG，最优消费束会从 H 点变为 K 点。

现在，假定收入的增加是永久性的。我们用当期收入和未来收入都等量增加 $y_2 - y_1$ 来说明。也就是说，最初的未来收入是 y_1'，它增加到 y_2'，有 $y_2' - y_1' = y_2 - y_1$。现在，在图 9-9 中，预算约束线是 FG，它从 DE 上移 LM，$LM = y_2' - y_1' = y_2 - y_1$。消费者在无差异曲线 I_3 上会选择 K 点。在 K 点，当期消费是 c_3。鉴于当期消费和未来消费都是正常品，故当期消费会从 H 点增至 J 点，再从 J 点增至 K 点。因此，如果收入是永久性增加，这对当期消费的影响要大于收入只是暂时性增加的情形。如果收入只是暂时性增加，则储蓄会增加，消费的增幅小于收入的增幅。不过，如果收入是永久性增加，那么储蓄就不一定增加，当期消费的增幅至少不会小于收入的增幅。

消费者对其收入的永久性变化和暂时性变化的反应不同为何重要？假定政府正在考虑减税，这种减税也许是暂时性的，也许是永久性的。暂且不考虑政府对这种减税造成的收入损失怎样去弥补（我们将在本章的后面分析这个问题）。如果消费者获得了增加一生财富的减税，那么，这将增加总消费。然而，如果消费者预期减税是暂时性的，增加的消费就会比他们预期永久性减税时小很多。

专栏

理论与经验数据：消费均匀化与股票市场

到目前为止，理论告诉我们，消费者对其一生财富增加的反应是增加消费，但其消费路径在长期是均匀的。消费者财富变化的一种方式是通过在有组织的股票交易所［诸如纽约证券交易所（New York Stock Exchange）或纳斯达克（NASDAQ）］交易的股票的价格变动实现的。

总消费对股票价格的变动会作何反应？一方面，公开交易的股票在国民财富中并不是举足轻重的。也就是说，在国民财富中，大部分是房产和不能在股票市场上交易的私人股份公司的资本。因此，即使股票价格变动很大，也不一定就意味着国民财富有很大变动。另一方面，金融理论告诉我们，当股票价格变动时，我们应当认为这种价格变动是永久性的。

由金融理论可知（有一些限定条件），股票价格是**鞅**（martingales）。鞅具有的特性是，对其明天价值的最佳预测正是其今天的价值。就股票价格而言，对明天股票价格的最佳预测就是今天的股票价格。股票价格遵循鞅的原因在于，如果股票价格不遵循鞅，投资者就有机会获利。也就是说，假定股票价格不遵循鞅，且先假定最佳预测是，明天的股票价格将高于今天的股票价格，那么，投资者就会今天买股票，明天卖出以获利。最终，这会抬升今天的股票市场价格，直至今天的价格成了所预期的明天的价格。类似地，如果今天的股票价格高于所预期的明天的股票价格，投资者就会今天卖出股票，明天以较低的价格再买回来。在这种情形下，投资者的行为会迫使今天的股票价格降至所预期的明天的价格。由于股票的当期价格是其未来价格的最佳预测，因此价格的任何变动都是意想不到的，价格的这种变动被认为是永久性的。

股票市场总体价值的变动不会引起国民财富的很大变化，且往往会减轻股票市场价格变动对总消费的影响。不过，只要股票价格一变动就被认为是永久性的这种情况，放大了股票价格变动的影响，因为我们知道，与财富的暂时性变动相比，财富的永久性变动对消费的影响更大。我们看一下经验数据。图9-10给出了美国标准普尔综合价格指数偏离趋势的百分比与非耐用品和服务消费偏离趋势的百分比时间序列图，图中的数据是1950—2012年的季度数据。这里，要特别注意的是，与消费相比，股票价格指数的变化很大。股票价格指数偏离趋势的百分比范围为15%～20%，而消费偏离趋势的百分比最多为1.5%。仔细观察图9-10可知，股票价格指数的趋势偏离与消费的趋势偏离正相关。图9-11更清楚地揭示了这种关系，所用数据与图9-10的一样，只不过它是散点图而已。在图9-11中，具有正斜率的直线与散点图的数据非常吻合，表明股票价格与消费正相关。

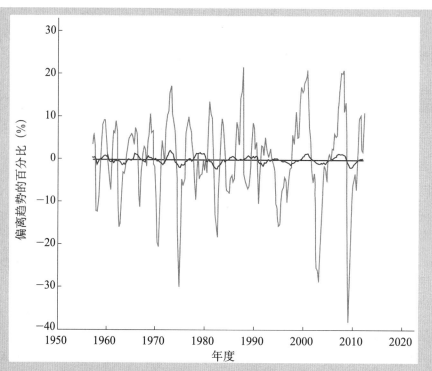

图 9 - 10　股票价格与非耐用品和服务消费

股票价格的趋势偏离百分比与消费的趋势偏离百分比正相关，但股票价格的变化幅度比消费的变化幅度大得多。

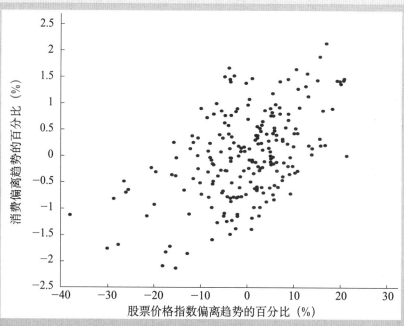

图 9 - 11　非耐用品和服务消费与股票价格指数散点图

本图比图 9 - 10 更清楚地表明了股票价格与消费的正相关性。

　　经验数据表明，股票市场可能是传递财富变动影响总消费行为的一个重要渠道。消费和股票价格联动的事实与下列观念一致，即反映在公开交易股票价格中的对金融体系的冲击可能会引起总消费的显著变动。尽管公开交易股票的价值占国民财富的比例不大，但股票价格变动被认为是永久性的事实，可能会促成股票市场对消费行为的影响。

　　实际利率提高　至此，我们已经分析了消费者当期收入和未来收入的变化对其当期消费和未来消费的选择所产生的影响。其中，变化的是消费者的预算约束线，而其斜率未变。下面我们将研究消费者对实际利率变化的反应，实际利率的变化会改变预算约束线的斜率。市场实际利率的变化是传导机制的重要组成部分，通过这种传导机制，会对经济、财政政策和货币政策产生冲击，最终会影响实际经济活动，我们将在第 11～14 章对此进行讨论。利率影响实际经济活动的重要渠道是总消费。

　　由于 $1/(1+r)$ 是用当期消费品衡量的未来消费品的相对价格，因此实际利率的变化可以有效地影响跨期相对价格。在讨论消费者的工作-闲暇决策问题的第 4 章中，实际工资的变化实际上就是闲暇和消费的相对价格变化，实际工资的变化既有收入效应，又有替代效应。这里，在我们的两时期框架中，实际利率的变化在对当期消费和未来消费的影响上，也既有收入效应，又有替代效应。

　　假定消费者面临的实际利率提高了，而税收和收入在两时期保持不变。首先，这会使得预算约束线更陡峭，原因是，预算约束线的斜率是 $-(1+r)$。此外，在假定消费者绝不会缴纳高于其收入的税收的情况下，$y'-t'>0$，r 提高会减少一生财富 we，如等式（9.5）所示。又根据等式（9.5），我们有：

$$we(1+r)=(y-t)(1+r)+y'-t'$$

且由于 $y>t$，故当 r 提高时，$we(1+r)$ 增加。因此，我们知道，r 提高会使预算约束线转动，如图 9-12 所示，图中，r 会从 r_1 提高到 r_2，导致 we 从 we_1 降为 we_2。我们还知道，预算约束线一定会以禀赋点 E 为轴心转动，因为无论实际利率是多少，消费者都一定能在每一时期消费其可支配收入。

　　r 的变化会使得当期消费和未来消费的相对价格发生变化；换言之，r 提高会使未来消费变得比当期消费更便宜。较高的利率意味着储蓄的收益较高，因此，如果减少当期消费品，就能增加未来消费品。同样，如果第一时期有借款，当消费者偿还借款时，他就不得不放弃较多的未来消费品。我们可以用在第 4 章中讨论的收入效应和替代效应知识，理解实际利率提高对消费者行为的影响。不过，结果表明，实际利率提高的收入效应对贷方和借方的作用相反，这正是我们在下面将要分析的。

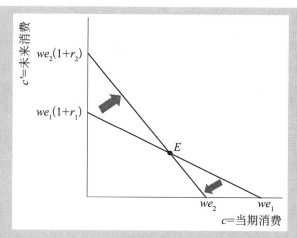

图 9 - 12　实际利率提高

实际利率提高会使消费者的一生预算约束线变得更陡峭，并以禀赋点 E 为轴心转动。

首先，分析贷方的情况。图 9 - 13 分析的消费者最初是贷方，面对的市场实际利率从 r_1 提高到 r_2。最初的一生财富为 we_1，后来变为 we_2。预算约束线以禀赋点 E 为轴心转动。最初，该消费者会选择消费束 A，假定在实际利率提高后该消费者选择了 B。为了找到实际利率提高的替代效应，我们虚画一条预算约束线 FG，这

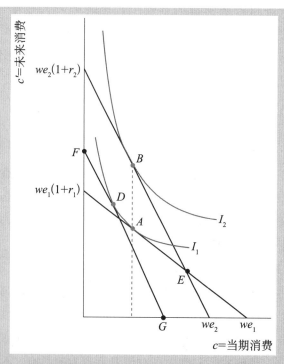

图 9 - 13　实际利率提高：对贷方的影响

对贷方而言，当实际利率提高时，替代效应是从 A 点到 D 点的移动，收入效应是从 D 点到 B 点的移动。当期消费和储蓄可能增加也可能减少，而未来消费将增加。

条线与新预算约束线的斜率相同，且正好与最初的无差异曲线 I_1 相切。这样，我们在减少消费者的财富，直到其境况与 r 提高前的境况一样。于是，从 A 点到 D 点的移动是纯替代效应。从 A 点变为 D 点时，未来消费增加，当期消费减少，因为未来消费与当期消费相比变得更便宜了。剩下的效应，即从 D 点到 B 点的移动，是纯收入效应，它会使得当期消费和未来消费都增加（以前讲过，我们假定当期消费和未来消费都是正常品）。因此，未来消费一定会增加，因为收入效应和替代效应的作用方向相同。由于替代效应会使当期消费减少，而收入效应会使当期消费增加，所以，当期消费可能增加也可能减少。如果收入效应大于替代效应，那么当期消费增加。对储蓄的影响取决于当期消费的变化，因为我们让当期可支配收入保持不变。因此，储蓄可能增加也可能减少。假如替代效应大于收入效应，则储蓄增加；反之，则储蓄减少。实际利率提高会使储蓄更有吸引力，因为未来消费的相对价格降低了（替代效应），但因它对时期 1 的消费具有正收入效应从而会降低储蓄的吸引力，这往往又会减少储蓄。

接下来的例子直观地说明了实际利率变化的收入效应和替代效应。假定克丽斯蒂娜当期是一个贷方，其当年可支配收入是 40 000 美元。她把当期收入的 30% 用于储蓄，所面对的实际利率是 5%。她下一年的收入也是 40 000 美元（以当年美元计），因此最初的当年消费是 $0.7 \times 40\ 000$ 美元＝28 000 美元，下一年的消费是 40 000 美元＋$(1+0.05) \times 12\ 000$ 美元＝52 600 美元。现在，假定实际利率升至 10%，克丽斯蒂娜会作何反应？如果她继续当年消费 28 000 美元，储蓄 12 000 美元，那么她的未来消费是 53 200 美元，比最初的未来消费增加了，这就是替代效应。不过，如果她下一年消费的金额与以前的一样，她现在减少当年储蓄也能获得同样的消费结果。也就是说，她当年储蓄 11 454 美元，下一年就可消费 52 600 美元。于是，她的消费是 40 000 美元－11 454 美元＝28 546 美元，比以前的多，这就是收入效应。克丽斯蒂娜该如何消费，取决于她自己的偏好及其收入效应与替代效应的强弱对比。

现在分析 r 提高对借方的影响。在图 9-14 中，r 从 r_1 升至 r_2，一生财富从 we_1 变为 we_2。禀赋点是 E，消费者最初会选择消费束 A；随后，在 r 提高后，他会选择 B。通过虚画一条与新的预算约束线平行、与最初的无差异曲线 I_1 相切的预算约束线 FG，我们再把从 A 点到 B 点的移动区分为替代效应和收入效应。因此，在利率提高时，实质上是用增加的财富来补偿消费者，使其境况如初。于是，替代效应是从 A 点到 D 点的移动，收入效应是从 D 点到 B 点的移动。替代效应是，未来消费增加、当期消费减少，正如贷方的情形一样。然而，在这种情况下，收入效应对当期消费和未来消费都会产生消极影响。因此，借方的当期消费减少，未来消费可能增加也可能减少，取决于作用相反的替代效应和收入效应的强弱对比；储蓄一定会增加，因为当期消费减少了，而当期可支配收入保持不变。

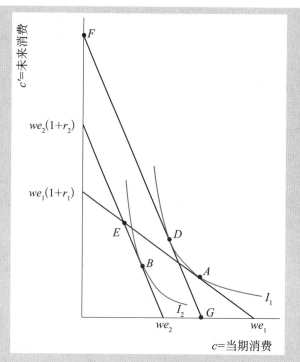

图 9 - 14　实际利率提高：对借方的影响

对借方而言，当实际利率提高时，替代效应是从 A 点到 D 点的移动，收入效应是从 D 点到 B 点的移动。当期消费减少，储蓄增加，未来消费可能增加也可能减少。

现举例来说，假定克里斯托弗最初是借方，其当年收入和下一年的收入都是 40 000 美元（以当年美元计）。最初，克里斯托弗当年借款 20 000 美元，因此他当年就能消费 60 000 美元。实际利率是 5％，这样其借款的本息合计 21 000 美元，他下一年消费 19 000 美元。现在，假定有另一种情形，实际利率是 10％。如果克里斯托弗的未来消费保持不变，这必然意味着他的当期消费会下降，收入效应是负的。也就是说，如果给定实际利率 10％，且他下一年继续消费 19 000 美元，那么他当年就只能借款 19 091 美元，这意味着他当年消费 59 091 美元。

对贷方和借方而言，都存在实际利率提高的**跨期替代效应**（intertemporal substitution effect）。也就是说，实际利率提高会降低用当期消费衡量的未来消费的相对价格，导致用未来消费代替当期消费，从而使储蓄增加。在宏观经济学中，我们对总效应感兴趣，但由上面的分析可知，收入效应在决定实际利率提高对总消费的影响时可能模糊不清。人口是由众多消费者组成的，一些人是贷方，一些人是借方。尽管当实际利率提高时，每个借方的消费都下降了，但贷方的消费是升是降，取决于作用相反的收入效应和替代效应的强弱对比。虽然实际利率提高对借方消费的负收入效应往往会抵消对贷方消费的正收入效应，只剩下替代效应，但理论上并不能说总消费就会减少。

表 9 - 2 和表 9 - 3 总结了我们对实际利率提高效应的讨论。

表 9 - 2	实际利率提高对贷方的影响
当期消费	？
未来消费	增加
当期储蓄	？

表 9 - 3	实际利率提高对借方的影响
当期消费	减少
未来消费	？
当期储蓄	增加

完全互补例子　为了便于分析，我们举一个消费者的偏好具有完全互补性质的例子。回忆第 4 章的内容，如果两种商品完全互补，它们就会总是按固定的比例被消费。就当期消费和未来消费而言，完全互补性质意味着消费者总是选择 c 和 c'，使得

$$c' = ac \tag{9.10}$$

式中，a 为正的常数。在图 9 - 15 中，消费者的无差异曲线（例如 I_1 和 I_2）呈 L 形，且直角在 $c' = ac$ 线上。完全互补是消费均匀化愿望的一种极端情形——消费者决不想让当期消费与未来消费背离固定比例。在图 9 - 15 中，消费者的预算约束线是 AB，可用下列等式表示：

$$c + \frac{c'}{1+r} = we \tag{9.11}$$

其中

$$we = y - t + \frac{y' - t'}{1+r} \tag{9.12}$$

在图 9 - 15 中，最优消费束是像 D 点这类的点，这样的点位于消费者的预算约束线和 $c' = ac$ 线上。因此，给定 r 和 we，我们通过求解等式（9.10）和等式（9.11）

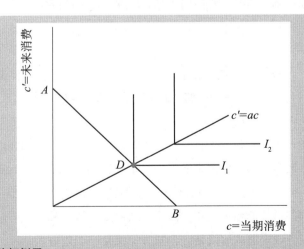

图 9 - 15　完全互补偏好例子

消费者希望当期消费与未来消费保持固定的比例，即 $c' = ac$。若无差异曲线表示当期消费和未来消费完全互补，则最优消费束是位于一生预算约束线 AB 上的 D 点。

中的两个变量 c 和 c'，就可分别求出当期消费 c 和未来消费 c'。经过代换，我们得到：

$$c = \frac{we(1+r)}{1+r+a} \qquad (9.13)$$

$$c' = \frac{awe(1+r)}{1+r+a} \qquad (9.14)$$

我们也可以用等式（9.12）替换等式（9.13）和等式（9.14）中的 we，得到：

$$c = \frac{(y-t)(1+r)+y'-t'}{1+r+a} \qquad (9.15)$$

$$c' = a\left[\frac{(y-t)(1+r)+y'-t'}{1+r+a}\right] \qquad (9.16)$$

从等式（9.15）和等式（9.16）看出，当期消费和未来消费会随着当期收入 y 和未来消费 y' 的增加而增加。利率 r 变化的影响更加复杂，但 r 提高对 c 和 c' 的影响实际上只取决于消费者是贷方还是借方。这是因为在偏好具有完全互补性质时，不存在替代效应。我们在本章末的思考题中将对此作进一步的探讨。

政府

以上我们研究了消费者的行为。为了完整地描述两时期模型，我们还需描述政府的行为。接下来我们将探讨税收政策的均衡效应。

假定政府希望当期购买 G 单位的消费品、未来购买 G' 单位的消费品，政府购买的数量是外生给定的。政府当期征收的税收总量是 T。有 N 个消费者，每个人当期纳税 t，故 $T=Nt$。与此类似，未来税收总量等于 T'，故有 $T'=Nt'$。政府可以在当期通过发行债券借钱。我们以前讲过，政府债券和私人债券难以区分，因为债券的实际利率 r 相同。我们用 B 表示当期发行的政府债券数量，因而政府的当期预算约束是：

$$G=T+B \qquad (9.17)$$

也就是说，政府支出是通过税收和发行债券筹资的。换一种说法，当期政府赤字 $G-T$ 是通过发行债券来弥补的。政府的未来预算约束是：

$$G'+(1+r)B=T' \qquad (9.18)$$

等式（9.18）的左边是未来政府总支出，由未来政府购买和政府当期发行的债券的本息组成。政府支出的资金来源是未来税收，即等式（9.18）的右边。政府的预算约束存在 $B<0$ 的可能。如果 $B<0$，这就意味着政府对私人部门来说是贷方，而不是从私人部门借款的借方。在实践中，政府既直接对私人部门贷款，也向私人经济主体发行债券，因此政府既是一个贷方，又是一个借方。

我们之前在分析消费者的预算约束时，曾把当期预算约束和未来预算约束合并成一个单一的一生预算约束。这里，我们也采取类似的做法，即把等式（9.17）和等式（9.18）所表达的政府预算约束合并成一个单一的**政府的现值预算约束**（government present-value budget constraint）。为此，我们先根据等式（9.18）求出 B，得到：

$$B = \frac{T' - G'}{1+r}$$

然后将 B 代入等式（9.17），有：

$$G + \frac{G'}{1+r} = T + \frac{T'}{1+r} \tag{9.19}$$

等式（9.19）就是政府的现值预算约束，它表明，政府购买的现值必定等于税收的现值。这与消费者的一生预算约束类似，而消费者的一生预算约束表明，消费的现值等于一生可支配收入的现值。对政府的现值预算约束的解释是，政府必须最终通过向其居民征税清偿其全部债务。

竞争性均衡

我们已在两时期模型中描述了消费者的行为和政府的行为，现在进行模型构建环节的最后一步，即说明竞争性均衡是如何实现的。

经济中的 N 个消费者与政府相互作用的市场是信贷市场，在这个市场中，消费者和政府可以借款和贷款。通过信贷市场的交易，消费者和政府可以有效地用未来消费品交换当期消费品。我们曾讲过用未来消费品交换当期消费品的相对价格是 $1/(1+r)$，而它又取决于实际利率 r。

在这种两时期经济的竞争性均衡中，以下三个条件必须成立：

1. 在实际利率 r 既定的情况下，每个消费者都会选择第 1 期、第 2 期的最优消费和储蓄。

2. 政府的现值预算约束即等式（9.19）成立。

3. 信贷市场出清。

当消费者当期希望贷款的净数量等于政府希望借款的数量时，信贷市场出清。用 S^p 表示私人储蓄总量，即消费者的储蓄，则信贷市场的均衡条件是：

$$S^p = B \tag{9.20}$$

或者说，私人储蓄总量等于政府当期的举债量。等式（9.20）还表明，国民储蓄（等于私人储蓄总量减去 B）在均衡中等于 0。回忆在第 2 章中我们论述过，国民收入核算恒等式表明 $S^p + S^g = I + CA$，其中 S^g 是政府储蓄，I 是投资，CA 是经常账户盈余。这里，$S^g = -B$，$I = 0$，原因是在这个模型中没有资本积累；$CA = 0$，原因是这是一个封闭经济模型。我们还知道 $S = S^p + S^g$，其中 S 是国民储蓄。

均衡条件等式（9.20）意味着：

$$Y = C + G \tag{9.21}$$

式中，Y 为当期总收入（N 个消费者的收入总和）；C 为当期总消费（N 个消费者的消费总和）。由第 2 章可知，等式（9.21）是该经济的收入-支出恒等式，因为没有投资，也没有与其他国家的往来（净出口等于零）。为了说明等式（9.21）为何源自等式（9.20），请注意：

$$S^p = Y - C - T \qquad (9.22)$$

也就是说，私人总储蓄等于当期收入减当期总消费再减当期总税收。同样，根据政府的当期预算约束等式（9.17），我们有：

$$B = G - T \qquad (9.23)$$

把等式（9.22）中的 S^p 和等式（9.23）中的 B 代入等式（9.20），我们有：

$$Y - C - T = G - T$$

重新整理，可得：

$$Y = C + G$$

这个结果在下一节很有用，因为如果等式（9.20）或等式（9.21）成立，就表明经济处于竞争性均衡状态。

李嘉图等价定理

我们在第 5 章中得知，增加政府支出会有代价，因为它排挤了私人消费支出。不过，我们在第 5 章没有区分税收效应和政府支出效应，因为在当时分析的模型中，政府不能借债。而现在，我们就可以分别评估政府支出变化和税收变化的影响。

我们在这里要说明的是宏观经济学中的一个重要结论，称为李嘉图等价定理。这个定理表明，政府改变征税的时间安排是中性的。所谓中性，是指在均衡中，当期税收的变化从现值来看正好可以被等量的、变化相反的未来税收所抵消，对实际利率或单个消费者的消费没有影响。这是一个很有刺激性的结论，因为它认为政府赤字无关紧要，这又似乎有悖常识。然而，正如我们将看到的，这是思考政府赤字为何重要的一个重要起点，李嘉图等价定理的逻辑所传达的重要信息是，减税不是免费的午餐。

为了说明李嘉图等价定理在两时期模型中为何成立，我们只要看一看消费者的一生预算约束和政府的现值预算约束即可。首先，由于在 N 个消费者当中，每个人在当期分担的税负都相同，在未来也是如此，即 $T = Nt$ 和 $T' = Nt'$，将此代入政府的现值预算约束式（9.19），得到：

$$G + \frac{G'}{1+r} = Nt + \frac{Nt'}{1+r} \qquad (9.24)$$

重新整理，得到：

$$t + \frac{t'}{1+r} = \frac{1}{N}\left(G + \frac{G'}{1+r}\right) \qquad (9.25)$$

它表明，单个消费者的税收现值是该消费者所分摊的政府支出现值。接下来，

我们将等式（9.25）中的税收现值代入消费者的一生预算约束式（9.4），可以
得到：

$$c + \frac{c'}{1+r} = y + \frac{y'}{1+r} - \frac{1}{N}\left(G + \frac{G'}{1+r}\right) \tag{9.26}$$

现在，假定在实际利率 r 既定的情况下，经济处于均衡状态。每个消费者分别
选择当期消费 c 和未来消费 c'，使其境况在满足一生预算约束的情况下尽可能改
善。等式（9.26）成立，政府的现值预算约束等式（9.19）成立，信贷市场出清，
因而当期总收入等于当期总消费加上当期政府支出：$Y = C + G$。

下面我们分析一个实验，在这个实验中，我们改变征税的时间安排，而政府的
预算约束在利率为 r 的情况下继续成立。换句话说，即每个消费者的当期税收都变
化 Δt，而未来税收变化 $-\Delta t/(1+r)$，这样，根据等式（9.24），政府的预算约束继
续成立。于是，根据等式（9.26），给定 r，等式（9.26）右边的消费者一生财富不
变，原因是 y、y'、N、G 和 G' 都不受影响。由于消费者的一生财富不受影响，给
定 r，消费者便会作出同样的决策，即选择同样数量的当期消费和未来消费。每个
消费者都是这样，因此，给定 r，总消费 C 也是一样的。所以，仍然有 $Y = C + G$，
信贷市场出清。因此，在新的征税时间安排和实际利率不变的条件下，每个消费者
都实现了最优，政府的现值预算约束也成立，信贷市场出清，r 仍然是均衡实际
利率。

这样，我们就阐明了，改变征税的时间安排对均衡消费或实际利率不会产生影
响。由于每个消费者在改变征税的时间安排前后都面临相同的预算约束，因此，所
有消费者的境况都并不会因税收变化而改善或恶化。因此，我们证明了李嘉图等价
定理在两时期模型中成立。

尽管征税的时间安排对消费、财富或市场实际利率没有影响，但对私人储蓄和
政府储蓄会产生影响。也就是说，因私人总储蓄是 $S^p = Y - T - C$，政府储蓄是
$S^g = T - G$，只要改变征税的时间安排，比如降低当期税收 T，就会增加当期私人
储蓄，且会等量减少政府储蓄。为了给出更为具体的例子，我们假定当期税收减
少，因此 $\Delta t < 0$。于是，政府为了弥补减税的资金缺口，就必须在当期多举债，而
为了偿还增加的债务，未来就必须增税。消费者对此有预见，且按减税量增加储
蓄，因为他们必须多储蓄，以缴纳未来所面临的更高的税收。在信贷市场中，消费
者储蓄的增加与政府的举债增加正好相匹配，所以对消费者之间的借贷行为不会产
生影响，从而对市场实际利率也不会产生影响。

李嘉图等价：图解

通过考察当期减税对单个消费者的影响，我们可以说明李嘉图等价定理。这
里，消费者也面临着未来增税，因为政府必须还清为减税筹资而举借的当期债务。
假定消费者的当期税收和未来税收分别为 t^* 和 t'^*。在图 9-16 中，消费者的禀赋

点为 E_1，并选择消费束 A。现在，假定当期减税，故 $\Delta t < 0$。因此，政府必须在时期 1 多举债 $N\Delta t$ 才能弥补当期庞大的政府赤字；为了还清所增加的政府债务，政府必须在未来对每个消费者都增税 $-\Delta t(1+r)$。这对消费者的影响是一生财富 we 不变，因为税收的现值未变。预算约束也没有受到影响，消费者仍会选择图 9-16 中的 A 点。所变化的是禀赋点 E_1 会变为 E_2；也就是说，因当期减税，消费者的当期可支配收入会增加，而未来可支配收入会减少。由于消费者会选择同样的消费束，因此其所做的就是把当期的减税全部储蓄起来，以备未来缴纳更高的税收。

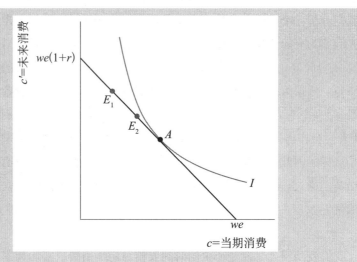

图 9-16 当期减税的李嘉图等价

当期减税、未来增税，消费者的一生预算约束不会改变，消费者的最优消费束仍为 A。禀赋点会从 E_1 变为 E_2，储蓄增量即为当期减税量。

李嘉图等价与信贷市场均衡

最后我们看一个图，它说明的是信贷市场在李嘉图等价情况下是如何运作的。在图 9-17 中，给定当期和未来之间特定的征税时间，画出曲线 $S_1^p(r)$，该曲线是在给定市场实际利率 r 情况下的私人信贷供给，等于私人消费者的计划储蓄总额。我们把 $S_1^p(r)$ 画成向上倾斜，是因为利率变化会产生替代效应和收入效应，假定把所有消费者的这些效应加总后前者大于后者。政府的信贷需求是 B_1，即政府在当期发行的、外生供给的债券。信贷市场出清的均衡实际利率是 r_1。

现在，如果政府对每个人都等量减少当期税收，会导致政府增发债券，从 B_1 上升至 B_2。事情尚未结束，因为每个消费者的储蓄行为都会发生变化。实际上，每个消费者的总储蓄或信贷供给都会增加，增加的数量正好是信贷供给曲线向右移至 $S_2^p(r)$ 的数量 $B_2 - B_1$（对于任一 r）。因此，均衡实际利率保持不变，仍为 r_1，私人储蓄增加，增加的数量就是政府储蓄减少的数量。

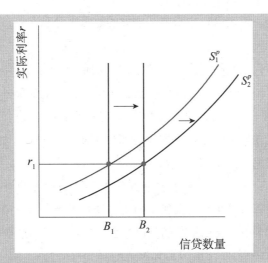

图 9 - 17　李嘉图等价与信贷市场均衡

当期减税，政府债务就从 B_1 增至 B_2，信贷供给曲线等量向右移动。均衡实际利率不变，私人储蓄增加，增加的数量等于政府储蓄的减少量。

9

　　我们前面在分析消费者当期可支配收入增加对当期消费的影响时断定，由于消费者的消费均匀化动机，可支配收入的一部分增量会被储蓄起来。因此，可支配收入的暂时性增加导致的当期消费的增加达不到 1∶1 的比例。在现实中，个人的消费决策眼光还是比较长远的，消费者的可支配收入暂时性增加时，其当期消费增加得较少，这符合弗里德曼的永久收入假说。因此，弗里德曼的永久收入假说似乎意味着，税收的暂时性变化使得当期消费的变化非常小。李嘉图等价定理将这种逻辑更深入一步，考虑了当期税收变化对未来税收的影响。例如，由于当期减税必须用政府举债来弥补资金缺口，这种政府举债就意味着，为了偿还政府债务，未来就要增税。在计算一生财富时，消费者认识到，当期减税正好会被未来增税所抵消，因此，他们要把当期减税全部储蓄起来，以备缴纳未来的高税收。

　　李嘉图等价定理所传递的重要信息是，减税不是免费的午餐。尽管当期减税可以给所有消费者留下更多的当期可支配收入，这看上去像是一件好事，但消费者为当期减税所必须付出的代价就是，未来承担更高的税负。根据两时期模型中研究的条件，减税的成本恰好抵消了收益，减税与不减税相比，消费者的境况并没有改善。

李嘉图等价：一个例子

　　为了帮助理解李嘉图等价及其作用机理，我们举一个明显的例子，用代数方法来找出答案。假定人口由两类消费者组成，一类是贷方，另一类是借方。我们为什么给他们这样冠名，在我们发现他们在均衡中做什么时就清楚了。就所有消费者而言，当期消费和未来消费是完全替代的，这意味着无差异曲线是线性的。贷方的 $MRS_{l,c}=a$，借方的 $MRS_{l,c}=b$，$a<b$，所以，贷方的无差异曲线没有借方的无差

异曲线那么陡。假定人口中贷方和借方的数量平分秋色，故有 N/2 个贷方，有 N/2 个借方。

在完全替代偏好的情况下，解消费者的最优问题就很简单了。如果 $MRS_{l,c} < 1+r$，如图 9-18 所示，消费者就会选择在当期把其全部一生财富都储蓄起来，在未来消费 $we(1+r)$。给定预算约束 AB，他就会选择 A 点，该点既在预算约束线上又在最高的无差异曲线 I_1 上。同样，如果 $MRS_{l,c} > 1+r$，如图 9-19 所示，消费者就会选择在当期把其全部一生财富都消费掉，在预算约束线 AB 上的 B 点实现最优。如果 $MRS_{l,c} = 1+r$，无差异曲线的斜率就与预算约束线的斜率相同，在这种情况下，消费者对其预算约束线上的所有消费束没有厚此薄彼之分。

在图 9-17 中，我们描绘的是以等式（9.20）——政府债务的需求和供给表示的竞争性均衡状态，但这里用与其等价的等式（9.21）——当期消费品的需求和供给来思考可能更加方便。我们想首先把当期消费品需求确定为利率的函数，或者，鉴于最终影响消费者行为的是 $1+r$，故我们把当期消费品的总需求作为 $1+r$ 的函数。为此，我们需要考虑 5 种不同的情况。在考察下列 5 种情况之前，要提请注意的是，等式（9.25）意味着，我们可以把均衡状态下每个消费者的一生财富表示为：

$$we = y - t + \frac{y' - t'}{1+r} = y - \frac{G}{N} + \frac{y' - \frac{G'}{N}}{1+r}$$

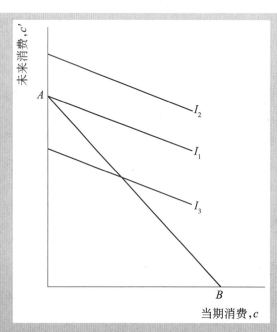

图 9-18　完全替代，$MRS_{l,c} < 1+r$

如果 $MRS_{l,c} < 1+r$，具有完全替代偏好的消费者将选择预算约束线上的 A 点。

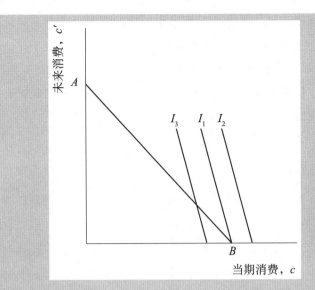

图 9 - 19 完全替代，$MRS_{l,c} > 1+r$

如果 $MRS_{l,c} > 1+r$，具有完全替代偏好的消费者将选择预算约束线上的 B 点。

因而所有消费者的一生财富就是 $Ny - G + (Ny' - G')/(1+r)$，且贷方或借方的一生财富总量是其一半。

第一种情况：$1+r > b$。在这种情况下，两类消费者都处于图 9 - 18 所描绘的那种状态，且每个人都希望在当期消费为零，故当期总消费需求 $C^d = 0$。

第二种情况：$1+r = b$。借方对于他们消费多少（在其预算约束线上的任何一点）都无所谓，但贷方面临着图 9 - 18 所描述的情况，希望在当期消费为零。因此，

$$0 \leqslant C^d \leqslant \frac{1}{2}\left(Ny - G + \frac{Ny' - G'}{b}\right)$$

第三种情况：$b > 1+r > a$。借方处于图 9 - 19 所描述的状态，贷方处于图 9 - 18 所描述的状态。借方想在当期消费掉其全部一生财富，而贷方希望在当期消费为零。因此，

$$C^d = \frac{1}{2}\left(Ny - G + \frac{Ny' - G'}{1+r}\right)$$

第四种情况：$1+r = a$。借方处于图 9 - 18 所描述的状态，贷方对于他们消费多少都无所谓，因此，

$$\frac{1}{2}\left(Ny - G + \frac{Ny' - G'}{a}\right) \leqslant C^d \leqslant Ny - G + \frac{Ny' - G'}{a}$$

第五种情况：$1+r < a$。借方和贷方都处于图 9 - 19 所描绘的那种状态。每个人都想在当期消费掉其全部一生财富，因此，

$$C^d = Ny - G + \frac{Ny' - G'}{1+r}$$

于是，我们可以用图 9 - 20 来描绘出当期消费品的总需求曲线 C^d。当期消费品

的供给是 $C^s = Ny - G$，即当期政府拿走所属的那部分后剩下的总禀赋量。在均衡状态下，不会发生第一种情况和第五种情况。在第一种情况下，$C^d = 0 < C = Ny - G$，所以供给一定大于需求；而在第五种情况下，$C^d = Ny - G + (Ny' - G')/(1+r) > Ny - G$，所以需求一定大于供给。只有第二、第三和第四种情况有可能发生，但为简化起见，我们假定：

$$a < \frac{Ny' - G'}{Ny - G} < b$$

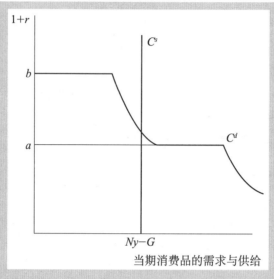

图 9 - 20 本例的竞争性均衡

C^d 曲线代表当期消费品的需求曲线，当利率无论使借方还是贷方对其消费多少都无所谓时，C^d 曲线就出现了水平状。私人的消费品供给保持不变，故供给曲线 C^s 是垂直的。竞争性均衡状态位于这两条曲线的交点。

这将保证第三种情况会处于均衡状态。在均衡状态下，需求量等于供给量，或者说，$C^d = C^s$，就第三种情况而言，得到：

$$\frac{1}{2}\left(Ny - G + \frac{Ny' - G'}{1+r}\right) = Ny - G$$

通过解上述等式就可得到均衡利率，或者说：

$$1 + r = \frac{Ny' - G'}{Ny - G} \tag{9.27}$$

其均衡解正是 C^d 曲线和 C^s 曲线的交点，如图 9 - 20 所示。

我们回过头来再确定每一类消费者的消费。根据第三种情况并利用等式 (9.27)，借方的当期消费是：

$$c = 2\left(y - \frac{G}{N}\right) \tag{9.28}$$

而未来消费为零。同样，贷方的当期消费为零，未来消费是：

$$c' = 2\left(y' - \frac{G'}{N}\right) \tag{9.29}$$

因此，在均衡状态下，"贷方"和"借方"的确是贷款人和借款人。问题的设定是，借方比贷方更迫不及待，以至于在均衡状态下出现了有耐性的人贷款给没有耐性的人。请注意，等式（9.27）中的均衡实际利率并不取决于税收 t 和 t'，这种经济中的消费者的消费也不取决于税收。政府可以随心所欲地改变征税的时间安排，对结果不会产生任何影响。但要注意，政府支出是很重要的。根据等式（9.27）、等式（9.28）和等式（9.29），当期和未来的支出量无论是对实际利率还是对消费，都会产生不同的影响。

该均衡的一个有意思的特征是，均衡实际利率随着未来消费总量与当期消费总量的比率的提高而上升，这更加一般性地表述了消费者偏好。因此，随着未来消费相对于当期消费来说变得不那么稀缺，其相对价格下跌。之前曾经讲过，用当期消费表示的未来消费的相对价格是 $1/(1+r)$。

李嘉图等价与政府债务负担

就个人来说，债务是减少其一生财富的负债。李嘉图等价定理意味着，政府债务也适用同样的逻辑，把政府债务说成是我们欠国家的未来纳税义务。政府债务是一种负担——是我们欠我们自己的；政府必然会在未来向我们征税以还清其债务。在我们上述解释李嘉图等价定理的模型中，债务负担由消费者平摊。然而，在实践中，财政政策的许多问题都涉及政府的债务负担在当代人之间或各代之间如何分摊。为了讨论这些问题，我们需要解释在分析李嘉图等价定理时四个重要假设所起的作用。

1. 第一个重要假设是，在我们上面所分析的实验中，当税收变化时，其变化数量在当期和未来对所有消费者都一样。例如，当某一消费者享受到当期减税时，这会被未来等量但相反的增税（现值）所抵消，因此每个人的税负现值都不变。现在，如果一些消费者享受到的减税多于其他人，那么这些消费者的一生财富会有变化，这必然就会改变他们的消费选择，均衡实际利率也会变化。未来，当增加的债务由增加的未来税收清偿时，消费者所分摊的税负可能不一样，债务负担不能均等分摊。政府可以利用税收政策对社会财富进行再分配。关于税收变化的公开辩论，常常集中在这些税收变化对不同收入水平的消费者的影响上。

2. 本模型的第二个重要假设是，政府举借的债务在政府举债时活着的人的有生之年内偿还。实际上，政府可以把偿还债务所需的税收推迟到未来之后的很长时间，那时，从较高政府债务上获得当期收益的消费者要么退休了，要么去世了。也就是说，如果政府减税，那么当期老年人可以获得较高的可支配收入，而未来缴纳更高的税收来偿还政府债务的人则是当期年轻人。从这个意义上讲，政府债务是年轻人的负担，它会带来财富的代际再分配。在有些情况下，财富的代际再分配可以使每个人受益，如某些社会保障计划。我们将在下一小节探讨这个问题。

3. 前述所作的第三个重要假设是，税收是一次总付税。实际上，正如第 4 章和第 5 章所述，所有税种都会产生扭曲效应，因为它们改变了市场中消费者面临的商品的有效相对价格。这些扭曲正是征税的福利损失。也就是说，如果政府课税 100 万美元，经济的福利成本将大于 100 万美元，原因是课税带来了扭曲。财政学中的最优课税研究分析了不同税种的福利成本的大小。例如，从边际角度来说，所得税的福利成本高于销售税的福利成本。如果政府的征税是最优的，在保证税收收入的前提下，可使征税的福利成本最小化。政府在确定最优课税时遇到的权衡取舍之一就是当期课税与未来课税的权衡取舍。政府债务是一种负担，因为偿还债务所需的未来税收将造成扭曲。包括罗伯特·巴罗（Robert Barro）[1] 在内的学者，对最优课税进行了一些研究，他们的研究表明，政府应当在长期使税率均匀化，以实现当期课税与未来课税的最优取舍。

4. 第四个重要假设是，存在**完美信贷市场**（perfect credit markets），也就是说，消费者在其一生预算约束下，可以随心所欲地借款和贷款，而且借款利率和贷款利率都一样。实际上，消费者可以借多少是有限制的；例如，信用卡有借款限制，有时消费者没有担保就无法借款（如抵押借款和汽车贷款）。[2] 消费者借入资金的利率通常也高于其借出资金的利率。例如，典型的银行贷款利率与典型的银行存款利率，年利率相差 6 个百分点或更多。此外，政府举债的利率低于典型消费者的借款利率。虽然消费者不一定都受**信贷市场缺陷**（credit market imperfections）的影响，但从一些消费者受信贷约束这一点来看，这些受信贷约束的消费者可能受益于减税，尽管这些消费者未来会有抵消受益的纳税义务。从这个意义上讲，政府债务对一部分人来说不是负担；事实上，它增加了这些群体的福利。我们将在第 10 章进一步探讨这种观点。

李嘉图等价定理反映了一个重要的现实：税收的当期变化对未来税收有影响。不过，现实中的税收政策会引起许多复杂的问题，必然会在人口中引起税收负担分配的变化和政府债务负担分配的变化。我们在分析李嘉图等价定理时，忽略了这些复杂的问题。对一些宏观经济问题而言，税收政策的分配效应微不足道，但对其他一些问题而言则极其重要。比如，倘若你是一个为某一政党工作的宏观经济学家，某种税收政策如何以不同方式影响不同消费者的财富，可能对你所在的政党能否赢得大选很重要，你可能就要密切关注它了。还有，你将在第 10 章看到，所谓的现收现付制（pay-as-you-go）社会保障制度因税收政策的代际再分配效应而产生的影响，以及引起李嘉图等价失灵的信贷市场缺陷，是理解最近的这次金融危机的关键。

---

[1] 参见 R. Barro, 1979. "On the Determination of the Public Debt," *Journal of Political Economy* 87，940－971。

[2] 担保是借方在获得贷款时所拿出的保证物。如果借方不履行还款义务，那么担保品就会被贷方没收。如住房抵押贷款的担保品是用抵押贷款所购买的房子，而汽车贷款的担保品是所购买的汽车。

专　栏

宏观经济学实践：《经济增长与税收减免协调法案》与国民储蓄

2001年美国布什政府通过了《经济增长与税收减免协调法案》（EGTRRA）。该法案降低了所有收入水平的联邦边际所得税率，特别是对高收入者课征的税率降幅较大。李嘉图等价定理告诉我们，如果是一次总付税，那么，征税的时间选择不影响国民储蓄。例如，若是当期减税，政府储蓄减少，私人储蓄增加，增减数量相同，国民储蓄总量不变。然而，该法案引起的税收变化不满足李嘉图等价定理所需要的条件，原因有三：（a）很大一部分消费者受到信贷约束；（b）联邦所得税不是一次总付税——该法案改变的是税率；（c）该法案通过时，没有保证政府的未来支出会保持不变。

有很多理由认为，上述的（a）对于该法案的影响并不重要，因为大部分减税都是针对高收入者的，他们不大可能受信贷约束。不过，上述的（b）和（c）可能很重要。首先，就（b）而言，第5章分析了所得税率变化的影响，并明确了税率降低将引起税收收入下降（假定美国经济处于拉弗曲线的"良区"），以及劳动力供给量和实际GDP增加（假定对劳动力供给的替代效应大于收入效应）。减税的这种激励效应通常会增加国民储蓄，因为私人储蓄随着实际收入的增加而增加，政府因经济活动增加而征收更多的税收，政府储蓄也增加。在此需要注意的是，政府征收的税收收入要比不降低税率时征收的税收收入少，但比若实际GDP并未因减税而增加时征收的税收收入多。

就（c）而言，情况也许是，庞大的政府赤字对政府削减开支产生压力，这或许是因为减支比增税更能迎合选民的心意。的确，这种倾向内含于削减政府规模的一项策略中，有时称为"饿死巨兽"。也就是说，政府减税容易，增加支出不太容易，减少支出更不容易，而增加税收就太难了。然而，如果政府赤字很高，那么，相对于政府赤字较低而言，削减政府支出还是要容易得多。因此，如果政府的目的是要缩小政府规模，最容易的办法就是首先减税，引起赤字增加，然后再削减政府支出以平衡预算。

故此，可顺理成章地得到如下结论：该法案意味着未来政府支出减少，而不是未来增税（征税时间的变化）。当期减税的确会增加当期消费者的财富，这会增加消费，减少国民储蓄。将来，当政府支出下降时，第5章的分析告诉我们，实际GDP会下降，这意味着国民储蓄降低，因为私人储蓄和政府储蓄都会因实际GDP下降而降低。

总之，理论告诉我们，该法案的作用如下：第一，通过（b）的影响，将有正的激励效应，当期国民储蓄将增加；第二，通过（c）的影响，当期国民储蓄将减少，未来的国民储蓄也减少。不过，出于可操作的政策建议，我们对该法案的定量效应感兴趣。我们根据理论理解的这种效应可能大也可能小，且理论并没有告诉我们这两种方向相反的效应哪个对当期国民储蓄的影响更大。这种量化政策实验可利用由艾伦·奥尔巴克（Alan Auerbach）构建的可计算宏观经济模型来完成，其结果见《布什减税与国民储蓄》（The Bush Tax Cut and National Saving）。[①]

奥尔巴克用的是他与劳伦斯·科特利科夫（Laurence Kotlikoff）共同设计的、在计算机上模拟该法案影响的模型。奥尔巴克的结论是，该法案无论是现在还是将来，都具有降低国民储蓄的作用。也就是说，税率变化的激励效应在短期并没有大到足以对国民储蓄最终产生积极作用。奥尔巴克的分析还有一个令人感兴趣的特点是，他测度了"动态评分"的影响，这种动态评分把经济行为变化对政府税收收入的影响考虑进来。也就是说，估计所得税率变化的影响的一种方法是假定人们间的收入及其分配保持不变。动态评分考虑了前述情况的影响，比如实际 GDP 往往随着税率降低而增加，这会抵消税收收入因税率降低而产生的损失。奥尔巴克发现，动态评分的确很重要，因为经济行为变化对于政府的税收收入非常重要。

9

专栏

理论与经验数据：政府筹资算术——政府的预算赤字是可持续的吗？

在本章分析的模型中，政府总能偿还其债务。倘若政府可以选择，在当期可以有赤字，但在未来必须征收足够的税收来偿还债务。在实践中，世界各国政府实际上都有负债，而且，我们预期这种债务永远得不到清偿。所有国家的政府都在不断发行新债来偿还旧债。

各国间的政府负债水平千差万别。一个典型的债务衡量指标是政府未偿债务余额与 GDP 的比率，简称债务负担率。2010 年，澳大利亚、英国、德国、美国、意大利、希腊和日本的债务负担率分别为 21%、76%、84%、94%、119%、143% 和 220%。

当政府有赤字时，政府债务增加；当政府有盈余时，政府债务减少。图 9-21 显示出美国各级政府的盈余状况，而图 9-22 显示的是美国政府的债务水平，包括联邦政府的债务水平、州和地方政府的债务水平。从图 9-21 看出，20 世纪 90 年代中期以前，政府盈余一直呈现下降趋势，在 90 年代末有一短暂的时间政府盈余是正的。在布什政府初期，始于 2001 年的减税导致盈余大幅度减少，2008—2009 年经济衰退时期，政府盈余占 GDP 的百分比更是急剧下降。这种下降的原因在于 2009 年初实施的联邦政府刺激计划，以及伴随经济衰退和 GDP 下降而发生的税收收入自动减少、转移性支出自动增加。政府盈余的这种变化格局也反映在政府债务的变化上，如图 9-22 所示。最近，巨额政府赤字导致

[①] A. Auerbach，2002. "The Bush Tax Cut and National Saving," NBER working paper 9012.

联邦政府债务规模激增，债务负担率从金融危机前的 35% 左右，上升到 2012 年第一季度的 70%。

最近，南欧一些国家在偿还债务上遇到了麻烦。特别是希腊，2011 年就发生了债务违约，2012 年再次违约，多亏欧盟国家、国际货币基金组织和欧洲中央银行进行了干预。希腊的政府债务规模巨大，2010 年的债务负担率高达 143%，而日本的债务负担率甚至更高，2010 年为 220%。但对日本债务抱有信心的人认为，日本政府能够偿还其债务。美国的政府债务虽然没有希腊那么大，但其增长速度在不断加快。不过，美国能够以非常低的利率在世界信贷市场上举债。巨大的政府债务规模（如日本）能否可持续？为什么没有人对美国能否维持其不断增长的债务提出质疑？

为了回答这些问题，我们分析一下基本的政府预算算术。第 2 章讲过，政府盈余或者说政府储蓄由下式给定：

$$S^g = T - TR - INT - G \tag{9.30}$$

式中，T 代表税收，TR 代表转移性支出，INT 代表政府债务的利息，G 代表政府购买性支出。在等式 (9.30) 中，数量 $(T - TR - G)$ 是基本盈余，亦即政府盈余扣除政府债务的付息额之后的余额。基本赤字是负的基本盈余。现假定实际 GDP 的年增长率不变，

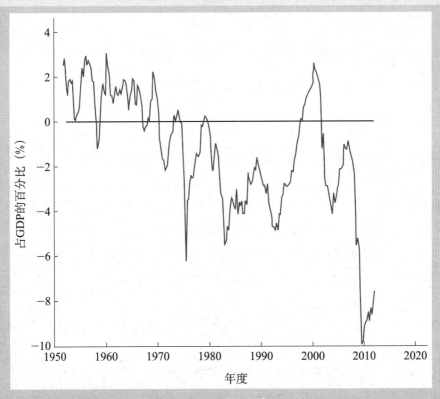

图 9-21 美国全部政府盈余

本图显示出各级政府的全部政府盈余占 GDP 的百分比。

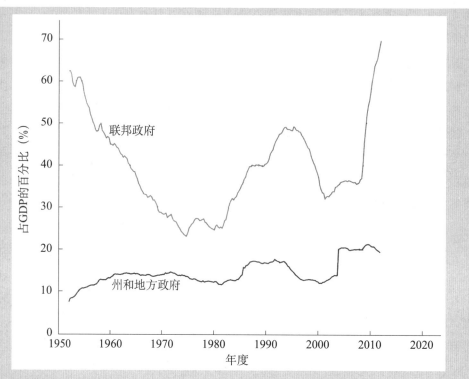

图 9－22 美国全部政府债务

当政府盈余（见图9-21）是负数时，政府债务增加；当政府盈余是正数时，政府债务减少。

为 g。时间是从第 0 年开始，t 代表时期。若 Y_0 代表的是第 0 年的实际 GDP，那么，第 t 年的实际 GDP 就为：

$$Y_t = (1+g)^t Y_0 \tag{9.31}$$

假定第 t 年的基本政府盈余 S_t^{pr} 占实际 GDP 的比重不变，或者说

$$S_t^{pr} = a(1+g)^t Y_0 \tag{9.32}$$

式中，a 是一个常数，可能是正的（若政府永远有盈余），也可能是负的（若政府永远有赤字）。令 B_t 代表第 t 年末的政府债务。又假定政府债务都是一年期债务，若是在第 t 年举借的，则在第 $t+1$ 年必须偿还；实际利率永远是一个常量 r。于是，根据等式（9.30）和等式（9.32），可得：

$$B_t = (1+r)B_{t-1} - a(1+g)^t Y_0 \tag{9.33}$$

换言之，第 t 期新举借的债务（等式的左边），必须能为偿还以前举借的政府债务的本息减去第 t 期基本盈余后的余额（等式右边）等筹措足够的资金。

接下来假定政府永远有基本赤字，故 $a<0$。我们可以证明，在长期，等式（9.33）意味着第 t 年的政府债务规模将收敛于：

$$B_t = \frac{-aY_0(1+g)^t}{g-r} \tag{9.34}$$

因此，等式（9.31）和等式（9.34）告诉我们，长期政府债务负担率是：

$$\frac{B_t}{Y_t} = \frac{-a}{g-r} \tag{9.35}$$

因此，从长期来看，政府债务负担率仅取决于基本盈余（a）的大小、实际 GDP 增长率（g）和实际利率（r）。政府债务规模最终不至于激增的必要条件是：$g > r$。也就是说，实际 GDP 的增长速度必须快于实际利率的上升速度，政府才能长久地维持基本赤字，否则，政府债务的付息额占 GDP 的比重会不断上升，以至于付息额太大而不可持续。

针对不同的经济增长率、实际利率以及政府赤字情况，我们可以利用等式（9.35），定量分析它们对一个国家的长期债务的影响。比如，假定政府的基本赤字规模占 GDP 的比重是 5%，年实际 GDP 的增长率是 3%，实际利率是 2%，故 $a = -0.05$，$g = 0.03$，$r = 0.02$。等式（9.35）告诉我们，长期的政府债务负担率是 5 或 500%。在这种情况下，在长期，政府债务的利息支付额占 GDP 的 10%。在其他参数不变的情况下，如果基本赤字变为占 GDP 的 1%，这意味着长期的政府债务负担率为 100%，政府债务的付息额占 GDP 的比重为 2%。我们从中可以得到两个重要启示：

第一，原则上说，政府赤字可以永远是可持续的。政府即使最终没有把赤字削减至零或没有盈余，也能有偿债能力。如果美国要选择永远有政府赤字，这不一定就意味着政府债务负担率会不断上升。

第二，债务负担率对于政府的偿债能力并不那么重要。相对于实际利率而言，如果实际 GDP 的增长太慢，政府的财政状况可能是不可持续的。比如，目前日本并没有被认为存在偿债能力问题，而希腊被认为遇到了偿债能力问题。可是，日本的债务负担率是 220%，而希腊的债务负担率是 143%。日本与希腊的一个关键不同点是，日本的经济增长前景要比希腊好得多；也就是说，我们可以认为在未来，日本要比希腊的 g 高得多。

本章小结

● 为了理解消费者的跨期消费-储蓄决策以及征税时间安排和政府债务规模选择等财政政策的影响，我们构建了两时期宏观经济模型。

● 在两时期模型中，有众多消费者，每个消费者所作的都是两时期决策；在这两时期中，消费者的收入是给定的，消费者在每一时期都要向政府缴纳一次总付税。

● 消费者的一生预算约束表明，消费者两时期消费的现值等于可支配收入的现值。

● 消费者的一生财富是其可支配收入的现值。

● 就当期消费和未来消费而言，消费者的偏好特征是多总比少好；消费者喜欢当期消费和未来消费具有多样性；当期消费和未来消费都是正常品。多样性偏好意味着，消费者希望根据收入状况在当期和未来均匀消费。

● 消费均匀化产生的结果是，如果消费者的当期收入增加，那么当期消费增加，未来消费增加，当期储蓄也增加。如果未来收入增加，那么两个时期的消费都增加，而当期储蓄减少。收入永久性增加（这时当期收入和未来收入都增加）

对当期消费的影响大于收入暂时性增加（只有当期收入增加）所产生的影响。

● 如果消费者所面临的实际利率提高，那么就会对消费产生收入效应和替代效应。由于实际利率上升会降低以当期消费衡量的未来消费的价格，因此替代效应是当期消费减少，未来消费增加，而且，当实际利率提高时，当期储蓄增加。对于贷方（借方）而言，实际利率提高的收入效应对当期消费和未来消费的影响都为正（负）。

● 李嘉图等价定理表明，政府改变当期税收，

但让税收现值不变，对消费者的消费选择或均衡实际利率不会产生影响。这是因为消费者会按等量的但方向相反的当期税收变化来改变储蓄，以抵消未来税收的变化。

● 李嘉图等价关键取决于下列观念：政府债务的负担由政府举债时在世的人均摊。当出现以下情况时，债务负担无法均摊：（1）税收变化在当期就有分配效应；（2）存在代际分配效应；（3）税收产生扭曲；（4）存在信贷市场缺陷。

主要概念

跨期决策（intertemporal decisions）：涉及不同时期经济上权衡取舍的决策。

消费-储蓄决策（consumption-savings decision）：消费者就如何在当期消费和储蓄之间划分当期收入的决策。

李嘉图等价定理（Ricardian equivalence theorem）：以大卫·李嘉图的名字命名。这个定理表明，在保持税收现值不变的情况下，改变消费者所纳税收对消费、利率和福利没有影响。

两时期模型（two-period model）：所有决策者（消费者和企业）的决策时限为两个时期的经济模型，这两个时期通常是指当期和未来。

实际利率（real interest rate）：用消费品单位数衡量的储蓄收益率。

消费均匀化（consumption smoothing）：消费者追求长期的消费轨迹比收入更均匀的倾向。

一生预算约束（lifetime budget constraint）：消费者一生可支配收入的现值等于其一生消费的现值的条件。

现值（present value）：按当前货币或当期消费品衡量的未来货币或消费品的价值。

一生财富（lifetime wealth）：消费者一生可支配收入的现值。

禀赋点（endowment point）：位于消费者预算约束线上的、在每一时期消费都等于可支配收入

的点。

变化幅度过大（excess variability）：测算出来的消费比理论预测的变化更大的观测事实。

永久收入假说（permanent income hypothesis）：米尔顿·弗里德曼提出的理论，表明消费者的当期消费取决于其永久收入。永久收入与我们模型中的一生财富接近。

鞅（martingales）：一种经济变量，其特性是，对它明天价值的最佳预测是它今天的价值。在金融理论中，股票价格是鞅。

跨期替代效应（intertemporal substitution effect）：受两种商品相对价格变化的影响，消费者会用某一时期的商品替代另一时期的商品。实际利率上升的跨期替代效应是当期消费减少，未来消费增加。

政府的现值预算约束（government present-value budget constraint）：政府购买性支出现值等于税收收入现值的条件。

完美信贷市场（perfect credit market）：一种理想化的信贷市场，在这个市场中，消费者能按市场利率自由借贷，消费者的贷款利率等于其借款利率。

信贷市场缺陷（credit market imperfections）：对借款或借贷利率差的约束。

复习题

以下所有问题都要用本章构建的宏观经济模型来回答。

1. 消费者为何储蓄？

2. 消费者在两时期模型中是如何储蓄的？

3. 消费者在作出其消费-储蓄决策时哪些因素关系重大？

4. 以当期消费衡量的未来消费的价格是什么？

5. 如何根据消费者的当期和未来预算约束推导出消费者的一生预算约束？

6. 消费者的一生预算约束线的斜率是什么？

7. 消费者的一生预算约束线的横截距和纵截距是什么？

8. 如果消费者选择了禀赋点，在每一时期他消费多少，又储蓄多少？

9. 消费者的偏好有哪三个特征？

10. 如何用无差异曲线的形状反映消费者均匀消费的动机？

11. 当期收入增加对每一时期的消费和储蓄有何影响？

12. 给出两个原因说明经验数据中的消费为什么比理论预测的变化更大。

13. 未来收入增加对每一时期的消费和储蓄有何影响？

14. 什么导致消费者的当期消费大幅增加，是消费者的收入永久性增加还是暂时性增加？

15. 消费者持有的股票价值与消费行为在理论上应有怎样的联系？能得到经验数据的支持吗？

16. 实际利率提高对每一时期的消费和储蓄有什么影响？这种影响如何取决于收入效应与替代效应以及消费者是借方还是贷方？

17. 在两时期模型中政府是如何为其购买性支出筹资的？

18. 表述李嘉图等价定理。

19. 给出四个理由说明现实中政府的债务负担不能均摊。

思考题

1. 假定消费者的当期收入 $y=100$，未来收入 $y'=120$。他缴纳一次总付税，当期为 $t=20$，未来为 $t'=10$。每个时期的实际利率都是 0.1，即 10%。

（a）确定消费者的一生财富。

（b）假定消费者的当期消费和未来消费完全互补，他总想在当期和未来有同样的消费。画出消费者的无差异曲线。

（c）确定消费者的最优当期消费和未来消费、最优储蓄，并用包含消费者的预算约束线和无差异曲线的图加以说明。消费者是贷方还是借方？

（d）现假定消费者的当期收入 $y=140$，而非 $y=100$。再确定最优当期消费和未来消费以及最优储蓄，并画图加以说明。消费者是贷方还是借方？

（e）解释你关于问题（c）和（d）的结果的差异。

2. 雇主让其雇员选择把下年 x 单位的收入转入当年。也就是说，该选择减少了 x 单位的下年收入，增加了 x 单位的当年收入。

（a）雇员会接受这个选择吗（画图回答）？

（b）画图确定收入的这种变化对当年消费和下年消费以及当年储蓄有怎样的影响。解释你的结果。

3. 分析增加消费者的税收所产生的下列影响。

（a）消费者的税收当期增加 Δt。这对当期消费、未来消费和当期储蓄有怎样的影响？

（b）消费者的税收永久性增加，当期和未来都增加 Δt。画图确定这对当期消费、未来和当期储蓄的影响，解释你这里的结果与（a）的结果有什么不同。

4. 假定政府开征利息所得税。也就是说，在该税开征前后，借方都面临实际利率 r，但贷方储蓄的利率为 $(1-x)r$，其中 x 是税率。因此，假定 r 保持不变，我们要考察 x 从零升至大于零的某个值所产生的影响。

（a）说明税率提高对消费者的一生预算约束的影响。

（b）提高税率对消费者的最优消费选择（当期和未来）和储蓄有怎样的影响？说明收入效应和替代效应对你的答案的影响，并说明这与消费者最初是借方还是贷方的关系。

5. 假定消费者的当期收入为 y，未来收入为 y'，当期和未来分别纳税 t 和 t'。消费者按实际利率 r 借款和贷款。消费者能借多少有约束，这很像通常对信用卡账户所实行的信贷限制。也就是说，消费者的借款不能超过 x，其中 $x < we - y + t$，we 表示一生财富。画图确定 x 的变化对消费者的当期消费、未来消费和储蓄的影响，并解释你的结果。

6. 假定消费者的当期收入为 y，未来收入为 y'，当期和未来分别纳税 t 和 t'。消费者按实际利率 r_1 贷款。该消费者有两种选择。第一，他能按利率 r_1 借款，但借款量只能是 x 或更少，其中 $x < we - y + t$。第二，他能按利率 r_2 无限量借款，其中 $r_2 > r_1$。画图确定消费者会作哪种选择，并解释你的结果。

7. 假定所有消费者都是一样的，且实际利率 r 是固定的。又假定政府想征收某一既定量的税收收入 R（以现值表示），且政府有两种选择：（a）对储蓄课征每单位比例税 s，对每个消费者课征的税收是 $s(y-c)$；（b）对当期和未来的消费课征比例税 u，因而每个消费者的税收收入总额的现值是 $uc + uc'/(1+r)$。请注意，税率 s 可能是正的也可能是负的。例如，倘若消费者借款，那么，s 就要小于零，这样政府才能征收到税收收入。证明：如果政府希望使消费者的境况尽可能地变好，

选择（b）比选择（a）要好，并解释为什么如此。[提示：证明在选择（a）的情况下消费者选择的消费束，在选择（b）的情况下本应被选择但没有被选择。]

8. 假定消费者的当期收入为 $y=200$，未来收入为 $y'=150$，当期和未来分别纳税 $t=40$ 和 $t'=50$，他每一时期所面临的市场实际利率都是 $r=0.05$，即 5％。该消费者在两个时期都想消费相同的数量；即若有可能，他希望取 $c=c'$。不过，该消费者遇到了信贷市场缺陷——他根本不能借款，也就是说 $s \geqslant 0$。

（a）画图说明消费者的一生预算约束线和无差异曲线。

（b）计算他的最优当期消费和未来消费以及最优储蓄，并画图加以说明。

（c）假定除了现在 $t=20$ 和 $t'=71$ 外，其他条件不变。计算对当期消费和未来消费以及最优储蓄的影响，并画图加以说明。

（d）现在假定 $y=100$。重复问题（a）到（c），并解释其中的差异。

9. 假定经济中有 1 000 个消费者。每个消费者的当期收入为 50 单位，未来收入为 60 单位，缴纳一次总付税，当期为 10，未来为 20。市场实际利率是 8％。在这 1 000 个消费者当中，500 个消费者未来消费 60 单位，另外 500 个消费者未来消费 20 单位。

（a）确定每个消费者的当期消费和当期储蓄。

（b）确定私人总储蓄、每一时期的总消费、当期和未来的政府支出、当期政府赤字和当期政府举债量。

（c）假定每个消费者的当期税收都增至 15。重复问题（a）和（b），并解释你的结果。

10. 我们在"李嘉图等价：一个例子"这一小节中假设：

$$b < \frac{Ny' - G'}{Ny - G}$$

（a）求解均衡实际利率以及当期和未来贷方与借方的消费。

（b）在这种情况下，李嘉图等价成立吗？请解释你的理由。

11. 假定消费者的当期收入为 y，未来收入为 y'，当期和未来按其消费额缴纳比例税，不存在一次总付税。也就是说，如果当期消费是 c，未来消费是 c'，那么，消费者当期缴纳的税收是 sc，未来缴纳的税收是 $s'c'$，其中 s 是当期对消费课征的税率，s' 是未来对消费课征的税率。政府打算在当期和未来征收的税收总收入的现值为 R。现假定在消费者当期和未来消费的最优选择既定的前提下，政府降低 s、提高 s'，但从消费者那里征收上来的税收收入现值 R 相同。

（a）写出消费者的一生预算约束式。

（b）证明税率变化前后，消费者的一生财富是相同的。

（c）税率变化对消费者的当期和未来消费以及储蓄有无影响？若有影响，会产生怎样的影响？

12. 假定在我们的两时期模型中，政府不是在当期举债，而是实施政府贷款计划。也就是说，按市场实际利率 r 贷款给消费者，当期发放的贷款总量用 L 表示。政府贷款的资金来自当期对消费者征收的一次总付税，且假定当期和未来政府支出为零。未来，当消费者偿还政府贷款时，政府将其作为一次总付转移性支出（负税收）退还给消费者。

（a）写出政府的当期预算约束式及其未来预算约束式。

（b）确定政府的现值预算约束式。

（c）写出消费者的一生预算约束式。

（d）证明政府贷款计划的规模（即数量 L）对每一个消费者的当期消费和未来消费没有影响，对均衡实际利率也没有影响。解释上述结论。

9

第10章
信贷市场缺陷：信贷摩擦、金融危机和社会保障

第9章探讨了信贷市场中消费者行为的基本元素——消费者面对其收入变化和市场利率变化，在长期会如何使消费均匀化。我们还研究了政府税收政策变化的总体影响。第9章得到的一个重要的理论结果是：只要有某些特殊条件，李嘉图等价定理就成立。该定理是说，税收的时间安排变化对消费者行为或利率都没有影响。李嘉图等价定理为我们理解政府税收政策会产生影响的条件奠定了坚实的基础。特别是（见第9章的讨论），如果税负不是由消费者平均分担，如果税收变化会引起代际再分配，如果存在税收扭曲，或如果存在信贷市场缺陷，那么，李嘉图等价定理就不成立。

李嘉图等价不成立的理由具有重要的实践价值，这至少表现在以下两个方面。

第一，引起李嘉图等价不成立的信贷市场缺陷或"摩擦"，是理解信贷市场如何运作的某些重要特征的关键。例如，在实践中，消费者和企业贷款的利率低于他们借款的利率，消费者和企业不能总是借到他们想以市场利率借到的数量，而且借方常常需要有借款担保。现实的贷款合约的所有这些特征都可以理解为是因为信贷市场摩擦而产生的。

本章将研究两种信贷市场摩擦，即**不对称信息**（asymmetric information）和**有限承诺**（limited commitment）。不对称信息指的是这样一种情况，在某一特定市场中，有些市场参与者对其自身特点的了解要多于其他市场参与者。就信贷市场而言，我们研究的是，不对称信息问题产生的原因在于，借方对其自身信誉的了解多于潜在贷方。这种信贷市场摩擦就导致了消费者能够借贷的利率之间的差异。贷款利率包含了一种**违约溢价**（default premium），它是为应对某些借方拖欠其借款而补偿给贷方的。即使是信誉好的借方，也要支付违约溢价，因为贷方无法区分谁是信誉好的借方，谁是信誉不好的借方。不对称信息是理解2008—2009年金融危机的一个重要元素，这次金融危机的一个特征是**利差**（interest rate spreads）激增。利差就是风险较大贷款和比较安全贷款的利率之间的差额，或是某类借方可以贷款

和借款的利率之间的差额。同时，在金融危机期间，在信贷市场的某些部分，贷款数量骤减，而不对称信息有助于解释这种现象。

第二种信贷市场摩擦——有限承诺，指的是这样一种情况，市场参与者不可能提前承诺未来采取某种行动。在信贷市场中，缺乏承诺就是说借方不能承诺偿还贷款。倘若可以作出这样的选择，那么，如果对违约没有惩罚，一个理性的借方就可能会选择违约。贷方为防止这种策略性违约所用的一个典型的激励机制是，要求有抵押品。的确，信贷市场上的大多数贷款都要有抵押品。例如，在消费信贷市场上，取得按揭贷款的个人要把他的房屋作为抵押品；消费者在以汽车贷款买车时，要以此车作为抵押品。将抵押品作为贷款合约的一项条款的目的在于，万一借方拖欠贷款，贷方有权没收借方的抵押品。

有限承诺可能导致下列情况，即消费者的借款行为受到他们有多少财产可作为抵押品——**可抵押财产**（collateralizable wealth）的约束。就一个典型消费者而言，可抵押财产仅限于住房和汽车，但也可能包括其他资产。如果消费者受到抵押约束，那么，抵押品价值的变化对他们当前能消费多少会产生影响。最近，由于房价大幅度下跌，这种影响很大，这会降低消费者支出。美国从 20 世纪 90 年代末一直到 2006 年的房价高峰期，消费者支出的很大一部分是通过以房屋作为抵押品的按揭贷款和房屋净值贷款（home equity loan）等借款融资的。从 2006 年开始，随着房价的下跌，美国的可抵押财产价值贬值，消费者支出也随之大幅度减少，引发了2008—2009 年经济衰退。本章将对此作深入分析。

第二，李嘉图等价不成立与市场失灵有关，这方面的实践意义表现在社会保障计划的作用上。一般来说，政府社会保障计划强制适龄就业人口进行某种水平的储蓄，以便向退休者提供养老金。这种计划似乎只能使我们的境况变差，因为理性的消费者最能知道如何为他们的退休后生活攒钱。然而，鉴于信贷市场失灵——当期在世的人不可能与那些还未出生的人签署金融合约，故政府提供社会保障便成为顺理成章的事。在没有这种合约的情况下，经济结果不是有效率的。第一福利定理（见第 5 章）不成立，资源在各代人之间转移的过程中，政府会发挥作用——对适龄就业人口征税，再通过社会保障制度向退休者支付养老金。本章将探讨社会保障制度是如何运作的以及各种社会保障计划的影响。有关社会保障的一个重要的政策问题是，社会保障"私有化"，也就是说，用"完全基金制"计划取代"现收现付制"计划。我们将详细研究这一问题。

信贷市场缺陷和消费

分析信贷市场缺陷的第一步是，证明在一种标准型信贷市场摩擦——消费者能够借贷的利率存在差额的情况下，李嘉图等价是如何不成立的。我们首先从第 9 章构建的基本信贷市场模型开始，在该模型中，一个消费者生活在两个时期——当期和未来。消费者在当期和未来的收入分别是 y 和 y'，在当期和未来的消费分别是 c 和 c'。消费者在当期的储蓄是 s。

我们想证明的是，受信贷约束的消费者如何受到税收变化的影响，而如果信贷市场是完美的，税收的改变就不会对消费者的选择产生任何影响。考虑按实际利率 r_1 贷款、按实际利率 r_2 借款的一个消费者，其中 $r_2 > r_1$。借贷之间的利率差在现实中是存在的，例如，当借贷都是通过银行完成的时候，银行区分信贷风险是有代价的。假如银行按实际利率 r_1 从贷方（银行的储户）那里借款，按实际利率 r_2 发放贷款，在均衡中所出现的 $r_2 - r_1 > 0$ 的利差，可以弥补银行发放贷款的成本。借贷的利差会使一生预算约束式更加复杂。如第 9 章所述，消费者的当期预算约束式是：

$$c + s = y - t$$

此时，由于消费者面临不同的利率，若消费者借款或贷款，那么，如果 $s \geq 0$（消费者是贷方），未来预算约束则为：

$$c' = y' - t' + s(1 + r_1)$$

如果 $s \leq 0$（消费者是借方），则未来预算约束是：

$$c' = y' - t' + s(1 + r_2)$$

我们用第 9 章的方法，推导出消费者的一生预算约束：

若 $c \leq y - t$（消费者是贷方），

$$c + \frac{c'}{1 + r_1} = y + \frac{y'}{1 + r_1} - t - \frac{t'}{1 + r_1} = we_1 \tag{10.1}$$

若 $c \geq y - t$（消费者是借方），

$$c + \frac{c'}{1 + r_2} = y + \frac{y'}{1 + r_2} - t - \frac{t'}{1 + r_2} = we_2 \tag{10.2}$$

图 10-1 画出了消费者的预算约束线，其中，AB 由等式（10.1）给出，其斜率为 $-(1 + r_1)$；DF 由等式（10.2）给出，其斜率为 $-(1 + r_2)$。预算约束线是 AEF，E 点是禀赋点。因此，预算约束线在禀赋点处弯折，原因是消费者的贷款利率低于其借款利率。

在有若干不同消费者的世界里，所有消费者都具有不同的无差异曲线和不同的收入，每个消费者都具有一条如图 10-1 所示的弯折的预算约束线。人口中有大量的消费者，他们的最优消费束位于禀赋点。例如，在图 10-2 中，消费者的预算约束线是 AE_1B，该预算约束线上的最高无差异曲线出现在 E_1 点（禀赋点）。对于这个处在禀赋点上的消费者而言，贷款利率太低，以至于贷款无利可图；借款利率太高，以至于借款无利可图。

假定在图 10-2 中，消费者当期获得减税，即时期 1 的税收变化 $\Delta t < 0$，未来税收相应变化 $-\Delta t (1 + r_1)$。假定政府对其债务支付的利率（即贷款利率）是 r_1，那么 $-\Delta t (1 + r_1)$ 就是该减税给消费者带来的未来纳税义务。假定利率不变。当期

税收变化和未来税收变化的影响是把禀赋点变为 E_2 点，在消费者的无差异曲线画法既定的情况下，消费者现在会把无差异曲线 I_2 上的 E_2 点选择为他的最优消费束。由于消费者在减税前后都选择了禀赋点，所以时期 1 的消费会按减税量 $-\Delta t$ 增加。这与第 9 章的李嘉图等价结果（消费者把全部减税量储蓄起来，消费不受影响）相反。

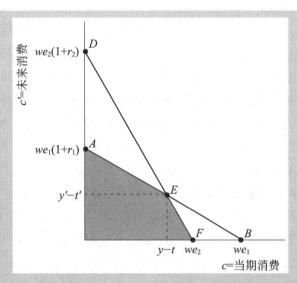

图 10-1 消费者面临不同的借贷利率

当借款利率高于贷款利率时，会出现一条弯折的预算约束线 AEF，弯折点正好是禀赋点 E。

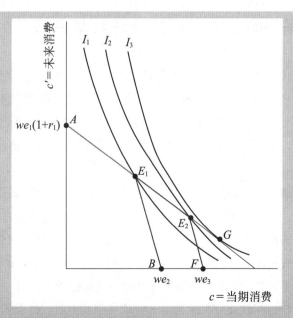

图 10-2 减税对面临不同借贷利率的消费者的影响

消费者遇上当期减税，未来增税，这会使预算约束线从 AE_1B 变为 AE_2F。消费者的最优消费束会从 E_1 点变为 E_2 点，消费者会把全部减税额都消费掉。

消费者当期消费增加的原因是，政府通过减税方案，实际上给了消费者一笔低息贷款。在图 10-2 中，如果消费者能按利率 r_1 借款，他就愿意在 G 点消费。给消费者减税 $-\Delta t$，相应的未来纳税义务是 $-\Delta t(1+r_1)$，就如同让政府按利率 r_1 给消费者贷款 $-\Delta t$ 一样。由于消费者愿意接受政府提供的这种贷款，所以，减税会使消费者的境况改善。

因此，在实践中，信贷市场缺陷是重要的，从这一点来看，正的政府债务可能具有有益的影响。政府实际上就像以低于市场利率发放贷款的银行一样。假如信贷市场缺陷的作用很大，那么受惠于当期减税的人是受信贷市场缺陷影响最大的那些人，这或许向我们表明，用这种方式实行的税收政策可以提高一般经济福利。然而，就解决因信贷市场缺陷而造成的问题来说，税收政策并不是一种有效的工具。更可取的政策也许是针对特定群体（如小企业主、农场主或房东）的直接政府信贷计划。事实上，在美国，有许多这类计划正在发挥作用，它们的管理由诸如小企业管理局（Small Business Administration）这类联邦机构负责。不过，在考虑政府的信贷政策时，政府提供的直接信贷是不是一个好主意，还要针对具体情况慎重评估才能作出决断。对于某一特定的私人信贷市场而言，其缺陷的存在也许有充分的理由。例如，由于审核、评估贷款的成本非常高，因此信贷市场某一特定部分的实际贷款利率会较高，政府也同样面临这样的高成本。这就意味着政府在向这些借方提供信贷时并无特别的优势，政府按商业运作向他们提供贷款可能是无效率的。

信贷市场缺陷、不对称信息与金融危机

信贷市场的一个重要特征是不对称信息，这一特征能产生像图 10-1 所描绘的那种消费者预算约束。就我们的分析目的而言，我们对不对称信息尤其感兴趣，因为它似乎在最近的金融危机中起了作用。特别是，信贷市场的信息质量好像在 2008 年间显著下降，这对市场利率、贷款数量和总体经济活动都会产生重要影响。

我们的第一个目标是，利用我们已有的工具，以一种简明易懂的方式构建不对称信息模型。经济中除了有第 9 章两时期信贷模型中的消费者和政府之外，还有银行。在我们的模型中，就像在现实世界中一样，银行是**金融中介**（financial intermediary），从一群人那里借款，再贷给另外一群人。第 17 章将更为深入地研究金融中介。在本模型中，银行在当期从其储户那里借款，且每一储户都是经济中的最终贷方；储户的存款获得实际利率 r_1，这些存款由银行持有到未来。银行把当期的全部存款（在模型中就是消费品）贷款给借方。银行的问题是，有些借方在未来可能拖欠其贷款。为简化起见，假定经济中有 a 比例的借方是信誉好的借方，他们在未来有正的收入；有 $1-a$ 比例的借方是信誉差的借方，他们在未来的收入为零，

因此会拖欠贷款。不过，在信贷市场中存在不对称信息。每个贷方都知道他自己是好还是差，但银行却不能分辨出谁好谁差，无法肯定哪个借方能偿还贷款。假定在消费者获得收入时，银行能观察到该消费者的收入，故一旦到未来时期，银行就会知道消费者是信誉好的借方还是信誉差的借方。

还是为简化起见，现假定所有信誉好的借方都是同质的。如果银行向每个借方的贷款收取的实际利率是 r_2，那么，每个信誉好的借方都会选择相同的贷款数量，用 L 来表示。信誉差的借方不想让银行知道他们的信誉差，不然他们就获得不了贷款，所以，每个信誉差的借方就会模仿信誉好的借方的行为，也选择贷款数量 L。现在，银行存在的原因之一是，大量贷款机构能够通过多样化来使风险最小化。在这种情况下，银行通过贷款给大量的借方实现多样化。由于贷款数量非常大，银行的借方违约比例为 $1-a$，这是人口中信誉差的借方所占的比例。例如，我抛硬币 n 次，如果 n 非常大，那么，正面朝上的比例就会接近 $1/2$。同理，如果借方的数量非常大，银行面临的信誉好的借方比例就会接近 a。对于银行所获取的每一 L 单位的存款而言，在未来，银行必须向储户支付 $L(1+r_1)$，而银行的平均收益为 $aL(1+r_2)$。这是因为银行贷款的 a 比例将贷给信誉好的借方，他们将向银行偿还 $L(1+r_2)$；银行贷款的 $1-a$ 比例将贷给信誉差的借方，而他们的还款为零。因此，银行在每一笔贷款上赚取的平均利润为：

$$\pi = aL(1+r_2) - L(1+r_1) = L[a(1+r_2) - (1+r_1)] \tag{10.3}$$

在均衡中，每家银行赚取的利润都必定为零，因为负利润意味着银行想关门，而正利润意味着银行想无限扩张。因此，根据等式（10.3），在均衡中 $\pi=0$ 意味着：

$$r_2 = \frac{1+r_1}{a} - 1 \tag{10.4}$$

根据等式（10.4），当 $a=1$ 时，不存在信誉差的借方，$r_1=r_2$，也就没有信贷市场缺陷。这正是第 9 章研究的标准信贷模型。从等式（10.4）还可以看出，给定 r_1，a 下降，r_2 提高，因而随着人口中信誉差的借方比例上升，信贷市场缺陷变得更加严重。每个信誉好的借方对每一笔贷款都要向银行支付一笔违约溢价，它等于 r_2-r_1 的差额。这一差额随着人口中信誉好的借方比例下降而增大。

现在假定 r_1 既定，当期 a 降低时，一个典型消费者的预算约束会发生怎样的变化？如图 10-3 所示。在 a 降低之前，预算约束线是 AED，E 点是禀赋点。当 a 降低时，预算约束线变为 AEF。根据第 9 章的分析可知，对于作为一个借方的消费者来说，他在 a 降低之前在 ED 上选择消费束，当 a 降低时，他的当期消费和借款必定减少。也就是说，如果信贷市场存在不对称信息、借方违约率上升，那么信誉好的借方将面临较高的贷款利率，结果会减少他们的贷款和消费。

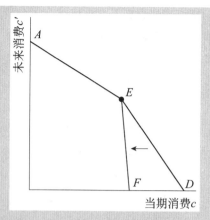

图 10-3　信贷市场的不对称信息与有信誉的借方比例下降的影响

不对称信息产生一条弯折的预算约束线 AED，弯折处位于禀赋点 E。有信誉的借方在人口中的比例降低把预算约束线移至 AEF。

专栏

10

理论与经验数据：不对称信息与利差

　　我们对信贷市场不对称信息的分析表明，在可能发生违约且贷方难以对潜在的借方进行归类的那部分信贷市场，可察觉的违约概率上升将引起利率上扬，那些客观上有信誉的借方也要面对这样的现实。图 10-4 显示出 BAA 级公司债与 AAA 级公司债的利差。在美国，有三大私人机构对公司债和政府债进行评级，它们是惠誉（Fitch）、穆迪（Moody's）和标准普尔（Standard and Poor's）。债务被评为 AAA 级是最高等级，据此判断基本上不会出现债务违约；而如果被评为 BAA 级，就存在一定的违约风险。虽然这些大型信用评级机构的客观性和能力在最近的金融危机中遭到质疑，但就我们的目的而言，我们还是以图 10-4 显示出的 BAA 级债和 AAA 级债之间的利息差额（利差），代表被察觉到有一定风险和基本上无风险的信贷市场部分之间的利差。

　　从图 10-4 看出，在 20 世纪 30 年代初的大萧条时期，利差达到历史最高点，接近 6%，此时是大萧条中银行危机最为严重的时期。第二次世界大战后，利差比较高的时期往往都是经济衰退时期，特别是 1974—1975 年、1981—1982 年、1990—1991 年、2001 年以及 2008—2009 年的经济衰退时期表现得比较明显。不过，利差一般在经济衰退快结束时上升，因为此时违约现象最多。2008—2009 年经济衰退时期的一个异常现象是，不仅利差的规模大（仅次于大萧条时期的利差规模），而且在经济衰退伊始（2008 年第四季度 GDP 开始下降）利差就很高。这种高利差反映出经济衰退的主要原因是金融危机，造成信贷市场很大的不确定性。在信贷市场的某些部分（包括 BAA 级公司债市场），不对称信息程度加重，原因是贷方对于哪些企业是有风险的、哪些企业是无风险的越来越拿不定主意。面对高利率，即使是信誉好的借方（很难鉴别），也会减少借款。

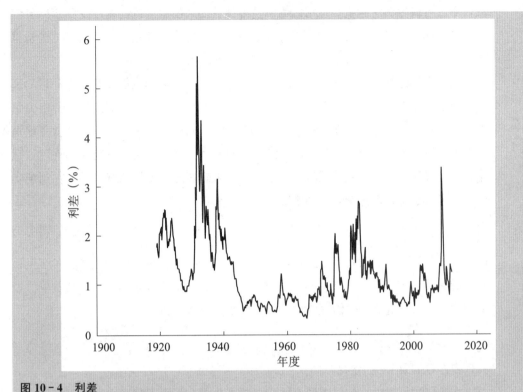

图 10 - 4　利差

从历史上看，大萧条时期的利差最高，且利差比较高的时期一般都是经济衰退时期。2008—2009 年经济衰退时期是历次经济衰退时期利差最高的时期。

信贷市场缺陷、有限承诺与金融危机

　　另一种信贷市场缺陷是有限承诺，它对现实的信贷市场如何运作影响很大，而且在最近的这次金融危机中起了重要作用。任何贷款合约都代表了一种跨期交换——借方当期获得商品和服务，贷方换取未来获得商品和服务的承诺。然而，当未来到了的时候，借方可能发现他不守承诺是有利的。

　　当然，贷方并不是傻瓜，在订立贷款合约时要让借方信守承诺，偿还贷款。贷方广泛采用的一种激励机制是要求借方提供**抵押品**（collateral）。一般来说，抵押品是一种资产，该资产虽由借方所有，但借方如果拖欠贷款（没有履行偿还承诺），贷方有权没收它。大多数人都知道抵押品在汽车贷款和按揭贷款中的作用。就典型的汽车贷款而言，汽车本身就可作为抵押品，个人的住房就是其按揭贷款的抵押品。抵押品也用于大型金融机构之间的短期贷款。例如，**回购协议**（repurchase agreement）就是一种以某种安全资产（比如政府债券）作为抵押品的短期贷款。

　　贷款合约中的抵押品对于宏观经济活动来说很重要。例如，房主利用按揭贷款，不仅可以为买房融资，也可以为消费筹钱。如果房主借款的程度受到房屋价值的约束，那么，一旦房价下跌，就会导致整个经济的贷款数量下降，当期总消费也会减少。

为了理解这是如何发生的，看一下某个消费者，他恰如我们在第 9 章分析的那种消费者。他拥有一定量的资产，用 H 代表，该资产可以在未来出售，价格为每单位 p，因此，在未来该资产的价值为 pH。为使该例子具体化，设想 H 就是该消费者的房屋的大小，p 被看作是每单位房屋的价格。假定该房屋没有流动性，这意味着它难以很快卖掉。我们通过作出下列假设来表达这一点：消费者不能在当期卖掉该房屋。于是，该消费者的一生财富是：

$$we = y - t + \frac{y' - t' + pH}{1 + r} \tag{10.5}$$

该表达式与第 9 章的消费者一生财富表达式相同，不一样的只是在此我们在一生财富上加上了 $pH/(1+r)$。该数量是房屋的未来价值，贴现后得到以当期消费单位表示的价值。消费者的一生预算约束式与第 9 章的一样，即

$$c + \frac{c'}{1 + r} = we \tag{10.6}$$

只是现在我们对 we 的定义不同。

在我们的模型中，信贷市场上的贷方知道存在有限承诺问题。为简化起见，假定如果借方拖欠贷款，贷方没有追索权。特别是假定如果发生违约，法律不允许贷方没收消费者的任何未来收入 y'。这意味着，没有抵押品，借方会总是违约，知道这之后，理性的贷方就不想向借方提供贷款。可是，如果消费者把他的房屋作为抵押品，他就可以借款。贷方将愿意给消费者提供一定数量的贷款，这意味着未来的还款不会大于抵押品的价值，否则消费者就会拖欠贷款。也就是说，假定 s 是消费者的当期储蓄，$-s$ 是当期借款数量，消费者的借款量必须满足下列抵押约束：

$$-s(1 + r) \leqslant pH \tag{10.7}$$

$-s(1+r)$ 是消费者未来的还款，pH 是未来抵押品的价值。于是，由于对消费者而言，$s = y - t - c$，我们就可以把此式代入抵押约束式（10.7）并重新整理可得：

$$c \leqslant y - t + \frac{pH}{1 + r} \tag{10.8}$$

改写成式（10.8）形式的抵押约束式表明，当期消费不可能大于当期可支配收入加上消费者以抵押房屋的未来价值作担保的借款量。

现在，假定消费者的一生预算约束式是式（10.6），抵押约束式是式（10.8），一生财富 we 是由式（10.5）给定的，消费者的问题是使其自身的境况尽可能地变好。只要未来抵押品的价值 pH 足够小，抵押约束式就意味着，预算约束线是弯折的，如图 10-5 所示，其中，预算约束线最初是 ABD。在图中，禀赋点是 E 点，而且如果消费者选择预算约束线弯折处的 B 点，他就会有一条具有约束力的抵押约束

线，借款达到贷方所承诺的全部数量，在未来消费掉未来的可支配收入（$c' = y' - t'$）。

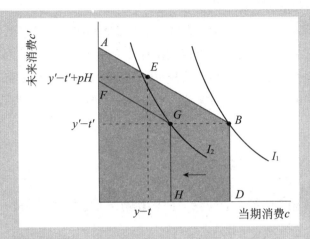

图 10-5　抵押约束下的有限承诺

只有在可抵押财产作为贷款担保时，消费者才能借款。结果，预算约束线是弯折的。最初，预算约束线是 ABD，在抵押品价格下降后它变成 FGH。对于受到约束的借方来说，这并没有引起未来消费发生变化，但当期消费下降了，下降的程度正好是抵押品价值减少的数量（如果该消费者是受抵押约束的消费者）。

接下来假定其他情况都保持不变，房屋价格 p 下降。这不仅会减少消费者的可抵押财产的数量——消费者能作为借款担保的财产数量，也会减少一生财富 we。结果，在图 10-5 中，预算约束线从 ABD 移动至 FGH。请注意，AB 的斜率与 FG 的斜率相同，因为利率 r 没有变化；而且 G 点位于 B 点的正左方，因为未来可支配收入 $y' - t'$ 也没有改变。

如果不管是在 p 降低之前还是之后，抵押约束式（10.8）对消费者都没有约束力，那么，消费者受到的影响恰好与第 9 章所分析的未来收入变化的影响相同。不受约束的消费者最初在 p 提高之前会选择 A 点和 B 点之间的某一点（不包括 B 点），而在 p 下降之后将选择 F 点和 G 点之间的某一点（不包括 G 点）。不受约束的消费者可以通过减少当期和未来的消费，均匀化 p 下降导致的财富减少的影响。

然而，假定在 p 下降的前后，消费者的抵押约束具有约束力。如图 10-5 所示，消费者选择的消费最初位于无差异曲线 I_1 上的 B 点。当 p 下降时，预算约束线变为 FGH，消费者选择无差异曲线 I_2 上的 G 点。受约束的消费者不能均匀化其财富减少的影响。对于任何消费者来说，无论是当期还是未来，财富减少必定表现为消费减少。然而，在这种情况下，由于抵押约束具有约束力，所有消费的减少都是发生在当期。在图中，B 点和 G 点的未来消费是相同的，但当期消费 c 下降了，其下降的程度就是一生财富减少的程度，或者说可抵押财产现值的变化程度。换一种方式来看，如果抵押约束式（10.8）具有约束力，下列等式就会成立：

$$c = y - t + \frac{pH}{1+r}$$

而且，如果 $y-t$ 保持不变，那么，可抵押财产的现值 $ph/(1+r)$ 只要减少，当期消费 c 就会等量减少。

永久收入假说告诉我们，在完美信贷市场情况下，消费者在长期均匀化消费的动机往往会在总体上减弱财富变化对消费者支出的影响。因此，我们的分析表明，如果因有限承诺而产生的信贷市场缺陷对很大一部分人群产生重要影响，那么，可抵押财产（对消费者来说主要是住房）的价值变化对总消费就会产生重大影响。

专栏

理论与经验数据：住房市场、抵押品和消费

图 10-6 显示出美国住房的相对价格，该价格以凯斯-希勒 20 座城市房价指数除以消费价格指数并以 2000 年 1 月为 100 进行标准化计算而得。此图的一个明显特征是，住房的相对价格在 2006 年攀升至顶点。特别是，2000—2006 年间，美国普通家庭的购买力提高了 70% 多。然后，在 2006—2012 年间，美国住房存量的全部累积价值又丧失殆尽。

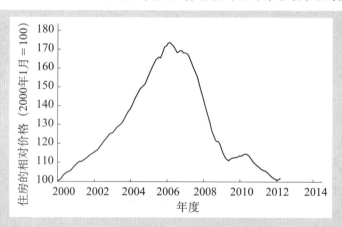

图 10-6　美国住房的相对价格

此图显示出住房的相对价格，该价格以凯斯-希勒价格指数除以消费价格指数并以 2000 年等于 100 计算而得。特别要注意的是，住房的相对价格在 2000—2006 年间上升得很快，而 2006 年之后又快速下跌。

图 10-7 中显示出总消费偏离趋势的百分比。请注意，在图 10-6 中，住房的相对价格经过 2001 年经济衰退后不断提高，而消费下降到稍低于趋势。2001 年经济衰退是相对温和的，消费的下降也不大，部分原因是作为抵押品的住房的价值在这次经济衰退之后不断上升。消费者能以其住房的累积价值作担保进行借款，不断地为其消费融资。2006 年，住房的相对价格开始下降，消费相对于趋势而言也随之减少，尤其是 2008—2009 年消费快速下降到低于趋势。我们在图 10-6 和图 10-7 中所看到的与下列观点相符：信贷市场的抵押品价值对总消费支出的变化产生重要影响。

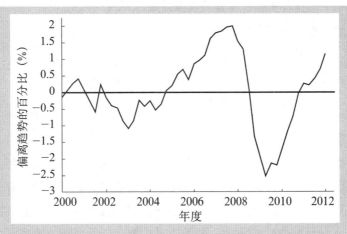

图 10-7　总消费偏离趋势的百分比

将此图与图 10-6 进行比较我们注意到，2001 年经济衰退期间，消费下降得不大。相对于趋势而言，消费的降低始于 2007 年。所有这些都与下列观点相符：抵押品的价值对于总消费很重要。

一个例子：有限承诺与市场利率

第 9 章"李嘉图等价：一个例子"这一小节举过一个例子，本小节则对此例加以扩充，使之包括有限承诺信贷市场摩擦。我们对刚刚以住房作为抵押品所分析的情况稍作改变，即假定消费者要是拖欠债务，他就会在未来受到一定的惩罚。这种惩罚旨在解决消费者在未来违约而在远期（即"未来"之后）有不良信用记录所遇到的问题。我们将假定这种惩罚可以用 v 单位的未来消费来衡量。消费者面临的有限承诺约束式不是式（10.8），而是：

$$c \leqslant y - t + \frac{v}{1+r} \tag{10.9}$$

这与式（10.8）的含义一样，即没有人会贷款给消费者想要拖欠的那么多。

回想一下第 9 章的例子，该经济共有 N 个消费者，从他们的当期和未来的禀赋与税收角度来说是同质的。每个消费者都具有完全替代偏好，有一半人口是贷方，他们的 $MRS_{l,c} = a$；另一半是借方，他们的 $MRS_{l,c} = b$。假定 $a < b$，所以，贷方是相对有耐心的，借方是相对无耐心的。

为了使事情简化，我们假定不存在政府支出，所以，$G = G' = 0$。由于每个消费者缴纳的税收相同，因而，对于每个消费者而言，政府的现值预算约束就意味着：

$$t + \frac{t'}{1+r} = 0 \tag{10.10}$$

换言之，在均衡中，每个消费者的应纳税额现值都是零。这意味着在均衡中，每个消费者面临的一生预算约束都是：

$$c + \frac{c'}{1+r} = y + \frac{y'}{1+r} \tag{10.11}$$

因此，每个消费者面临的预算约束都是式（10.9）和式（10.11），且使其自身境况尽可能地改善。我们假设：

$$v < y' \tag{10.12}$$

这意味着违约惩罚足够小，以至于有限承诺约束很重要且

$$a < \frac{y'}{y} < b; \frac{(v - y')y}{y} \leqslant t \leqslant 0 \tag{10.13}$$

这将简化问题的求解。

消费者面临的利率是 r，他的 $MRS_{l,c} < 1+r$，如图 10-8 所示，在这种情况下，消费者选择 $c=0$，$c'=(1+r)y+y'$；或者，消费者的 $MRS_{l,c} > 1+r$，如图 10-9 所示，在这种情况下，有限承诺约束具有约束力，消费者选择 $c=y-t+v/(1+r)$，$c'=y'-v+t(1+r)$。为了确定均衡，就像在第 9 章所举的例子那样，我们只需要确定当期消费品的需求量等于供给量时的利率，这需要研究 5 种情况：

1. $1+r > b$。消费者都处于图 10-8 所描绘的那种状态，当期总消费需求是 $C^d = 0$。

2. $1+r = b$。借方对于他们消费多少都无所谓（可以处在其预算约束线上的任何一点），但贷方面临的是图 10-8 所描绘的情况，且希望当期消费为零。因此，

$$0 \leqslant C^d \leqslant \frac{N}{2}\left(y - t + \frac{v}{1+r}\right)$$

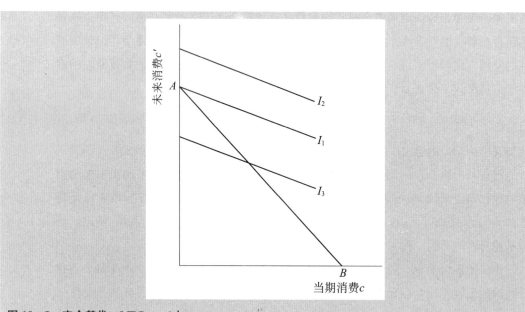

图 10-8 完全替代，$MRS_{l,c} < 1+r$
消费者在当期选择消费为零，在未来消费掉其全部一生财富。

3. $b > 1+r > a$。借方处于图 10-9 所描绘的那种状态，贷方处于图 10-8 所描绘的那种状态。借方希望在当期消费其有限承诺约束所允许的那么多；贷方想在当

期消费为零，所以，

$$C^d = \frac{N}{2}\left(y - t + \frac{v}{1+r}\right)$$

4. $1+r=a$。借方处于图 10-9 所描绘的那种状态，贷方对于他们消费多少都无所谓，所以，

$$\frac{N}{2}\left(y - t + \frac{v}{1+r}\right) \leqslant C^d \leqslant N\left(y - t + \frac{v}{1+r}\right)$$

5. $1+r<a$。借方和贷方都处于图 10-9 所描绘的那种状态。每个人都想在当期消费其有限承诺约束所允许的那么多，所以，

$$C^d = N\left(y - t + \frac{v}{1+r}\right)$$

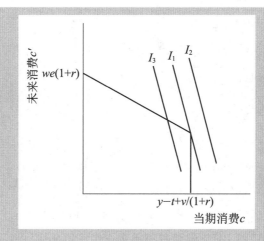

图 10-9　完全替代，$MRS_{l,c} > 1+r$

消费者在当期消费有限承诺约束所允许的那么多。

均衡状态如图 10-10 所示，其中均衡利率由 C^d 曲线（当期消费品需求）和 C^s 曲线（$C^s = Ny$，当期消费品的总禀赋）的交点决定。假设条件式（10.12）和式（10.13）确保均衡适合上述第三种情况，所以，在均衡状态下需求量等于供给量，得到：

$$\frac{N}{2}\left(y - t + \frac{v'}{1+r}\right) = Ny$$

从上述等式中求解出 $1+r$，得到 $1+r$ 的市场出清值为：

$$1+r = \frac{v}{y+t} \tag{10.14}$$

已知根据式（10.14）求出的市场利率以及借方和贷方的第三种情况行为，则在均衡中，每个借方的消费是：

$$(c, c') = \left(2y, y' - \frac{vy}{y+t}\right) \tag{10.15}$$

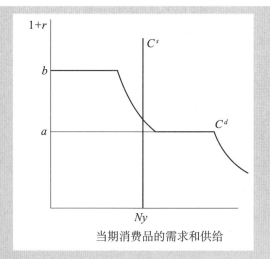

图 10 - 10 有限承诺情况下的竞争性均衡

均衡状态是由当期消费品的总需求曲线 C^d 和总供给曲线 C^s 的交点决定的。

每个贷方的消费是：

$$(c,c') = \left(0, y' + \frac{vy}{y+t}\right) \tag{10.16}$$

本例的均衡状态——式（10.14）、式（10.15）和式（10.16）——表明，市场利率以及借方和贷方的消费取决于 v 和 t。根据式（10.9），v 越小意味着借方受到的违约惩罚越小，这强化了有限承诺约束。在利率既定的情况下，这会减少当期消费品的需求，且降低均衡实际利率［式（10.14）］。再者，在未来，借方的消费将上升［式（10.15）］，贷方的消费将下降［式（10.16）］。李嘉图等价不成立，因为税收政策（用 t 来代表）会对实际利率和消费产生重要影响。t 越低，意味着在当期，消费者的纳税越少，政府发行的债务量越大，而未来的税收越高，这会放宽有限承诺约束条件［式（10.9）］。结果，当期消费品的需求增加，实际利率［式（10.14）］上扬，借方在未来的消费下降［根据式（10.15）］，而贷方在未来的消费则上升［根据式（10.16）］。

在有限承诺情况下，政府的税收政策可能像克服私人借款约束的信贷计划那样起作用。政府从贷方那里借款，并转给每个人，放宽了借方的有限承诺约束。v 值可能很小，意味着私人信贷市场的运作很无效率，但在此例中对政府矫正这种无效率的能力没有限制。税收政策

$$t = \frac{(v-y')y}{y'}, t' = \frac{(y'-v)y'}{y}$$

意味着有限承诺约束式（10.9）无关紧要，并且我们得到与第 9 章所举例子一样的解。特别是，根据式（10.14）～式（10.16），我们将得到 $1+r=y'/y$，借方的消费 $(c,c')=(2y,0)$，贷方的消费 $(c,c')=(0,2y')$。这是一种具有经济效率的均衡状态。请注意，在此发生了始料不及的情况。有效率的税收政策会使借方的境况比他

们面临借款约束时的境况更差，尽管税收放宽了他们的借款约束。有效率的税收政策实际上有益于贷方，因为它会提高市场实际利率。

人们不应从这个例子中得到这样的观点，即李嘉图等价是一个愚蠢的想法，在现实生活中，减税终究是有益的。得到本例这种结果的一个重要假设是，私人部门贷方很难收回债务，而政府则很容易征税。的确，假如我们假设在未来，消费者能逃避其纳税义务，就像逃避其私人债务那样容易，那么，我们就可以把消费者的有限承诺约束写成：

$$-s(1+r)+t' \leqslant v \tag{10.17}$$

式（10.17）左边的数量是消费者在未来的负债总额——他承诺偿还给私人债权人和欠政府的总量。如果该数量大于其违约惩罚 v，那么违约是有利的。在本模型中，消费者要是违约，不管是政府还是私人债权人都不会贷款给他们，所以式（10.17）必成立。但是，如果我们替换掉式（10.17）中的 s 并加以简化，可以得到：

$$c \leqslant y-t-\frac{t'}{1+r}+\frac{v}{1+r} \tag{10.18}$$

但根据政府现值预算约束，式（10.10）成立，并且根据式（10.18）可以得到：

$$c \leqslant y+\frac{v}{1+r} \tag{10.19}$$

在式（10.19）中，税收政策不可能放宽激励约束，就像在式（10.18）中那样，有限承诺约束仅取决于消费者一生的税收现值。由于在均衡中，税收政策对于消费者的一生预算约束［式（10.11）］和有限承诺约束［式（10.19）］都不重要，故得到李嘉图等价。因此，有缺陷的信贷市场不一定意味着违背李嘉图等价。

在信贷市场上，每当政府与私人部门贷方相比具有一定优势时，李嘉图等价就不成立。我们的例子表明，如果政府在收回其债务方面比私人债权人更好，那么，政府的税收政策就可以矫正无效率，但如果政府在收回其债务方面不是更好，那么，我们就得到李嘉图等价。在实践中会怎样？在美国，国内收入局（IRS）拥有广泛的权力征收税收收入。我们可以认为，国内收入局对赖账的人有很大的惩罚权力，相比之下美国银行没有那么大权力，但并不是说全世界各国政府都是这样。例如，当前希腊出现财政问题，希腊政府在征税上的能力就差得很远。

> **专栏**
>
> ## 理论与经验数据：低实际利率与金融危机
>
> 上一小节所举的例子有一个特征，即强化对消费者的债务约束往往会降低实际利率。这是包含信贷摩擦宏观经济模型的一般属性。信贷市场摩擦或功能障碍越大，越会降低安全实际利率。思考这一现象的一种方法是，低实际利率反映出安全资产的稀缺性。在本例中特别要注意的是，政府债增加到有效率的数量后，会消除这种稀缺性，提高实际利率。

一般而言，安全实际利率可能难以衡量，因为我们观察到的市场利率主要是名义利率，从名义利率中扣除通货膨胀得到隐含实际利率（见第 12 章的分析）。不过，美国财政部发行通货膨胀指数化债券，该债券的市场价格可以说是衡量市场实际利率的合理指标。这些通货膨胀指数化债券工具是财政部通货膨胀保护债券（Treasury Inflation-Protected Securities，TIPS）。在图 10-11 中，我们描绘了 2003—2012 年 5 年期和 10 年期财政部通货膨胀保护债券的收益率。该收益率实际上是到期平均利率，而且在债券持有者获得的财政部通货膨胀保护债券报偿既定的情况下，这些收益率实际上分别是未来 5 年期和 10 年期的平均实际利率。

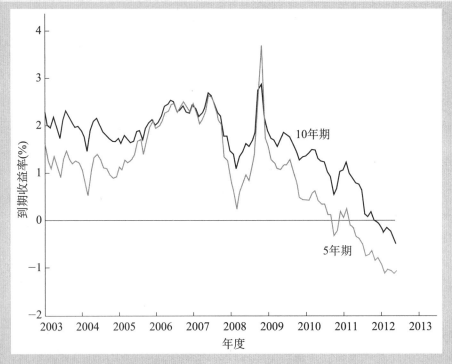

图 10-11 财政部通货膨胀保护债券的收益率

此图显示出 5 年期和 10 年期财政部通货膨胀保护债券的到期收益率。这些收益率是衡量实际利率的合理指标。2008—2009 年经济衰退时期，实际利率下跌，而且自 2009 年初以来仍呈现下跌趋势，其中的部分原因是安全资产短缺。

图 10-11 的一个关键特征是，2008 年金融危机伊始，财政部通货膨胀保护债券收益率大幅度降低，其中的部分原因是信贷市场摩擦日增。尤其要指出的是，财政部通货膨胀保护债券收益率下降趋势自 2009 年初以来一直在持续。的确，在 2011 年，5 年期和 10 年期财政部通货膨胀保护债券收益率都是负的。这种降低至少有一部分是由全球安全资产短缺愈加严重所致。这次金融危机（特别是在美国）减少了私人创造的安全资产数量，同时南欧国家的财政问题又使全球安全资产短缺雪上加霜。这往往会压低依然被投资者认为是安全资产的美国政府债券的实际利率。

社会保障计划

社会保障计划是政府提供的退休储蓄手段，是帮助人们在其一生均匀化消费的一种计划。可是，如果信贷市场运行良好，我们为什么还需要政府来提供消费均匀化服务？正如宏观经济学所言，如果我们想提出社会保障的理由，我们就必须找到政府能够矫正的某种信贷市场失灵。本节的一个目的就是要探讨这种想法，研究社会保障制度在实践中是如何运转的。

社会保障计划大致可分为两种类型：**现收现付制**（pay-as-you-go）社会保障和**完全基金制**（fully-funded）社会保障。但在实践中，社会保障可以是这两类的某种混合体。现收现付制社会保障计划只是年轻人与老年人之间的资金转移，而完全基金制社会保障计划是由政府资助的储蓄计划，即年轻时储蓄，用于购置资产，老年时获得其年轻时所购资产的回报。我们下面依次讨论这两种社会保障计划。

现收现付制社会保障

在美国，社会保障的运作是现收现付制，对年轻人课税，资金用于对老年人的社会保障。尽管公开的讨论明确认为这种制度事实上是完全基金制，因为社会保障税收入与社会保障金的差额用于购买生息的联邦政府证券，但这只不过是为了便于核算，对美国社会保障的经济影响无足轻重。

为了弄清现收现付制社会保障对财富在时间上和消费者之间分配的影响，我们利用第 9 章所讲的基本信贷市场模型，但这里对该模型进行了修正，使之包含政府代际收入再分配。为简化起见，我们假设社会保障对市场实际利率 r 无影响，并假定它一直不变。每个消费者都有两个时期，即年轻时期和老年时期，因此在任何一个时期都生活着两代人，即年轻人和老年人。用 N 表示老年消费者在当期的人数，用 N' 表示年轻消费者在当期的人数。假定

$$N'=(1+n)N \tag{10.20}$$

因此人口增长率是 n，就像第 7 章和第 8 章中的索洛增长模型一样，只是这里人的寿命是有限的。给定消费者在年轻时的收入为 y，在年老时的收入为 y'，并考虑到消费者之间的收入有差异这个事实（见第 9 章）。为简化起见，假定政府支出在两个时期都为零。

现在，假定在某一日期 T 之前没有社会保障计划，且在此之前的每一个时期，对年轻人和老年人的课税都为零。现收现付制社会保障在日期 T 建立，其后就永远存在下去。这里，为简化起见，我们假定社会保障计划保证每一个老年消费者在时期 T 及以后获得 b 单位消费品的保障金。在时期 T 及以后，对每一个老年消费者的课税是 $t'=-b$。老年消费者的保障金必然由年轻人缴纳的税收筹资，我们假定对每一个年轻消费者课税的数量 t 都相同。于是，由于社会保障金总额等于年轻人

缴纳的税收总额，因此有：

$$Nb = N't \qquad (10.21)$$

把等式（10.20）中的 N' 代入等式（10.21），求出 t，得到：

$$t = \frac{b}{1+n} \qquad (10.22)$$

消费者是如何从社会保障中受益的？显然，在社会保障计划于时期 T 实行时是老年消费者受益，因为这些消费者获得社会保障金，但他们在年轻时没有多交税。在图 10-12 中，如果没有社会保障计划，在时期 T，老年消费者的一生预算约束线是 AB，AB 的斜率是 $-(1+r)$，没有社会保障时的禀赋点是 E_1 点，是由年轻时的可支配收入 y 和老年时的可支配收入 y' 决定的。有了社会保障计划，这个消费者年轻时的可支配收入为 y、老年时的可支配收入为 $y'+b$，禀赋点是预算约束线 DF [斜率为 $-(1+r)$] 上的 E_2 点。最优消费束从 H 点变为 J 点，消费者的境况明显得到改善，因为其预算约束线外移，能在更高的无差异曲线上选择消费束。

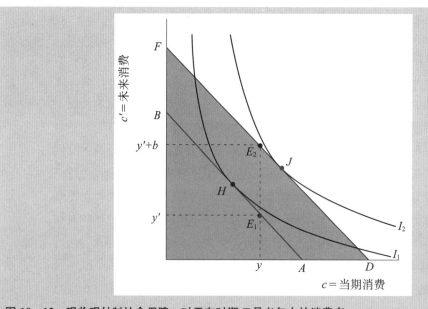

图 10-12　现收现付制社会保障：对于在时期 T 是老年人的消费者
在实行社会保障之际，老年人获得社会保障金。老年消费者的预算约束线会从 AB 移至 DF，其境况得到明显改善。

在时期 T 及以后出生的消费者会发生什么变化？对于这些消费者，如图 10-13 所示，没有社会保障计划时，预算约束线是 AB，禀赋点是 E_1 点，预算约束线的斜率是 $-(1+r)$。有社会保障计划时，根据等式（10.22），年轻时的可支配收入是 $y-t=y-b/(1+n)$，老年时的可支配收入是 $y'+b$，图中的禀赋点会移至预算约束线 DF 上的 E_2 点。因为市场实际利率未变，所以 DF 的斜率是 $-(1+r)$，E_1E_2 的斜率是 $-(1+n)$。该图阐释了 $n>r$ 的情况。在这种情况下，消费者的预算约束线会外移，最优消费束从会 H 点变为 J 点，其境况得到改善。不过，若 $n<r$，则预

算约束线会内移，消费者的境况变差。

也就是说，消费者的一生财富是：

$$we = y - \frac{b}{1+n} + \frac{y'+b}{1+r} = y + \frac{y'}{1+r} + \frac{b(n-r)}{(1+r)(1+n)}$$

有了社会保障计划，消费者的境况是变好还是变坏，取决于 we 是增还是减，或者说取决于是 $n>r$，还是 $n<r$。

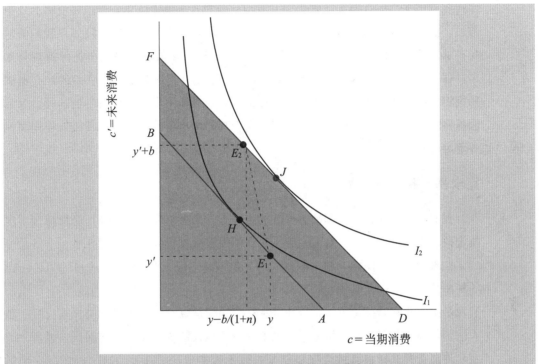

图 10-13　现收现付制社会保障：对于在时期 T 及以后出生的消费者

如果 $n>r$，则预算约束线会从 AB 外移至 DF，消费者的境况得到改善。

因此，只有当人口增长率高于实际利率时，社会保障才能使每个人的境况都改善。否则，最初时期老年人的境况改善，是以牺牲当期年轻人和以后每一代人的利益为代价的。社会保障能提高福利的原因是，政府可以克服私人市场存在的某种失灵。换言之，人们无法与还没出生的人作交换，活在既定时期的年轻人和老年人也不能作交换，因为年轻人想用当期消费品交换未来消费品，而老年人想用当期消费品交换过去的消费品。政府能凭借征税权力，实现可以产生帕累托改进的代际转移，从而使当期和未来所有消费者的福利都增加。

如果现收现付制社会保障能够同时提高当代消费者和后代消费者的福利，就需要社会保障制度的"收益率"足够高。这种收益率要随着人口增长率 n 的提高而提高，因为人口增长率决定了年轻一代为支付老年人的社会保障金需要承担多大的税收负担。每个年轻人负担的这种税负越小，老年时获得的社会保障金与他们年轻时为社会保障筹资而缴纳的税收比就越大，该比率事实上就是社会保障制度的收益率。如果 $n > r$，社会保障制度的收益率就高于私人信贷市场的收益率，这就是社会保障在这种情况下会提高每个人福利的原因。

社会保障能否给各代消费者都带来帕累托改进，这个问题与美国社会保障制度现在面临的问题有直接联系。当前，在职人口所缴纳的社会保障税远远多于支付给老年人的社会保障金。不过，随着生育高峰期出生的一代人从现在开始到 2030 年这一期间退休，这种情况将会改变。当这庞大的一代人退休时，如果社会保障金还保持现有水平，那么要么需要年轻人缴纳更多的社会保障税，要么需要更多的外来移民，扩大纳税在职人口的规模。否则，社会保障金将不得不减少。如果我们假定外来移民不变，那么某类群体将受损。也就是说，如果社会保障金仍保持现有水平，那么在 2015—2030 年期间缴纳较高社会保障税的在职人口，获得的社会保障回报将较低。如果社会保障金减少，那么生育高峰期出生的一代人得到的社会保障回报将较低。前者更有可能发生，因为生育高峰期出生的一代人因其人口规模而拥有更大的政治权力。

完全基金制社会保障

我们用分析现收现付制社会保障的相同工具来分析完全基金制社会保障。再次假定政府支出永远为零，为简化起见，我们假定税收也为零。

如果没有社会保障，那么消费者的一生预算约束线是图 10 - 14 中的 AB，AB 的斜率是 $-(1+r)$。消费者的禀赋点是 E 点，我们假定该消费者通过选择 D 点而实现最优，此时储蓄为正。完全基金制社会保障是政府将社会保障税收入投资于私人信贷市场的制度，社会保障金取决于政府从私人信贷市场获得的回报。或者，政府允许消费者选择将其社会保障储蓄投资于哪类资产。在此，这两种情况并无区别，因为信贷市场只存在一个单一的实际收益率 r。

不管怎么说，完全基金制社会保障事实上是一种强制储蓄计划，只有社会保障储蓄量对消费者具有强有力的约束，它才会产生影响。也就是说，只有社会保障制度强制使消费者的储蓄水平高于在没有这种计划下所选择的储蓄水平，完全基金制社会保障才会产生影响。图 10 - 14 说明了这种情形，图中，政府所需要的社会保障储蓄量是 $y - c_1$，消费者得到的消费束是 F。显然，消费者的境况不如其在没有这种计划下处于 D 点时的境况好。如果社会保障储蓄量不具有约束力，或如果消费者在年轻时因未来社会保障金而借款，这等于废除了强制储蓄，那么，完全基金制社会保障就起不了作用。假如完全基金制社会保障至少对一部分人口具有强有力的约束，那么它对追求最优化的消费者不利。美国社会保障"私有化"的建议，即允许消费者将其社会保障储蓄投资于私人资产，实质上是转向完全基金制社会保障而非现收现付制社会保障。这类建议虽然事实上可以提高各代人的福利，但关键取决于联邦政府为转向完全基金制社会保障制度如何提供资金（见"宏观经济学实践：从现收现付制转向完全基金制社会保障"）。

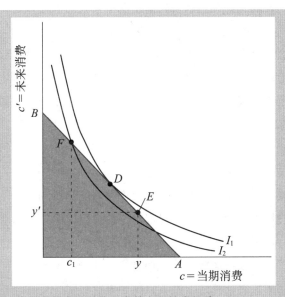

图 10-14　强制性退休储蓄具有约束力时的完全基金制社会保障

在有约束力的强制性退休储蓄情况下，消费者必须选择 F 点，而不是 D 点，因此其境况变差。

　　如果人口增长率足够低，现收现付制社会保障是由私人市场的储蓄决定的吗？建立社会保障制度而迫使消费者为其退休后的生活储蓄有什么理由？回答是肯定的，因为社会保障可能是解决政府承诺问题的一种工具。这种承诺问题有如下形式。在完美情况下，政府会向公众宣布，没有人会在退休后从政府获得救助。在这种情况下，公众相信这一宣布，所有人都会为退休生活进行储蓄，每个人都将最佳地使其一生消费均匀化。问题是，公众知道政府不可能承诺这样的政策。对于老年贫困者，政府觉得必须向他们提供救助。由于人们预期他们在退休后无论如何都会得到政府救助，以维持其最低生活水平，因此他们特别是穷人就不会为其退休生活进行储蓄。在存在政府承诺问题的情况下，也许最好是建立政府强制性全覆盖社会保障计划，以使退休储蓄量接近最优状态。

　　假如我们接受这种观点，即社会保障制度是解决政府缺乏承诺能力问题的有力工具，那么，哪种制度最佳？是现收现付制还是完全基金制？在美国，目前支持现收现付制的流行论点如下。完全基金制有两大问题。第一，该制度可能使公共养老基金的运转因有政治干预而无效率。如果政府管理公共养老基金而不是由退休者亲自来管理其退休账户，就会发生这个问题。存在于公共养老基金中的这笔巨额资产，看起来由公众支配，但常常成为立法者和游说者的诱人目标。比如，在加拿大，加拿大养老计划是现收现付制和完全基金制的混合体，一直是提倡社会责任投资群体的目标。社会责任投资理论认为，这种投资通过改变投资方向，很可能会改变企业的行为或者减少企业的活动。例如，烟草公司是社会责任投资的一个典型目标，其原因显而易见。虽然社会责任投资的出发点可能是好的，但往好里说可能是无效的，往坏里说具有束缚公共养老基金管理的作用——会减少退休金。现收现付制就不存在这种问题。在现收现付制情况下，政府不能决定哪些投资在道义上是否适当，且政治活动被关注的方式更富有成效。

完全基金制社会保障计划的第二个问题是易发生**道德风险**（moral hazard）问题。道德风险是保险的一个显著特征，是说如果一个人对特定损失投了保，那么他就不怎么去精心防范这种损失的发生。例如，如果一个人对他的车损投了全保，他在停车场开车时就不怎么小心谨慎。就完全基金制社会保障计划而言，假定该计划只限定人们储蓄多少，而允许人们自行选择如何为其退休进行储蓄。如果一个人选择投资于一种高风险资产，而不幸的是在退休时他变得一贫如洗，会发生什么情况？在政府缺乏承诺能力的情况下，此人很可能会得到政府的救助。实际上，政府要为退休账户提供保险，很像它对银行存款提供保险一样。政府提供存款保险的道德风险问题一目了然，第 17 章将对此进行研究。就像银行的情况一样，如果退休账户被保险了，那么退休账户的管理者往往会铤而走险。他们知道，倘若他们的高风险投资成功了，那就再好不过了，但如果这些资产没有收益，他们也会得到政府的救助。道德风险问题意味着，需要有额外的监管，以确保退休账户管理者不冒太大的风险。政府提供退休账户保险以及解决道德风险问题所必需的监管，很可能产生相当大的成本，使得现收现付制更可取。

专 栏

宏观经济学实践：从现收现付制转向完全基金制社会保障

美国在其生育高峰期出生的一代人退休之前，解决现收现付制社会保障制度的存废问题并非迫在眉睫，但欧洲各国已经不得不开始解决老龄人口的社会保障问题。一些欧洲国家，如德国和意大利，正在考虑从现收现付制社会保障转向完全基金制或部分基金制社会保障。阿萨夫·雷兹恩（Assaf Razin）和埃弗瑞·萨德卡（Efraim Sadka）的研究分析了与这种转型相关的问题。[①]

我们在分析现收现付制社会保障时指出，如果人口增长率高于市场实际利率，当代年轻人、老年人和所有未来各代人就能从这种社会保障制度中受益。然而，在当代老年人与当代年轻人之比很高的情况下，当代年轻人则会在现收现付制即刻转向完全基金制社会保障时受益。这种转型意味着当代年轻人不一定要负担更高的当期税收，以换取未来标准数量的退休金。不过，假如当代老年人失去其退休金（退休金是他们在年轻时现收现付制正常运转下所能预见到的），从现收现付制即刻转向完全基金制就不是帕累托改进。

从现收现付制转向完全基金制社会保障而又能产生帕累托改进的一种可供选择的办法是，让政府举债，为支付给当代老年人的社会保障金筹资。假如政府当前举债，这自然意

---

① A. Razin and E. Sadka，2002. "The Stability and Growth Pact as an Impediment to Privatizing Social Security," CEPR discussion paper 3621, C. E. P. R. Discussion Papers.

味着为了还债会在未来增税。不过，未来增税将由因转为完全基金制而受益的那些人缴纳。如果转型的净收益为正，那么当代年轻人和未来各代人的境况都会因此改善，当代老年人的境况也不至于恶化。对于任何帕累托改进的经济政策，所有人口显然都将投赞成票，因此由政治经济学的观点可知，拥有高龄人口的政府，都会选择放弃现收现付制社会保障，为当代老年人的社会保障金筹资而不惜暂时出现赤字。

在欧洲，这种方案的问题是，欧洲货币联盟（European Monetary Union，EMU）的成员国已作出承诺，将它们的赤字保持在一定的限度内。根据 1999 年对所有 EMU 成员国都生效的《稳定和增长公约》（Stability and Growth Pact），EMU 成员国的政府赤字在GDP 的 3% 以内不受处罚。因此，在从现收现付制转为完全基金制社会保障的情况下，《稳定和增长公约》可能限制了实现帕累托改进的经济政策。《稳定和增长公约》的设计者显然认为，该公约所规定的承诺是个好主意，因为它防止了庞大赤字可能产生的一些负面影响。然而，该公约明显没有考虑到预算赤字在为社会保障筹资方面的作用。如雷兹恩和萨德卡所言，在一些情况下，预算赤字是代际财富再分配的有用工具，这样一种经济政策的改变（这里指的是从现收现付制转为完全基金制社会保障）给每个人带来的都是正收益。

10

本章小结

- 信贷市场缺陷可以看成是贷款利率低于借款利率的情况，在这种情况下，李嘉图等价不成立。只是改变税收时间安排的当期减税，对一生财富没有影响，会增加当期消费但不影响储蓄。

- 一种信贷市场缺陷是不对称信息。在不对称信息情况下，贷方无法完全辨别潜在借方的信誉。在借方鱼龙混杂的信贷市场中，贷款利率低于借款利率，利差中包含了违约溢价。在信贷市场中，信誉差的借方所占比例提高，会增加违约溢价，减少贷款数量。

- 另一种信贷市场缺陷是有限承诺——借方有债务违约的动机。贷方通过要求借方提供抵押品而让借方具有偿还贷款或债务的动力。不过，当借方受到抵押约束时，可抵押财产的价格降低会减少贷款和消费。

- 一个例子说明了有限承诺摩擦是如何导致低市场实际利率的。政府通过增加政府债务数量进行干预可以放宽有限承诺约束，提高市场利率。如果在收回债务方面政府比私人部门好不了多少，则李嘉图等价依然成立。

- 社会保障计划因信贷市场失灵——未出生者无法与在世者进行交换——而具有合理性。政府社会保障计划有两种，一种是现收现付制计划，另一种是完全基金制计划。

- 现收现付制社会保障通过对适龄就业人口课征的税收来筹措退休金，在实际利率低于人口增长率的情况下，这会增加每个人的福利。

- 完全基金制社会保障不会起什么好作用，甚至还有可能减少退休储蓄，使消费者的境况变差。

- 即使人口增长率比较低，但如果我们认为政府不能承诺向穷困的老年人提供社会救助，那么，社会保障制度就是合情合理的。倘若如此，现收现付制实际上要比完全基金制的成本更低。

主要概念

不对称信息（asymmetric information）：是指在某一特定市场中，有些市场参与者对其自身特点的了解要多于其他市场参与者的情况。

有限承诺（limited commitment）：是指市场参与者不可能提前承诺未来采取某种行动的情况。

违约溢价（default premium）：借方因有拖欠其借款的可能性而补偿给贷方的那部分贷款利率。

利差（interest rate spreads）：利差就是风险较大贷款和比较安全贷款的利率之间的差额，或是某类人可以贷款和借款的利率之间的差额。

可抵押财产（collateralizable wealth）：可以作为抵押品的财产。

金融中介（financial intermediary）：从大量的最终贷方那里借款，再贷给大量的最终借方的金

融机构，比如银行、保险公司、共同基金等。

抵押品（collateral）：贷款合约中规定，虽由借方所有，但借方若违约，贷方有权没收的资产。

回购协议（repurchase agreement）：以政府债券作为抵押品的短期贷款。

现收现付制社会保障（pay-as-you-go social security）：支付给老年人的保障金是用对在职人口的征税筹资的一种社会保障制度。

完全基金制社会保障（fully-funded social security）：在职人口的社会保障缴款投资于资产，再用这些资产的投资收益为老年人的社会保障金筹资的一种社会保障制度。

道德风险（moral hazard）：投保人对某种潜在损失投了保就不会努力防范这种损失发生的情况。

复习题

1. 信贷市场缺陷对贷方和借方面临的利率会产生怎样的影响？

2. 在存在信贷市场缺陷的情况下，减税对消费和储蓄会产生怎样的影响？李嘉图等价成立吗？

3. 信贷市场缺陷的存在是否意味着政府的税收政策具有重要作用？

4. 信贷市场缺陷的两大根源是什么？

5. 请解释违约溢价是如何产生的以及是什么原因导致其增加。

6. 如果违约溢价增加，这对单个消费者的消

费和储蓄会产生怎样的影响？

7. 对于受到抵押约束的借方来说，当可抵押财产的价值下跌时，情况会怎样？这对金融危机有影响吗？

8. 有限承诺约束为什么会降低均衡实际利率？

9. 在什么条件下，现收现付制社会保障会提高当期在世人口和所有后代人的福利？

10. 完全基金制社会保障制度的影响是什么？

11. 政府的承诺能力对社会保障计划产生怎样的影响？

思考题

1. 假定因不对称信息而存在信贷市场缺陷。在这种经济中，有 b 部分消费者是贷方，每个人的当期禀赋为 y 单位消费品，未来禀赋为零单位消费品。$(1-b)a$ 部分消费者是信誉好的借方，他

们每个人的当期禀赋为零单位，未来禀赋为 y 单位。最后，$(1-b)(1-a)$ 部分消费者是信誉差的借方，他们的当期和未来禀赋都为零单位。银行无法分辨借方的好坏。政府让 $G=G'=0$，每个消

费者都要缴纳一次总付税，当期为 t，未来为 t'。政府也分不清借方的好坏，但同银行一样，可知禀赋状况。

（a）写出政府的预算约束式，要考虑到谁能交税，谁不能交税。

（b）假定政府降低 t，提高 t'，并保持政府预算约束式成立。这对每个消费者关于在每一时期消费多少、储蓄多少的决策会有影响吗？借助图来说明。

（c）在这种经济中，李嘉图等价成立吗？请对成立与否的原因进行解释。

2. 假定因有限承诺而存在信贷市场缺陷。正如本章分析的可抵押财产的情形一样，每个消费者都有一部分财产，其未来的价值为 pH；这部分财产在当期不能出售，但可作为贷款的抵押品。又假定政府要求每个消费者缴纳一次总付税，当期为 t，未来为 t'。还假定在税收上也存在有限承诺。也就是说，如果消费者拒不纳税，政府可以没收消费者的可抵押财产，但不能没收收入（消费者的禀赋）。假定倘若消费者既不偿还私人贷方的债务，也不纳税，消费者的可抵押财产首先要由政府支配。

（a）说明有限承诺问题是如何限制政府在当期和未来的支出规模的。

（b）写出消费者的抵押约束式，要考虑到税收方面的有限承诺问题。

（c）假定政府降低 t，提高 t'，并保持政府预算约束式成立。这对单个消费者的当期消费和未来消费会产生什么影响？在这种经济中，李嘉图等价成立吗？请对成立与否的原因进行解释。

3. 假定在信贷市场中存在有限承诺，但贷方对于抵押品的价值是多少摸不准。每个消费者的抵押品数量都为 H，但从贷方的角度来看，在未来，抵押品的价值为 p 的概率是 a，一钱不值的概率是 $1-a$。假定所有消费者都是同质的。

（a）确定消费者的抵押约束式，并用图说明消费者的一生预算约束。

（b）a 降低将对消费者的当期消费和储蓄以及未来消费产生怎样的影响？请解释你的结论。

4. 假定在信贷市场中，有 a 部分信誉好的借方，$1-a$ 部分信誉差的借方。信誉好的借方都是同质的，总能偿还其贷款。信誉差的借方从不偿还其贷款。银行吸收存款，支付的实际利率为 r_1，并向借方提供贷款。银行无法区分借方的好坏。每个借方都有抵押品，是在未来价值 A 单位未来消费品的资产。

（a）确定银行的贷款利率。

（b）倘若每个借方都拥有更多的抵押品，利率将会发生怎样的变化？

（c）请解释你的结果并讨论。

5. 在"有限承诺与市场利率"这个例子中，假定

$$t \leqslant \frac{(v-y')y}{y'}$$

又假定 t 下降。这对市场实际利率以及消费会产生怎样的影响？请解释。

6. 在"有限承诺与市场利率"这个例子中，假定

$$v < y'$$
$$\frac{y'}{y} < a < b$$

（a）假定 $t=t'=0$。确定均衡实际利率、贷方和借方的当期与未来消费的均衡数量。［提示：该均衡符合正文中的第四种情况。］

（b）确定富有效率的税收政策。这种税收政策将放宽消费者的有限承诺约束。

（c）讨论你对上述问题（a）和（b）得到的结果。

7. 用本章构建的社会保障模型回答问题。假定政府在时期 T 建立社会保障计划，永久性地向每个老年人支付社会保障金 b（用消费品表示）。在时期 T，政府通过举债为支付给当期老年人的保障金筹资。这笔债务通过对年轻人征收一次总付税在时期 $T+1$ 偿还。在时期 $T+1$ 及以后，课自年轻人的一次总付税为支付给老年人的社会保障金筹资。

（a）画图说明生活在时期 T 的年轻人和老年人不论在什么情况下都能受益于社会保障计划。

（b）社会保障计划对出生于时期 $T+1$ 及以后的消费者有什么影响？这种影响与实际利率和人口增长率具有怎样的关系？

8. 假定社会保障制度属于现收现付制，对年轻人的消费课征比例税来筹资。也就是说，政府征收的税收是 sc，其中 s 是税率，c 是年轻人的消费。每个老年消费者得到的退休金是一固定量 b。在这些条件下，社会保障能够改善每个人的福利吗？用图来回答这一问题。

9. 利用本章构建的社会保障模型回答问题。假定政府的现收现付制社会保障实施了很长时间，向每个老年人提供 b 单位消费的社会保障金。现假定在 T 期，政府得知 $r>n$，决定取消这项制度。在 T 期，政府把每个年轻人的税收减至零，但仍然向在 T 期在世的每个老年人支付社会保障金 b。政府发行足够的一期政府债券 D_T，为 T 期的社会保障金融资。在 $T+1$ 期，为了偿付 T 期发行的债券的本息，政府对在世的老年人征税，并发行新的一期债券 D_{T+1}。在 $T+1$ 期对老年人征的税恰好是老年人的人均债务量，即 $D_{T+1}=(1+n)D_T$。在 $T+2$ 期、$T+3$ 期…都一样，所以，老年人的人均政府债务永远不变。

（a）如果同继续实行现收现付制社会保障的情况相比，出生于 T 期、$T+1$ 期、$T+2$ 期…的消费者的境况是变好了还是变差了？请用图解释。

（b）假定政府采用与上述相同的融资制度，但在 T 期用完全基金制取代现收现付制，同现收现付制的情况相比，消费者的境况是变好了还是变差了？请用图解释。

第11章 包含投资的实际跨期模型

本章把我们在前几章学过的微观经济行为放在一起构建模型，并用这个模型分析宏观经济冲击如何影响经济，评估宏观经济政策的作用。在消费者行为方面，我们在第4章分析了工作-闲暇决策，在第9章和第10章分析了跨期消费-储蓄选择。在生产方面，我们在第4章研究了企业的生产技术及其劳动需求决策，在第5章说明了全要素生产率的变化对整个经济中消费、就业和产出的影响。在第9章和第10章，我们考察了政府关于政府支出筹资和征税时间安排选择的影响。尽管在第7章和第8章学过的索洛增长模型包括了储蓄和投资，但在本章，我们将从企业层面，更深入地探讨投资决策是如何作出的。这对我们深入理解利率和信贷市场条件对企业投资决策的影响很重要。

在本章，我们将根据实际经济情况，构建一个完整的模型。换言之，我们在本章构建的实际跨期模型将说明，实际总产出、实际消费、实际投资、就业、实际工资和实际利率在宏观经济中是如何确定的。为了预测名义变量，我们需要将货币加进实际跨期模型中，这项工作将在第12章完成。模型的跨期，是指消费者和企业都进行跨期决策，反映当期和未来的权衡取舍。

由第2章可知，投资（对厂房、设备和住房的支出）的明显特征是，投资是由当期生产出来的用于未来商品和服务生产的商品构成。就整个经济而言，投资意味着当期消费与未来消费的权衡取舍。用于生产投资品的生产能力，也可用到生产当期消费品上，但今天的投资提高了未来的生产能力，这意味着未来能生产更多的消费品。为了分析决定投资的因素，我们必须研究企业的微观经济投资行为——企业在当期要作出跨期投资决策。企业投资时，为了未来能拥有更多的资本存量，就要放弃当期利润，而未来资本存量的增加可使企业未来获取更高的利润。如我们所述，企业的当期资本存量越低，它就会投资越多，它的预期未来全要素生产率就越高，实际利率也就越低。

实际利率是决定投资的一个重要因素，它表示投资的机会成本。实际利率越高，投资的边际机会成本就越大，投资就会下降。实际利率的变化是对经济造成冲击从而影响投资的重要渠道，我们将在本章对此进行说明。此外，货币政策也会影响投资，因为它会影响实际利率，我们将在第 12～14 章加以论述。

企业的投资决策除了受市场利率影响之外，还取决于贷方察觉到的信贷市场风险。也就是说，如果贷方（包括银行和其他金融机构）普遍认为贷款的风险比较大，那么企业就会发现通过借钱为其投资项目融资将更加困难。在这次全球金融危机中，察觉到贷款的风险程度加大是一个重要因素。本章将融合不对称信息和信贷市场缺陷，阐明信贷市场风险在投资行为中是如何起作用的。不对称信息在企业投资决策中的作用，与其在消费者的消费-储蓄决策（见第 10 章）中的作用很像。

本章相当大的篇幅都是关于建模的。在利用这个模型解决一些重要的经济问题前，我们必须讲几个重要步骤。读者应该耐心学习，不仅因为本章的最后一节会用到该模型，而且还因为我们在第 12 章研究货币因素、在第 13～14 章研究经济周期以及在随后几章研究其他问题时，都要以本章构建的模型为基础。

本章关注的重点是政府支出、全要素生产率、国民资本存量和信贷市场风险的总冲击对总产出、投资、消费、实际利率和劳动力市场变量的宏观经济影响。尽管我们已在第 5 章、第 9 章和第 10 章研究过这些影响的一些因素，但关于这些冲击对利率和投资的影响、未来冲击预期对当期宏观经济活动的影响，本章有新的见解。例如，包含跨期因素可以说明信贷市场在政府支出对经济的影响中所起的作用；我们还可以利用实际跨期模型来分析金融危机对总体经济活动的影响。

与第 4 章和第 5 章一样，我们用包含典型消费者、典型企业和政府的模型进行分析，为简化起见，我们最终用供求曲线来具体说明实际跨期模型。通过分析当期劳动力市场和当期商品市场中的典型消费者、典型企业和政府，我们就能捕捉到这种典型经济的基本行为。典型消费者在当期劳动力市场中供给劳动，在当期商品市场中购买消费品；典型企业在当期劳动力市场中需求劳动，在当期商品市场中供给商品并需求投资品；政府通过购买，在当期商品市场中需求商品。

典型消费者

本模型中典型消费者的行为把已经学过的工作-闲暇选择（第 4 章）与跨期消费行为（第 9 章）融合在一起。在此构建的模型中，典型消费者在当期和未来的每一时期作出工作-闲暇决策，在当期作出消费-储蓄决策。

典型消费者在当期和未来既工作又消费。他在每一时期都有 h 单位的时间，并在每一时期都将该时间划分为工作时间和闲暇时间。我们用 w 表示当期实际工资，w' 表示未来实际工资，r 表示实际利率。消费者当期和未来向政府缴纳一次总付税，分别为 T 和 T'。他的目标是，在其当期和未来预算约束既定的情况下，分别选择当期消费 C 和未来消费 C'、当期闲暇时间 l 和未来闲暇时间 l'，以及当期储蓄 S^p，以使其境况尽可能改善。典型消费者是价格接受者，把 w、w' 和 r 视为给定。从消费者的角度看，税收也是给定的。

当期,典型消费者挣得实际工资收入 $w(h-l)$,从典型企业那里获得股息收入 π,纳税 T,这样,他的当期可支配收入是 $w(h-l)+\pi-T$,与第 4 章一样。如第 9 章所讲,当期可支配收入被划分为消费和储蓄,储蓄的表现形式是债券,获取的一时期实际利率为 r。如第 9 章所述,储蓄可能是负的,在这种情形下,消费者通过发行债券来借款。于是,消费者的当期预算约束是:

$$C+S^p=w(h-l)+\pi-T \tag{11.1}$$

未来,典型消费者获取的实际工资收入为 $w'(h-l')$,从典型企业那里获得的股息收入为 π',向政府缴纳的税收为 T',并且从当期的储蓄中获得的本息为 $(1+r)S^p$。由于未来是最后时期,又由于假定消费者没有留下遗产,因此未来消费者的全部财富都用于消费,于是,消费者的未来预算约束是:

$$C'=w'(h-l')+\pi'-T'+(1+r)S^p \tag{11.2}$$

与第 9 章一样,我们把等式 (11.2) 中的 S^p 代入等式 (11.1),可以得到典型消费者的一生预算约束:

$$C+\frac{C'}{1+r}=w(h-l)+\pi-T+\frac{w'(h-l')+\pi'-T'}{1+r} \tag{11.3}$$

该预算约束式表明,消费的现值(等式左边)等于一生可支配收入的现值(等式右边)。与第 9 章消费者的一生预算约束式不同的是,在这个模型中,消费者可以通过对当期闲暇 l 和未来闲暇 l' 的选择,对其一生财富作出某种选择。

典型消费者的问题是,选择 C、C'、l 和 l',使其境况尽可能改善,同时又符合等式 (11.3) 给出的一生预算约束。我们难以用图形描述消费者的这种选择,因为这个问题是四维的(选择当期消费和未来消费、当期闲暇和未来闲暇),而图形是二维的。不过,用第 4 章和第 9 章分析的三个边际条件,仍然可以描述消费者的最优决策。这三个条件是:

1. 消费者在当期作出工作-闲暇决策,因此,当消费者实现最优时,有:

$$MRS_{l,C}=w \tag{11.4}$$

也就是说,消费者通过选择当期闲暇和消费,使闲暇对消费的边际替代率等于当期实际工资,就可以实现最优。这个边际条件与我们在第 4 章分析的消费者的工作-闲暇问题一样。回忆我们曾论述过的,一般而言,消费者可以通过让一种商品对另一种商品的边际替代率等于这两种商品的相对价格来实现最优。等式 (11.4) 中,当期实际工资 w 就是用消费品衡量的闲暇的相对价格。

2. 同样,消费者在未来作出另一种工作-闲暇决策,他实现最优的条件是:

$$MRS_{l',C'}=w' \tag{11.5}$$

也就是说,在最优状态下,未来闲暇对未来消费的边际替代率一定等于未来实际工资。

3. 就他的当期消费-储蓄决策来说,如第 9 章所述,消费者实现最优的条件是:

$$MRS_{C,C'}=1+r \tag{11.6}$$

亦即当期消费对未来消费的边际替代率等于用未来消费衡量的当期消费的相对价格。

当期劳动供给

我们最终关注的是典型消费者和典型企业在当期劳动力市场和当期消费品市场中的相互作用，因而我们对典型消费者的劳动供给及其消费品需求的决定因素感兴趣。

首先，我们分析典型消费者的当期劳动供给，它取决于三个因素：当期实际工资、实际利率和一生财富。下面依次分析影响劳动供给的这三个因素。

1. 当期实际工资增加时，当期劳动供给量会增加。消费者的边际条件式（11.4）体现了下列思想：当期闲暇与当期消费的替代取决于当期实际工资率 w。回忆第 4 章，实际工资变化对闲暇量具有作用相反的收入效应和替代效应，因此增加实际工资会导致闲暇量或增或减，取决于收入效应的大小。这里，我们假定实际工资变化的替代效应总大于收入效应，这意味着，随着实际工资的增加，闲暇减少，工作时间增加。这似乎与第 4 章指出的事实不符，即从长期看，劳动供给的收入效应和替代效应看上去能相互抵消。然而，本章所构建的模型的主要目的是要分析短期现象。正如我们在第 4 章中指出的，收入效应和替代效应在长期可以相互抵消，这与替代效应在短期占主导地位是相符的，也是我们在这里作出的假设。

2. 当实际利率提高时，当期劳动供给量会增加。消费者能跨期替代，不仅是用当期消费替代未来消费，如我们在第 9 章研究的，当期闲暇也可以替代未来闲暇。在两时期的闲暇替代中，典型消费者会对闲暇的当期价格与未来价格之比即 $w(1+r)/w'$ 作出反应。这里，w 是用当期消费衡量的当期闲暇（劳动）的价格，w' 是用未来消费衡量的未来闲暇的价格，$1+r$ 是用未来消费衡量的当期消费的价格。因此，给定 w 和 w'，实际利率 r 提高，会导致当期闲暇的价格与未来闲暇的价格之比提高。又假定替代效应大于收入效应，消费者想减少当期闲暇，增加未来闲暇。下面是一个**闲暇的跨期替代**（intertemporal substitution of leisure）效应如何作用的例子。假定保罗是一个个体经营者。市场利率上升，保罗的储蓄收益会上升，因此，如果他当期多工作，将收入储蓄起来，未来就能多消费、少工作。把闲暇看成像消费一样的商品，对分析很有帮助。当实际利率提高且对贷方而言替代效应大于收入效应时，当期消费下降（见第 6 章），就像当实际利率提高且替代效应居支配地位时当期闲暇下降一样。

3. 当一生财富增加时，当期劳动供给会减少。由第 4 章可知，当期非工资可支配收入增加，会使消费者的闲暇增加，劳动供给减少，因为闲暇是正常品。而且，我们在第 9 章说明了收入效应如何扩展到消费者选择当期消费和未来消费这种跨期情形。一生财富增加，消费者选择的当期消费和未来消费量就会增加。这里，当一生财富增加时，当期闲暇会增加，因此，由于假定当期闲暇是正常品，故当期劳动供给会减少。本章要分析的一个重要财富效应是消费者的税收现值变化所产生的影响。税收现值增加，意味着一生财富减少、当期劳动供给增加。

有了这三个因素，我们就能画出向上倾斜的当期劳动供给曲线，如图 11-1 所示。图中，当期实际工资 w 用纵轴表示，当期劳动供给 N 用横轴表示。当期劳动供给曲线用 $N^s(r)$ 表示，表明劳动供给取决于当期实际利率。假如实际利率提高，比如从 r_1 升至 r_2，那么，由于不管当期实际工资 w 是多少，劳动供给都增加，所以，劳动供给曲线右移，如图 11-2 所示。在图 11-3 中，一生财富的增加会使劳动供给曲线从 $N_1^s(r)$ 左移至 $N_2^s(r)$。一生财富的这种增加是由消费者的税收现值降低引起的。在图 11-3 中，当期劳动供给左移时，实际利率保持不变。

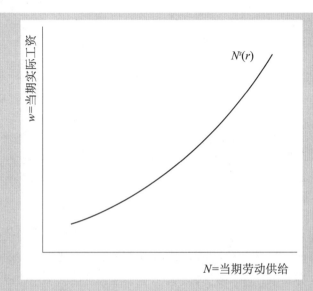

图 11-1　典型消费者的当期劳动供给曲线

假定实际工资增加的替代效应大于收入效应，当期劳动供给曲线向上倾斜。

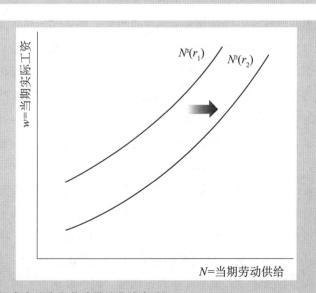

图 11-2　实际利率提高会使当期劳动供给曲线右移

这是因为，当 r 提高时，典型消费者会减少当期闲暇，增加未来闲暇。

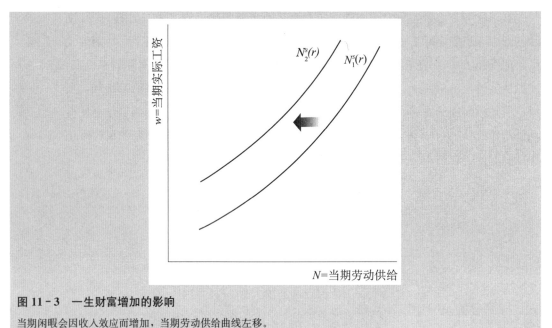

图 11 - 3　一生财富增加的影响

当期闲暇会因收入效应而增加，当期劳动供给曲线左移。

当期消费品需求

我们讨论了典型消费者的当期劳动供给的决定因素，下面分析其当期消费品需求。第 9 章研究过当期消费品需求的决定因素，影响当期消费的两个主要因素是一生财富和实际利率。进一步而言，一生财富受当期收入和税收现值的影响。

第 9 章分析了消费者的消费-储蓄行为，为这里构建需求曲线奠定了基础。该需求曲线代表了典型消费者的当期消费品需求量，而当期消费品需求量是当期总收入 Y 的函数，如图 11 - 4 所示。从第 9 章得知，如果实际利率保持不变，消费者的当期收入增加，当期消费就会增加。在图 11 - 4 中，我们画出了实际利率 r 保持不变的情况下，对应于每一实际收入水平 Y 的典型消费者所选择的当期消费量。图中的纵轴代表消费品的需求，横轴代表总收入。令 $C^d(r)$ 代表当期消费品的需求曲线，表示的是消费需求取决于实际利率。回想一下第 9 章的内容，如果消费者的当期收入增加，那么，消费和储蓄都会增加，因而收入每增加一单位，消费量增加不到一单位。在图 11 - 4 中，曲线 $C^d(r)$ 的斜率是**边际消费倾向**（marginal propensity to consume，MPC），即当总实际收入 Y 增加一单位时，当期消费增加的数量。

当实际利率提高时，我们再次假定这种提高的替代效应大于收入效应，当期消费品的需求因消费的跨期替代而下降（回顾第 9 章的分析）。在图 11 - 5 中，如果实际利率从 r_1 提高到 r_2，当期消费的需求曲线就会从 $C^d(r_1)$ 下移至 $C^d(r_2)$。再有，令 r 和 Y 保持不变，倘若一生财富增加，则当期消费的需求曲线从 $C_1^d(r)$ 上移至 $C_2^d(r)$，如图 11 - 6 所示。一生财富增加可能是由两个因素引起的：一个是消费者的税收现值降低，另一个是未来收入增加。

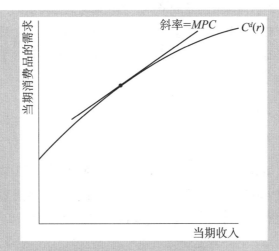

图 11 - 4 典型消费者的当期消费品需求随着收入的增加而增加

当期消费的需求曲线的斜率是边际消费倾向（MPC）。由于当期收入的增量中有一部分被储蓄起来，故 MPC<1。

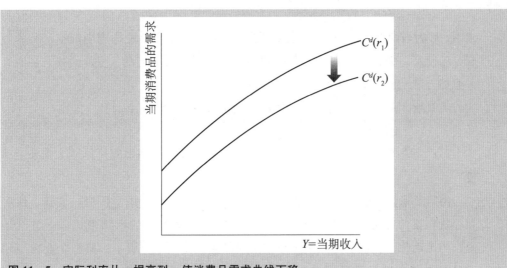

图 11 - 5 实际利率从 r_1 提高到 r_2 使消费品需求曲线下移

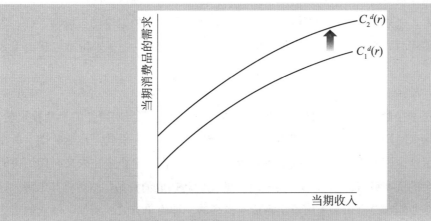

图 11 - 6 一生财富增加使消费品需求曲线上移

当期消费品的需求只是该经济体对当期商品的总需求的一部分。我们还需要考察企业和政府对当期商品的需求，前者是对投资品的需求，后者是政府购买。本章后面将用产出需求曲线来概括当期商品的总需求，其中包含了典型消费者、典型企业和政府的行为。

典型企业

现在我们知道了消费者当期劳动供给和当期消费需求决策的重要特征，接下来我们分析典型企业有关当期劳动力市场和当期商品市场的重要决策。

如第 4 章所述，典型企业投入劳动和资本，生产商品。本章与第 4 章的主要区别是，在本章，典型企业在当期和未来都生产产品，企业在当期进行投资，通过积累资本来扩大未来的生产能力。在当期，典型企业根据下列生产函数生产产品：

$$Y = zF(K, N) \tag{11.7}$$

式中，Y 为当期产出；z 为全要素生产率；F 为生产函数；K 为当期资本；N 为当期劳动投入。这里，K 是企业当期期初的资本，数量是给定的。生产函数 F 在所有方面都与第 4 章研究的生产函数相同。

类似地，在未来，典型企业根据下列生产函数生产产品：

$$Y' = z'F(K', N') \tag{11.8}$$

式中，Y' 为未来产出；z' 为未来全要素生产率；K' 为未来资本存量；N' 为未来劳动投入。

由第 2 章的讨论可知，在 NIPA 中衡量的投资，是指用于厂房、设备、住房和存货积累的支出。在本章中，我们把投资品作为产出的产物来建模。也就是说，为了简化，我们假定当期 1 单位消费品生产出 1 单位资本。典型企业在当期通过获取资金进行投资，投资的实质是，要想未来有所得，当期一定要有所放弃。当企业投资时，它所放弃的是当期利润，即企业用它创造出的一些当期产出投资于资本，未来，资本就会形成生产能力。与第 7 章介绍的索洛增长模型一样，当资本被使用时，其折旧率为 d。我们用 I 表示当期投资量，则未来资本存量由下式给定：

$$K' = (1-d)K + I \tag{11.9}$$

即未来资本存量等于扣除折旧后的当期资本存量加上已在当期增加的当期投资量。此外，未来时期结束时剩余的资本量是 $(1-d)K'$。由于未来就是最后时期，典型企业保留这个资本量没有用，故会将其清理变现。我们假定企业在未来时期结束时获得剩余的资本量 $(1-d)K'$，并按 1∶1 的比例转换成消费品，然后将其出售。这是构建企业能在二手市场上廉价出售资本模型的一种简单方式。例如，停业的饭店会将其用过的旧桌椅和厨房设备清仓大甩卖。

利润和当期劳动需求

在论述了企业是如何在当期和未来生产产出以及进行投资后，我们就可以确定企业的当期利润和未来利润。企业的目标是在当期和未来实现利润现值的最大化，这可以使我们确定企业的当期劳动需求和投资量（我们将在下一小节讨论）。对典型企业而言，用当期消费品表示的当期利润是：

$$\pi = Y - wN - I \tag{11.10}$$

即当期利润是当期产出（或收入）Y 减去当期支付给工人的工资，再减去当期投资。企业用 1 单位产出生产出 1 单位资本，因此每单位投资会减少 1 单位的当期利润。

企业的未来利润是：

$$\pi' = Y' - w'N' + (1-d)K' \tag{11.11}$$

即未来利润是未来产出减去未来支付给工人的工资，再加上未来终了时扣除折旧后的资本存量值。

企业在当期和未来赚取的利润，在每一时期都要作为股息收入支付给企业的股东。在该经济体中，只有一个股东，即典型消费者，企业的经营就是为了这个股东的利益。这意味着企业会将消费者的股息收入现值最大化，而这又可以实现消费者的一生财富最大化。我们用 V 表示企业的利润现值，于是，企业通过选择当期劳动需求 N、未来劳动需求 N' 和当期投资 I，使得下式最大化：

$$V = \pi + \frac{\pi'}{1+r} \tag{11.12}$$

企业对当期劳动需求 N 的选择，只会影响等式（11.10）中的当期利润 π。与第 4 章一样，企业雇用当期劳动，直至当期边际劳动产量等于当期实际工资，即 $MP_N = w$。同时，当期劳动需求曲线等同于边际劳动产量曲线，因为由 MP_N 曲线可知企业需要雇用多少劳动才能使 $MP_N = w$。图 11-7 给出了典型企业的劳动需求曲线 N^d，图中，当期实际工资 w 用纵轴表示，当期劳动量 N 用横轴表示。由第 4 章可知，由于边际劳动产量会随着所用劳动量的增加而下降，故劳动需求曲线向下倾斜。

如第 4 章所述，劳动需求曲线会随着全要素生产率 z 的变化或初始资本存量 K 的变化而变化。当期全要素生产率 z 或 K 提高，劳动需求曲线右移，比如在图 11-8 中，劳动需求曲线从 N_1^d 右移至 N_2^d。

企业会用类似于选择当期劳动需求的方式来选择未来劳动需求。不过，我们在分析中忽略了这种未来选择，因为这样做既可以简化模型的预测，又无大碍。

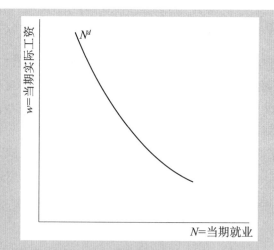

图 11-7 当期劳动需求曲线是典型企业的边际劳动产量曲线
由于边际劳动产量会随着劳动投入的增加而下降，因此该曲线向下倾斜。

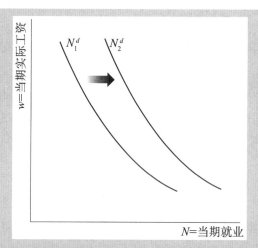

图 11-8 当期劳动需求曲线会随着当期全要素生产率 z 和当期资本存量 K 的变化而变化
图中，z 或 K 增加，曲线右移，表示边际劳动产量随之增加。

典型企业的投资决策

在讨论了典型企业的劳动需求决策并阐述了其目标是实现利润现值最大化后，我们下面开始本章的核心内容，即分析企业的投资决策。

经济决策的一个重要原则是，在选择一种经济活动的最优水平时，要看该活动的边际收益是否等于其边际成本。典型企业的投资选择也要依据这样的原则，即边际投资成本等于边际投资收益。我们用 $MC(I)$ 表示企业的**边际投资成本**（marginal cost of investment），其中，

$$MC(I) = 1 \tag{11.13}$$

即企业的边际投资成本是企业当期进行 1 单位资本投资而放弃的利润现值 V。该边

际成本是 1，因为根据等式（11.10）和等式（11.12），增加 1 单位当期投资 I，就会减少 1 单位当期利润 π，从而减少了 1 单位的利润现值 V。

边际投资收益（marginal benefit from investment）是当期增加 1 单位投资所增加的利润现值 V，用 $MB(I)$ 表示。等式（11.11）用未来利润 π' 表示投资的全部收益，该边际收益由两部分组成。第一，增加 1 单位当期投资，就会增加 1 单位未来资本存量 K'。这意味着，企业在未来将生产更多的产出，所增加的产出等于企业未来的边际资本产量 MP'_K。第二，每一单位当期投资意味着未来终了时有额外 $1-d$ 单位的可变现资本（在未来扣除折旧后）。因此，当期增加 1 单位当期投资，意味着会增加 MP'_K+1-d 单位的未来利润 π'。在计算边际投资收益时，我们一定要将这些未来利润折现，因此有：

$$MB(I) = \frac{MP'_K+1-d}{1+r} \tag{11.14}$$

当边际投资收益等于边际投资成本 [即 $MB(I)=MC(I)$] 时，或者，根据等式（11.13）和等式（11.14），当

$$\frac{MP'_K+1-d}{1+r} = 1 \tag{11.15}$$

时，企业才停止投资。我们可将等式（11.15）改写为：

$$MP'_K-d=r \tag{11.16}$$

等式（11.16）表明，当**净边际资本产量**（net marginal product of capital）MP'_K-d 等于实际利率时，企业才会停止投资。净边际资本产量 MP'_K-d 是考虑了将资本存量折旧后的边际资本产量。等式（11.16）表达的就是**最优投资律**（optimal investment rule），其直观的含义是，增加资本投资的机会成本是实际利率，而实际利率是该经济中其他可供选择资产的收益率。也就是说，在该模型中有两种资产，一是信贷市场中交易的债券，二是典型企业拥有的资本。如果企业投资于资本，就等于放弃在信贷市场上放款，而它本来可以在信贷市场上赚取实际收益率 r。

事实上，典型消费者间接拥有企业的资本，因为消费者是企业的所有者，并以股息收入的形式分享企业利润。从消费者的角度来看，当企业进行投资时，他从当期到未来这一段时间所获得的收益率是净边际资本产量。由于企业是代表消费者的利益来经营的，所以，只有符合净边际资本产量等于实际利率这个条件的投资，如等式（11.16）所示，对企业来说才是最优的，否则，就意味着消费者从其储蓄上获得的收益率低于在信贷市场上按实际利率 r 放款所获得的收益率。因此，对典型企业而言，实际利率就意味着投资的机会成本。

企业投资决策的另一方面有助于澄清市场实际利率在企业最优决策中的作用。在企业的最优投资决策既定的情况下，假定 $\pi=Y-wN-I<0$。这怎么可能呢？这种情况很像消费者当期选择的消费超过其收入的情形。也就是说，企业在为当期投资融资时要借款，借款量为 $I+wN-Y$，而未来的还款量为 $(1+r)(I+wN-Y)$。企

业最优借款量是投资的净收益率等于市场实际利率时的借款量，因为如果超过这一借款量，将无利可图。这从另一角度说明了市场实际利率是企业投资的机会成本。

最优投资律等式（11.16）决定了企业未来期望的资本量 K' 与实际利率之间的负向关系。也就是说，如果市场实际利率 r 提高，企业将选择较小的 K'，以使 MP'_K 上升。不过，我们的兴趣在于说明，在实际利率 r 既定的情况下，企业如何选定投资 I。可是，根据等式（11.9），我们有 $K'=(1-d)K+I$，I 与 MP'_K 之间实际上存在负向关系（给定 K），因为 1 单位投资使未来资本存量 K' 增加 1 单位。图 11-9 画出了企业的**最优投资曲线**（optimal investment schedule），利率用纵轴表示，投资品需求 I^d 用横轴表示。给定等式（11.16），在初始资本量 K 既定的情况下，最优投资曲线就是企业的净边际资本产量，这是投资的函数。图中，如果实际利率是 r_1，那么企业就会希望投资 I_1；如果实际利率降至 r_2，那么投资就会增至 I_2。值得注意的是，这与如图 11-7 所示的企业的当期劳动需求决策类似。当企业作出其当期劳动需求决策时，要考虑的重要价格是当期实际工资，而且只要边际劳动产量大于实际工资，企业就会不断增加雇用劳动，直到边际劳动产量等于实际工资为止。当企业作出投资决策时，要考虑的重要价格是实际利率，而且只要净边际资本产量大于实际利率，企业就会不断获取资本（投资），直到净边际资本产量等于实际利率为止。

最优投资 I^d 在某种程度上取决于市场实际利率 r，反映在图 11-9 中，就是最优投资曲线的斜率为负。同样，最优投资曲线也会因改变未来边际资本产量的因素变化而变动。我们的兴趣主要在于最优投资曲线的两种变化：

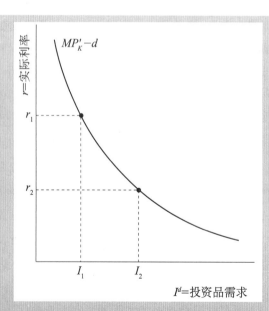

图 11-9 典型企业的最优投资曲线

最优投资律表明，企业直到 $MP'_K-d=r$ 时才会停止投资。未来净边际资本产量曲线 MP'_K-d 是典型企业的最优投资曲线，因为它描述了需要多少投资，才能使未来净边际资本产量等于实际利率。

1. 如果未来全要素生产率 z' 提高，那么最优投资曲线会右移。由第 4 章可知，随着全要素生产率的提高，每一资本存量水平上的边际资本产量就会增加。因此，如果预期全要素生产率未来会提高，即 z' 提高，那么未来边际资本产量就会增加，企业也就更愿意在当期进行投资。当期投资增加，会导致未来生产能力提高，企业在未来就能享有更高的全要素生产率。

2. 如果当期资本存量 K 较高，那么最优投资曲线会左移。如果当期期初资本存量增加，根据等式（11.9），意味着对于给定的当期投资水平 I，未来资本存量 K' 会增加。也就是说，如果 K 增加，那么当期就会有更多的折旧后的初始资本可用于未来生产。因此，较高的 K 意味着，每一投资水平上的未来边际资本产量 MP'_K 将下降，最优投资曲线将左移。

图 11 - 10 显示了最优投资曲线的右移，这种移动或是因为未来全要素生产率 z' 的提高，或是因为较低的当期资本量 K。值得注意的是，如果折旧率 d 变化，最优投资曲线也会移动，但我们想把它作为本章末的一个思考题，请读者确定该曲线由此导致的移动。

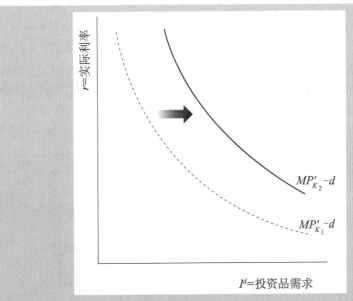

图 11 - 10　如果当期资本减少或预期未来全要素生产率提高，则最优投资曲线会右移
这是因为，不管是当期资本减少还是未来全要素生产率提高，都会引起未来边际资本产量增加。该图揭示了当期资本从 K_1 减至 K_2 的影响。

该投资理论可以解释为什么总投资支出在经济周期中往往比总产出或总消费更易变（这是第 3 章已阐明的宏观经济数据的特征）。消费者行为的一个重要含义是均匀化；消费者希望消费在长期比其收入更加均匀，这就解释了为什么消费往往没有收入变化那么大。不过，投资行为说的不是均匀化问题，而是企业的投资行为对所察觉到的边际投资收益率的反应。只要实际利率和预期的未来全要素生产率在经济周期过程中大幅变动，我们的经济周期理论就可以解释观察到的投资支出的变化。也就是说，如果实际利率发生变化，则投资就会变化，导致沿图 11-10 中最优投资曲线的移动；或者，如果预期的未来全要素生产率发生变化，则最优投资曲线就会随着时间的推移而发生移动。

最优投资：数字例子　为了更具体地说明企业的最优投资决策，我们举一个数字例子。克里斯蒂娜是一位小农场主，经营一个苹果园，当期有 10 棵苹果树，即 $K=10$。为简化起见，假定至少就克里斯蒂娜种苹果树数量的能力而言，经营苹果园所需的劳动量不取决于她所拥有的苹果树数量。当期，10 棵苹果树产苹果 100 蒲式耳，即 $Y=100$。克里斯蒂娜拿出一些苹果，从中提取种子（我们假定这样苹果就变得无价值了），种到苹果园里，以此投资更多的苹果树。能成活的种子非常少，要用 1 蒲式耳苹果才可以长出 1 棵未来能产苹果的苹果树。克里斯蒂娜多种的第一棵苹果树，在她的精心照料下，边际产量高，可谓硕果累累。多种的第二棵苹果树，照料得就稍差一点，因此边际产量小一些，依此类推。每一时期，都有一些苹果树夭折。事实上，在每一时期末，克里斯蒂娜都会损失 20% 的苹果树，因此折旧率 $d=0.2$。在未来时期结束时，克里斯蒂娜会将她的苹果树清理变卖。由于每一蒲式耳苹果才能长出 1 棵苹果树，所以在自由市场上可以用 1 蒲式耳苹果交换 1 棵苹果树，这样，未来剩下的 1 棵苹果树，在折旧后，其清理变卖价值是 1 蒲式耳苹果。实际利率是 5%，即 $r=0.05$（用苹果数表示）。表 11-1 列出了克里斯蒂娜未来的苹果树数目为 8，9，10，…，15 时的未来产量、相关投资水平、利润现值（用苹果数表示）和未来净边际资本产量（苹果树）。

表 11-1　　　　　　　　　　克里斯蒂娜的苹果园数据

$K'=$未来的苹果树	I	Y'	V	$MP'_K - d$
8	0	95	196.6	—
9	1	98	199.2	2.8
10	2	100	200.9	1.8
11	3	101	201.6	0.8
12	4	101.5	201.8	0.3
13	5	101.65	201.7	−0.35
14	6	101.75	201.6	−0.10
15	7	101.77	201.4	−0.18

由表 11-1 可知，利润现值在未来苹果树为 12 棵、投资量为 4 蒲式耳苹果时最大。对于从 1 到 4 的每一单位投资，未来净边际资本产量都大于实际利率 0.05，对于 4 以上的每一单位投资，净边际资本产量都小于 0.05。因此，只要未来净边际资本产量大于实际利率，投资就是最优的。

不对称信息、投资与金融危机

第 10 章讨论和分析了信贷市场缺陷在消费信贷市场中的重要性及其对全球金

融危机的某些影响。信贷市场可能导致信贷市场缺陷的一个特征是不对称信息——信贷市场中的潜在借方对其自身信誉的了解多于潜在贷方的情形。本小节的目的是要说明，不对称信息对企业的投资决策会产生怎样的影响（就像我们分析过它对消费者的储蓄行为的影响），并探讨它对金融危机的重要性。

犹如第 10 章所讲，这将有助于对信贷市场上只通过银行发生的借贷行为建模。想放贷的人都要在接受市场实际利率 r 的银行持有存款。假定这些存款是绝对安全的——在当期吸收存款的银行在未来总能够向每一储户支付收益率 r。又假定在经济中有很多企业，并非只有一个典型企业。在这些企业当中，有些企业将选择在当期放款，且这些企业在当期的利润为正，即 $\pi = Y - wN - I > 0$。也有一些企业选择借款。在这些借款的企业当中，有信誉好的企业，但它们的当期利润是负的，即 $\pi = Y - wN - I < 0$；也有信誉不好的企业，它们虽然在信贷市场上借款，但并不打算在未来生产什么。假定信誉不好企业的管理者就是想把在信贷市场上借到的钱用于高管薪酬，而不是投资于新资本。

遗憾的是，银行对信誉好的企业和信誉坏的企业无法进行甄别，只好同等对待想借款的所有企业。这正是不对称信息问题——每个借款的企业都知道自己是好还是坏，但银行分不清。所以，银行能很好地保证向每个储户就其存款支付收益率 r，但向每个借方收取的实际利率必须大于 r。也就是说，如果令 r^l 代表贷款利率，则有 $r < r^l$，而差额 $(r^l - r)$ 是违约溢价，类似于第 10 章分析的违约溢价。银行通过贷款给大量的借方，就能够准确预测出贷给信誉差借方的概率。银行向信誉好借方收取的违约溢价会弥补贷给信誉差借方的损失。

作为贷方的企业，投资的资金来源于保留收益。这类企业在当期支付完工资总额后有剩余的收入（数量为 $Y - wN$），一部分剩余收入用于投资，剩下的资金（数量为 $Y - wN - I$）按实际利率 r 贷给银行。对于这种放贷企业，其投资决策的分析与上一小节所作的分析相同，企业的最优投资律由等式（11.16）给定，最优投资曲线如图 11-9 所示。

信誉好的企业在借款时要支付下列实际利率：

$$r^l = r + x$$

式中，x 是违约溢价。对于信誉好的借款企业，投资的机会成本是 $r + x$，该企业的最优投资曲线是：

$$MP'_K - d = r + x$$

或者，

$$MP'_K - d - x = r \tag{11.17}$$

在等式（11.17）中，我们注意到，在安全的信贷市场利率 r 既定的前提下，违约溢价会降低净边际资本产量。图 11-11 说明了违约溢价上升对信誉好的借款企业的最优投资曲线的影响。倘若银行意识到信誉差的企业越来越多，违约溢价就会上升。如图 11-11 所示，违约溢价从 x_1 上升到 x_2。结果，该企业的最优投资曲线下移（或左移）——在每一安全的市场利率水平 r 上，企业将减少投资。

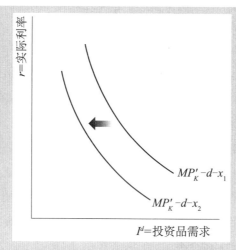

图 11-11　违约溢价上升对企业的最优投资曲线的影响

违约溢价从 x_1 上升到 x_2，使最优投资曲线下移，结果在任何安全的市场利率 r 上，企业都将减少投资。

11

专　栏

理论与经验数据：投资与利差

理论告诉我们，我们要看到违约溢价与投资支出之间的负相关关系。如果在企业借款为其投资项目筹资的信贷市场中不对称信息问题变得比较严重，违约溢价就会上升，且我们会看到投资支出下降。第 10 章考察了违约溢价的一个特定衡量指标，即 AAA 级公司债利率与 BAA 级公司债利率的差额，也就是说，不会违约的公司债与有风险的公司债的利率差额。

图 11-12 描绘出总投资支出偏离趋势的百分比和 AAA 级与 BAA 级公司债利差偏离趋势的时间序列图。利差偏离趋势值乘以 10 会使两者的联动关系看得更加清楚。请注意，这两个时间序列具有明显的负相关关系，而这两个变量的散点图表现出来的这种关系更加明显（见图 11-13）。显然，能与该散点图拟合最好的是一条负斜率的直线。在图 11-12 中，要特别注意 1974—1975 年、1981—1982 年、1990—1991 年、2001 年和 2008—2009 年这几次经济衰退时期的利差与投资支出的变化。

在导致 2008—2009 年经济衰退的金融危机时期，一个重要的现象是金融市场的不确定性大增。包括银行在内的金融机构对于哪些企业会拖欠贷款越来越没把握。这种不确定性反映在图 11-12 所示的利差急剧上升上。结果，即使是信誉好的企业也会受到影响。在我们的模型中，企业可能知道它能在未来偿还贷款，但尽管如此，在信贷市场不确定性已加剧的情况下，它也会面临较高的违约溢价。在安全的市场利率（银行储户面临的利率 r）既定的情况下，某一企业将选择减少投资和借款。总的来看，投资支出将下降，如图 11-12 和图 11-13 所示。

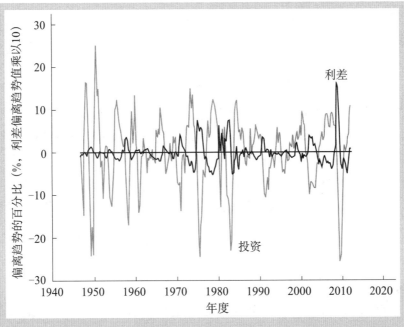

图 11 - 12 投资与利差

本图描绘出投资支出偏离趋势的百分比和 AAA 级公司债与 BAA 级公司债利差偏离趋势值。它们呈现出明显的负相关关系，在经济衰退时，利差会比较高，而此时投资往往比较低。

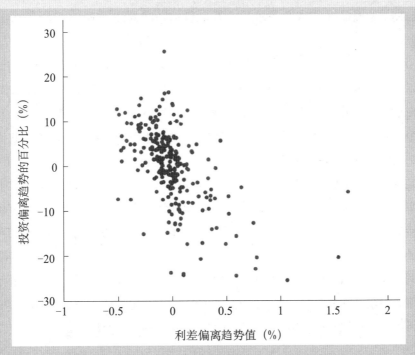

图 11 - 13 投资与利差的散点图

本图用散点图描绘图 11 - 12 的同样数据，明显存在负相关关系。

政府

我们现在已说明典型消费者和典型企业在当期商品市场和当期劳动力市场中的行为。在说明全部经济主体在竞争性均衡中的相互作用之前，我们还需分析政府的行为。政府的行为与我们在第 9 章中论述的一样。政府在每一时期都外生地确定消费品的政府购买。当期政府购买量是 G，未来政府购买量是 G'。政府通过税收和发行政府债券为当期政府购买筹资。在未来，政府可以通过未来的一次总付税偿还债券本息，并为未来政府支出筹资。与第 9 章一样，政府必须满足其现值预算约束：

$$G + \frac{G'}{1+r} = T + \frac{T'}{1+r} \tag{11.18}$$

竞争性均衡

到目前为止，我们的分析集中于典型消费者、典型企业和政府在两个市场（当期劳动力市场和当期商品市场）中的行为。在实际跨期模型中，典型消费者在当期劳动力市场中供给劳动，在当期商品市场中需求消费品。典型企业当期需求劳动，当期供给商品，也当期需求投资品。最后，政府以政府购买的形式，当期需求商品。

敏锐的读者可能会感到奇怪，我们为什么忽略了未来的劳动力市场、商品市场以及信贷市场。首先，忽略未来市场可使我们的模型分析简化，而这种简化对于现在这个层次的分析基本上无害。其次，我们在本章后面将说明，实际上我们并未忽略信贷市场，因为当期商品市场的均衡就意味着信贷市场出清，正如我们在第 9 章用两时期模型所阐释的那样。

本节将借助图形阐述实际跨期模型中的竞争性均衡，即当期劳动力市场和商品市场的供求相等。首先，我们把劳动供求曲线放在一起来反映劳动力市场是如何运转的；其次，推导出描述商品供给与实际利率是如何联系在一起的产出供给曲线；最后，推导出产出需求曲线，它描述了典型消费者的商品（消费品）需求总量、典型企业的商品（投资品）需求总量和政府的商品（政府购买）需求总量与实际利率是如何联系在一起的。把产出供求曲线放在一个包含劳动力市场的图形中，就可以得到一个实用模型，用以解决随后的一些重要的宏观经济问题。

当期劳动力市场和产出供给曲线

首先，我们分析当期劳动力市场是如何运转的。图 11 - 14（a）给出了前面各节推导出的典型企业的劳动需求曲线和典型消费者的劳动供给曲线，图中，当期实

际工资 w 用纵轴表示，当期劳动量 N 用横轴表示。我们在本章的前面已经讲过，劳动供给曲线向上倾斜，因为我们假定提高实际工资的替代效应大于收入效应；我们还讲过，劳动供给曲线的位置取决于实际利率 r。此外，我们断定，实际利率提高（降低），会使得每一实际工资 w 水平下的劳动供给增加（减少），劳动供给曲线右（左）移。给定实际利率 r，图 11-14（a）中的均衡实际工资是 w^*，均衡就业量是 N^*；根据图 11-14（b）的生产函数，我们确定了所供给的总产出量（给定实际利率）是 Y^*。我们在第 4 章曾经讲过，生产函数曲线的位置取决于当期全要素生产率 z 和当期资本存量 K。提高 z 或增加 K，都将使生产函数曲线上移。

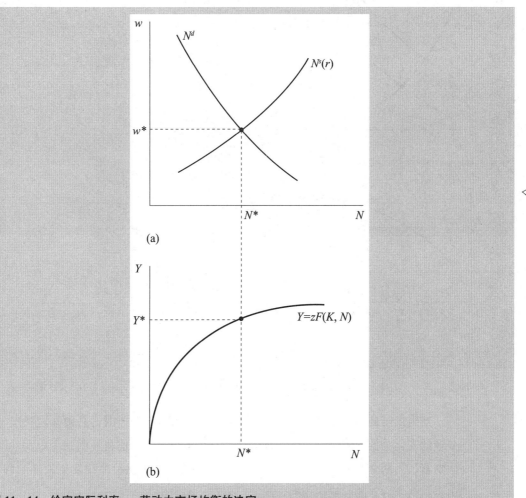

图 11-14　给定实际利率 r，劳动力市场均衡的决定

图（a）中，当期实际工资和当期就业由当期劳动供求曲线的交点决定；图（b）中，总产出由生产函数曲线决定。

接下来，我们用图 11-14 推导产出供给曲线，它描述的是在每一可能的实际利率水平下，企业能供给多少产出。图 11-15（a）给出了两种不同利率（即 r_1 和 r_2，且 $r_1 < r_2$）下的劳动供给曲线。实际利率上升时，当期劳动供给曲线右移，当期均衡实际工资从 w_1 降至 w_2，当期就业从 N_1 增至 N_2。进一步说，在图 11-15

（b）中，根据生产函数，当期产出会从 Y_1 增至 Y_2。于是，我们就可以构造一条曲线，称为**产出供给曲线**（output supply curve），它是一条向上倾斜的曲线，由当期产出和实际利率的全部组合 (Y, r) 构成，表示当期劳动力市场处于均衡状态。在图 11-15（c）中，我们用 Y^s 表示这条曲线。Y^s 上的两点是 (Y_1, r_1) 和 (Y_2, r_2)，因为在实际利率为 r_1 的情况下，当典型企业的当期产出为 Y_1 时，劳动力市场处于均衡状态；在实际利率为 r_2 的情况下，当典型企业的当期产出为 Y_2 时，劳动力市场处于均衡状态。

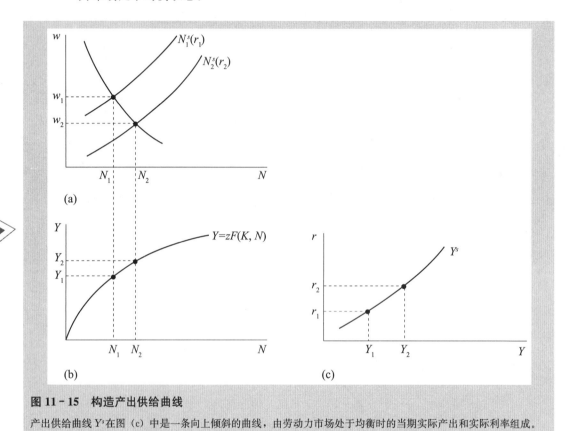

图 11-15　构造产出供给曲线

产出供给曲线 Y^s 在图（c）中是一条向上倾斜的曲线，由劳动力市场处于均衡时的当期实际产出和实际利率组成。

产出供给曲线的移动　我们在用实际跨期模型进行分析时，必须知道特定外生变量的变化会使供求曲线发生怎样的移动。在本小节，我们将说明三个因素（即一生财富、当期全要素生产率和当期资本存量）会使产出供给曲线发生怎样的移动。由于后两个因素的影响很相同，故我们放在一起讨论。

产出供给曲线的移动，不是因为当期劳动供给曲线的移动（不会因实际利率变化而移动，产出供给曲线早已考虑到了这一点），就是因为当期劳动需求曲线的移动，或是因为生产函数曲线的移动。由我们对消费者行为的分析可知，一生财富的变化会使劳动供给曲线发生移动，而当期全要素生产率或当期资本存量的变化，会使劳动需求曲线和生产函数曲线发生移动。下面我们将依次讨论。

由我们在本章前面对典型消费者行为的讨论可知，一生财富的减少会因收入效应而减少消费者的当期闲暇需求，故无论当期实际工资是多少，消费者都会增加劳动供给。因此，劳动供给曲线右移。是什么因素导致典型消费者的一生财富减少？在我们看来的一个重要因素是，政府支出增加，无论是当期还是未来政府支出增加。根据等式（11.18）所示的现值政府预算约束，政府支出只要增加，无论是当期还是未来政府支出（即 G 和 G'）增加，都一定会反映到消费者的税收现值 $T + T'/(1+r)$ 的增加上。因此，G 或 G' 增加，或两者都增加，都会加重典型消费者的一生税负。在图 11-16（a）中，这会使得劳动供给曲线从 $N_1^s(r_1)$ 右移至 $N_2^s(r_1)$，因为对当期闲暇会产生负收入效应。

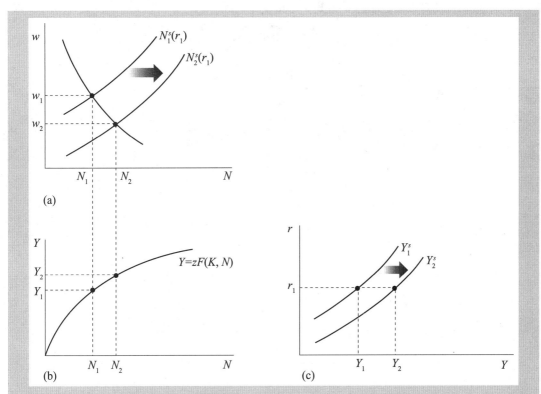

图 11-16 当期或未来政府支出增加会使曲线 Y^s 移动

这是因为，政府支出增加，典型消费者的税收现值增加，当期闲暇减少，会使得图（a）中的劳动供给曲线右移、图（c）中的产出供给曲线右移。

在图 11-16（a）中，劳动供给曲线右移意味着，在实际利率既定的前提下，劳动力市场的均衡就业量会上升，即在图 11-16（a）中，给定某一实际利率 r_1，就业会从 N_1 升至 N_2。根据图 11-16（b）所示的生产函数，给定实际利率 r_1，产出会从 Y_1 升至 Y_2。这意味着，在图 11-16（c）中，产出供给曲线会从 Y_1^s 右移至 Y_2^s。也就是说，在任何可能的实际利率水平下，产出都会提高。结论就是，由于劳动供给的收入效应，增加 G 或 G'，会使得劳动供给曲线右移、产出供给曲线右移。

由第 4 章可知，随着全要素生产率或资本存量的提高，无论劳动投入是多少，产出都能增加，故生产函数曲线上移；因为边际劳动产量增加，故劳动需求曲线右移。在我们的模型中，全要素生产率 z 或当期资本存量 K 提高，都会使生产函数曲线上移。图 11-17（b）揭示了 z 从 z_1 提高到 z_2 的结果，提高 K 的影响是相同的。在图 11-17（a）中，劳动需求曲线会从 N_1^d 右移到 N_2^d。因此，给定实际利率 r_1，均衡就业量会从 N_1 增至 N_2。根据图 11-17（b）所示的生产函数，随着就业的增加和 z 的提高，产出会从 Y_1 增至 Y_2。对于任何水平的实际利率，同样的影响（增加就业和产出）都会发生，这意味着图 11-17（c）中的产出供给曲线一定会右移。如果当期资本存量增加，结果相同。结论是，z 或 K 提高，会使得生产函数曲线上移、劳动需求曲线右移，因此，产出供给曲线会右移。

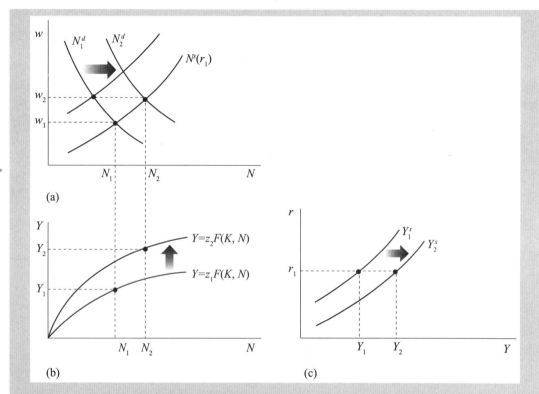

图 11-17　当期全要素生产率提高会使曲线 Y^s 移动

这是因为，z 提高，当期边际劳动产量增加，会使得图（a）中的劳动需求曲线右移、图（b）中的生产函数曲线上移。结果，图（c）中的产出供给曲线会右移。

当期商品市场和产出需求曲线

我们分析了当期劳动力市场是如何运转以及产出供给曲线是如何构造的，现在我们分析当期商品市场的运转和产出需求曲线的构造。然后，就可以完成我们的建模。

当期全部商品需求 Y^d 是典型消费者的当期消费品需求 $C^d(Y^d, r)$、典型企业的

投资品需求 $I^d(r)$ 与当期商品的政府购买 G 的总和，即

$$Y^d = C^d(r) + I^d(r) + G \tag{11.19}$$

式中，我们用 $C^d(r)$ 和 $I^d(r)$ 分别反映当期消费品需求和投资品需求与实际利率 r 的反向依存关系。回顾我们在本章前面对消费者行为的讨论，当期消费品需求还取决于典型消费者的一生财富，而当期收入是其一生财富的组成部分。等式（11.19）的右式是总商品需求，是当期总收入 Y 的函数，如图 11-18 所示。由于投资品需求和政府购买并不取决于总收入，所以，图中曲线 $C^d(r) + I^d(r) + G$ 的斜率就是边际消费倾向（MPC）。在实际利率 r 既定的前提下，市场中的当期均衡商品需求是多少？曲线 $C^d(r) + I^d(r) + G$ 和 45°线相交的点决定了当期均衡商品需求量，此时，收入量 Y 所引致的商品需求（因消费品需求取决于收入）正好等于 Y。因此，在图 11-18 中，当期商品需求是 Y_1，这正是总收入量——它所产生的总商品需求量正好等于总收入量。

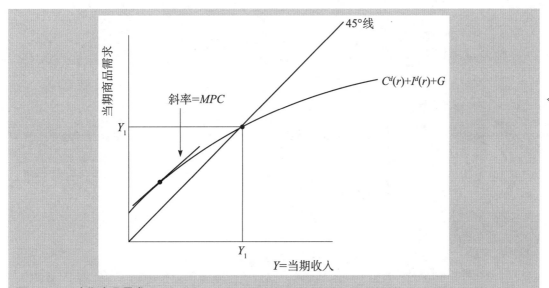

图 11-18　当期商品需求

这是一条向上倾斜的曲线——消费品需求随着当期收入的增加而增加。当期商品需求曲线的斜率就是边际消费倾向（MPC）。

　　下一步要构造**产出需求曲线**（output demand curve）——当期总产出与实际利率之间的负相关关系。在图 11-19（a）中，若实际利率是 r_1，则当期商品需求是 $C^d(r_1) + I^d(r_1) + G$。若实际利率是 r_2，且 $r_2 > r_1$，则在每一当期总收入水平 Y 上，当期商品需求都会下降，因为当期消费品需求和当期投资品需求都比较低。因此，商品需求将下降至 $C^d(r_2) + I^d(r_2) + G$。结果，均衡商品需求量将从 Y_1 降至 Y_2。现在，我们就可以构造一条向下倾向的曲线，如图 11-19(b) 所示，其中，纵轴代表实际利率 r，横轴代表当期总收入 Y。曲线 Y^d 就是产出需求曲线，曲线上的 (Y, r) 点代表的就是给定实际利率 r 情况下的商品需求（产出）水平 Y。请注意，产出

需求曲线上的两个点（Y_1，r_1）和（Y_2，r_2）对应于图 11-19(a) 中的两个点。

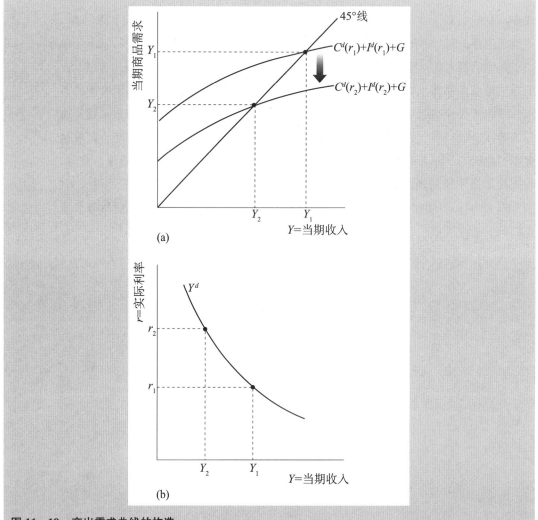

图 11-19 产出需求曲线的构造

图（b）中的产出需求曲线 Y^d 是一条向下倾斜的曲线——当期商品市场处于均衡状态下的实际产出与实际利率的组合。

产出需求曲线的移动 在把产出需求曲线、产出供给曲线、生产函数曲线、当期劳动供给和需求曲线等实际跨期模型的所有因素放在一起之前，我们还需要搞清楚导致产出需求曲线移动的重要因素。产出需求曲线会随着当期消费品需求 $C^d(r)$ 的变化、投资品需求 $I^d(r)$ 的变化以及当期政府购买量 G 的变化而移动。我们分析一下政府支出从 G_1 增加到 G_2 引起商品需求增加所产生的影响，如图 11-20 所示。在图 11-20 （a） 中，当期政府购买支出从 G_1 增加到 G_2，当期商品需求曲线上移。因此，给定实际利率 r_1，当期商品需求量会从 Y_1 增至 Y_2。结果，在图 11-20 （b） 中，产出需求曲线会从 Y_1^d 右移到 Y_2^d；也就是说，对于任何水平的实际利率（包括 r_1），当期商品需求量都会增加。还有一些因素也会使 Y^d 曲线向右移动，其影响方式与图 11－20 所阐释的 G 增加的方式一样。这些因素如下。

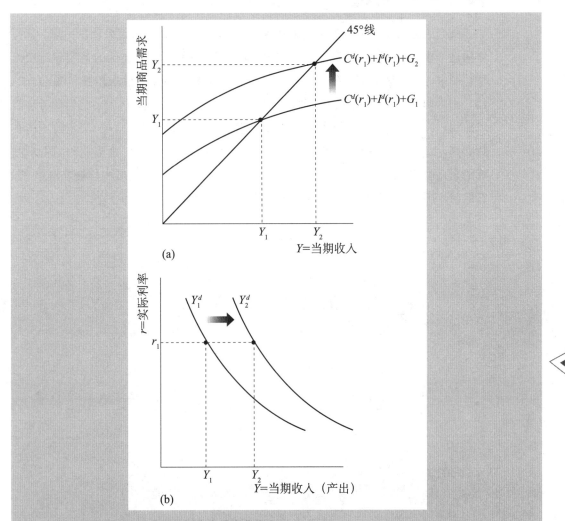

图 11－20 若当期政府支出增加，产出需求曲线右移
税收现值或未来税收降低、预期未来收入增加、预期未来全要素生产率提高或当期资本存量减少，产出需求曲线也会向右移动。

● 税收现值降低会使曲线 Y^d 右移。税收现值降低可由当期减税、未来减税，或当期和未来同时减税引起。当减税发生时，典型消费者的一生财富增加，消费品的需求 $C^d(r)$ 增加，引起产出需求曲线向右移动。

● 未来收入 Y' 增加使曲线 Y^d 右移。如果典型消费者预期其未来收入将增加，那么一生财富将增加，引起当期消费品需求 $C^d(r)$ 增加。

● 未来全要素生产率 z' 提高使曲线 Y^d 右移。如果典型企业预期未来全要素生产率提高，这会增加企业的商品需求，因此 $I^d(r)$ 增加。

● 当期资本存量 K 减少使曲线 Y^d 右移。当期资本存量可能因毁损而减少，在每一 r 水平上，投资品需求 $I^d(r)$ 都会增加。

完整的实际跨期模型

我们已经论述了建立实际跨期模型的所有因素，把这些因素综合在一起，就可以用这个模型来解决一些令人感兴趣的经济问题。图 11-21 显示的是实际跨期模型，图中，竞争性均衡由图 11-21（a）中当期劳动力市场的供求相等和图 11-21（b）中当期商品市场的供求相等状态构成。在图 11-21（a）中，N^d 是当期劳动需求曲线；$N^s(r^*)$ 是当期劳动供给曲线，其位置取决于图11-21（b）决定的均衡实际利率 r^*；w^* 是均衡实际工资；N^* 是均衡就业量，w^* 和 N^* 由当期劳动供求曲线的交点确定。在图 11-21（b）中，Y^* 和 r^* 分别为均衡产出和均衡实际利率，它们由产出需求曲线 Y^d 和产出供给曲线 Y^s 的交点确定。

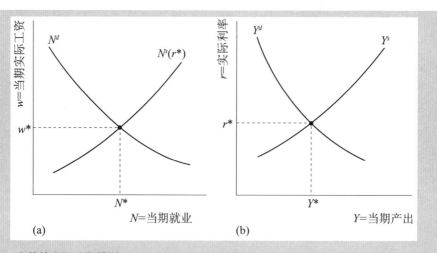

图 11-21　完整的实际跨期模型

图（a）中，给定实际利率，当期实际工资和当期就业由当期劳动供求曲线的交点确定。图（b）中，当期总产出和实际利率由产出供求曲线的交点确定。

为了用实际跨期模型帮助我们认识宏观经济是如何运行的，我们来做一些实验。在这些实验中，我们改变某个或某些外生变量的值，看一看模型的解有何不同。然后，我们将说明，我们是如何以现实宏观经济事件来解释这些实验结果的。我们的实验将回答下列问题：

1. 预期政府购买暂时性增加是如何影响当期宏观经济变量的？

2. 因自然灾害或战争而造成的当期资本存量下降，对当期宏观经济变量有何影响？

3. 全要素生产率暂时提高是如何影响宏观经济变量的？又是如何与重要的经济周期事实相符的？

4. 如果预期未来全要素生产率将提高，这对当期宏观经济变量有何影响？

5. 信贷市场摩擦如何影响宏观经济活动？

6. 部门冲击对经济会产生怎样的影响？

G 暂时性增加的均衡效应：激励、乘数和排挤

这一问题好像又在说已经讨论过的基础知识，因为我们在第 5 章以一时期模型分析过政府购买变化的影响。我们从中已经得知政府支出具有收入效应，会增加劳动供给和产出，同时也学到了政府支出会排挤私人消费。实际跨期模型可以使我们在这些基本的见解的基础上，进一步学到一些新的东西。首先，该模型阐释了消费者的跨期选择如何影响经济对政府支出变化作出的反应。G 增加会抬高实际利率，这将通过对投资和消费的影响而对私人支出产生额外的排挤效应。而且，由于利率上扬，对劳动供给也将产生跨期替代效应。其次，我们将能详细研究在大多数宏观经济学入门课程中都能学到的"凯恩斯乘数"的作用方式，并阐明乘数机制的典型分析方法是如何被误解的。

我们将在增加 G（当期政府购买量）并保持未来政府购买 G′ 不变的情况下，构建政府支出暂时性增加的模型。政府何时会选择暂时增加其商品和服务支出？一个重要的例子是战争。众所周知，战争是暂时性的（尽管战争的持续时间通常不确定），政府承诺的为战争而拨付的支出，会随着战争的结束而停止。还有一个例子，即 2009 年《美国复苏和再投资法案》所包含的支出计划是一个明显的暂时性政府支出变化。

假定在当期，政府支出从 G_1 增加到 G_2，我们首先想确定产出需求曲线由此而发生多大程度的移动。为方便起见，假定边际消费倾向（MPC）是一个常数，这意味着图 11-18 中的曲线是线性的。同时这还意味着，在任何实际利率水平 r 上，产出需求曲线向右移动的程度（用 Δ 表示）都是相同的。

数量 Δ 是商品需求的总变化，它源于三个因素：第一，政府支出变化（$G_2 - G_1$）的直接影响；第二，为政府支出的增加筹资所需要的税收（税收现值或未来税收）增加对消费的影响；第三，Δ 增加（典型消费者将此看作是一种收入增加）对消费的影响。为了确定第二种影响，根据现值政府预算约束式（11.18），在消费者看来，税收现值增加必然等于 $G_2 - G_1$（即政府支出的增量），所以，对消费品需求的影响将为 $-MPC(G_2 - G_1)$。这是因为，边际消费倾向告诉我们，一生财富变化一单位，消费品需求会变化多大。关于第三种影响，消费品需求的变化是 $MPC\Delta$，因为当期收入增加 Δ 单位，将使消费品需求增加 $MPC\Delta$ 单位。于是，商品需求的总增加量由下式给定：

$$\Delta = G_2 - G_1 - MPC(G_2 - G_1) + MPC\Delta \tag{11.20}$$

请注意，Δ 出现在等式（11.20）的两边，是因为 Δ 增加，通过它对消费品需求的影响，会产生更多的消费品需求，这就是乘数效应。但是，该乘数有多大？我们从等式（11.20）求解出 Δ，得到：

$$\Delta = G_2 - G_1$$

然后，令 m_d 代表**需求乘数**（demand multiplier），它是 Δ 与政府支出增量的比率，即：

$$m_d = \frac{G_2 - G_1}{G_2 - G_1} = 1$$

需求乘数是 1。也就是说，商品需求总增量正好是政府支出的增量，产出需求曲线向右移动的程度也正是政府支出的增量（$G_2 - G_1$）。

在图 11-22 中，当期政府购买支出 G 增加之前，经济处于均衡状态。这时，当期实际工资为 w_1，当期就业为 N_1，当期产出为 Y_1，实际利率为 r_1。当 G 增加时，将产生两种影响，一种是对产出供给的影响，另一种是对产出需求的影响。我们已经确定了对产出需求的影响——产出需求曲线向右移动，即从 Y_1^d 移动至 Y_2^d，水平移动的程度等于 G 的增量。对于典型消费者，在当期实际工资既定的情况下，由于一生财富因税收现值增加而下降，闲暇将减少（闲暇是正常品），图 11-22（a）中的劳动供给曲线会从 $N_1^s(r_1)$ 向右移动至 $N_2^s(r_1)$，图 11-22（b）中的产出供给曲线则从 Y_1^s 向右移动至 Y_2^s。

为了用模型确定所有均衡效应，我们先从图 11-22（b）开始分析。显然，当期总产出一定会增加，因为产出需求曲线和产出供给曲线都右移，所以 Y 从 Y_1 增至 Y_2。实际利率似乎不是上升就是下降，但实际利率上升是有很强的理论支撑的。这是因为，政府支出的暂时性增加只会使消费者的一生财富少量减少，这对劳动供给的影响很小。因此，如图 11-22（b）所示，曲线 Y^s 只会小幅右移，实际利率会上升。

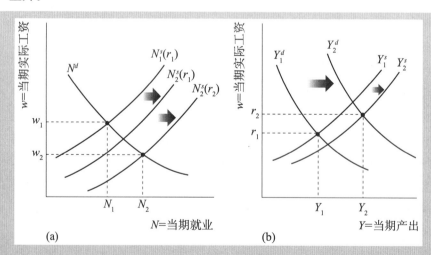

图 11-22　政府购买暂时性增加

G 增加，会使劳动供给曲线右移，产出供给曲线右移，产出需求曲线右移。在均衡中，实际利率上升，总产出增加。劳动供给曲线会因 r 上升而进一步右移，因此在均衡中，就业增加，实际工资下降。

什么是**政府支出总乘数**（total government expenditure multiplier）？意思是均衡状态的实际产出增量与政府支出增量的比率？既然图 11-22（b）中的产出需求

曲线向右移动的程度是政府支出的增量，那么均衡状态的当期产出增量必定小于政府支出增量。总乘数小于1，且随着对劳动供给的财富效应降低（这使产出供给曲线向右移动的程度变小）、实际利率对劳动供给的跨期替代效应下降（这使产出供给曲线变得更加陡直），总乘数会变得越来越小。

如前所述，凯恩斯主义者一般认为，政府支出总乘数大于1，这显然是说社会可以不劳而获。在基本的凯恩斯主义分析中，政府每花出去一美元，都会使 GDP 增加不止一美元。如果按照这种思想逻辑，我们会让政府无限膨胀，使每个人的财富都无限增加。可是，我们的分析显然是乘数必定小于1，政府支出是有代价的，政府增加 GDP 的能力是有限的。

第13章和第14章将详细探讨凯恩斯主义思想。这些思想所依托的理念是：价格和工资刚性导致经济行为在短期和在长期是不同的。凯恩斯主义者也许把本章所作的分析看作仅适用于长期，在长期，价格和工资是可变的。然而，很多现代宏观经济学家认为，价格和工资刚性对于宏观经济行为来说并不重要，基于均衡状态下消费者和企业的最优选择的分析是分析短期和长期宏观经济问题的适当方法。

图 11-22 中的当期消费会发生什么情况？倘若在均衡状态下实际利率没有改变（就是说如果产出供给曲线是水平的），我们从图中可知，实际收入会增加，增加的数量等于政府支出的增量。倘若如此，消费者的一生财富的变化就会为零，因为税收现值的增量等于当期收入的增量。结果，当期消费不会变化。可是，如图 11-22（b）所示，在均衡状态下，实际利率上升，典型消费者将以未来消费取代当期消费，故而当期消费下降。还有，投资支出也必然下降，因为实际利率上升了。因此，私人支出的两个组成部分（当期消费和投资）都被当期政府支出排挤了。由第5章可知，当我们用未考虑跨期替代和投资的一时期模型分析政府支出增加的影响时，政府支出排挤的只是消费支出。由于我们现在论证了政府支出也会排挤私人投资支出，因此，政府支出的另一种代价是，它降低了经济未来的生产能力，因为同没有政府支出增加的情况相比，未来资本存量将下降。

从商品市场的需求面来看，正是因为对私人消费和投资支出的排挤，才使得政府支出总乘数在此小于1。从供给面来看，产出因为对劳动供给产生两种影响而增加。第一，正如第5章所作的分析，一生应纳税额的增加对闲暇产生一种负的财富效应。第二，实际利率的提高使未来闲暇相对于当期闲暇变得更便宜，从而进一步促使劳动供给增加。基本的凯恩斯主义分析忽略了排挤效应和对商品市场供给面的这种影响。

我们接下来分析实际利率上升对劳动力市场的影响。在图 11-22（a）中，给定初始利率 r_1，劳动供给曲线从 $N_1^s(r_1)$ 移至 $N_2^s(r_1)$，这是由于税收现值增加产生的负的财富效应所致。当均衡实际利率上升至 r_2 时，劳动供给曲线会进一步右移至

$N_2^s(r_2)$。因此，均衡实际工资会从 w_1 降至 w_2。

上述分析告诉我们，政府支出暂时性增加，尽管增加了总产出，但也是有代价的。当当期政府支出增加时，典型消费者会减少消费，减少闲暇，其所面临的实际工资率也会下浮。而且，当期投资支出也会下跌，这意味着资本存量在未来将下降，经济未来生产商品的能力也将降低。

专栏

宏观经济学实践：政府支出总乘数——巴罗与罗默的争论

政府支出总乘数值是美国联邦政府分析 2009 年《美国复苏和再投资法案》（ARRA）的影响的一个关键问题，公众也对其影响展开了争论。这场争论的一方是像罗伯特·巴罗（Robert Barro）这样的经济学家，他在 2009 年 1 月 22 日《华尔街日报》上撰文的主张实质上与本节模型的思路一脉相承。特别是，他指出，"政府支出不是免费的午餐"，而且理论告诉我们，政府支出总乘数充其量为 1；要是考虑到政府支出排挤私人消费支出、投资支出和净出口（这里没有考虑净出口），政府支出总乘数会变小。巴罗还引用了其自己对战时政府支出的经验研究，认为乘数的估计值为 0.8。

经济顾问委员会主席克里斯蒂娜·罗默（Christina Romer）在 2009 年 1 月 27 日的一次演讲中，对巴罗的论点进行了反驳。罗默没有过多的理论阐述，主要用事实说话。她的核心观点休现在下列陈述中：

> 在评估一揽子复苏计划时，贾里德·伯恩斯坦（Jared Bernstein）［副总统约瑟夫·拜登（Joseph Biden）的首席经济学家和经济政策顾问］和我使用了很传统的宏观经济模型的税收与支出乘数……在这些模型中，支出乘数大约为 1.6。

罗默所说的"很传统的模型"是拟合数据的大型凯恩斯模型。而从被广泛接受的角度来说，这些模型可不是传统模型。的确，大量职业经济学家认为这些模型实质上没什么用，主要是因为它们没有满足卢卡斯批判（第 1 章对此已作过简要讨论）。卢卡斯批判的基本原则是，要在评估政策中有用，宏观经济模型需要包含基本的构成要件，即偏好、禀赋和技术，而这些都不受经济政策变化的影响。"传统的"凯恩斯主义宏观经济模型不满足卢卡斯批判，因此，对像"乘数有多大"这类问题给出的答案是不正确的。

罗默不仅仅对基于政府支出总乘数为 1.6 提出的政策建议感到自信，她甚至进一步指出：

> ……我可以十分自信地说，传统的乘数与其说是太大，不如说是太小。

在我们的实际跨期模型中，无论如何都得不到 1.6 的乘数值。倘若产出供给曲线是水平的，乘数才有可能是 1，而这要求劳动供给对利率的弹性无穷大——消费者对于利率变化十分愿意跨期替代闲暇。要得到大于 1 的乘数，就要求政府支出用举债来筹资，且李嘉图等价不成立。对于《美国复苏和再投资法案》，前者的确如此，且还伴随着减税。然而，对于李嘉图等价不成立，要求大部分消费者是受信贷约束的，且愿意将增加的每一美元当期可支配收入都用在消费上。实际上，罗默认为，金融危机使信贷约束对消费者的影响比较大，这的确如此。可是，根据她的推理，这是支撑乘数大于 1.6 的论据，因为 1.6 是对"正常"时期的估计值。

　　总之，根据我们在此的分析以及巴罗发表在《华尔街日报》上的文章，罗默的论据似乎是不可靠的。不过，为了对罗默公平，我们尚需进一步深入研究凯恩斯主义经济学是如何应用的，因为这是她的论点的核心。第 14 章将对凯恩斯主义经济学进行分析。

当期资本存量 K 下降的均衡效应

　　随着时间的推移，通过投资，一国的资本存量得以增加，而这一般发生得很慢，因为与全部资本存量相比，投资支出相当小。因此，资本增加并不会使总产出和就业的短期波动过大。不过，总资本存量有时会在短期内大幅下降。例如，战争可以让一个国家的资本存量大量减少，第二次世界大战时德国、英国和日本遭受的轰炸，越南战争时越南遭受的轰炸，都导致了这种情况的出现。资本存量也会因诸如洪水或飓风等自然灾害而减少。

　　在本节，我们将用实际跨期模型做一个实验，分析当期资本存量 K 减少的影响。假定典型企业当期的资本存量 K 降低。这对产出供求都会产生影响。首先，K 会从 K_1 降为 K_2，从而减少当期边际劳动产量，使图 11-23（a）中的当期劳动需求曲线从 N_1^d 左移至 N_2^d，进而图 11-23（b）中的产出供给曲线从 Y_1^s 左移至 Y_2^s。其次，K 减少会增加企业的投资，因为未来边际资本产量将提高。这会使图 11-23（b）中的产出需求曲线从 Y_1^d 右移至 Y_2^d。由此产生的结果是，在均衡中，图 11-23（b）中的实际利率一定会从 r_1 升至 r_2，但对当期总产出的影响不确定，要视产出供给效应是大于还是小于产出需求效应而定。图 11-23 显示的是产出供给效应大的情形，因此当期实际产出下降。从经验角度来看，在诸如自然灾害等情况下，总产出也许不会下降。

　　在图 11-23 中，由于实际利率提高了，所以当期消费一定会减少。对投资的影响似乎不确定，原因是 K 减少会引起投资增加，而均衡实际利率提高又会使投资减少。不过，投资一定会增加，因为资本减少反而导致投资持续下降，这与边际资本产量随着资本量减少而增加的事实不符。也就是说，随着资本量的减少，边际资本产量会增加，使得投资收益率非常高，因此，如果资本存量减少，投资最终一定会增加。

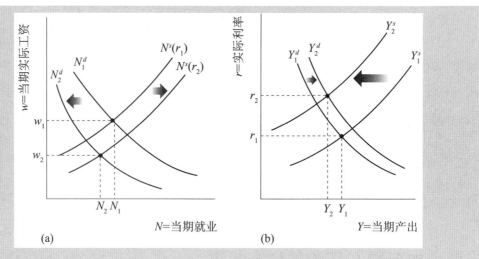

图 11 - 23   当期资本存量下降的均衡效应

如果当期资本存量下降，比如因为自然灾害，那么产出需求曲线右移，产出供给曲线左移。实际利率提高，但当期产出或升或降。

由于实际利率升高，因此，不管当期实际工资 w 是多少，都存在着典型消费者用当期更加努力工作来替代闲暇的跨期替代。所以，图 11 - 23（a）中的劳动供给曲线会从 $N^s(r_1)$ 右移至 $N^s(r_2)$。这进一步强化了劳动供给增加对实际工资的影响，以至实际工资一定会从 w_1 降至 w_2。对劳动量的均衡效应是不确定的，因为劳动需求效应和劳动供给效应对就业量的影响是相反的。图 11 - 23（a）显示，就业会从 N_1 降至 N_2。

现在，假定我们用自然灾害或战争会损毁一国部分资本存量的宏观经济影响来解释这些结果。实际跨期模型表明，这对产出会产生两种影响。较低的资本量意味着，给定劳动投入量，生产的产出较低，这往往会减少产出。然而，较低的资本量会促使投资增加，以替换被损毁的资本，这往往会增加产出。从理论上看，产出是增是减还不明朗；从经验上看，似乎还存在着产出供给效应与产出需求效应大体抵消的情形，诸如 1993 年的密西西比河洪水、2005 年的卡特里娜飓风等巨灾期间和之后的情形。

当期全要素生产率 z 提高的均衡效应

全要素生产率的暂时提高是经济周期的重要起因。我们在第 4 章、第 5 章和第 7 章讲过，导致全要素生产率提高的因素可以是良好的天气、政府监管的良性变化、新的发明、能源相对价格的下跌、生产要素在企业间更有效率的配置或任何在相同要素投入下使总产出增加的其他因素。

本章用实际跨期模型所分析的实验是，当期全要素生产率 z 提高对当期总产出、实际利率、当期就业、当期实际工资、当期消费和投资的影响。如果当期全要素生产率提高，对于每一劳动投入量，边际劳动产量都会增加，使得图 11 - 24（a）中的劳动需求曲线从 N_1^d 向右移动至 N_2^d。因此，图 11 - 24（b）中的产出供给曲线会从 Y_1^s 向右移动至 Y_2^s，在均衡中，产出量上升，而实际利率一定会从 r_1 降至 r_2。实际利率下降，会使得消费和投资都增加。

在劳动力市场，实际利率下降会导致闲暇在当期和未来的跨期替代——当期闲暇增加，使得图 11 - 24（a）中的劳动供给曲线从 $N^s(r_1)$ 左移至 $N^s(r_2)$。在均衡中，实际工资一定会从 w_1 增至 w_2，但对均衡就业量的最终影响不确定。然而，从经验上看，实际利率对劳动供给的影响小，如图 11 - 24（a）所示，就业会从 N_1 增至 N_2。

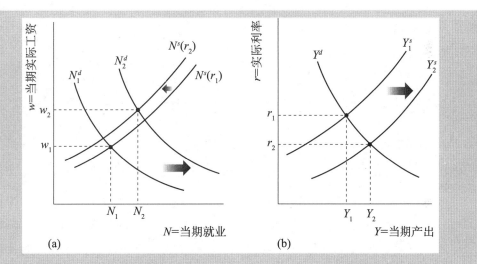

图 11 - 24 当期全要素生产率提高的均衡效应

全要素生产率暂时提高时，图（b）中的产出供给曲线右移，实际利率下降，总产出增加。投资和消费增加使得图（a）中的就业和实际工资增加。

全要素生产率提高时，当期劳动需求会增加，从而提高市场实际工资。实际工资提高了，工人就愿意增加劳动供给，从而使得就业增加，产出增加。在商品市场上，商品供给增加，会降低市场实际利率，这又会增加投资品和消费品需求，从而使得商品需求增加，以便与市场所增加的商品供给相匹配。同样，当期收入的增加会增加消费。

我们在第 3 章论述过，一些重要的经济周期事实，如消费、投资、就业、实际工资和平均劳动生产率，是顺周期的。实际跨期模型预测，如果经济受到全要素生产率的暂时冲击，经验数据中就会出现这些事实的联动。也就是说，由于图 11 - 24 预测全要素生产率的暂时提高增加了总产出、消费、投资、就业和实际工资，所以，这个模型预测消费、投资、就业和实际工资都是顺周期的，与经验数据正好一样。同样，在 z 提高时，只要 N 增加得不是太多，平均劳动产量就一定会增加。

如图 11-25 所示，在 z 提高之前，平均劳动产量 Y/N 是 AB 的斜率，而 z 提高意味着劳动生产率上升为 AD 的斜率。倘若在 z 提高后，由此引发的 N 增加得足够大，平均劳动生产率原则上会下降，但在这类模型的定量分析中这不一定会发生。我们在第 3 章讲过，平均劳动产量的顺周期性是经济周期事实之一。

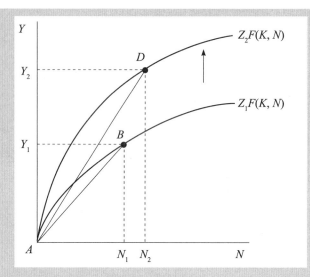

图 11-25 全要素生产率 z 提高对平均劳动生产率的影响

平均劳动生产率是总产出与就业的比率（Y/N）。平均劳动生产率最初是 AB 的斜率，z 提高后上升为 AD 的斜率。

因此，全要素生产率的暂时冲击是经济周期的一个可能的原因，因为在我们的模型中，这类冲击再现了第 3 章所讲的重要经济周期事实。的确，实际经济周期（第 13 章详细分析）的倡导者认为，全要素生产率冲击是经济周期最重要的起因。

未来全要素生产率 z' 提高的均衡效应：有关未来和总体经济活动的消息

未来事件的预期，比如预期未来会发生全要素生产率提高，对当期宏观经济会有重要影响。例如，企业得知一项新的发明，如新生产工序的设计，它当期不可用，但将来可应用于生产当中。我们要说明的是，这种冲击会增加当期投资、当期产出和当期就业，降低实际工资。

有关未来事件的消息及其影响在宏观经济理论中具有重要作用。比如，凯恩斯早就对金融市场投资者的"动物精神"以及投资者的情绪波动对经济活动的影响感兴趣。的确，股票市场就像一个擂台，人们对经济中的企业的未来健康状况下赌注。因此，有关未来生产率情况的消息会首先反映在股票价格上。在金融市场理论中，股票价格通常反映出普通股票市场参与者对企业未来股息的看法，而企业的未来股息在很大程度上是由企业的未来全要素生产率决定的。宏观经济学的经验研究支持这一观点，即有关未来事件的消息是当期总体经济活动的一个重要决定因素。[1]

为了分析有关未来生产率的消息的影响，在我们的模型中，假定每个人在当期都知道未来 z' 将提高。这意味着，典型企业的未来边际资本产量将提高，所以企业希望在当期增加投资，这会增加当期的商品需求，使产出需求曲线向右移动，如图 11-26（b）所示。在均衡状态下，这意味着总产出会从 Y_1 增加到 Y_2，实际利率从 r_1 上升至 r_2。实际利率提高导致当期消费下降，但由于当期收入增加、未来预期收入增加（因为 z' 预期提高），消费也会增加，从而产生一种抵消效应。结果，消费可能增加也可能减少。在均衡状态下，对投资产生两种影响；z' 提高引起投资增加，r 提高引起投资减少。但投资一定会增加，因为初始经济冲击对投资会产生积极影响。

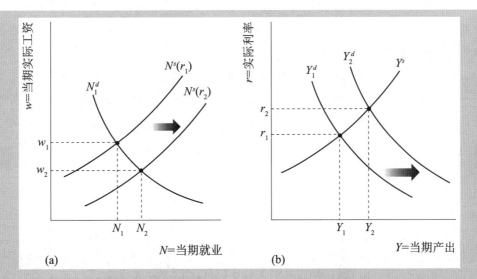

图 11-26　未来全要素生产率提高的均衡效应

预期未来全要素生产率提高，会使产出需求曲线右移，在均衡中，当期产出和实际利率提高。实际工资下降，就业增加。

这些影响在劳动力市场中将如何？由于实际利率提高，所以图 11-26（a）中的劳动供给曲线会从 $N^s(r_1)$ 右移至 $N^s(r_2)$。因此，在均衡中，就业量从 N_1 增至 N_2，实际工资从 w_1 降至 w_2。

预期全要素生产率未来提高，企业就会增加投资支出，因为拥有较高未来资本存量的边际收益会增加。投资品需求增加提高了市场实际利率，使得劳动供给和就业增加，总产出增加。但劳动供给增加会引起实际工资下降。

---

① P. Beaudry and F. Portier, 2006. "Stock Prices, News, and Economic Fluctuations," *American Economic Review* 96, 1293-1307; and M. Uribe and S. Schmitt-Grohe, 2008. "What's News in Business Cycles," NBER working paper 14215, National Bureau of Economic Research, Inc.

11

专 栏

理论与经验数据：消息、股票市场与投资支出

实际跨期模型告诉我们，有关未来全要素生产率的消息很可能是影响投资支出的一个重要因素。倘若有消息说未来金融市场会大起大落，也就是说乐观主义和悲观主义起伏不定，那么这些波动会通过对投资支出的影响而成为经济周期的重要诱因。我们已经说过，有关未来全要素生产率的好消息会使投资、总产出、就业增加，而坏消息则会使它们减少。

倘若有关未来生产率的消息对于投资很重要，那么，我们就应该在经济数据中看到这一点。特别是金融理论告诉我们，股票价格会综合反映这种信息。也就是说，单只股票的价格变化会直接反映关于该股发行企业未来前景的所有消息。股票只是代表了对企业要支付的未来股息的索取权，而未来股息终将要由企业在未来的表现决定。股票价格指数是所有股票市场价格的平均数，包含了关于全部企业未来前景的所有消息，且应当包括大家都知道的未来总体生产率将会怎样的信息。

因此，如果有关未来的消息是决定总投资的一个重要因素，那么股票价格与投资支出就应当是高度相关的。图 11 - 27 显示出 1957—2012 年间实际投资支出总量和相对股票价格（以标准普尔 500 股票价格指数除以隐含 GDP 价格缩减指数来衡量）偏离趋势的百分

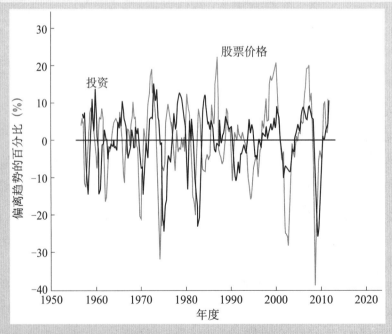

图 11 - 27　1957—2012 年投资和相对股票价格指数偏离趋势的百分比
投资和相对股票价格指数高度相关，股票价格领先于国内生产总值。这与有关未来的消息是经济周期的一个重要诱因这一观点一致。

比。我们从图中看到，这两个时间序列高度相关。如图所示，股票价格领先于投资，投资支出紧紧跟随相对股票价格，这与我们的理论相符。有关未来的消息可能会同时影响股票价格和投资计划，但要建造资本设备、厂房和住房需要时日。因此，正如我们所观察到的，股票价格应当领先于投资。

图 11-27 表明的情况与有关未来的消息是决定投资支出的一个重要因素这一观点一致。因此，既然投资是 GDP 的一个易变性很大的组成部分（比消费或政府支出的易变性要大得多），那么有关未来的情绪波动可能是经济周期的一个重要诱因。

信贷市场摩擦与金融危机

第 10 章分析了两种金融摩擦对信贷市场的影响，一种是不对称信息，另一种是有限承诺。本章的前面还分析了不对称信息如何影响企业的投资决策。不对称信息在信贷市场中很重要，因为对消费者和企业提供贷款的金融机构难以辨别借方信誉的好坏。这使得借债成本加大，即使是信誉好的借方也不例外。所有借方都将面临贷款利率高于金融机构借款的安全利率，因为金融机构要对放贷的违约风险获得补偿。当放贷机构要求借方提供抵押品时，有限承诺（经济主体不能承诺偿还贷款）问题可能得到缓解，但信贷市场扩大贷款的数量可能受到可抵押财产总值的限制。

导致 2008—2009 年经济衰退的金融危机的一个重要特征是，随着不对称信息和有限承诺问题变得更加严重，信贷市场摩擦的影响越来越大。在这次金融危机期间，金融市场对于潜在借方的信誉更加不确定（不对称信息问题），且可抵押财产（特别是房屋财产）的价值大跌（有限承诺问题）。市场参与者得知了对金融机构、企业和消费者持有的资产价值下跌的批评性消息。我们想用我们的模型来理解信贷市场摩擦增加的宏观经济影响，这也将有助于我们对近期发生的事件的思考。

在图 11-28 中，假定经济最初处于均衡状态，实际利率为 r_1，实际收入水平为 Y_1，实际工资为 w_1，就业水平为 N_1。在我们的模型中，实际利率 r 代表消费者和企业放贷的安全实际利率。不过，借方面临的贷款利率可能因不对称信息问题而高于 r，或者由于受到可供抵押的财产价值的限制，借方也许借不到他们按市场利率想借的那么多钱。借方的决策是由高于 r 的贷款利率决定的。

不对称信息和有限承诺导致的信贷市场摩擦增加，对消费者产生两种影响。首先，典型消费者对消费品的需求下降，使产出需求曲线从 Y_1^d 向左移动至 Y_2^d。其次，更加严重的信贷市场摩擦引起典型消费者增加劳动供给，使劳动供给曲线从 $N_1^s(r_1)$ 向右移动至 $N_2^s(r_1)$，导致产出供给曲线从 Y_1^s 向右移动至 Y_2^s。因此，消费者面临着比较紧的借款约束和较高的实际贷款利率，只能通过增加劳动供给来达到消费均匀化目的。

如图 11‑28 (b) 所示，实际利率最终必定下降，但实际产出可能提高也可能下降，取决于产出供给效应和产出需求效应的相对大小。产出需求效应很有可能比较大（劳动供给对信贷市场条件的反应没有消费需求那么大），故如图所示，实际产出下降。还有，信贷市场摩擦对企业的影响通过降低投资品的需求而使产出需求曲线移动。

在图 11‑28 中，我们阐示了总产出降低，从而消费或投资必定下降，但本模型并未告诉我们产出降低有多少源于投资支出的下降、有多少源于消费支出的减少。的确，在理论上，消费或投资有可能增加，因为实际利率下跌了。在劳动力市场，实际利率的降低引起劳动供给曲线移至 $N_2^s(r_2)$，如图 11‑28 (a) 所示，而且，与总产出下降相一致，就业从 N_1 下降到 N_2。实际工资从 w_1 增加到 w_2。

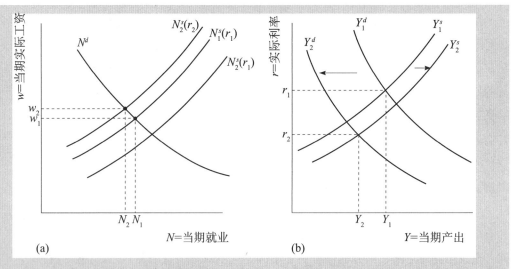

图 11‑28　更加严重的信贷市场摩擦的影响
产出需求曲线因消费需求下降而向左移动；劳动供给增加，引起产出供给曲线向右移动。实际利率必定下降，并推测产出需求效应比产出供给效应大，故总产出和就业下降。

信贷市场摩擦严重程度的提高所产生的重要影响是缩减总体活动（产出和就业减少）、降低实际利率。一般来说，较低的安全实际利率反映出安全资产（可抵押财产）的稀缺性和信贷市场的功能失调。政府债券的实际利率低，是美国后金融危机时期信贷市场的一个重要特征。

正如第 10 章所举的例子（"有限承诺与市场利率"），在信贷市场摩擦显著的情况下，税收政策和政府债务可能有作用。在像图 11‑28 所示的这种均衡状态下，市场实际利率较低（$r = r_2$），这种低实际利率反映了安全资产的稀缺性。如果政府打算削减当期税收，典型消费者的税收现值不变，那么私人部门持有的政府债务量不断增加，这会使信贷摩擦的影响相反，恢复初始均衡状态。正如第 10 章的例子所讨论的那样，这种效应取决于政府在收回债务上比私人部门具有优势。不对称信息、有

限承诺或二者同时引起的信贷摩擦，一般意味着李嘉图等价不成立。因此，政府的
税收政策可能会克服信贷摩擦。

专栏

理论与经验数据：利差与总体经济活动

本节的实际跨期模型的预测有助于解释最近的金融市场危机的特征及其对美国和世界其他国家 2008—2009 年经济衰退的影响。不过，我们更喜欢用历史证据来说明信贷市场风险在造成总体经济波动中的重要作用。我们从模型的含义中应观察到，消费者和企业借贷的利率差额（简称利差）应当与总体经济活动负相关。

正如本章前面所述，我们知道，AAA 级公司债和 BAA 级公司债之间的利差与总投资负相关（用偏离趋势来衡量）。从我们的模型预测结果来看，我们应当能观察到利差与总产出之间存在类似的相关关系。的确，在图 11-29 中，我们从数据中恰好看到了这种情况。图 11-29 显示出实际 GDP 偏离趋势的百分比、AAA 级债和 BAA 级债之间的利差偏离趋势的值。把利差乘以 10 后，就与实际 GDP 偏离趋势的百分比刻度相同了。

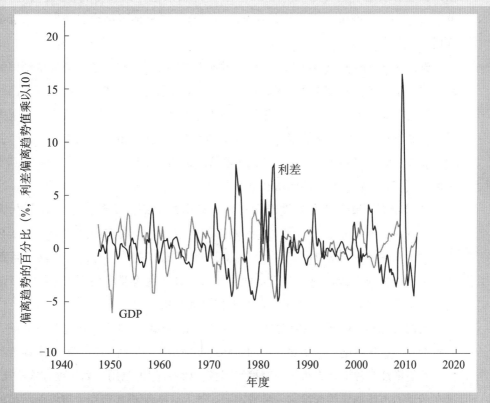

图 11-29　实际 GDP 与利差

本图显示出实际 GDP 偏离趋势的百分比、AAA 级公司债和 BAA 级公司债之间的利差（乘以 10 以放大比例）偏离趋势的值。两个时间序列负相关，且利差在经济衰退时期展现出正向偏离趋势的程度很大。

在图 11-29 中，要特别注意到，在 1974—1975 年、1981—1982 年、1990—1991 年、2001 年和 2008—2009 年的经济衰退时期，利差正向偏离趋势的程度很大。此图表明，用利差来衡量的信贷市场的风险程度是美国经济周期现象的一个重要元素。

部门冲击与劳动力市场错配

最近这次经济衰退不同寻常，不仅仅是因为它的起因——起源于金融市场现象，而且还因为美国少见的劳动力市场表现。我们在第 6 章已经研究了其中的一些异常表现并给予了解释。相对于第 6 章所讲的失业的搜寻模型来讲，实际跨期模型不怎么考虑劳动力市场的细节（比如搜寻行为、失业、职位空缺），而是更多地考虑储蓄行为和投资行为以及政府政策。

本节将利用实际跨期模型来说明部门重新配置的某些影响，以及这对理解最近的就业、产出和平均劳动生产率的表现有多重要。最近的经济衰退以及程度较小的前两次经济衰退（1990—1991 年和 2001 年经济衰退）的一个特征是"失业型复苏"。在美国，经济在复苏，而就业却增长缓慢，还出现了平均劳动生产率少见的高增长。

部门冲击（sectoral shock）是对技术或偏好的干扰，或改变不同经济部门的相对全要素生产率，或改变对不同部门生产的商品和服务的需求。这些不同部门可能是不同的行业，也可能是不同的地区。例如，在 20 世纪，美国的就业从农业大规模转移到制造业，然后又从制造业转移到服务业。在更近的一个时期里，汽车制造业的就业从北部移向南部。最后，这次经济衰退的一个重要表现是，相对于其他经济部门而言，建筑业部门的产出和就业下降了。

部门冲击导致生产要素重新配置，从日渐衰落部门重新配置到日益壮大部门，而这种重新配置需要时间。在针对部门冲击而进行调整的过程中，可能会发生劳动力市场错配。例如，日益壮大部门的工人必备的技能与离开日渐衰落部门的工人的技能不匹配。还有，日益壮大部门与日渐衰落部门相距较远，从日渐衰落部门来到日益壮大部门的工人，要承担很大的搬家成本。

我们对这样一种部门冲击建模，即这种冲击对总体全要素生产率没有影响，但导致劳动力市场错配。为了在我们的实际跨期模型（竞争性均衡模型）中体现这一点，我们增加某种劳动力市场"摩擦"。假定这种错配可以用下列一种方式来反映，即在劳动力市场的供给面增加一种成本 a_s，这是工人要进入劳动力市场而承担的一种成本。该成本与劳动力供给量成正比，所以，工人获得的实际工资是 $w-a_s$。成本 a_s 反映的是在劳动力市场错配既定的前提下工人寻找工作要花费的额外努力。同样，在劳动力市场的需求面，错配导致企业承担成本 a_d，它与劳动力的雇佣量成正比。因此，企业支付的实际工资是 $w+a_d$，成本 a_d 反映的是在错配的劳动力市场上雇用工人所需要的额外招聘努力。

成本 a_s 和 a_d 是"楔子"，就像比例税扭曲劳动力市场那样。换言之，这是企业向劳动力支付的报酬与工人获得的报酬之间的差额，即两个楔子的总和 a_s+a_d，就像对劳动所得课征的比例税加到企业支付的报酬与工人获得的报酬之间的楔子一样。

在图 11-30 中，部门冲击通过楔子 a_s，使图 11-30（a）中的劳动供给曲线向左移动，即从 $N_1^s(r_1)$ 移至 $N_2^s(r_1)$。该曲线移动的垂直距离是 a_s。同样，楔子 a_d 使图 11-30（a）中的劳动需求曲线向左移动，即从 N_1^d 移至 N_2^d，该曲线移动的垂直距离是 a_d。鉴于劳动供给曲线和劳动需求曲线都在移动，图 11-30（b）中的产出供给曲线向左移动。因此，从对当期商品市场的影响来看，这很像一种负的全要素生产率冲击（见图 11-24）。总产出从 Y_1 下降到 Y_2，实际利率从 r_1 上升至 r_2，消费支出和投资支出下降。然而，在图 11-30（a）所示的劳动力市场中，虽然就业下降了（如果全要素生产率下降，可能会出现这种情况），但工资可能上升也可能降低，取决于劳动供给和劳动需求的弹性（a_s 和 a_d）。在图中，我们说明了这种情况：在劳动供给曲线在均衡中确定为 $N_2^s(r_2)$ 之后，工资保持不变。进一步来说，在图 11-31 中平均劳动生产率上升，而如果全要素生产率下降，它也下降，如图 11-25 所示。平均劳动产量 Y/N 最初是 AB 的斜率，在部门冲击后，它提高到是 AD 的斜率。

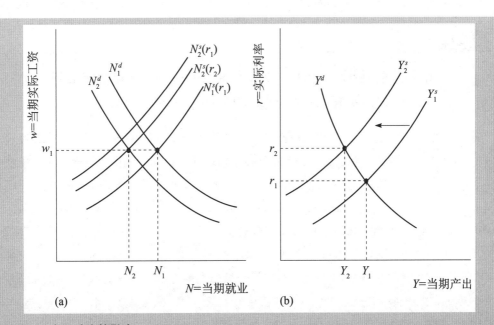

图 11-30 部门冲击的影响

部门冲击通过降低劳动力市场的匹配效率，使劳动供给曲线和劳动需求曲线向左移动，导致产出供给曲线左移。对当期商品市场的影响与全要素生产率下降的影响一样，但在劳动力市场中，实际工资可能上升也可能下降。

部门冲击即使对全要素生产率没有任何影响，正如本例所示，但增添劳动力市场摩擦，这种摩擦减少就业、总产出、消费和投资，也使平均劳动产量提高。因此，给定总产出的表现，部门冲击是对最近这次经济衰退的一个令人费解的特征——劳动生产率增长快于预期的一种可能解释。

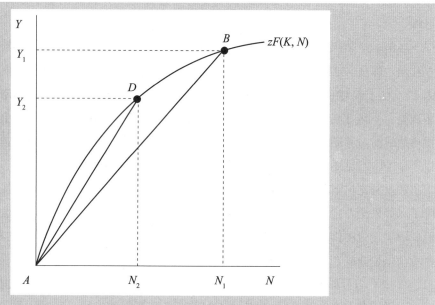

图 11-31　部门冲击对平均劳动生产率的影响

平均劳动生产率最初是 AB 的斜率，部门冲击使平均劳动生产率提高到是 AD 的斜率。

专　栏

理论与经验数据：1981—1982 年和 2008—2009 年经济衰退　时期实际 GDP、就业和劳动生产率的表现

同以前的经济衰退（以比较严重的 1981—1982 年经济衰退为例）相比，美国经济在 2008—2009 年经济衰退时期出现了一些不同寻常的表现。首先，国家经济研究局按季度把经济衰退第一季度的 GDP 标准化为 100，图 11-32 显示出这两次经济衰退中的实际 GDP 的变化路径。本图描绘了两次经济衰退起始后 12 个季度的实际 GDP。我们注意到，2008—2009 年经济衰退比 1981—1982 年经济衰退不仅持续时间长，而且更加严重；同时，2008—2009 年经济衰退在复苏阶段的实际 GDP 的增长率比较低。12 个季度之后，实际 GDP 还没有恢复到 2008—2009 年经济衰退开始后的经济周期高峰值，而 1981—1982 年经济衰退后的相同阶段，已经超出经济周期高峰值 10%。

图 11-33 与图 11-32 的构图法相同，只是用总就业取代了实际 GDP。在此，这两次经济衰退的差异更加突出。在 1981—1982 年经济衰退期间，就业的下降比较小，而且在经济衰退开始后的 6 个季度之后开始增长，12 个季度后就业比以前经济周期高峰值高出 5%。

在 2008—2009 年经济衰退期间，就业下降非常大。12 个季度后，就业仍不见增长，比以前经济周期高峰值还是低 5% 左右。

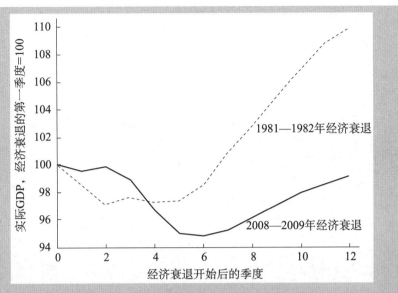

图 11 - 32　两次经济衰退时期的实际 GDP

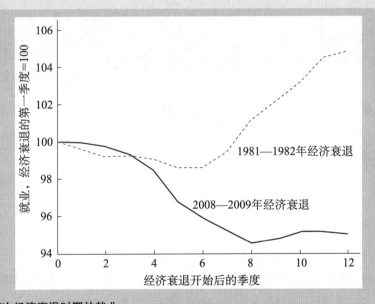

图 11 - 33　两次经济衰退时期的就业

　　最后，图 11 - 34 以同样的构图法描绘出平均劳动生产率（实际 GDP 与就业的比率）的表现。它的数量表现在这两次经济衰退期间大体相同。

　　从图 11 - 32 到图 11 - 34 观察到的重要一点是，在 2008—2009 年经济衰退期间，给定过去的时间序列表现，给定 2008—2009 年经济衰退期间的实际 GDP 表现，平均劳动生产率的增长比预期的要快得多。换言之，在这次经济衰退期间，给定实际 GDP 的表现，就业增长比以前经济衰退期间的平均值要低得多。

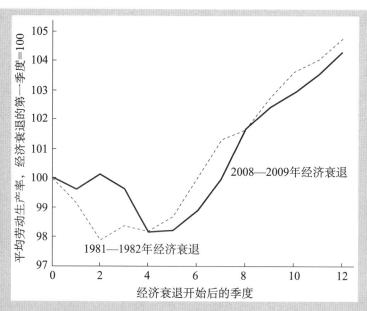

图 11-34　两次经济衰退时期的平均劳动生产率

　　从图 11-32 到图 11-34 观察到的表现与劳动力市场错配的存在是一致的，特别是在经济衰退的复苏阶段。正如我们在上一节所述，劳动力市场错配降低了产出和就业，但降低就业的幅度更大，故平均劳动生产率提高。因此，劳动力市场错配与其他冲击相结合，可能对最近这次经济衰退期间的总体经济变量的表现影响很大。

　　现在，我们已对我们的实际跨期模型的机理所有了解，我们可以进一步利用该模型，将货币和名义变量加进来（见第 12 章），然后以该模型为基础来分析经济周期（见第 13 章和第 14 章）。

本章小结

● 我们建立了实际跨期宏观经济模型，有助于我们评估经济冲击的宏观经济效应，也为我们以后各章的研究奠定了基础。在跨期背景下，我们可以用这个模型研究投资、消费、总产出、实际利率和就业的决定因素。

● 实际跨期模型有两个时期，即当期和未来，典型消费者在每一时期都要作出工作-闲暇决策，在当期作出消费-储蓄决策。随着实际利率的提高，消费者的当期消费品需求会下降，当期劳动供给会增加。这些影响是由于实际利率变化后消费和闲暇在当期和未来的跨期替代而产生的。

● 在每一时期，典型企业都要利用劳动和资本生产产品。企业的当期劳动需求由通常的边际生产率条件决定（当企业实现最优时，当期边际劳动产量等于实际工资），企业当期投资于新资本，直到未来净边际资本产量等于实际利率为止。提高实际利率会导致企业的最优投资量下降，若企业的初始资本量减少，或预期未来全要素生产率会提高，或信贷市场不确定性降低，则投资增加。

● 在均衡中，当期商品市场和当期劳动力市场出清，这意味着信贷市场也出清。为简化起见，我们忽略了未来市场。

● 用图形表示模型时，有两个关键因素：(1) 产出需求和产出供给——决定当期总产出和实际利率；(2) 当期劳动供给和当期劳动需求——在实际利率既定的前提下，决定当期就业和当期实际工资。

● 我们用实际跨期模型做了 6 个实验：

1. 如果当期政府购买增加（政府支出暂时性增加），就会提高消费者的税收现值，减少一生财富。劳动供给增加，且当期商品需求最终增加的数量正是政府支出的增量。在均衡状态下，倘若政府购买暂时性增加产生的产出供给效应很小，则当期产出增加，当期就业上升，当期实际工资下降，实际利率提高。消费和投资受到排挤。由于政府支出对私人支出产生了排挤效应，政府支出总乘数肯定小于 1。

2. 如果当期资本存量减少，例如因自然灾害而减少，那么，给定实际利率，企业的最优投资量增加，因此产出需求增加。当期产出供给减少，因为在给定劳动投入下，典型企业创造的当期产出减少了。在均衡中，实际利率提高，但当期总产出或增或减。如果产出需求效应小，那么产出减少。

3. 如果当期全要素生产率提高（全要素生产率暂时提高），那么，当期产出供给增加，实际利率下降，消费和投资增加。当期就业或增或减，但若利率对劳动供给的影响小，则当期就业增加。当期实际工资上升。模型的这些预测得出了第 3 章讲的一些重要经济周期事实。

4. 预期未来全要素生产率提高，意味着典型企业的投资品需求增加，因为未来边际资本产量预期会提高。商品需求增加，引起实际利率和当期总产出提高。在劳动力市场上，实际工资下降，就业增加，因为实际利率提高后，典型消费跨期替代闲暇。

5. 信贷市场摩擦的严重程度提高，使产出需求曲线向左移动，且会增加劳动供给，而这使产出供给曲线向右移动。实际利率肯定下跌，且推测劳动供给效应比较小，从而总产出下降。就业减少，实际工资增加，尽管会减少一定程度的支出数量，但对消费和投资的影响模棱两可。

6. 部门冲击在企业支付的实际工资与工人获得的实际工资之间加进了一个楔子。在商品市场上，产出供给曲线向左移动，在实际利率持续上升的情况下，产出、消费和投资都将下降。在劳动力市场上，就业下降，但实际工资或许增加或许减少。平均劳动生产率上升，这是对这次经济衰退的一个重要预测。

主要概念

闲暇的跨期替代（intertemporal substitution of leisure）：市场实际利率变化后，在当期和未来之间的闲暇替代。

边际投资成本（marginal cost of investment）：企业当期增加 1 单位资本投资而放弃的利润。

边际投资收益（marginal benefit of investment）：未来边际资本产量加上 $1-d$，其中，d 是折旧率。

净边际资本产量（net marginal product of capital）：边际资本产量减去折旧率。

最优投资律（optimal investment rule）：表明企业投资直到未来净边际资本产量等于实际利率时才停止的规律。

最优投资曲线（optimal investment schedule）：企业的最优投资量与市场实际利率负相关。

产出供给曲线（output supply curve）：企业的产出供给量与实际利率正相关。

边际消费倾向（marginal propensity to consume）：一生财富增加 1 单位时，消费品需求增加的量。

产出需求曲线（output demand curve）：产出需求量（表现为消费支出、投资支出和政府支出）与实际利率负相关。

需求乘数（demand multiplier）：产出需求曲线向右移动的量与当期政府支出增量的比率。

政府支出总乘数（total government expendi-ture multiplier）：实际 GDP 增量与政府支出增量的均衡比率。

部门冲击（sectoral shock）：对技术或偏好的干扰，或改变不同经济部门的相对全要素生产率，或改变对不同部门生产的商品和服务的相对需求。

复习题

以下所有问题都与本章构建的宏观经济模型有关。

1. 解释跨期替代对当期劳动供给和当期消费品需求的重要性。

2. 哪三个因素决定了当期劳动供给？

3. 什么决定了当期劳动需求？

4. 在实际跨期模型中，典型企业的目标是什么？

5. 典型企业在确定其最优投资水平时遵循的规律是什么？

6. 当期资本存量增加对企业最优投资有何影响？

7. 未来全要素生产率提高对最优投资有何影响？

8. 请解释信贷市场不确定性对企业的投资决策会产生怎样的影响。

9. 在实际跨期模型中，政府的预算约束是什么？政府当期能出现赤字或盈余吗？

10. 使产出供给曲线移动的因素是什么？

11. 使产出需求曲线移动的因素是什么？

12. 在竞争性均衡中，总产出和实际利率是如何决定的？

13. 政府购买暂时性增加对实际利率、总产出、就业、实际工资、消费和投资有什么影响？

14. 当期资本存量下降对实际利率、总产出、就业、实际工资、消费和投资有什么影响？

15. 全要素生产率提高对实际利率、总产出、就业、实际工资、消费和投资有什么影响？请解释这些影响与重要的经济周期事实和经济周期的起因的联系。

16. 用实际跨期模型确定预期未来全要素生产率提高的均衡效应。请解释这些效应为什么与当期全要素生产率提高的效应不同。

17. 信贷市场摩擦对总体经济活动将产生怎样的影响？请解释税收政策如何能减轻信贷市场摩擦。

18. 请解释部门冲击与全要素生产率冲击的异同。

思考题

1. 提高折旧率 d 对典型企业的投资决策及其最优投资曲线有什么影响？请详细解释你的结果。

2. 汤姆居住在一个岛上，当期有 20 棵椰子树，时下生产椰子 180 个。汤姆讨厌椰子，不过他可以用椰子与邻岛的居民换取他想要的东西。此外，他还可以与邻岛发生椰子的借入与贷出业务。在椰子信贷市场，当期借入 1 个椰子，未来就要偿还 2 个椰子。在每一时期，汤姆的椰树都产椰子，但会有 10% 的椰树死亡。如果汤姆当期种下一棵椰树，未来就会有 1 棵能产椰子的椰树长成。未来时期结束时，汤姆能将存活下来的任意数量的椰子树卖掉，每棵椰子树换取 1 个椰子。当汤姆当期种植椰子树时，他种植的土地肥沃程度相继下降，土地越不肥沃，椰子的产量就越低。

为了便于分析，我们需要假定椰子树的椰子产量——对于未来给定数目的在产椰子树，下表列出了它们的未来产量：

未来在产椰子树	未来椰子产量
15	155
16	162
17	168
18	173
19	177
20	180
21	182
22	183.8
23	184.8
24	185.2
25	185.4

（a）根据资本量画出未来产出水平图。

（b）根据资本量画出未来边际资本产量图。

（c）给定每一未来椰子树数量，计算汤姆的利润现值。

（d）计算每一未来椰子树数量的净边际资本产量。

（e）确定汤姆的最优投资量，请解释你的结果。

3. 政府希望增加投资支出，并考虑实施两种税收政策。在第一种税收政策下，企业每创造 1 单位当期产出，当期就可获得补贴 t。决策者的理由是，企业会将这种补贴用于投资。第二种税收政策是投资税收抵免，企业当期每进行 1 单位投资，就可获得补贴 s。确定哪种税收政策对政府实现增加当期投资支出的目标更有效，并详细解释你的结果。

4. 假定我们修正企业投资行为模型，即假定企业在期末尚存的任何资本都可以按价格 p'_K 出售（在我们的模型中，假定资本可按用消费品表示的价格 1 来出售）。

（a）这种变化对企业的最优投资律会产生何种影响？

（b）假定我们把 p'_K 解释为企业的股票价格。

如果 p'_K 上升，这对企业的最优投资曲线会产生怎样的影响？这意味着投资支出与股票价格之间存在怎样的关系？

5. 确定下列情况是如何影响产出需求曲线斜率的，并解释你的结果。

（a）边际消费倾向提高。

（b）实际利率对当期消费的跨期替代效应增大。

（c）投资品需求对实际利率变得不太敏感。

6. 政府降低当期税收，同时让当期和未来的政府支出保持不变。

（a）利用图确定对消费、投资、实际利率、总产出、就业和实际工资的均衡效应。乘数是多少？它与政府支出乘数有何不同？

（b）现在假定比如由于信贷市场中的不对称信息，在消费信贷市场上存在信贷市场缺陷。重做（a）的问题，并解释你对问题（a）和（b）的回答有何差异。

7. 确定下列情况是如何影响产出供给曲线斜率的，并解释你的结果。

（a）随着生产中所用的劳动量增加，边际劳动产量以更快的速度降低。

（b）实际利率对当期闲暇的跨期替代效应减小。

8. 假定典型消费者的偏好发生了变化。即给定市场实际利率，消费者愿意减少当期闲暇，并增加当期消费品消费。

（a）确定这对当期总产出、当期就业、当期实际工资、当期消费和当期投资的影响。

（b）解释你的结果。什么原因可能会使消费者的偏好发生这样的变化？

9. 假定全要素生产率长久提高。确定这对当期宏观经济变量的影响，说明这种影响与预期全要素生产率只是暂时提高的情形有何不同。请解释你的结果。

10. 假定 z' 提高，同时 K 增加。请说明实际利率有可能因此而保持不变。这是否说明实际跨期模型有能力解释穷国与富国间的差异以及当一国经济增长时会出现的情况？

11. 能源相对价格暂时上涨。确定当期总产出对这种冲击的反应是如何取决于边际消费倾向的，并详细解释你为什么会得出这种结论。

12. 假定一国的资本存量遭到毁损；又假定资本存量在信贷合约中具有抵押品的作用，故资本存量的毁损加大了信贷市场摩擦。

（a）这对宏观经济变量的最终影响与图 11 - 23 所描述的情况有何不同？

（b）有怎样的政府政策能减轻这种资本毁损的影响？请解释它的作用机理。

13. 假设战争爆发，但普遍认为只会持续 1 年。请说明这种冲击对总产出的影响是如何取决于实际利率对当期闲暇的跨期替代效应大小的，并详细解释你的结果。

14. 宏观经济学家建议，如果总产出和就业下降了，政府就应当增加商品和服务支出，以增加产出和就业。假定产出和就业的下降是因部门冲击所致。

（a）请利用图确定针对部门冲击所采取的政策对产出、就业、消费、投资、实际利率以及实际工资会产生怎样的最终影响。

（b）你认为这种政策合适吗？请解释为什么。

11

第5篇

货币和经济周期

本篇的首要任务是在第 11 章所构建的实际跨期模型中加入货币因素。我们将在第 12 章用由此产生的模型，即货币跨期模型，研究货币和银行系统在交易中的作用、货币数量变化的影响、实际现象与名义现象的相互作用及货币政策。在第 13 章和第 14 章，我们将用货币跨期模型分析经济周期的起因及财政和货币政策在经济周期中的作用。第 13 章将考察包含灵活性工资和价格的三个经济周期模型，阐明这些模型如何与第 3 章所分析的重要经济周期事实以及近期的金融危机和经济衰退的特征相吻合，并考察这些模型的含义。第 14 章专门分析新凯恩斯主义黏性价格模型，它肯定了政府干预对熨平经济周期的作用。我们研究的其他经济周期模型则强调经济周期可能有若干起因在实践中很重要。

第12章 货币、银行、价格和货币政策

货币很重要，原因有二。第一，因为以物物交换的形式进行交易是困难的，还因为将信用用在一些交易中，要么成本高，要么不可行，所以，与没有货币相比，有货币的经济会运行得更好。第二，现有货币的数量变化不仅影响名义数量（如价格水平和通货膨胀率），也能影响实际经济活动。在大多数国家，流通中的货币数量是由中央银行控制的，中央银行的基本货币政策决定就是控制货币供给水平和增长率。

本章以第11章的实际跨期模型为基础，构建一个货币跨期模型。在货币跨期模型中，消费者和企业使用各种支付手段进行交易。也就是说，他们既可以用政府提供的通货，也可以用银行提供的交易服务。在实践中，这些交易服务包括借记卡、信用卡、支票的使用，但为简化起见，我们把这些服务统称为一种支付手段——信用卡。本模型的一个重要部分是，消费者和企业是选用信用卡还是选用现金，这对于货币需求的决定至关重要。只有了解了银行在货币体系和信贷市场中的作用，才能深入理解金融因素在宏观经济学中的作用——这是当前的一个重要问题。本章构建的货币跨期模型将成为第13章和第14章研究经济周期的基础。

我们用货币跨期模型推导出的第一个结论是**货币中性**（neutrality of money）。根据货币中性，货币供给的一次性变化对经济没有实际影响。消费、投资、产出、就业、实际利率和经济福利不受影响。考察货币在经济中的作用，货币中性是一个良好的起点。不过大多数经济学家认为，货币只在长期是中性的，出于各种原因，货币供给变化会在短期对经济产生实际影响。

然后，我们通过引入弗里德曼-卢卡斯货币意外模型，阐明一种特定类型的短期货币中性的作用机理。该模型可以让我们引入有关货币政策是如何传导的一些基本思想。特别是，我们将评估货币政策规则，包括货币增长率目标制、利率目标制、泰勒规则以及名义GDP目标制。还有，我们将探讨流动性陷阱（当名义利率触底到零下限时所发生的情况）以及量化宽松。

什么是货币？

传统观点认为，货币有三个重要职能，即货币是**交换媒介**（medium of exchange）、**价值贮藏**（store of value）和**记账单位**（unit of account）。货币是交换媒介，因为它在商品交换中被接受的唯一理由是，它可用于交换其他商品，而不是因为想将它作为消费之用。货币是一种价值贮藏，与股票、债券、住房等其他资产一样，因为它可以使消费者用当期商品交换未来商品。最后，货币是记账单位，因为所有合同基本上都是用货币计价的。例如，在美国，典型的劳动合同是，承诺用支付特定数额的美元来交换特定数量的劳动；典型的借款合同是，承诺用未来特定数额的美元来交换当期特定数额的美元。同样，美国企业也以美元为单位记账。

货币的突出经济特征是它的交换媒介作用。如上所述，其他资产，诸如股票、债券和住房，也能像货币一样，起到价值贮藏的作用。然而，难以用其他资产充当交换媒介。首先，有关资产品质的信息常常不完整。例如，难以让便利店的店员接受以股票换报纸，因为店员可能不了解股票的市值，对他来说，将股票卖出去代价很高。其次，一些资产的面值很大，难以用于零买。即使便利店的店员知道美国国债（美国政府发行的短期债券票据）的市值，国债的面额也不会低于 10 000 美元，这样，用国债买报纸时，店员可能就无法找零钱。最后，一些资产按其市值出售要花时间。例如，如果我想把我的房子卖给便利店的店员，他所出的价格可能就会大大低于若我花时间从市场上找到最中意我房子的买家我所能得到的价格。

货币供给的衡量

从历史上看，货币有多种形式，对此，我们将在第 17 章作更深入的讨论。流通中的货币有商品（实物）货币（主要是金银）、流通的私人银行券（美国南北战争之前就是这种情形）、实物兑换纸币（例如金本位制下的纸币）、不兑现货币（例如美国的联邦储备券）以及私人银行的交易存款。如今在美国，货币主要由后两种形式——不兑现货币和银行的交易存款构成。

在现代发达的经济体中，可能有许多方式衡量货币供给，这取决于我们如何划分资产符合交换媒介特征的界限。货币的定义有些随意，我们可能会为了不同的目的而使用不同的货币定义。表 12-1 列出了 2012 年 6 月的标准**货币总量**（monetary aggregates），数据摘自《联邦储备系统公告》（*Federal Reserve Bulletin*）。给定的货币总量只不过是美国经济中不同资产数之和。

最狭义的货币总量是 M0，它有时指**基础货币**（monetary base）或**外在货币**（outside money）。基础货币完全由**联邦储备系统**（Federal Reserve System）——简称**美联储**（the Fed）——的负债构成，这个机构就是美国的中央银行。中央银行的主要作用是发行外在货币。构成 M0 的负债是，流通于美联储之外的美钞和存款机构在美联储的存款，这些存款通常称为准备金。M0 的数量被称为外在货币，因为它是流通于银行系统之外的货币数量。M1 的数量等于美钞（指流通于美国财政部、美联储和存款机构金库之外的美元）、旅行支票、活期存款和存款机构其他交易账户之和。因此，M1 是用来衡量私人部门进行交易时用得最广泛的资产指标。表 12-1 显示出的数字有一个令人感兴趣的特点，即 2012 年 6 月的基础货币实际上大于 M1，这在历史上是不常见的。发生这种情况的原因在于，存款机构持有大量准备金，但没有用交易账户为所持有的全部准备金融资。M2 的数量是 M1 加上储蓄存款、小额储蓄存款和零售货币市场共同基金。这些额外资产不直接用于交易，但它们可轻易兑换成美元和交易存款，可用于交易。

表 12-1	2012 年 6 月货币总量	单位：10 亿美元
M0		2 585.3
M1		2 266.1
M2		9 932.0

资料来源：Federal Reserve Bulletin.

货币总量是重要的，因为它是衡量总体经济活动的一个很有用的间接指标，数据的获得比 GDP 及时。而且，货币总量与其他总变量的关系存在重要规律，这使得货币总量有益于经济预测和政策分析。最后，货币总量在长期的变化轨迹有助于评估美联储的表现。

货币跨期模型

我们在交换中为什么要用货币？一个有用的类比是，货币对经济交换的作用犹如润滑油对发动机的作用；货币可以消除"摩擦"。凸显货币有益的两个重要经济摩擦如下。第一，在现代经济学中，物物交换，即以商品交换商品，困难重重。亚当·斯密在《国富论》中就已认识到，分工是经济发展中效率提高的关键。一旦经济主体在其生产和消费方面变得有分工了，以物物交换的形式用其所有的物品换取其想要的物品就变得非常费时。例如，如果萨拉的分工是讲授经济学，而她的车需要修理，为了实现物物交换，她就必须找到一个愿意给她修车的人——**需要的一厢情愿**（single coincidence of wants），修车人也必须想上经济学课——**需要的两厢情愿**（double coincidence of wants）。显然，要找到一个交换伙伴，萨拉可能不得不花大量的时间和精力！19 世纪，威廉·斯坦利·杰文斯（William Stanley Jevons）首次研究了两厢情愿问题。[①] 货币解决了两厢情愿问题，因为如果每个人在交易中都接受货币，那么，为了购买商品，潜在的购买者只需解决一厢情愿问题，这就容易多了。萨拉可以用讲授经济学来赚钱，然后用这笔钱雇人修车。

① 参见 S. Jevons，1910. *Money and the Mechanism of Exchange*，23rd edition，Kegan Paul，London。

货币有利于交换的第二个原因是，在有些情况下，难以或不可能进行信用交易。例如，纽约市的街头小贩就不可能接受我用个人欠条换取热狗。由于街头小贩不了解我或我的信用史，他就无法评估我的欠条是好还是坏，如果我不能兑现我的欠条，他诉诸法律的成本就较高。尽管现代信用卡制度化解决了利用个人信用进行交易所衍生的一些信息问题，但这种制度的实施成本高，商品销售者无论如何都不会接受信用卡。由于货币容易识别，除假币问题外，利用货币进行交易所衍生的信息问题基本不存在。

我们没有明确把导致货币有用的摩擦包括在我们的模型中，因为就现阶段的分析来说，这会使事情过于复杂。不过，我们要时刻牢记这些摩擦，到第 17 章再研究明确考虑在物物交换中出现的两厢情愿问题的模型。我们将利用该模型深入了解货币在经济中的作用的基本原理。可是，为了研究本章的问题——货币需求、货币中性以及货币政策的基本问题，即使没有明确考虑货币摩擦，我们也能做得很好。

实际利率、名义利率和费雪关系式

在我们构建的货币跨期模型中有若干时期。与我们在第 7 章和第 8 章研究经济增长模型时一样，我们的分析主要定位于主观认定的当期和下一时期，下一时期指的是未来。有两种主要资产：货币和名义债券。以后，我们将引入银行，银行还有一些其他资产和负债。为简化起见，假定外在货币的全部存量由通货构成。这里，我们将货币用作记账单位（提示：记账单位是在经济模型中用来表示全部价格的标的物），用 P 表示当期价格水平，即用货币表示的当期商品价格。同样，用 P' 表示未来价格水平。**名义债券**（nominal bond）是当期售价 1 单位货币（例如，在美国是 1 美元）、未来偿还 $1+R$ 单位货币的资产。因此，R 是用货币单位表示的债券收益率，即**名义利率**（nominal interest rate）。名义债券或由政府发行，或由消费者发行，或由企业发行，所有债券都具有相同的名义利率，因为我们假定没有人拖欠债务。

与第 9 章到第 11 章一样，实际利率 r 是用商品表示的利率。实际利率是某人从当期到未来持有名义债券时所获得的实际收益率。实际利率可以根据名义利率和**通货膨胀率**（inflation rate）i 来确定，而 i 定义为：

$$i = \frac{P'-P}{P} \tag{12.1}$$

也就是说，通货膨胀率是价格水平从当期到未来的增长率。实际利率用以欧文·费雪（Irving Fisher）命名的**费雪关系式**（Fisher relation）来确定，可表述为：

$$1+r = \frac{1+R}{1+i} \tag{12.2}$$

为了推导费雪关系式，先回忆一下，$1+R$ 是因当期放弃 1 单位货币来购买名义债券而获得的未来收益。以实际值来看，购得名义债券的人，当期放弃 $1/P$ 商品，未来就获得回报$(1+R)/P'$商品。因此，根据等式（12.1），名义债券的实际毛收益率是：

$$1+r = \frac{\dfrac{1+R}{P'}}{\dfrac{1}{P}} = \frac{1+R}{\dfrac{P'}{P}} = \frac{1+R}{1+i}$$

由此得出费雪关系式（12.2）。

　　鉴于名义债券的名义利率为正，即$R>0$，所以名义债券的收益率大于货币的收益率。货币的名义利率为零，货币的实际利率就可以确定，正如我们上面确定与名义债券有关的实际利率一样。也就是说，如果r^m是货币的实际利率，那么，与等式（12.2）一样，我们有：

$$1+r^m = \frac{1+0}{1+i} = \frac{1}{1+i}$$

因此，若$R>0$，那么$r^m<r$，或者说货币的实际利率小于名义债券的实际利率。在我们的货币跨期模型中，我们需要解释，在名义利率为正时，若人们可以从其他资产（名义债券）上获得较高的收益率，他们为什么还愿意持有货币。

　　现在，我们将费雪关系式（12.2）的两边同时乘以$1+i$，整理后可以得到：

$$r = R - i - ir$$

于是，若名义利率和通货膨胀率都很低，则ir可忽略不计。例如，如果通货膨胀率是10%，实际利率是8%，那么，$i=0.1$，$r=0.08$，$ir=0.008$。我们可以说，在通货膨胀率和利率都比较低的情况下，我们有：

$$r \approx R - i \tag{12.3}$$

也就是说，实际利率约等于名义利率减去通货膨胀率。例如，若名义利率是5%（或0.05），通货膨胀率是3%（或0.03），那么，实际利率约为2%或0.02。

　　从经验来看，在衡量实际利率时存在一个问题。虽然可以观察到许多不同资产的名义利率，但经济主体并不知道在他们持有某一资产期间通货膨胀率将是多少。所使用的正确通货膨胀率也许是经济主体所预期的那一个，但预期是无法观察到的。不过，衡量实际利率的一种方法是，利用已实现的通货膨胀率i，根据等式（12.3）来计算它。图12-1给出了名义利率和相应的实际利率数据，其中，名义利率用1948—2012年间91天期美国国债的利率来衡量，实际利率用名义利率减通货膨胀率来计算。衡量出的实际利率在长期变动很大，有时相当低，在这段时期有数次降至零以下，其中就有最近这一时期。

银行与其他支付手段

　　在构建货币跨期模型时，我们需要对第11章的实际跨期模型进行修正，以利用中央银行提供的通货和私人银行提供的交易服务来考虑交易是如何完成的。就本章和第13章、第14章所进行的分析来看，我们无须改变劳动力市场和商品市场的

图 12 - 1 实际利率和名义利率

该图显示了 91 天期美国国债的名义利率和相应的实际利率，其中，实际利率用名义利率减消费价格指数的变动率来计算。

供求建模。不过，我们需要引入一个新的市场，即货币市场。但我们知道，对"货币"的定义存在差异，我们可以根据要完成的任务来界定货币。就构建货币跨期模型这一任务而言，货币存量对应于最窄的货币定义——外在货币。正如我们将说明的那样，该模型中的货币需求将由典型消费者和典型企业的行为来决定，货币供给由中央银行来决定。我们将看到，货币需求与商品或服务需求是一个完全不同的概念。与商品和服务不同的是，我们想要货币，不是因为它能直接增加我们的幸福快乐，而是因为它可以使我们获取最终能使我们幸福快乐的商品和服务。为了弄清货币需求的决定因素，我们需要明确消费者和企业在交易时如何对使用货币还是银行服务作出选择。

银行在实践中有两大作用。第一，银行为消费者、企业和政府间的交易提供了便利。第二，银行作为金融中介机构管理其储户的存款，要比每一储户各自进行管理更加有效。为了便于理解，我们在此只讨论银行的交易便利作用，第 17 章再详细讨论银行的第二个作用。

政府提供的通货有三个主要的替代物，它们在零售交易中得到广泛使用，即支票、借记卡和信用卡。随着电子支付手段的使用越来越普及，支票的使用在迅速下降。2006 年的证据表明，在非现金交易中，用支票完成的交易占 32.7%，用借记卡完成的交易占 27.1%，用信用卡完成的交易占 23.3%。[1] 其余部分是用其他电子

---

[1] 参见 G. Gerdes, and K. Wang, 2008. "Recent Payments Trends in the United States," *Federal Reserve Bulletin* 94。

手段支付的，其中包括自动票据交换所（automated clearing house，ACH）转账系统。我们的分析首先把信用卡看作是交易中的货币的唯一替代物，然后再说明我们是如何把我们的想法推广到包括借记卡和支票的。

尽管在消费者看来，无论是通货还是支票、借记卡和信用卡，看起来实质上都一样——它们都可以用来购买商品和服务，但是，它们之间确有重要的经济差异。第一个重要差异是支付手段代表的是谁的负债。从技术上说，通货是银行的负债——一切未结清的纸币和硬币在美联储的资产负债表中都表现为负债。不过，当我用借记卡或支票付账时，我就把私人银行的负债（我的银行账户余额部分）转给了别人。当我用信用卡进行交易时，负债的转移变得更复杂一些。在交易时，我发生了一笔负债——我的借据（IOU），来交换零售商提供的商品和服务。然后，零售商拿着我的借据，去和金融中介——比如维萨（Visa）兑现。现在维萨拥有我的借据，我最终要向维萨付钱。

支付手段间的第二个重要差异是负债的利息支付。通货是一种不付息的负债，因为这是不切实际的。可是，等到我用借记卡进行交易或用支票付款时，我能在用借记卡或支票时划拨的银行存款负债上挣得利息。在信用卡有余额的情况下，一般做法是在按月结算周期期间的信用卡债务不支付利息，但如果该余额转至下月，还是要支付利息。

支付手段间的第三个差异是所发生的交易成本。政府提供的通货是一种技术含量很低的支付手段，而且使用通货的交换成本也很低。假币也许是一个问题，但如果政府精密地设计通货以防造假并建立严厉的法律措施打击造假，这也许就不成为一个问题。使用信用卡、借记卡或支票进行支付，成本会高得多，通常会涉及与金融机构或集中化信贷机构实时传递的电子装置。

在我们的货币跨期模型中，我们首先看一看信用卡作为交易中替代货币的一种支付手段的情况。假定商品由消费者购买（消费者购买消费品 C）、由企业购买（企业购买投资品 I）以及由政府购买（政府购买 G），用的是通货或信用卡，并假定企业按以货币衡量的相同价格 P 出售商品，它们得到的付款也许是用通货，也许是用信用卡。企业为什么只接受通货和信用卡而不是个人借据？这是因为要核查一个人的信用历史情况，成本极高。货币理论家会说，在信用系统中缺乏个人的记录。每个人都认可政府提供的通货和维萨信用卡/万事达信用卡，可没有多少人知道我或我的信誉。

信用卡系统操作起来是有成本的。信用卡发行者必须建立通信网络，必须核查持卡人的信用历史。信用卡持有人每月必须结算，填补欠款。假定对于当期用信用卡交易的每单位实际商品，银行出售信贷服务的价格是以商品单位表示的 q，以此来代表这些成本。此外，信用卡服务的供给曲线是 $X^s(q)$，表明的是给定每一价格 q，信用卡服务的供给量（在此期间用信用卡购买的商品数量）。在图 12-2 中，信用卡服务的供给曲线是上升的，原因在于提供信用卡服务的边际成本是递增的。

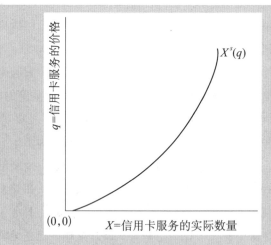

图 12 - 2　信用卡服务的供给曲线

该供给曲线是向上倾斜的，这是因为扩大信用卡余额的利润会随着 q 的提高而增加，所以银行会增加供给量。

我们将假设当经济主体用信用卡购买商品时，在当期末按零利率偿还欠银行的债务。如果消费者、企业或政府想从一个时期到下一个时期借债（或放贷），他们就可以在该时期伊始在信贷市场上按市场名义利率 R 进行借贷。

信用卡服务市场的均衡与货币需求

为了确定信用卡服务的需求，我们需要考察消费者、企业和政府作为在商品市场需求面的购买主体的行为。假定所有这些经济主体打算集体购买 Y 单位商品，他们的决策与他们想用信用卡购买的商品数量〔用信用卡服务的需求 $X^d(q)$ 表示〕有关，而剩余部分 $Y - X^d(q)$ 则是用通货购买的商品数量。我们需要确定 $X^d(q)$ 是什么样的，然后在信用卡服务的供给曲线既定的情况下（如图 12 - 2 所示），我们就可以确定信用卡服务的均衡数量和价格。

假定经济主体考虑用信用卡多购买一单位商品，用通货少购买一单位商品。从边际角度上来说，其成本和收益是多少？经济主体在当期可能要少持有 P 单位通货进行交易，该数量可能在信贷市场上被放贷出去，在未来伊始产生 $P(1+R)$ 单位的货币。因此，在未来伊始，边际收益是 $P(1+R)$ 单位的货币。不过，在该时期末，消费者必须放弃 $P(1+q)$ 单位的货币，以便偿还信用卡债务，向银行提供的信用卡服务付酬。假定在该时期末可利用的任何货币必须以通货形式持有，直到下一时期伊始为止。因此，用信用卡多购买一单位商品的边际成本是 $P(1+q)$，即下一时期伊始的货币量。

经济主体想怎么做？这取决于边际收益与边际成本的比较。如果

$$P(1+R) > P(1+q) \tag{12.4}$$

或者 $R > q$，那么边际收益就大于边际成本，经济主体将用信用卡购买所有商品。

可是，如果

$$P(1+R)<P(1+q) \tag{12.5}$$

或者 $R<q$，那么边际收益就小于边际成本，经济主体将用通货购买所有商品。如果 $R=q$，那么，经济主体是用通货还是用信用卡都无所谓。这意味着，信用卡服务的需求曲线如图 12-3 所示。该需求曲线在 $q=R$ 时具有完全弹性。因此，信用卡服务的均衡价格是 R，信用卡服务的均衡数量是 X^*。

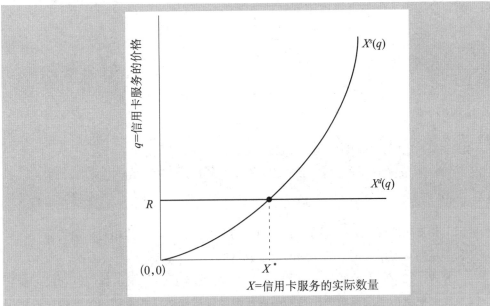

图 12-3　信用卡服务市场的均衡

信用卡余额的需求曲线在价格 $q=R$ 时是水平的，信用卡服务的均衡价格是 $q=R$，均衡数量是 X^*。

　　如图 12-4 所示，如果名义利率从 R_1 上升至 R_2，将会发生什么情况？在均衡中，信用卡服务的价格上升，信用卡服务的数量会从 X_1^* 增加到 X_2^*。于是，我们可以把信用卡服务的均衡数量写成 $X^*(R)$，这是名义利率 R 的增函数——如图 12-4 所示，当名义利率上升时，信用卡服务的均衡数量增加。

　　这种情况的发生实际上是因为名义利率越高，用通货进行交易的机会成本就越大。这意味着当信用卡服务市场处于均衡状态时，用通货购买的商品数量是 $Y-X^*(R)$，消费者、企业和政府想持有的用于交易的名义通货数量则为：

$$M^d = P[Y-X^*(R)] \tag{12.6}$$

但由于等式（12.6）右边的函数是 Y 的增函数，是 R 的减函数，故可把等式（12.6）简写成：

$$M^d = PL(Y,R) \tag{12.7}$$

式中，函数 L 是实际收入 Y 的增函数，是名义利率 R 的减函数。请注意，倘若我们把对使用借记卡和支票的分析也包括进来，通货需求的函数形式与等式（12.6）是一样的。在交易中使用借记卡或支票涉及付息银行负债的所有权转移。因此，

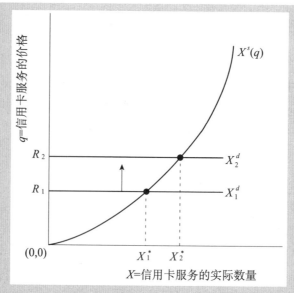

图 12 - 4　名义利率上升对信用卡服务市场的影响

名义利率从 R_1 上升到 R_2，使信用卡余额的需求曲线从 X_1^d 移动到 X_2^d。信用卡余额的均衡价格从 R_1 上升到 R_2，均衡数量从 X_1^* 增加到 X_2^*。

借记卡和支票的使用必然会随着名义利率的上升而增加，因为相对于通货而言，名义利率越高，使用借记卡和支票的成本就越低。

等式（12.7）中的函数 $PL(Y, R)$ 是一个名义货币需求函数，但它很可能会误导我们把货币需求函数当作是商品或服务的需求函数。在我们的模型中，给定银行有关信用卡服务供给的选择，给定消费者、企业和政府在进行交易时将如何利用现金和信用卡的选择，推导出货币需求函数这种均衡关系。

名义货币需求与价格水平成正比，因为对于消费者和企业在其选择支付手段时至关重要的数量是实际货币数量 M^d/P。随着实际收入的增加，货币需求增加，因为消费者和企业希望随着实际收入的增加从事更大的实际交易量，且银行系统提供其他支付手段的能力是有限的。最后，随着名义利率的上升，货币需求下降，因为名义利率越高，持有现金的机会成本就越高，所以消费者和企业更倾向于使用其他支付手段，诸如信用卡和借记卡。

把近似的费雪关系式（12.3）作为一个等式（也就是说，假定实际利率和通货膨胀率都很小），这意味着我们可以用 $r+i$ 替代等式（12.7）中的 R，得到：

$$M^d = PL(Y, r+i) \tag{12.8}$$

就本章以及第 13 章和第 14 章所作的大部分分析来看，我们分析的都是没有涉及长期通货膨胀变化影响的经济实验。也就是说，我们在这些章考察的大部分实验，都是让通货膨胀率 i 不受影响。当 i 在等式（12.8）中是常数时，为简便起见而令其为零并无大碍，这意味着等式（12.8）变为：

$$M^d = PL(Y, r) \tag{12.9}$$

其中，Y 和 r 是给定的，等式（12.9）右边的函数与 P 呈线性关系，斜率为 $L(Y,$ $r)$，图 12-5 描绘了这个函数。如果实际收入增加，比如从 Y_1 增至 Y_2，那么，在图 12-6 中，货币需求曲线就会从 $PL(Y_1，r)$ 向右移至 $PL(Y_2，r)$。如果实际利率 r 下跌，货币需求曲线也同样会向右移动。

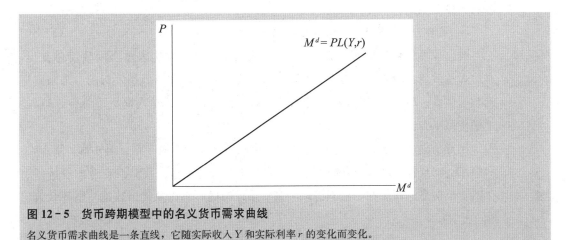

图 12-5 货币跨期模型中的名义货币需求曲线

名义货币需求曲线是一条直线，它随实际收入 Y 和实际利率 r 的变化而变化。

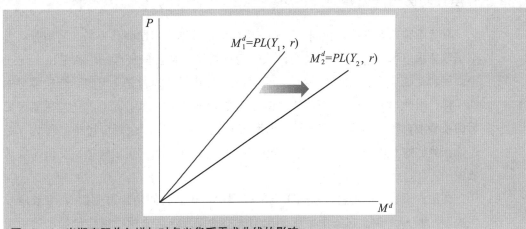

图 12-6 当期实际收入增加对名义货币需求曲线的影响

随着当期实际收入 Y 的增加，或者实际利率 r 下跌，当期名义货币需求曲线向右移动。

政府

为了考虑政府发行货币的能力，我们必须对第 10 章关于政府的讨论作些补充。为此，假定在货币跨期模型中，有一个称为政府的唯一机构负责财政政策和货币政策。因此，假如我们把美国财政部与美联储结合在一起，并将它们置于国会的控制之下，得出来的基本上就是货币跨期模型中的这个政府。在美国，作为货币当局的美联储实质上是独立于财政部的，而财政部是由美国政府掌管的联邦财政当局。中央银行与联邦政府间的这种安排，各国差别很大。在一些国家，诸如美国，中央银行有相当大的独立性，而一些国家则不然。

当期，政府购买 G 单位消费品并支付上期发行的政府债务余额的本息 $(1+R^-)B^-$，其中，B^- 是政府上期发行的一期名义债券数量。当期，这些债券到期了，每一张债券的名义利率是 R^-。当期政府购买和政府债务的本息加在一起，构成当期政府总支出，其筹资来源是税收、发行新的债券和印制钞票。因此，当期政府预算约束是：

$$PG+(1+R^-)B^-=PT+B+M-M^-   \tag{12.10}$$

政府预算约束等式（12.10）用名义值表示，等式左边表示当期政府总支出，右边表示政府总收入。在右边，PT 表示名义税收；B 表示当期发行的、未来到期的政府债券；$M-M^-$ 表示名义货币供给的变化，其中 M 是当期货币总量，M^- 是上期货币供给。

把货币创造 $M-M^-$ 加进政府预算约束，对于我们在第 5 章、第 9 章、第 10 章和第 11 章分析的各种模型来说是重要的一步，在这些章，我们没有考虑经济中发生的货币交易。而现在，我们可以考察货币政策的影响以及货币政策与财政政策的相互作用。

竞争性均衡——完整的货币跨期模型

在货币跨期模型中，我们要分析三个市场，分别是当期商品市场、当期劳动力市场和货币市场。如第 11 章研究的实际跨期模型一样，信贷市场均衡是由上述三个市场均衡确定的。当期商品市场和当期劳动力市场的运行完全与实际跨期模型中的一样，因此本章与第 11 章的模型唯一重要的不同是添加了货币市场。在加入货币的模型中，我们需要分析银行、消费者和企业在信用卡余额市场中的行为。不过，在我们的上述分析中，我们已经说明了所有这些行为都可以囊括在货币需求函数中。

在包含了货币市场这一新的市场的模型中，我们将假定货币供给 M^s 由政府外生决定，即 $M^s=M$。在货币市场处于均衡的状态下，名义货币供给量等于货币需求量，或者

$$M=PL(Y, r)   \tag{12.11}$$

图 12-7 揭示了货币市场的运作，其中，名义货币需求曲线 M^d 向上倾斜且与 P 呈线性关系，与前面相同。这里，我们加进了货币供给曲线，它在数量 M 处是一条垂直线，原因在于货币供给是外生的。名义货币需求曲线与名义货币供给曲线的交点决定了价格水平 P。图中，均衡价格水平是 P^*。

接下来，我们将货币市场加进第 11 章的实际跨期模型中，图 12-8 说明了货币跨期模型中的内生变量是如何确定的。图 12-8（b）描述了当期商品市场均衡，产出需求曲线 Y^d 和产出供给曲线 Y^s 共同决定了均衡实际利率 r^* 和均衡总产出量 Y^*。在图 12-8（a）中，给定均衡实际利率 r^*［它决定了劳动供给曲线 $N^s(r^*)$ 的位置］，劳动需求曲线 N^d 和劳动供给曲线 $N^s(r^*)$ 共同决定了均衡实际工资 w^*

和均衡就业量 N^* 。在图 12-8（c）中，均衡产出量 Y^* 和均衡实际利率 r^* 决定了货币需求曲线 M^d 的位置。因此，在图 12-8（c）中，货币需求曲线和货币供给曲线决定了均衡价格水平 P^* 。

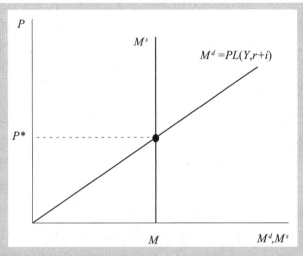

图 12-7 货币跨期模型中的当期货币市场
该图给出了当期名义货币需求曲线 M^d 和货币供给曲线 M^s ，二者的交点决定了均衡价格水平，即图中的 P^* 。

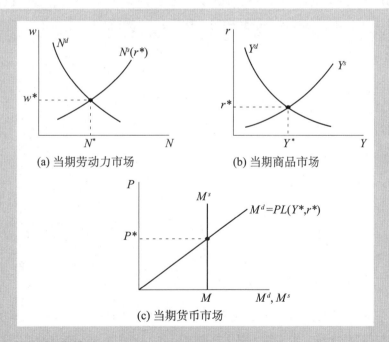

(a) 当期劳动力市场　　　　(b) 当期商品市场

(c) 当期货币市场

图 12-8 完整的货币跨期模型
在这个模型中，均衡实际利率 r^* 和均衡当期总产出 Y^* 在图（b）中得到确定。在图（a）中，实际利率决定了劳动供给曲线的位置，并确定了均衡实际工资 w^* 和均衡就业量 N^* 。在图（c）中，给定均衡实际利率 r^* 和均衡产出 Y^* ，均衡价格水平 P^* 在货币市场中得以确定。

货币供给量增加与货币中性

政府通过其中央银行，有权采取不同手段来增加货币供给。从历史上看，政府的印钞权一直是很重要的，因为发行新的货币不仅能将资金转移到私人部门，而且能够改变私人部门持有的生息资产数量，还能够为政府支出筹资。本节想确定货币供给的一次性增加对当期宏观经济变量的影响。正如我们将要看到的，货币供给水平的这种变化是**中性的**（neutral），因为实际变量都没有变化，但所有名义数量都与货币供给成比例变化。在货币经济学中，货币中性是一个重要概念，我们要理解它背后的理论及其在实践中的含义。

在货币跨期模型的实验中，我们假定，在当期之前，货币供给的数量固定为 $M = M_1$，如图 12-9 所示。在当期之前，每个人都预期货币供给永远固定在数量 M_1 上。然而，在当期，货币供给会从 M_1 增至 M_2，然后就永远保持在这个水平上。是什么导致了货币供给有这样的增加？根据政府预算约束式（12.10），当期货币供给的变化（即 $M - M^- = M_2 - M_1$）是正的，而当期货币供给的这种正的变化需要等式（12.10）的其他项来抵消。由于上期的名义利率 R^- 和政府上期发行的债券数量 B^- 是上期基于流通中的货币数量永远为 M_1 这个预期确定的，因此，只有等式（12.10）中的其他项才会受到影响。有如下三种可能：

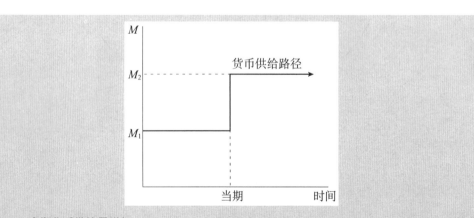

图 12-9 当期货币供给量增加
该图显示了货币供给从 M_1 到 M_2 的一次性增加。

1. 政府可能减少当期税收 T。货币供给增加反映在对家庭减少征税上，这如同增加了转移支付。米尔顿·弗里德曼（Milton Friedman）把这种增加货币存量的方法称为**"直升飞机撒钱"**（helicopter drop），因为这很像政府的直升飞机飞越乡村撒钱。

2. 政府可能减少当期发行的债券数量 B。这就是**公开市场业务**（open market operation），它在实践中是这样操作的：财政当局发行生息政府债券后，货币当局即中央银行通过发行新的货币来购买部分政府债券。**公开市场购买**（open market purchase）是货币当局用货币换取生息债券，而**公开市场出售**（open market sale）是用出售货币当局最初持有的生息债券换取货币。在我们这里所分析的情形中，货币供给是增加的，因此是公开市场购买。在美国，货币供给的日常控制主要由美联储通过公开市场业务来完成。

3. 政府可能暂时增加当期政府支出数量 G。政府可以印制钞票为政府支出提供资金。当政府这样做时，它就征收了**铸币税**（seigniorage）。铸币税最初是指领主或统治者从发行硬币中获取的利润，但现在用意广泛，指政府从发行货币中获取的收入。铸币税也指从**通货膨胀税**（inflation tax）中获取的收入，因为政府多印钞一般会使价格上升。从历史上看，铸币税曾经是重要的创收手段。在美国的南北战争期间和第一次世界大战期间，铸币税是联邦政府主要的收入来源。

鉴于本章的目的，最适宜的做法是，假定货币供给增加是通过前面提到的第一种方法（即把货币一次性全部转移给典型消费者）来实现的。在当期货币供给从 M_1 增至 M_2 时，均衡状态会发生什么情况？这里，由于货币供给水平对劳动供给、劳动需求和商品供求无影响，因此图 12 - 10 中的 N、Y、r 和 w 不受当期货币供给 M 的影响。也就是说，存在**古典二分法**（classical dichotomy）：在图 12 - 10 中，货币跨期模型解出了劳动力市场和商品市场中的所有实际变量（产出、就业、实际利率和实际工资），然后，给定实际产出，就可以确定货币市场中的价格水平。实际经济活动与名义变量（货币供给、价格水平）是完全分开的。在图 12 - 10（b）中，实际利率和当期实际产出分别由 r_1 和 Y_1 给出，而在图 12 - 10（a）中，均衡实际工资和就业水平分别是 w_1 和 N_1。

在货币跨期模型中，我们要考察从当期起货币供给量为 M_2 而不是 M_1 的影响。在图 12 - 10 中，这对实际经济活动没有影响，因为劳动力市场和商品市场不受货币供给水平的影响。然而，这对价格水平有影响。在图 12 - 10（c）中，货币供给曲线会因货币供给从 M_1 增至 M_2 而右移。货币需求曲线不受影响，因为 Y 未变，r 也未变。结果，在均衡状态下，价格水平会从 P_1 升至 P_2。此外，对于价格水平上升多少，我们也可以谈一谈。由于在均衡状态下，$M=PL(Y, r)$（货币供给等于货币需求），又由于 Y 和 r 不受 M 增加的影响，所以 P 一定与 M 成比例地提高，因此 $M/P=L(Y, r)$ 保持不变。也就是说，如果 M 增加 10%，那么 P 就提高 10%，因此实际货币供给 M/P 不受影响。需要注意的是，货币供给量增加会导致价格水平提高。通货膨胀率（价格水平的变动率）只会从上期到当期一次性提高，而非长期提高。

于是，在货币跨期模型中，货币是中性的。如果货币供给水平的变化只造成价格成比例地提高，而对其他实际变量都没有影响，我们就认为货币中性成立。因此，这里，货币供给水平的变化无关紧要。不过，这并不意味着货币不起作用。在这个模型中，假如没有货币，就没有商品可消费，因为货币是取得这些商品所必需的。在现实中，即使货币是中性的，但我们也知道，如果取消了货币，那么人们在交易时就不得不用更麻烦的手段，如物物交换。这不仅会大大降低效率，而且一般而言，人们的境况也会变差。

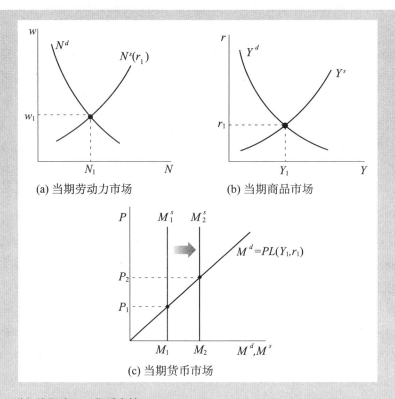

(a) 当期劳动力市场　　(b) 当期商品市场

(c) 当期货币市场

图 12 - 10　M 增加的影响——货币中性

货币跨期模型中的货币供给量从 M_1 增至 M_2，对任何实际变量都没有影响，但价格水平与货币供给会成比例地提高。货币是中性的。

　　货币中性是现实世界的一个特征吗？从某种意义上讲，显然几乎就是。假定政府魔术般地把所有美元面值后面都加了一个零。即假定一夜间所有 1 美元钞票都变成 10 美元钞票，所有 5 美元钞票都变成 50 美元钞票，等等。再进一步假定这种变化数月前就宣布了。似乎可以明确的是，早上每个人醒来时，他们持有的货币都增至原来的 10 倍，所有商品销售者大概都预期，这种变化也会使商品价格同样升至原来的 10 倍，但总体经济活动没有发生实质变化。尽管这种设想的实验有助于我们理解货币中性背后的逻辑，但现实中的货币供给并不是以这种方式增加的；事实上，关于短期的货币中性的程度尚争论不休。

　　不过，一般认为货币在长期是中性的。如果中央银行打算增加货币供给，经过一段时间之后，不管货币供给量的增加是否发生过，对任何人都没什么影响。不过，经济学家们对于其在实践中的长期含义还是有不同的看法。中央银行采取的措施对实际经济变量的影响在 3 个月、6 个月、2 年或 10 年之后真的会消失？在本章的后面，我们将探讨短期非中性货币模型的含义。在该模型中，短期与长期之间的差异具有很特殊的意义。

货币需求的变化

在货币跨期模型中，货币需求是由消费者和企业在交易中对使用支付手段的选择以及银行对信用卡服务的选择决定的。影响信用卡服务的需求或供给的任何因素，都将引发货币需求的变化。

在此，我们将重点分析信用卡服务的供给变化所产生的影响。在图 12-11 中，假定信用卡服务的供给曲线从 $X_1^s(q)$ 向左移至 $X_2^s(q)$。这种变化可能是由比如普遍断电而使某些零售商与信用卡发行者间的通讯中断所致。结果，虽然信用卡余额的价格保持不变，即 $q=R$，但信用卡余额的市场数量从 X_1^* 下降到 X_2^*。因此，对于每一 R，信用卡服务的均衡数量 $X^*(R)$ 会降低。以前讲过，名义货币需求由下式给定：

$$M^d = PL(Y,R) = P[Y - X^*(R)]$$

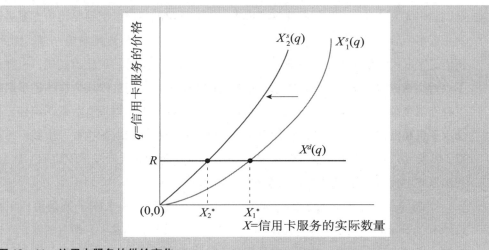

图 12-11　信用卡服务的供给变化
信用卡服务的供给减少并不改变均衡价格，但均衡数量降低了。

所以，对于每一 P、Y 和 R，现在的货币需求都会增大。

我们再令 $i=0$，故名义利率等于实际利率，或者说 $R=r$。在图 12-12 中，货币需求增加，货币需求曲线向右移动，从 $PL_1(Y, r)$ 移至 $PL_2(Y, r)$。现在，Y 和 r 在商品市场和劳动力市场中得到确定，它们不受货币供给和货币需求变化的影响。因此，价格水平会从 P_1 降为 P_2。由于实际货币需求上升了，实际货币供给 (M/P) 也必定上升，以满足增加的需求，且这种情形只会在 P 下跌时发生。

除了我们所举的断电例子，是什么原因引起信用卡服务的供给曲线和需求曲线变化从而导致货币需求函数的变化？

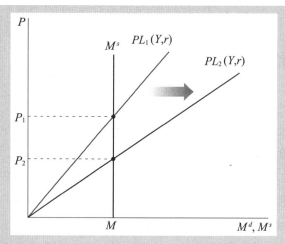

图 12 - 12　货币需求的变化

货币需求曲线向右移动，使均衡价格水平 P 从 P_1 降为 P_2。

1. 新的信息技术降低了消费者获取银行账户的成本。1970 年，银行没有自动取款机（ATM）或借记卡。交易账户一般只能去银行办理或用支票进行交易。自动取款机大大减少了与银行打交道的成本。而电子化的借记卡交易要比用支票进行交易成本明显下降，后者需要将支票存入银行，再通过支票清算系统办理。因此，用借记卡取代支票减少了银行业务成本。网上银行业务是另一项技术发展，也降低了银行交易成本，减少了货币需求。在我们的模型中，我们可以认为这些进步缩短了补充现金余额的平均时间，这通常会减少每个人持有的平均现金数量。例如，自动取款机和借记卡更加广泛地应用意味着，如果每周在自动取款机取一次钱，每次取 140 美元，则持有平均现金余额 70 美元，而如果每两天在自动取款机取一次钱，每次取 40 美元，则持有平均现金余额 20 美元。

2. 新的金融工具降低了银行业务成本。这种工具的一个例子就是清理账户（sweep account）。这是由银行提供的、由企业（以及某些消费者）所有的账户，通过转入或转出生息账户，自动使交易账户中的货币余额最小化。对于银行而言，提供交易账户的成本较大，部分原因在于，交易账户要符合准备金要求（见第 17 章的讨论），故减少交易账户中的总余额会降低银行的成本。因此，清理账户会降低银行业务成本，减少货币需求。

3. 政府管制的变化。《1980 年存款机构解除管制和货币控制法案》（Depository Deregulation and Monetary Control Act of 1980）就是一例，该法案允许存款机构（银行、储蓄和贷款机构、信用合作社）支付交易账户利息。这样做会降低银行业务成本，减少货币需求。

4. 可感知的银行风险的变化。如果消费者和企业认识到持有银行存款的风险性比较大，比如，如果他们认为银行会倒闭从而失去存款，那么，消费者和企业就会放弃与银行系统打交道，直接用通货进行交易。在美国的大萧条期间以及最近的全球性金融危机时期，能够感受到的银行不稳定性使得家庭对其银行存款的价值忧心忡忡，就会明显增加对通货的需求，继而增加货币需求。对于银行的小储户来说，银行的风险性目前并不是问题，因为有政府提供的存款保险，但对于大储户来说这可能还是很重要的。我们将在第 17 章作进一步讨论。

5. 银行系统的时时、日日、周周环境的变化。一天之间、一周之间或一月之间有很多次金融交易量特别高或特别低。比如，银行间和其他金融机构间的交易量往往随着金融交易者接近金融交易日结束而大增。随着金融交易量的上升，拥挤使交易的边际成本上升。在我们的模型中，这如同信用卡余额的供给曲线向左移动。很多这类影响是可预测的，但时常会出现对金融系统的不可预测冲击，诸如大型金融机构的倒闭，或金融网络因断电或恐怖袭击而无法运转。倒闭也好，无法运转也罢，都会增加货币需求。

专栏

理论与经验数据：货币需求函数的不稳定性

货币需求函数的变化在实践中是件大事吗？为了回答这一问题，我们来看一看美国 1959—2012 年间 M1 的需求。首先我们必须选择一个特定的函数，可以用来拟合该数据。我们将假定：

$$L (Y, R) = Ye^{aR}$$

式中，e 约等于 2.72，是自然对数的底。参数 a 满足 $a < 0$，且我们想选择的值能使该货币需求函数尽可能地拟合数据。这种形式的货币需求函数表明，货币需求与实际收入成正比，因而经济的规模与每个人想持有的实际货币数量无关。

根据货币市场的均衡条件式 (12.7)，我们得到：

$$M = PYe^{aR}$$

或者，我们把上式改写成自然对数形式：

$$\log\left(\frac{M}{PY}\right) = -aR$$

假定我们的货币需求理论是一个好理论，我们对货币需求函数已选定了一个好的函数形式，且货币需求函数仅有随机变化。于是，一条负斜率的直线应当与货币除以名义国内生产总值的对数和名义利率的数据拟合得很好。

如果我们用 M 来衡量 1959—2012 年间的 M1 数量，用 PY 来衡量名义 GDP，将 R 作为短期国债利率，那么，我们就可以得到散点图 12-13。图中，纵轴表示名义利率（百分数），横轴表示货币与名义 GDP 比率的自然对数。图中的散点分为两个时期，一是 1959—1979 年间，二是 1980—2012 年间。

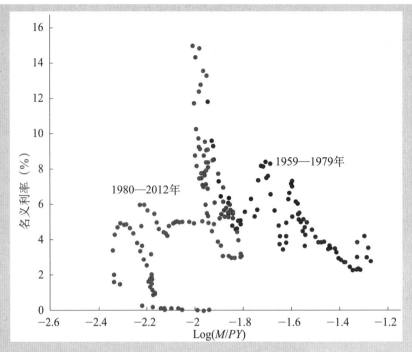

图 12 - 13　货币需求的不稳定性

本图显示出 1959—1979 年间和 1980—2012 年间的货币需求关系。早期似乎存在着一种稳定的货币需求关系，但在后期却不然。

12

　　1959—1979 年间，图中的货币需求函数拟合得很好，各点与一条直线十分接近，围绕该直线的变异量很小。可是，1980 年之后，看似一个稳定的货币需求函数开始发生剧烈变化。的确，如果我们在数学上用一条直线来拟合 1980—2012 年的各点，该直线可能会向上倾斜，这以我们的货币需求理论来看是讲不通的。

　　当然，我们对自 1980 年以来极大地影响着货币需求的因素了解得不少。比如，自动取款机、借记卡、信用卡的使用越来越普及，管制也发生了巨大变化，特别是《1980 年货币控制法案》的实施。的确，图中 1980—2012 年间的各点可能与一条正斜率的直线相拟合，因为在此期间，虽然名义利率下降了，但其他因素引起了货币需求下降。因此，不断下降的货币需求与不断下跌的名义利率相一致，尽管不断下跌的名义利率引起货币需求量增加。

　　货币需求不稳定是一个关键问题，它导致中央银行放弃盛行于 20 世纪七八十年代的某些货币主义思想。我们在图 12 - 13 中可以看出的这种不稳定性，不仅仅是美国的问题，在其他国家也同样存在。以米尔顿·弗里德曼的思想为代表的货币主义的基本理念是货币需求是稳定的，且可以用一个简单的、仅有少量变量的函数来描述。在稳定的货币需求函数前提下，货币主义者提出，中央银行应根据可观测的货币存量变化来实施和评价货币政策。事实是货币需求是不稳定的，且自 1980 年后这种不稳定性越来越明显，使得人们对货币主义思想产生了怀疑，本章后面将予以讨论。

货币短期非中性：弗里德曼-卢卡斯货币意外模型

宏观经济学家关于货币政策在短期对实际总体经济变量会产生怎样的影响，众说纷纭。有关货币非中性的各种宏观经济模型，对于中央银行应采取怎样的行动的主张大相径庭，所以我们要理清这些争执不下的思想。

本节将研究一个特殊的货币非中性模型——弗里德曼-卢卡斯货币意外模型，该模型产生于 20 世纪 60 年代末 70 年代初。我们还将把货币意外模型与 20 世纪八九十年代的一项宏观经济研究成果——市场分割模型联系在一起。在第 13 章和第 14 章，我们将在新货币主义模型（第 13 章）和新凯恩斯主义黏性价格模型（第 14 章）框架下进一步探讨短期货币非中性。

米尔顿·弗里德曼于 1968 年勾画出货币意外模型背后的理论[1]，后来罗伯特·卢卡斯于 1972 年对此作了系统阐述[2]。卢卡斯的研究成果标志着理性预期革命的兴起，卢卡斯因此而获得 1995 年诺贝尔经济学奖。

在 20 世纪 60 年代，宏观经济学家一直把货币短期非中性看作是工资黏性和价格黏性的结果。弗里德曼-卢卡斯模型首次提出这样一个理论，即在灵活的工资和价格这一背景下，货币供给水平的变化会产生实际影响。

该理论的一个关键因素是，在短期，工人对影响其决策的总量变量所掌握的信息不完全。按照该理论，一个工人（比如我们叫他鲍勃）对于直接关系到他的事情（比如目前的名义工资）拥有完全信息。可是，鲍勃并非总是购买所有商品，对价格水平并不掌握完全信息。而且，鲍勃不可能立即观察到影响经济的总量冲击，像全要素生产率的变化和货币供给的变化。在这些情况下，当工资没有真正增加时，鲍勃可能把其名义工资的上涨错误地认为是其实际工资的增加，还傻乎乎地更加努力地工作。货币"意外"可能引起产出波动，但这很可能是一件坏事。在该模型中，中央银行的作用就是要防止产生混乱，这也许意味着要使货币供给具有可预测性。

我们用修正的货币跨期模型来描述弗里德曼-卢卡斯货币意外模型，变化之处在于解释了不完全信息问题。在当期，鲍勃看到他的目前工资 W，$W=wP$，其中，w 是目前的实际工资，P 是价格水平。鲍勃在眼下作出劳动供给决定时，他关心的是实际工资而不是名义工资。如果鲍勃知道目前的价格水平，他算出实际工资没有问题，即他算出的实际工资是 $w=W/P$。但问题是，鲍勃买很多东西，且在任何一个时期都不是买所有东西。例如，在实践中，消费者一般每周买一次食品杂货，也

---

[1] 参见 M. Friedman，1968. "The Role of Monetary Policy," *American Economic Review* 58，1 – 17。

[2] 参见 R. Lucas，1972. "Expectations and the Neutrality of Money," *Journal of Economic Theory* 4，103 – 124。

许每月或每季买几件衣服，每两年或更长时间买一辆新车。为简化起见，假定鲍勃在当期并不知道目前的价格水平。这意味着他也不清楚其目前的实际工资 w。

我们假定有两种冲击可能影响宏观经济。第一种是全要素生产率 z 的暂时变化，第二种是货币供给 M 的永久增加。我们还假定鲍勃在当期无法知道 z 或 M，但他知道 z 的暂时冲击或 M 的永久冲击会影响经济。虽然鲍勃不知道价格水平或无法直接知道实际工资，但他可以基于其当期名义工资如何变化，对影响经济的特定冲击的可能性作出推断。

给定鲍勃的生活环境，他将如何作出决策？假定在当期，鲍勃看到其名义工资 W 上涨。只要鲍勃知道事情是如何发生的，他就会明白，W 上涨可能是因为货币供给永久地增加或全要素生产率暂时提高。倘若鲍勃知道影响经济的全要素生产率冲击和货币供给冲击多久出现一次，他就会知道任何一种冲击之后，当期 W 上涨的可能性。我们根据图 12 - 10 的货币中性结果可知，如果具有完全信息（鲍勃可能知道经济中的所有变量），货币供给水平的永久性提高会引起价格水平同比例上升，没有产生实际影响，那么目前的实际工资 w 就会保持不变。因此，鲍勃不会改变劳动供给。另外，如果在完全信息情况下，全要素生产率 z 暂时提高，实际工资 w 会上涨，当期价格水平会下跌，因为实际货币需求 $L(Y, r)$ 增加了（由于 z 提高，Y 增加，r 下降）。假定在完全信息情况下，wP 上升。因此，在这种情况下，鲍勃因实际工资增加而可能想增加劳动供给，且名义工资的增加实际上代表着实际工资的增加。

现在的问题是，鲍勃并不知道当期名义工资的增加是因为货币供给的永久性增加，还是因为全要素生产率的暂时性提高。这意味着如果货币供给真的增加了，引起名义工资上涨，那么，鲍勃推断，名义工资有可能因为暂时性生产率冲击而增加，因此他将增加劳动供给。劳动供给增加将引起产出增加。

为了用货币跨期模型说明其中的原理，请看图 12 - 14。最初，经济处于均衡状态，当期实际产出为 Y_1，实际利率为 r_1，当期价格水平为 P_1，当期就业为 N_1，当期实际工资为 w_1。然后，假定货币供给从 M_1 增加到 M_2，如图 12 - 14（c）所示。可是，当鲍勃看到他的名义工资 W 上涨时，他推断 z 也许已暂时提高了。从现实的实际工资（它是图 12 - 14（a）纵轴上的变量）来看，鲍勃感觉该实际工资比现实的实际工资高，这意味着劳动供给曲线向右移动，从 $N_1^s(r_1)$ 移动至 $N_2^s(r_1)$。货币供给增加并没有增加实际工资，全要素生产率提高引起实际工资上涨，且消费者认为无论哪种情况都有可能发生，所以，消费者的估计是实际工资增加。因此，当实际货币供给真的增加了，鲍勃对实际工资的估计比现实的实际工资要高。我们知道，当劳动供给曲线向右移动时，产出供给曲线也会向右移动，所以产出供给曲线就会从 Y_1^s 移动至 Y_2^s，如图 12 - 14（b）所示。在均衡状态下，产出水平增至 Y_2，实际利率降至 r_2。消费随着实际收入的增加和实际利率的下降而增加，投资因实际

利率下降而增加。在图 12 - 14（c）中，名义货币需求曲线向右移动，从 $PL(Y_1,$
$r_1)$ 移至 $PL(Y_2, r_2)$，因为实际收入增加了，实际利率下降了。货币供给曲线也
向右移动，货币供给从 M_1 增至 M_2，但最终价格水平不得不从 P_1 上涨至 P_2。

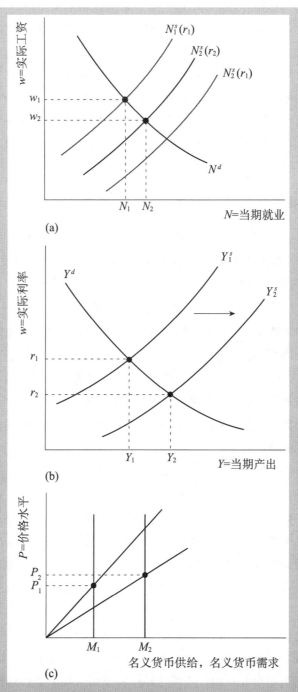

(a)

(b)

(c)

图 12 - 14　货币意外模型中货币供给意外增加的影响

货币供给意外增加使劳动供给曲线向右移动，因为现实的实际工资比工人认为的实际工资低。产出供给曲线向右移
动，产出增加，实际利率下降，增加了货币需求，引起价格水平上涨。货币不是中性的。

在图 12 - 14（a）中，当实际利率下降时，劳动供给曲线向左移动，从 $N_2^s(r_1)$ 移动至 $N_2^s(r_2)$，但劳动供给曲线向左移动不可能大于最初的向右移动，因为我们知道产出必定增加，而且如果就业没有增加，产出就不可能增加。因此，就业增加到 N_2，现实的实际工资下降到 w_2，尽管消费者感觉实际工资上升了。在均衡状态下，消费者的感知实际工资肯定增加了，这正是消费者不断增加劳动供给的原因。

货币意外模型的重要特征是：货币不是中性的。在短期，名义货币供给增加将引起实际利率和实际工资下降，而实际产出和就业增加。进一步说，由于在均衡状态下，$M/P = L(Y, r)$，且由于实际产出增加了，实际利率下降了，引起实际货币需求 $L(Y, r)$ 增加，M/P（实际货币供给）上升。也就是说，价格水平上升的幅度小于货币供给增加的幅度。

货币意外模型的货币政策含义：货币供给目标制和利率目标制

在弗里德曼-卢卡斯货币意外模型中，货币供给的意外增加引起就业和产出增加，这似乎是一件好事。在凯恩斯主义模型中，像新凯恩斯主义黏性价格模型（我们将在第 14 章讲到），中央银行在某些条件下增加货币供给以增加产出和就业具有经济效率。然而，在货币意外模型中，中央银行策划的意外增加货币可能是一件坏事。

在货币意外模型中，在我们之前所作的假设条件下，产出随着货币供给的增加而增加只是因为人们被愚弄了。在该模型中，最佳状态是消费者和企业完全知道经济会发生什么时的状态。在完全信息条件下，所有市场都出清——在劳动力市场中最优劳动数量得以买卖，在商品市场中最优商品数量得以买卖。也就是说，如果在货币意外模型中存在完全信息，那么，均衡状态的资源配置将是帕累托最优（回忆一下第 5 章的讨论）。

市场价格是传递对经济产生影响的各种冲击的重要信号。倘若这些信号清晰地传递给市场参与者，这将有助于经济资源的适当配置。例如，桃子的相对价格上涨表明桃子的数量不足。买桃子的人对此作出的反应就是少买桃子，转而去买其他水果；而卖桃子的人的反应是要把更多的桃子投放到市场。货币供给的变化也许只是给价格信号增加了噪声，这可能意味着市场参与者收到错误的信息。例如，在图 12 - 14 中，名义工资的增加纯粹是名义上的增加，但可能被误解为实际工资的增加。

在像这样的情况下，正如弗里德曼和卢卡斯所强调的，中央银行要采取的适当政策是使货币供给尽可能地可预见。弗里德曼的建议是[1]，中央银行应当采取一种不变的货币增长规则，按照这样一种规则，某个货币总量（弗里德曼认为是哪一个货币总量并不重要）在一定时期内应当按某一固定比率增长。

---

[1] 参见 M. Friedman，1968. "The Role of Monetary Policy," *American Economic Review* 58，1 - 17。

货币增长率目标制（money growth rate targeting）是 20 世纪七八十年代许多国家的中央银行所采用的规则，部分原因是受货币主义宏观经济学家（如弗里德曼和卢卡斯）的影响。**货币主义者**（monetarist）认为，货币因素是引起经济周期的最重要的因素，如果中央银行控制住了货币存量的增长，经济表现就会向好。

美联储于 1975 年开始宣布明确的货币总量增长目标，但在 1987 年就不再这样做了。其他国家的中央银行也认为货币增长率目标制不成功，现在很难找到哪国的中央银行还在紧盯着货币总量的行为。弗里德曼-卢卡斯货币意外模型出了什么错？

我们可以利用货币意外模型对美国和其他国家的可观察到的中央银行行为的某些特征作出合理解释。假定我们修正该模型，使之包含货币需求函数的变化，而这些变化都是由中央银行和私人部门经济主体难以察觉的货币需求冲击所致。又假定中央银行像工人和企业一样，不可能直接观察到全要素生产率，且也不可能观察到当期价格和工资。

倘若在货币意外模型中发生货币需求冲击，那么经济的反应就像货币供给意外变化时的反应。在图 12-15 中，假定货币需求增加，图 12-15（c）中的货币需求曲线从 $PL_1(Y_1, r_1)$ 向右移至 $PL_2(Y_1, r_1)$。价格水平会下降，名义工资也会下跌，所以，工人会认为他们的实际工资会因全要素生产率下降而降低。在图 12-15（a）中，劳动需求曲线向左移动（对应于每一水平的现实实际工资 w，劳动供给减少），从 $N_1^s(r_1)$ 移动至 $N_2^s(r_1)$。在劳动供给发生这种变化的情况下，图 12-15（b）中的产出供给曲线会从 Y_1^s 向左移至 Y_2^s。

因此，如图 12-15 所示，在均衡状态下，实际利率从 r_1 上升至 r_2，实际总产出从 Y_1 下降至 Y_2，劳动供给曲线最终移至 $N_2^s(r_2)$。在劳动力市场中，如图 12-15（a）所示，现实的实际工资从 w_1 上升至 w_2（尽管消费者推断实际工资下降），就业从 N_1 下降至 N_2。正如货币供给变化的情况一样，相对于如果每个人都拥有完全信息所发生的情况而言，此时发生的总产出下降从经济角度来说是无效率的。

中央银行要解决这种无效率问题，就要通过增加货币供给来适应货币需求的增加。如图 12-15 所示，当货币需求增加时，如果中央银行增加货币供给，从 M_1 增加到 M_2，那么，价格水平不会发生变化，因此任何实际变量也都不会发生变化。但是，如果中央银行不能观察到货币需求冲击，它如何能做到这一点？请注意，中央银行可以观察到市场利率，所以当货币需求冲击出现时，它能看到利率会上升，且可以通过增加货币供给的宽松货币政策来抵消利率上升。

因此，如果中央银行采取**利率目标制**（interest rate targeting），那么它可以防止货币需求冲击给工人传递错误信号。倘若中央银行看到市场利率有上升的压力，它就应增加货币供给；倘若它看到市场利率有下降的压力，它就应减少货币供给。

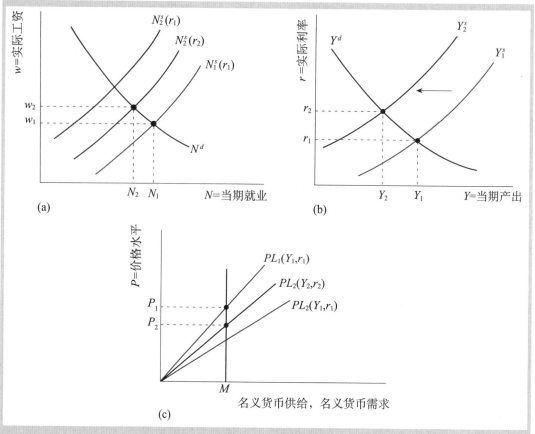

图 12 - 15　货币意外模型中货币需求意外增加
倘若货币需求增加且这未被直接察觉到，那么产出和就业将降低，因为工人误认为实际工资下降了。

　　可是，如果全要素生产率发生变化，利率目标制就会出现问题。如果全要素生产率变化未被中央银行直接察觉到，当全要素生产率提高时，中央银行将看到实际利率开始下跌。在图 12 - 16 中，全要素生产率提高，使得劳动需求曲线向右移动，从 N_1^d 移动至 N_2^d，如图 12 - 16（a）所示。图 12 - 16（b）中的产出供给曲线也将从 Y_1^s 向右移至 Y_2^s。由于中央银行实行的是利率目标制，为了让实际利率保持不变，中央银行必须紧缩货币政策，把货币供给从 M_1 减少到 M_2。这将会降低价格水平。在劳动力市场上，劳动需求的增加将抬高实际工资，但工人看到的是名义工资 $W = wP$。中央银行让利率保持不变的干预，将会大大降低价格水平，使得劳动供给曲线从 $N_1^s(r_1)$ 向左移至 $N_2^s(r_1)$。在均衡状态下，工人看到的名义工资与生产率冲击发生之前的水平相同，而且就业也同样如此，仍保持为 N_1。正是由于中央银行达到了其利率目标，产出供给曲线因劳动需求曲线的移动而向回移至 Y_1^s，总产出和实际利率没有变化。

　　在图 12 - 16 中，需要指出的重要一点是，当全要素生产率变化时，中央银行的利率目标制将意味着资源配置的无效率。可是，如果从短期来看货币需求冲击比全要素生产率冲击更重要，那么平均来看利率目标制会改善经济效率。的确，从一天、一周、一个月甚至一个季度来看，同全要素生产率冲击相比，改变货币需求的金融市场冲击是经济变化的更加重要的源泉。中央银行的一般做法（如美联储的做法）是大约每 6 周在华盛顿召开的联邦公开市场委员会（Federal Open Market Committee，FOMC）会议上固定名义利率目标（隔夜联邦基金利率目标）。理论告诉我们，全要素生产率的变化意味着这种目标利率会改变。例如，倘若全要素生产率提高，那么实际利率就会下降。但是，由于全要素生产率往往不会有太大变化，而且随着时间的推移变化很缓慢，这就使得可以不定期地重新调整目标，以应对基本的经济情况变化。

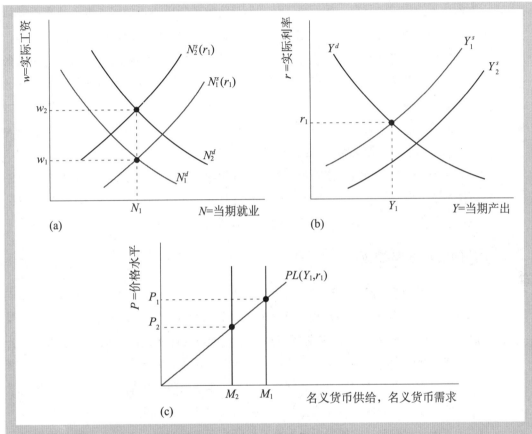

图 12 - 16　中央银行采取利率目标制时全要素生产率提高
调整货币供给，实际利率保持不变，就业也不变。

市场分割模型

不同于弗里德曼-卢卡斯货币意外模型但也具有非凯恩斯主义框架下货币短期非中性特征的模型是**市场分割模型**（segmented markets model）。该模型的早期研究成果当属朱利奥·罗坦姆伯格（Julio Rotemberg）[1] 以及桑福德·格罗斯曼

① J. Rotemberg，1984. "A Monetary Equilibrium Model with Transactions Costs," *Journal of Political Economy* 92，40 - 58.

（Sanford Grossman）和劳伦斯·韦斯（Laurence Weiss）[1]，后来还有罗伯特·卢卡斯[2]以及费尔南多·阿尔瓦雷斯（Fernando Alvarez）和安德鲁·阿特基森（Andrew Atkeson）[3] 的研究成果。在市场分割框架的某些变体中，货币在短期影响实际产出的机制与货币意外模型描述的机制紧密相关。

在市场分割模型中，不同的经济主体进入金融市场的程度不同，事实的确如此。有些消费者与金融机构打交道很频繁，而有些企业特别是金融行业企业和金融机构每时每刻都在与金融市场打交道。因此，当中央银行通过公开市场购买向经济体系注入货币时，只有一些经济主体立即成为这种货币注入的接受者。几乎不接触金融市场的消费者受中央银行增加货币供给的影响只是间接的且要经过很长时间。

在市场分割框架的某些变体中，企业需要流动性资产，以雇用劳动力，而且它们可能会受到持有流动性多少的限制。可是，如果中央银行意外增加货币供给，这些企业由于与金融市场联系紧密，将获得中央银行注入的额外流动性，结果会雇用更多的劳动力。这会使劳动需求曲线向右移动，其作用方式很像货币意外模型中的货币意外增加，在短期增加产出和就业。

市场分割模型与货币意外模型的货币政策含义很相像。特别是，货币意外增加可能增加 GDP 总量，但这些意外增加也增加了不确定性，是一个坏想法。不过，在市场分割模型中，通过增加货币供给来适应货币需求的增加，是一个好想法。

其他货币政策规则

中央银行家已经认识到名义利率目标制作为一种**货币政策规则**（monetary policy rule）表现良好。进一步说，证明使用名义利率目标制是有道理的，并不是非要取决于我们把弗里德曼-卢卡斯货币意外模型（或就此而论的市场分割模型）作为思考货币非中性的唯一途径。可能还有使货币政策具有实际影响的其他渠道。只要这些实际影响以某种方式与市场利率相关联，用货币供给增加来适应正的货币需求冲击的政策一般会使实体经济免受货币需求冲击的负面影响。

货币政策规则，比如货币增长率目标制或利率目标制，对经济变量与中央银行政策措施之间关系的描述，简单易懂。弗里德曼-卢卡斯货币意外模型让我们明白了货币政策规则的简化为什么是一件好事。政策规则越简单，私人部门理解起来就越容易，也就越能预测中央银行的行为。对中央银行要做什么捉摸不定是一件糟糕的事情，因为这可能会对价格传递给生产者和消费者的信号造成混乱。

但是，除了严谨的宏观经济学家所采用的货币增长目标制和利率目标制之外，

---

[1] S. Grossman and L. Weiss, 1983. "A Transactions-Based Model of the Monetary Transmission Mechanism," *American Economic Review* 73，871-880.

[2] R. Lucas, 1990. "Liquidity and Interest Rates," *Journal of Economic Theory* 50，237-264.

[3] F. Alvarez and A. Atkeson, 1997. "Money and Exchange Rates in the Grossman-Weiss-Rotemberg Model," *Journal of Monetary Economics* 40，619-640.

还有一些货币政策规则。有些国家的中央银行，包括新西兰储备银行、澳大利亚储备银行、英格兰银行、欧洲中央银行、加拿大银行，采用的是**通货膨胀目标制**（inflation targeting）。例如，加拿大银行将以消费价格指数衡量的年度通货膨胀率目标定为 2％，然后试图将该通货膨胀率保持在 1％～3％的范围内。如果通货膨胀率太低（高），加拿大银行就会采取宽松（紧缩）措施，降低（提高）隔夜名义利率目标。因此，通货膨胀率目标是一种中期目标，加拿大银行在非常短的时期内采用利率目标制，作为实现其中期通货膨胀目标的一项措施。在我们至此研究的模型中，我们尚未谈及通货膨胀的长期成本，但这些成本是在把控制通货膨胀作为中央银行的目标时最受关注的问题。我们将在第 17 章和第 18 章研究通货膨胀的成本。

另一种货币政策规则是**泰勒规则**（Taylor rule）。[1] 该规则像通货膨胀目标制，是指导中央银行政策利率短期目标选择的一种规则。泰勒规则告诉我们，如果通货膨胀率高于（低于）其目标，中央银行的目标利率就应当提高（降低）；如果实体经济活动高于（低于）实体经济活动目标，中央银行的目标利率就应当提高（降低）。泰勒规则承认存在货币非中性，这意味着货币政策具有稳定作用。关于货币政策在影响实际经济变量中有作用的主要现代理论是新凯恩斯主义经济学，我们将在第 14 章加以研究。

最后，目前得到某种程度关注的一种货币政策规则是**名义 GDP 目标制**（nominal GDP targeting）。该规则与泰勒规则密切相关，因为它承认货币政策在稳定实际数量中具有作用，同时它也与货币增长率目标制相关，因为它用比较容易衡量的名义经济变量来描述目标。在名义 GDP 目标制下，中央银行会选择名义 GDP 的未来路径，然后无论做什么都要使现实的名义 GDP 尽可能地接近该路径。名义 GDP 目标制的支持者对于中央银行应当做什么来实现名义 GDP 目标并不总是十分明确，但他们想的似乎是短期利率目标制。如果名义 GDP 高于（低于）目标，中央银行就应采取紧缩（宽松）措施，提高（降低）其利率目标。

零下限与量化宽松

名义利率不可能降低至零以下。为了弄清这一点，假定名义利率是负的。例如，如果我今天能借 10 美元，一年后还 9 美元，那么名义利率就可能是负的。但这会让我赚钱。今天我能借 10 美元，并以现金的形式持有一年，一年之后还 9 美元，赚取 1 美元的利润。这样，通过取得大量贷款，我就可以赚取巨额利润。这是一种**套利机会**（arbitrage opportunity）——赚取在均衡状态下不可能存在的利润的机会。这告诉我们，名义利率不可能小于零，因为金融市场的均衡状态意味着没有

---

[1] J. Taylor, 1993. "Discretion vs. Policy Rules in Practice," *Carnegie-Rochester Conference Series on Public Policy* 39, 195 - 214.

套利机会。

在实施货币政策时，中央银行不能让名义利率低于零——用名义利率有零下限来约束货币政策。在我们对名义利率目标制的讨论中，我们看到通过下调利率来实施宽松货币政策的情况是恰当的。但是，倘若名义利率为零，就不可能再实施这样的宽松政策。在我们的模型中，由于我们的分析是在假定通货膨胀率为零的情况下进行的，因此，当实际利率 $r=0$ 时，本模型中的中央银行触到零下限。

思考这一点的另一种方法是，当 $r=0$ 时，经济处于**流动性陷阱**（liquidity trap）中。当出现流动性陷阱时，把图 12-17 中的货币需求看作是在价格水平上具有无限弹性。于是，如果货币供给因中央银行对政府债券的公开市场购买而从 M_1 增加到 M_2，这不会产生任何作用，甚至对价格水平也没有影响。这是因为，在流动性陷阱情况下，政府债券和货币实质上是等同的——二者都不生息，所以，如果中央银行用货币换政府债券，这不可能有什么影响。

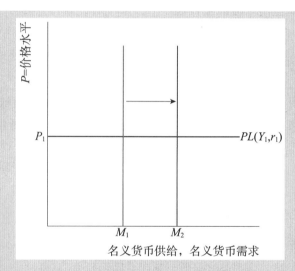

图 12-17　流动性陷阱
货币需求曲线在价格水平处是无限弹性的。增加货币供给没有作用。

在最近的这次金融危机期间及之后，有些国家的中央银行实际上已陷入流动性陷阱状态。例如，在美国，隔夜联邦基金利率目标定为 0~0.25%，从 2008 年末到现在一直如此，并承诺该目标保持到 2015 年中期。

中央银行的名义利率目标一旦变成零，还能采取宽松政策吗？有些国家的中央银行这样想。一般来说，中央银行试图通过对短期政府债券的公开市场出售和购买来控制市场利率。传统的观点是，对短期政府债券的公开市场购买主要是降低短期利率，对长期利率没有多大影响。但是，倘若中央银行购买长期政府债券，或许能降低长期利率。中央银行购买长期政府债券是一种**量化宽松**（quantitative easing，QE）。量化宽松一般指中央银行在出现流动性陷阱时购买长期资产。

图 12-18 描绘出一条假设的**收益率曲线**（yield curve），这是一条政府债券到

期收益率（或年均利率）与到期期限的关系曲线。该收益率曲线通常（但并不总是）向上倾斜。换言之，长期政府债券的利率往往高于短期利率。当中央银行采取传统的方式对短期政府债券进行公开市场购买时，在短期通常出现的情况是短期利率下跌，长期利率变化很小，因而收益率曲线变得陡直。

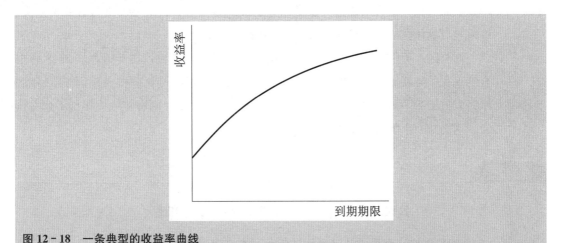

图 12 - 18　一条典型的收益率曲线
收益率曲线是一条政府债券到期收益率（利率）与到期期限的关系曲线。收益率曲线通常（但并不总是）向上倾斜。

　　量化宽松的支持者认为，如果短期利率为零且出现流动性陷阱，如果中央银行购买长期政府债券，那么这将降低长期利率。这些支持者认为，这种情况发生的原因在于，中央银行减少了长期政府债券的市场供给，所以市场参与者所要求的收益率较低，使得他们持有的数量较少。这种观点的问题在于缺乏理论或实证的支持。事实上，理论可能告诉我们，量化宽松无关紧要。

　　在第 9 章，我们研究了李嘉图等价定理，它给出了一些条件，在这些条件下，政府征税的时间选择的变化无关紧要。这是一种政策中性定理，还有其他类型的政策中性定理告诉了我们政府政策有作用和无作用的条件。这些政策中性定理背后的一般理念是，只要政府在有关活动上比私人部门具有某种优势，政府政策就可以对实际经济结果产生良好的影响。就李嘉图等价定理而言，如果在信贷市场上政府与私人借贷者相比没有优势，那么政府借债无济于事。

　　传统的公开市场业务至关重要，因为政府从事了一种私人部门所不能做的银行活动。当美联储发行外在货币以购买短期政府债券时，它是在发行私人银行不能发行的负债——通货和准备金。美联储像一个金融中介机构，实际上在把短期政府债券转变成即日金融支付所用的准备金以及变成零售支付所用的通货。这是一种私人部门不可能复制的活动。这就是传统的货币政策至关重要的原因。

　　当短期利率为零且存在流动性陷阱时，所有短期资产——通货、准备金、短期政府债券等实际上都是一样的。于是，如果美联储想要发行外在货币以购买长期政府债券，这实质上是将短期债券转换成长期债券。结果，私人部门持有的长期债券将减少，持有的短期债券将增加。但是，美联储所做的金融中介业务现在只是将长期债券转换成短期债券，而这是私人部门可以很容易做的事情。例如，美国银行可以发行短期债券，购买长期政府债券。美联储的量化宽松会产生怎样的结果？私人部门正好抵消美联储所做的。如果美联储购买更多的长期债券，这将降低长期利率，从而对私人银行来说购买长期债券的吸引力降低，这些私人银行会减少购买。结果是，量化宽松将无任何效果——利率最终不会变化。

在英国，英格兰银行在金融危机期间尝试了量化宽松；在美国，从 2008 年末直到现在，美联储实施了更大规模的量化宽松，最近的量化宽松操作到 2012 年底才结束。显然，某些中央银行家认为，量化宽松很重要，而有些中央银行不这么认为。这仍是一个争论不休的问题。

专栏

宏观经济学实践：量化宽松的经验证据

评价宏观经济政策效应是十分困难的。例如，假定改变财政政策，实际政府支出总计增加 2%。作为经济学家，我们应如何认识这项政策实施后的定性和定量效应从而我们能作出未来更好的政策决定？

为了把问题变得简化，假定我们只关注政府支出政策对实际 GDP 的影响。按理想状况来说，我们应当把实施该政策所发生的情况与没有实施该政策的情况进行对比。倘若这样做真的可行，这种方法就很像自然科学家在实验室做实验。对经济学家来说，利用实验证据和实验经济学可能是一个日益兴起的研究领域，而对于大多数宏观经济问题，实验是不切实际的，正如第 1 章所讨论的那样。

评价政府支出政策的一种可行方法是只看数据，寻找证据，看一看政策变化之后的实际 GDP 变化与我们所预期的有何不同。不过，这种方法存在两个问题。第一，我们怎么知道在没有这种政策时会发生什么？这还需要重现没有这种政策的历史情况。第二，即使我们认为我们知道没有这种政策变化时情况会怎样，也只是知道在这种情况下政策所具有的特定影响，而对于在其他情况下相关政策变化的影响可能知之甚少。政策的制定也许只是针对经济状况——总体经济处于经济繁荣或经济衰退状态。政府支出增加的细节（比如政府购买的商品和服务的类型）也许会使其影响有很大不同。

最重要的一个问题与我们在第 1 章讨论的卢卡斯批判有关。为了评价宏观经济政策效应，我们需要我们相信的模型，从这个意义上说，当我们想要评价的政策发生变化时，我们坚信这些模型所捕捉的经济行为不会改变。我们可以说具有这些性质的经济模型对于相关的政策变化都具有"结构不变性"。例如，第 9 章对税收政策和李嘉图等价的讨论告诉我们，私人储蓄行为可能因减税而发生变化，因为消费者考虑到当期减税对其未来税收的影响。如果我们在税收政策的评价中没有考虑这种效应，我们就会得到错误的答案。

在评价量化宽松的影响时，所有这些问题都会出现。最引人注目的量化宽松政策实验发生在美国最近的金融危机时期。首次这种量化宽松干预一般称为"第一轮量化宽松"（QE1），美联储从 2008 年末到 2010 年中期购买了接近 1.3 万亿美元的长期抵押贷款相关资产，其中主要是抵押贷款证券。第一轮量化宽松之所以引人注目，首先是因为它的规模巨大，是美国外在货币数量的两倍多；其次是因为中央银行实际上购买的是私人资产而非政府债券。鉴于第一轮量化宽松是前所未有的，所以美联储很难预测其影响。

美国第二次重要的量化宽松实验是"第二轮量化宽松"（QE2），美联储在 2010 年 11 月至 2011 年 6 月间购买了 6 000 亿美元的长期政府债券。第二轮量化宽松也是史无前例的，原因有二：一是相对于一般的美联储公开市场业务而言，这次的公开市场购买规模巨大；二是这次购买的是长期政府债券而非短期政府债券。

最后，在 2011 年 9 月，美联储启动了一项计划，将 4 000 亿美元短期政府债券转换成 4 000 亿美元长期政府债券，从而使中央银行持有的资产期限延长 10 个月。这种量化宽松操作称为"扭曲操作"（Operation Twist）。这项计划不同于第一轮量化宽松和第二轮量化宽松，它们是美联储将外在货币转换成长期资产。扭曲操作是把一种类型的政府债券转换成另一种类型的政府债券。这项计划从 2012 年 6 月持续到 2012 年底（与资产购买同步进行）。

中央银行家们也不是没有理论来支撑他们的论点——中央银行购买长期资产将使长期利率下跌。20 世纪 60 年代出现了"资产组合平衡"（portfolio balance）模型，该模型的机理非常简单。这些模型假定的需求函数，类似于经济学原理中所讲的商品需求函数，但这些需求函数是资产的需求函数而非商品的需求函数。资产组合平衡理论主要告诉我们，如果中央银行减少供给公众持有的某些资产，那么那些资产的价格必定上升，市场因此而出清。比如应用到长期政府债券，该理论表明，如果中央银行采取量化宽松操作，购买长期政府债券，减少供给私人部门持有的债券，那么长期债券价格必然上升。如果债券价格上升，这意味着债券购买者要在眼下花更多钱而将来获得的收益却不变，债券的利率实际上下降了。因此，资产组合平衡理论告诉我们，量化宽松使长期利率下跌。

资产组合平衡理论有什么好处呢？比如它不会受到卢卡斯批判吗？遗憾的是不可能不会。现代银行和金融经济学理论告诉我们，资产具有商品和服务无法比拟的可塑性。银行和其他金融中介机构可以各种方式对资产进行转化。例如，一家银行可以把长期的、有风险和缺乏流动性的资产转化成由私人部门持有的短期的、安全的流动性负债。这种转化完全改变了我们应如何看待资产市场与商品市场。

一旦我们考虑到资产的可塑性和金融中介机构的资产转化，我们对量化宽松的效果就可以得到完全不同的含义。的确，正如本章所述，在流动性陷阱情况下量化宽松也许没有任何影响。

自从美联储开始其量化宽松计划以来，宏观经济学家一直在收集有关量化宽松效果的数据，并试图就量化宽松活动对市场利率的影响得出结论。在 2011 年 6 月的圣路易斯联邦储备银行的会议上，有若干篇学术论文讨论了该主题。圣路易斯联邦储备银行主席詹姆斯·布拉德（James Bullard）作了总结性发言，表达了作为一位中央银行家对量化宽松的辩护，并很好地总结了证据。

关于量化宽松有两类经验证据。第一类证据是"事件研究"（event study）。事件研究是研究者研究金融市场的常见方法。基本思想是确定金融政策变化的具体日期，然后看资产价格自此之后是如何变化的。就量化宽松而言，我们可以确定某一次量化宽松干预的宣布日期，然后跟踪自此之后的利率变化过程，确定量化宽松的影响。

事件研究为什么强调政策的宣布日期而不是政策的实际实施日期？我们以量化宽松为例说明其原因。如果量化宽松会使长期政府债券的价格上升，那么，该政策一旦被公布，所有金融市场参与者都会明白，债券价格将在该政策实施之日上升。但同样是这些参与者，可能会通过今天买进债券获利，这将迫使今天的价格上涨。该政策自宣布之日起就开始起作用了。因此，如果量化宽松的作用像宣传的那样，那么，在该政策被宣布后，即使宣布日期比政策实施日期提前很长时间，利率也会下跌。

这种事件研究至少有三个问题。第一，这种"事件"的日期可能很难确定。就量化宽松而言，金融市场关于美联储要实施量化宽松提前就有了许多信息，且对于该计划会有多大规模也有各种各样的推测。量化宽松本来会降低利率，但如果金融市场参与者预期可能有一个比宣布的计划更大的计划，那么，在宣布之日利率会上升而非下降。

第二个问题是，其他重要的经济因素在该政策宣布之日前后可能发生重大变化。这些其他因素的影响与量化宽松的影响交织在一起难以分辨，有损于这种研究方法。

最后，第三个问题与卢卡斯批判有关。量化宽松宣布之时利率下降，可能与中央银行家设想的量化宽松的影响机制无关。例如，金融市场参与者可能认为，中央银行购买长期资产只是对将来的相关政策放出的信号，比如将来中央银行将其短期利率目标提高到零以上的日期。如果量化宽松以此方式发出一种信号，在政策宣布之时它可能对长期利率的变化有影响。

除了事件研究之外，宏观经济学家利用标准的统计方法（主要是回归分析）研究了量化宽松的效果。分析者利用这种方法，把利率的解释因素包括在回归分析中，试图解释长期利率随着时间的推移是如何变化的。然后，分析者对于中央银行的资产购买同其他利率决定因素相比所具有的解释力进行评价，确定量化宽松是否真的具有统计显著性。这种分析可能在描述数据上是有用的，但不能取代可作结构分析（免受卢卡斯批判）的完整建模。

总之，尽管在美国美联储实施了史无前例的大规模量化宽松干预，但我们对量化宽松的效果知之甚少。这是一个非常重要的研究课题，要想提出量化宽松的良好的宏观经济模型和衡量其效果的良好方法，还需要做大量的工作。

本章小结

- 在经济中，货币有三个职能，分别是交换媒介、价值贮藏和记账单位。

- 衡量货币的主要指标是货币总量，它是具有货币职能的资产数量之和。基础货币或 M0，是最狭义的货币总量，仅由美联储的负债构成，尤其指通货和存款机构的准备金。其他比较广义的货币总量分别是 M1（比 M0 的口径大）、M2（比 M1 的口径大）和 M3（比 M2 的口径大），它们包括了各种银行存款和其他资产。

- 货币跨期模型以第 9 章的实际跨期模型为基础，加进了货币的市场供求。货币跨期模型中的货币是经济主体在进行交易时与信用卡一同使用的通货。

- 货币需求要在首先确定信用卡余额的均衡价格和数量之后才能决定。信用余额是由银行供给的。

- 实际收入增加时，实际货币需求增加，因为当 GDP 增加时，需要有更多的货币来满足更多交易的需要。

- 名义利率上升时，实际货币需求下降，因为名义利率上升会使持有货币的机会成本增大，家庭会尽量减少货币余额，尽可能地使用非现金手段（信用卡）。

- 在货币跨期模型中，货币供给水平的提高对实际变量——就业、产出、消费、实际利率、实际货币供给和实际工资等没有影响，只会造成所有货币价格成比例地提高，从这个意义上讲，货币是中性的。

- 由于新的信息技术和新的金融工具的出现，以及由于政府管制的变化、可感知的银行风险的变化和银行系统的时时或周周环境的变化，货币需求会发生变化。

- 货币需求变化可能是货币政策的一个特殊问题，尤其是货币主义原则指导下的货币政策更是如此。

- 当货币需求的变化很重要时，中央银行采用名义利率目标制而不采用货币供给目标制。

- 除了货币供给目标制和利率目标制之外，还提出了（有时也实施过）一些货币政策规则，比如通货膨胀目标制、泰勒规则以及名义 GDP 目标制。

- 名义利率不可能降低至零下限以下。若处于或接近零下限，就出现了流动性陷阱。在流动性陷阱情况下，有些国家的中央银行试图通过量化宽松（QE）政策来推行宽松的货币政策。

主要概念

货币中性（neutrality of money）：若货币供给水平的变化没有产生实际影响，只造成价格水平成比例地变化，货币就是中性的。

交换媒介（medium of exchange）：货币的一个特性。交换媒介在交易中之所以被接受，唯一的理由是它反过来能用于交换其他商品和服务。

价值贮藏（store of value）：与其他资产共有的一个特性，可以用当期商品和服务交换未来商品和服务。

记账单位（unit of account）：经济中用来表明价格和合同金额的标的物。

货币总量（monetary aggregates）：衡量货币供给的指标。每一种货币总量都是经济中若干不同类型资产的总和。

基础货币（monetary base）：M0 的数量，由流通于美联储之外的美元和存款机构在美联储的存款构成。

外在货币（outside money）：等同于基础

货币。

联邦储备系统（Federal Reserve System，the Fed）：美国的中央银行。

需要的一厢情愿（single coincidence of wants）：两人相遇且一人拥有另一人想要的东西的情形。

需要的两厢情愿（double coincidence of wants）：两人相遇且第一个人拥有第二个人想要的东西，而第二个人也拥有第一个人想要的东西的情形。

名义债券（nominal bond）：规定用货币清偿的债券。

名义利率（nominal interest rate）：如果 R 是某种资产的名义利率，那么，若当期用 1 单位货币交换既定数量的这种资产，则下一期要用 $1+R$ 单位货币才能清偿这个数量的资产。

通货膨胀率（inflation rate）：价格水平的变化率。

费雪关系式（Fisher relation）：表明 $1+r=(1+R)/(1+i)$ 的条件，其中，r 为从当期到未来的实际利率；R 为从当期到未来的名义利率；i 为当期与未来之间的通货膨胀率。

中性（neutral）：描述了没有实际影响的政府政策。

直升飞机撒钱（helicopter drop）：米尔顿·弗里德曼构想出来的实验，它类似于由转移支付引起的货币供给增加。

公开市场业务（open market operation）：中央银行买卖生息政府债券。

公开市场购买（open market purchase）：在这种公开市场业务中，中央银行购买生息政府债券，从而增加货币供给。

公开市场出售（open market sale）：在这种公开市场业务中，中央银行出售生息政府债券，从而减少货币供给。

铸币税（seigniorage）：政府通过印钞获取的收入。

通货膨胀税（inflation tax）：当政府印钞以获

取铸币税时，通货膨胀就产生了。这实际上是对私人部门征税。

古典二分法（classical dichotomy）：经济模型的一种情况，在这种情形下，实际变量由实际因素确定，而货币供给只决定价格水平。

货币增长率目标制（money growth rate targeting）：中央银行实施货币政策时所采用的一种规则，即某个货币总量在长期尽可能地保持一个不变的增长率。

货币主义者（monetarist）：米尔顿·弗里德曼思想的追随者，主张以货币供给目标制作为货币政策规则。

利率目标制（interest rate targeting）：中央银行实施货币政策时所采用的一种规则，即短期名义利率尽可能地接近某种预先设定的目标值。

市场分割模型（segmented markets model）：货币政策措施在短期是非中性的模型，因为这些措施只对积极的金融市场参与者产生第一轮影响。

货币政策规则（monetary policy rules）：中央银行的措施与中央银行能观察到的经济变量之间的关系。

通货膨胀目标制（inflation targeting）：中央银行所实施的一种货币政策规则，即通货膨胀率尽可能地保持在预先设定的通货膨胀率目标值左右。

泰勒规则（Taylor rule）：按照这种货币政策规则，如果通货膨胀率高于其目标，或者如果总体实体经济活动高于实体经济活动目标，中央银行的目标利率就应当提高。

名义 GDP 目标制（nominal GDP targeting）：按照这种货币政策规则，中央银行在实施货币政策时，名义 GDP 要尽可能地接近名义 GDP 的目标路径。

套利机会（arbitrage opportunity）：某些金融市场参与者能以立即赚取利润的方式买卖资产的机会。

流动性陷阱（liquidity trap）：短期名义利率为零且公开市场业务对任何数量或价格都没有影

响的一种状态。

量化宽松（quantitative easing，QE）：中央银行在出现流动性陷阱时通过购买长期资产来降低长期利率的一种尝试。

收益率曲线（yield curve）：一条政府债券到期收益率与到期期限的关系曲线。

复习题

1. 货币的三种职能是什么？

2. 列出三种货币总量及其所包括的资产。

3. 为什么人们在可以用物物交换的形式或利用信用进行交易时却使用了货币？

4. 实际利率、名义利率和通货膨胀率之间有怎样的联系？

5. 货币的实际利率是什么？

6. 在货币跨期模型中，取代通货用于交易的都是什么？

7. 在货币跨期模型中，货币需求的决定因素是什么？

8. 在货币跨期模型中，货币供给增加的影响是什么？

9. 政府改变货币供给的三种方法是什么？

10. 请解释货币在短期为什么可能是非中性的。

11. 在弗里德曼-卢卡斯货币意外模型中，货币政策如何使情况有所改善？

12. 货币增长目标制的缺陷是什么？

13. 为什么说中央银行采取利率目标制是一个好想法？

14. 列出五种货币政策规则。

15. 当货币政策受零下限约束时会发生什么？在这种情形下，中央银行能做什么来影响价格和实际经济活动？

思考题

1. 在货币跨期模型中，可能存在一种均衡状态，在这种均衡状态下，不用货币而只用信用卡进行交易。在这种均衡状态下，存在价格水平吗？货币政策有作用吗？如果有作用，是如何起作用的？请解释你的结果及其对现实经济的意义。

2. 政府认为使用信用卡不好，决定对信用卡余额征税。也就是说，如果消费者或企业持有信用卡余额 X（以实际单位衡量），就要纳税 tX，其中 t 是税率。确定这对信用卡余额的均衡价格和数量、货币需求以及价格水平的影响，并解释你的结果。

3. 假定名义利率为零，即 $R=0$。

(a) 信用卡余额的均衡数量是多少？

(b) 从什么意义上说 $R=0$ 比 $R>0$ 时的经济运行效率高？

(c) 请解释你对问题（a）和（b）的回答。讨论这些预测的现实性。

4. 在货币跨期模型中，假定货币供给一直都是固定的。确定因战争或自然灾害而造成的资本存量减少对当期均衡产出、就业、实际工资、实际利率、名义利率和价格水平的影响。请解释你的结果。

5. 一项新的技术创新即将诞生。这对总产出、消费、投资、就业、实际工资、实际利率、名义利率和价格水平的当期影响是什么？请解释你的结果，也请解释一下与第 3 章所讲的重要经济周期事实相吻合的情况。

6. 假定有更多的自动取款机（ATM）投入使用。这对货币需求和价格水平有何影响？

7. 在弗里德曼-卢卡斯货币意外模型中，假定有货币需求冲击和全要素生产率冲击。无论是私人部门经济主体还是中央银行，都不可能直接观察到货币需求冲击。私人部门经济主体不能观察到生产率冲击，但中央银行能观察到生产率冲击。中央银行应如何实施货币政策？请讨论。

8. 假定现金可能会被盗，但被盗的信用卡因即刻注销而不能再用，故没人偷信用卡。请确定这对信用卡余额的数量和价格、货币需求以及价格水平的影响。请解释你的结果。

9. 在弗里德曼-卢卡斯货币意外模型中，假定中央银行打算降低价格水平。又假定中央银行有两种选择：（a）提前宣布货币供给将减少；（b）货币供给减少出乎公众的意料。哪种选择更可取？请借助图进行解释。

10. 假定不存在意外举措，所有经济主体和中央银行对影响经济的冲击都掌握全面信息。又假定中央银行采用名义 GDP 目标制，并在模型中将其解释为把名义 GDP 保持在某种不变水平的目标。

（a）假定全要素生产率提高。在此目标下中央银行应如何应对？对总量变量会产生什么影响？请解释。

（b）现假定货币需求函数正向移动。中央银行应该做什么？确定这对总量变量的影响。请解释。

12

第13章 价格和工资具有灵活性的经济周期模型

约翰·梅纳德·凯恩斯（John Maynard Keynes）于 1936 年出版的《就业、利息和货币通论》[①]，改变了经济学家过去对经济周期和政府政策作用的认识。到了 20 世纪 60 年代，凯恩斯主义思想已成为宏观经济学的主流。当时，大多数宏观经济学家认为，凯恩斯主义经济周期模型反映了短期的经济行为。货币在短期不是中性的，似乎成为广泛的共识，且大多数宏观经济学家认为，这种非中性是由工资和价格的短期刚性所致。在老凯恩斯主义宏观经济模型（20 世纪 80 年代以前的凯恩斯主义模型）中，价格和工资刚性是经济冲击造成总产出波动的形成机制的关键所在。依照老凯恩斯主义观点，价格和工资缓慢向其有效值变动的事实，意味着货币政策和财政政策在应对总量冲击时可以发挥稳定经济的作用。

到了 20 世纪 60 年代，在货币主义者与凯恩斯主义者之间出现了宏观经济学的两大分歧。货币主义者通常认为，货币政策是比财政政策更有效的稳定工具，但他们对政府政策微调经济的能力持怀疑态度。一些货币主义者认为，在短期，政策可能是有效的，但非常短。凯恩斯主义者认为，与财政政策相比，货币政策微不足道，政府政策应发挥积极作用，引导经济沿着平滑的增长路径运行。当时，似乎宏观经济学中的所有理论问题都已得到解决，因为几乎每个人都认为老凯恩斯主义模型是一个令人满意的宏观经济模型，剩下的问题只是通过实证研究来解决货币主义者与凯恩斯主义者之间的分歧。

然而，随着 20 世纪 70 年代初理性预期革命的出现，这种观点发生了翻天覆地的变化。早期对理性预期革命作出重大贡献的一些学者是罗伯特·卢卡斯（Robert Lucas）、托马斯·萨金特（Thomas Sargent）、尼尔·华莱士（Neil Wallace）和罗伯特·巴罗（Robert Barro）。理性预期革命提出的两大原则是：

（1）宏观经济模型应建立在微观经济学原理的基础上，换言之这些模型应以对

[①] J. M. Keynes，1936. *The General Theory of Employment*，*Interest*，*and Money*，Macmillan，London.

消费者和企业的偏好、禀赋、技术和最优行为的描述为基础。

（2）包含灵活工资和价格的模型可能是研究宏观经济现象的最富有成效的工具。

虽然接受这两条原则还存在某种抵触情绪，但到了20世纪80年代，至少第一条原则已得到广泛认同。就第二条原则而言，日渐明显的是，工资和价格的灵活性不会自动排除政府政策的积极作用，而且灵活工资和价格模型可以清楚地表达凯恩斯主义思想。

本章将分析三种经济周期模型，每一种模型都被构建成包含最优化消费者和企业以及灵活价格和工资的模型。这些模型分别是实际经济周期模型、凯恩斯主义协调失效模型以及新货币主义模型，这三种模型对于引起经济周期的重要原因以及政府政策的作用，观点各异。不过，我们要说明的是，我们对这三种模型的描述都是简明扼要地基于第12章的货币跨期模型。就前两种模型来说，我们将阐明每一种模型是如何与第3章所讨论的经济周期事实相匹配的，并讨论每种模型的缺陷。最后一种模型——新货币主义模型有助于我们理解近来发生的金融危机和经济衰退的某些特征。因此，我们重点关注的是新货币主义模型关于金融危机能告诉我们什么，而不是泛泛地谈该模型关于经济周期的一般理论。

第14章主要研究新凯恩斯主义模型，在黏性工资框架中体现了现代凯恩斯主义思想的关键元素。我们单独讨论该模型，是因为当我们把黏性价格包括进来时，我们的基本框架在分析上会有一些明显差异。

分析几种不同的经济周期模型有何必要？如第3章所述，就宏观经济时间序列的联动而言，经济周期极其相似。然而，经济周期可能有许多起因，财政政策和货币政策的决策者努力想搞明白，左右经济的宏观经济冲击是什么，它对未来总体经济活动有什么影响。我们分析的每一种经济周期模型都可以使我们理解经济的一个或几个特征以及经济对宏观经济冲击作出的某些反应。如果将所有这些特征纳入一个模型中，会搞得一团糟，无助于我们认识经济周期行为和政府政策的基本原理。

不过，不同的经济周期模型有时会对政府政策的作用提出相左的建议。这意味着经济周期理论无所作为吗？不同的经济周期模型对政府政策的作用会提出相左的建议，反映了宏观经济决策的现实。联邦与州政府的决策者和中央银行的决策者常常会对政策应有的走向意见不一。然而，为了拿出有说服力的论据，决策者必须用清晰有力的模型进行论证。本章在一定程度上说明，我们如何评价和比较各种宏观经济模型，并对它们的相对有效性作出结论。

实际经济周期模型

实际经济周期模型由芬恩·基德兰德（Finn Kydland）和爱德华·普雷斯科特

(Edward Prescott)[1] 于 20 世纪 80 年代初首创。基德兰德和普雷斯科特想知道，受随机生产率冲击（即"实际"冲击，与货币冲击相反）影响的标准经济增长模型是不是都能定性和定量地得到观察到的经济周期。我们在第 7 章的观察结果也许激发了基德兰德和普雷斯科特去探求这个问题；同时图 13－1 复制了消除趋势的索洛残差（衡量全要素生产率 z 的指标）与消除趋势的实际 GDP，它们如影随形。因此，生产率冲击似乎是经济周期的一种可能解释。

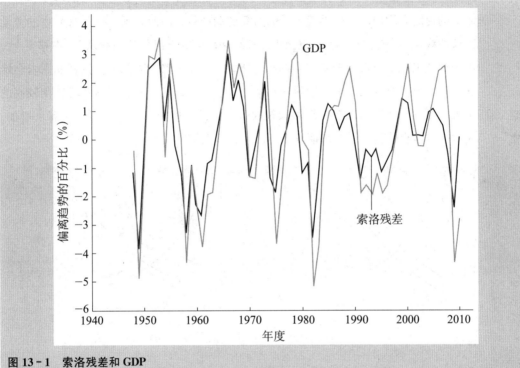

图 13－1　索洛残差和 GDP

索洛残差（衡量全要素生产率的指标）与实际 GDP 总量如影随形。

　　我们知道，许多因素都有可能导致全要素生产率的变化。从本质上讲，经济在要素投入相同的情况下能创造更多的总产出，都是因为全要素生产率的提高，即我们模型中 z 的提高。而提高 z 的因素包括良好的气候、技术创新、放松政府监管和能源相对价格下降。

　　我们在这里分析的这种实际经济周期模型，是第 12 章所讲的货币跨期模型。尽管基德兰德和普雷斯科特研究的是货币没有作用的模型，但托马斯·库利（Thomas Cooley）和加里·汉森（Gary Hansen）指出，在有货币交换的实际经济周期模型中，将货币加进来对结论几乎没有影响。[2]

　　[1]　F. Kydland and E. Prescott，1982. "Time to Build and Aggregate Fluctuations," *Econometrica* 50，1345－1370.

　　[2]　T. Cooley and G. Hansen，1989. "The Inflation Tax in a Real Business Cycle Model," *American Economic Review* 79，733－748.

图 13-1 中观察到的索洛残差是一个持续性变量。当它高（低）于趋势时，它往往就停留在那里。这就告诉我们，全要素生产率冲击是持续的，因此当 z 当期提高时，我们预计未来全要素生产率 z' 也会提高。这意味着，在分析实际经济周期模型如何对全要素生产率冲击作出反应时，我们需要将第 12 章两种不同冲击（z 的冲击和 z' 的冲击）的结果结合起来进行分析。

现在，假定货币跨期模型中的全要素生产率持续提高，因此当期全要素生产率 z 和未来全要素生产率 z' 分别都提高。图 13-2 阐示了均衡效应。当期全要素生产率 z 的提高会增加每一劳动投入量的边际劳动产量，因此，图 13-2 (a) 中的劳动需求曲线从 N_1^d 右移至 N_2^d，使得图 13-2 (b) 中的产出供给曲线从 Y_1^s 右移至 Y_2^s。由于预期未来全要素生产率 z' 会提高，所以还有以下影响：第一，投资品需求会增加，因为典型企业预期未来边际资本生产率会提高。第二，典型消费者预期较高的未来全要素生产率会带来较高的未来收入，因此一生财富增加，消费品需求增加。这两个因素会使得产出需求曲线 Y^d 从 Y_1^d 右移至 Y_2^d。

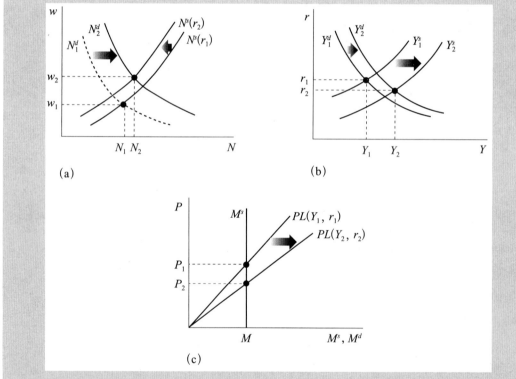

(a)

(b)

(c)

图 13-2 实际经济周期模型中全要素生产率持续提高的影响

在全要素生产率持续提高的情形下，产出供给曲线会因当期全要素生产率提高而右移，产出需求曲线会因预期未来全要素生产率提高而右移。这个模型重现了重要的经济周期事实。

在均衡状态下，图 13-2 (b) 中的总产出一定会增加，但实际利率似乎可能上升也可能下降，取决于产出需求变化和产出供给变化的相对大小。不过，实际利率会下降，原因如下。消费者现在预期，因正向和持续的生产率冲击，当期收入和未来收入都会增加。然而，由于这种冲击有一部分是暂时的（即 z' 的提高并没有 z 的提高那么大），消费者预期他们的实际收入会下降。消费者希望在长期均匀消费，故尽量增加储蓄，减少当期消费，增加未来消费，但这会使市场实际利率从 r_1 降至 r_2，如图 13-2（b）所示。因为实际利率下降、当期实际收入增加和由未来全要素生产率提高导致的未来实际收入增加，故当期消费支出增加。因为实际利率下降、未来全要素生产率提高，故当期投资增加。在图 13-2（c）所示的货币市场中，由于均衡实际产出增加和实际利率下降，因此货币需求增加，名义货币需求曲线从 $PL(Y_1, r_1)$ 右移至 $PL(Y_2, r_2)$。所以，在均衡状态下，价格水平会从 P_1 降为 P_2。在图 13-2（a）所示的劳动力市场中，劳动供给曲线会从 $N^s(r_1)$ 左移至 $N^s(r_2)$，原因是实际利率下降了。不过，正如第 11 章所述，因为实际利率变化对劳动供给产生的跨期替代效应相对较小，所以劳动供给曲线的移动幅度小于劳动需求曲线的移动幅度。因此，当期均衡就业会从 N_1 增至 N_2，当期实际工资会从 w_1 升至 w_2。如第 11 章所述，图 13-3 阐示了平均劳动生产率的反应。初始就业和初始产出分别是 N_1 和 Y_1，平均劳动生产率是 AB 的斜率。在当期和未来全要素生产率提高后，就业会增至 N_2，产出会增至 Y_2，平均劳动生产率是 AD 的斜率。因此，平均劳动生产率提高。我们在画此图时，必须让就业增加得能使 AD 的斜率小于 AB 的斜率。不过，图 13-3 与基德兰德和普雷斯科特模型得出的结论一致，在这个模型中，N 在这种情况下会增加，但不足以使 Y/N 下降。

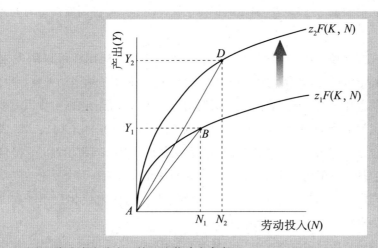

图 13-3 全要素生产率冲击下的平均劳动生产率
当产出和就业高时，平均劳动生产率也高，与经验数据所示一样。

因此，如表 13-1 所示，实际经济周期模型实质上定性地解释了所有主要的经济周期规律。消费、投资、就业、实际工资和平均劳动生产率是顺周期的，而价格水平是逆周期的。更为重要的或许是，实际经济周期模型也能定量地得到一些重要的经济周期观察结果，如果将这个比较复杂的模型用计算机进行模拟，就能实现。这个模型解释的事实是，消费比产出的变化幅度小，而投资比产出的变化幅度大。此外，它近似地得到了观察到的消费、投资、产出和就业的相对变化幅度，这些我们在第 3 章讨论过。[1] 如表 13-1 所示，以这种模型无法得到的一个经验数据特征是货币供给的顺周期性，我们将在下一小节作进一步讨论。

表 13-1   生产率冲击下的经验数据与实际经济周期模型预测的比较

变量	经验数据	模型
消费	顺周期	顺周期
投资	顺周期	顺周期
价格水平	逆周期	逆周期
货币供给	顺周期	—
就业	顺周期	顺周期
实际工资	顺周期	顺周期
平均劳动生产率	顺周期	顺周期

实际经济周期和货币供给行为

在实际经济周期模型中，货币是中性的；M 的水平变化对实际变量没有影响，而是使价格水平相应提高。看来实际经济周期模型无法解释我们在第 3 章得出的两个重要的经济周期规律，它们分别是：（1）名义货币供给是顺周期的；（2）名义货币供给往往发生在实际 GDP 之前。

不过，我们知道，通过一些简单的扩展，就可使实际经济周期模型与上述两项事实相符。

首先，在实际经济周期模型中，名义货币供给的顺周期性可以用**内生货币**（endogenous money）来解释。在实践中，货币供给不是由货币当局外生地决定的，而是对经济状况作出的反应。假定经济周期由 z 的波动引起，则内生货币可以从两个方面解释货币的顺周期性。第一，如果我们的货币供给指标是 M1、M2 或某种广义的货币总量，那么部分货币供给由银行存款构成。当总产出增加时，经济中的所有部门，包括银行部门，往往会在同一时间增加经济活动。当全要素生产率提高时，银行部门活动的增加会带来银行存款量的增加，进而增加 M1、M2 和广义货币总量，我们观察到货币供给不断增加。

其次，鉴于货币政策会作出反应，故当 z 提高时，货币供给会增加。假定中央银行希望稳定价格水平。如上所述，当全要素生产率持续提高时，会导致均衡状态下的 Y 增加，实际利率下降。在图 13-4 中，产出会从 Y_1 增至 Y_2，实际利率会从 r_1 降至 r_2，因此，名义货币需求曲线会从 $PL(Y_1, r_1)$ 右移至 $PL(Y_2, r_2)$。如果

---

[1] E. Prescott，Fall 1986. "Theory Ahead of Business Cycle Measurement," *Federal Reserve Bank of Minneapolis Quarterly Review* 10, 9-22.

中央银行未采取行动，则价格水平会从 P_1 降至 P_2。然而，由于中央银行希望稳定价格水平，所以它会将货币供给从 M_1 增至 M_2，使货币供给曲线从 M_1^s 移至 M_2^s。结果，当全要素生产率持续提高时，货币供给是顺周期的，因为它在产出增加时增加。

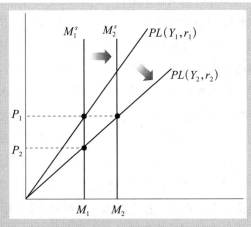

图 13 - 4　包含内生货币的实际经济周期模型中的顺周期货币供给

全要素生产率的持续提高会使实际总收入增加、实际利率下降，引起货币需求增加。如果中央银行试图稳定价格水平，那么当发生这种全要素生产率冲击时，就会增加货币供给。

　　前面讲的事实（2），即名义货币供给往往发生在实际 GDP 之前，似乎是一个特殊问题，因为这可能被看做货币供给波动引起实际 GDP 波动的有力证据。的确，这是米尔顿·弗里德曼（Milton Friedman）和安娜·施瓦茨（Anna Schwartz）对于事实（2）的解释。[①] 不过，弗里德曼和施瓦茨对经验数据解释时的薄弱环节是，**统计因果关系**（statistical causality）不一定可以使我们了解到真实因果关系。如果当期 a 有助于预测未来 b，则从统计上讲，a 的变化引起了 b 的变化。例如，每年我们都能观察到鸟儿在冬天来临前南飞，因此这种迁徙模式可以从统计上预测冬天的到来。然而，鸟儿南飞并不能导致冬天来临，正是冬天将至才导致了鸟儿南飞。

　　解释货币先于产出这种倾向，类似于鸟儿南飞过冬的例子。生产率冲击通过内生货币的过程导致货币先于产出的原因有二。第一，银行部门往往先于经济的其他部门而动，因为银行向随后发生的实际经济活动提供贷款。当银行贷款增加时，银行存款也增加，因为银行贷款的资金来源是银行存款。因此，银行存款往往是顺周期的，并先于实际 GDP，所以，M1、M2 和广义货币总量往往先于实际 GDP 而动。第二，如果货币当局试图稳定价格，并有效地利用所有可获得的信息，它就能在产出增加被观察到之前，预测到产出会因 z 提高而增加。由于货币供给增加要经过一段时间后才能影响价格，因此，货币当局要在产出增加和价格水平下降实际发

　　① M. Friedman and A. Schwartz，1963. *A Monetary History of the United States，1867 - 1960*，National Bureau of Economic Research，Cambridge，MA.

生之前，根据可获得的信息采取措施。所以，货币会因先行的货币政策措施而先于实际 GDP 而动。

实际经济周期理论的政府政策含义

我们分析了实际经济周期模型的原理，讨论了它是如何与经验数据相拟合的，现在我们探讨这种模型的政府政策含义。在基本的实际经济周期模型中，政府的稳定政策不起作用。首先，货币供给的水平变化是中性的，因此，试图通过货币政策措施来熨平经济周期没有效果。其次，由于全部市场出清，在这个基本的模型中，没有需要政府矫正的无效率（如扭曲性税收或外部性），因此，政府改变其支出来应对全要素生产率波动的理由也就不存在。政府支出对产出会产生影响，但这类支出水平应根据政府提供公共物品（诸如国防一类的物品和服务，它们无法或不应由私人部门来提供）的长期作用而定，而不是根据熨平短期的 GDP 总量波动而定。在基本的实际经济周期模型中，经济周期实质上是经济对全要素生产率波动的最优反应，对这些经济周期不应采取什么措施。根据第 5 章所讲的福利经济学第一基本定理，如果经济中的资源配置是帕累托最优的，就无须政府干预，除非我们认为政府应再分配收入和财富。

尽管政府在基本的实际经济周期模型中没有作用，但这个模型的其他更为复杂的形式解释了政府出于矫正市场失灵和扭曲之需而起的作用。[1] 例如，在实践中，所有税收都是扭曲的。所得税因企业和工人将面临不同的实际工资率而扭曲了劳动供给决策；销售税因企业和消费者不能面临全部商品的相同有效价格而扭曲了消费者的购买格局。随着时间的推移，政府消除这些来自税收的扭曲或福利损失是有效率的。这就告诉我们，税率在长期应是均匀的，这就意味着政府应让税收总收入在经济繁荣时增加，在经济衰退时减少，因为如果所得税税率保持不变，税收收入会随着收入的增加而增加。这是一种逆周期的政府政策，看上去旨在稳定产出，但实际上旨在消除税收扭曲。

对实际经济周期理论的评论

实际经济周期模型在拟合重要经济周期事实上表现良好。实际经济周期理论也具有内在一致性，它有助于我们集中分析政府政策应如何矫正市场失灵和扭曲，而不是像某些凯恩斯主义模型那样，只试图解释价格和工资在短时期内不能有效确定的事实。

不过，在解释经济周期的能力方面，实际经济周期理论也的确存在不足。问题之一是，评价实际经济周期理论是否与经验数据相符，依据的是以索洛残差衡量的全要素生产率。有充足的理由相信，索洛残差在衡量全要素生产率 z 时存在巨大的

---

[1] T. Cooley，1995. *Frontiers of Business Cycle Research*，Princeton University Press，Princeton，NJ.

周期性误差，图 13-1 中索洛残差紧随消除趋势的 GDP 的变动而变动，至少部分地是由衡量误差所致。在经济繁荣时，总资本存量近乎被充分利用。大多数机器在所有时间都开足马力，许多制造工厂每天 24 小时运转。而且，在工厂操作机器设备的工人们都非常忙碌。这些工人头顶压力，创造产出，因为需求高涨。几乎没有休息的机会，加班加点是常事。因此，工人们同样满负荷工作。而在暂时经济衰退时，总资本存量未被充分利用，因为一些机器闲置，工厂也不是每天 24 小时运转。而且，在暂时经济衰退时，企业可能不想解雇工人（即使他们没有那么多活可干），因为解雇工人就可能意味着这些工人会找到其他工作，企业由此会失去拥有专业技能的工人。因此，企业雇用的工人在经济衰退时可能很清闲，他们可能放长假，产出很少。换言之，工人们在经济衰退时往往未得到充分利用，就像总资本存量一样。在经济衰退时劳动力未得到充分利用的这种现象，有时被称作**劳动力储备**（labor hoarding）。

资本和劳动力在经济衰退时未得到充分利用，对衡量全要素生产率是一个问题，因为在经济衰退时，所衡量的资本存量和劳动投入量偏高。因此，从衡量的角度来说，当我们看到产出在经济衰退时下降，就会推断全要素生产率因索洛残差降低而下跌。但是，产出可能完全是因为生产投入量减少而下降，全要素生产率并无变化。

为了说明这是如何形成的，我们看一看下面的例子。假定生产函数是柯布-道格拉斯生产函数，资本占产出的比例是 30%，这与我们在第 7 章计算索洛残差时的假设相同。也就是说，生产函数的形式如下：

$$Y = zK^{0.3}N^{0.7} \tag{13.1}$$

式中，Y 为总产出；z 为全要素生产率；K 为资本存量；N 为就业量。现在，假定最初时 $z=1$、$K=100$、$N=50$，因此，根据等式（13.1），我们有 $Y=61.6$，资本和劳动力都得到充分利用。然后，假定经济衰退发生，但这不是全要素生产率下降的结果，因此像以前一样，$z=1$。企业仍拥有等于 100 单位的资本，就业仍为 50 单位，因此，衡量出的资本 $K=100$，衡量出的就业 $N=50$。可是，假定现有的资本实际上只有 95% 用于生产（其余的停工了），因此实际资本 $K=95$。再假定工人像以前一样满负荷工作，就业的劳动力只被使用了 90%，工人们实际上只投入了他们以前工作时间的 90%。因此，实际就业 $N=45$。将 $z=1$、$K=95$ 和 $N=45$ 代入等式（13.1），得到 $Y=56.3$。现在，如果我们错误地使用了衡量出的资本存量、衡量出的就业和衡量出的产出来计算索洛残差，就会得到：

$$\hat{z} = \frac{56.3}{(100)^{0.3}(50)^{0.7}} = 0.915$$

式中，$\hat{z}$ 是索洛残差或衡量出的全要素生产率。因此，我们衡量出的全要素生产率下降了 8.5%，而此时它实际上根本没有变化。这就说明了在经济衰退时，生产要素利用的下降是如何导致全要素生产率的衡量偏差以及评价全要素生产率冲击对经济周期的重要性的偏差的。

宏观经济学实践：经济周期模型和大萧条

大萧条是美国宏观经济史上独一无二的事件。大萧条始于 1929 年，实际 GDP 连续 4 年下降，从 1929 年到 1933 年，下降了 31%。其后，又用了 7 年时间，实际 GDP 才恢复到 1929 年的水平。与第二次世界大战后的经济衰退相比，大萧条时期产出下降的时间跨度和规模都非常大，恢复的时间特别长。第二次世界大战后的经济衰退的平均情况是，GDP 在大约一年后下降了 2.9%，然后用一年半左右的时间恢复。大萧条是本质上除了规模大之外看上去与典型的第二次世界大战后的经济衰退很相像，还是标准的经济周期宏观经济理论无法解释美国经济在大萧条时期的表现？哈罗德·科尔（Harold Cole）和李·奥汉尼安（Lee Ohanian）在《明尼阿波利斯联邦储备银行季度评论》（*Federal Reserve Bank of Minneapolis Quarterly Review*）上撰文，试图回答这一问题。[1]

科尔和奥汉尼安考察了三种经济周期理论，即凯恩斯主义黏性工资模型、货币意外模型和实际经济周期模型（有的理论我们已考察过，有的理论我们将要考察），分析这三种模型对大萧条时期数据的拟合情况。凯恩斯主义黏性工资模型表现得不是很好。在大萧条时期，货币供给大幅下降。在典型的凯恩斯主义黏性工资模型中，这会降低价格水平，在黏性名义工资既定的情况下，实际工资会提高，这会使得企业减少雇用劳动力，导致产出下降。在制造业部门，1929—1933 年，实际工资上涨了，而产出不断下降，但在除制造业部门以外的其他部门，实际工资在这一时期暴跌，到 1939 年，非制造业部门的实际工资仍大大低于趋势。这些数据似乎与被广泛地看作是大萧条时期的主要影响因素的名义工资黏性不相吻合。

科尔和奥汉尼安发现，尽管全要素生产率冲击可以解释 1929—1933 年的总产出下降，却无法解释经济复苏那么缓慢。对货币意外模型的考察也有类似的结果。对大萧条时期全要素生产率冲击和货币意外增加的估计预测，经济复苏要发生得更早。

因此，面对大萧条，标准的经济周期理论存在的主要问题是，如何解释缓慢乏力的经济复苏。科尔和奥汉尼安对大萧条时期经济复苏时间长短的其他解释是什么呢？他们推测，监管是造成这种不良后果的原因。《1933 年国家工业复兴法》（National Industrial Recovery Act of 1933）暂缓执行了美国的反托拉斯法律，允许企业之间尤其是制造业部门之间存在共谋。行业中企业间共谋的增多，往往会减少产出，提高价格，降低投资——所有这些都是大萧条时期的特征。

---

[1] H. Cole and L. Ohanian，Winter 1999．"The Great Depression in the United States from a Neoclassical Perspective," *Federal Reserve Bank of Minneapolis Quarterly Review* 23，2－24.

凯恩斯主义协调失效模型

至此，我们讨论的两种经济周期均衡理论，即实际经济周期理论和市场分割理论，它们都包含有这样的意思，即在稳定经济中，政府不是没有作用就是作用有限。不过，这并不意味着所有的经济周期均衡理论都认为政府在熨平经济周期中没有作用。许多现代凯恩斯主义者在研究宏观经济学时，采用与古典经济学家非常类似的研究方法，即假定价格和工资具有完全灵活性，且所有市场都是出清的。在这些现代凯恩斯主义者中，有些人探讨了凯恩斯《通论》中出现的一种观念，即**协调失效**（coordination failure）。在宏观经济学中，彼得·戴蒙德（Peter Diamond）在 20 世纪 80 年代初首先对协调失效作了缜密研究[1]，其后，拉塞尔·库珀（Russell Cooper）和安德鲁·约翰（Andrew John）[2]、杰斯·本哈比卜（Jess Benhabib）和罗杰·法默（Roger Farmer）[3]、罗杰·法默（Roger Farmer）和郭建廷（Jang-Ting Guo）[4] 对此作出了贡献。协调失效模型的基本思想是，由于私人部门的工人和生产者难以协调他们的行动，所以存在着**策略互补性**（strategic complementarities），意思是说一个人参与某项活动的意愿，会随着其他参与者人数的增加而增大。

策略互补性活动的一个例子是舞会。假如保罗知道某人想开一场舞会，若只有少数人愿意参加，他可能就不想参加了。可是，若有许多人参加，将会玩得很高兴，保罗可能就会参加。保罗参加舞会的潜在愿望，随着其他可能参加人数的增加而增大。这里，我们可以想象两种可能的结果（均衡）。一种结果是，一个人都不参加；另一种结果是，每个人都参加。这两种结果都是均衡状态，因为若一个人都不参加舞会，那么人人都不想参加；若每个人都参加舞会，那么就没有人愿意待在家里。如果保罗与其他人协调一下，那么每个人都一定会认为让所有人都参加舞会是一个好主意，他们就会都同意参加。然而，在缺乏协调的情况下，就可能没有人参加。

如果我们以舞会来类比总体经济活动，一个生产者从事生产的意愿就取决于其他生产者生产什么。例如，假如珍尼弗是一个计算机软件生产者，她的软件销售量取决于所售计算机硬件的数量和质量。如果销售的硬件增多，珍尼弗就比较容易销售软件，而如果珍尼弗销售的软件增多，硬件销售也就比较容易。计算机硬件和计算机软件具有互补性。经济中有许多这类互补性，但不同的生产者发现难以协调其行动。因此，总体经济可能存在着**多重均衡**（multiple equilibria），产出和就业可

[1]　P. Diamond，1982. "Aggregate Demand in Search Equilibrium," *Journal of Political Economy* 90，881 – 894.

[2]　R. Cooper and A. John，1988. "Coordinating Coordination Failures in Keynesian Models," *Quarterly Journal of Economics* 103，441 – 463.

[3]　J. Benhabib and R. Farmer，1994. "Indeterminacy and Increasing Returns," *Journal of Economic Theory* 63，19 – 41.

[4]　R. Farmer and J. Guo，1994. "Real Business Cycles and the Animal Spirits Hypothesis," *Journal of Economic Theory* 63，42 – 72.

能高也可能低。受乐观情绪和悲观情绪起伏的左右，经济周期完全可能会在这些高与低的均衡之间波动。

为了将这种思想体现在经济模型中，我们从总体规模收益递增这种观念入手。总体规模收益递增意味着，如果全部投入增加一倍，则产出就会增加一倍多，我们曾在第 4 章讨论过这个问题。现在，我们假定规模收益不变，这意味着资本量固定时，边际劳动产量递减。总体层面上的规模收益递增，可以归结为我们上述的策略互补性。于是，在下列情况下我们就可以得到总体层面上的规模收益递增：对每一个企业而言，生产中存在着规模收益不变。在总体规模收益递增的情况下，如果资本量固定，则总量生产函数可能呈凸形，如图 13-5 所示。由于图中生产函数的斜率会随着劳动投入的增加而增大，因此，总体经济的边际劳动产量是递增的而非递减。由于总劳动需求恰好是总边际劳动产量曲线，因此，这意味着总劳动需求曲线 N^d 是向上倾斜的，如图 13-6 所示。

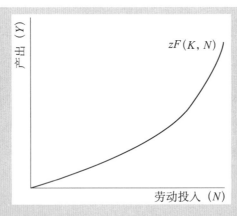

图 13-5　规模收益递增的生产函数

企业间的策略互补性意味着总体层面上的规模收益递增，于是就可以得出一个呈凸形的生产函数，边际劳动产量会因劳动投入量增加而提高。

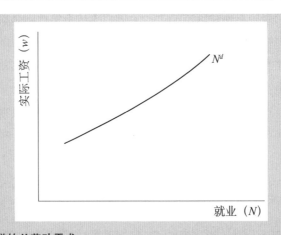

图 13-6　规模收益递增的总劳动需求

在规模收益递增的情况下，总劳动需求曲线会向上倾斜，因为总边际劳动产量会随着总就业的增加而提高。

现在，协调失效理论的作用机理要求，总劳动需求曲线的斜率必须比劳动供给曲线的斜率大，如图 13 - 7 所示。为了重复在第 11 章中推导产出供给曲线 Y^s 的做法，我们假定实际利率是 r_1，图 13 - 8（c）中劳动供给曲线是 $N^s(r_1)$。于是，根据生产函数，在图 13 - 8（b）中，均衡就业量是 N_1，产出是 Y_1。因此，在图 13 - 8（a）中，表明劳动力市场均衡的产出—实际利率是（Y_1，r_1）。此时，如果实际利率提高，比如提高到 r_2，那么在图 13 - 8（c）中，劳动供给曲线会右移至 $N^s(r_2)$，因为工人们希望用未来闲暇替代当期闲暇。结果，均衡就业量降至 N_2，产出降至 Y_2。所以，在图 13 - 8（a）中，产出供给曲线上的另一点是（Y_2，r_2），Y^s 曲线向下倾斜。

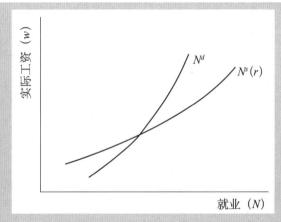

图 13 - 7　协调失效模型中的劳动力市场
在规模收益递增的情况下，劳动需求曲线比劳动供给曲线陡峭，这是协调失效模型作用机理的必要条件。

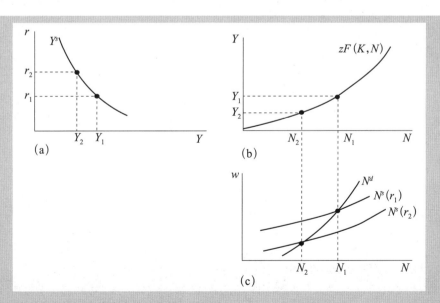

图 13 - 8　协调失效模型中的产出供给曲线
该图描述了协调失效模型中的产出供给曲线 Y^s 的构建。实际利率的提高会使劳动供给曲线右移，降低就业和产出。

协调失效模型：一个例子

我们现在通过一个简单的例子来说明协调失效模型的一些重要见解。假定向下倾斜的 Y^s 曲线和向下倾斜的 Y^d 曲线恰好在两处相交（尽管情况不一定是这样；可能有两处以上相交，可能只有一处相交），如图 13 - 9（b）所示。这里，经济可能处于两种均衡中的一种。在第一种均衡中，即"不好的均衡"中，产出是 Y_1，实际利率是 r_1，价格水平是 P_1，实际工资是 w_1，就业是 N_1。在第二种均衡中，即"好的均衡"中，产出是 Y_2，实际利率是 r_2，价格水平是 P_2，实际工资是 w_2，就业是 N_2。在该模型更明确的形式中（对消费者的偏好作了描述），处于高产出和就业的"好的均衡"中的消费者，其境况要好于处于低产出和就业的"不好的均衡"中的消费者。

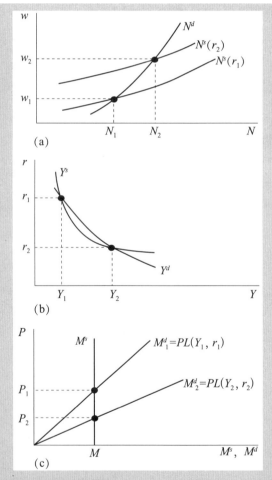

图 13 - 9　协调失效模型中的多重均衡

由于在协调失效模型中产出供给曲线是向下倾斜的，因此在这个例子中存在着两种均衡。在一种均衡中，总产出低，实际利率高；在另一种均衡中，总产出高，实际利率低。

经济是处于好的均衡中还是不好的均衡中呢？当然，没有什么能阻止不好的均衡产生。即使每个人都喜欢好的均衡，但如果每个人都悲观，预料到坏事会发生，则不好的均衡就会产生。类似地，如果每个人都乐观，好的均衡就会产生。在这个模型中，如果消费者和企业的乐观情绪和悲观情绪交替出现，经济周期就会产生，使经济交替处于好的均衡和不好的均衡中。这似乎很像凯恩斯所说的"动物精神"，他把乐观情绪和悲观情绪的波动认为是投资的重要决定因素。

在协调失效模型中，与基本经济因素（技术、偏好和禀赋）完全没有关系的无关事件可能会"引起"经济周期。宏观经济学家有时称这类无关事件为**太阳黑子**（sunspots），喻为在太阳上观察到的无规律出现的黑点，因为太阳的黑点并不会影响地球上的生产可能性、偏好或可利用的资源（即任何基本事物）。然而，原则上每个人都能观察到太阳黑子。因此，如果工人和企业都把观察到的太阳黑子视作乐观的信号，那么当观察到太阳黑子时，经济就会走向好的均衡；当没有观察到太阳黑子时，经济则会走向不好的均衡。于是，似乎太阳黑子引起了经济周期。股票市场的波动也许最能体现"太阳黑子行为"的存在，因为股票价格的易变性远大于用基本经济因素（企业潜在的盈利）解释的易变性。美国联邦储备委员会主席艾伦·格林斯潘曾经指出股票市场深受"非理性繁荣"的影响。经济中的太阳黑子行为确实不受太阳黑子的左右，而是受与偏好、禀赋和技术等重要因素无关的事件左右。

协调失效模型的预测

由图 13-9 可知，好的均衡具有低实际利率、高产出水平、低价格水平、高就业水平和高实际工资；不好的均衡具有高实际利率、低产出水平、高价格水平、低就业水平和低实际工资。因此，给定低（高）的实际利率，好（不好）的均衡具有高（低）消费和投资水平。如果经济周期在好与不好的均衡之间波动，那么如表 13-2 所示，消费、投资和就业是顺周期的，价格水平是逆周期的，实际工资是顺周期的，正如从数据中观察到的一样。同样，在图 13-10 中，平均劳动生产率（从原点到生产函数上相关点的线的斜率）一定是顺周期的，因为它在好的均衡中比在不好的均衡中要高。而且，罗杰·法默和郭建廷指出，如果从定量分析角度重现美国经济周期的变化，那么有一种形式的协调失效模型实质上与实际经济周期模型一样。[①]

[①]   R. Farmer and J. Guo, 1994. "Real Business Cycles and the Animal Spirits Hypothesis," *Journal of Economic Theory* 63, 42 - 72.

表 13 - 2   经验数据与协调失效模型的预测

变量	经验数据	模型
消费	顺周期	顺周期
投资	顺周期	顺周期
价格水平	逆周期	逆周期
货币供给	顺周期	顺周期
就业	顺周期	顺周期
实际工资	顺周期	顺周期
平均劳动生产率	顺周期	顺周期

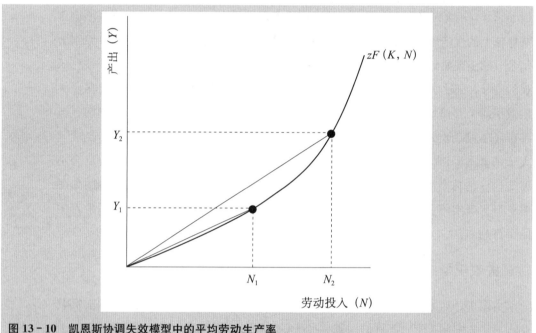

图 13 - 10　凯恩斯协调失效模型中的平均劳动生产率
在好（不好）的均衡中，产出高（低），就业高（低），平均劳动生产率高（低）。

　　尽管货币在协调失效模型中是中性的，与它在实际经济周期模型中一样，但协调失效模型能解释名义货币供给为什么是顺周期的。假定货币供给在 M_1 与 M_2 之间波动，且 $M_2 > M_1$。又假定货币充当太阳黑子变量。也就是说，当消费者和企业观察到高货币供给时，他们就乐观；当他们观察到低货币供给时，他们就悲观。因此，当货币供给高时，经济就处于好的均衡中；当货币供给低时，经济就处于不好的均衡中，人们的预期是自我实现的。在图 13 - 11 中，如果货币供给波动不太大，我们就能仍然让价格水平作逆周期变化。在好的均衡中，名义货币需求是 $PL(Y_2, r_2)$；在不好的均衡中，名义货币需求是 $PL(Y_1, r_1)$。在好的均衡中，货币供给会从 M_1 增至 M_2，价格水平从 P_1 降至 P_2。所以，尽管货币实际上是中性的，但看上去它导致了经济周期。

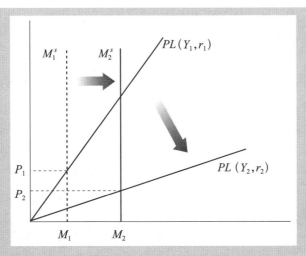

图 13-11 协调失效模型中的顺周期货币供给

如果货币供给在协调失效模型中是太阳黑子变量，那么货币看上去是非中性的，因为人们相信它就是这样的。当货币供给高（低）时，每个人都乐（悲）观，产出高（低）。

协调失效模型的政策含义

就与经验数据拟合而言，协调失效模型和实际经济周期模型基本上很难区分。不过，这两个模型具有非常不同的政策含义。在实际经济周期模型中，产出和就业的下降恰恰是对全要素生产率下降的最优反应；而在协调失效模型中，当不好的均衡发生时，从理论上讲，好的均衡就是在总体经济中可以获得的机会。因此，如果我们相信这个模型，那么有助于乐观情绪产生的政府政策是有益的。例如，政府官员（诸如财政部长和联邦储备委员会主席）的鼓舞性声明从理论上讲可以促进经济从不好的均衡转向好的均衡。

在协调失效模型中，也可以将政策设计成用于熨平经济周期或完全消除经济周期。作为一个例子，考察图 13-12，图中，最初有两种均衡，即不好的均衡和好的均衡。在不好的均衡中，实际利率为 r_1，产出水平为 Y_1；在好的均衡中，实际利率为 r_2，产出水平为 Y_2。假定政府减少当期政府支出 G。由第 11 章可知，当期政府支出的下降会减少税收现值，使当期劳动供给下降。这会使产出供给曲线从 Y_1^s 右移至 Y_2^s（而不像第 11 章那样左移）。此外，由第 11 章可知，G 的下降会使产出需求曲线从 Y_1^d 左移至 Y_2^d。假如政府减少的 G 正好是右移的数量，那么就只有一种均衡，在这个均衡中，$Y=Y^*$，$r=r^*$，如图 13-12 所示。实际上，由于 G 下降，所以不好的均衡会变好，好的均衡会变坏，不存在经济周期。我们不清楚以这种方式消除经济周期是不是有益的。例如，如果 G 不下降，经济在大多数时间里处于好的均衡中，那么，当经济周期被消除时，平均福利会下降。然而，当经济周期被消除时，不确定性降低可能会带来好处，因此，即使平均产出下降，因熨平经济周期而降低不确定性所产生的好处是有益的。

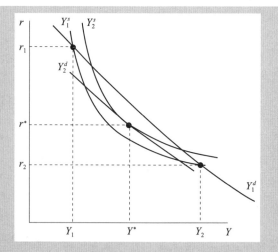

图 13-12　协调失效模型中的稳定性财政政策

在协调失效模型中，财政政策通过消除多重均衡可以稳定产出。图中，在政府支出下降的情形下，产出需求曲线左移，产出供给曲线右移，于是就产生了一个唯一的均衡，此时，$Y=Y^*$，$r=r^*$。

对协调失效模型的评论

协调失效模型的重要见解是，经济周期完全来自自我实现的乐观情绪与悲观情绪的波动。如前所述，就股票市场而言，这些自我实现预期的存在似乎最为明显，因为把股票市场每天的剧烈波动看作是基本经济因素的变化所致似乎难以解释。

然而，经济周期的协调失效理论也存在一些潜在的不足。首先，协调失效理论的一项关键内容是，总生产中存在充分的规模收益递增，使得总劳动需求曲线向上倾斜，并且比总劳动供给曲线陡峭。如果总生产是规模收益不变或规模收益递减的，那么该理论就无用了。在实践中，对总生产的规模收益的衡量是非常不准确的。一些研究者声称从经验数据中找到了收益递增的证据，但一些研究者却没有找到。对于这个问题，哈罗德·科尔和李·奥汉尼安的研究成果值得推荐。[1]支持在总体层面上存在收益递增的证据不足。

其次，这个模型的一个问题是，引起经济周期的根本性冲击都是预期的冲击，而预期基本上是无法观察的。这就难以用这个理论去认识历史上的经济衰退和经济繁荣。

新货币主义模型：金融危机与流动性不足

我们在第 12 章介绍了货币跨期模型，讲到货币在经济中起到促进交易的作用。

---

① H. Cole and L. Ohanian，Summer 1999. "Aggregate Returns to Scale：Why Measurement Is Imprecise," *Federal Reserve Bank of Minneapolis Quarterly Review* 23，19-28.

在这个基本模型中，货币是中性的，因为如果中央银行增加流通中的货币存量，这只会使所有价格和工资与货币供给成正比例增加，对任何实际变量没有影响。不过，也有充足的证据（包括本章前面提到的弗里德曼和施瓦茨的研究）支持下列观点，即货币在长期是中性的，但在短期不是中性的。

20 世纪 60 年代，大多数宏观经济学家把货币短期非中性看作是黏性工资和价格所产生的各种摩擦的结果。然而，到了 20 世纪 70 年代的理性预期革命时期，宏观经济学家开始构建灵活工资和价格模型，在该模型中，货币不是中性的，而且该模型还可以解释总量数据的特征，诸如名义变量和实际变量间的联动。比如在第 12 章所讲的弗里德曼-卢卡斯货币意外模型中，货币供给增加不是中性的，因为这种变化也许扰乱了价格信号，使人们稀里糊涂地更加努力工作。近年来，凯恩斯主义思想在理论经济学家和中央银行家中间又获得重生，我们将在第 14 章研究新凯恩斯主义黏性价格模型。该模型突出了货币非中性以及财政和货币政策在矫正经济无效率中的作用。

在最近的这场金融危机中，宏观经济学家和政策制定者无论是在解释这场危机为何如此展开上，还是在制定理由充分的应对政策上，有时都表现出不知所措。过去所用的一些经济模型尤其是中央银行家普遍使用的模型似乎都有些短板。但这并不是说非要宏观经济学家抛弃他们所知道的一切而另起炉灶，因为在过去 40 余年里发展起来的许多经济学理论可以用来解决目前存在的问题。

宏观经济学的一个分支——新货币主义经济学深入研究了宏观经济的方方面面，而这些方面对于理解金融危机和最近的经济衰退至关重要。比如，新货币主义经济学家研究了人们持有货币和用货币交换其他资产的原因，银行、信贷和金融市场中的激励问题，以及中央银行的作用。兰德尔·赖特（Randall Wright）和斯蒂芬·威廉森（Stephen Williamson）的一些研究成果总结和发展了新货币主义经济学。[①] 这一新发展起来的经济学研究领域，对于货币、信贷和银行在宏观经济中的作用以及对于货币政策在"正常"时期和危机时期如何发挥作用有一些新思想。

本节的兴趣在于理解宏观经济的某些特征，这些特征对于最近的金融危机和经济衰退及其货币政策含义特别重要。根据我们在此研究的新货币主义模型，货币一般不再是中性的，但在有些情况下货币政策实际上是无能为力的。

我们在第 12 章把货币引入我们的基本跨期宏观经济模型中，解释了货币需求的决定因素，揭示了有关货币政策及其如何起作用的一些基本思想。在货币跨期模型中，货币是一种流动性资产，因为它是一种在商品和服务的交易中被广泛接受的交换

---

① S. Williamson and R. Wright, 2010. "New Monetarist Economics: Methods," *Federal Reserve Bank of St. Louis Review* 92, 265 - 302; S. Williamson and R. Wright, 2011. "New Monetarist Economics: Methods," in *Handbook of Monetary Economics*, vol. 3A, B. Friedman and M. Woodford, eds., Elsevier, pp. 25-96; S. Williamson, 2011. "Liquidity, Monetary Policy, and the Financial Crisis: A New Monetarist Approach," *American Economic Review* 102, 2570 - 2605.

媒介。正因为如此，在我们的模型中，货币最好解释为政府发行的通货。当然，经济中存在着许多其他流动性资产，在交易中也起到重要作用。政府债券特别是短期政府债券在大量的金融交易中被广泛买卖；金融机构的准备金（实质上是在美联储的交易账户）在这些金融机构间的大量金融交易中每天通过美联储支付系统被使用；资产抵押证券是金融系统中重要的流动性资产，而这些证券在金融危机中起了关键作用。

为简化起见，我们假定经济中有两种主要的流动性资产，一种是通货，另一种是金融流动性资产。这些金融流动性资产包括政府的生息债券、金融机构在美联储的准备金账户、资产抵押证券以及银行和其他金融机构易于将其转换成随时在金融市场上买卖的交易账户的任何其他资产。像通货一样，金融流动性资产在促进经济有效运行方面发挥重要作用。在金融系统中存在大量流动性资产的情况下，金融交易量越大，信贷市场的运行越有效率，实际 GDP 就会越高。

经济中的金融流动性资产总量用消费品数量衡量可以写成：

$$a = \frac{B}{P} + k(r) \tag{13.2}$$

在等式（13.2）中，a 代表金融流动性资产总量；B 代表政府的未偿生息债券名义总值（故 B/P 是政府债券的实际值）；$k(r)$ 代表私人部门创造的流动性金融资产数量，是实际利率 r 的减函数。私人流动性金融资产是由银行和其他金融机构创造的。实际利率越低，意味着银行和其他私人金融机构的放贷越多，在金融交易中可用的私人流动性资产存量越大。

流动性金融资产总量通过金融系统一般会影响到商品和服务的需求。假定这种效应只有通过投资支出才能起作用，因为流动性金融资产的初始效应是通过大量企业的投资决策产生的。因此，等式（13.2）中数量 a 可能成为投资支出的一个正向影响因素。可是，假定现实可能存在两种状态：**金融流动性充足**（adequate financial liquidity）和**金融流动性不足**（deficient financial liquidity）。如果 a 足够大，则金融流动性充足，增加金融流动性对投资品需求没有影响。但是，如果 a 足够小，那么，增加（减少）金融流动性将增加（减少）投资品需求。

金融危机期间的金融流动性降低

金融危机可以看作是经济从一种金融流动性充足状态转变到一种金融流动性不足状态。在金融危机期间，可交易的资产抵押证券，特别是比以前认为的质量要差得多的美国抵押贷款相关资产，具有使函数 $k(r)$ 向下移动的效应。这实质上降低了私人经济创造金融流动性的能力。

函数 $k(r)$ 向下移动会对总体经济活动、利率和价格产生怎样的影响？在金融流动性 a 对商品需求的影响既定的情况下，我们的模型有些复杂。为了使该模型适合于分析，根据第 12 章的等式（12.12）（在均衡状态下货币供给等于货币需求），我们可以求解出价格水平，得到：

$$P = \frac{M}{L(Y, r)} \tag{13.3}$$

因此，把等式（13.3）的 P 代入等式（13.2），我们得到：

$$a = \frac{BL(Y, r)}{M} + k(r) \tag{13.4}$$

等式（13.4）告诉我们，如果我们考虑到货币需求和货币供给对价格水平的影响，那么金融流动性资产就是名义政府生息债券量和实际收入总量的增函数，是实际利率（因为函数 k 是减函数）和名义货币供给的减函数。而且，当金融流动性不足时，由于商品需求是 a 的增函数，故商品需求继而是实际收入总量的增函数，是实际利率的减函数。

下面，我们依然沿用我们的货币跨期模型对此进行分析。产出需求曲线是向下倾向的，但因包含金融流动性而出现了某些新的效应。倘若金融流动性不足，那么，B 增加将使产出需求曲线向右移动，同时 M 增加将使该曲线向左移动。就我们感兴趣的实验来说，金融危机期间函数 $k(r)$ 的反向移动会降低投资品的需求，使产出需求曲线从 Y_1^d 向左移至 Y_2^d，如图 13-13（b）所示。于是，从图 13-13（b）看出，总产出从 Y_1 下降到 Y_2，实际利率从 r_1 跌至 r_2。由于实际利率下跌，劳动供给曲线从 $N^s(r_1)$ 向左移至 $N^s(r_2)$，如图 13-13（a）所示。就业从 N_1 下降至 N_2，实际工资从 w_1 上升至 w_2。

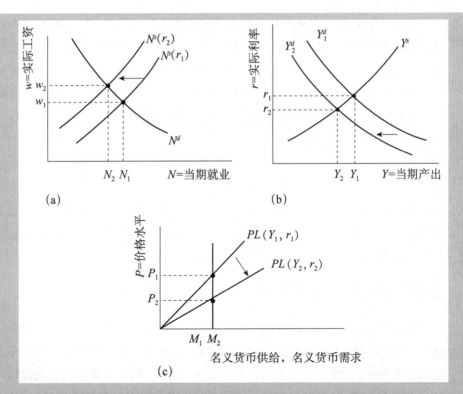

图 13-13　金融流动性降低导致流动性资产不足

产出需求曲线向左移动，总产出和就业下降。这种冲击再现了最近这场金融危机的某些重要特征。

说到货币需求，由于实际收入下降，实际利率也会下跌，货币需求可能增加也可能减少。图 13 - 13（c）显示出货币需求是增加的，在这种情况下，价格水平下跌，但理论告诉我们，货币需求可能减少，在这种情况下，价格水平可能上升。

由于私人的金融流动性下降，消费支出和投资支出会发生什么变化？实际利率下跌会增加消费和投资。可是，由于初始冲击往往会降低投资支出，投资会下降。而实际收入下降通常会减少消费，所以消费可能增加也可能减少。

就本实验而言，我们更关注本模型能让我们对最近这场金融危机了解到什么，而不是本模型如何解释典型的经济周期事件。因此，我们的讨论重点不像我们用实际经济周期模型和凯恩斯主义协调失效模型所做的那样，是第 3 章所讲的重要的经济周期事实，而是集中讨论最近这场金融危机和经济衰退的下列关键特征：

1. 最近这次经济衰退的一些特征与第 3 章所讲的重要经济周期事实的标准特征相仿。消费支出和投资支出同趋势相比下降了，就业和价格水平也同样如此。请见第 3 章的图 3 - 9、图 3 - 10、图 3 - 12 和图 3 - 14。

2. 在最近这次经济衰退期间，平均劳动生产率提高了。一般来说，经济衰退期间的平均劳动生产率是下降的。

3. 在经济衰退期间，实际利率很低，而且在经济衰退结束后仍维持在较低的水平上。

就上述特征（1）所列的标准经济周期事实而言，图 13 - 13 与所有这些特征都相吻合。原则上讲，根据该模型，消费可能上升也可能下降，但在实际利率对消费的影响比较小（这个与实证结果一致）的情况下，消费因私人部门金融流动性供应降低而下降。至于上述的特征（2），图 13 - 13（a）表明，劳动投入 N 下降，在生产函数没有变化的情况下，这就意味着平均劳动生产率提高。这与美国在这次经济衰退期间所发生的情况相符。

特征（3）对于金融流动性不足效应至关重要。当金融流动性短缺时，金融市场参与者在收益率很低的情况下也愿意持有流动性金融资产。从边际角度来说，流动性金融资产在金融交易中具有如此之高的价值，以至于市场参与者都不怎么在意这些资产是否收益率很低。如图 13 - 13（b）所示，由于私人金融流动性供应减少，实际利率下跌，这与金融危机期间所发生的情况相符。

金融流动性降低的应对政策

我们在第 12 章研究了传统的通过货币政策进行的流动性管理——货币政策如何应对金融市场发生的经常性货币需求冲击。在正常时期，中央银行不断应对流动性的需求冲击，表现为货币需求函数的变化。此外，历史上的有些金融恐慌，比如 19 世纪后半期和 20 世纪初美国的银行恐慌以及大萧条，其特征就是流动性短缺，这可以由我们模型中货币需求的正向移动来反映。在这些金融恐慌期间，由于人们从他们不再信任的银行提取存款，政府提供的通货的需求增加。

对于传统的流动性短缺，适当的货币政策应对措施是，增加货币供给以满足货币需求增加的需要。第 12 章曾经讲过，这有助于降低市场噪声，净化个体经济主体得到的价格信号。当货币需求增加时，货币供给的增加也可以避免不同于我们在弗里德曼-卢卡斯货币意外模型中研究的机制的其他机制对实际经济活动产生短期不良影响。

针对金融流动性不足，货币政策的适当应对措施是什么？在图 13-14 中，私人金融流动性供应降低导致金融流动性不足，使产出需求曲线从 Y_1^d 向左移至 Y_2^d [如图 3-14（a）所示]，图 13-14（b）中的货币需求曲线从 $PL(Y_1, r_1)$ 向右移至 $PL(Y_2, r_2)$（如前假定货币需求增加）。倘若中央银行像应对传统的流动性短缺那样采取措施，将会发生什么情况？的确，金融流动性短缺至少具有传统流动性短缺的一个特征——货币需求增加，既然如此，应对措施为什么不是增加货币供给？假定中央银行通过对政府债券的公开市场购买，把货币供给增加到 M_2。由于 B/M 降低（在公开市场购买情况下，B 降低，M 增加），所以根据等式（13.4），金融流动性资产会减少，这使产出需求曲线进一步向左移至 Y_3^d，如图 13-14（a）所示。这引起货币需求曲线进一步向右移至 $PL(Y_3, r_3)$，如图 13-14（b）所示。这种相反效果产生的原因在于，这会减少金融流动性数量，因为公开市场购买降低政府债券的供给，而这些债券可以作为金融流动性。第二种相反效果是，尽管货币供给增加了，但由于货币注入，价格水平可能下跌到 P_3 [如图 13-14（b）所示]。

应对金融流动性短缺的适当货币政策不是对政府债券的公开市场购买，而是公开市场出售。这会提高 B/M，从而使产出需求曲线向右移动。的确，中央银行通过把货币供给减少至图 13-14（b）中的 M_3 而使经济恢复到其初始状态，从而是产出需求曲线回移至图 13-14（a）中的 Y_1^d。这是很重要的。货币政策的传统对策在金融危机中实际上会使问题变得更糟。

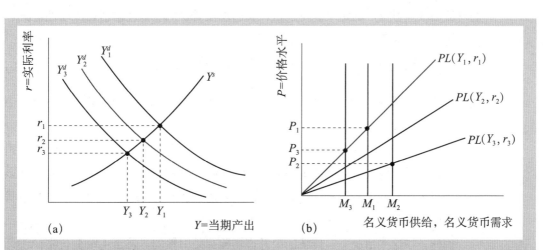

图 13-14　金融流动性不足的货币政策应对措施

政府货币政策的"宽松措施"不能像平常那样起作用。对政府债券的公开市场购买使产出和就业降低。公开市场出售缓解流动性不足。

金融流动性不足、超额准备金与流动性陷阱

美联储通常对联邦基金利率——金融机构借贷的隔夜利率设定一个目标来实施货币政策。然后，美联储通过公开市场业务对金融市场进行干预，尽可能地使联邦基金利率接近美联储的目标。一般而言，这意味着除了金融系统为满足准备金比率而持有的准备金数量之外，用于每日大量金融交易的银行准备金基本上趋于零过夜。因此。在每一金融交易日结束时，外在货币的数量通常只包括通货和法定准备金，超额准备金（超过准备金比率的准备金）数量一般为零。比如，在 2008 年 1 月金融危机开始之前，通货发行量是 8 290 亿美元，准备金是 130 亿美元，所以准备金相对于通货而言很小。

在最近的这次金融危机期间，美联储的政策措施发生了改变，不同于其他国家中央银行的"正常"模式。在 2008 年 10 月，联邦基金利率的目标降低到 0～0.25％区间，并打算将这一目标保持到 2015 年年中。更为重要的是，美联储的量化宽松政策导致准备金增加到前所未有的水平。到了 2011 年 7 月，通货发行量为 11 170 亿美元，准备金数量达到 15 140 亿美元。正如我们将看到的那样，货币政策在这种政策措施下的作用十分不同。

在这种不同寻常的货币政策措施下，中央银行发行的外在货币总量由两部分组成，倘若 M 是外在货币总量，那么

$$M = M^c + M^r$$

式中，M^c 是通货，M^r 是准备金。假定金融流动性不足，因而产出需求取决于流动性金融资产的数量。进一步而言，由于美联储自 2008 年 10 月以来一直在支付准备金利息，且超额准备金无论从哪方面来看都恰如短期政府债券，所以我们要改变我们对流动性金融资产的定义。特别是，我们现在需要把准备金包括在流动性金融资产存量当中，故而

$$a = \frac{M^r + B}{P} + k(r) = \frac{(M^r + B)L(Y, r)}{M^c} + k(r) \tag{13.5}$$

此时，我们就像推导等式（13.4）那样用货币市场出清来替代等式（13.5）中的 P。

传统的公开市场购买是中央银行把准备金 M^r 转换成债券 B。根据等式（13.5），这对准备金加上债券的总量没有影响，因而对流动性金融资产也没有影响。进一步而言，由于通货 M^c 保持不变，对货币市场没有影响。因此，在均衡状态下，任何变量都没有变化。

因此，在这些情况下，传统的公开市场购买是中性的，甚至不改变价格。于是我们可以说，存在流动性陷阱，因为准备金和政府生息债券本质上是相同的资产，而且如果中央银行把其中的一种资产转换成另一种资产，不会有什么差别。可是，请注意，这与第 12 章所讨论的传统的流动性陷阱不同。传统的流动性陷阱在短期

名义利率为零时才出现，而这里讨论的流动性陷阱原则上在任何市场名义利率水平上都有可能发生。

在这种情况下产生影响的中央银行措施，不是公开市场业务，而是中央银行支付的准备金利率的变化。只要美联储总想在金融系统中每夜都要有正的准备金供应，准备金利率就将决定所有短期利率。在图 13-15 中，金融流动性不足，最初的实际收入总量是 Y_1，实际利率是 r_1。在图 13-15（b）的货币市场中，名义通货存量最初是 M_1^c，价格水平是 P_1。此时，重要的是要指出，利率 r 和外在货币总量 M 是由中央银行规定的。于是，在等式（13.5）中，流动性金融资产数量 a 是内生的，因为 M^r 和 $M^c = M - M^r$ 可以调整，以便使产出需求曲线和产出供给曲线在中央银行规定的利率 r_1 处相交。

接下来，在流动性金融资产不足的情况下，假定中央银行会把准备金利率降至图 13-15（a）中的 r_2。产出需求曲线必然向左移动，这由准备金减少和通货增加从而降低等式（13.5）中的 a 所致。结果，产出从 Y_1 下降至 Y_2［如图 13-15（a）所示］，通货供应从 M_1^c 增加到 M_2^c［如图 13-15（b）所示］。

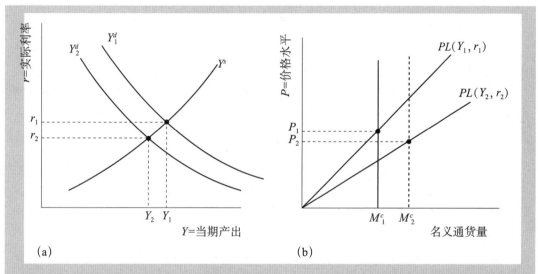

图 13-15 存在超额准备金和流动性陷阱的货币政策

传统的公开市场业务不起作用，但准备金利率提高将缓解金融流动性不足。

因此，流动性金融资产不足引起的经济变化与宽松货币政策本应引起的经济变化相反。这种"宽松"是通过中央银行的重要政策利率（在这种情况下就是准备金利率）的降低产生的。但是，该政策并不是"宽松"的，因为实际产出下降了，而且由于利率下跌引起货币需求增加，价格水平甚至可能降低了，如图 13-15（b）所示。因此，如果通货需求因市场利率下降而增加得足够多，价格水平就可能下跌。但是，如果通货存量比较大，且实际收入降低会减少货币需求，那么，价格水平就有可能上升。

重要的是要指出，如果金融流动性不足，中央银行要缓解这种不足的方法是提高准备金利率而不是降低其利率。所有变化都与图 13-15 所描绘的变化相反，因为银行准备金将增加（原因在于提高准备金利率对金融机构持有这些准备金更具有吸引力），且通货数量将下降。这种作用机理就像中央银行注入足够的流动性。

货币政策的制定者在现代金融危机中正面临着挑战。金融危机所产生的金融市场流动性不足，意味着公开市场业务所起的作用可能与决策者想要的相反。也有可能存在流动性陷阱，但是一种相反的流动性陷阱，这与传统流动性陷阱的货币政策含义完全不同。

专栏

宏观经济学实践：不确定性与经济周期

最近这次经济衰退的特征，包括一些国家特别是美国和欧洲的经济复苏乏力，使人们对不确定性在这次经济衰退和以前的经济衰退中的作用产生了极大兴趣。总的不确定性来自私人部门、公共部门或同时来自这两个部门。

就私人部门来看，总体经济活动萎靡不振，因为经济主体看到的一些事件使得他们对比如未来生产率增长更加悲观。我们从第 11 章的内容可知，预期的未来生产率下降将降低当期投资支出和当期实际 GDP。不确定性增大可能具有相同的效果，因为企业会更加谨慎，不大可能去投资。最近的这次金融危机本身可能就造成了更大的不确定性，因为经济主体已经改变了他们对未来总体经济波动的看法。

公共部门也会产生特有的不确定性。如果企业对未来税收和未来管制措施是不确定的，这些企业就更不愿意雇用工人或不愿意投资。而且，工人面对未来税收的较高不确定性，可能会减少工作，或减少他们自身培训的投资。最近，尼古拉斯·布卢姆（Nicholas Bloom）、马克斯·弗洛托托（Max Floetotto）和尼尔·杰默维克（Nir Jaimovich）撰写的一篇工作论文[①]，扩展了实际经济周期模型，考虑了这些类型的不确定性。在他们的模型中，企业对于影响其自身生产率的因素和影响总体生产率的因素是不确定的。由于企业要调整其资本和劳动投入是有成本的，它们虽然眼下不想增加投资或多雇用工人，但很可能要在未来改变这些决定，所以不确定性程度越高，企业就越发谨慎。因此，在他们的模型中经济衰退往往与较高的不确定性相关。

布卢姆、弗洛托托和杰默维克发现强有力的证据表明，不确定性增大是所有经济衰退的常见特征，不只是最近这次经济衰退的特征。进一步而言，不确定性增大会伴随着索洛残差变小。因此，在经济衰退期间，我们测算出来的全要素生产率下降可能正是不确定性增大的征兆。

---

① N. Bloom，M. Floetotto，and N. Jaimovich，2011. "Really Uncertain Business Cycles," working paper，Stanford University.

13

关于政府产生的不确定性，公众对经济决策者造成的不确定性有许多猜测，但都证据不足。可是，克利夫兰联邦储备银行（Cleveland Federal Reserve Bank）的两位研究人员马克·施韦策（Mark Schweitzer）和斯科特·夏恩（Scott Shane）发现的证据表明[1]，关于经济政策的不确定性对小企业的行为有显著的不良影响。

因此，我们可以笼统地说，经济不确定性对经济周期活动尤其是对最近这次经济衰退来说很重要。有充分证据表明，私人部门因素在总的不确定性中起重要作用。经济政策虽然可能产生大量的不确定性，但没有压倒性的证据表明对最近这次经济衰退至关重要。

至此，我们完成了对包含灵活价格和工资的经济周期模型的研究。第 14 章将分析包含黏性价格的新凯恩斯主义模型。

本章小结

● 在本章，我们讨论了三种不同的经济周期均衡模型，并就它们与经验数据拟合得如何、它们的政策含义及其合理性作了评价。

● 本章研究的第一种模型是实际经济周期模型，在这个模型中，经济周期用全要素生产率的持续波动来解释。实际经济周期模型与第 3 章的所有经济周期事实相符，内生货币能解释名义货币供给相对于实际总产出的变动规律。

● 基本的实际经济周期模型认为政府政策没有作用，因为经济周期完全是对全要素生产率波动的最优反应。

● 在解释历史上的经济周期事件方面，实际经济周期模型不总是成功的，在用索洛残差作为衡量全要素生产率的指标时也存在着衡量问题。

● 本章研究的第二种模型是凯恩斯主义协调失效模型，该模型的基础是存在导致总体层面上的规模收益递增的策略互补性。这意味着存在多重均衡，我们分析了一个存在双重均衡的例子，这种双重均衡分别是具有高产出、高消费、高投资、高就业、高实际工资与低实际利率、低价格水平的好的均衡和具有低产出、低消费、低投资、低就业、低实际工资与高实际利率、高价格水平的不好的均衡。经济会在这两种均衡之间波动，波动的诱因来自乐观情绪与悲观情绪的变化。

● 在凯恩斯主义协调失效模型中，货币是中性的，但它可能是产生乐观情绪与悲观情绪的太阳黑子变量，因而货币看上去不是中性的。

● 实际经济周期模型与协调失效模型同样都与经验数据相拟合。在协调失效模型中，政府政策的作用可以导致乐观情绪，在熨平经济周期方面，财政政策可以发挥作用。

● 在新货币主义模型中，我们考虑到金融流动性对商品需求的影响。金融流动性包括政府生息债券存量和私人创造的金融流动性。

● 在新货币主义模型中，现实可能处于金融流动性充足状态（因而从边际角度来说金融流动性存量的变化无关紧要），也可能处于金融流动性不足状态（该存量的变化至关重要）。

● 在金融流动性不足状态下，中央银行对政府债券的公开市场出售将缓解流动性短缺。这是违反直觉的。

---

[1] M. Schweitzer and S. Shane，2011. "Economic Policy Uncertainty and Small Business Expansion," Cleveland Federal Reserve Bank Economic Commentary.

● 若超额准备金的存量是正的且中央银行支付准备金利率，则存在流动性陷阱，且公开市场业务是中性的。可是，准备金利率的变化会产生影响。

主要概念

内生货币（endogenous money）：货币供给不是外生的，而是取决于其他总体经济变量。

统计因果关系（statistical causality）：当经济变量 a 有助于预测经济变量 b 的未来值时，我们就说 a 从统计角度而言导致了 b。

劳动力储备（labor hoarding）：企业在经济衰退期间不解雇工人的做法，即使这些工人工作没那么忙。

协调失效（coordination failure）：经济主体无法协调其行动从而产生不好的均衡的情形。

策略互补性（strategic complementarities）：其他人采取的行动鼓励了特定企业或消费者采取相同行动时所产生的关系。

多重均衡（multiple equilibria）：在一个经济模型中存在一种以上的均衡。

太阳黑子（sunspot）：对总生产可能性或消费者的偏好没有影响的经济变量。

金融流动性充足（adequate financial liquidity）：政府和私人部门供应充足的流动性资产，从而使金融市场有效交易的一种状态。

金融流动性不足（deficient financial liquidity）。金融流动性短缺的一种状态，这意味着金融市场不能有效交易。

复习题

1. 理性预期革命提出的两条主要原则是什么？

2. 为什么研究不同的经济周期模型是有益的？

3. 在实际经济周期模型中，什么因素会导致产出波动？

4. 为什么在实际经济周期模型中货币是中性的？

5. 实际经济周期模型如何解释货币供给在经济周期中的变化情况？

6. 在实际经济周期模型中，政府应稳定产出吗？

7. 实际经济周期模型与经验数据拟合吗？

8. 实际经济周期模型的主要不足是什么？

9. 举一个协调失效问题的例子。

10. 在协调失效模型中，什么因素会导致经济周期？

11. 为什么在协调失效模型中货币是中性的？

12. 协调失效模型与经验数据拟合吗？

13. 是实际经济周期模型还是协调失效模型是一个更好的宏观模型？请解释。

14. 是什么原因导致金融流动性不足？

15. 何时会存在金融流动性不足情况？倘若中央银行采取公开市场购买措施，会发生什么情况？

16. 应对金融流动性不足情况的适当货币政策措施是什么？

17. 有生息准备金和超额准备金时的流动性陷阱与传统的流动性陷阱有何不同？

思考题

1. 在实际经济周期模型中，假定政府支出暂时性增加。确定这样做的均衡效应。经济周期可以用 G 的波动来解释吗？也就是说，当受政府支出的暂时性冲击影响时，这个模型能得到第 3 章所讲的重要经济周期事实吗？请详细解释。

2. 假定政府支出的暂时性增加会导致全要素

生产率的持续提高，其原因也许是一些政府支出改善了基础设施，使私人企业提高了生产率。说明这种政府支出的暂时冲击可以导致与重要经济周期事实相符的经济周期，并解释你的结果。

3. 在实际经济周期模型中，假定企业受乐观情绪的影响，它们预期全要素生产率在未来将大幅度提高。

（a）确定这种情况的均衡效应。

（b）如果这种乐观情绪与悲观情绪的起伏导致 GDP 波动，这个模型能解释重要的经济周期事实吗？

（c）假定货币当局面临乐观情绪的高涨，想稳定价格水平。货币当局应采取什么措施？请解释。

4. 假定在协调失效模型中，货币起到太阳黑子变量的作用，这样一来，当货币供给低时，经济就处于不好的均衡中；当货币供给高时，经济就处于好的均衡中。解释货币当局可以采取什么措施以使得消费者的境况改善。把这种货币政策措施与根据货币意外模型得到的政策措施进行比较，并加以讨论。

5. 在协调失效模型中，假定消费者的偏好发生变化——减少闲暇消费，增加商品消费。请确定这对好的均衡和不好的均衡中总量变量的影响，并对你的结果作出解释。

6. 假定有一场自然灾害，摧毁了一国的一部分资本存量。中央银行的目标是稳定价格水平。在这个目标既定的情况下，为了应对自然灾害，中央银行应采取什么措施？请画图解释。

7. 假定中央银行观察到实际 GDP 下降，但并不知道这是什么原因引起的。

（a）倘若中央银行认为 GDP 的下降是全要素生产率下滑所致，且实际经济周期理论是正确的，那么中央银行应如何应对？

（b）倘若中央银行认为 GDP 的下降是悲观情绪所致，且凯恩斯主义协调失效模型是正确的，那么中央银行应如何应对？

（c）借助图来解释你对上述问题（a）和（b）的回答。

8. 在新货币主义模型中，假定存在金融流动性不足情况。如果财政当局准备实施减税，通过增加政府债券来筹资，而外在货币量保持不变，将会发生什么情况？根据新货币主义模型，如何解释李嘉图等价？请讨论。

9. 针对在支付准备金利息且金融系统持有超额准备金情形下存在的流动性陷阱情况，重新回答问题 8。请解释你的结果并讨论。

10. 在新货币主义模型中，假定中央银行实施"量化宽松"计划，发行外在货币，并用其交换私人供应的流动性金融资产。该计划的宏观经济效应会是什么？如果在金融系统持有超额准备金情况下存在流动性陷阱，是否有影响？为什么？请解释。

第14章　新凯恩斯主义经济学：黏性价格

自从凯恩斯的《就业、利息和货币通论》[①] 于 1936 年问世以来，凯恩斯主义思想已深入人心。凯恩斯主义认为，在短期，工资和价格不是完全灵活的或者说具有"黏性"，以致造成不可能经济中的所有市场在每一时点上的供给都等于需求（从通常意义上说）。正如凯恩斯主义者所主张的那样，这意味着政府通过财政和货币政策进行干预，可以改善总体经济结果，熨平经济周期。

基于凯恩斯主义思想的经济周期模型对学者和决策者的影响非常大，过去是这样，将来依然如此。这些模型所依据的基本建模框架由希克斯（Hicks）于 20 世纪 30 年代末在其"IS-LM"模型中建立[②]，并于 20 世纪 50 年代在保罗·萨缪尔森（Paul Samuelson）的教科书中得到推广。到了 20 世纪 60 年代，各种凯恩斯主义经济周期模型与经验数据拟合得非常好，且广泛应用于政策分析。

20 世纪 60 年代以来，凯恩斯主义者不断地将其他宏观经济学流派的新方法、新思想融入他们的模型和思想中。在 20 世纪六七十年代，以米尔顿·弗里德曼的学术成果为主要代表的货币主义理论，有一部分被凯恩斯主义吸纳，形成了所谓的"新古典综合派"。到 20 世纪 80 年代，在凯恩斯主义"菜单成本"模型的形成过程中，包含最优化消费者和企业的均衡模型（第 12 章研究的那种模型）很有影响。菜单成本模型解释了价格变化给企业带来的成本。[③] 后来，包含黏性价格的凯恩斯主义模型逐渐构建起来，该模型将基本的实际经济周期框架作为其核心，但包含了黏性价格。[④] 这一领域的研究者称之为"新凯恩斯主义经济学"，并认为它代表了宏

---

① J. M. Keynes, 1936. *The General Theory of Employment, Interest, and Money*, Macmillan, London.

② J. Hicks, 1937. "Mr. Keynes and the Classics: A Suggested Interpretation," *Econometrica* 5, 147-159.

③ L. Ball and N. G. Mankiw, 1994. "A Sticky-Price Manifesto," *Carnegie-Rochester Conference Series on Public Policy* 41, 127-151.

④ R. Clarida, J. Gali, and M. Gertler, 1999. "The Science of Monetary Policy: A New Keynesian Perspective," *Journal of Economic Literature* 37, 1661-1707; M. Woodford, 2003. *Money, Interest and Prices*, Princeton University Press, Princeton, NJ.

观经济学的最新思想综合。

凯恩斯主义宏观经济模型不同于我们至此所研究的那些模型的基本特征是，有些价格和工资不是完全灵活的，也就是说，有些价格和工资是"黏性的"。如果有些价格和工资不能像出清市场那样变化，这将对经济行为和经济政策产生很大影响。本章研究的新凯恩斯主义模型，除了价格水平不具有能使商品市场在短期内出清的充分灵活性之外，基本上等同于第 12 章所讲的货币跨期模型。在商品市场不能出清的前提下，新凯恩斯主义模型与货币跨期模型的特性相去甚远，但该模型的构建只要在我们的基本货币跨期框架上直接扩展即可。

尽管凯恩斯主义模型无疑有一些忠实信徒，但也有很多诋毁者。[1] 本章将批判性地评价新凯恩斯主义模型，就像我们在第 13 章评价灵活价格和工资经济周期模型那样。我们将分析新凯恩斯主义模型与第 3 章讨论的重要经济周期事实的吻合情况，看一看它对经济政策制定的实用性。

与第 12 章所讲的货币跨期模型不同，新凯恩斯主义模型具有这样的性质，即货币不是中性的。当货币当局增加货币供给时，总产出和就业都会增加。一般来说，货币政策可以用来改善经济表现和福利。凯恩斯主义者通常坚定地认为，政府应通过货币政策和财政政策在经济中发挥积极作用，且凯恩斯主义经济周期模型支持这一理念。回顾一下，尽管在第 12 章所讲的弗里德曼-卢卡斯货币意外模型中，货币不是中性的，恰如凯恩斯主义黏性价格模型的情况一样，但正如本章要讨论的那样，货币政策在货币意外模型中的作用与其在凯恩斯主义黏性价格模型中的作用截然不同。

我们在本章采取的方法正是第 12 章的方法，即我们讨论利率目标制。我们在构建模型时，不是把货币供给作为中央银行控制的工具，而是把市场利率作为中央银行的政策目标。大多数新凯恩斯主义分析都是这样的，这与大多数国家的中央银行的做法相符——设定市场利率目标，并定期评价该目标是否应当变化。不过，正如我们将说明的，中央银行直接控制的是货币供给，所以任何市场利率目标都必须通过适当的货币供给控制来实现。我们一旦把市场利率作为中央银行的政策目标，就将消去传统凯恩斯主义典型分析的一个特征——希克斯的"LM 曲线"，它一直是这些传统模型的组成部分，概括了货币需求、货币供给和货币市场的均衡。

在我们的新凯恩斯主义模型中，我们将说明积极的财政和货币政策如何通过对外部经济冲击作出反应来熨平经济周期。在信息充分的财政和货币当局可以迅速采取措施的情况下，货币政策和财政政策从它们对稳定总产出的影响角度来说，差别不大。可是，积极运用财政政策来稳定经济，会对总支出在公共部门和私人部门之

---

① R. Lucas，1980. "Methods and Problems in Business Cycle Theory," *Journal of Money，Credit，and Banking* 12，696 – 715；S. Williamson，2008，"New Keynesian Economics：A Monetary Perspective," *Economic Quarterly*，94，Federal Reserve Bank of Richmond，197 – 218.

间的分配产生影响。

新凯恩斯主义模型

我们的新凯恩斯主义模型与第 12 章所讲的基本货币跨期模型的属性完全不同。但新凯恩斯主义模型有一个最根本的不同点：在短期，价格水平是黏性的，且不会迅速调整而使商品供求相等。

商品价格为什么在短期是黏性的？一些凯恩斯主义者认为，企业要改变价格是有成本的，即使这些成本可能很小，也会促使企业让它们的产品价格长时间保持不变。以一家饭店为例，每当它改变价格时，就必须印制新的菜单。印制菜单是有成本的，使得饭店不能频繁地改变价格。鉴于不能频繁地改变价格，有的时候，饭店满座，来客被拒之门外。如果印制菜单不花成本，饭店就可以提高价格。或者，如果改变价格没有成本，在饭店不满座的时候，可以把价格降下来。饭店的这个例子是有关黏性价格模型的经济学文献常用的例子。黏性价格模型有时被称为**菜单成本模型**（menu cost models）。

在典型的新凯恩斯主义模型中，假定经济中存在着大量企业，其中，有些企业在任何给定的时间内都会改变其价格，而有些企业则不会。如果假定企业改变其价格的成本是固定的，那么就可以勉强建模了。对于承担菜单成本的企业而言，只有当企业的现行价格大大偏离使其利润最大化的最优价格时，企业才会改变其价格，向最优价格调整。一个比较简便的方法是，假定企业随机获得改变其价格的机会。在每个时期，幸运的企业获得这种机会，改变其价格，而不幸的企业只能收取以前所公布的价格。

无论以哪种方法构建黏性价格模型，都会导致企业的前瞻性行为。每当企业改变其价格时，企业都知道它会在今后某一段时间里收取这个价格，直至它能再次改变它已公布的价格。因此，企业在作出定价决定时，会尝试预测有可能影响未来市场条件的冲击以及企业的未来盈利能力。虽然这种前瞻性行为在新凯恩斯主义经济学中能起重要作用，但我们仍要做些简化——假定所有企业对当期商品收取价格 P，且该价格是黏性的，在商品需求变化期间不会改变。

在图 14-1 中，我们阐示了新凯恩斯主义模型的基本构造，这与第 12 章所讲的基本货币跨期模型所用的一组图相同，只是增添了生产函数。具体来说，包括图 14-1（a）中的劳动力市场、图 14-1（b）中的商品市场、图 14-1（c）中的货币市场以及图 14-1（d）中的生产函数。

从图 14-1（c）的货币市场开始分析。在此，价格水平固定在 P^*，是所有企业收取的黏性价格。假定该价格是在过去定的，企业在当期不能改变。在图 14-1（b）中，r^* 是中央银行的利率目标。在此，我们像第 12 章那样，假定通货膨胀率是一个常数（为方便起见假定为零），因而费雪关系式告诉我们，名义

利率 R 等于实际利率 r。在实践中，我们知道，中央银行一般以名义利率为目标，这与该模型中的中央银行所为相符——r 与 R 的设定相同。

给定利率目标 r^*，产出是由图 14 - 1（b）中的产出需求曲线决定的，所以总产出是 Y^*。请注意，在包含黏性价格或工资的凯恩斯主义模型中，按照希克斯的传统，我们所谓的产出需求曲线 Y^d 一般称为 IS 曲线。因此，我们在图 14 - 1（b）中用 "$Y^d(IS)$" 来标明产出需求曲线。

在图 14 - 1（c）的货币市场中，给定产出水平 Y^* 和利率 r^*，货币需求量是 $PL(Y^*, r^*)$，所以，为了实现其市场利率 r^*，在价格水平 P^* 既定的前提下，中央银行必须供应 M^* 单位的货币。根据图 14 - 1（d）的生产函数，企业雇用的劳动力数量为 N^*，这恰好足够生产商品市场的产出需求量 Y^*。在图 14 - 1（a）的劳动力市场中，劳动供给曲线是 $N^s(r^*)$，是由均衡实际利率 r^* 决定的。实际工资 w^* 正是消费者愿意供给劳动力数量 N^* 的工资率。

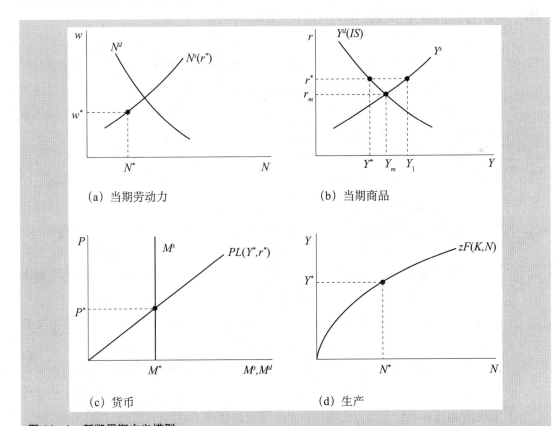

(a) 当期劳动力　　　　(b) 当期商品

(c) 货币　　　　(d) 生产

图 14 - 1　新凯恩斯主义模型

给定固定价格水平 P^* 和目标利率 r^*，产出是由产出需求曲线（IS）决定的 Y^*，且中央银行必须供应 M^* 单位的货币以实现其利率目标。企业按实际工资 w^* 雇用 N^* 单位的劳动力。自然利率是 r_m，产出缺口是 $Y_m - Y^*$。

该模型的一个关键特征是，有些市场出清，而有些市场未出清。由于中央银行要供应足够的货币数量，故图 14 - 1（c）的货币市场出清——给定固定价格水平

P^* 和产出水平 Y^*，中央银行的目标利率为 r^* 时，货币需求等于货币供给。可是，商品市场不一定出清。在图 14-1 (b) 中，当利率为 r^* 时，企业愿意供给产量 Y_1，但企业实际只能按需求量 Y^* 安排生产。如果企业能降价，它们会降低价格，但价格在短期是刚性的。请注意，产出量 Y_m 是货币跨期模型要决定的市场出清产出水平。在新凯恩斯主义经济学中，市场出清利率 r_m 有时称为**自然利率**（natural rate of interest）；还有，新凯恩斯主义者把市场出清产出水平与现实产出水平间的差额 $Y_m - Y^*$ 称为**产出缺口**（output gap）。

在新凯恩斯主义模型中，劳动力市场在短期不一定出清。特别是，在图 14-1 (a) 中，当市场实际工资为 w^* 时，企业可能愿意雇用多于 N^* 的劳动力，但企业也知道，如果它们雇用更多的劳动力，它们无法把在价格 P^* 上生产出来的很大一部分产量卖出去。

新凯恩斯主义模型中的货币非中性

有了这种短期新凯恩斯主义模型，我们就可以继续进行一个实验，该实验将说明货币在该模型中不是中性的。在解释货币政策变化在短期为什么会对总体经济活动产生实际影响方面，凯恩斯主义价格黏性是第 12 章研究的弗里德曼-卢卡斯货币意外模型或第 13 章研究的新货币主义模型的一种替代理论。

在图 14-2 中，起初假定经济处于长期均衡状态：在货币供给 M_1 既定的前提下，产出水平为 Y_1，实际利率为 r_1，价格水平为 P_1，就业为 N_1，实际工资为 w_1。然后，中央银行将其利率目标降低至 r_2，这意味着图 14-2 (b) 中的产出增加到 Y_2，因为企业因产品价格在短期固定为 P_1 而供给了额外需求的产出。由于实际收入增加、实际利率降低，二者都会使货币需求增加，因此，货币需求将从 $PL(Y_1, r_1)$ 向右移至 $PL(Y_2, r_2)$，如图 14-2 (c) 所示。为了实现这种较低的名义利率目标，中央银行必须把货币供给增加到 M_2。而在图 14-2 (a) 的劳动力市场中，较低的利率引起跨期替代，劳动供给曲线将从 $N^s(r_1)$ 向左移至 $N^s(r_2)$；实际工资必然上涨，诱使消费者提供额外劳动力，以满足生产更高水平的产出之需。

也可以用另一种方法来分析这一问题：中央银行增加货币供给，导致利率为 r_1 时的货币供给增加，而后利率下降，以使货币供给等于货币需求。实际利率的下降使得消费品和投资品的需求增加，企业在价格短期固定的前提下供给额外的产出。货币不是中性的，因为货币供给增加产生了实际影响——实际利率下降，实际产出增加，实际工资增加，就业增加。凯恩斯主义者认为，通过上述描述的**凯恩斯主义货币政策传导机制**（Keynesian transmission mechanism for monetary policy），货币具有这些实际影响。也就是说，货币供给增加在金融市场中产生其第一轮效应——实际利率下降使货币需求与增加的货币供给相等，这会增加商品需求。

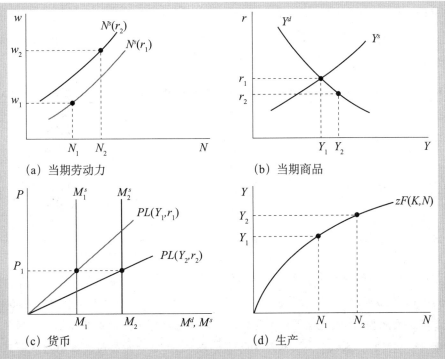

图 14 – 2　新凯恩斯主义模型中的中央银行利率目标降低

在黏性价格情况下，货币不是中性的。利率目标降低导致产出增加，中央银行必须增加货币供给以实现其利率目标。就业、实际工资、消费、投资和货币供给都将增加。

　　大多数凯恩斯主义者都认为在长期货币是中性的。尽管凯恩斯主义者认为，因价格（或工资）具有黏性，货币在短期不是中性的，但他们也相信，价格终将会调整，从而商品市场和劳动力市场的供求相等，在这种情况下，与第 12 章研究的货币跨期模型一样，货币将是中性的。

专　栏

理论与经验数据：利率目标波动下的新凯恩斯主义模型能解释经济周期吗？

　　由于在新凯恩斯主义模型中，中央银行的利率目标变化会导致产出变化，所以这个模型的一个重要预测是，如果利率目标波动，总产出也会波动。于是，该模型给出了经济周期的货币理论。也就是说，该模型预测，中央银行的利率目标波动可能引起经济周期。作为经济学家，我们想问，这是好的还是不好的经济周期理论？为了回答这个问题，我们必须问，该模型的预测与第 3 章概括的重要经济周期规律相符吗？

　　表 14 – 1 给出了利率目标波动情况下新凯恩斯主义模型的预测与第 3 章考察的经验数据特征的相符情况。该模型的一些特征显然与经验数据相吻合。例如，当利率目标降低、货币供给增加时，产出就增加，这与经验数据中货币是顺周期的事实一致。同样，当利率

目标降低时，引起投资和消费增加，故投资 I 和消费 C 是顺周期的，这与经验数据表现一致。进一步说，利率目标降低，引起就业和实际工资增加，故就业和实际工资是顺周期的，经验数据所示的情形亦如此。

表 14-1　经验数据与中央银行利率目标波动情况下的新凯恩斯主义模型预测

变量	经验数据	模型
消费	顺周期	顺周期
投资	顺周期	顺周期
价格水平	逆周期	非周期
货币供给	顺周期	顺周期
就业	顺周期	顺周期
实际工资	顺周期	顺周期
平均劳动生产率	顺周期	逆周期

不过，其他结果则不相符。首先，当利率目标降低时，价格水平并不改变（价格假定是黏性的），因此，价格水平具有非周期性且不是逆周期的，这与经验数据所示的情况不一致。倘若我们修正该模型，有些企业可以改变其价格，只是有些企业面临黏性价格，那么，利率目标降低可能会提高价格水平，价格水平也许是顺周期的，这与经验数据的拟合会更糟。其次，由于利率目标降低不改变生产函数，就业和产出水平提高必然导致平均劳动生产率下降。因此，在利率目标波动的情况下，劳动生产率是逆周期的，与经验数据不相符。

我们的结论是，至少从第 3 章所考察的美国这一时期来看，如果货币对经济的影响像新凯恩斯主义模型所说的那样，似乎看不出中央银行利率目标的波动会是经济周期最重要的起因。不过，美联储利率目标的波动，可能会通过凯恩斯主义货币政策传导机制，对这一时期的 GDP 波动影响很大（尽管不是主要原因）。还有，美国在第二次世界大战前，价格水平是顺周期的，而之后是逆周期的，这与货币冲击在早期对经济周期产生重要影响是相符的。

我们必须谨慎地对待从表 14-1 中得出的结论，因为在实践中，美联储的利率目标变化与经济中发生的事件有关。信奉新凯恩斯主义的美联储决策者认识到，美联储的利率目标波动会引起产出和就业波动。在无其他冲击影响经济的情况下，美联储没有理由改变其利率目标，因此我们无法观察到利率目标的变化是产出变化明显起因的事件。随着我们在本章后面的深入分析，美联储也许有充足的理由改变利率目标，以应对经济的其他冲击，但那时，大概难以分清货币政策和其他冲击对实际经济活动的影响。

专栏

理论与经验数据：凯恩斯主义总需求冲击是经济周期的起因

虽然在新凯恩斯主义模型中，货币冲击也许不能解释第 3 章讨论的全部重要经济周期规律，但在这个模型中，有些其他经济冲击或许能成功地解释所观察到的经济周期。凯恩斯在其《就业、利息和货币通论》中指出，经济周期的主要起因是总需求的波动。他在心里想的似乎是投资冲击，在此可用 Y^d 曲线的移动来体现。也就是说，假定企业对未来全要素生产率变得更加乐观，他们就会认为未来边际资本产量会提高（凯恩斯把这类乐观情绪归因于投资者的"动物精神"）。这会增加投资品需求，使 Y^d 曲线向右移动。

在图 14-3 中，假定经济最初处于长期均衡状态，所有市场都是出清的。产出水平是 Y_1，中央银行的利率目标是 r_1，价格水平是 P_1，货币供给是 M_1，实际工资是 w_1，就业水平是 N_1。然后，投资品需求增加导致 Y^d 曲线从 Y^d_1 向右移至 Y^d_2，如图 14-3（b）所示。决定其经济影响的一个重要因素是中央银行对这种总量冲击作出的反应。在此，我们将假定利率目标不改变，依旧是 r_1。结果，在图 14-3（b）中，产出水平增至 Y_2，企业增加产量以满足商品的需求增加。

在图 14-3（c）中，由于实际总收入增加，货币需求曲线从 $PL(Y_1, r_1)$ 向右移至 $PL(Y_2, r_1)$。而中央银行为了实现其利率目标 r_1，就必须增加货币供给，从 M_1 增至 M_2，以与货币需求的增加相匹配。在图 14-3（d）中，企业必须增加人员雇佣，就业从 N_1 增至 N_2，以增加产出来满足商品需求的增加。在图 14-3（a）中，这要求市场实际工资增加，消费者才会愿意提供更多的劳动力。

现在，投资必定增加，因为实际利率没有改变，企业预期未来的生产率会提高。消费也会增加，因为实际收入提高了，而利率未变。价格水平在短期具有黏性，故没有变化，而在图 14-3（d）中，平均劳动生产率必定下降，因为就业和产出增加了，但生产函数没有变化。

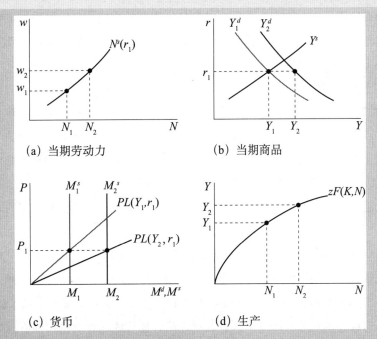

图 14-3　新凯恩斯主义模型中的投资品需求增加

在中央银行的目标利率不变的情况下，产出曲线向右移动。产出、投资、消费、货币供给、就业和实际工资都将增加。在图（d）中，平均劳动生产率必定下降。

表14-2总结了第3章讲的重要经济周期事实和投资冲击下新凯恩斯主义模型的预测。由图14-3可知，产出增加与投资增加、消费增加、价格水平不变、货币供给增加、就业增加、实际工资增加和平均劳动生产率下降同时发生。因此，与经验数据不同的是，价格水平是非周期的（要是某些商品的价格不具有黏性，也许是顺周期的），平均劳动生产率是逆周期的。我们的结论是，与经验数据的拟合不是最佳的，因此，新凯恩斯主义模型中的投资冲击似乎没有完全解释经济周期事实。

表14-2　　　　　　经验数据与投资冲击下的新凯恩斯模型预测

变量	经验数据	模型
消费	顺周期	顺周期
投资	顺周期	顺周期
价格水平	逆周期	非周期
货币供给	顺周期	顺周期
就业	顺周期	顺周期
实际工资	顺周期	顺周期
平均劳动生产率	顺周期	逆周期

新凯恩斯主义模型中政府政策的作用

在宏观经济学中，一些重要的分歧集中在政府应不应该熨平经济周期这个问题上。这种熨平措施，时常被称作**稳定政策**（stabilization policy），指的是在实际总产出低于趋势时，政府应该采取措施来使其增加，而在实际总产出高于趋势时，则让其下降。利用政府政策熨平经济周期似乎是一个好主意。例如，我们知道，收入波动的消费者，其最优行为是使消费比收入更均匀，政府为何不应该采取措施使实际总收入在长期更均匀呢？如第13章所述，当考察政府政策对宏观经济事件干预的理由时，这种逻辑不一定适用。比如，在实际经济周期模型中，稳定政策是有害的，因为经济周期恰恰是对总生产率冲击的最优反应。

凯恩斯主义者往往认为，通过政府干预来熨平经济周期是恰当的，新凯恩斯主义模型对此主张提供了依据。我们首先看下列一种情况，即意外冲击对经济产生了严重影响，引起商品市场的价格水平超过其均衡水平（如图14-4所示）。或者，中央银行的利率目标 r_1 过高，存在一个正的产出缺口（$Y_2 - Y_1$），换言之，在价格水平 P_1 和利率目标 r_1 既定的情况下，企业愿意供给的产量大于需求量。

这种冲击对经济产生了严重影响之后，在资源配置上出现经济无效率。回忆一下第5章所讲的内容，福利经济学第一基本定理表明，竞争性均衡是帕累托最优的，但在图14-4中，经济未处于竞争性均衡状态，因为最初产出需求量并不等于企业愿意供给的产出量。政府对这种经济冲击引起的经济无效率的对策是什么都不做，让问题自行解决。由于价格水平 P_1 最初高于其长期均衡水平，商品需求量小于企业愿意供给的数量，故随着时间的推移，价格水平将趋于下跌。倘若中央银行什么都不做，这意味着它不改变其所掌控的货币数量，则货币供给依然固定为 M_1，如图 14-4（b）所示。于是，由于价格水平随着时间的推移而下降，货币供给必定增加，从而中央银行的利率目标必然下调，直至最后在长期，如图 14-4 所示，利率目标为 r_2，产出为 Y_2，价格水平为 P_2，经济又重新处于均衡状态并有效运行。

凯恩斯主义宏观经济学家认为，长期太长，无法等待。在图 14-4 中，假定不能什么都不做，要对经济冲击作出反应，中央银行立即将其利率目标从 r_1 调低到 r_2。为了实现这种较低的利率目标，要求中央银行增加货币供给，从 M_1 增至 M_2，如图 14-4 所示。这在短期立即消除了产出缺口，恢复了经济效率。价格水平是 P_1，产出水平是 Y_2。

请注意，货币供给增加后，如果中央银行不采取措施，听任价格水平下降，经济的实际情况就会与在长期可能出现的情况一样。唯一的区别是，在中央银行干预的情况下，价格水平比较高。干预的优点是，效率结果实现得比中央银行撒手不管时快。

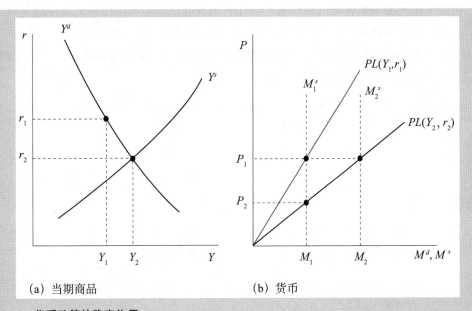

（a）当期商品　　　　　（b）货币

图 14-4　货币政策的稳定作用

给定利率目标 r_1 和价格水平 P_1，初始产出水平是 Y_1。在长期，价格水平将下降至 P_2，但在短期，中央银行只要把利率目标降低到 r_2，就可以实现 Y_2。

增加政府支出 G，也可以实现充分就业，但会有一些不同的结果。图 14-5 显示了与图 14-4 类似的初始情形，图中，初始产出是 Y_1，小于企业在价格水平 P_1 和利率目标 r_1 情况下想供给的产出量。现假定中央银行把其利率目标保持在 r_1，并预期政府财政当局将增加政府支出以矫正在短期存在的无效率问题。如果政府增加

政府购买性支出 G，且增加的数量正好，那么产出需求曲线就会向右移动，从 Y_1^d 移至 Y_2^d，产出供给曲线也向右移动，从 Y_1^s 移至 Y_2^s（回忆一下我们在第 11 章分析过 G 暂时增加的影响）。在图 14-5（b）中，价格水平在短期是黏性的，保持在 P_1，产出增加把货币需求曲线从 $PL(Y_1，r_1)$ 向右移至 $PL(Y_2，r_1)$；为了保持其利率目标，中央银行要将货币供给从 M_1 增加到 M_2。

现在，请注意图 14-4 与图 14-5 最终结果的差异。从第 11 章的分析可知，图 14-5 中产出从 Y_1 到 Y_2 的全部增量是由政府支出增加所致，因为利率未变。也就是说，财政政策措施没有导致消费或投资增加，只是政府支出这一支出因素增加了，故产出与政府支出是一对一的增加。在政府干预之后，图 14-5 中的产出比图 14-4 中的高，而在货币政策干预的情况下，因中央银行的目标利率下调，图 14-4 中的消费和投资比图 14-5 中的高。因此，稳定经济的财政政策干预与货币政策干预相比的主要差异在于，财政政策干预要求产出变化更大才能恢复效率状态，而且财政政策干预导致的产出构成不同，亦即同货币政策干预强调私人支出相比，财政政策更强调公共支出。

不管用财政政策还是用货币政策来熨平经济周期，新凯恩斯主义模型都提供了稳定政策的理论依据。如果由于私人市场无法在短期实现出清，冲击使经济失衡，那么，若财政政策或货币政策决策者能很快地采取措施，就能在自我调整的市场靠自身力量实现均衡之前，使经济恢复到均衡状态。因此，凯恩斯主义关于政府在宏观经济中的作用观可以概括如下：

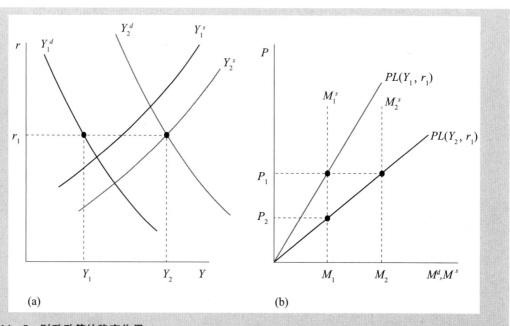

(a)　　　　　　　　　　　　　　(b)

图 14-5　财政政策的稳定作用

给定中央银行的目标利率 r_1，政府支出增加将使产出需求曲线和产出供给曲线向右移动，在短期恢复效率状态。

1. 私人市场无法依靠自身力量实现平稳运转，因为并不是所有的工资和价格都具有完全灵活性，这意味着所有市场的供给不等于需求，在没有政府干预的情况下，经济效率并不总能实现。

2. 财政政策和（或）货币政策的决定能迅速作出，有关经济运行的信息非常充分，财政或货币当局能通过消除引起偏离充分就业均衡的冲击来提高效率。

专栏

宏观经济学实践：财政政策和货币政策的时效

虽然在新凯恩斯主义模型中财政政策和货币政策都会即刻产生影响，但在实践中，政策的形成需要时间，从政策出台到对经济产生影响又需时日。首先，决策者无法拥有完全信息。搜集国民收入账户、就业数据和价格数据要花时间，联邦政府和美联储的决策者只拥有前几个月经济运行的充分信息。其次，在获得信息后，决策者要就行动方针达成共识又需要一段时间。最后，一旦政策付诸实施，在政策对总体经济活动产生影响之前还存在着时滞。宏观经济决策中存的这种棘手的时滞问题，至少早在 1948 年就被米尔顿·弗里德曼看到了。[①]

虽然决策的第一阶段（信息搜集）对财政政策和货币政策基本上是一样的，但一般认为在美国，在第二阶段（即决策），与货币政策的决策时间相比，财政政策的决策时间较长。国会通过预算的过程会历经数月，而联邦公开市场委员会，即美联储的决策机构，每六个星期召开一次会议，如有必要，它还能在这些例会休会期间作出决策。就财政政策和货币政策时效性的第三阶段（即从作出决策到政策效果在经济中显现出来之间的这段时间）来讲，我们并不清楚财政政策时间长还是货币政策时间长。就财政政策来说，结果将取决于财政政策改变的是税收还是政府支出。原则上，税收变化可能比较快地产生影响。例如，政府可立即以邮件形式送达支票，对消费或储蓄决策即刻产生影响。而新的开支需要较长时间进行配置，特别是公共工程项目，启动项目就需要很长时间。就货币政策而言，米尔顿·弗里德曼和安娜·施瓦茨在《美国货币史：1867—1960 年》（*A Monetary History of the United States，1867 - 1960*）一书中提出的一个观点是，货币政策措施与其效果之间的时滞是"长期的和多变的"。也就是说，货币政策需要很长一段时间才能显现出效果，也许是 6 个月到 1 年时间，而且这种时间跨度始终是不确定的。

与耗时的决策和实施有关的因素在美国联邦政府和美联储针对 2008 年金融危机及接踵而至的 2008—2009 年经济衰退的应对政策中起了作用。就货币政策而言，有人认为，美联储对于抵押贷款市场出现的问题（始于 2006 年的房价下跌）过于自负和粗心大意。可是，到 2008 年出现经济衰退以及 2008 年秋爆发金融危机之时，美联储迅速采取措施，

① M. Friedman，1948. "A Monetary and Fiscal Framework for Economic Stability," *American Economic Review* 38，245 - 264.

降低目标联邦基金利率，并辅之以其他措施来干预信贷市场。美联储是否做对了或者做过了头，一直是争论的话题，但中央银行在应对金融危机时迅速行动的能力是毋庸置疑的。

就财政政策而言，有两项重要计划付诸实施。第一项是《2008 年紧急经济稳定法案》（Emergency Economic Stabilization Act of 2008，EESA），批准 7 000 亿美元用于"问题资产救助计划"（Troubled Asset Relief Program）。该法案于 2008 年 10 月获得国会通过，是一项前所未有的财政政策计划。该法案授予财政部长在与美联储主席磋商后以很大的执法自主权。最开始，联邦政府的本意似乎是要从金融机构那里（包括银行）购买"问题资产"，这些资产实际上已不存在公平有序的市场。就这一点来说，这项计划更像货币政策而非财政政策，因为联邦政府实质上是在发行政府债券来为购买资产筹资，扮演的是金融中介的角色。最终，该计划演化成一种"救助"银行和其他金融机构的计划。联邦政府把资金转移到金融机构换取股权，然后对这些金融机构在雇佣条件和雇员报酬方面附加一些限制性措施。该计划的目的是要暂时稳定金融市场，鼓励银行和其他金融机构放贷。该计划在执行起来的确比典型的财政政策计划要快得多，但该计划也时常被批评说欠考虑，且只是简单地把纳税人的钱再分配给金融部门。该计划是否已达到了其预期效果还很难说。

第二项重要的财政政策计划是《美国复苏和再投资法案》（American Recovery and Reinvestment Act，ARRA）。该法案是国会于 2009 年 1 月通过的，包括政府支出、税收和转移性支出等一系列计划。在针对这次金融危机和 2008—2009 年经济衰退的所有财政和货币政策应对措施当中，该计划最明显地体现出传统凯恩斯主义经济学动机，也是米尔顿·弗里德曼对政策时滞问题最为关注的对象。尽管《美国复苏和再投资法案》得到国会迅速通过（这本身就是一个问题，没怎么考虑该计划组成部分的经济效率），但该计划批复的大部分支出到 2009 年末、2010 年甚至到 2011 年还没有花出去。尽管这次经济衰退拖得较长，经济复苏比预期得要弱，但《美国复苏和再投资法案》实施时，这些还都是未知的。弗里德曼提出的一个问题是，倘若刺激政策付诸实施，而在问题已不复存在之后经济还在继续得到"刺激"，那么通过政府政策稳定经济的种种努力，实际上助长了不稳定性。可是，有些凯恩斯主义经济学家认为，《美国复苏和再投资法案》的问题在于，该计划比实际需要的力度小。

即使我们相信通过财政和货币政策稳定经济是恰当的，正如新凯恩斯主义模型告诉我们的那样，依然很有可能出差错。调控经济就好像驾驶一辆方向盘有毛病的汽车；一个人必须提前看清道路上的坑坑洼洼和弯道，以免驶进路旁的沟里，否则，他就会很难受。这就是米尔顿·弗里德曼等人都提倡慎用稳定政策的部分原因。弗里德曼认为，本意良好的稳定政策带来的坏处可能多于好处，因为在对经济实行紧缩政策更恰当时，政策时滞等于实施了刺激性措施，反之亦然。

新凯恩斯主义模型中的全要素生产率冲击

新凯恩斯主义模型对全要素生产率冲击的反应与第 13 章所讲的实际经济周期模型的反应完全不同。这种行为差异很重要，我们可以利用数据对这两种模型的相对表现作出结论。

首先，考察新凯恩斯主义模型对正的全要素生产率冲击的反应。在图 14-6（a）中，最初产出水平为 Y_1，中央银行的目标利率为 r_1，且假定经济处于均衡状态，产出需求曲线是 Y^d，产出供给曲线是 Y_1^s。在图 14-6（b）中，价格水平是 P_1 且在短期是不灵活的，货币供给是 M_1。在图 14-6（c）中，初始生产函数是 $z_1 F(K，N)$，且在产出水平 Y_1 既定的前提下，就业为 N_1。

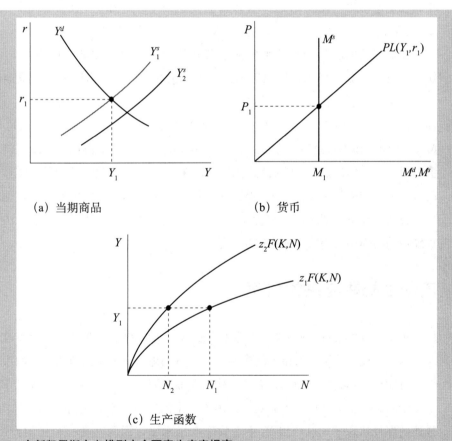

(a) 当期商品

(b) 货币

(c) 生产函数

图 14-6 在新凯恩斯主义模型中全要素生产率提高

全要素生产率提高使生产函数向上移动，使产出供给曲线向右移动。产出并未增加，因为在短期商品需求未增加。企业用较少的劳动力可以生产相同的产量，企业会减少雇佣。

如果全要素生产率从 z_1 提高到 z_2，那么，生产函数将向上移动至图 14-6（c）中的 $z_2 F(K，N)$，产出供给曲线将从 Y_1^s 向右移至 Y_2^s [如图 14-6（a）所示]。假定中央银行的利率目标保持不变，产出依旧为 Y_1，因为产出是由商品市场的需求决定的。因此，生产率冲击之后，出现了正的产出缺口——产出低于其均衡水平。只要利率或产出没有变化，货币需求曲线就不会移动，如图 14 - 6（b）所示。然而，只要产出水平没有变化，在图 14 - 6（c）中，就业就必定会下降到 N_2。也就是说，由于价格水平具有黏性，企业希望供给的产出量增加，对商品需求量或实际生产的产量没有影响。随着生产率的提高，企业现在可以用较少的劳动力生产出相同的产出量，就业必然下降。

我们可以把这些结果与第 13 章所讲的实际经济周期模型的结果——全要素生产率提高导致产出和就业增加、实际利率和价格水平下降——进行对比。在我们的假设条件下，新凯恩斯主义模型中的生产率冲击不会产生经济周期。生产率冲击在短期不会引起产出波动，只是使就业与全要素生产率呈现一种负相关关系。如果价格黏性是重要的，且中央银行不会为了应对生产率冲击而改变其目标利率（这很重要），那么，生产率冲击不可能是经济周期的一个重要原因。

我们对此问题从经验数据中能了解到什么？乔迪·加利（Jordi Gali）指出，统计证据支持如下思想，即当美国经济受到正的生产率冲击影响时，就业在短期是下降的。[1] 这似乎与新凯恩斯主义模型一致，与实际经济周期模型不一致。然而，问题还没有结束。V. V. 查利（V. V. Chari）、埃伦·麦克格拉坦（Ellen McGratten）和帕特里克·基欧（Patrick Kehoe）用计算机模拟了实际经济周期模型，得到一些模拟数据，然后他们用与加利在进行统计检验时处理其现实数据一样的方式来处理这些数据。[2] 他们得到的结果与加利的相同，但他们知道，他们的数据来自实际经济周期所设想的情况。这使加利的结果似乎不可信。显然，关于哪一种经济周期模型与现实最相符的争论远未结束。

流动性陷阱与黏性价格

第 12 章讨论过市场名义利率零下限及其对传统的流动性陷阱和货币政策的影响。以前讲过，鉴于金融市场的套利行为——如果名义利率是负的，金融市场参与者就可能按市场利率借债和持有现金赚取高额利润——名义利率不可能低于零。零下限给凯恩斯主义货币政策制定者提出了一个问题：由于经济可能处于像图 14 - 7 描述的那种状态——总产出 Y_1 小于效率产出水平，因而存在一个正的产出缺口，但利率 $r=0$，故中央银行不可能再降低其利率目标来消除该产出缺口。

① J. Gali, 2004. "Technology Shocks and Aggregate Fluctuations: How Well Does the RBC Model Fit Postwar US Data?" *NBER Macroeconomics Annual* 19, 225 - 228.

② V. V. Chari, E. McGratten, and P. Kehoe, 2006. "A Critique of Structural VARs Using Real Business Cycle Theory," working paper, University of Minnesota and Federal Reserve Bank of Minneapolis.

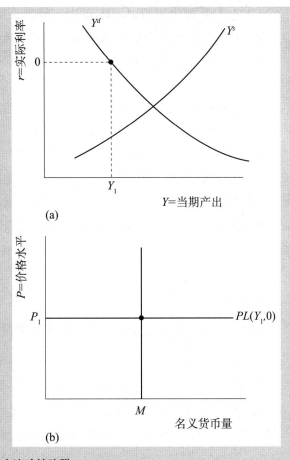

图 14 - 7　零下限时发生流动性陷阱

货币政策不可能消除产出缺口，因为中央银行的利率目标不可能低于零。增加货币供给无济于事，因为货币需求在价格水平 P_1 上是完全弹性的。

14

第 12 章讲过，当市场利率触底到零下限时，货币需求在现行价格水平上具有无限弹性，在图 14 - 7（b）中，该现行价格水平就是 P_1。在这种情况下，存在流动性陷阱，货币供给增加无济于事，因为公开市场业务——中央银行以外在货币换取政府债券——是两种资产的互换，在利率为零的情况下，这两种资产本质上没什么区别。虽然在这种情况下货币政策对于消除产出缺口软弱无力，但财政政策仍然有作用，正如图 14 - 5 描述的那样。

在最近的这次金融危机期间，一些主要国家的中央银行并没有彻底把其名义利率目标降低至零，但非常接近于零。例如，美联储的联邦基金利率目标定为 0～0.25%，准备金的名义利率目标定为 0.25%。这一切都是为了不让美联储把政策利率降为零，属于小小的技术性问题，所以，从新凯恩斯主义模型来看，我们应当把金融危机期间的美联储政策看作已经出现了流动性陷阱。

根据本章描述的新凯恩斯主义模型，上述"宏观经济学实践：财政政策和货币政策的时效"所讨论的《美国复苏和再投资法案》是有道理的。当《美国复苏和再投资法案》于 2009 年 1 月付诸实施时，联邦基金利率的目标范围已降至 0～0.25％，所以，从新凯恩斯主义观点来看，美国经济已陷入流动性陷阱，存在着一个明显的需要消除的产出缺口，而货币政策已经没有改变的余地，完成此重任的适当工具就是财政政策。

可是，《美国复苏和再投资法案》真的适当吗？对此问题的回答取决于我们如何衡量产出缺口。在新凯恩斯主义模型中，产出缺口是效率产出水平（所有价格都是完全灵活的情况下的产出水平）与现实产出水平之间的差额。在实际经济周期理论家看来，无论从哪方面来看，工资和价格实质上都是完全灵活的，所以不存在产出缺口。因此，实际经济周期理论家看了 2009 年 1 月的美国经济，就会说《美国复苏和再投资法案》是多此一举的，除了《美国复苏和再投资法案》中的一些合理化建议，比如增加从经济效率角度评判是合理的公共物品支出。

专栏

宏观经济学实践：新凯恩斯主义模型、零下限和量化宽松

本章介绍的模型是经济学家和中央银行家所用的新凯恩斯主义模型的一种简化模型。这些模型比我们这里展示的模型具有更加复杂的动态结构，通常包括货币政策规则——解释中央银行的名义利率目标如何随着时间的推移而演变。记得我们在第 12 章研究过货币政策规则，所讨论的政策规则之一是以现就职于斯坦福大学的约翰·泰勒的名字命名的泰勒规则。

泰勒规则包含于大多数新凯恩斯主义模型中，且都成功地与经验数据相拟合。在旧金山联邦储备银行通讯上，格伦·鲁迪布什（Glenn Rudebusch）描述了这种规则。[①] 按照鲁迪布什的方法，我们通过分析泰勒规则与 1988—2007 年数据的拟合情况来刻画美联储的行为。我们估计的泰勒规则具有如下形式：

$$R = 2.0 + 1.2\pi - 1.5gap \tag{14.1}$$

式中，R 是现实联邦基金利率，π 是通货膨胀率（用 12 个月个人消费支出缩减指数上涨百分比来衡量），gap 是产出缺口（按美国国会预算办公室的衡量方法，即失业率与"自然失业率"之间的差额）。这种泰勒规则表明，如果通货膨胀率上涨 1 个百分点，中央银行就应采取紧缩措施，把目标名义利率上调 1.2 个百分点。如果失业率同自然失业率相比上升 1 个百分点，中央银行就应采取宽松措施，把目标名义利率下调 1.5 个百分点。

图 14-8 显示出现实联邦基金利率和泰勒规则（14.1）式预测的联邦基金利率。请注意，估计出泰勒规则与 1988—2007 年数据的拟合情况，然后用来估算 2008—2012 年间的

---

① G. Rudebusch，2009．"The Fed's Monetary Policy Response to the Current Crisis，"见旧金山联邦储备银行官网。

预测值。到 2009 年第一季度，泰勒规则估计联邦基金利率应是负的，2009 年第三季度的预测值会降低到－5％，到 2012 年第一季度会上升到 1.2％。因此，对于我们在图中所看到的情况，新凯恩斯主义的解释是，从 2009 年第一季度到 2011 年第一季度期间，零下限——流动性陷阱情形使所建议的政策受挫。

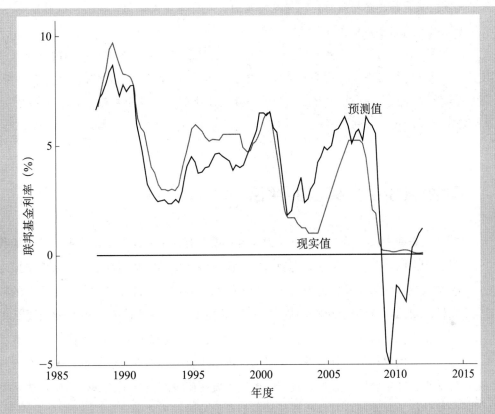

图 14 - 8　现实联邦基金利率与泰勒规则预测的联邦基金利率

分析泰勒规则与 1988—2007 年数据的拟合情况，然后用来预测 2008—2012 年间的联邦基金利率。从 2009 年第一季度到 2011 年第一季度，预测出来的联邦基金利率是负的。

当货币政策达到零下限时，该怎么办呢？正如本章所述，中央银行无力再通过下调其目标利率来实施宽松政策，一种可能就是中央银行什么也别做，让财政政策独领风骚。不过，中央银行除了改变其政策利率外，还有其他可以采取的政策，特别是在金融危机期间。其中的一种政策是中央银行充当金融机构的最后贷款人角色，美联储在金融危机期间就是这么做的。

如第 12 章所述，美联储在 2009—2012 年间还采取了量化宽松政策。该计划在从 2009 年初开始的三年内使美国中央银行的资产持有量增加两倍多。如前所述，量化宽松政策是对长期政府债券或其他长期资产的公开市场购买，而不是像传统的货币政策那样购买短期政府债券。

在金融危机时期采取量化宽松政策的一个论据是基于图 14-8 那样的情景。假定金融危机之前实施的货币政策适当，所拟合的泰勒规则告诉我们中央银行的政策利率确定应与过去的行为相一致。图 14-8 表明，从 2009 年第一季度到 2011 年第一季度，联邦基金利率本应是负的。可是，联邦基金利率不可能是负的，所以，根据这种论据，如果美联储能以另一种方式实施某种宽松政策，这将是适当的。美联储官员认为，他们可以通过购买长期资产来降低长期利率，从而缩小产出缺口。

这种论据有什么问题？遗憾的是，新凯恩斯主义模型作为指导中央银行的理论框架，不具有评价量化宽松效果、查明它是否发挥其应有作用所需要的金融详情。这是宏观经济学家和决策者错失良机的一个原因。这表明需要对中央银行以及中央银行资产购买对市场利率和经济活动的影响加强宏观经济研究。

对凯恩斯主义模型的评论

凯恩斯主义模型的批评者认为，这些模型有几个方面的不足。第一，正如我们早已指出的，新凯恩斯主义模型未能全面刻画重要的经济周期规律。新凯恩斯主义模型没能得到从经验数据中观察到的价格水平的逆周期性和平均劳动生产率的顺周期性。第二，有些经济学家认为，支撑黏性工资和黏性价格模型的理论要么很蹩脚，要么就不存在。一般来说，这些模型没能捕捉到工资和价格黏性的根本性原因——黏性仅仅是一种假设。为了准确理解工资为什么会是黏性的以及这对宏观经济活动会产生怎样的影响，我们的理论需要明确说明对于工资和价格确定很重要的背景特征，并阐明具有这些特征的模型是如何解释现实的。

菜单成本模型回应了古典经济学家对凯恩斯主义模型的批评。在菜单成本模型中，企业面临改变价格的显性成本，企业在这些成本的约束下实现利润最大化，结果是，价格事实上是黏性的，同时菜单成本模型也表达了与新凯恩斯主义模型相当类似的含义。然而，菜单成本模型也肯定免不了受到批评。有些经济学家指出，与改变产量的短期成本相比，改变价格的成本是微不足道的。以饭店为例：一方面，改变菜单价格的成本不过是敲几下计算机键盘，然后用打印机打出几份菜单。的确，饭店需要经常印制新菜单，因为饭店的顾客常常会将饭菜洒到菜单上。另一方面，如果这家饭店为了满足较高的需求而希望增加产量，它将不得不摆上更多的桌椅并雇用和培训新的服务员。这家饭店为什么要改变产量而不是暂时提价来应对需求的暂时性增加呢？

我们在上面提出的这个问题，有助于解决是凯恩斯主义黏性工资与黏性价格模型还是均衡经济周期模型更有用的争论。如第 13 章所述，一般而言，工资和价格具有灵活性的模型与新凯恩斯主义模型在财政政策和货币政策的作用上具有十分不同的含义，一些均衡模型认为政府干预是有害的。然而，在凯恩斯主义协调失效模型（工资和价格具有灵活性）中，积极的政府稳定政策是有理有据的，而在货币意外模型中，货币政策的作用是有限的。在这一点上，读者也许感到奇怪，我们为什么要研究含义相左的不同经济周期模型呢？原因在于，经济周期有多种起因，我们所考察的每一种经济周期模型都有一定道理，这有益于我们认识经济周期为什么会发生以及我们对此可以或应该采取什么对策。

专栏

宏观经济学实践：名义价格的黏性如何？

随机观察告诉我们，有些价格似乎很有黏性，比如，报纸杂志的价格在很长一段时间里往往保持固定。而有些价格显然经常变化，比如超市里新鲜蔬菜的价格每周都在变，加油站贴出来的汽油价格可能天天都在变。不过，要评价凯恩斯主义黏性价格模型的重要性，重要的是要量化大量消费品的价格黏性程度。如果经济中的一般商品和服务的现实价格黏性不大，那么价格黏性在促成经济周期和货币的非中性方面相对不重要。我们想知道在经济中观察到的价格变化格局与凯恩斯主义理论家纳入其模型的价格黏性类型是否一致。

最近，经济学家还没有对各类商品和服务的价格变化性质收集到综合性证据。不过，马克·比尔斯（Mark Bils）和彼得·克莱诺（Peter Klenow）获准进入劳工统计局数据库，获取了商品和服务的价格数据，在此之前研究人员得不到该数据。[①] 他们的发现令人惊诧不已。比尔斯和克莱诺发现，在他们的数据集中，有一半商品和服务的价格每 4.3 个月左右变化一次，这比以前的研究所说的价格变化频率小得多。虽然这不能完全排除黏性价格机制对经济周期和货币非中性的显著作用，但对以前的凯恩斯主义宏观经济学的结论提出了质疑，很可能夸大了凯恩斯主义黏性价格的作用。

比尔斯和克莱诺发现该数据的另一特征是，特定商品和服务的价格变化率比与黏性价格模型一致的价格变化率更高。在典型的黏性价格模型中（凯恩斯主义研究者通常使用的类型），引起价格上升的经济冲击随着时间的推移导致价格交错上升，因为单个企业无法协调它们的价格上涨。结果，单个商品或服务的价格变化率在长期可能是持续稳定的，不会变化很大，但从该数据来看不是这样。

比尔斯和克莱诺的研究指出了实践中普遍使用的黏性价格模型的关键缺陷。他们的研究虽然没有明确解决凯恩斯主义经济周期模型相对于其他模型的重要性问题，但在理解经济周期和货币政策如何起作用方面，比尔斯和克莱诺对黏性价格机制是否至关重要提出了质疑。

14

---

① M. Bils and P. Klenow, 2004. "Some Evidence on the Importance of Sticky Prices," *Journal of Political Economy* 112, 947-985.

本章完成了我们对封闭经济条件下的经济周期宏观经济学的研究。第 15 章和第 16 章将研究开放经济背景下的宏观经济学。

本章小结

● 我们构建了新凯恩斯主义模型，在这个模型中，价格水平在短期具有黏性，中央银行操控货币供给以维持目标利率。在其他方面，该模型与第 12 章所讲的货币跨期模型相同。价格黏性意味着，商品市场和劳动力市场在短期不一定出清，但货币市场是出清的。

● 在新凯恩斯主义模型中，货币政策不是中性的。中央银行通过增加货币供给下调目标利率，将增加产出、就业、消费、投资和实际工资。

● 在货币政策冲击或投资品需求冲击下，新凯恩斯主义模型得到了第 3 章所讲的大多数重要经济周期事实，但在该模型中价格水平不是逆周期的，平均劳动生产率是逆周期的，这些都与经验数据不符。

● 尽管有些市场在短期没有出清，经济没有实现帕累托最优结果，但在长期，价格会作出调整，经济效率仍得以实现。凯恩斯主义经济学家指出，长期太长，无法等待；而且，在短期通过财政和货币政策干预来应对总体经济的冲击，可以取得良好结果。

● 货币政策的稳定作用与财政政策的稳定作用不同。用实际经济变量来衡量，当价格调整时，货币政策稳定措施的作用结果与在长期可能出现的情况相同，而财政政策稳定措施改变商品市场中的公共支出与私人支出的构成。

● 在新凯恩斯主义模型和第 13 章所讲的实际经济周期模型中，全要素生产率变化的影响十分不同。在新凯恩斯主义模型中，正的生产率冲击在短期对产出没有任何影响，而就业下降。

● 名义利率不能低于零，这会限制货币政策。在有零下限的情况下，会出现流动性陷阱，货币政策无用。可是，扩张性财政政策在流动性陷阱情况下有作用，因为它不受零下限约束。

● 有人发现，黏性价格和黏性工资凯恩斯主义模型所作的假设似乎不合情理，有关个别价格变化的经验证据好像与凯恩斯主义模型的要素不符。

主要概念

菜单成本模型（menu cost models）：包含改变价格的显性成本的黏性价格模型。

自然利率（natural rate of interest）：所有价格和工资都具有灵活性的均衡状态下决定的实际利率。

产出缺口（output gap）：现实总产出水平与效率总产出水平间的差额。

凯恩斯主义货币政策传导机制（Keynesian transmission mechanism for monetary policy）：凯恩斯模型中货币政策的实际影响。在该模型中，货币是非中性的，因为增加货币供给会使实际利率下降，增加消费和投资需求，提高价格水平。于是，实际工资下降，企业增加雇用劳动力，产出增加。

稳定政策（stabilization policy）：凯恩斯主义模型证明有理的、具有抵消经济冲击作用的财政政策或货币政策。

复习题

1. 凯恩斯主义经济周期模型仍在使用吗？如果是，有什么用途？

2. 新凯恩斯主义模型与第 12 章所讲的模型的主要区别是什么？

3. 在新凯恩斯主义模型中，哪种市场出清、哪种市场未出清？

4. 在新凯恩斯主义模型中，货币政策是如何决定的？中央银行的目标是什么？中央银行直接控制的是什么？

5. 在新凯恩斯主义模型中，货币政策为什么不是中性的？中央银行改变其目标利率的影响是什么？

6. 新凯恩斯主义模型与第 3 章所讲的重要经济周期事实拟合得怎样？

7. 在新凯恩斯主义模型中，长期会发生什么？

8. 凯恩斯主义如何证明利用财政和货币政策干预经济是正当合理的？

9. 货币政策稳定性与财政政策稳定性有何不同？

10. 请解释新凯恩斯主义模型与实际经济周期模型在应对全要素生产率变化的主张上有何差异。

11. 在流动性陷阱情况下增加货币供给会发生什么情况？

12. 在新凯恩斯主义模型中，流动性陷阱意味着没有任何经济政策能够消除正的产出缺口吗？

13. 新凯恩斯主义模型的缺陷有哪些？

思考题

1. 假定在新凯恩斯主义模型中政府支出暂时增加。

（a）这对实际产出、消费、投资、价格水平、就业和实际工资有什么影响？

（b）这些影响与第 3 章所讲的重要经济周期事实相符吗？对于政府支出冲击解释经济周期的能力，这说明了什么？

2. 在新凯恩斯主义模型中，假定最初商品市场的供给等于需求，且对投资品需求存在负冲击，因为企业预期未来全要素生产率会下降。

（a）如果政府对这种冲击不采取任何措施，确定这对实际产出、实际利率、价格水平、就业和实际工资的影响。

（b）如果用货币政策来稳定经济，中央银行的目标是实现零经济效率，确定它的影响。

（c）如果用政府支出来稳定经济，财政当局的目标是实现经济效率，确定它的影响。

（d）请解释并评论你对问题（a）、（b）和（c）的不同结论。

3. 假定财政当局的目标是确定政府支出以实现经济效率，而货币当局的目标是在长期实现价格水平的稳定。假定经济最初处于均衡状态，然后发生全要素生产率暂时下降。说明财政当局和货币当局实现其各自目标的方式方法有很多。是什么决定了现实所采取的财政和货币政策措施？请讨论。

4. 有些宏观经济学家认为，政府在经济衰退时应有赤字，在繁荣时应有盈余，这是有益的。这种看法有道理吗？请用新凯恩斯主义模型详细解释。

5. 按照新凯恩斯主义模型，在下列冲击发生之后，中央银行应如何改变其目标利率？请用图形解释你的结果。

（a）货币需求发生变化。

（b）预期全要素生产率将来要下降。

（c）全要素生产率现在下降。

6. 假定中央银行设定其利率目标以应对全要素生产率冲击，实现效率。利用图确定经济对全

14

要素生产率冲击将作出怎样的反应。这种反应与实际经济周期模型所说的反应有何不同？请解释你的结果，并讨论这对经验数据所表明的哪一个是更好的经济周期模型（是实际经济周期模型还是新凯恩斯主义模型）有何影响。

7. 在新凯恩斯主义模型中，假定在短期，中央银行不可能观察到总产出或影响经济的冲击。可是，中央银行想尽可能地实现经济效率。也就是说，从理想上说，中央银行想让产出缺口为零。假定最初经济处于均衡状态，产出缺口为零。

（a）假定货币需求发生变化。也就是说，在任一利率和实际收入水平下，货币需求量增加。中央银行实现其目标的情况如何？请借助图来解释。

（b）假定企业预期未来全要素生产率会提高。请再回答问题（a）。

（c）假定当期全要素生产率提高。请再回答问题（a）。

（d）请解释你对问题（a）～（c）答案的差异以及这对中央银行采取利率规则意味着什么。

8. 在黏性价格模型中，假定金融流动性不足（如第 13 章所述），且存在正的产出缺口。中央银行降低目标利率的影响是什么？画图解释你的结果。什么是适当的货币政策？

9. 假定消费支出和投资支出对实际利率几乎无弹性。这对货币政策与财政政策在消除正的产出缺口方面的相对能力意味着什么？请借助图来解释你的结果。

第 6 篇

国际宏观经济学

由于全球化——世界商品市场、服务市场和资产市场的持续一体化，国际因素对国内经济的运行及财政政策和货币政策的实施越来越重要。在本篇，我们将研究开放经济模型，开放经济是指一国与其他国家存在贸易往来。在第 15 章，我们将用开放经济模型研究经常账户盈余的决定因素、经常账户赤字的影响以及国际债务。在第 16 章，我们将考察货币在世界经济中的作用、汇率的决定因素、固定汇率与浮动汇率的影响以及国外冲击对国内经济周期的影响。

第15章 商品和资产的国际贸易

本章的目标是把第 9 章、第 10 章和第 11 章构建的模型加以扩展，以解决国际宏观经济学问题。在此之前，我们用封闭经济模型分析了封闭经济的宏观经济学问题，但对于许多令人感兴趣的宏观经济学问题，我们必须在开放经济背景下进行分析。本章仅限于讨论实际国际宏观经济问题，第 16 章再分析国际互动中的货币。

在整个 20 世纪和 21 世纪，国际贸易变得越来越重要，原因有三。第一，商品和资产的跨国运输成本显著下降，使得国际贸易更加自由。第二，政府设置的贸易壁垒，诸如进口配额、关税、对国际金融活动的限制等，也已大大减少。1947—1995 年间，关税和贸易总协定（简称关贸总协定，General Agreement on Tariffs and Trade，GATT）使得贸易限制减少；1995 年，关贸总协定被世界贸易组织（World Trade Organization，WTO）取代。贸易限制的减少也得益于一些区域性协定〔如签署于 1992 年的《北美自由贸易协定》（North American Free Trade Agreement，NAFTA）和欧洲联盟（European Union，EU）〕。第三，世界金融市场特别是信贷市场越来越发达，各国间的资产流动更加自由。鉴于贸易在世界经济中日益重要，理解其对国内宏观经济活动的影响意义重大。

本章将研究商品和资产的国际贸易对国内总体经济活动的重要影响。我们尤其关注经常账户盈余和国内产出、就业、消费、投资会受到他国经济事件怎样的影响。为此，我们将对第 9 章、第 10 章和第 11 章讲的一些模型进行扩展。

本章仅关注小型开放经济模型，即国内经济中的消费者和企业行为对世界价格不会产生集体效应的模型。一些国家，诸如新西兰、新加坡和卢森堡，同世界其他国家相比明显较小，对这些国家而言，小型开放经济的假设相当符合现实。然而，对诸如美国这类在世界经济中发挥特别重要作用的大国而言，假设其在世界市场上是价格接受者也许有些不合理。本章讨论小型开放经济模型并用其解释大型开放经济（特别是美国）的事件，有三个理由。第一，小型开放经济模型分析起来比较简单，例如，修改一下封闭经济模型，就很容易构建小型开放经济模型。第二，我们得自小型开放经济模型的许多结论，与从更为复杂的大型开放经济模型中得到的结论是一样的。第三，随着时间的推移，小型开放经济的假设会变得更加符合诸如美国这类国家的现实。鉴于世界其他国家的发展，且美国 GDP 占世界 GDP 的比重在下降，所以在世界商品和资产市场上，美国是价格接受者越来越贴近现实。

本章将研究两种小型开放经济模型，它们分别是第 9 章构建的两时期模型和第 11 章构建的实际跨期模型。第一种模型可以用来探讨单个国家有关消费、投资、政府支出和经常账户盈余的决策，分析方法就像第 9 章考察一个人的消费-储蓄决策一样。一个重要思想是，国际借贷可以使国内经济在长期均匀总消费，就像一个消费者可以通过借贷来均匀消费一样。第 10 章所讲的有关信贷市场摩擦的一些思想可以用来扩展该模型，将违约考虑在内。一国对他国债务违约的决定，取决于债务规模、利率以及该国因违约而在未来要失去什么。

在第二种模型中，我们将加入投资和生产，以研究国内消费、产出、投资、政府支出和经常账户余额之间的关系。我们将分析国内投资在决定经常账户赤字中的作用，阐释经常账户赤字在多大程度上有益于或有损于一国的福利。

两时期小型开放经济模型：经常账户

为简化起见，我们用**小型开放经济**（small open economy，SOE）模型来分析。在小型开放经济中，经济主体相对于世界其他地区来说是价格接受者。他们把其他国家的价格和世界信贷市场的利率看作是既定的。即使我们的兴趣在于对美国的情况建模，但作出这种假设也是合情合理的。从对世界 GDP 的贡献来说，随着时间的推移，美国会变得越来越小；同时，即使美国对世界价格可能有很大影响，把这些影响考虑进来，对于我们在本章和下一章要讨论的问题的影响也不大。

本节首先建立一个简单的模型，解释经常账户盈余的一些决定因素。我们从第 2 章得知，经常账户盈余一定总是表现为国内储蓄大于国内投资，而且国内居民对国外居民的净债权增加。因此，为了分析经常账户，我们需要一个模型，在这个模型中，消费者至少能够作出借贷决策和消费-储蓄决策。一个有用的借贷决策和消费-储蓄决策模型是我们在第 9 章所构建的两时期模型。在本节，我们修改该模型，加入一个单一典型消费者，反映所有国内消费者的一般行为，同时我们允许国内居民与国外居民之间有借贷行为。

假定小型开放经济中只有一个典型消费者，这个消费者生活在两个时期，即当期和未来。就该典型消费者而言，收入在两个时期都是外生的，我们用 Y 表示当期实际收入，用 Y' 表示未来实际收入。该消费者向这个小型开放经济的政府缴纳一次总付税，当期纳税 T，未来纳税 T'。由于该经济体是小型开放的，因此典型消费者的行为不会影响世界实际利率，所以我们假定小型开放经济中的这个消费者可以按世界实际利率 r 随心所欲地进行借贷。如第 9 章所述，限定消费者的一生预算约束是：

$$C + \frac{C'}{1+r} = Y - T + \frac{Y'-T'}{1+r} \tag{15.1}$$

当期的私人储蓄是 $S^p = Y - T - C$。当期和未来的政府支出分别为 G 和 G'，它们都是外生的，如第 9 章所述。政府在当期和未来分别对典型消费者征税 T 和 T'，满足政府现值预算约束：

$$G + \frac{G'}{1+r} = T + \frac{T'}{1+r} \tag{15.2}$$

于是，政府储蓄量是 $S^g = T - G$。在没有投资的经济中，由第 2 章可知，当期经常账户盈余是：

$$CA = S - I = (S^p + S^g) - 0 = Y - C - G \tag{15.3}$$

根据消费者的一生预算约束式（15.1）和政府的现值预算约束式（15.2），我们得到：

$$C + G + \frac{C'+G'}{1+r} = Y + \frac{Y'}{1+r} \tag{15.4}$$

这是小型开放经济的**国民现值预算约束**（national present-value budget constraint），说的是消费加上政府支出的现值一定等于国民收入的现值。还有在等式（15.3）界定的当期账户盈余既定的前提下，我们可以把当期和未来的国民预算约束式分别写成：

$$C + G + CA = Y \tag{15.5}$$

$$C' + G' = (1+r)CA + Y' \tag{15.6}$$

用这个模型来分析典型消费者对消费束 $(C+G, C'+G')$ 作出选择很有帮助。假定私人消费和政府消费在当期和未来是完全替代的，典型消费者分别通过私人决定和选举程序选择私人消费和政府消费。尽管在实践中选民不能完全控制公共支出和政府储蓄，但就我们的目的来说，作出这种强假设——典型消费者完全控制政府做什么，将是非常有用的。

在图 15-1 中，典型消费者的无差异曲线代表对消费束 $(C+G, C'+G')$ 的偏好，该消费者选择 AB［这是式（15.4）表明的国民现值预算约束线］上的一点实现最优。最优点是 D。

图 15-1 可以使我们讨论经常账户盈余 CA 的决定，我们也可用同样的方式来讨论单个消费者的储蓄决定。根据第 9 章的分析，可直接推导出下列结论：

● 经常账户盈余随着当期收入的增加而提高。记得第 9 章讲过，当期收入增加会增加当期消费和未来消费，当期消费的增加小于当期收入的增加，因为消费者要使其一生消费均匀。用我们的模型来说，当 Y 增加时，$C+G$ 将增加，但比 Y 增加的少，所以 $CA = Y - C - G$ 将增加。故 Y 增加将导致经常账户盈余增加。鉴于消费均匀化动机，当期收入出现增加的国家，将通过贷款给国外而增加储蓄，这反映在经常账户盈余的增加上。

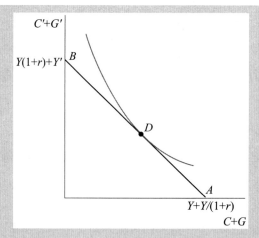

图 15 - 1　两时期小型开放经济模型

给定世界实际利率，典型消费者选择当期私人消费加上当期和未来的政府消费。最优选择位于 D 点，经常账户盈余是 $CA=Y-C-G$。

- 经常账户盈余随着未来收入的增加而下降。由第 9 章可知，就单个消费者来看，未来收入增加会增加当期消费和未来消费，减少储蓄。用我们的模型来说，Y' 增加将使 $C+G$ 和 $C'+G'$ 增加，CA 必定下降，因为 $CA=Y-C-G$，而 Y 保持不变。

- 在其他条件不变的情况下，税收变化对经常账户盈余没有影响。假定第 9 章讲的李嘉图等价定理成立，由于消费者完全可以通过调整储蓄来应对其未来纳税义务的变化，所以税收的变化对总消费不会产生影响。私人储蓄和政府储蓄的变化，数量相同但方向相反，经常账户盈余保持不变。然而，正如第 10 章讲的封闭经济模型所分析的那样，假如存在着大量的信贷市场缺陷，那么，一般来说，当期税收的变化会影响当期消费，这对经常账户盈余影响很大。

- 如果 $CA<0$，那么，实际利率上升会增加 CA。由第 9 章可知，就单个消费者而言，实际利率的变化对当期消费的影响取决于该典型消费者最初是净借款者还是净放款者。如果消费者是净借方，那么，收入效应和替代效应的作用方向相同，实际利率上升引起当期消费减少，储蓄增加。同样，如果经常账户盈余是负的，整个国家要从世界其他地区借款，那么，r 提高会减少 $C+G$，增加经常账户盈余。

- 如果 $CA>0$，那么，实际利率上升对 CA 的影响不确定。由第 9 章可知，如果单个消费者是净贷方，那么，实际利率上升可能增加也可能减少储蓄，取决于作用相反的收入效应和替代效应的相对大小。用我们的模型来说，r 提高可能引起 $C+G$ 增加或减少，因而 CA 可能增加或减少。

本模型的一个重要见解是，经常账户盈余在一定程度上反映出整个国家的消费均匀化。就像单个消费者通过在国内信贷市场上进行借贷而使消费相对于收入更均匀一样，一个国家通过在世界信贷市场上进行借贷而使私人消费和政府消费相对于 GDP 更均匀。

理论与经验数据：经常账户赤字是一件坏事吗？

　　经常账户赤字似乎不可取，因为当一国出现经常账户赤字时，就要从国外借债，从而积累了债务。然而，正如单个消费者的情形一样，借贷是一国均匀消费的一种手段。假如某国在总收入低时发生经常账户赤字，在总收入高时保持经常账户盈余，这就使得该国的居民可以在长期均匀他们的消费。这种状态要好于经常账户盈余总是为零，消费随收入而波动的状态。

　　因此，有充足的理由预期，各国在经济繁荣时应保持经常账户盈余，在经济萧条时应保持经常账户赤字。旨在矫正这种趋势的政府政策可能会产生相反的效果。但是，在现实中，各国像理论预测的那样，在长期均匀消费了吗？图 15-2 显示的是 1960—2011 年美国实际 GDP 和经常账户盈余对趋势的偏离。就实际 GDP 而言，偏离是对趋势的百分比偏离；而就经常账户盈余而言，偏离是经常账户盈余占 GDP 的百分比对趋势的偏离。在图 15-2 中，当实际 GDP 低（高）于趋势时，经常账户盈余有高（低）于趋势的倾向，因而 GDP 的趋势偏离和经常账户盈余的趋势偏离负相关。这与消费均匀化截然相反，因为美国常常在产出低时增加商品出口和对外贷款，在产出高时则增加从国外借款。

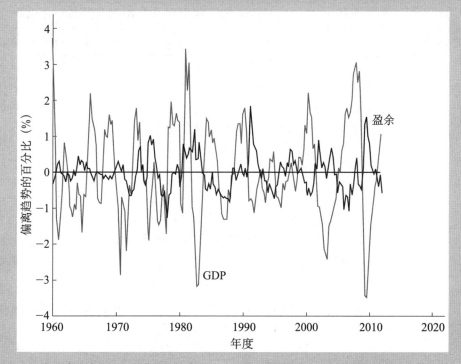

图 15-2　经常账户盈余和 GDP 的趋势偏离

在美国 1960—2011 年的数据中，未显示出国民消费均匀化的证据，因为经常账户盈余和 GDP 的趋势偏离是负相关的。这也许是各国经济周期同时发生的缘故。

当经济理论告诉我们，各国在收入高（低）时应通过对外贷款（借款）来均匀消费时，为什么经验数据却没显示出消费均匀化的明显证据？一个可能的解释是，在美国和世界其他国家，经济周期的出现时间和严重程度都是类似的。例如，若经济周期在美国和世界其他国家同时发生，但是其他国家的经济繁荣与衰退更加剧烈，则图 15－2 中的数据就与消费均匀化相吻合。于是，在均衡中，当美国自身的产出低时，美国就会向其他国家提供贷款；当其自身的产出高时，就会从其他国家借款。

信贷市场缺陷与违约

欠其他国家的国民债务很重要，特别是在金融危机时期，比如最近的这次全球性金融危机。对任何国家来说，国民债务由私人债务和主权债务构成。私人债务问题和主权债务问题有时难以分清。比如，在这次全球金融危机期间，私人债务和私人金融机构的资金状况是问题的焦点，但这些金融市场压力后来又引发了欧洲国家的主权债务问题，特别是希腊、西班牙、意大利和葡萄牙最为突出。

为了探讨国民债务的决定因素以及这种债务为什么会出现问题，我们必须对违约进行仔细分析。因此，我们明确讨论第 10 章讲过的信贷市场摩擦是很重要的。我们可以利用第 10 章讲过的一些方法来构思对某个国家与其他国家之间借贷的分析。

我们将改造上一小节的模型，使之包括有限承诺摩擦，允许一个国家（如果它选择这样做的话）逃避对其他国家的负债。假定在当期伊始，该国（私人部门和政府）欠其他国家的债务是 B。假定 B 可能是正的（该国开始是净借方）也可能是负的（该国开始是净贷方）。在当期，国民预算约束是：

$$C+G = Y + \frac{B'}{1+r} - B \qquad (15.7)$$

未来的国民预算约束是：

$$C'+G' = -B' + Y' \qquad (15.8)$$

在等式（15.7）中，B' 是未来伊始的国民债务。因此，如果该国在当期末的债务是 $B'/(1+r)$，世界利率是 r，那么，未来伊始的债务规模就是 B'。当期的经常账户盈余是数量 $CA = B - B'/(1+r)$，是当期国民债务变化的减项。就像上一小节那样，我们可以把两个预算约束式（15.7）和（15.8）合并成一个国民现值预算约束：

$$C+G+\frac{C'+G'}{1+r} = Y - B + \frac{Y'}{1+r} \qquad (15.9)$$

有限承诺意味着，该国无论是在未来还是在当期，都有可能发生债务违约。如果在未来发生违约，该国可能要受到处罚 v，反映的是该国在未来之后的"未来"（没有纳入建模）不能进入信贷市场所付出的代价。按照第 10 章所讲，如果该国对

其债务违约，那么，世界贷方在当期不会提供贷款，因此，

$$B' \leqslant v \qquad (15.10)$$

这是有限承诺约束，表明该国的债务不可能大到发生违约的地步。利用等式（15.7），有限承诺约束式（15.10）可改写成：

$$C + G \leqslant Y - B + \frac{v}{1+r} \qquad (15.11)$$

在当期，如果该国对其当期债务 B 违约，那么，该国就会被拒绝进入世界信贷市场，则 $B'=0$。进一步而言，该国在未来要受到处罚 v，所以，$C+G=Y$，$C'+G'=Y'-v$。该国在当期不管是选择违约还是选择不违约，都会使境况变好。违约意味着 $C+G=Y$，$C'+G'=Y'-v$。如果不违约，该国的最优选择是（$C+G$，$C'+G'$），满足国民现值预算约束式（15.9）和有限承诺约束式（15.11）。

图 15-3 说明了该国选择违约的情况。如果没有发生违约，最优选择可能是 B 点，这是有限承诺约束具有约束力的情况，但 A 点比 B 点更可取，因为它位于更高的无差异曲线上。在 B 点，我们有 $C+G=Y$，$C'+G'=Y'-v$。同样，图 15-4 说明了该国选择不违约的情况。在该图中，违约意味着选择 A 点，但 B 点比 A 点更可取，在 B 点没有违约。

在我们用图 15-3 和图 15-4 所描述的情况下，如果不存在违约，有限承诺约束具有约束力，就很容易说明影响该国是否选择违约的因素是什么。如果该国不违约，且有限承诺约束具有约束力，那么，式（15.11）就是一个等式。根据式（15.9）和式（15.11），当期和未来的私人消费加上政府消费分别是：

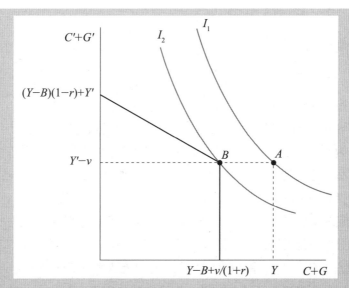

图 15-3 选择违约

如果选择不违约，该国选择 B 点，此时有限承诺约束具有约束力。但是 A 点（违约）比 B 点更可取，因为它位于更高的无差异曲线上。

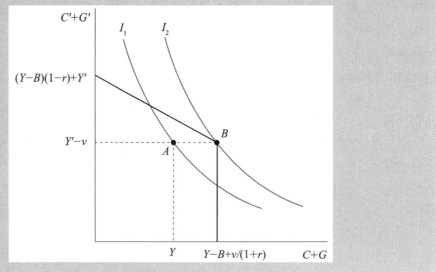

图 15 - 4　选择不违约

与图 15-3 相反，本图表明不违约（B 点）比违约（A 点）更可取。

$$C+G=Y-B+\frac{v}{1+r}$$

$$C'+G'=Y'-v$$

但是，如果在当期发生违约，那么，$C+G=Y$，$C'+G'=Y'-v$。因此，在未来，不管是否发生违约，消费都是相同的。结果，该国是否违约是由哪种选项意味着当期消费水平较高决定的。如果

$$Y-B+\frac{v}{1+r}<Y$$

或者简化为

$$B>\frac{v}{1+r} \tag{15.12}$$

那么，违约就将发生。

不等式（15.12）告诉我们，如果该国的当期债务额较高，违约就很有可能发生，因为 B 增加会使式（15.12）左边的数额增大。其次，如果该国的违约成本较大，那么，违约就不太可能发生，因为 v 增加将使式（15.12）右边的数额增大。最后，世界利率越高，越会降低式（15.12）右边的数额，违约就越有可能发生。

我们就拿希腊最近的情况来说，金融危机后，希腊债务违约的可能性明显增大，部分原因是希腊的主权债务与 GDP 的比率高达 143%。可是，2010 年日本的主权债务与 GDP 的比率就已达 220%，也没有人关注日本政府是否会违约。可见，希腊的问题不仅仅在于债务水平，肯定有其他因素在起作用。其中一个因素可能是，希腊觉得违约不会有什么损失。倘若发生违约抑或哪怕刚有违约苗头，其他国家特别是其他欧盟成员国将会出手救助希腊，免除希腊债务或代偿希腊债务。在我们的模型中，我们可以把这种情况看作是 v 很小的情况，这时式（15.12）右边的

值很小，从而使违约很可能发生。另一个因素是国际贷方向希腊的债务展期收取高额利率。国际贷方一旦觉得可能发生违约，就会向潜在违约方的借款收取违约溢价。在我们的模型中，这会反映在 r 提高上，而 r 提高会降低式（15.12）右边的值，使违约很有可能发生。从这个意义上说，国家违约可能是一种自我实现现象。因为国际贷方想到一个国家要违约，就会提高对该国的贷款利率，违约就有可能发生。

生产、投资和经常账户

虽然上述模型对经常账户在国民消费均匀化中的作用提供了一些真知灼见，同时还将违约包含在内而得以扩展，但更为重要的是要更加全面地理解经常账户盈余与国内经济事件之间的关系。本节以第 11 章所讲的实际经济周期模型为基础，讨论包含生产和投资行为的小型开放经济模型。

在这个模型中，正如本章上述模型一样，小型开放经济面临的是一个既定的世界实际利率。与第 11 章一样，在图 15-5 中，产出供给由向上倾斜的曲线 Y^s 决定。不过，在这里，我们假定商品可以与外国进行自由贸易，因而根据收入-支出恒等式 $Y=C+I+G+NX$，商品需求也包括净出口 NX。在图 15-5 中，世界实际利率是 r^*，它决定了国内消费品需求和投资品需求。假如在世界实际利率条件下国内总需求 $C+I+G$ 超过国内商品供给，那么，一国会进口商品，净出口就是负的；假如在世界实际利率条件下国内需求小于国内商品供给，那么，一国会出口商品，净出口是正的。均衡净出口量是 NX，它产生了一条向下倾斜的产出需求曲线 Y_1^d，在图 15-5 中这条曲线与 Y^s 曲线在世界实际利率 r^* 处相交。图 15-5 描述了 $NX>0$ 的情形，即如果没有国际商品贸易，那么，产出需求曲线将是位于 Y_1^d 左侧的 Y_2^d，国内实际利率将是 r_c。一般而言，情况可能是 $r^*<r_c$ 或 $r^*>r_c$。给定世界实际利率 r^*，小型开放经济的总产出量是 Y_1，但在这种情形下，国内商品需求 $C+I+G$ 小于 Y_1。国内商品需求 $C+I+G$ 有时被称作**吸收**（absorption），因为这是被国内经济所吸收的总产出量。故此，NX 是经常账户盈余，或净出口。我们从第 2 章得知，经常账户盈余是净出口加上来自国外的净要素支付，但在这个模型中，来自国外的净要素支付为零。在图 15-5 中，小型开放经济有正的经常账户盈余；也就是说，$NX>0$，这意味着小型开放经济正在积累来自其他国家的资产。

世界实际利率提高的影响

由于包含生产和投资的小型开放经济模型实质上等同于包含实际利率（它在世界信贷市场上固定不变）的实际跨期模型，因此，很容易利用这个模型来分析某些国内经济冲击的影响。当发生冲击时，产出需求曲线和产出供给曲线的移动方式与

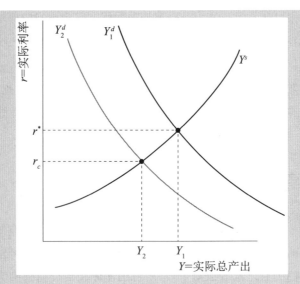

图 15 - 5　包含生产和投资的小型开放经济模型

世界信贷市场决定的世界实际利率是 r^*。净出口作出调整，使得 Y^d 曲线与 Y^s 曲线在世界实际利率处相交。这里，$NX>0$，而在无贸易的情形下，国内实际利率将是 r_c。

第 11 章实际跨期模型所分析的一样，唯一修改之处是 NX 作出调整，使得产出需求曲线与产出供给曲线在世界实际利率 r^* 处相交。我们进行的第一个实验是，考察在此模型中世界实际利率提高的影响。这种变化可能有诸多原因，例如，它可能起因于其他国家的负的全要素生产率冲击（回忆一下我们在第 11 章对国内全要素生产率冲击的分析）。

在图 15 - 6 中，假定世界实际利率从 r_1 提高到 r_2。于是，经常账户盈余增加，引起产出需求曲线从 Y_1^d 向右移至 Y_2^d。国内投资一定下降，因为实际利率提高了，但国内消费或升或降，因为既有 r 提高的负效应，也有 Y 增加的正效应。

这些结果具有令人感兴趣的经济含义：国外负的全要素生产率冲击可能会减少国外产出并提高世界实际利率，也会引起国内产出增加。因此，当这类国外冲击传递到国内时，会引起国内和其他国家的产出同时变化。

政府支出与经常账户

在第二个实验中，我们要分析国内政府支出增加的影响。假定政府支出 G 暂时增加。与第 11 章一样，因税收现值增加，这会对典型消费者的闲暇产生负的收入效应，因而劳动供给增加，使得图 15 - 7 中的产出供给曲线从 Y_1^s 向右移动到 Y_2^s。G 增加会引起产出需求净增加，导致产出需求曲线向右移动。经常账户盈余作出调整，使得产出需求曲线最终从 Y_1^d 移动到 Y_2^d（见图 15 - 7）。与第 11 章一样，产出供给曲线的初始移动小于产出需求曲线的移动（因为政府支出增加是暂时的，因而对一生财富的影响较小）。因此，经常账户盈余一定下降。

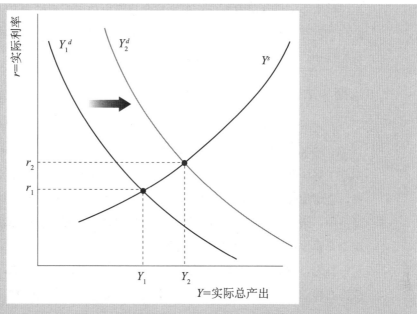

图 15-6 世界实际利率提高

世界实际利率从 r_1 提高到 r_2，会增加产出和经常账户盈余。

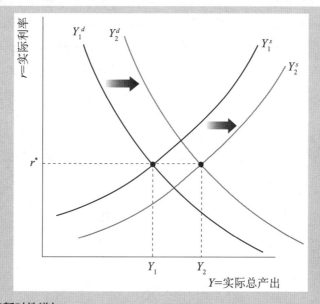

图 15-7 政府支出暂时性增加

当期政府支出增加，会使产出需求曲线和产出供给曲线向右移动（产出需求曲线的移动幅度更大）。产出增加，经常账户盈余下降。

15

　　把我们的上述分析结果与第 11 章封闭经济实际跨期模型所发生的情况进行对比是有用的。请注意，在开放经济中，实际利率没有提高，因为该利率是由世界市场决定的。结果，不存在因利率提高而排挤投资和消费。而且，在此消费实际上增加了（而非像在实际跨期模型中那样是降低的），因为实际收入增加了，而实际利率保持不变。排挤虽有发生，但排挤的是净出口，因为经常账户盈余降低了。我们看到了把开放经济因素考虑进来时结果发生变化的方式。虽然政府支出一般会排挤私人活动，但在开放经济中这种排挤是以不同的方式出现的。

当期和未来全要素生产率提高的影响

在本书的前面，我们研究了全要素生产率对国内实际总体经济活动的影响。第11章的分析表明，在封闭经济中，当期全要素生产率提高会增加劳动需求，提高实际工资、就业和产出，降低实际利率。在封闭经济中，未来全要素生产率预期提高，会增加投资品和消费品的当期需求，提高当期总产出和实际利率。在小型开放经济中，结论多少有些不同，因为实际利率是由世界信贷市场决定的。我们也能确定全要素生产率冲击对经常账户的影响。

首先，我们假定当期全要素生产率提高。由第11章可知，这会使产出供给曲线向右移动。在图15-8中，产出供给曲线会从 Y_1^s 移动到 Y_2^s。于是，经常账户盈余增加，使产出需求曲线从 Y_1^d 向右移动到 Y_2^d。结果，总产出会从 Y_1 增至 Y_2，而且经常账户盈余增加。国内消费会因实际收入增加而增加，但鉴于实际利率不变，故对投资没有影响。在封闭经济中，当全要素生产率提高时，实际利率会下降，使得 C 和 I 增加。然而，这里，实际利率是由世界市场决定的，因而本国经济中的全要素生产率提高对实际利率不会产生影响。不过，不同国家的全要素生产率通常都会同时提高，因为生产技术的变化常常会扩散到世界各国。因此，国内全要素生产率的提高常常伴随着世界实际利率的下降和国内消费与投资的增加。

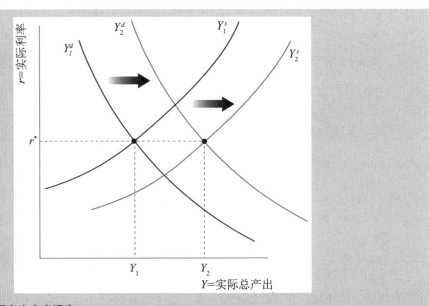

图15-8　当期全要素生产率提高

当期全要素生产率提高，会使产出供给曲线向右移动。总产出增加，经常账户盈余增加。

其次，我们假定未来全要素生产率预期提高。由第 11 章可知，这意味着典型企业预期未来边际资本产出会增加，这会使得投资品的需求增加。而且，由于预期未来全要素生产率会提高，典型消费者预期未来收入会增加，这会增加当期消费品的需求。当期消费品和投资品的需求增加，会使图 15-9 中的产出需求曲线向右移动，但经常账户盈余相应下降，从而使国内生产的商品的需求等于供给。在均衡状态下，总产出不变，仍保持在 Y_1，但经常账户盈余会下降。

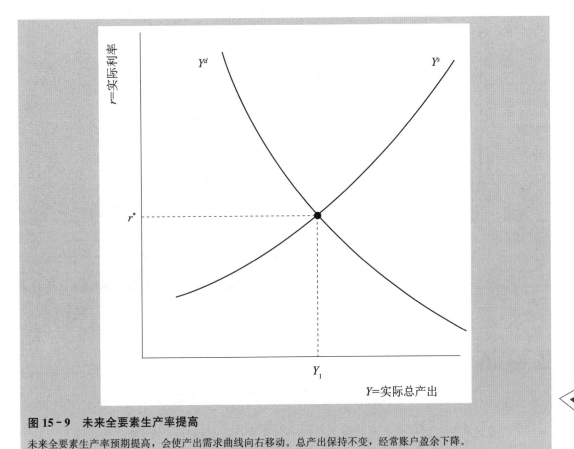

图 15-9　未来全要素生产率提高

未来全要素生产率预期提高，会使产出需求曲线向右移动。总产出保持不变，经常账户盈余下降。

上述分析对于从图 15-2 中观察到的 20 世纪 90 年代出现的经常账户盈余的某种变化提供了一种可能的解释。特别是，如图 15-10 所示，20 世纪 90 年代投资支出大幅增加，一直持续到 2006 年前后。在 20 世纪 90 年代，这种投资热潮与信息技术（即所谓的互联网浪潮）有关，但尤其在 2000 年之后，这种投资热潮是由住宅建设和不动产繁荣驱动的。如图 15-10 所示，我们看到，有关未来全要素生产率的乐观情绪导致投资支出增加，也减少了经常账户盈余。这预示着投资支出和经常账户盈余（在其他条件不变的情况下）会朝相反方向变化。这正是我们在 20 世纪 90 年代后观察到的情况。

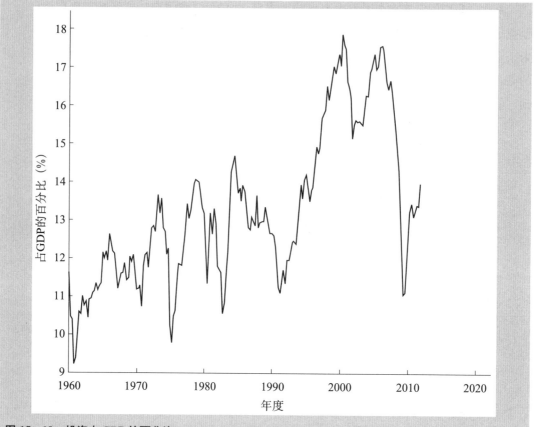

图 15-10 投资占 GDP 的百分比

20 世纪 90 年代，美国投资占 GDP 的比例大幅提高，这似乎导致了经常账户盈余下降。

专栏

15

宏观经济学实践：世界"储蓄过剩"

"储蓄过剩"一词似乎是美联储主席本·伯南克（Ben Bernanke）创造的，是指 2000 年后世界出现的经常账户盈余和实际利率水平格局。[①] 从 20 世纪 90 年代初开始一直到 2005 年，美国的经常账户盈余不断下降（如图 15-11 所示），而与此同时其他国家的经常账户盈余不断增加。这是因为世界经常账户盈余必定总是为零——世界信贷市场上的每一借方肯定都有一个相应的贷方。因此，从其他国家的信贷市场行为而非只从美国发生了什么来思考美国经常账户盈余状况的原因可能是有益的。这是"世界储蓄过剩"论背后的基本思想。

为什么从 20 世纪 90 年代初到 2005 年美国在世界信贷市场上的净借债增加了？首先，正如我们在图 15-10 中所看到的，2000 年后，投资支出占 GDP 的百分比出现了暂时下降，但此后又不断上升，到 2005 年达到峰值。这种投资增加在一定程度上与国内住宅市

----

① "The World Savings Glut and the US Current Account Deficit," 见美联储官网。

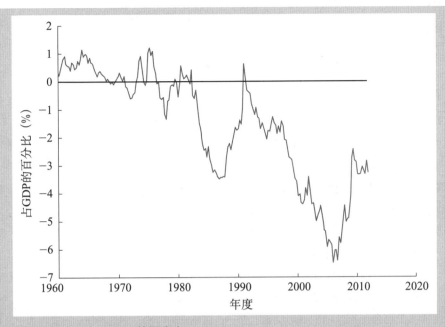

图 15－11 经常账户盈余占 GDP 的百分比

1990 年以来的经常账户盈余状况在一定程度上可由 20 世纪 90 年代的投资繁荣、2000—2006 年的住宅投资繁荣和随后的萧条来解释。

场繁荣有关。这种繁荣一方面反映在住宅价格的上涨上，如第 9 章所述，另一方面也反映在住宅投资的增加上。住宅市场繁荣的部分原因在于住宅市场的创新，包括抵押贷款市场对高风险借方的"次级"贷款。

其次，美国经常账户赤字的增加在一定程度上是因为在世界信贷市场上从其他国家的贷款增加。这些国家主要是发展中国家，其中最主要的是亚洲发展中国家。这些国家放贷增加的原因还不完全清楚，但可能包括人口结构因素（老龄化人口储蓄多）以及 1996—2007 年亚洲金融危机的后续影响（东亚国家的储蓄者不愿把钱贷给本国的金融机构而是贷给海外机构）。本章的第二个模型可以捕捉到因世界实际利率下降（即与图 15－6 发生的情况相反）其他国家放贷意愿增加的影响。因此，在我们的模型中，世界实际利率下降会使国内投资增加，使经常账户盈余减少，而对国内消费的影响模棱两可。

特别是在 2000 年之后，降低世界实际利率的世界储蓄过剩，可能是起始于美国后遍及世界的金融危机的部分原因。金融危机的一个主要原因是美国抵押贷款市场的激励问题以及该市场的复杂的金融工具。低实际利率使这些激励问题愈加严重，增加了财务违规行为的获利机会。因此，体现在经常账户盈余和赤字上的国际借贷可能是反映国内金融发展和影响国内经济周期的一个重要因素。

本章探讨了商品和资产国际贸易的实际宏观经济影响。在第 16 章，我们将把货币因素加入本章研究的第二种模型中，以理解名义汇率的决定、浮动汇率与固定汇率的重要性以及资本管制对宏观经济活动的重要意义。

本章小结

● 在本章，我们研究了商品和资产国际贸易对国内福利、产出、消费、投资和经常账户盈余的影响。我们构建了两种小型开放经济模型，说明了如何用这些模型来认识开放对国内经济的重要意义。在小型开放经济（SOE）中，相对于世界其他国家而言，国内居民是价格接受者。

● 我们考察的第一种模型是小型开放经济的两时期模型，在这个模型中，我们用第 9 章理解个人储蓄行为的相同分析方法来讨论经常账户盈余的决定。我们把典型消费者看作在拥有外生收入的情况下好像可以选择当期和未来的消费与政府支出。经常账户盈余正是该国的意愿储蓄，是由世界信贷市场上的借贷决定的。

● 在该模型中，当期收入增加、未来收入下降时，当期经常账户盈余就会增加。根据李嘉图等价，税收对经常账户盈余没有影响。如果经常账户盈余最初是负的，世界实际利率提高将增加经常账户盈余。但如果经常账户盈余最初是正的，实际利率提高可能增加也可能减少经常账户盈余，这取决于作用相反的替代效应和收入效应的相对大小。

● 经常账户赤字不一定就是坏事，因为这意味着从国外借债，它有助于国内消费者在长期均匀其消费。

● 本章扩展了第一种模型，以解决与信贷摩擦、国际债务以及违约等有关的问题。一个国家很可能发生债务违约。债务规模越大，世界实际利率越高，违约成本越低。

● 在第二种小型开放经济模型中，在国内经济面临的利率是由世界市场决定的情形下，我们分析了生产和投资的决定。这里，经常账户盈余是国内产出与吸收之间的差额，其中，吸收是商品的国内需求，即消费加上投资再加上政府支出。

● 世界实际利率提高，会增加国内产出，减少吸收，增加经常账户盈余。

● 政府支出暂时增加，会增加国内吸收，减少经常账户盈余。

● 当期全要素生产率提高，会增加国内产出，增加经常账户盈余；而预期未来全要素生产率提高，并不会使当期总产出变化，但会减少经常账户盈余。

主要概念

小型开放经济（small open economy，SOE）：存在国际贸易且国内消费者和企业的集体行为对世界市场的价格几乎没有影响的一种经济。

国民现值预算约束（national present-value budget constraint）：在本章的第一种模型中，该约束说的是私人消费和政府消费的现值等于国民收入的现值。

吸收（absorption）：消费加上投资加上政府支出；通过国内支出所吸纳的国内生产的商品数量。

复习题

1. 什么是小型开放经济？

2. 用小型开放经济模型解释美国发生的经济事件为什么是恰当的？

3. 在本章的第二种模型中，经常账户盈余的决定因素是什么？每个因素是如何影响经常账户盈余的？

4. 一国存在经常账户赤字为什么可能是一件好事？

5. 什么可以限制单个国家在世界市场上借债？

6. 什么使一国很可能对其国际债务违约？

7. 世界实际利率提高对产出、吸收和经常账户盈余会产生什么影响？

8. 政府支出暂时增加对产出、吸收和经常账户盈余会产生什么影响？

9. 当期和未来全要素生产率提高对产出、吸收和经常账户盈余会产生什么影响？

10. 我们如何解释美国 1990 年后的投资支出和经常账户盈余变化？

思考题

1. 假定在两时期模型中，国民收入当期为 100，未来为 120。世界实际利率假定每一时期都是 10%。典型消费者总是希望当期消费加上政府支出等于未来消费加上政府支出（$C+G=C'+G'$），这意味着完全互补偏好。

（a）确定当期和未来两个时期的消费加上政府支出以及经常账户盈余。请画图说明你的结果。

（b）现在，假定世界实际利率每一时期都提高到 20%。再来确定当期和未来两个时期的消费加上政府支出以及经常账户盈余，并请画图说明你的结果。

（c）解释问题（a）和（b）的结果差异。

2. 利用本章的第一种模型来回答下列问题。假定其他国家的政府对贷款给外国人征税。确定这对当期和未来的消费加上政府支出以及经常账户盈余会产生怎样的影响。请解释你的结果。

3. 假定在本章的第一种模型中，存在有限承诺摩擦以及该国在当期或未来违约的可能性。假定如果该国没有违约，那么有限承诺约束就不具有约束力。在当期，违约仍然比不违约更可取吗？请借助图予以解释。

4. 假定像第 9 章那样，在本章的第一种模型中，在小型开放经济体与其他国家之间的信贷关系中存在有限承诺。该国有一部分资本存量（用 K_c 表示）在世界市场上是可抵押资本。这种可抵押资本在当期没有流动性，其价值按未来的世界市场价格 p 来评估。假定该小型开放经济体在世界市场上借债受到未来可抵押财产价值的约束。

现假定 p 下降。这对小型开放经济体现在和未来的消费以及经常账户盈余有怎样的影响？请借助图解释你的结果。

5. 利用本章的第二种模型（包含生产和投资）来回答下列问题。假定小型开放经济体的政府担心经常账户赤字太高。政府的一组经济顾问认为，政府赤字高会导致高经常账户赤字，降低经常账户赤字的办法是增税。政府的另一组经济顾问则认为，高经常账户赤字是由高国内投资引起的，因而建议应对国内投资征税，并将这些投资税以一次总付转移支付的形式返还给消费者。

（a）如果政府的目标是减少经常账户赤字，政府应采纳哪一种建议？请解释。

（b）政府减少经常账户赤字的目标是明智的吗？请说明你的理由。如果政府采纳了问题（a）中所提出的建议来实现它的目标，将会发生什么情况？

6. 在第 13 章，我们研究了封闭经济中持久的全要素生产率冲击是如何解释经济周期的。用本章的第二种模型（包含生产和投资）来确定持久的全要素生产率提高对国内产出、消费、投资和经常账户盈余的影响。该模型的预测与你在图 15-2 中观察到的情形相符吗？请解释。

7. 假定在本章讲的包含生产和投资的第二种模型中，信贷市场摩擦增加（如第 11 章所研究的）。这对总产出和经常账户盈余有什么影响？请对这些影响进行评论，因为这与美国在金融危机和最近的经济衰退期间发生的情况有关。

15

第16章 开放经济中的货币

如第15章所述，如果没有复杂的货币兑换，国际宏观经济学中的许多问题就很好理解。然而，国际金融中还存在着诸多令人感兴趣的问题，特别是涉及名义汇率的确定、浮动汇率或固定汇率的影响、名义宏观经济冲击在各国间的传导、资本管制的影响，以及国际金融机构的作用等问题，对于这些问题，我们需要用货币模型来分析。本章以第15章讲的第二种小型开放经济模型为基础，加入货币因素，构造一个货币小型开放经济模型，以解决国际货币经济学中的一些重要问题。

我们先分析购买力平价或一价定律，它是本章构建的价格具有灵活性的货币小型开放经济模型的基础。如果世界经济中的所有商品价格在按名义汇率调整后都相同，则购买力平价成立；这里的名义汇率是指一种货币用另一种货币表示的价格。我们将看到，尽管购买力平价的长期趋势是各种经济力量作用的结果，但现实中偏离购买力平价也是相当大和持久的。不过，在短期，购买力平价虽然未必很接近现实，但对简化本章所用的基本模型非常有用。本章后面将用新凯恩斯主义黏性价格模型重点分析偏离购买力平价。

本章构建并用来分析的货币小型开放经济模型，是以第15章的第二种小型开放经济模型为基础的，因为这两种模型中的商品市场完全一样。本章的这个模型也与第12章所讲的货币跨期模型有很多共同之处。尤其是，古典二分法是这个货币小型开放经济模型的特征，因为名义变量（这里指价格水平和名义汇率）是由实际变量独立决定的。此外，货币是中性的。这是国际货币经济学的一个有益起点，因为只要把第11～14章讲的经济周期模型所考察的某种摩擦（黏性价格、货币意外、市场分割和协调失效）考虑进来，就能直接扩展这一基本分析框架。在本章的最后，我们讲一种新凯恩斯主义框架的扩展——包含黏性价格。

本章用该模型进行的第一个实验，强调了浮动汇率和固定名义汇率下国外冲击的影响。浮动汇率可以根据外汇市场的供求自由波动，而在固定汇率下，本国政府要用某种方式承诺将名义汇率维持在特定值上。浮动汇率的特性是，本国的货币政策可以独立制定，国内价格水平不受国外价格变动的影响。然而，在固定汇率下，本国中央银行无法独立地控制其货币供给，源于国外的价格水平变动实质上会输入到国内经济中。如本章所述，浮动汇率制度和固定汇率制度各有优缺点。

我们考察资本管制对本国经济运行的影响。资本管制会限制资产的跨国流动，但这些管制往往能减缓一些经济冲击带来的波动。不过，因为资本管制会降低经济效率，所以它们是有害的。

最后，我们研究一种新凯恩斯主义黏性价格开放经济模型，这是对基本分析框架的一种扩展。我们采用的方法很像第 14 章研究封闭经济时所用的方法。在黏性价格情况下，货币不是中性的，购买力平价在短期不成立。就像在封闭经济模型中一样，黏性价格意味着稳定政策有作用。财政政策或货币政策可以消除可能存在的产出缺口，但汇率制度会对货币政策或财政政策的相对效力产生极大影响。

名义汇率、实际汇率和购买力平价

本章分析所用的模型是货币小型开放经济模型，它是以第 15 章的第二种小型开放经济模型和第 12 章的货币跨期模型为基础构建的。货币小型开放经济模型中的主要变量是名义汇率和实际汇率，本节将给出它们的定义。此外，我们在本节将推导出购买力平价关系式，它决定了实际汇率值。

在本章的货币小型开放经济模型中，与在货币跨期模型中一样，所有国产商品的销售价格 P 都用本国货币表示，外国产商品的销售价格 P^* 都用外国货币表示。在这个模型中，存在外汇市场，在外汇市场上，本币可以兑换成外币，我们以 e 代表用本币表示的 1 单位外币的价格。也就是说，e 是**名义汇率**（nominal exchange rate）。因此，如果持有本币的国内居民想要购买国外商品，假定国外商品的生产商只接受外币来交换其商品，1 单位外国商品用本币单位数量表示就等于 eP^*。这是因为国内居民必须首先用本币以 e 的价格购买外币，然后用外币以 P^* 的价格购买国外商品。举一个例子，假如英国出版的一本书卖 5 英镑，而美元与英镑的汇率是 1 英镑等于 2 美元，即 $e=2$。那么，用美元买这本书，就要花 $2\times5=10$ 美元。

由于国内商品用本币计价为 P，国外商品用本币计价为 eP^*，所以，实际汇率（或贸易条件）即用国内商品表示的国外商品的价格为：

$$实际汇率 = \frac{eP^*}{P}$$

假设商品的跨国运输无成本，且没有诸如政府设定的进口配额和关税（进口税）之类的贸易壁垒。那么，如果 $eP^*>P$，则购买国内商品比购买国外商品便宜，因此国内消费者愿意购买国内商品，而不是国外商品，这往往会使 P 上升；反之，如果 $eP^*<P$，则国外商品比国内商品便宜，因此国内消费者喜欢购买国外商品，而不是国内商品，在这种情况下，P 往往会下降。因此，若没有运输成本和贸易壁垒，我们应该可以看到：

$$P=eP^* \tag{16.1}$$

这种关系被称为**购买力平价**（purchasing power parity，PPP），也被称为**一价定律**（law of one price），因为如果它成立，则用本币表示的商品价格无论在国内还是在国外都是一样的。如果购买力平价成立，那么实际汇率便是 1。

现实中，如果我们把 P 和 P^* 看做两个不同国家的价格水平，我们一般恐怕无法看到购买力平价完全成立。衡量价格水平的指标，诸如消费价格指数或隐含 GDP 价格缩减指数，包括经济中生产和消费的大量商品的价格。其中有些商品在世界市场上交易，如农产品和原材料；而有些商品只在国内交易，如理发这类本地服务业。尽管我们可以预料，对存在国际贸易的商品来说，一价定律趋势成立，但对非贸易商品，我们认为它不成立。例如，石油用管道和大型油轮进行长途运输，使得运输成本比较低，而且世界石油市场组织完备，这样一来，石油销售价格（加上运输成本）在世界各地接近相同。但对于理发，就没有这样的世界市场，因为在大多数情况下，去另一个国家理发的交通成本比理发本身的成本大得多。一价定律可能对于石油成立，但对于理发不成立。

一般而言，有强大的经济力量促使市场价格和名义汇率进行调整，从而使购买力平价成立。举例来说，如果购买力平价不成立，那么，即使跨国商品运输成本很大，消费者也会到商品比较便宜的地方购物，企业也会把生产移到商品比较贵的地方，最终，我们预期购买力平价在长期也会成立。除非商品、劳动力和资本的跨国流动非常困难，否则，购买力平价就应成立，至少作为一种长期关系是如此。虽然购买力平价对短期现实的描述有失偏颇，如下节所述，而且朝购买力平价的调整可能相当缓慢，但购买力平价假设大大简化了我们的模型，这种简化有助于我们的分析更加集中。不过，在本章最后，我们将考察新凯恩斯主义黏性价格模型，在该模型中，购买力平价在短期不成立。

专栏

16

理论与经验数据：美国与加拿大的购买力平价关系

我们认为，就美国与加拿大的关系而言，偏离购买力平价的程度可能比较小。从历史上看，这两个国家之间存在大量的贸易。美国与加拿大于 1989 年签署了自由贸易协定，该协定后于 1992 年被包括墨西哥在内的《北美自由贸易协定》（North American Free Trade Agreement，NAFTA）所取代。一项更早的贸易协定是签订于 1965 年的《加拿大-美国汽车协议》（Canada-U. S. Auto Pact），这项协议允许生产商跨越加美边境运输汽车零部件。由于加拿大和美国相邻以及天然的南北交通运输纽带，美国与加拿大之间的运输成本很低。不仅商品在这两国之间流通容易，而且，目前《北美自由贸易协定》也允许劳动力在加拿大与美国之间自由流动。资本在这两个国家之间的流动也比较自由。因此，在美国和加拿大这样的情形下，如果购买力平价还不适用，我们怎能不吃惊！

图 16-1 给出了 1947—2012 年加拿大与美国的实际汇率 eP^*/P。在图 16-1 中，e 是用美元表示的加拿大元价格，P^* 是加拿大的消费价格指数，P 是美国的消费价格指数。为方便起见，我们对实际汇率按比例绘制，将 1947 年 1 月的值定为 100。在图 16-1 中，购买力平价预测，实际汇率应是常量，但事实上不是。在图中，实际汇率波动很大。这些波动不是围绕某个固定值的短期波动，实际上是持续波动。的确，1989 年签订自由贸易协定之后，看不出实际汇率有紧紧围绕某个长期值波动的趋势。如果加拿大与美国之间存在这么大的购买力平价偏离，我们就应该想到，在短期，美国与其他国家之间的购买力平价关系会更加松散。

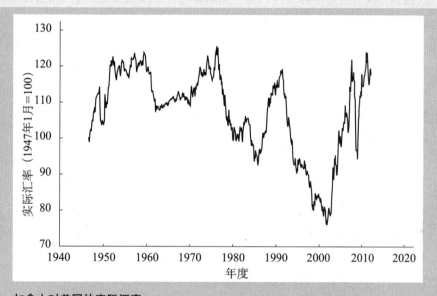

图 16-1　加拿大对美国的实际汇率

购买力平价预测，实际汇率应是一个常数，但在这个案例中，购买力平价偏离一直是巨大的和持续的。

资料来源：Statistics Canada and Bureau of Labor Statistics.

浮动汇率和固定汇率

除了购买力平价，货币小型开放经济模型的另一个重要组成部分是汇率制度。我们要讨论的是，国内经济如何应对冲击的关键决定因素以及国内实施货币政策和财政政策的重要因素是政府干预外汇市场的一套规则。大体来说，外汇市场干预的两种极端方法是**浮动汇率制**（flexible exchange rate regime）和**固定汇率制**（fixed exchange rate regime）。目前，世界上一些国家实行的是近乎理想化的浮动汇率制，一些国家采用固定汇率制，而有些国家则采用的是这两种汇率制度的结合。

在弹性汇率或浮动汇率制下，一国的财政当局或货币当局不必通过具体钉住名

义汇率 e 来进行干预。如果名义汇率是真正浮动的，它会在市场力量的作用下自由变动。实行浮动汇率制的一些国家有印度、韩国、巴西、澳大利亚、新西兰、加拿大和美国。出于我们前面讨论的原因，所有国家实际上都关心其名义汇率的短期变动，因此，各国常常通过货币政策和财政政策影响名义汇率值，甚至在浮动汇率制度下也是如此。

有几种不同的重要固定汇率制，大致可以划分为**硬钉住**（hard pegs）和**软钉住**（soft pegs）。在硬钉住制度下，一国（地区）承诺将其名义汇率无限期地钉住其他国家的货币。在软钉住制度下，虽然没有将汇率钉住特定值的长期承诺，但汇率可以做到长期钉住另一种货币，实行定期**降值**（devaluations，名义汇率 e 提高）和**法定升值**（revaluations，e 下降）。

实行硬钉住基本上有三种不同的方式。第一，一国（地区）放弃本国货币，使之**美元化**（dollarize）。美元化实质上是使用他国货币作为本国的交换媒介。例如，厄瓜多尔目前以美元作为本国货币，尽管美元化可以指一国使用美元以外的货币情况。美元化的缺点是，一国放弃了其征收铸币税的能力（我们在第 12 章中讨论过）；也就是说，它不能通过印钞来为政府支出筹资。

实行硬钉住的第二种方式是建立**货币局**（currency board）。有了货币局，就有了一个集权机构，它可以是一国（地区）的中央银行。这个机构持有以该国（地区）货币计价的生息资产，而且其名义汇率是固定的。该机构随时准备以某一特定的固定汇率把本币兑换成外币，并可以买卖生息资产以实现这些兑换。当前中国香港就实行货币局制度，将其名义汇率与美元固定挂钩。在货币局制度下，一国（地区）能够保持其征收铸币税的能力。

实行硬钉住的第三种方式是，各国签署实行共同货币的多边协定，如成立于1999 年的**欧洲货币联盟**（European Monetary Union，EMU）。大多数欧洲国家都是欧洲货币联盟的成员，也有值得注意的例外，例如英国。欧洲货币联盟的共同货币是**欧元**（Euro），欧元的供给由**欧洲中央银行**（European Central Bank，ECB）负责管理。管理欧洲中央银行业务的章程规定了印制新欧元的铸币收入是如何在欧洲货币联盟各成员国之间分配的。

软钉住涉及对固定汇率或汇率目标区间的不同承诺程度。例如，在先于欧洲货币联盟而于 1979 年成立的**欧洲货币体系**（European Monetary System，EMS）下，各欧洲成员国承诺在短期把汇率目标定在特定范围内。在这种安排下，需要欧洲货币体系各成员国进行协调，汇率目标区间时不时会有危机和变动。另一种软钉住是**布雷顿森林协议**（Bretton Woods agreement），这个协议规定的规则于 1944 年在美国新罕布什尔州的布雷顿森林谈判达成。布雷顿森林协议决定了第二次世界大战后至 1971 年的国际货币关系。根据布雷顿森林协议，美国同意以特定的价格用美元兑换黄金，从而把美元的币值与黄金挂钩。所有其他国家则同意将它们的汇率与美元挂钩。因此，这就改变了金本位制度。出于本章后面我们讨论的原因，软钉住协议往往靠不住；这些协议通常会瓦解，代之以另一种制度，欧洲货币体系和布雷顿森林协议就是这种情况。

对汇率决定起重大作用的一个重要国际货币机构是**国际货币基金组织**（International Monetary Fund，IMF），1944 年的布雷顿森林会议上讨论过国际货币基金组织的组织架构，它于 1946 年成立。国际货币基金组织目前有 189 个成员，它的作用在某些方面类似于一国中央银行对国内银行实行的监管。也就是说，国际货币基金组织对其成员扮演了**最后贷款人**（lender of last resort）的角色，就像中央银行是国内金融机构的最后贷款人一样（我们将在第 17 章讨论）。国际货币基金组织随时准备为陷入困境的成员提供贷款，但国际货币基金组织的贷款是有附加条件的。通常，国际货币基金组织的贷款条件是，成员要遵守国际货币基金组织制定的方案，这种方案一般都规定了政策整改措施。

浮动汇率制下的货币小型开放经济模型

我们讨论了影响汇率决定的一些制度性安排，下面就可以用包含国际货币相互作用的货币小型开放经济模型进行分析。该模型部分以第 12 章的货币跨期模型为基础，实质上是把货币市场加进第 15 章的第二种实际小型开放经济模型中的小型开放经济模型。在这个模型中，现在假定汇率是浮动的，我们将在下一节研究固定汇率制的特性。

我们用图 16-2 来说明货币小型开放经济模型中的商品市场，该市场与第 15 章的第二种实际小型开放经济模型中的商品市场一样。曲线 Y^d 是产出需求曲线，由于实际利率对消费品需求和投资品需求有负影响，所以它向下倾斜；Y^s 是产出供给曲线，由于实际利率对劳动供给具有跨期替代效应，所以它向上倾斜。产出供求曲线会因第 15 章详细讨论的诸因素而移动。与第 15 章一样，小型开放经济的假设意味着国内企业和消费者都是世界市场上的价格接受者。在均衡状态下，收入-支出恒等式成立，因此有 $Y=C+I+G+NX$。考虑到国内经济从整体上看是世界市场上的价格接受者，故没有被国内吸收的产出（表现为 C、I 或 G）都被出口（如果净出口为正）；而国内吸收超过国内产出的部分则需要进口（如果净出口为负）。

我们假定购买力平价成立，因而

$$P=eP^* \tag{16.2}$$

式中，P 为国内价格水平；e 为用本国货币表示的外汇价格；P^* 为国外价格水平。虽然我们从上述分析中得知购买力平价关系在短期一般不成立，但假定购买力平价极大地简化了我们的模型，这实际上意味着我们不必考虑贸易条件变化的影响，该影响可能会使我们这里要讨论的一些问题变得模糊。本章后面将修正该模型，使之包括黏性价格，这意味着购买力平价关系不成立。此时，鉴于小型开放经济的假设，

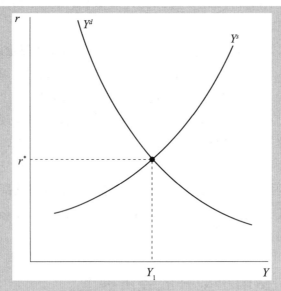

图 16 - 2　货币小型开放经济模型中的商品市场

该模型中的商品市场与第 15 章包含投资的实际小型开放经济模型中的商品市场相同。世界实际利率是 r^*，均衡实际产出是 Y_1。经常账户盈余作出调整，从而使 Y^d 曲线与 Y^s 曲线在世界实际利率 r^* 处相交。

国内经济事件对国外价格水平 P^* 没有影响，从而我们将 P^* 看成外生变量。不过，国内价格水平 P 和汇率 e 是内生变量。汇率是浮动的，因为它是由市场力量决定的，我们在下面将对此加以说明。

现在，我们想确定货币市场在我们的均衡模型中是如何运行的。与第 12 章一样，货币需求由下式给定：

$$M^d = PL(Y, r^*) \tag{16.3}$$

式中，$L(Y, r^*)$ 为实际货币余额需求，与实际总收入 Y 正相关，与实际利率负相关。我们说过，国内实际利率与世界实际利率 r^* 相同，而且我们假设不存在长期货币增长，因此，国内通货膨胀率是零，并且根据费雪关系式，实际利率等于名义利率（见第 12 章）。现在，给定购买力平价关系式（16.2），我们可以替换等式（16.3）中的 P，得到：

$$M^d = eP^* L(Y, r^*)$$

我们把名义货币供给作为外生变量，有 $M^s = M$。在均衡状态下，货币供给等于货币需求，所以，$M^s = M^d$，或者

$$M = eP^* L(Y, r^*) \tag{16.4}$$

在图 16 - 3 中，我们用横轴表示货币需求和货币供给，用纵轴表示汇率 e。于是，给定 Y 和 r^*，如图 16 - 3 所示，货币需求 M^d 是通过原点的一条直线，货币供给 M^s 是一条在 $M^s = M$ 处的垂直线。货币供求曲线的交点决定了名义汇率 e，因此图中的均衡汇率为 e_1。一旦我们确定了 e，根据购买力平价关系式（16.2），我们就可以确定国内价格水平 P。

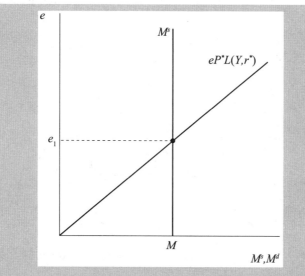

图 16-3 浮动汇率制下货币小型开放经济模型中的货币市场

在浮动汇率制下，给定购买力平价关系，均衡名义汇率 e_1 是由名义货币供求曲线的交点决定的。

因此，在这个模型中，名义汇率是由名义货币需求与名义货币供给的相对大小决定的。由于名义汇率是名义变量，所以这似乎是自然而然的。汇率变动，要么是由货币需求的变动引起，要么是由货币供给的变动引起。

浮动汇率制下的货币中性

我们建立了该模型之后，就可以研究其特性了。正如我们在第 12 章讨论的货币跨期模型一样，这一模型也具有古典二分法的特征，因为各实际变量（产出水平、经常账户盈余、消费和投资）是由各名义变量（国内价格水平 P 和名义汇率 e）独立决定的。在图 16-3 中，名义汇率是由货币供求决定的，名义汇率水平对实际变量没有影响。

如果中央银行增加货币供给，比如从图 16-4 中的 M_1 增至 M_2，其影响是使货币供给曲线从 M_1^s 向右移动到 M_2^s。在均衡状态下，名义汇率会从 e_1 提高到 e_2，对实际产出水平、实际利率（即世界市场的实际利率 r^*）、消费、投资或经常账户盈余没有影响。由于用本币表示的外币价格上升，我们就说本币**贬值**（depreciation）。最后，由于等式（16.4）意味着

$$\frac{M}{e} = P^* L(Y, r^*)$$

又由于 P^*、Y、r^* 不受货币供给变化的影响，所以 M/e 保持不变。因此，名义汇率与货币供给成比例提高。举例来说，如果货币供给增加 5%，名义汇率也将上升 5%。此外，由于购买力平价成立，或 $P = eP^*$，且由于 P^* 是固定的，所以价格水平 P 也与货币供给同比例提高。

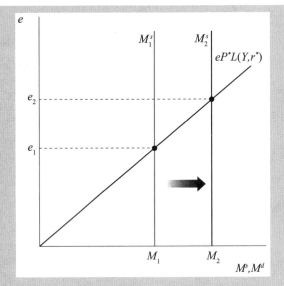

图16-4 浮动汇率制下货币小型开放经济模型中的货币供给增加

在浮动汇率制下，货币小型开放经济模型中的货币是中性的。货币供给增加，会导致名义汇率和价格水平与货币供给同比例提高，对实际变量没有影响。

因此，在浮动汇率制下的货币小型开放经济模型中，货币是中性的。尽管增加名义货币供给不会产生实际影响，但所有货币价格（包括名义汇率）都与货币供给同比率提高。虽然大多数宏观经济学家认为，开放经济中的货币在长期是中性的，但对货币的短期中性和有关货币非中性的解释观点各异，这与封闭经济宏观经济学一样。在本章的最后，我们将探讨货币非中性的一种可能原因——黏性价格。

对国内经济的国外名义冲击：P^*提高

我们现在用货币小型开放经济模型考察国外经济事件对国内经济的影响。我们分析的第一个例子是国外价格水平提高的影响，这种影响实质上是对国内经济的名义冲击。我们看到，浮动汇率制度具有免受外国价格水平上升影响的特性。也就是说，名义汇率经过调整，恰好可以抵消国外价格水平的上升，因而，国外价格水平上升对国内价格水平或国内实际变量没有影响。尤其是，因国外价格水平提高而导致的暂时性国外通货膨胀不会被输入到国内经济中来。

假定国外中央银行增加其流通中的货币量，P^*从P_1^*升至P_2^*，那么，在图16-5中，货币需求曲线会从$eP_1^* L(Y, r^*)$向右移动到$eP_2^* L(Y, r^*)$。在均衡状态下，这对实际变量不会产生影响，但名义汇率会从e_1下降到e_2，导致本国货币**升值**（appreciation）。由于$P = eP^*$，根据等式（16.4），我们有：

$$\frac{M}{P} = L(Y, r^*)$$

且由于M、Y和r^*保持不变，所以P也不变。因此，国内变量不受国外价格水平变动的影响。特别是，本国货币的升值恰好足以抵消P^*提高对国内价格水平的影响。也就是说，浮动汇率可以把国内经济与来自国外的名义冲击隔离开来。这无疑是浮动汇率制的优越性。在浮动汇率制下，国内价格水平及其所暗含的国内通货膨胀率，是由国内中央银行供给的本国货币量决定的，与外国中央银行实施的货币政策无关。

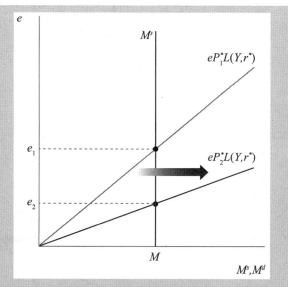

图 16-5　浮动汇率制下货币小型开放经济模型中的国外价格水平上涨

如果国外价格水平上涨，会使名义货币需求曲线向右移动，在均衡状态下，名义汇率会从 e_1 下降至 e_2。名义汇率下降，恰好可以抵消国外价格水平的上涨，对国内价格水平没有影响。

对国内经济的国外实际冲击

我们做一项实验，来确定国内实际变量、名义汇率和价格水平对国外实际冲击会作出怎样的反应，为此，我们考察世界实际利率提高的影响。比如这种冲击来源于其他国家全要素生产率的下降（回想一下我们在第 10 章对全要素生产率冲击影响的分析）。我们会看到，浮动汇率无法使国内经济免受世界实际利率变动的影响；名义汇率升值（e 降低），价格水平下降。

在图 16-6 中，世界实际利率会从 r_1^* 上升到 r_2^*，其实际影响与我们在第 15 章分析的第二种实际小型开放经济模型一样。在图 16-6（a）中，经常账户盈余增加，使产出需求曲线向右移到 Y_2^d。由于典型消费者对闲暇的跨期替代增加了劳动供给，因此产出会从 Y_1 增加到 Y_2。实际利率提高会导致国内消费支出和投资支出下降，但当期收入增加会导致消费增加。从最终结果看，消费可能上升也可能下降；国内总吸收 $C+I+G$ 可能上升也可能下降，但吸收的增幅小于国内产出的增幅，因而经常账户盈余增加。

世界实际利率提高的名义影响取决于货币需求如何变化。实际利率上升会导致货币需求下降，而国内产出增加会引起货币需求增加。但到底是 $L(Y_2, r_2^*) <$

$L(Y_1，r_1^*)$ 还是 $L(Y_2，r_2^*)>L(Y_1，r_1^*)$，目前尚不清楚。不过，如果实际货币需求对实际收入的反应大于对利率的反应，那么货币需求将上升，图 16-6（b）中的货币需求曲线会向右移动。在均衡状态下，汇率升值，名义汇率从 e_1 下降到 e_2。当购买力平价成立即 $P=eP^*$ 时，P^* 不变，所以 P 与 e 同比例下降。因此，世界实际利率上升将导致汇率升值，价格水平下降。显然，浮动汇率制并不能自动地使国内经济免受国外实际冲击的影响。例如，如果中央银行面对世界实际利率的提高，希望稳定价格水平，就不得不增加货币供给，以应对这种冲击所造成的货币需求增加。

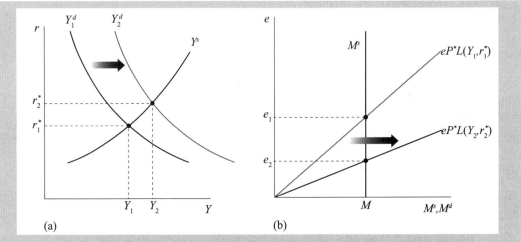

图 16-6　浮动汇率制下世界实际利率提高

在浮动汇率制下，如果世界实际利率提高，会使实际产出增加；假定货币需求对实际收入的反应大于对实际利率的反应，则货币需求曲线向右移动。在均衡状态下，名义汇率下降。

专栏

宏观经济学实践：金融危机开始后美元为何升值？

当某个国家或几个国家出现金融危机时，国内金融行业的问题通常会导致逃离国内金融机构的负债且逃离该国货币。这正是 1997 年亚洲金融危机时期所发生的情况，这次危机主要影响的是印度尼西亚、韩国、马来西亚和泰国。在这种情况下，这些国家的国内金融危机与汇率贬值有关。

图 16-7 显示出美国的贸易加权汇率。这种汇率指标是根据各国作为美国贸易伙伴的相对重要性对各国的汇率进行加权而形成的指数，以反映美元对世界各国货币的价格。图中的贸易加权汇率以 1995 年 1 月为 100。我们从图 16-7 观察到的情况是，从 1995 年到 2002 年，汇率呈上升趋势，也就是说美元汇率升值，从 2002 年到 2008 年前期汇率贬值。

图 16-7 表现出来的一个特点是，从 2008 年到 2009 年初，汇率上升了大约 15%，而

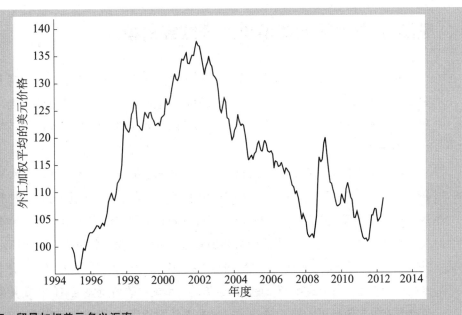

图 16 - 7 贸易加权美元名义汇率

从 2008 年金融危机伊始到 2009 年，美元大幅度升值。这是不正常的金融危机行为。

与此同时，金融危机达到顶峰。因此，在金融危机期间，美元名义汇率在升值而不是在贬值。甚至更令人疑惑的是，这种汇率升值发生在美国的基础货币翻了一番多的时期。从本章讲的浮动汇率制度下的模型结果来看，国内货币供给大量增加之后，美元汇率应大幅度贬值。而此时发生了什么情况？美国相对于其他国家而言表现出来的一个不同寻常的特点是，美元实际上是一种国际交换媒介。世界上的许多交易，不管是从消费者层面来看还是从金融机构角度来说，都用美元从事交易活动。还有，大量美元和其他美元资产在国外被持有。在美元作为国际交换媒介的情况下，一旦发生金融危机，经济主体往往会把他们的金融财富从风险越来越大的金融机构负债转成美元。即使问题的根源是美国金融市场机构的行为，就像这次金融危机一样，这种现象也照常出现了。于是，比如在 2008 年末和 2009 年初的美国，由此导致的货币需求增加超过了货币供给增加，汇率最终升值。另一个重要因素是，在美国金融危机时期增加了的"货币"供给主要是生息的银行准备金，虽不具有交易作用，但实际上取代了短期的生息政府债券。

然而，美国经济不一定能摆脱金融危机对其汇率值的影响。世界金融市场参与者愿意用美元作为国际交换媒介，主要是因为他们相信，美联储的货币政策管理能确保美国的通货膨胀处于低水平。如果美联储要持久地提高美国货币存量的增长率，造成长期汇率贬值，那么持有美元资产的外国居民就会遭受损失，未来就不会愿意持有美元。的确，要是美联储不适当控制美元汇率和通货膨胀率，中国政府已表示要减持美元资产。[1]

---

[1] "China Takes Aim at the US Dollar," in the *Wall Street Journal*, March 24, 2009.

固定汇率制下的货币小型开放经济模型

我们研究了浮动汇率制度下的经济行为之后，下面探讨固定汇率制度下如何确定实际变量和名义变量。我们分析的这种固定汇率制度是一种软钉住制度，在这种制度下，政府在较长时期内会使名义汇率固定不变，但有时会对本国货币实行降值或重新定值。

在这种固定汇率制下，政府可以选择打算固定的名义汇率水平，该水平就是图 $16-8$ 中的 e_1。然后，政府一定会通过中央银行或者某个其他机构，随时准备维持这个汇率。为简化起见，我们假定政府可以随时按固定汇率 e_1 用外币兑换本币来维持这个固定汇率。为了说明这种情形是如何发生的，我们分析表 $16-1$ 所示的简化的政府资产负债表。表 $16-1$ 显示的是中央银行和财政当局的合并资产负债表。为了维持固定汇率，每当有市场力量倾向于逼迫汇率偏离政府所要维持的固定值时，政府就必须在外汇市场买入外汇储备（把它看成外国货币）、卖出外在货币（本国货币）或卖出外汇储备、买入外在货币。举例来说，如果有市场力量倾向于推动汇率上升，从而导致本币贬值，政府就应卖出外币、买进本币来抵消这些力量。如果有市场力量倾向于推动汇率下降，从而导致本币升值，政府就应买进外币、卖出本币。

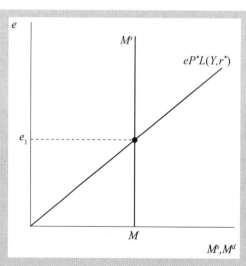

图 16-8　固定汇率制下货币小型开放经济模型中的货币市场

在固定汇率制下，货币供给是内生的。给定固定汇率 e_1，就可以确定货币供给 M，从而使货币供给曲线 M^s 与货币需求曲线在汇率等于 e_1 时相交。

表 16-1	简化的政府资产负债表
资产	负债
外汇储备	外在货币
	生息政府债券

在固定汇率制下，国内中央银行必然会丧失对本国货币存量的控制。我们用图 16-8 加以说明。在图 16-8 中，名义汇率固定在 e_1。如果国内中央银行试图把货币供给增加到当前的 M 值以上，那么这样做的影响是，有可能给汇率带来上升的压力。鉴于用本币表示的外币价格因之有上升的倾向，外汇市场的参与者就想把本币兑换成外币，为了维持固定汇率，政府也不得不进行这些兑换。这往往会减少流通中的本币存量，中央银行增加货币供给的企图完全会被其在外汇市场上维持固定汇率的措施所抵消。在汇率和国内价格水平 P 不变的情况下，货币供给仍为 M。同样，如果国内中央银行打算把货币供给降至 M 以下，这会给汇率带来下降的压力，外汇市场的参与者就想把外币兑换成本币，政府也不得不把本币兑换成外币，从而增加货币供给。因此，货币供给不会降到 M 以下。这意味着，在固定汇率制下，货币供给无法由中央银行单独决定。一旦政府固定了汇率，就可以决定本国的货币供给。

固定汇率制下的国外名义冲击

假定当本国实行固定汇率制时，国外价格水平上涨。在图 16-9 中，P^* 从 P_1^* 上涨到 P_2^*。结果，货币需求会从 $eP_1^* L(Y, r^*)$ 向右移动到 $eP_2^* L(Y, r^*)$。货币需求增加，会给汇率造成下降的压力，因此本币比外币变得更有吸引力。在外汇市场上，政府必须用本币兑换外币，这将导致国内货币供给从 M_1 增加到 M_2。因为 $P = eP^*$，且汇率是固定的，所以国内价格水平与国外价格水平同比例上升。因此，与浮动汇率制不同，在固定汇率制下，国内经济不能免受国外冲击的影响。当国外价格水平变化时，这种价格水平变化就会被输入到国内，国内价格水平也会相应提高。由于在固定汇率制下，国内的货币政策不能独立自主，因此国内中央银行被迫将世界通货膨胀率本地化。

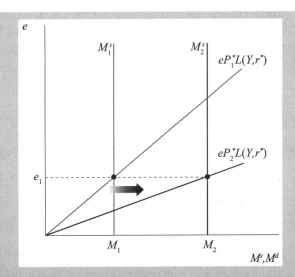

图 16-9 固定汇率制下货币小型开放经济模型中的国外价格水平提高

在固定汇率制下，国外价格水平提高，会使货币需求曲线向右移动，引起国内货币供给增加。国内价格水平与国外价格水平同比例上涨。

固定汇率制下的国外实际冲击

现在，我们考察世界实际利率从 r_1^* 上升到 r_2^* 的影响，这与浮动汇率制的情形一样。在图 16-10（a）中，与浮动汇率制的情形一样，利率提高的实际影响是国内产出从 Y_1 增加到 Y_2，投资下降，消费可能增加也可能减少，经常账户盈余增加。假定实际收入增加对货币需求的影响远大于实际利率上升的影响，则图 16-10（b）中的货币需求就会从 $eP^*L(Y_1, r_1^*)$ 向右移动到 $eP^*L(Y_2, r_2^*)$。于是，汇率固定在 e_1，国内货币供给一定会从 M_1 上升到 M_2。因为 $P = eP^*$，e 和 P^* 不变，所以以国内价格水平不变。因此，固定汇率制可以使国内价格水平免受国外实际冲击的影响。虽然在浮动汇率制下也能产生相同的结果，但这需要国内中央银行采取相机抉择措施，而不是固定汇率制下的自动反应。

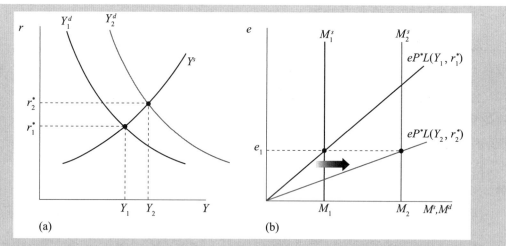

图 16-10　固定汇率制下世界实际利率上升

在固定汇率制下，世界实际利率上升，会增加实际产出，使得名义货币需求曲线向右移动。货币供给增加与货币需求增加相一致，国内价格水平保持不变。

16

汇率降值

在固定汇率制下，本国货币降值（固定汇率 e 上升）也许是政府应对经济冲击的一种手段。本节将说明国内全要素生产率暂时下降是如何导致政府不希望看到的外汇储备减少的。在这种情况下，本币降值将防止外汇储备减少。全要素生产率冲击也会引起经常账户盈余减少，但降值对抵消这种经常账户的变化没有效果。

在图 16-11 中，给定世界实际利率 r^*，国内经济最初处于均衡状态。在图 16-11（a）中，国内产出 Y_1 是由产出需求曲线 Y_1^d 和产出供给曲线 Y_1^s 决定的。在图 16-11（b）中，汇率一开始固定在 e_1，名义货币需求最初为 $eP^*L(Y_1, r^*)$，货币供给为 M_1。现在，假定对国内全要素生产率存在暂时的负冲击。这会使图 16-11（a）

中的产出供给曲线从 Y_1^s 向左移动至 Y_2^s，这与第 11 章一样。经常账户盈余减少，导致产出需求曲线向左移动，一直到 Y_2^d 为止。在均衡状态下，产出下降到 Y_2，国内吸收因消费减少（因为收入下降）而下降，经常账户盈余也减少。在图 16 - 11（b）中，货币需求曲线会随着实际收入的下降而向左移动至 $eP^*L(Y_2, r^*)$。如果政府想继续维持名义汇率 e_1，这就意味着，在国内货币需求下降的情况下，政府不得不在外汇市场上卖出外币、买进本币。这意味着货币供给会从 M_1 降为 M_2。

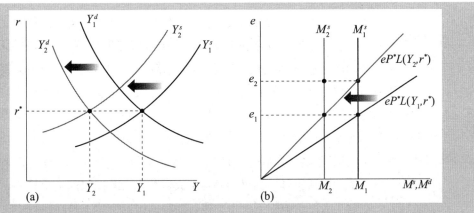

图 16 - 11　应对全要素生产率暂时冲击的降值

全要素生产率暂时下降，会使产出供给曲线向左移动，减少产出和经常账户盈余。名义货币需求曲线向左移动。如果政府想避免外汇储备减少，可以将固定汇率从 e_1 提高到 e_2，使本国货币降值。

　　然而，假定当国内货币需求下降时，政府不希望出售任何外汇储备或没有外汇储备可出售。在图 16 - 11（b）中，政府把汇率固定为 e_2，就能避免出售外汇。这意味着货币供给未变，仍是 M_1；汇率降值，因为相对于本币而言，外币的价格上升了。

　　这里，重要的一点是，本币降值对经常账户赤字没有影响。我们也许认为，降值可能会使国内商品比国外商品便宜，从而使实际汇率上升，导致进口减少，出口增加，经常账户赤字减少。尽管在有些凯恩斯主义黏性价格分析中，短期也许确实如此（不过就对经常账户赤字的影响而言，要考虑收入效应和替代效应），但在购买力平价下，对实际汇率不会产生影响。最终，如果政府断定这时产生的经常账户赤字是个问题，例如，如果经常账户赤字是由政府超额支出引起的，那么这是一个实际问题，应通过实际工具加以解决。也就是说，要减少实际经常账户赤字，就要减少政府支出；我们从第 15 章可知，在图 16 - 11（a）中，减少政府支出就能减少经常账户赤字。试图通过本币降值来减少经常账户赤字，实质是试图通过名义工具来实现实际变化，这在长期是无法奏效的。

浮动汇率与固定汇率的选择

　　政府在汇率政策上面临重大选择，最重要的选择是，应实行固定汇率制还是浮动汇率制。采用浮动汇率还是固定汇率的理由是什么？在前面的小节中，我们讨论了汇率制度是如何影响国内经济抵御国外冲击的。当一国的中央银行想稳定价格水平时，我们的分析表明，如果国外的名义冲击很重要，那么浮动汇率优于固定汇率，因为浮动汇率可以吸收国外价格水平的冲击，从而稳定国内价格水平；反之，如果国外的实际冲击很重要，则固定汇率优于浮动汇率，因为固定汇率可以防止国外的实际冲击引起的国内价格水平变动，原因是国内货币供给起到了冲击吸收器的作用。因此，一国选择固定汇率还是浮动汇率，取决于它所处的环境。随着时间的推移，某个国家可能会从固定汇率转到浮动汇率，然后再变回来。

有人认为，浮动汇率有时可以使国内中央银行不受他国影响而执行独立的货币政策。在我们的模型中，实行浮动汇率制的本国政府能独立确定本国的货币供给，但在固定汇率制下，货币供给不在本国政府的控制之下。然而，赋予中央银行执行独立货币政策的权力之所以能奏效，前提是相信中央银行能用好这种权力。一些国家的中央银行，诸如美国、加拿大和部分欧洲国家的中央银行，第二次世界大战后在控制通货膨胀率方面成绩显著。而在其他国家，该记录却不太令人满意，比如阿根廷。如果中央银行在控制国内货币供给方面显得软弱无力，那么固定汇率可以成为一个非常重要的承诺工具。如果汇率与中央银行强大的国家的货币挂钩，那么这就意味着，在购买力平价前提下，中央银行弱势的国家实质上是在执行中央银行强势的国家的货币政策。在固定汇率制下，本国的价格水平与国外价格水平挂钩，实质上是本国的价格水平取决于外国的货币政策。

总之，浮动汇率好还是固定汇率好，不能一概而论。就美国而言，中央银行相对不受政治压力的干扰，似乎可以全神贯注地控制通货膨胀，因此，实行浮动汇率好像比较合适。美联储看上去比国外的中央银行更可信，让美联储执行符合美国利益的货币政策似乎是明智的。然而，对于其他国家，特别是一些拉丁美洲和非洲国家，实行固定汇率制会比较好。

我们认为，在很多情况下长期实行固定汇率是理所当然的。例如在美国，不同面值美钞的兑换率总是固定的。为什么在美国，无论什么情况下都必然可以用5张1美元的钞票兑换一张5美元的钞票？这是因为美联储总是随时准备用一张5美元的钞票兑换5张1美元的钞票。实质上，美联储总是使不同面值美钞的兑换率保持固定。此外，美国所有地区性联邦储备银行发行的美钞都清晰地标上了联邦储备银行的发行号（看一下你皮夹子里的钱，你会发现确实如此；比如，19就表示第19联邦储备银行区，即这是一张由明尼阿波利斯联邦储备银行发行的美钞）。为什么堪萨斯城联邦储备银行发行的1美元钞票可以1∶1地兑换为里士满联邦储备银行发行的1美元钞票？答案是，所有的联邦储备银行都随时准备用各种联邦储备银行券按其面值兑换其他的联邦储备银行券，还有就是美联储维持这种固定兑换率。

实质上，所有国家在其疆域内都保持固定兑换率。一个国家把本国货币作为法定货币，这种货币通常作为交换媒介在全国范围内流通，虽然在一些国家，外国货币特别是美元广泛流通。那么，是什么决定了用单一货币充当交换媒介的自然区或共同货币区（common currency area）呢？显然，共同货币区未必是那些拥有单一的政治或财政当局的地区。在美国，每个州都有权向州居民征税，但各个州都会把货币管辖权让渡给美联储，而美联储的集中决策单位是位于华盛顿特区的联邦储备银行理事会。在欧洲货币联盟中，各成员国都保持它们的财政独立性，但货币政策由欧洲中央银行负责。让大的贸易区实行共同货币的一个优点是，可以简化兑换；订立合同和跨国贸易非常方便，省去了用一种货币兑换另一种货币的繁杂，也避免了汇率波动的风险。然而，要加入诸如欧洲货币联盟这样的**货币联盟**（currency union），一国必须放弃它的货币独立性，将货币管辖权交给该联盟。欧洲货币联盟的成立，在一些事情上，包括选谁当欧洲中央银行行长和欧洲中央银行应采取什么样的货币政策立场，明显造成了欧洲货币联盟各成员国间的关系紧张。拥有世界上历史最悠久的中央银行——英格兰银行（Bank of England）的英国，为了保持它的货币独立性，选择了不加入欧洲货币联盟。

最近，欧洲货币联盟成员国因各有自己的财政政策而成为引起欧洲货币联盟摇摇欲坠的关键问题。欧洲货币联盟的南欧成员国特别是希腊、西班牙和意大利有不可持续的外债负担，这些负担使得这些国家越来越有可能违约（见第15章）。一国的财政当局与中央银行之间的协调对于货币体系的运行至关重要。当在一个经济体内有多个独立的财政当局而只有一个中央银行机构时，多个财政当局与一个中央银行之间的协调就最终是不可能的，所以，像欧洲货币联盟这种安排（至少从其目前的形式看）是行不通的。

专栏

宏观经济学实践：主权债务与欧洲货币联盟

主权债务是政府发行的由外国人持有的债务。最近，主权债务违约的可能性已成为一个重要问题，乃至威胁到欧洲货币联盟的存亡。

第15章考察了一个一国外债显性违约的模型，其中的外债是指政府和私人部门欠外国人的债务。该模型让我们初步认识了导致主权债务违约的一些因素。特别是，我们用第15章的没有货币但有违约可能性的模型阐明，一国债务规模越大，债务的利率越高，违约的成本越小，就越有可能发生债务违约。

乔纳森·伊顿（Jonathan Eaton）和拉克尔·费尔南德斯（Raquel Fernandez）的一篇综述性研究论文讨论了主权债务的一些原理。[①] 主权债务人与主权债权人之间的关系感觉就像国内的私人债务人与私人债权人之间的关系。主权债务也要承诺在未来的特定日期以特定货币予以偿还。债权人要确信债务人在未来的偿还能力，且这种信用关系要受信贷市

---

① J. Eaton and R. Fernandez, 1995. "Sovereign Debt," in *Handbook of International Economics*, 1st ed., vol. 3, G. Grossman and K. Rogoff, eds., pp. 2031 - 2077, Elsevier.

场摩擦（如不对称信息和有限承诺）的制约。然而，主权债务有所不同的是，债权人不具有像国内信用制度安排那样的追索权。比如，在美国，有完善的、强制执行的银行破产法，规定了如果债务人没有履行偿还债务的承诺会怎样；还有管理抵押品的国内法律，比如何时以何种方式没收这些抵押品。而在主权债务情况下，一般没有法院可提起诉讼，而且实际上也不可能有抵押制度，因为主权国家不可能以资产作为抵押品，答应债权人在未来万一偿还不了而被没收。

假定我们只讨论主权债务的有限承诺问题。我们也许要问为何还会有对主权国家政府的贷款。主权国家政府为什么会有动力偿还其债务？如果主权国家政府不偿还其债务，为什么还有人给它贷款？要是主权国家违约，未来一般就会隐藏着信用扫地的危险，那么一个主权国家的政府就会明确作出偿还债务的承诺。主权国家之所以偿还债务，是因为进入未来信用市场的好处大于违约所获得的好处。不过，惩罚措施难以落实，特别是这需要在众多债权人之间进行协调。不管怎样，主权债务的确存在。国际金融机构积极参与政府贷款，国际政府债券市场一派繁荣景象。因此，主权债务人若是违约，的确会面临严重后果。

一国政府若难以偿还外国债权人的债务，除了对其未偿债务直接违约之外，还有其他一些选择。出于防范违约发生和分辨损失的代价可能比干脆接受损失并重新谈判债务契约的代价更大这一考虑，债权人可能免除一部分债务。债务也可以展期。比如，要是短期债务可转变为长期债务，该主权国就能偿还债务。最后，一国政府通过货币政策也有可能实现隐性债务违约。如果一国政府以本币发行债券，而中央银行实施扩张性货币政策——增加货币供给，那么价格水平和汇率都会上扬，减少本国政府的外币偿债额。因此，该国政府通过出乎意料的货币供给扩张，有可能减少其偿债额。这种做法无论对债务人还是债权人来说实际上都可能比直接违约更有效。

通过扩张性货币政策实现隐性债务违约的问题是，政府可能难以承诺不隐性违约。无论是哪个国家的中央银行，都想具有承诺保持低通货膨胀的信誉。一旦获得这种信誉，国际债权人就认为不可能发生隐性违约，政府就可以低利率在国际上借债。倘若预期该国政府发生隐性违约的可能性很大，那么国际债权人向该国政府贷款的利率就会很高，以反映违约（通货膨胀）溢价。

金融危机后，希腊和其他欧洲货币联盟成员国出现的主权债务问题与以欧元发行的债券有关。希腊的债务规模已经膨胀到一定水平，利率也已达到一定高度，以至于希腊政府不可能偿还其外债。如果希腊是一个拥有自己的中央银行的国家，那么隐性违约无疑是一种理想的选择。希腊就可以采取货币扩张措施，推动希腊的价格水平上升，降低希腊货币相对于其他国家货币的价值，从而减少希腊债务的实际值。然而，希腊是欧洲货币联盟成员国，欧洲中央银行决定欧洲货币联盟的货币政策。对于其他欧洲货币联盟国家来说，特别是对于德国来说，欧洲中央银行作为低通货膨胀中央银行的信誉损失实在太大。因此，对于某些欧洲货币联盟成员国来说，特别是希腊、意大利和西班牙，欧元货币扩张可能是一件好事。但对于德国来说，德国债务的隐性违约相对于货币扩张的信誉损失而言，好处不多。因此，欧洲货币联盟成员国内部有矛盾，主要是因为各国的财政状况不同。

一般来说，货币联盟很难维持，除非联盟成员有某些措施来共同强制约束各自的财政政策。美国就是一种货币联盟（美国的各州共用一种货币），各州必须保持预算平衡。对各州财政行为的这种强制约束，是维持美国作为一个货币联盟的重要特征。对于欧洲货币联盟来说，对欧洲货币联盟成员国行为的某些强制性财政约束，是欧洲货币联盟得以生存的必要条件。这些强制性约束条件可以避免欧洲货币联盟成员国之间在货币政策决定上发生冲突。

资本管制

货币小型开放经济模型有助于解决资本管制在国际经济中的作用问题。资本管制，广义上是指政府对国际资产交易的任何限制。我们这里要说明的是，在浮动汇率制下，资本管制可以减轻名义汇率在一些冲击作用下所出现的变动；而在固定汇率制下，资本管制可以减轻外汇储备的波动。然而，我们认为，资本管制总体上是不可取的，因为它会带来福利递减的经济无效率。

资本账户和国际收支

为了理解资本管制，我们必须首先了解**资本账户**（capital account）背后的核算方法。资本账户与经常账户一样，是**国际收支**（balance of payments）的组成部分。资本账户包括所有的资产交易。外国居民购买本国资产，在这个账户中记作正量，即**资本流入**（capital inflow）；国内居民购买外国资产，在这个账户中记作负量，即**资本流出**（capital outflow）。例如，如果一家英国银行贷款给一家美国公司，这对美国而言就是资本流入，因为给美国公司的贷款对这家英国银行来说是一种资产。如果一家美国汽车制造商在英国新建了一家工厂，这对美国而言是资本流出，在英国，它是**外国直接投资**（foreign direct investment）的一部分。外国直接投资与**证券组合投资流入和流出**（portfolio inflows and outflows）不同，后者是涉及金融资产的资本账户交易，包括股票和债券工具。在资本账户中，核算资产交易的有益经验法则是，如果资金流入本国来购买资产，这笔交易就记作资本流入；如果资金流出本国去购买资产，就记作资本流出。

国际收支的定义是，经常账户盈余加上资本账户盈余。我们用 BP 表示国际收支，用 KA 表示资本账户盈余，于是有：

$$BP = KA + CA$$

式中，CA 为经常账户盈余。国际收支核算的关键是，国际收支总为零（尽管因度

量误差而不一定为零），所以，

$$KA = -CA$$

因此，资本账户盈余总是负的经常账户盈余。如果经常账户有赤字（盈余），那么资本账户就有盈余（赤字）。我们迄今才讨论资本账户的原因是，资本账户盈余恰好是经常账户盈余的反面，所以当我们知道了经常账户盈余时，也就确切知道了资本账户盈余是什么。

国际收支总为零，因为记入国际收支的任何交易在各账户中总是有数字相等但方向截然相反的记录。例如，假定一家美国公司从一家英国银行借款 5 000 万美元，用来购买价值 5 000 万美元的汽车零件以运回美国。这家英国银行的贷款将记作资本流入，因为英国银行拥有了美国的一项资产，因此资本账户中将记入拥有美国的资产＋5 000 万美元。接下来，当美国公司购买汽车零件并进口到美国时，这将在经常账户中记入－5 000 万美元。因此，依此类推，国际收支的最终结果是零。这种针对某项交易互为抵消的记录，未必同时发生在经常账户和资本账户中，在一些情况下，可能只发生在经常账户中或只发生在资本账户中。

资本管制的影响

在实践中，可以对资本流入和资本流出实行资本管制；有时，可以对外国直接投资实行资本管制；有时，可以对证券组合投资流入和流出实行资本管制。例如，亚洲金融危机后的 1998 年，马来西亚对资本流出实行限制；智利在 1978—1982 年、1991—1998 年都对资本流入实行全面管制。在这两个实例中，都是对证券组合投资流入和流出实行资本管制。有时，一些国家也会限制外国直接投资，即限制资本流入。有时，出于担心（也许是没有根据的）本国资本存量会被外国所控制，会对外国直接投资实行限制。

资本管制的宏观经济影响是什么？实质上，资本管制会改变本国经济应对冲击的方式。例如，假定在浮动汇率下发生了国内全要素生产率的暂时负冲击。在图 16 - 12 （a）中，我们假定产出需求曲线是 Y_1^d，初始产出供给曲线是 Y_1^s，且假定初始经常账户盈余为零，世界实际利率为 r^* 时，产出为 Y_1。在图 16 - 12 （b）中，初始货币需求曲线是 $eP^*L(Y_1, r^*)$，给定名义货币供给 M，初始名义汇率为 e_1。

现在，假定国内全要素生产率暂时下降，这会使产出供给曲线向左移动到 Y_2^s，如图 16 - 12 （a）所示。在没有资本管制的情况下，这意味着经常账户盈余下降（经常账户出现赤字），产出需求曲线将向左移动到 Y_2^d。实际产出会从 Y_1 降到 Y_2，消费会因收入减少而下降。在图 16 - 12 （b）中，名义货币需求会向左移动到 $eP^*L(Y_2, r^*)$，随着名义汇率提高到 e_2，汇率贬值。

现在，假定存在资本管制的极端形式，即政府禁止所有的资本流入和流出。这意味着在均衡状态下资本账户盈余一定为零，经常账户盈余也一定为零。在图 16 - 12 中，

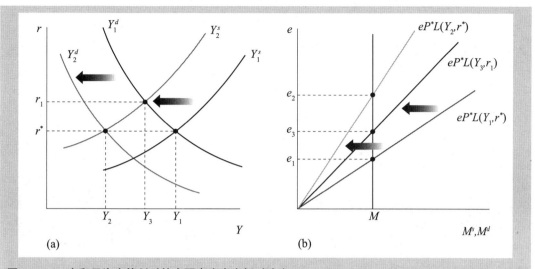

图 16 - 12　有和无资本管制时的全要素生产率暂时冲击

在浮动汇率制下，假定全要素生产率暂时下降，若没有资本管制，总产出和经常账户盈余会大幅减少，名义汇率会大幅提高。

国内全要素生产率暂时下降，国内实际利率会升至 r_1，高于世界实际利率 r^*。在均衡状态下，外国投资者愿意购买国内资产，因为国内资产的收益高于其他国家，但是他们被禁止这样做。因此，在这种情况下，均衡实际产出会下降到 Y_3。假定货币需求对实际收入的反应比对实际利率的反应更大，则图 16 - 12（b）中的货币需求曲线会向左移动，但左移的幅度小于无资本管制情况下的左移幅度。名义汇率上升到 e_3。

结果是，与没有资本管制时相比，名义汇率在有资本管制时上升的幅度小，产出略有下降，经常账户赤字会小幅变动。因此，资本管制会减缓因这类经济冲击而造成的产出、经常账户盈余和名义汇率的总量波动。如果在浮动汇率制度下，一国关注名义汇率波动的影响（这里没有对此建模），冲击的主要来源至少是全要素生产率的暂时变化，则资本管制会缓解这一问题。然而，这一解决办法代价高昂，因为它会造成经济无效率。正如第 5 章所述，在这个模型中，没有资本管制的均衡资源配置是帕累托最优。在这个例子中，若没有资本管制，国内经济在全要素生产率冲击后将面临较低的实际利率，这意味着债权人的境况恶化，而债务人的境况变好。虽然取消了资本管制，有人得，有人失，但从总体上看会增加福利。

在固定汇率制下，图 16 - 12（a）仍然适用，但货币市场的运转如图 16 - 13 所示。假定名义汇率固定为 e_1。开始时，货币供给是 M_1，没有资本管制时，货币供给下降到 M_2；存在资本管制时，货币供给只下降到 M_3。这里，有了资本管制，货币供给的波动比较小，这意味着，在资本管制下，外汇储备减少的数量比较小。因此，假如在无资本管制下，耗尽现有的外汇储备是一个潜在的问题，则实行资本管制，政府就能更好地维持固定汇率。不过，资本管制的代价仍是损失经济效率。

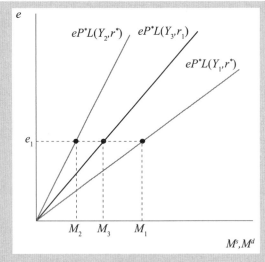

图 16 - 13　有和无资本管制时固定汇率制下的全要素生产率冲击

在固定汇率制下，资本管制可以减轻货币供给在全要素生产率暂时下降时的降幅。

专栏

宏观经济学实践：资本管制在实践中有成效吗？

　　关于资本管制在实践中的成效如何，我们主要研究以下两个问题：（1）有效地实施资本管制，就能达到预想的效果吗？（2）资本管制造成的无效率有多大？塞巴斯蒂安·爱德华兹（Sebastian Edwards）在《经济学展望杂志》（*Journal of Economic Perspectives*）上发表的一篇文章中，以智利为例，试图回答这些问题。[①]

　　爱德华兹认为，经济学家很少赞成限制资本流出，但一些经济学家以智利为例，指出限制资本流入在实践中似乎成效不错。爱德华兹这篇论文的一个目的就是通过详细研究智利 1978—1982 年和 1991—1998 年实行限制资本流入的情况，来反驳后者的这些观点。这些限制主要针对短期证券组合投资流入，智利对此采取的是法定存款准备金形式。也就是说，如果外国人购买智利的短期生息资产（资本流入），那么必须按持有资产价值的一定比例以无息存款的形式存入智利中央银行。这样做的效果与对短期资本流入征税的效果一样，否则，无息存款就可能以生息资产的形式持有。

　　智利实行资本管制的效果如何？爱德华兹发现，明显有许多投资者学会了如何逃避这些管制。尽管看上去短期资本流入多多少少会转变为长期资本流入，但这种转变不是很大，投资者似乎找到了若干巧妙的诡计，把短期资本流入伪装成长期资本流入。爱德华兹认为，资本管制严重影响了智利的中小企业，因为它们面临很高的借款成本。

　　因此，爱德华兹文章的结论是，资本管制的福利成本一般很小，主要是因为管制是无

[①]　S. Edwards，1999. "How Effective Are Capital Controls?" *Journal of Economic Perspectives* 13，65 - 84.

成效的，但对于人口中的一些群体，成本是很大的。爱德华兹认为，仍在实行资本管制的国家应取消资本管制。然而，他指出，在某些情况下，这种取消应是渐进的。资本管制造成的无效率在某些情况下小于监管银行体系不力造成的无效率。如果对资本流入的限制得以迅速放宽，那么国内银行为国内贷款筹资而从国外借款就很容易。不过，如果对国内银行的监管不当（我们将在第 17 章做更深入的研究），那么它们就会冒太多的风险，这一问题在完全开放的国际贷款环境中会恶化。放松资本管制有时需要与改善对国内金融机构的监管配合进行。

新凯恩斯主义黏性价格开放经济模型

本章构建的工资和价格具有灵活性的开放经济模型，可以改成包含黏性价格的开放经济模型，就像我们把第 12 章的货币跨期模型修改成第 14 章的新凯恩斯主义黏性价格模型的方式一样。开始我们假定 P 和 P^* 是外生固定的，所以国内商品和外国商品以其本国货币表示的价格是黏性的。在这种黏性价格模型中，购买力平价关系式（16.1）一般不成立。

在该模型中，我们假定对消费者而言，国内生产的商品与其他国家生产的商品并不是完全替代的。我们令 $NX\left(\dfrac{eP^*}{P}\right)$ 代表净出口的需求，是实际汇率或贸易条件 $\dfrac{eP^*}{P}$ 的增函数。$\dfrac{eP^*}{P}$ 上升会提高外国商品相对于国内商品的价格，这意味着国内消费者和外国消费者将用国内商品替代外国商品，减少进口需求，增加出口需求，从而增加净出口需求。因此，由于净出口增加使产出需求曲线向右移动，故 $\dfrac{eP^*}{P}$ 上升将使产出需求曲线向右移动。

浮动汇率

在图 16 - 14 中，价格水平 P_1 是固定的，实际利率 r^* 是外生的（因为它是由世界市场决定的）。在均衡状态下，货币供给等于货币需求〔如图 16 - 14 (b) 所示〕，这要求产出 Y 调整到 Y_1，从而货币需求恰好足以出清货币市场。在图 16 - 14 (a) 中，产出作出怎样的调整？就像在第 14 章的新凯恩斯主义模型一样，产出是由产出需求曲线决定的。在第 14 章所讲的封闭经济模型中，产出取决于利率是市场实际利率时的商品需求量，而在这个模型中，商品需求量取决于固定的世界实际利率 r 和汇率，如产出需求曲线 $Y^d(e)$ 所示。在图 16 - 14(a) 中，名义汇率调整到其均衡值 e_1，这是由世界实际利率 r^* 决定的商品需求量为 Y_1 时的汇率。

16

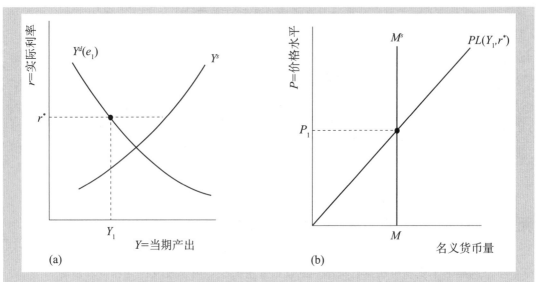

图 16 - 14 浮动汇率制下的新凯恩斯主义模型
在图（b）所示的货币市场中，Y 作出调整，从而使货币供给等于货币需求。然后，在图（a）中，汇率作出调整，从而使产出需求量等于由世界实际利率 r^* 决定的 Y_1。

浮动汇率制下新凯恩斯主义模型的货币政策　在这种开放经济固定价格背景下，货币政策能做什么？在图 16 - 15 中，假定经济最初处于均衡状态，总收入为 Y_1，汇率为 e_1，名义汇率决定产出需求曲线 $Y^d(e)$ 的位置，从而收入水平 Y 引起货币需求，故而货币市场出清［如图 16 - 15（b）所示］。这样，最初，存在产出缺口，即 $Y_2 - Y_1$。

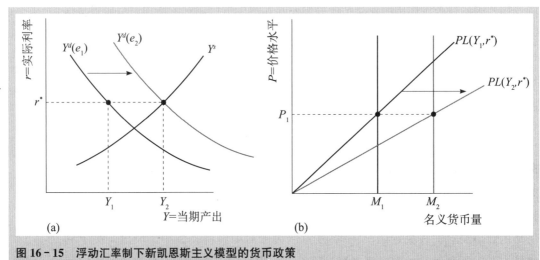

图 16 - 15 浮动汇率制下新凯恩斯主义模型的货币政策
货币供给增加引起 e 上升，使净出口增加，消除了产出缺口。

中央银行有可能会消除图 16 - 15 中的产出缺口，但不能通过改变市场实际利率来完成，因为市场实际利率就固定为世界市场实际利率 r^*。中央银行可以把货

币供给从 M_1 增加到 M_2，这将引起汇率贬值。名义汇率从 e_1 上升到 e_2，这将提高实际汇率（购买力平价关系不成立），增加净出口需求，使产出需求曲线向右移动到 $Y^d(e_2)$。倘若中央银行计划大幅度增加货币供给，那么，产出将增加到 Y_2，这将使图 16 - 15（b）中的货币需求曲线向右移动，消除了图 16 - 15（a）中的产出缺口。

在这种开放经济背景下，货币不是中性的，就像在封闭经济新凯恩斯主义模型中一样。然而，在该模型中，货币政策效应的传导是通过名义汇率的变化而非实际利率的变化实现的。

财政政策 在图 16 - 16 中，我们说明了新凯恩斯主义模型中当期政府支出 G 增加的影响。在这种情况下，G 增加将使产出供给曲线向右移动，从 Y_1^s 移动到 Y_2^s。G 的增加会使商品需求增加，但产出实际上是由图 16 - 16（b）中的货币供给决定的。结果，汇率必然会升值，汇率从 e_1 下降至 e_2。净出口减少，产出需求曲线仍固定在 $Y^d(e_1)$。因此，在固定汇率制下，财政政策不能削减产出缺口。增加政府支出只能等量排挤净出口。

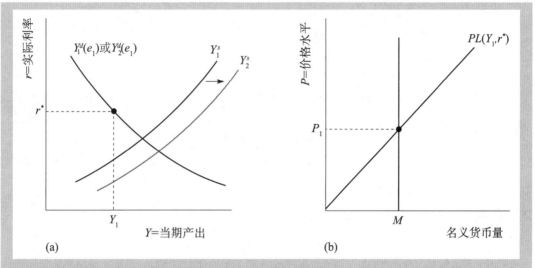

图 16 - 16 浮动汇率制下新凯恩斯主义模型的当期政府支出增加
G 增加对产出没有影响，但汇率升值，使净出口减少。

固定汇率

在固定汇率制下，通过调整货币供给，而不是通过调整货币需求（经由收入和名义汇率），货币市场将出清。货币政策完全无效，因为它必须被动地支撑固定汇率，但财政政策很重要。在图 16 - 17 中，产出最初为 Y_1，固定汇率为 e_1，货币供给为 M_1。存在产出缺口，财政政策可以通过增加 G，使产出需求曲线从 $Y_1^d(e_1)$ 向右移动到 $Y_2^d(e_1)$，使产出供给曲线从 Y_1^s 向右移动到 Y_2^s，从而消除该缺口。适当增加 G 且货币供给从 M_1 增加到 M_2，就可以消除产出缺口。

这种新凯恩斯主义模型所具有的特性很像经典的蒙代尔-弗莱明（MF）模型的特性。蒙代尔-弗莱明模型与我们这里讨论的模型虽在形式上有些不同，但得到的政策结果相仿。特别是，固定汇率制下的货币政策和浮动汇率制下的财政政策都是不起作用的稳定工具，而浮动汇率制下的货币政策和固定汇率制下的财政政策都是有效的工具。

尽管国际宏观经济学中还有很多有趣的问题有待研究，但本章就结束了本书对国际宏观经济学的讨论。在本书的第 7 篇，我们将回去研究货币、银行以及通货膨胀问题，这些都是封闭经济宏观经济学中的深层次问题。

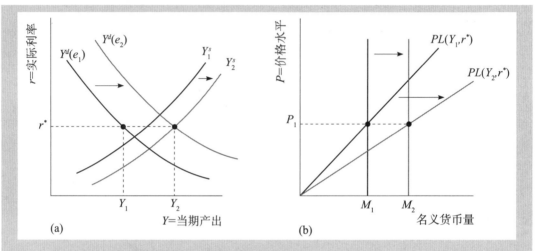

图 16－17　固定汇率制下新凯恩斯主义模型的政府支出增加

G 增加可以消除产出缺口。

本章小结

● 我们首先研究了购买力平价，即一价定律，它预测，用同一种货币衡量，世界各国的商品价格都一样。尽管实践中对购买力平价存在巨大的和持久的偏离，但也存在强大的经济力量，促使价格和汇率在长期变为购买力平价。购买力平价假设在本章研究的基本模型中非常有用。

● 在货币小型开放经济模型中，实际利率和国外价格水平是由世界市场决定的。

● 在浮动汇率制下，货币是中性的，国内经济不受国外名义冲击的影响，因为没有实际变量或名义变量受到国外价格水平变动的影响。在均衡状态下，名义汇率的变化完全可以吸收国外价格水平的冲击。不过，浮动汇率制无法使国内价格水平不受国外实际冲击的影响。

● 固定汇率会导致国内价格水平与国外价格水平同比提高，但固定汇率制可以使国内价格水平免受国外实际冲击的影响。在固定汇率制下，假如政府的外汇储备耗尽，本国货币就会降值。降值会提高国内价格水平。

● 浮动汇率制是否优于固定汇率制，取决于一国的经济状况，但浮动汇率制意味着本国的货币政策可以是独立的，而固定汇率制意味着本国经济实行的是外国中央银行的货币政策。

● 资本管制是对资本流入和流出的限制，资本流入和流出属于资本账户中的项目，一国发生资产交易，在资本账户中记作增加。国际收支盈余等于资本账户盈余加上经常账户盈余，国际收支盈余总为零。

● 资本管制在浮动汇率制下能够减轻产出、经常账户盈余和汇率的波动，在固定汇率制下能够减轻货币供给的波动，但这些管制会降低经济效率。在实践中，资本管制似乎并不非常有效，从这个意义上讲，它们对效率也不会产生很大的影响。

● 我们以新凯恩斯主义模型扩展了本章的基本模型。在该模型中，国内价格水平和国外价格水平是外生的，世界实际利率也是如此。产出由产出需求决定，这与第 14 章所讲的新凯恩斯主义黏性价格模型一样，但在开放经济模型中，名义汇率发生变化，使货币市场均衡。

● 在新凯恩斯主义模型中，货币不是中性的。在浮动汇率制下，货币供给增加使名义汇率和实际汇率上升，产出增加。在汇率是浮动的情况下，政府支出不能消除产出缺口。

● 在新凯恩斯主义模型中，在固定汇率制下，货币政策作为稳定工具无效，而财政政策有效。

主要概念

名义汇率（nominal exchange rate）：用本国货币表示的外国货币的价格，在本章中用 e 表示。

实际汇率（real exchange rate）：用本国商品表示的外国商品的价格，或本章模型中的 eP^*/P。

购买力平价（purchasing power parity, PPP）：$P=eP^*$，式中，P 为国内价格水平；P^* 为国外价格水平；e 为汇率。

一价定律（law of one price）：除了 P 是国内某种商品或服务的价格、P^* 是国外该种商品或服务的价格之外，其他与购买力平价都一样。

浮动汇率制（flexible exchange rate regime）：一国的名义汇率由市场力量决定的制度。

固定汇率制（fixed exchange rate regime）：一国政府将兑换外币的汇率值维持在特定水平的制度。

硬钉住（hard pegs）：无论通过美元化还是通过货币局，对汇率固定都有坚定承诺的汇率制度。

软钉住（soft pegs）：政府承诺汇率在较长时期固定的汇率制度，有时会改变汇率所固定的那个值。

降值（devaluations）：用本币表示的外汇价格的上涨。

法定升值（revaluations）：用本币表示的外汇价格的下降。

美元化（dollarize）：一国放弃其本国货币并用另一国的货币作为交换媒介。

货币局（currency board）：通过持有以外币计价的生息资产并承诺以固定汇率买卖外汇而将汇率固定的一种机构。

欧洲货币联盟（European Monetary Union, EMU）：各国使用同一种货币——欧元的欧洲国家组织，它成立于 1999 年。

欧元（Euro）：欧洲货币联盟各成员国共同使用的货币。

欧洲中央银行（European Central Bank, ECB）：欧洲货币联盟各成员国的中央银行。

欧洲货币体系（European Monetary System, EMS）：欧洲各国 1979—1999 年所实行的合作汇率制度。

布雷顿森林协议（Bretton Woods arrangement）：一种世界范围的合作汇率制度，实行于 1946—1971 年。根据这一协议，黄金价格与美元挂钩，其他所有国家的货币都与美元挂钩。

国际货币基金组织（International Monetary Fund, IMF）：成立于 1946 年的国际货币机构，旨在成为其成员的最后贷款人，现有成员 183 个。

最后贷款人（lender of last resort）：给陷入困境的经济主体提供贷款的集权性机构，例如，给国内银行提供贷款的中央银行和给其成员提供贷款的国际货币基金组织。

（汇率）贬值 [depreciation（of the exchange rate）]：用本币表示的外币价格的上涨。

（汇率）升值 [appreciation（of the exchange rate）]：用本币表示的外币价格的下降。

共同货币区（common currency area）：单一货币充当交换媒介的地区。

货币联盟（currency union）：同意成为共同货币区的一组国家。

资本账户（capital account）：国际收支的组成部分，本国与外国之间所有国际资产交易的加总。

国际收支（balance of payments）：一国将所有国际商品和资产交易加总的一种核算制度。

资本流入（capital inflow）：外国居民购买本国资产，在资本账户中记作正数。

资本流出（capital outflow）：本国居民购买外国资产，在资本账户中记作负数。

外国直接投资（foreign direct investment）：外国居民购置新的有形资产所引起的资本流入。

证券组合投资流入和流出（portfolio inflows and outflows）：有关国际金融资产交易的资本账户交易。

复习题

1. 在实践中，购买力平价在短期成立吗？请解释为什么。它在长期成立吗？试解释。

2. 世界上哪些国家实行浮动汇率制？哪些国家实行固定汇率制？

3. 固定汇率制有哪几种？描述它们各自是如何运作的。

4. 描述国际货币基金组织的作用。

5. 在本章所构建的模型中，在浮动汇率制和固定汇率制下，国外价格水平提高对国内经济的影响分别是什么？

6. 在本章的模型中，在浮动汇率制和固定汇率制下，世界实际利率上升对国内经济的影响分别是什么？

7. 在这个模型中，在浮动汇率制下货币是中性的吗？请解释原因。你认为在固定汇率制下货币是中性的吗？请解释。

8. 请解释在固定汇率制下一国的货币政策为

什么不是独立的。

9. 在固定汇率制下本国货币降值的影响是什么？

10. 列出固定汇率制与浮动汇率制的主要利弊。

11. 举出美国国内固定兑换率的两个例子。

12. 共同货币区或货币联盟的优缺点是什么？

13. 如果资本账户盈余为正，那么经常账户盈余是正还是负？

14. 举出实行资本管制的两个国家的例子。

15. 资本管制对一国应对冲击意味着什么？

16. 资本管制是一个好主意吗？试解释。

17. 资本管制在实践中有效果吗？试解释。

18. 在新凯恩斯主义开放经济模型中，为什么货币是非中性的？

19. 在新凯恩斯主义模型中，汇率制度对稳定政策有何影响？

思考题

1. 假定外汇市场交易有成本。也就是说，购买一单位外币需要 $e(1+a)$ 单位的本币，其中，e

是名义汇率，a 是一个比例费用。假定 a 是递减的。在浮动汇率制度和固定汇率制度下的均衡效应分别是什么？请解释你的结果。

2. 在均衡小型开放经济模型中，假定全要素生产率暂时提高。

（a）如果汇率是浮动的，确定这对总产出、吸收、经常账户盈余、名义利率和价格水平的影响。

（b）若汇率是固定的，重做问题（a）。如果一国政府的目标是稳定价格水平，当全要素生产率变化时，实行固定汇率好还是实行浮动汇率好？

（c）现在，假定在浮动汇率制下，当全要素生产率提高时，本国货币当局通过控制货币供给以稳定价格水平。解释此种情形下的结果与问题（b）在固定汇率情形下的结果有什么不同。

3. 假定在这个模型中，政府支出暂时增加。确定这对总产出、吸收、经常账户盈余、名义汇率和价格水平的影响。实行浮动汇率或固定汇率会使这种影响有何不同？

4. 假定交易技术经过改进，降低了国内货币需求。利用货币小型开放经济模型回答下列问题：

（a）假定汇率是浮动的。确定价格水平和汇率的均衡效应。

（b）假定汇率是浮动的，且本国货币当局要稳定价格水平。确定国内货币供给会如何变化及其对名义汇率的影响。

（c）假定汇率是固定的。确定这对汇率和价格水平的影响。与你在问题（a）和（b）中得出的结论有什么不同？

5. 假定一国实行浮动汇率，且最初的经常账户盈余为零。又假定预期未来全要素生产率提高。

（a）确定没有资本管制时国内经济的均衡效应。尤其要说明当企业和消费者预期未来全要素生产率提高时会出现经常账户赤字。

（b）现在，假定政府不想出现经常账户赤字，

为了减少经常账户赤字，它实行资本管制。未来全要素生产率预期会提高，确定经济的均衡效应。资本管制对经常账户赤字能产生料想的影响吗？资本管制减轻了经济冲击对产出和汇率的影响吗？在此背景下，资本管制是合理的宏观经济政策吗？试解释。

6. 假定实行浮动汇率制。信贷市场的不确定性程度提高，这将影响企业而不影响消费者（如第9章所述）。

（a）确定这对总产出、价格水平、汇率和实际利率的影响。请解释你的结果。

（b）这有助于解释金融危机的特征吗？请解释。

7. 在浮动汇率制下，一国的中央银行增加货币供给会导致名义汇率贬值。如果政府在增加货币供给之前实行资本管制，这是否会对汇率贬值产生影响？解释你的结果并评论其重要性。

8. 假定资本管制采取的是资本流入总量限制，但允许所有资本外流。又假定最初的经常账户盈余为零。确定浮动汇率制下全要素生产率暂时提高和全要素生产率暂时下降的影响。解释这两种情况下的结果如何不同以及为何不同。

9. 假定在新凯恩斯主义开放经济模型中，未来全要素生产率将提高。

（a）在浮动汇率制下，均衡效应是什么？经济政策是否要应对未来生产率的变化？若要应对，应如何应对？

（b）现假定实行固定汇率制。请重做问题（a）。

（c）请解释你的结果。

10. 假定在新凯恩斯主义开放经济模型中，存在正的产出缺口。从世界角度看，也等于存在流动性陷阱，因为 $r^* = 0$。经济政策能消除产出缺口吗？如果能，需要做些什么？请解释。

16

第 7 篇

货币、银行和通货膨胀

本篇讨论一些深层次的问题。我们在第 17 章将更详尽地论述货币在经济中的作用、货币在历史上的表现形式、长期通货膨胀对总体经济活动与经济福利的影响，以及银行和其他金融中介在经济中的作用。在第 18 章，我们将分析为什么中央银行会引起通货膨胀，尽管大家都知道通货膨胀是有害的。我们将以美国近 60 余年来的通货膨胀历史为背景，分析中央银行的认知和承诺在通货膨胀政策中的作用。

第17章　货币、通货膨胀和银行

到目前为止，特别是在第 12～14 章和第 16 章对货币的分析中，我们对通货和信用卡如何用于交易以推导出货币需求函数作了一些基本假设，并由此展开分析。这能使我们理解货币数量变化的影响、货币在经济周期中的作用以及货币是如何影响汇率的。在本章，我们希望对货币在经济中的职能有更加深刻的了解，理解通货膨胀对总体经济活动和经济福利的长期影响，并研究银行和其他金融中介在经济中的作用。

本章首先讨论历史上的货币制度是如何运转的，研究货币在经济中克服只用商品进行交换的困难时所起的基本作用。然后，我们再用第 12 章构建的货币跨期模型研究通货膨胀的长期影响。经验证据和货币跨期模型都表明，长期通货膨胀是由货币供给的增长引起的。我们发现，较高的货币增长率和通货膨胀往往会减少失业和产出。这是因为，从获得劳动收入到将其支出的这段时间里，通货膨胀会降低货币的购买力。因此，通货膨胀常常会扭曲劳动供给决策。我们指出，中央银行的最优长期通货膨胀政策是要遵循**弗里德曼法则**（Friedman rule），按照这一法则，货币供给要按某一比率增长，该比率会使得货币收益率等于其他资产的收益率且使名义利率为零。我们将讨论现实中的中央银行为什么没有遵循弗里德曼法则。

最后，我们将考察银行和其他金融中介在经济中的作用。**金融中介**（financial intermediary）是从一大群人那里借款并向另一大群人贷款，以某种方式进行资产转换和信息处理的金融机构。基于如下两个原因，银行和其他存款机构是令宏观经济学家特别感兴趣的金融中介。第一，存款机构发放的一些负债是货币供给衡量指标的组成部分，作为交换媒介，可与通货相媲美。第二，存款机构会与中央银行发生密切的相互作用，通常是受货币政策第一轮影响的一方。

我们将分析一个简单的银行模型，即戴蒙德-迪布维格银行模型（Diamond-Dybvig banking model）。这个模型表明，银行如何为需要用流动性资产进行交易提供一种保障，银行为什么会发生挤兑（这发生在大萧条时期和美联储成立之前），以及政府为什么会提供存款保险以防止银行挤兑。我们将讨论存款保险对银行产生的激励问题。最后我们讨论"太大而不能倒闭"原则及其在金融危机中的作用。

各种货币形式

我们在第 12 章讨论了货币作为交换媒介、价值贮藏和记账单位的职能，货币所具有的最重要的独特性是它的交换媒介特性。尽管所有货币都是交换媒介，但从历史上看，曾经有许多不同的东西执行过这一职能。最重要的货币形式曾经是商品货币、流通的私人银行券（钞票）、商品担保纸币、不兑现纸币和私人银行的交易存款。我们下面依次讨论这些货币形式。

商品货币　这是最早的货币，在古希腊文明和古罗马文明或更早的年代里普遍使用，通常是贵金属，如黄金、白银或铜。实践中，商品货币制度是由政府开办铸币厂，用贵金属制造硬币，然后将此作为货币来流通。由政府来控制铸币厂很重要，因为政府能发行货币，就有了重要的铸币收入来源。然而，商品货币制度存在几个问题。第一，商品品质难以查实。例如，黄金里可以掺入其他廉价金属，在制造商品货币时存在欺骗的机会。同样，在各种商品货币交换中，抱着不被发现的希望，人们可能会从硬币上切下几小块金属，再将切下的金属熔化成不足量的硬币。第二，商品货币的制造成本高。例如，黄金必须开采之后才能铸币，当硬币磨损时又要用黄金重新铸币。第三，用某种商品作为货币，就使得这种商品不能作他用。例如，黄金和白银也可以用作首饰和用于工业。尽管存在这三个问题，但主要由于打击伪造纸币的法律难以实行或不可能实施，因此在使用商品货币的年代里，尚无合适的其他物品来替代这些商品货币。似乎自相矛盾的是，制造商品货币的高成本反倒是一个优点。为了避免通货膨胀，货币数量必须有限供给，黄金和白银能很好地充当商品货币的一个特点是，它们具有稀缺性。

流通的私人银行钞票　在美国的**自由银行时期**（Free Banking Era，1837—1863 年）和较早时期，经州政府特许成立的银行可以发行流通票据，与今天的通货非常相似。加拿大在 1935 年之前也实行由私人银行发行钞票的制度。[①] 自由银行时期的一个问题是，发行钞票的银行有数千家，因此，让拥有某一地方钞票的人来评估这种钞票的品质就非常困难。例如，波士顿的一个杂货店店主拥有由新奥尔良银行发行的钞票，他可能不知道这家银行是不是一家最终无法将钞票兑现的破产银行，也不知道这家银行是否真的存在。尽管一些人认为，混乱是自由银行时期的特

17

---

① S. Williamson，1989. "Restrictions on Financial Intermediaries and Implications for Aggregate Fluctuations：Canada and the United States 1870–1913," in *NBER Macroeconomics Annual 1989*，Oliver Blanchard and Stanley Fischer，eds.，pp. 303-340，MIT Press，Cambridge MA；and B. Champ，B. Smith，and S. Williamson，1996. "Currency Elasticity and Banking Panics：Theory and Evidence," *Canadian Journal of Economics* 29，828–864.

征，但自由银行的效率是经济历史学家争论颇大的一个问题。[①]

商品担保纸币 在这种货币制度中，虽然纸币由政府发行，但这种货币需由某种商品作担保，例如**金本位制**（gold standard）下的纸币。1933 年以前，美国实行的就是金本位制。按照金本位制的规则，美国政府要时刻准备按特定价格用货币兑换黄金，这样一来，政府的货币总是可兑换黄金的。实际上，这是一种商品货币制度，但节省了商品货币的一些成本，因为消费者在想要购买大宗货物时不必随身携带大量的这种商品（即黄金）。

不兑现纸币 不兑现纸币可以被视为大多数现代经济所实行的货币制度中的一种货币形式。在美国，不兑现纸币是美联储发行的联邦储备券（即美钞）。不兑现纸币由实质上毫无价值的纸币构成，因为大多数人不会因纸币上的颜色或图案而认为联邦储备券具有价值。然而，美国联邦储备券是有价值的，因为可以用它们来交换消费品。为什么人们认可不兑现纸币可以用来交换商品？因为人们相信未来其他人也将认可用这种货币来交换商品，所以人们才认可不兑现纸币。这种货币的价值是由信念来支撑的观点令人感兴趣，这是激发那些研究货币经济学的人从事研究的部分原因。

私人银行的交易存款 在美国，广泛的存款银行业务和在交易中使用支票，主要出现在美国内战以后，当时美国的金融体系（以及大多数发达经济体中类似的金融体系）已发展到交易总量中有相当部分是通过银行来完成的地步。有了可使用支票的或能够与借记卡结合使用的银行存款，消费者无须使用不兑现纸币就能从事购买活动。支票或借记卡交易传递的信息是，特定的价值量要从开支票或使用借记卡的人的账户借方减掉，记入交易对方的账户贷方。如果买者和卖者的账户位于不同的银行，那么为了借记或贷记到正确的账户，就需要在银行间对交易进行清算。在美国，金融机构间的大多数国内交易都是通过**美联储大额转账系统**（Fedwire）清算的，这是由美联储操控的支付系统。

一些读者可能会问我们为什么不把信用卡作为一种货币形式。我们没这样做，有充分的理由，因为货币和信用卡根本不同。当用信用卡采购时，商品或服务的卖主允许买主赊欠，然后，这种赊欠被移交给信用卡的发行商［如维萨（Visa）、万事达（Mastercard）或美国运通（American Express）］。从通货或银行存款是货币这个意义上讲，信用卡不是货币，因为信用卡的发行者不能用实际上属于买主的借据（IOU）作为交换媒介。然而，各种形式的信用，特别是信用卡，可以取代货币进行交易，因此，就我们如何思考货币制度而言，它们具有重要意义。的确，第 12 章在建模时，已把信用卡余额的需求作为解释货币需求的一个重要因素。

---

① 例如，参见 B. Smith and W. Weber，1999. "Private Money Creation and the Suffolk Banking System," *Journal of Money，Credit and Banking* 31，624 - 659；and A. Rolnick and W. Weber，1983. "New Evidence on the Free Banking Era," *American Economic Review* 73，1080 - 1091.

宏观经济学实践：商品货币和商品担保纸币：雅浦岛石头和纸牌

　　表面看似特殊但有好几个特征与其他商品货币制度相同的一种商品货币制度，就是密克罗尼西亚雅浦岛上的雅浦岛石头（Yap stones），1903 年，人类学家威廉·亨利·弗内斯三世（William Henry Furness III）对此进行了研究。[①] 在雅浦岛上，一些直径从 1 英尺到 12 英尺不等的巨石被当做钱币。[②] 这些石头采自离雅浦岛 400 英里的另一个岛，然后用船运回雅浦岛。雅浦岛石头与诸如黄金、白银等商品货币所共有的特征是稀缺。制造一块新的雅浦岛石头非常费时费力，石头的价值随着取得它们的难度的增大而提高，这种难度也许包括在返回雅浦岛的途中遭遇的暴风雨。作为商品货币，似乎雅浦岛石头的不同之处是它们极难移动；而黄金和白银作为商品货币，其吸引力在于适当规模的交易所需的黄金和白银的数量非常易于携带。然而，当进行交易时，雅浦岛人通常不搬动石头。雅浦岛石头最常见的是用于岛上交易和当做厚礼赠送，但石头本身通常放在一个固定的地方。对人口规模小的雅浦岛人而言，大部分人都清楚哪块石头是属于谁的，用雅浦岛石头来交易是他们人人共知的常识，但对石头的所有权并无书面记录。因此，看上去雅浦岛上的交易实际上使用的是商品担保货币。交易中所"易主"的是石头所有权的记录，它被存入岛上居民的共同记忆里，石头恰恰是"货币"的担保，而"货币"根本不是有形物，而是记录在公众的脑海中。

　　雅浦岛石头与最早所知的 1685 年于北美新法兰西地区使用的纸币有许多共同之处。在法国铸造、流通于新法兰西（现在的加拿大魁北克省）的硬币很难保存下来，因为来自法国的进口货物常常要用这些硬币来付款，这些硬币由此就离开了这块殖民地。因此，硬币不得不从法国源源不断地运来，以支付新法兰西驻军军饷的形式获得补充。1685 年，从法国运来的硬币晚到了，德·穆勒斯（De Meulles）——新法兰西行政长官（这块殖民地的总督）批准发行纸牌钱。德·穆勒斯征用了殖民地的纸牌，由他签名，以不同面额发行这些纸牌，作为支付给驻军的军饷。这些纸牌实质上就是借据，承诺硬币从法国运到时，就用硬币支付军饷。于是，纸牌作为交换媒介在新法兰西流通起来，随后像所承诺的一样得到了清偿。后来，这种纸牌多次得以发行，但最终法国政府对它在新法兰西的殖民地失去了兴趣，不再按承诺的数额向这块殖民地运送硬币，致使这些纸牌所代表的借据得不到全额兑付。由于禁不住诱惑，发行的纸牌钱超过了行政长官实际履行的承诺，所以出现了通货膨胀问题。[③]

17

　　[①] W. Furness，1910. *The Island of Stone Money：Uap and the Carolines*，J. P. Lippincott Co.，Philadelphia and London.

　　[②] M. Bryan，February 2004. "Island Money," Federal Reserve Bank of Cleveland Commentary.

　　[③] 有关新法兰西纸牌钱的描述和照片存放于加拿大银行货币博物馆（Bank of Canada Currency Museum）。

与流通于雅浦岛的雅浦岛石头的所有权一样，新法兰西的纸牌钱是商品担保货币。然而，由于纸牌钱的商品担保是不确定的（原因是政府官员无法履行他们的承诺），而雅浦石头的存在基本上是雅浦岛上每一个人所共知的，因此，新法兰西的纸牌币制度不如雅浦岛石币制度那样成功。

货币与双方需要一致的缺失：商品货币和不兑现纸币的作用

我们对什么东西充当交换媒介有了一些了解，下面将更详尽地分析在交换媒介是货币独有的职能的情形下，某种东西成为交换媒介意味着什么。本节考察一个阐明货币充当交换媒介为何重要的模型，该模型有助于我们认识两类最简单的货币（商品货币和不兑现纸币）的作用。

货币经济学中的基本问题是，市场交换为什么通常是用商品交换货币（货币交换），而不是用商品交换商品（物物交换）。杰文斯[1]认为，货币有助于解决物物交换中出现的**双方需要一致的缺失**（absence of double coincidence of wants）问题。为了理解双方需要一致问题，设想存在这样一个世界，在这个世界中，有若干商品，人们从事他们所希望的生产和消费。例如，假定有一个人（用 I 表示）生产玉米，但他想消费小麦。如果 I 遇到拥有小麦的人（用 II 表示），这就是单方需要一致，因为 II 拥有 I 想要的东西。然而，II 可能不想以玉米交换他的小麦。如果 II 想消费玉米，由于 I 想要的是 II 所拥有的，II 想要的是 I 所拥有的，因此就存在双方需要一致。只有存在双方需要一致，才会产生物物交换。此时，寻找交易伙伴费时费力（例如，为了找到双方需要一致，就得背着玉米从一个地方走到另一个地方），如果经济中有若干商品，潜在卖者就更费时费力了。如果在卖出玉米时，I 只需满足单方需要一致，事情就非常容易了，即找到一个想要玉米的人即可。如果每个人都接受称为货币的某种物品，就会是这种情况。于是，为了出售玉米来交换小麦，I 所需要做的就是在一个单方需要一致场合卖出玉米换回货币，然后在另一个单方需要一致场合卖出货币换回小麦。

为了说明货币是如何充当交换媒介的，我们以下面的简单经济为例，如图 17-1 所示。这个例子取自清泷信宏（Nobuhiro Kiyotaki）和兰德尔·赖特（Randall Wright）的研究成果[2]，他们对杰文斯用现代动态方法研究货币作用的想法进行了形式化阐述。在这种经济中有三类人。I 类人消费商品 1，生产商品 2；II 类人消费

---

① S. Jevons，1910. *Money and the Mechanism of Exchange*，23rd ed.，London，Kegan Paul.

② N. Kiyotaki and R. Wright，1989. "On Money as a Medium of Exchange," *Journal of Political Economy* 97，927-954.

商品2，生产商品3；Ⅲ类人消费商品3，生产商品1。在经济中，每一类人都包括许多人，每个人都长生不老，在每一时期，人们彼此都成对地随机相遇。也就是说，每个人在每一时期都会遇到另一个人，而另一个人是他随机遇到的。假如这种经济中的人们都各自生产他们的商品，然后等待，直到他们遇到可以与之进行物物交换的另一个人为止，那么为了交易，每个人都将永远等下去，因为这种经济都存在着双方需要一致的缺失。这是最简单的一种模型，它说明了导致双方需要一致发生的两两相遇不可能存在。

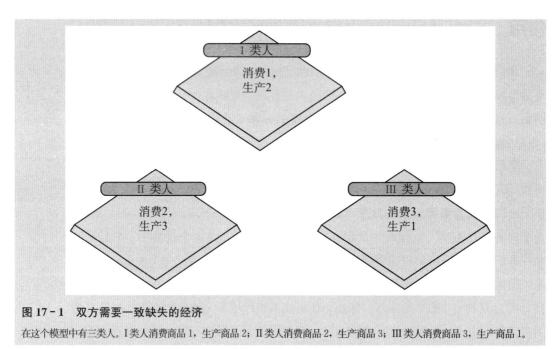

图 17 - 1　双方需要一致缺失的经济

在这个模型中有三类人。Ⅰ类人消费商品1，生产商品2；Ⅱ类人消费商品2，生产商品3；Ⅲ类人消费商品3，生产商品1。

这里，如何才能实现交易呢？一种解决办法是使用商品货币。例如，假定商品1可以比较低的成本储存起来。那么，商品1可以充当商品货币，因为Ⅱ类人在遇到Ⅲ类人时，同意用商品1交换商品3。为什么Ⅱ类人接受商品1呢，尽管商品1不是他想要消费的东西？这是因为，Ⅱ类人知道，Ⅰ类人同意用商品1交换商品2（这就是双方需要一致的交易）。于是，商品1在这个例子中就是商品货币，即交换媒介，因为最终不消费它的人同意将其用于交换。图 17 - 2 说明了这种均衡交易模式。

解决双方需要一致缺失问题的另一种办法是引入第四种商品，即不兑现纸币，没有人会消费这种商品，但都接受将其用于交换商品。一种可能的均衡交易模式如图 17 - 3 所示。图中，当Ⅰ类人与Ⅱ类人相遇时，Ⅱ用货币购买商品2；当Ⅰ与Ⅲ相遇时，Ⅰ用货币购买商品1；当Ⅲ与Ⅱ相遇时，Ⅲ用货币购买商品3。因此，在图 17 - 3 中，货币顺时针流通，而商品逆时针流通。

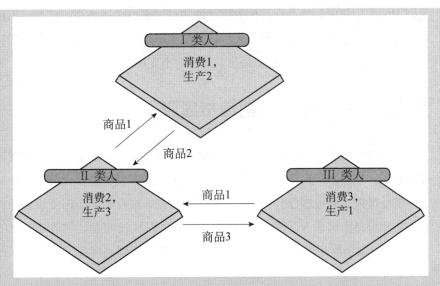

图 17 - 2　商品 1 在双方需要一致缺失的经济中充当商品货币

考虑到双方需要一致缺失的问题，一种解决办法是，让商品 1 充当商品货币。II 类人接受商品 1，尽管他不消费它。II 类人持有商品 1，用商品 1 与 I 类人交换商品 2。

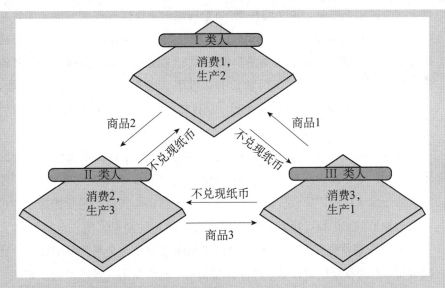

图 17 - 3　双方需要一致缺失经济中的不兑现纸币

若这种经济中的人都接受不兑现纸币，双方需要一致缺失问题就能得到解决。图中，货币顺时针流通，而商品逆时针流通。

　　为了使这个模型能够说明商品货币在什么条件下有用，以及何时不兑现纸币制度优于商品货币，我们不得不引入伪造成本、制造商品货币的资源成本等。如此一来，分析就会相当复杂。然而，这种简单的模型反映了双方需要一致缺失问题的实质以及这为什么使货币在促进交换时对社会有用。物物交换是困难的，事实上在这个例子中是不可能的，除非每个人都接受他们不消费的交换物。也就是说，要想让人们用他们不想要的物品交换他们想要的物品，充当交换媒介的货币必不可少，从而增进福利。事实上，在这个例子中，货币的出现是帕累托改进（由我们在第 5 章中的讨论可知），因为与无货币相比，货币的出现增进了每个人的福利。

货币跨期模型中的长期通货膨胀

货币兑换制度对实际宏观经济数量的确定很重要，极大地增进了现代经济中的经济福利。不过，一旦货币兑换制度发挥作用，货币供给的变化就可能会对实际宏观经济变量或福利根本没有影响。尽管货币短期非中性可能会因货币意外、市场分割或黏性价格而出现（见第 12 章和第 14 章），但从长期看，货币是中性的（见第 12 章），因为货币存量水平的一次性提高只会使价格同比例变化，对实际变量不会产生影响。

虽然货币在长期是中性的——因为货币供给水平的变化没有长期的实际影响，但货币供给增长率的变化不是中性的。由于货币供给水平的提高会使价格水平提高，因此不应感到吃惊的是，货币供给增长率的提高会使价格水平增长率提高，即使得通货膨胀率提高。用我们在第 12 章构建的货币跨期模型就能说明，从总产出损失和资源错配来看，货币增长和通货膨胀为何代价高昂。而且，我们确立了货币增长的最优规定，这就是通常所指的以米尔顿·弗里德曼的名字命名的货币政策的弗里德曼法则。最优货币增长的弗里德曼法则是指货币应按某一比率增长，这意味着名义利率为零。结果表明，最优货币增长率及其暗含的最优通货膨胀率是负的。

有许多因素可以引起价格水平变化，我们在第 12~14 章探讨了其中的一些因素。例如，全要素生产率的变化会改变均衡总产出 Y 和均衡实际利率 r，使得货币需求曲线发生移动，导致价格水平发生变化。然而，持续的通货膨胀，即价格水平在长时期里持续提高，通常是货币供给持续增长的结果。图 17-4 画出了 1960—2007 年美国通货膨胀率（隐含 GDP 价格缩减指数在 4 个季度的增长百分比）和基础货币 M0 的百分比增长率（计算方法相同）的散点图。虽然两者正相关，因为图中斜率为正的直线与各点拟合得非常好，但是，这种相关性相当弱，这反映了在短期，除货币增长会影响通货膨胀率以外，还存在其他影响因素。米尔顿·弗里德曼和安娜·施瓦茨在其合著的《美国货币史：1867—1960 年》中，强调了货币增长与通货膨胀之间的这种因果联系。[1]

图 17-5 与图 17-4 显示的变量相同，只是时期是从 2008 年第一季度到 2012 年第一季度。图 17-5 显示出来的情况令人十分诧异，因为它表明货币增长与通货

---

[1] M. Friedman and A. Schwartz, 1960. *A Monetary History of the United States 1867-1960*, Princeton University Press, Princeton, NJ.

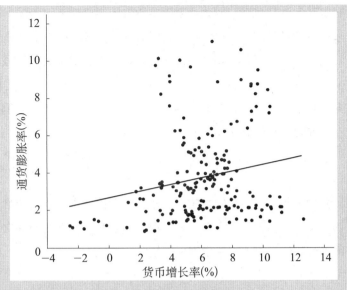

图 17 - 4　通货膨胀与货币增长，1960—2007 年

通货膨胀率是指上一年相同季度以来的隐含 GDP 价格缩减指数的增长百分比，货币增长率是以相同方式计算的基础货币增长百分比。这两个变量正相关，因为统计拟合度最佳的直线的斜率是正的，反映出货币增长对通货膨胀的长期影响。影响通货膨胀的很多短期非货币因素使得这种关系不是那么紧密。

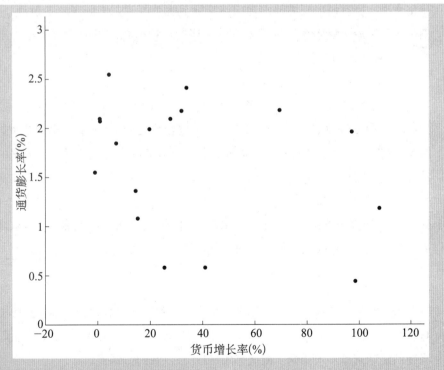

图 17 - 5　通货膨胀与货币增长，2008—2012 年

本图显示出的情况非同寻常——通货膨胀与货币增长之间实质上没有什么相关性，而且极高的货币增长却伴随着低通货膨胀。这反映出美国在此时期存在流动性陷阱。

17

膨胀之间实际上没有关系。的确，基础货币在有些季度同比增长 100％ 左右（比过去 50 年里所观察到的要大得多），但通货膨胀率却不到 2％，在货币增长与通货膨胀之间看不到我们按照基本的经济理论所预期的那种关系。对于我们从图 17-5 观察到的情况，有些原因已在第 12～14 章讨论过。主要是，一旦美联储大量增加准备金并支付利息，那么把准备金转换成短期政府债券没有什么影响，因为如果从边际角度看，准备金不具有交易作用，这两种资产是一样的。实际上，自 2008 年秋之后，美国经济处于流动性陷阱中，外在货币的数量大幅度增加，对价格未产生影响。

为了弄清长期通货膨胀的影响，在货币跨期模型中，我们让货币供给永远按一固定比率增长。我们假定政府在每一时期，通过对典型家庭的一次总付转移性支出来使货币供给增长，货币供给根据下式增长：

$$M' = (1+x)M \tag{17.1}$$

式中，M' 为未来货币供给；M 为当期货币供给；x 为从当期到未来的货币供给增长率。为简化起见，我们假定该经济在每个时期都完全相同，因为全要素生产率、实际政府支出和消费者的偏好在每个时期都是一样的。随着时间的推移，唯一的外生变量是货币供给，它根据等式（17.1）增长。这就意味着，在这个模型中，除了价格水平，所有内生变量都永远保持相同。也就是说，实际工资、就业、总产出、实际利率和通货膨胀率永远都不变。在当期，均衡状态下的货币供给等于货币需求，因而，由第 12 章可知：

$$M = PL(Y, r+i) \tag{17.2}$$

由第 12 章可知，在等式（17.2）的左边，M 是名义货币供给；在等式（17.2）的右边，$PL(Y, r+i)$ 是名义货币需求。根据费雪关系式，$r+i$（实际利率加通货膨胀率）（近似）等于名义利率。均衡状态下的情况也一定是这样——未来的货币供给等于货币需求，因此，

$$M' = P'L(Y', r'+i') \tag{17.3}$$

式中，P' 为未来价格水平；Y' 为未来总产出；r' 为未来实际利率；i' 为未来通货膨胀率。然后，根据等式（17.2）和等式（17.3），我们有：

$$\frac{M'}{M} = \frac{P'L(Y', r'+i')}{PL(Y, r+i)} \tag{17.4}$$

但是，在均衡状态下，总产出、实际利率和通货膨胀率在长期保持不变，这意味着 $Y'=Y$、$r'=r$ 和 $i'=i$。于是，就有 $L(Y', r'+i') = L(Y, r+i)$，因此，未来和当期的实际货币需求相同。根据等式（17.4），我们得到：

$$\frac{M'}{M} = \frac{P'}{P}$$

因此在均衡状态下，货币供给增长率与价格水平增长率相同。根据等式（17.1），这意味着，通货膨胀率由下式决定：

$$i = \frac{P'}{P} - 1 = \frac{M'}{M} - 1 = x$$

因此通货膨胀率等于货币增长率。货币增长率与通货膨胀率相等，是特指实际变量在长期保持不变这种情况。根据等式（17.4），假如实际货币需求随着时间的推移而发生变化，从而 $L(Y', r' + i') \neq L(Y, r + i)$，那么货币增长率就不等于通货膨胀率。不过，通货膨胀率随着货币增长率的提高而提高，仍然是正确的。

在货币跨期模型中，我们希望确定 x 提高对产出、实际利率、就业和实际工资的影响。为此，我们首先要在这个模型中理解通货膨胀是如何影响劳动供给和当期消费品需求的。由第 12 章可知，在货币跨期模型中，消费品用典型消费者在商品市场开市前所取得的货币来购买，该消费者在商品被购买后才获得他的工资收入，因此，工资收入在其于未来支出之前一定以货币形式被持有。正如第 9 章所述，当典型消费者实现最优时，他就要让当期消费品对未来消费品的边际替代率等于 $1+r$，即

$$MRS_{C,C'} = 1 + r \tag{17.5}$$

同样，由于当期工资直到未来才用于消费品支出，所以该消费者的有效实际工资是 Pw/P'，它等于当期名义工资除以未来价格水平。因此（由第 4 章可知），当消费者实现最优时，他就要让当期闲暇对未来消费的边际替代率等于 Pw/P'，即

$$MRS_{l,C'} = \frac{Pw}{P'} \tag{17.6}$$

现在，由于等式（17.5）和等式（17.6）告诉我们，该消费者在最优状态下如何在当期消费与未来消费、当期闲暇与未来消费之间进行替代，所以我们就能从这两个等式推导出最优状态下当期闲暇与当期消费之间的边际替代条件。也就是说，在最优状态下，根据等式（17.5）和等式（17.6），一定有：

$$MRS_{l,c} = \frac{MRS_{l,C'}}{MRS_{C,C'}} = \frac{Pw}{P'(1+r)}$$

因此，根据第 12 章讲的费雪关系式，我们得到：

$$MRS_{l,c} = \frac{w}{1+R} \tag{17.7}$$

式中，R 为名义利率。理解了这个边际条件等式（17.7），有助于我们分析消费者在当期消费与当期闲暇之间是如何替代的，由于现金先行约束，这是迂回的。如果消费者希望当期供给额外 1 单位时间用于劳动，他就会获得额外实际工资 w，并将该工资一直持有到未来，那时，该工资用未来消费品表示的价值是 Pw/P'。为了消费更多的当期商品，消费者在到商品市场采购之前，可以按这个数额到信贷市场上借债。他能够借到的实际数额是：

$$\frac{Pw}{P'(1+r)} = \frac{w}{1+R}$$

这一定是当期闲暇对当期消费的相对价格。

17

给定等式（17.7），名义利率 R 提高会使闲暇替代消费品。由等式（17.4）可知，根据近似的费雪关系式 $R=r+i$，给定实际利率 r 和实际工资 w，假定替代效应大于收入效应，则通货膨胀率 i 的提高会导致用闲暇替代消费。

图 17-6 显示了当期货币增长率从 x_1 提高到 x_2 的影响，而这种提高发生在所有时期，每个人都能预期到。于是，鉴于上面有关均衡状态的货币增长率等于通货膨胀率的分析，因此每个时期均衡状态的通货膨胀率都会从 x_1 提高到 x_2。通货膨胀率的提高会导致典型消费者用闲暇替代消费。这会使得图 17-6（a）中的劳动供给曲线向左移动，这种左移接下来会使图 17-6（b）中的产出供给曲线向左移动。同样，由于该消费者用闲暇替代消费，故图 17-6（b）中的产出需求曲线向左移动。现在，在图 17-6（b）中，不清楚实际利率是升还是降。为简化起见，我们说明下列情况，即产出需求和产出供给对实际利率的影响恰好抵消，这样一来，实际利率没有变化。这也意味着投资和资本存量都没有受到影响（假定我们处于稳定状态中，在这种状态下，资本存量在长期是不变的），这也使分析大大简化。

如图 17-6 所示，在均衡状态下，产出会从 Y_1 降为 Y_2，就业会从 N_1 降为 N_2，实际工资则从 w_1 升至 w_2。在图 17-6 中，由于实际利率保持不变，因此投资支出不受影响，但消费会因实际收入下降而减少。根据近似的费雪关系式，有 $R=r+i$，其中，R 是名义利率。因此，由于 r 不变，i 从 x_1 提高到 x_2，所以名义利率的升幅就是货币增长率的增幅[即**费雪效应**（Fisher effect）；在长期，通货膨胀率与名义利率一对一地提高]。还有，在货币市场处于均衡状态下，

$$\frac{M}{P} = L(Y, r+i) \tag{17.8}$$

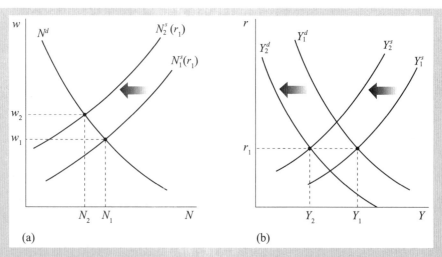

图 17-6　货币增长率提高的长期影响

货币增长率提高，会使通货膨胀率上升，导致劳动供给曲线向左移动、产出供给曲线向左移动和产出需求曲线向左移动。实际工资增加，就业减少，产出下降。实际利率或升或降，但为简化起见，我们说明的是它保持不变的情形。

实际产出 Y 下降，r 保持不变，i 提高；因此，等式（17.8）右边的实际货币需求下降，从而等式（17.8）左边的当期实际货币供给也一定下降。在均衡状态下，较高的货币增长和通货膨胀会使消费者持有的实际现金余额减少。

尽管货币在这种经济中是中性的——货币供给水平的变化没有产生实际影响，但货币供给增长率的变化却不是中性的。如果货币增长率的变化没有实际影响，我们就认为货币是**超中性的**（superneutral）。然而，货币在这里不是超中性的，因为货币增长率的提高减少了消费、产出和就业。这些影响会因较高的货币增长导致较高的通货膨胀而产生，而较高的通货膨胀会影响消费者有关当期工作多少和消费多少、消费什么的决策。较高的通货膨胀会提高名义利率，这是持币待购的机会成本。结果，家庭会节省货币余额。由此产生的通货膨胀成本是减少产出和消费。

最优货币政策：弗里德曼法则

本小节先阐明通货膨胀导致的主要经济无效率，然后说明这些无效率是如何用恰当的长期货币政策加以矫正的。由第 5 章可知，当经济中的资源配置是帕累托最优时，即当无法重新安排生产或配置商品以使某人的境况改善且没有人的境况恶化时，经济效率就得以实现。我们在第 5 章推导出的帕累托最优的一个重要条件是，闲暇对消费的边际替代率一定等于闲暇对消费的边际转换率，也就是说，

$$MRS_{l,C} = MRT_{l,C} \tag{17.9}$$

这就是帕累托最优成立的条件，因为如果消费者愿意用闲暇替代消费的比率恰好等于利用生产技术将闲暇转换为消费品的比率，就是有效率的。在这个模型中，如同第 5 章的模型一样，闲暇对消费的边际转换率等于边际劳动产量 MP_N。在竞争性均衡中，典型企业的利润最大化意味着 $MP_N = w$，因而，在竞争性均衡中，

$$MRT_{l,C} = w \tag{17.10}$$

也是正确的。因此，把等式（17.10）中的 w 代入等式（17.7），得到：

$$MRS_{l,C} = \frac{MRT_{l,C}}{1+R} \tag{17.11}$$

由于在这个模型中，等式（17.11）在竞争性均衡中成立，所以等式（17.9）就不成立。一般而言，只要名义利率为正，即 $R > 0$，竞争性均衡就不是帕累托最优。也就是说，正的名义利率在边际替代率与边际转换率之间加进了一个"楔子"，从而造成了无效率。名义利率为正的事实，意味着闲暇太多，产出、消费和实际货币余额等都太少。

我们知道，货币增长率 x 的提高会引起名义利率上升，因而，会导致高通货膨胀的高货币增长意味着边际替代率与边际转换率之间有一个较大的楔子。如果货币增长率和通货膨胀降下来，那么这似乎会促进经济效率，但政府确定的最佳货币增长率是什么呢？显然，如果名义利率降为零，那么在等式（17.11）中，边际替代率就等于边际转换率。使名义利率降为零的货币增长率 x 是多少？由于在均衡状态

下，名义利率 $R=r+x$，因此，如果 $R=0$，那么货币增长率 $x=-r$ 就是最优的。因为实际利率为正（$r>0$），所以最优状态下有 $x<0$，货币供给会随着时间的推移而下降。此外，假如货币供给随着时间的推移而下降，那么就会因通货膨胀率 $i=x=-r<0$ 而出现**通货紧缩**（deflation）。因此，政府创造出永远持续下去的通货紧缩是最优的，这意味着名义利率在每个时期都为零。

名义利率降至零导致效率提高的另一个原因是，这降低了银行系统提供现金替代手段的成本。我们在第 12 章得知，名义利率降低促使典型消费者和典型企业减少使用信用余额从事交易。这正是货币需求会随着名义利率的下降而增加的原因。如果名义利率降低至零，那么，在我们的模型中，信用卡余额将降至零，所有交易都是用通货完成的。当信用卡余额为零时，银行系统承担的总成本为零。这一结果或许不合情理，因为如果存在通货紧缩而引起名义利率降至零，我们不会认为银行系统会消失。如果我们把比如银行的安全保管服务考虑进来，这就不会发生。也就是说，人们从未想过所有交易都用通货来完成，因为这需要携带大量现金，要承担被偷的风险。如果把被偷的风险加入我们的模型中，这里的主要思想就更加完善了，但模型会更加复杂。

最优货币政策使名义利率为零的事实，对于理解最优货币政策为什么会使福利最大化具有非常重要的意义。债券的名义利率为正，意味着典型消费者过于节省货币余额来持有债券。还有，典型消费者消费的商品量太少，而享受的闲暇太多。假如名义利率因通货紧缩而被压低到零，使货币的实际回报较高，那么这个家庭对持有债券与货币变得无差异，这是最优的。

这种最优通货紧缩的货币政策被称为弗里德曼法则（以弗里德曼的名字命名）。[①] 在实践中，弗里德曼法则指的是无风险债券的名义利率应总为零，但并不是指所有的名义利率都应为零（这是不可能的），而指的是短期政府债券（如美国的短期国债）的名义利率应为零。弗里德曼法则也许是货币经济学中最稳健的政策结论，但不论是当前还是过去，中央银行基本上都没采用过这种政策。没有哪个中央银行会把长期通货紧缩作为追求目标，也没有哪个中央银行会赞成将名义利率长久压低到零。美联储和其他国家的中央银行从 2008 年末开始采取的政策，不是符合弗里德曼法则的政策。比如，美联储显然想把未来某一时间的短期名义利率目标定在零以上。各国中央银行都没有遵循弗里德曼法则，可能都犯了错误。我们的模型暂且省略了这个问题的一些重要方面，或者说通货膨胀还不那么重要。

各国中央银行未遵循弗里德曼法则的一个可能原因是，在通货膨胀水平低的情况下，比如说每年通货膨胀率在 10% 以下，降低通货膨胀不太值得。托马斯·库利

---

① "The Optimum Quantity of Money," in M. Friedman, 1969. *The Optimum Quantity of Money and Other Essays*, pp. 1–50, Aldine Publishing, Hawthorne, NY.

（Thomas Cooley）和加里·汉森（Gary Hansen）利用一个货币模型（与我们在此研究的相似），得到如下结论[①]：10%年通货膨胀率的福利损失大约为普通消费者消费的0.5%，而通货膨胀为0的货币规则相对于弗里德曼法则通货紧缩率的福利损失大约为普通消费者消费的0.14%。

虽然大多数宏观经济模型告诉我们，温和通货膨胀的福利损失非常小，但通货膨胀率极高［即**恶性通货膨胀**（hyperinflations）］的成本显然太大。第一次世界大战后的20世纪20年代初，奥地利、匈牙利、德国和波兰发生了明显的恶性通货膨胀。例如，1921年1月—1922年8月，奥地利的年通货膨胀率平均为10 000%。恶性通货膨胀产生的原因通常是，政府不愿或无力通过税收或借债为巨额政府支出融资，因而它不得不求助于铸币税。例如，德国在第一次世界大战后出现的恶性通货膨胀，部分原因是德国政府为了筹措向其他欧洲国家支付的巨额战争赔款，以极高的速度印制钞票。如托马斯·萨金特（Thomas Sargent）所指出的[②]，制止恶性通货膨胀的关键就是对财政政策实行控制，减少政府赤字。

各国中央银行提防通货紧缩和低名义利率的另一原因是，通货紧缩和低名义利率是经济运行不佳的特征。例如，大萧条时期的美国和近来的日本都出现了通货紧缩和低名义利率。自20世纪90年代初以来，日本经济就萎靡不振，短期名义利率基本上为零。正如我们在第12～14章所述，名义利率有零下限，一旦达到零下限，就会出现流动性陷阱。在流动性陷阱情况下，货币和政府债券实质上是完全相同的资产。假如中央银行在名义利率为零时试图通过公开市场出售政府债券，这将不会有效果，因为中央银行只不过是用一种资产来交换另一种同样的资产。各国中央银行也许会担心流动性陷阱，但弗里德曼法则的逻辑告诉我们，流动性陷阱也许是件好事，而且不管怎样，只要政府印制钞票并通过转移支付来增加货币供给，就可能摆脱流动性陷阱。

专栏

宏观经济学实践：美联储应将通货膨胀率降为零或更低吗？

由货币跨期模型可知，最优通货膨胀率是负的，这意味着美联储应精心安排能产生持久通货紧缩的货币供给增长率。然而，正如我们所指出的，没有哪个中央银行会试图造成通货紧缩局面。一些决策者充其量建议应将通货膨胀率降为零，使价格水平在长期保持不变。

17

[①]　T. Cooley and G. Hansen, 1989. "The Inflation Tax in a Real Business Cycle Model," *American Economic Review* 79, 733-748.

[②]　"The Ends of Four Big Inflations," in T. Sargent, 1993. *Rational Expectations and Inflation*, 2nd ed., pp. 43-116, Harper Collins, New York.

在美国，美联储的目标是由《1946 年就业法案》（Employment Act of 1946）规定的。该法案后来修改为《1978 年充分就业与平衡增长法案》（Full Employment and Balanced Growth Act of 1978），后普遍称为《汉弗莱-霍金斯法案》（Humphrey-Hawkins Act）。《汉弗莱-霍金斯法案》一般被解释为赋予了美联储"双重使命"，既要促进"最大就业"，又要实现"价格稳定"。《汉弗莱-霍金斯法案》所包含的国会对美联储的指令很不明确，尤其是这些指令没有量化信息。人们普遍认为，这种双重使命的意思是，美联储要关注实际经济变量，诸如失业率、实际 GDP 和就业，这是双重使命的第一部分。美联储还要关注通货膨胀，这是双重使命的第二部分。然而，《汉弗莱-霍金斯法案》对于比如说最理想的失业率水平是多少或理想的通货膨胀率是多少等什么都没说。

在比较发达的国家里，双重使命是对中央银行的一种不常见的强制框架。从中央银行的任务来说，一般都是通过通货膨胀目标的方式来控制通货膨胀，诸如澳大利亚、加拿大、新西兰、英国和欧元区等。不过，美联储在实践中所做的实际上很接近于通货膨胀目标制——可称作是一种灵活的通货膨胀目标制。现任美联储主席本·伯南克公开说道，美联储的通货膨胀目标是个人消费缩减指数年增长率为 2% 左右，但考虑到双重使命的第一部分，围绕 2% 的目标可以有些浮动。因此，如果判断实际活动水平太高，美联储似乎愿意容许通货膨胀率低于 2%，如果判断实际活动水平太低，通货膨胀率可以高于 2%。因此，美联储的目前领导层似乎认为，货币在短期不是中性的，但其长期目标是通货膨胀率在 2% 左右。

美联储官员为什么认为 2% 是适当的通货膨胀率，而不是 −2%、0 或 10% 呢？美联储从来没讲过 2% 目标的具体理由，但或许有充分的经济理由支撑"2% 通货膨胀规则"。假定我们先从弗里德曼法则开始。弗里德曼法则的基本推理具有指导意义，尽管我们或许不想把该法则真的作为货币政策的处方。弗里德曼法则告诉我们，通货膨胀引起跨期扭曲——它扭曲用当期商品表示的未来商品的相对价格。这种扭曲引起资源错误配置（比如，人们过度节省他们的货币余额），而且通常意味着通货膨胀越低越好。

但是，货币和通货膨胀还有其他扭曲，我们需要关注。第一，新凯恩斯主义分析告诉我们，相对价格扭曲可能来自黏性价格和工资。在商品市场上，如果企业不经常地交错改变其价格，而且通货膨胀比较高，那么相对价格就可能违背经济效率，导致总体经济福利损失。在劳动力市场上，企业交错厘定工资也会导致工资扭曲，使得劳动力在企业间错误配置。一般而言，对于这些扭曲，通货紧缩（通货膨胀率小于零）和通货膨胀都不好，所以这类相对价格扭曲使价格稳定（零通货膨胀）成为最为可取的。

第二，货币体系的运转有各种成本。比如在美国，保持通货存量要付出代价。纸币会磨损，要不断更新，而且通货要设计得能防伪，而防伪本身会有社会成本，因为人们在防伪上投入的时间和精力不产生社会收益。最后，通货是一种交换媒介，能使交易在私下进行，而私下交易对于犯罪很有用。假冒商品、软性毒品、贿赂等都要用现金进行交易。没有通货，许多犯罪活动的代价会更高，这些活动就会减少。因此，通货制度的某些成本是社会成本——通货使犯罪的代价小。从某种程度上说，通货膨胀可能是有益的，因为它就像一种使用费，对通货的使用者征税，并对产生社会成本的活动（如伪造和其他非法活动）征税。从这个意义上说，通货膨胀高比低好。

所以，如果我们把通货膨胀的全部成本和收益考虑进来，最优通货膨胀率应当是多少？是 2% 吗？弗里德曼法则通货膨胀率肯定是相关经济理论所说的最低的通货膨胀率——长期通货膨胀率或许是 −2%。但是，如果我们考虑到新凯恩斯主义相对价格扭曲，我们应把这个最优通货膨胀率朝向零通货膨胀抬高。但是，如果我们再考虑到本想用较高通货膨胀对通货交易征税这个因素，则 2% 的最优通货膨胀率看上去有理。不过，在没有对所有这些相关因素进行完整的定量分析的情况下，我们不能说 2% 好像就比 0 或 5% 好。经济学家们就通货膨胀成本的衡量已经做了一些研究，但我们知道的或许还不足以指导中央银行选择最优通货膨胀率。

金融中介和银行

本节的目的是讨论银行和其他金融中介在货币体系中的地位。本章前面讨论了私人银行发行通货的历史重要性和现代经济中的多数交易活动是如何利用银行存款来进行的。银行和其他金融中介在经济中的作用与不同资产所具有的各种特性密切相关，我们在本小节讨论这些资产的特性及其在经济中的重要性。

资产的特性

收益率、风险、期限和流动性是资产的四个最重要的特性，我们下面依次讨论。

收益率　资产的收益率是该资产在一定时期后的收益除以该资产的初始投资再减去 1。例如，某种资产在 t 时期以价格 q_t 买进，在 $t+1$ 时期以价格 q_{t+1} 卖出，在 $t+1$ 时期获利 d（如股票的股息），则这种资产的一时期收益率是：

$$r_t^a = \frac{q_{t+1} + d}{q_t} - 1$$

在其他条件不变的情况下，消费者更喜欢收益率较高的资产。

风险　在现代金融理论中，对消费者的行为会产生重要影响的风险，是资产给消费者的整个资产组合带来的风险，其中，资产组合是消费者所持有的一组资产。例如，一组股票，单从每只股票看，可能风险很大，因为每只股票的收益率在长期波动非常大。不过，当持有的全部股票风险分散得较好时，整个资产组合的风险就不会很大。例如，一个人把持有乔氏快餐的股票作为其全部财富，可能风险相当大，但持有城里所有快餐的股票风险可能就不会很大。尽管通过持有多种不同资产可以分散一个人的资产组合风险，但由于一些资产的收益率会上升，而另一些资产的收益率会下降，因此，通过持有多种资产来降低风险是有限度的。风险若不能通过分散来降低，就会成为总体或宏观经济风险，它是某一特定资产所具有的**不可分散风险**（nondiversifiable risk）的总量，而这种资产对经济行为会产生重要影响。这里，我们假定消费者是**风险厌恶者**（risk-averse），因此，在其他条件不变的情况下，消费者更喜欢持有不可分散风险较小的资产。

期限　期限是指资产偿还所需要的时间。对一些资产而言，期限是一个简单明了的概念。例如，美国91天期国债是由美国政府发行的债券，从发行日起算，到了第91天，美国政府就要按国债的面值进行清偿，因此它的期限是91天。然而，对另一些资产来讲，期限就不太清楚了，如长期债券的情况。许多债券会提供息票支付，它是持有人在债券到期之前定期收到的数额，当债券到期时，持券人则获得债券的面值。因此，提供每隔1个月就支付息票的30年期债券，其期限并不是30年，而是30年不到，因为偿付是分散在30年的时间里进行的，直到全部偿付都由持券人收到为止。在其他条件不变的情况下，与期限长的资产相比，消费者更喜欢期限短的资产。期限短意味着能更灵活地满足未预期到的资金需要，即使消费者确信要到很远的将来才需要资金（例如，假定消费者是为了孩子的教育而储蓄），满足这种需要的，也可能是持有一系列期限短的资产，而不是持有期限长的资产。

流动性　资产的最后一个特性是流动性，它是衡量资产需要多长时间才能按其市值出售和出售该种资产成本有多高的指标。由于货币广泛用于交换，从而基本上能按其市值即刻出售，因此，它是最具流动性的资产。非流动性资产的一个恰当例子是住房，它常常需要数周才能卖掉，而且要向找到买家的中介（房地产代理商）支付高额交易费用。流动性对资产持有人具有重要意义，因为投资人在想要购买商品或资产时面临着不确定性。例如，消费者要面临诸如医疗支出这类无法预见的支出，或他们想抓住未预期到的投资机会。在其他条件不变的情况下，与较低的流动性相比，消费者更喜欢较高的流动性。

金融中介

我们讨论了资产的特性，现在考察金融中介在货币体系中的作用。下列特征可以界定金融中介：

1. 从一组经济主体那里借款，然后贷款给另一组经济主体。
2. 借贷经济主体的规模都很大，也就是说，金融中介可以较好地分散风险。
3. 转化资产，即其负债的特性与其资产的特性不同。
4. 处理信息。

金融中介的例子是保险公司、共同基金和存款机构。这些金融中介所起的经济作用与界定它们的四个特征紧密相连。我们以存款机构为例进行分析。存款机构包括商业银行、储蓄机构（储蓄与贷款协会、互助储蓄银行）和信用合作社。这些机构存在的部分原因是，同时找到最终借款人和最终贷款人很困难。为了说明为什么困难，我们分析不存在存款机构时借贷是如何产生的。例如，某个想借款开办企业的人，首先要找到一个愿意贷款给他的人。即使潜在贷款人与潜在借款人很熟悉，潜在贷款人也很可能不了解潜在借款人的还款能力，而获得这些信息费时费力。而且，考虑到所需贷款规模相当大，因此潜在借款人为了获得企业开办资金，不得不与好几个潜在贷款人打交道，每一个潜在贷款人为了确定潜在借款人的风险，都不得不发生信息成本。现在，假定贷款人发放了贷款，鉴于总存在借款人不偿还贷款的某种可能性，因此每一个贷款人都要承担一些风险。而且，除非贷款人有强制执行贷款合同的手段，否则，借款人可能就会想方设法拒不偿还贷款，尽管他有能力偿还贷款。最后，发放贷款之后，若贷款人眼下需要资金，他可能就难以将这笔贷款卖给其他人。也就是说，这笔贷款具有非流动性，部分原因是它的期限长（假定借款人的企业用了很长时间才盈利）。事实上，开办企业所需资金要比该企业每月赚取的利润大得多。结果，贷款期限太长，以至于很少有潜在贷款人会把资金套牢在这么长的时间上。概言之，没有金融中介的帮助，从最终贷款人到最终借款人的直接贷款，存在着 6 个潜在的问题：

1. 将借款人与贷款人进行匹配费时费力。

2. 最终贷款人可能没有评估信用风险的专门技能。

3. 由于好几个贷款人常常要向一个借款人提供贷款，因此重复发生信用风险的评估成本。

4. 由于贷款人向少量借款人发放贷款以节省信息成本，因此贷款是有风险的。

5. 贷款常常具有非流动性。

6. 贷款期限常常比贷款人所希望的期限长。

没有金融中介，贷款就很少能贷出去，唯一的贷款对象会是风险最小的借款人。不过，在我们的上述例子中，如果有存款机构，就可以解决上述 6 个困难。第一，存款机构有明确的营业场所，如果人们希望借款或贷款，他们知道该去哪里，这就消除了借款人和贷款人为了碰面而产生的搜寻成本。第二，存款机构有评估信用风险的专门技能，因此评估信用风险的成本低于非专业化个体的评估成本。也就是说，搜集信息存在着规模经济。第三，由于金融中介可以把若干贷款人的资金汇集到一起，所以它可以避免直接贷款时所产生的重复成本。第四，由于金融中介较好地分散资产与负债，因此它能将有风险、流动性差、期限长的资产转化成比较安全、流动性高、期限短的负债。

以专门从事商业贷款的一家存款机构为例，其每笔商业贷款都可能是有风险、流动性差和期限长的。然而，因为这家存款机构持有多笔商业贷款（其资产负债表中的资产多样化），所以这家存款机构整个资产组合的收益比较可预测，原因是，部分违约的商业贷款应是可预测的。此外，虽然这家存款机构的全部资产都是流动性差的和期限长的，但由于它的负债分散，因此，这家存款机构的负债是流动性高和期限短的。也就是说，假定这家存款机构有许多储户，他们都拥有交易账户。单个储户可以随时决定提款和存款或开支票，但作为一个整体，储户的行为是可预测的。因此，虽然交易存款具有高度流动性，也具有储户所希望的期限短的特点，但这家存款机构仍能够依据其预测大量储户的整体行为的能力，发放流动性较差和期限较长的贷款。

戴蒙德-迪布维格银行模型

戴蒙德-迪布维格银行模型由道格拉斯·戴蒙德（Douglas Diamond）和菲利普·迪布维格（Philip Dybvig）在 20 世纪 80 年代初建立。[①] 它是反映银行的一些重要特征的简单模型，有助于解释为什么会发生银行挤兑（历史上曾经出现过）以及政府在防止银行挤兑中所发挥的作用。

在戴蒙德-迪布维格银行模型中，有三个时期，即第 0 时期、第 1 时期和第 2 时期。有 N 个消费者，其中 N 是非常大的；每个消费者在第 0 时期都有 1 单位的商品，并可以此作为投入品用于生产。生产技术是，在第 0 时期投入 1 单位的投入品，在第 2 时期就可将此转化为 $1+r$ 单位的消费品。然而，这种生产技术也能在第 1 时期被中止。如果中止发生在第 1 时期，那么，对于在第 0 时期所投入的每一单位商品而言，都能获得 1 单位的消费品。假如生产被中止，那么在第 2 时期就没有任何产出。

某个消费者可能希望早（在第 1 时期）消费或晚（在第 2 时期）消费。然而，在第 0 时期，单个消费者并不知道他们是早消费者还是晚消费者，他们要到第 1 时期才能知道。在第 0 时期，每个消费者都知道他成为早消费者的概率为 t、成为晚消费者的概率为 $1-t$；在第 1 时期，tN 个消费者知道他们是早消费者，$(1-t)N$ 个消费者知道他们是晚消费者。我们让 $0<t<1$。例如，如果 $t=1/2$，那么，消费者成为早消费者或晚消费者的概率是一样的，就像早消费还是晚消费取决于抛硬币。

生产技术以简单的方式刻画了流动性。也就是说，使用生产技术很像投资于到期前可能亏本出售的长期资产。对消费者而言，他可能早消费的概率反映了存在随机需要流动性资产的想法，而这种随机需要在交易时是无法预知的。在实践中，我们的许多交易要历时 1 天或 1 周，并不是所有这些交易都是可预见的。例如，一个人看到书店橱窗里摆放的一本书，就想购买它；一个人遇上未预料到的暴雨，就需要购买一把雨伞。

无论消费得早还是晚，消费者获得的效用（即满足）都取决于 $U(c)$，其中，U 是效用函数，c 是消费。由于边际消费效用会随着消费的增加而下降，故效用函数

呈凹状，如图 17-7 所示。**边际消费效用**（marginal utility of consumption）MU_c 取决于效用函数的斜率。例如，在图 17-7 中，当 $c=c^*$ 时，MU_c 取决于效用函数在 A 点的切线斜率。

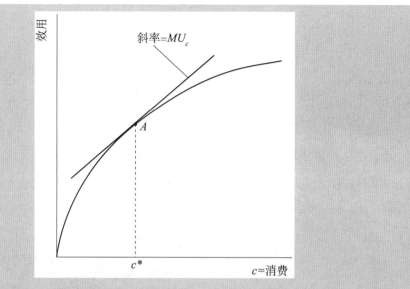

图 17-7　戴蒙德-迪布维格模型中消费者的效用函数
效用函数呈凹状，函数的斜率是边际消费效用 MU_c。

给定某个消费者所生活的世界，在第 0 时期，他需要在不确定性下作出决策。在经济学中，构建不确定性下消费者选择模型的有效方法是，假定消费者使预期效用最大化，即

$$预期效用 = tU(c_1) + (1-t)U(c_2)$$

式中，c_1 为消费者要早消费的消费；c_2 为消费者要晚消费的消费。也就是说，预期效用是特定事件发生（早消费或晚消费）的效用的加权平均值，这里，权数是特定事件发生的概率，在上式中，权数是 t 和 $1-t$。

我们用无差异曲线表示消费者的预期效用偏好，在图 17-8 中，我们用横轴表示 c_1（早消费），用纵轴表示 c_2（晚消费）。如第 4 章和第 9 章所述，这些无差异曲线向下倾斜且凸向原点。对消费者而言，早消费对晚消费的边际替代率由下式决定：

$$MRS_{c_1,c_2} = \frac{tMU_{c_1}}{(1-t)MU_{c_2}} \tag{17.12}$$

式中，MRS_{c_1,c_2} 为图 17-8 中无差异曲线的斜率负值。当 $c_1 = c_2$ 时，早消费与晚消费都一样，我们有 $MU_{c_1} = MU_{c_2}$（如果消费相同，则边际消费效用一定也一样）。根据等式（17.12），当 $c_1 = c_2$ 时，我们有：

$$MRS_{c_1,c_2} = \frac{t}{1-t}$$

因此，在图 17-8 中，无差异曲线的重要特性是，沿着线 $c_1 = c_2$，每条无差异曲线的斜率都是 $\dfrac{-t}{1-t}$。

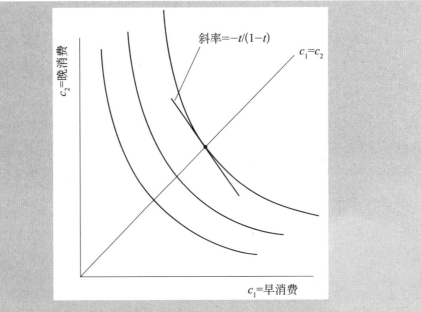

图 17-8　戴蒙德-迪布维格消费者的偏好
该图给出了戴蒙德-迪布维格消费者的无差异曲线，该消费者对早消费还是晚消费有自己的偏好。

现在，我们假定每个消费者都必须独立投资。从自身利益出发，消费者会做什么呢？显然，他在第 0 时期会将其 1 单位禀赋全部投资于技术。在第 1 时期，如果他是早消费者，那么，他会中止该技术，从而可以消费 $c_1 = 1$。如果他是晚消费者，那么，该技术不会被中止，当投资到期时，这个消费者可以在第 2 时期消费 $c_2 = 1 + r$。我们想要说明的是，银行的出现可以使所有消费者都做得更好。

戴蒙德-迪布维格银行　在戴蒙德-迪布维格银行模型中，银行是向消费者提供存款合同的机构。存款合同允许消费者在需要时可以在第 1 时期从银行提取 c_1 单位的商品，或将存款一直存到第 2 时期并得到 c_2 单位的商品。在第 1 时期，消费者按顺序获得银行的服务；也就是说，如果某个消费者希望在第 1 时期提取他的存款，银行就会随机按顺序为他提供服务。我们假定银行无法分辨早消费者与晚消费者之间的区别。尽管早消费者并不想通过晚提款而成为晚消费者，因为这只会让他的境况恶化，但晚消费者想早提款的情况可能会发生。我们假定，在第 1 时期提款的晚消费者可以将商品一直存到第 2 时期并届时消费所存的商品。

是什么决定了银行提供的存款合同（c_1，c_2）？我们假定，全部消费者把他们的存款存入一家银行，且这家银行的经营行为具有竞争性。银行业可以自由进入，意味着这家银行在均衡状态下实现的利润为零。该银行虽然在第 1 时期和第 2 时期盈利为零，但也会尽可能地使每一储户的境况得到改善，因为如果它不这样经营，其他银行就会进入这个市场，提供另外的存款合同，并把全部消费者从第一家银行吸引过来。由于全部消费者在第 0 时期都在这家银行存款，该银行在第 0 时期便拥有 N 单位的商品投资于技术。在第 1 时期，这家银行必须选择中止 x 比例的投资，以便向希望在那时提款的每个储户支付 c_1。假定在第 1 时期只有早消费者到银行提款，则一定有：

$$Ntc_1 = xN \tag{17.13}$$

即提款总量等于被中止的生产总量。于是，在第 2 时期，未被中止的生产会创造出产量，以支付给那些选择等待的消费者，我们假定这些消费者只是晚消费者。于是，我们有：

$$N(1-t)c_2 = (1-x)N(1+r) \tag{17.14}$$

也就是说，给晚消费者的总支付［等式（17.14）的左边部分］等于未被中止的生产的总收益［等式（17.14）的右边部分］。如果我们把等式（17.13）中的 x 代入等式（17.14）并加以简化，就得到：

$$t\, c_1 + \frac{(1-t)c_2}{1+r} = 1 \tag{17.15}$$

等式（17.15）就像是这家银行的一生预算约束，制约着如何确定存款合同（c_1，c_2）。我们将这家银行的一生预算约束重新整理成斜截式，即

$$c_2 = -\frac{t(1+r)}{1-t}c_1 + \frac{1+r}{1-t} \tag{17.16}$$

该银行的一生预算约束如图 17 - 9 所示。在图中，A 点、B 点和 D 点都在该预算约束线上。这条预算约束线的纵截距是 $\dfrac{1+r}{1-t}$，即该银行没有中止其生产时对晚消费者的最大支付；横截距是 $1/t$，即早消费者在所有生产都被这家银行中止的情形下所能提款的最大量。该银行的一生预算约束线的斜率是 $\dfrac{-t(1+r)}{1-t}$。在图 17 - 9 中，这家银行提供的均衡存款合同位于 A 点，在该点，消费者的无差异曲线与银行的一生预算约束线相切。均衡存款合同具有两个重要特性，即：

1. 均衡存款合同，即图 17 - 9 中的 A 点，位于 B 点的左上方，而在银行的一生预算约束线上的 B 点，银行对早消费者和晚消费者的支付额是一样的。由上可知，在 B 点，早消费对晚消费的边际替代率是 $-t/(1-t)$，因而通过 B 点的无差异曲线不如银行的预算约束线陡峭。因此，在图 17 - 9 中，A 点一定位于 B 点的左上方。这个观察结果的重要意义是，给定均衡存款合同，晚消费者会比早消费者消费更多，即 $c_2 > c_1$。因此，假如所有其他晚消费者都不提款，任何单个晚消费者也就不想在第 1 时期提款。如果其他晚消费者不想成为早消费者，那么某个晚消费者也不会打算成为早消费者。

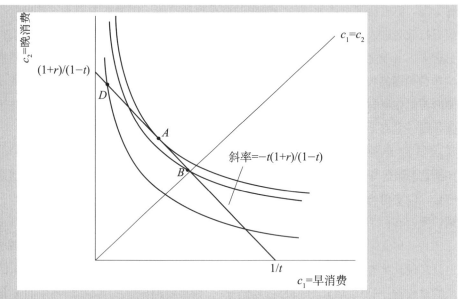

图 17 - 9　戴蒙德-迪布维格银行提供的均衡存款合同

A 点是均衡存款合同，在该点，银行的一生预算约束线与消费者的无差异曲线相切。在 *B* 点，早消费者和晚消费者有同样的消费；*D* 点是消费者在无银行时实现的消费。

2. 均衡存款合同，即图 17 - 9 中的 *A* 点，位于 *D* 点的右下方，而 *D* 点是消费者在无银行时的选择。通过银行的一生预算约束式中的替换，即等式（17.15）中的替换，存款合同（1，1+*r*）（图中的 *D* 点）满足了该预算约束，因而，消费者在无银行时选择的消费状况也是银行愿意接受的一种选择。为了确保图中的 *D* 点位于 *A* 点的左上方，就需要另外的假设，即需要图 17 - 7 中所描绘的效用函数有足够的弯曲度。对于为什么这能讲得通，我们不讲技术细节，只是在这里假定图中 *D* 点位于 *A* 点的左上方。这之所以重要，是因为它确保了 $c_1 > 1$ 和 $c_2 < 1 + r$，因而银行对消费者在第 1 时期为进行交易（消费）而需要流动性提供了保障。通过接受银行合同，消费者以在第 2 时期的较低消费为代价，就可以在第 1 时期消费得较多。

戴蒙德-迪布维格银行具有我们在上面提到的金融中介的一些特性。该银行虽然不发放贷款而是代之以直接持有资产，也不处理信息，但在本模型中，可以从大量储户那里借款（较好地分散了风险），并进行资产转化。它可以较好地分散风险，这个事实对它在转化资产中的作用具有重要意义。也就是说，由于戴蒙德-迪布维格银行持有大量储户的存款，因此，希望提款的储户数量是可预测的，从而它只需要中止为满足早消费者提款之需的那部分生产即可。戴蒙德-迪布维格银行持有缺乏流动性资产，并可以将缺乏流动性资产转化为流动性资产，为储户提供了一种满足流动性资产需要的保险。

戴蒙德-迪布维格模型中的银行挤兑　戴蒙德-迪布维格银行为储户提供了一种满足流动性资产需要的保险，也使得戴蒙德-迪布维格银行易遭遇挤兑。给定位于图 17 - 9 中的 *A* 点的银行合同，其中，$c_1 > 1$ 和 $c_2 < 1 + r$，则存在着一种良性均衡

——每一个早消费者都于第 1 时期在银行排队提取其存款，每一个晚消费者都等到第 2 时期才提取其存款，每个人都获得满足。鉴于这些情况，没有一个晚消费者想在第 1 时期提款，原因是，在图 17-9 中的 A 点，有 $c_1 < c_2$，因此，早提款只会使晚消费者的境况恶化。不过，假定某个晚消费者认为其他所有晚消费者在第 1 时期都将到银行提款。因为所有早消费者都会在第 1 时期提款，所以这个晚消费者就认为其他每个人在第 1 时期都将到银行提款。由于在图 17-9 中的 A 点有 $c_1 > 1$，因此，即使银行在第 1 时期将其全部资产都变现，提供 N 数量的消费品，它也不能满足全部的提款需求 $(N-1)c_1$［由于 N 很大，故在图 17-9 中的 A 点，有 $(N-1)c_1 > N$］。这样一来，这个晚消费者就面临两种选择。他会跑到银行，希望找到一个靠前的位置，在这种情形中，他就可以得到 c_1；同时，他又存在可能排到队尾的风险，在这种情形中，他什么都得不到。如果他选择等到第 2 时期才提款，银行里肯定什么也不会留下。因此，选择是清楚的，假如某个晚消费者在第 1 时期预期其他每个人都将跑到银行提取他们的存款，他也会这样做。因此，存在着一种不良均衡，这就是**银行挤兑**（bank run）。每个人都在第 1 时期跑到银行提款，一些人消费 c_1，而一些人消费零。这种结果对一些消费者（设法在银行用尽资金前到银行提款的早消费者）而言境况没有变好，而对其他每个人而言，境况要比良性均衡差。

因此，戴蒙德-迪布维格模型具有多重均衡，这与我们在第 13 章讨论的凯恩斯主义协调失效模型相似。这里，多重均衡被用来解释为什么历史上会发生银行挤兑。美国在美联储于 1914 年成立之前，在**国民银行时期**（National Banking Era，1863—1913 年）多次发生**银行恐慌**（banking panics）。在这些通常由某个大型金融机构或多个大型金融机构破产所引发的恐慌事件中，大量存款会从银行提取出来，似乎具有传染性。还有，美国在大萧条时期爆发过大规模银行挤兑。戴蒙德-迪布维格模型为资金充实的银行为什么也会遭受银行挤兑和破产提供了解释。根据这个模型的逻辑，由于银行为消费者提供了流动性转化服务，这就使得银行易于遭受银行挤兑。由于银行存款具有流动性，所以，如果全部储户在预期银行将破产之际到银行提款，那么他们的预期就会自然演变成事实（自我实现），银行的确就会破产。

存款保险　解决银行挤兑的一种可能办法是政府提供存款保险。在戴蒙德-迪布维格模型中，如果政府介入并向各个储户保证，他们将得到图 17-9 中位于 A 点的银行合同所给出的 c_2 数量，那么，就没有晚消费者跑到银行提款的理由。如果政府不得不对它的存款保险保单进行赔付，就会产生政府将向谁收税的问题，我们暂且不谈这个问题。不过，在戴蒙德-迪布维格模型中，有了存款保险，不良均衡将不再发生，因此政府不一定有与该保险计划相关的支出。戴蒙德-迪布维格模型告诉我们，政府的承诺能够防止出现不良结果。

在美国，联邦存款保险公司（Federal Deposit Insurance Corporation，FDIC）为存款机构的存款投保高达 100 000 美元。这意味着，假如某个存款机构破产，就会保证储户将获得最高可达 100 000 美元的存款额。联邦存款保险公司成立于 1934

17

年，主要是为了对付大萧条时期大约 1/3 的存款机构破产。

存款保险的主要成本是它产生了**道德风险**（moral hazard）问题，这个问题在戴蒙德-迪布维格模型中没有考虑到。由于被保险人往往不太注意防止其受保事件的发生，因此道德风险基本上出现在所有保险情形中。例如，如果车主为其车辆投保了车损全险，他在停车场停车时就不会太注意，从而很可能发生事故。由于驾车者对车的关注程度难以观察到，所以，对保险公司而言，解决这个问题有难度。道德风险可以解释保险合同为何规定免赔条款，免赔条款要求被保险人承担少量损失成本。

对存款机构而言，因存款保险鼓励存款机构冒更大的风险，道德风险由此产生。道德风险的产生既因为银行资产的风险难以观察到，也因为有了存款保险，储户就不关心存款机构有没有风险。因此，虽然存款保险能够防止资金充足的存款机构因自我实现恐慌而可能出现破产，但银行的风险不断增大也会导致更多的破产。所以，即使有存款保险，也需要存款机构的监管者对存款机构的活动实行严格限制，以确保这些机构不冒太多的风险。

在美国货币体系中，道德风险的另一因素来自**"太大而不能倒闭"**原则（too-big-to-fail doctrine）。这个原则所代表的看法是，美国大型存款机构的储户遭受损失，美国金融体系的监管者不会坐视不管，因为担心这样的损失可能会导致广泛的金融恐慌。鉴于大银行知道其负债的全部或大部分持有人都隐性地得到了损失保险，因此，与小银行相比，大银行存在冒更大风险的激励。

专 栏

17

宏观经济学实践：银行、非银行金融机构、太大而不能倒闭与道德风险

美国的金融危机和政府应对这些危机的历史丰富多彩。美国南北战争后的国民银行时期，多次发生银行恐慌，促成了《联邦储备法案》（1913 年）的实施和联邦储备系统（1914 年）的成立。大萧条时期，美国有 1/3 的银行倒闭，美国开始立法，建立存款保险制度，并将银行业务与股票市场活动分离开来。到 20 世纪 80 年代末，储蓄和贷款危机（很多储蓄和贷款存款机构因过度冒险而倒闭）导致存款保险制度和银行监管制度的改革。这些只是美国时而出现的混乱的金融和银行史上的一些例子。

美国财政部和美联储对金融系统进行前所未有的大规模干预始于 2008 年秋。最重要的干预措施有两项。第一，《2008 年紧急经济稳定法案》（Emergency Economic Stabilization Act of 2008，EESA）；第二，美联储增加三倍多的基础货币。《2008 年紧急经济稳定法案》赋予了财政部相当大的自由裁量权，通过"问题资产救助计划"（Troubled Asset Relief Program，TARP）拨款高达 7 000 亿美元。最终，通过该计划实施的干预变成向银行和其他金融中介注入资金，联邦政府取得这些金融机构的股权。美联储增加基础货币，大量购买一般不出现在美联储资产负债表中的资产，包括对非银行金融中介的贷款和抵押贷款证券。

美国财政部和美联储应对金融危机的措施是什么？引起金融危机的原因是什么？这次金融危机具有下列一些因素。

1. 在大多数国家都存在有组织的抵押贷款，银行发放抵押贷款，并在该贷款到期前收取利息。在美国，抵押贷款不同寻常。目前，美国的大部分抵押贷款都是来自经纪公司，它们与借款者谈判贷款条件，然后把该贷款卖给另一家金融机构。这个机构也许是一个政府机构，诸如房利美（Fannie Mae）[即联邦国民抵押贷款协会（Federal National Mortgage Association）] 或房地美（Freddie Mac）[即美国联邦住房贷款抵押公司（Federal Home Loan Mortgage Corporation）]，通过发行债券来融资，以购买抵押贷款。这个机构也可能是一家私人金融中介，把这些抵押贷款重新包装成抵押贷款证券。抵押贷款证券是一种资产，应得到标的抵押贷款资产组合（underlying portfolio of mortgages）的收益（或部分收益）。抵押贷款证券在金融市场上可以买卖。由于主要是在 2000 年之后的金融创新，抵押贷款发放者在所谓的次级抵押贷款市场（subprime mortgage market）上开始不断向风险越来越大的借款者发放贷款。购买这些抵押贷款并将这些抵押贷款重新包装成抵押贷款证券的金融机构，以及对这些抵押贷款证券进行质量认证的评级机构，似乎都假定这些标的抵押贷款是可靠的，或至少它们的收益是很容易预测的。然而，2006 年，美国的住房价格开始普遍下跌，导致次级抵押贷款的违约率大幅度攀升。这些抵押贷款似乎并不是那么可靠，而且越来越明显的是，抵押贷款市场存在着严重的激励问题——抵押贷款经纪公司在借款人的筛选工作上没做好，因为不管抵押贷款最终是否偿还，它们都得到了很高的回报，而其他人可能成为受害者。

2. 有些投资银行和影子银行（shadow banks）是抵押贷款证券的主要投资者，它们从事的活动很像传统的银行。这些投资银行通过一系列的短期回购协议（都属于短期抵押贷款）为购买抵押贷款证券融通资金。在这些回购协议中，作为贷款担保的正是抵押贷款证券本身。这类金融中介看上去有点像银行，因为投资银行资产负债表的资产是长期的，而负债是短期的。与传统银行的差异在于，抵押贷款证券本质上具有流动性——它们在公平有序的市场上可随时出售。可是，传统银行持有的资产不具有流动性。

3. 最近的一项重要的金融创新是信用违约互换（credit default swap），其实质是对债务合同的保险。比如，假定雷曼兄弟公司（Lehman Brothers，一家现已不存在的投资银行）发行债券以购买抵押贷款证券。有人（比如说该债券的持有者）可能从（比如）美国国际集团（American International Group，一家保险公司）以某种价格购买信用违约互换。如果雷曼兄弟公司发生债务违约，那么，美国国际集团会保证向已购买信用违约互换的债权人按规定进行赔付。持有信用违约互换和标的债券实际上为债权人抵御债务发行人违约风险提供了保险。可是，有人可能买了信用违约互换但不持有标的债券，因而是在对债券发行人是否会违约下赌注。

4. 一旦次级抵押贷款的最终回报很明显没有像预期的那么高（对于大多数投资者来说主要是在 2008 年），作为打包这些抵押贷款的抵押贷款证券的价格将下跌。像贝尔斯登公司（Bear Stearns）和雷曼兄弟公司这样的投资银行发现，为其持有的抵押贷款证券进行短期

17

拆借愈发困难，因而出售这些证券的压力增大。这进一步降低了抵押贷款证券的市场价格，最终导致雷曼兄弟公司于 2008 年秋倒闭。雷曼兄弟公司一旦倒闭，金融市场参与者便知，美国国际集团（AIG）是大量信用违约互换的发售者，要进行赔付。这时候，美国国际集团以及其他一些大型金融机构包括投资银行和美国最大的银行（主要是花旗银行和美国银行）就有可能破产。正是在这种背景下，美国财政部和美联储才进行大规模干预。

这种戏剧性的政策干预的理由是什么？还有别的什么办法吗？有必要用干预主义观（the interventionist view）和自由放任主义观（the laissez-faire view）来概括这些理由。

2009 年 8 月在怀俄明州举行的政策会议上，美联储主席本·伯南克的讲话是对干预主义观的最好概括。他认为，财政部和美联储的金融干预实际上防止了大萧条的再度发生。按照伯南克的说法，这次金融危机的有些因素看上去很像戴蒙德-迪布维格银行挤兑，尽管这种情况下发生挤兑的是没有得到存款保险保护的非银行金融机构。的确，这些机构的负债不是存款，一般都是短期回购协议。可是，贷方撤出短期放贷很像银行挤兑或典型的流动性危机。在伯南克看来，借贷行为与令人难以完全理解的复杂金融安排之间的相互作用关系，使整个金融部门处在风险之中。按照干预主义观，要是有一个大型金融机构倒闭，其他金融机构也会纷纷倒闭。在美联储看来，这一问题正确的应对措施是：第一，通过公开市场业务这一传统方式进行干预，将联邦基金利率实际降低至零；第二，通过美联储的贴现窗口不仅向银行也向其他金融机构大量放贷；第三，让美联储实质上起到抵押银行的作用，发行外在货币，持有抵押贷款证券。

金融干预的另一项措施——《2008 年紧急经济稳定法案》批准的"问题资产救助计划"资金，也是防止大型金融机构倒闭的一个手段。一般认为，通过用政府资金调整银行和其他金融机构的资本结构，银行就会开始发放更多的贷款（2008 年中后期信贷市场的放贷大幅收紧），就可以预防这些大型金融机构倒闭。

自由放任主义观认为美联储和财政部干预过度——这种观点不仅存在于政策界之外，就是美联储内部的某些持不同意见者也是这样认为的。按照自由放任主义观，有些应对危机的干预措施可能是必要的，但美联储应当限制传统的中央银行干预行为——只向银行放贷以及短期政府债券的公开市场业务。自由放任主义观认为，像美联储购买抵押贷款证券这类行为，往好里说是无效的，往坏里说会使经济中的信用发生错误配置。自由放任主义经济学家认为，应当允许大型金融机构破产。如果不允许其破产，就会产生严重的道德风险问题——这些机构认为它们可以承担大量风险，年头好的时候获益，年头不好的时候由纳税人来承担损失。的确，有人就把整个金融危机认为是源于"太大而不能倒闭"原则。从事某些风险很大的活动的大型金融机构认为，万一看似不可能的房价下跌发生，掀起信用违约的连锁反应，政府就会出手干预，救助损失者。这些大型机构对于联邦政府和美联储的行为所作出的假设最终是正确的。

是干预主义观还是自由放任主义观正确？在无法重演没有大量政策干预的历史的情况下，这是不可能知道的。本·伯南克坚持认为，他的精明的干预措施防止了第二次大萧条的出现。可是，在其他人看来，要是金融干预措施更适度一些，并允许大型金融机构倒闭，那么 2008—2009 年经济衰退也许会变得更加严重一些，但有可能会避免"太大而不能倒闭"原则的潜在的巨大长期成本以及由此产生的道德风险问题。

专栏

宏观经济学实践：美国和加拿大的银行破产与银行恐慌

加拿大和美国在经济上有许多相似之处，但它们的银行体系非常不同。[1] 两国历史上所经历的银行恐慌和银行破产也十分不同，这对戴蒙德-迪布维格银行模型提出了挑战。

美国是单一银行制（unit banking system，也称单元银行制），数千家银行的服务范围通常仅限于小的地域，大型银行不多；而加拿大是总分行制（branch banking system，也称分支行制），商业银行为数不多，但其分支机构遍布全国。美国拥有旨在限制银行规模变大的监管网络，但开设新银行比较容易。在加拿大，银行规模变大通常不会受到限制，经联邦法律批准后，银行就可以获得营业执照和开展业务。

我们已经论述过，在美国的银行史上出现过许多大范围的银行破产和银行恐慌事件。在美国的国民银行时期，即 1863—1913 年，银行恐慌屡屡发生。1914 年成立的美联储，被认为应该可以解决导致银行恐慌的制度性问题，但大萧条时期货币政策的失误造成 1929—1933 年约 1/3 的银行破产。

1935 年加拿大的中央银行［即加拿大银行（Bank of Canada）］成立之前，加拿大没发生过重大的银行恐慌。加拿大实行存款保险的时间较晚，到了 1967 年才实行，不过尽管如此，在此之前，几乎没有银行破产。大萧条时期，加拿大的商业银行没有发生过破产。1985 年之前最近的银行破产是发生在 1923 年的家庭银行（Home Bank）破产。最近的商业银行破产是发生在 1985 年的北部银行（Northland Bank）和加拿大商业银行（Canadian Commercial Bank）破产。

为什么加拿大和美国的银行破产与银行恐慌会如此不同？利用戴蒙德-迪布维格银行模型似乎难以解释，在这个模型中，银行挤兑的发生完全是因为银行提供了有益的中介服务；从这个意义上讲，美国的银行和加拿大的银行并无两样。证据表明，有两个因素（未包括在戴蒙德-迪布维格模型中）似乎对于解释美国与加拿大之间的这些差异很重要。1935 年

---

[1] 资料来源：S. Williamson，1989. "Restrictions on Financial Intermediaries and Implications for Aggregate Fluctuations：Canada and the United States，1870 – 1913," in O. Blanchard and S. Fischer，eds.，*NBER Macroeconomics Annual 1989*，NBER，Cambridge，MA；and B. Champ，B. Smith，and S. Williamson，1996. "Currency Elasticity and Banking Panics：Theory and Evidence," *Canadian Journal of Economics* 29，828 – 864.

以前，在加拿大流通的许多货币都是由商业银行发行的（见本章前面的讨论）。这种私人货币被公众认为是相当安全的。一年当中在货币需求相对于银行存款而言特别高之际（通常是秋收时期），特许银行在储户选择提款时，通过增加印制钞票，可以不费力地把存款负债转换成流通的钞票。美国在1863—1913年这段高货币需求时期，会出现银行恐慌。但是，鉴于加拿大商业银行的发钞能力，故加拿大不会发生银行恐慌。加拿大的银行规模比较大，且较好地分散了风险，因此，银行破产在加拿大也不会发生。1985年北部银行和加拿大商业银行破产的一个原因是，它们大部分的贷款业务都集中在加拿大的一个西部省份，这就使它们承受了与地方冲击相关的风险。在这种情形下，地方冲击是石油天然气价格骤降，导致当地的资产价格缩水，结果造成这两家银行的借款人不能偿还银行贷款。美国的银行规模小，通常不能较好地从地域上分散风险，当承受同类风险时，与可以较好地分散风险的加拿大分支银行相比，美国的银行更有可能破产。

有人可能会认为，"太大而不能倒闭"原则的负效应在加拿大这个拥有大型银行的国度得到佐证，可是加拿大似乎没有政府或中央银行出面扶持境况不佳银行的历史。的确，加拿大的银行体系被认为是世界上最安全的银行体系之一。这是为什么？加拿大的银行监管制度很有特点。首先，加拿大不像美国那样有几个不同的金融监管部门，执行的监管职能是重叠、混乱甚至冲突的。其次，加拿大的银行虽然在它们如何提供金融服务方面的灵活性比较大，但在某些方面的监管更加严格，特别是进入银行体系比较难，要求银行持有的资本水平比美国高。加拿大的这种银行监管制度虽然会降低银行间的竞争性，但使这些银行可以大大防范损失，使它们从根本上更加稳健。

至此，我们完成了本书对货币和银行的分析。在第18章中，我们将继续分析通货膨胀，解释各国中央银行为什么明知通货膨胀是坏事却还要采取通货膨胀。

本章小结

● 货币的职能是交换媒介、价值贮藏和记账单位。从历史上看，发挥货币作用的东西有商品货币、流通的私人银行钞票、商品担保纸币、不兑现纸币和私人银行的交易存款。

● 我们考察了一个简单的模型，它反映了存在于易物经济（人们只用商品来交易）中的双方需要一致的缺失问题。在这个模型中，商品货币或不兑现纸币通过提供一种普遍认可的交换媒介，就可以解决双方需要一致问题。

● 我们利用第10章中的货币跨期模型研究长期通货膨胀的影响。较高的货币增长率会提高通货膨胀率和名义利率，降低产出、消费和就业。

● 正的名义利率意味着在闲暇对消费的边际替代率与闲暇对消费的边际转换率之间加进了一个楔子。

● 在货币跨期模型中，对中央银行而言，最优的长期货币政策是遵循弗里德曼法则，根据这一法则，货币增长率和通货膨胀率等于负的实际利率。这意味着最优名义利率为零。

● 在戴蒙德–迪布维格银行模型中，银行针对其储户需要流动性资产进行交易而向其储户提供了保证。银行可以把非流动性资产转换成流动性存款。

● 在戴蒙德-迪布维格银行模型中，存在着良性均衡，在这种均衡中，所有早消费者都从银行早提款，所有晚消费者都从银行晚提款。也存在着不良均衡（银行挤兑），在这种均衡中，所有消费者都选择早提款，银行从而破产。通过政府提供的存款保险，就能防止出现银行破产均衡。

● 存款保险可能会存在道德风险问题，因为有了存款保险，未受监管的银行会冒更大的风险。根据"太大而不能倒闭"原则，对大型银行的存款和其他负债提供的隐性保险，使得这些银行特别容易出现道德风险问题。

主要概念

弗里德曼法则（Friedman rule）：货币政策的最优法则，根据这一法则，货币供给应按暗含名义利率为零的比率增长。

金融中介（financial intermediary）：从一大群人那里借款并向另一大群人贷款，以某种方式进行资产转换和信息处理的金融机构。

自由银行时期（Free Banking Era）：美国1837—1863 年这段时期，其特点是很多私人银行发行货币。

金本位制（gold standard）：一国时刻准备着按固定价格用其货币兑换黄金的制度。

美联储大额转账系统（Fedwire）：由美联储操控的支付系统，该系统对金融机构间的交易进行清算。

双方需要一致的缺失（absence of double coincidence of wants）：指有两个想要交易的人，但彼此的商品并不是对方所真正需要的情况。

费雪效应（Fisher effect）：通货膨胀率的提高会导致名义利率上升。

超中性（superneutral）：描述的是货币供给增长率的变化不产生实际影响情况下的货币。

通货紧缩（deflation）：价格水平会随着时间的推移而下降。

恶性通货膨胀（hyperinflations）：通货膨胀率极高的情形。

不可分散风险（nondiversifiable risk）：个人无法通过持有大量资产组合将风险分散出去的风险。

风险厌恶者（risk-averse）：描述的是不喜欢风险的个体。

边际消费效用（marginal utility of consumption）：效用函数的斜率或消费增加 1 单位所带来的效用（满足）的边际增加。

银行挤兑（bank run）：银行储户产生恐慌并试图提取其存款的情形。

银行恐慌（banking panics）：银行挤兑蔓延开来的情形。

国民银行时期（National Banking Era）：美国1863—1913 年这段时期。

道德风险（moral hazard）：被保险人对防止投保事故发生漠不关心的倾向。

"太大而不能倒闭"原则（Too-big-to-fail doctrine）：根据这一原则，美国的监管机构应进行干预，以防止任何大型金融机构破产。

复习题

1. 从历史上看，货币有哪五种形式？

2. 雅浦岛石头和新法兰西纸牌币有什么共同点？这两种货币形式的区别是什么？

3. 双方需要一致的缺失是如何使得货币对社会有用的？

4. 在货币跨期模型中，货币供给增长率的提高有什么影响？

5. 通货膨胀的成本是什么？

6. 为了保持价格水平在长期不变，货币当局应调控货币供给吗？

7. 现实中的各国中央银行为什么不遵循弗里德曼法则？

8. 列出资产的四个特性，解释这些特性为什么重要。

9. 金融中介的四个明显特征是什么？

10. 金融中介的三种类型是什么？

11. 与其他金融中介相比，存款机构有什么独特的地方？

12. 在戴蒙德-迪布维格银行模型中，消费者将钱存入银行而不是独自投资，这样做为什么更好？

13. 现实中的银行有哪些特征是戴蒙德-迪布维格银行也有的？

14. 在戴蒙德-迪布维格银行模型中为什么存在两种均衡？如何比较这两种均衡？

15. 如何才能防止银行挤兑？

16. 解释什么是道德风险。存款保险和"太大而不能倒闭"原则为什么以及如何导致道德风险问题？

思考题

1. 分析图17-1所描绘的双方需要一致缺失的经济。假如以商品2作为商品货币，确定谁会同谁交易什么。请解释你的结果。

2. 作为与图17-1所描绘的经济不同的另一种经济，假定有三个人，一个人消费商品1，生产商品3；一个人消费商品2，生产商品1；一个人消费商品3，生产商品2。

(a) 如果以商品1作为商品货币，确定谁同谁交易什么。将此与图17-1的经济中以商品1作为商品货币时所发生的情况作比较。试解释。

(b) 如果在交换中用不兑现纸币而没有用商品货币，确定谁同谁交易什么。试解释。

3. 在货币跨期模型中，假定中央银行发行货币以换取资本，并在每个时期把该资本出租给企业，从而挣得市场实际利率 r。随着时间的推移，中央银行把挣得的这些利息用于收回私人经济中的货币。这样做的长期效应是什么？该结果具有经济效率吗？请解释你的结果。

4. 假定在货币跨期模型中，政府可以对货币支付利息，而利息的资金来源是对消费者征收一次总付税。假如货币的名义利率与债券的名义利率相同，在这个模型中确定它的影响，并用图对此加以说明。请解释你的结果。

5. 假定消费者担心被偷，即使名义利率为零，他们也愿意利用银行完成一部分交易。又假定消费者持有的通货越多，偷钱的人就越多，因为小偷知道现在得手的机会多。在这种情况下，货币政策的弗里德曼法则应如何改变？

6. 假定存在全要素生产率冲击并引起总产出波动。这对弗里德曼法则意味着什么？也就是说，中央银行应当如何实施最优的货币政策？请讨论。

7. 假定货币政策是可以用来消除产出缺口的唯一政策，我们如何按第14章所讲的新凯恩斯主义黏性价格模型来修改弗里德曼法则？请解释。

8. 分析下列资产：（ⅰ）艺术品；（ⅱ）美国的短期国债；（ⅲ）微软公司的股票；（ⅳ）提供给近亲的贷款；（ⅴ）提供给通用汽车公司的贷款。对于每一种资产，请回答以下问题：

(a)（一般来看）该资产具有高收益率还是低收益率？

(b) 该资产具有高风险还是低风险？

(c) 该资产是长期限资产还是短期限资产？

(d) 该资产具有高流动性、缺乏流动性、低非流动性还是高非流动性？

(e) 请解释为什么该资产具有前述的四种特性。

(f) 哪种货币特性（交换媒介、价值贮藏、记账单位）是该资产所具有的？我们可以把资产看作货币吗？为什么？

9. 在戴蒙德-迪布维格银行模型中，假定银行合同包含"暂停存款变现"条款，依据这一条款，银行只允许在第 1 时期排队提款的前 tN 个储户提取他们的存款。银行挤兑均衡仍会出现吗？请详细解释你的结果。

10. 在戴蒙德-迪布维格银行模型中，假定消费者而非银行可买卖生产技术股。也就是说，每一消费者在第 0 时期都投资于生产技术。如果消费者知道他在第 1 时期是一个早消费者，他可中止该技术，或者按价格 p 卖掉其投资。知道其在第 1 时期是一个晚消费者的消费者，可按价格 p 购进股份，并可中止其生产技术，以便获取买进股份所需的商品。

(a) 在像图 17-9 的图形中，确定均衡中的 p 是多少以及每一消费者的早消费和晚消费的数量。

(b) 同有银行系统相比，消费者的境况会更好还是更糟？同没有银行系统和股权交易相比，他们的境况会更好吗？

(c) 请解释你的结果。

11. 按以下方式改变戴蒙德-迪布维格模型。假定有两种资产：一种是非流动性资产，这种资产对于在第 0 时期的每一单位投资，在第 2 时期可有 $1+r$ 单位的消费品收益；另一种是流动性资产，这种资产对于在第 0 时期的每一单位投资，在第 1 时期可有 1 单位的消费品收益。非流动性资产的生产技术不能在第 1 时期被中止。除此之外，这个模型与本章描述的模型都一样。

(a) 当没有银行时，确定消费者的一生预算约束，并画图说明；当在这幅图中有早消费者和晚消费者时，确定消费者的最优消费。

(b) 确定银行的一生预算约束，并画图说明；在图中确定银行的最优存款合同。将钱存入银行的消费者，其境况要好于（a）中的吗？试解释。

(c) 存在银行挤兑均衡吗？试解释。

12. 解释下列情形中道德风险是如何产生的：

(a) 母亲向女儿许诺，在下一学年，在女儿做家庭作业碰到困难时，为她提供帮助。

(b) 某个人对其房屋投保了全值的火灾损失险。

(c) 某个人被委派去管理一群同事的投资组合。

(d)（c）中的那个人被委派去管理这个投资组合，政府保证所有投资者每年都将获得 5% 的收益。也就是说，假如投资组合在某一年的收益低于 5%，政府就会补足差额。

17

第18章

通货膨胀、菲利普斯曲线和中央银行承诺

自 20 世纪 80 年代中期以来，美国的通货膨胀率相当低。用隐含 GDP 价格缩减指数的增长率作为衡量通货膨胀的指标，美国的季度通货膨胀率以年率计算，自 1991 年起一直低于 4%，而最后看到的一次超过 10% 的通货膨胀率发生在 1980 年。而且，像奥地利 1921—1922 年通货膨胀率为 10 000% 或阿根廷 1989—1990 年通货膨胀率为 20 000% 的恶性通货膨胀情况，美国还从来没有出现过。当前在美国，通货膨胀很少引起公众的关注，美国人能够避免其他国家发生的灾难性通货膨胀经历。

我们在第 17 章中分析了通货膨胀的一些经济成本，这些成本源于通货膨胀在跨期收益率方面所引起的扭曲。通货膨胀会导致公众持有无效率的、很低的实际货币余额总量，并将总产出和就业降到它们的效率水平以下。对于经历过恶性通货膨胀的人们，通货膨胀的成本无疑是显而易见的。就连在相对温和的通货膨胀时期，如美国平均通货膨胀率低于 10% 的 20 世纪 70 年代，公众也明显会关心通货膨胀。

如果普遍认为通货膨胀是不受欢迎的，那么政府为什么还要让它发生？在某些情况下，通货膨胀明显是由财政政策的诸多问题导致的。的确，基本上所有的恶性通货膨胀都能追根溯源到大量政府预算赤字的存在。政府需要高额支出，可能是因为它必须应付一场战争。然而，公众可能不愿意用税收来为这些支出埋单，政府可能也不想增加税收。于是，政府会求助于通过印钞为政府赤字筹资。不过，温和的通货膨胀不一定是由高额政府预算赤字造成的，未必需要求助于通货膨胀税。比如，美国 20 世纪 70 年代温和的通货膨胀就与巨大的政府预算赤字没有关系，也没有带来很多铸币收入，那么，是什么促使美联储高速增加货币供给，从而导致过度的通货膨胀的呢？本章利用修正的弗里德曼-卢卡斯货币意外模型，就美联储在第二次世界大战后的行为，探讨一种可能的解释。在该模型中，货币供给增长率的意外提高（货币意外）引起通货膨胀率的意外上升，能使劳动力供给量和总产出暂时增加。我们利用货币意外模型和美国第二次世界大战后的通货膨胀经历，将其作为

一个简便例子，阐明通货膨胀起因的一般原理。

弗里德曼-卢卡斯货币意外模型解释了菲利普斯曲线，该曲线是有时观察到的通货膨胀率与实际总体经济活动之间的正相关关系（在第 3 章中讨论过）。在美国的经验数据中，菲利普斯曲线在一些时期很容易观察到，而在其他时期则观察不到。弗里德曼-卢卡斯货币意外模型有助于理解为什么我们有时能观察到菲利普斯曲线，有时却观察不到，因为由该模型可知，菲利普斯曲线是一种不稳定的关系，会随私人部门预期的通货膨胀率的改变以及经济冲击类型的不同而改变。

弗里德曼-卢卡斯货币意外模型不是预测菲利普斯曲线关系的仅有的理论框架。在新凯恩斯主义理论中，"新凯恩斯主义菲利普斯曲线"源于价格制定企业的前瞻性行为。尽管菲利普斯曲线产生的机制在这两个模型中是相似的（因为产出增加与意外通货膨胀如影随形），但弗里德曼-卢卡斯货币意外模型和新凯恩斯主义模型的政策含义却大相径庭。

最后，本章将分析菲利普斯曲线可能有助于也可能无助于预测通货膨胀的机理。从美联储官员的公开言论来看，美联储似乎相信菲利普斯曲线关系有助于预测通货膨胀，但一些宏观经济研究结论并非如此。

菲利普斯曲线

20 世纪 50 年代，A. W. 菲利普斯（A. W. Phillips）从英国的经验数据中发现[①]，名义工资的变化率与失业率负相关。其他一些研究者利用其他国家的经验数据也发现了这样一种关系。此外，因为名义工资的变化率与其他货币价格的变化率高度正相关，失业率与总体经济活动的趋势偏离高度负相关，因此，如果名义工资的变化率与失业率负相关，那么通货膨胀率与总体经济活动的趋势偏离也就会正相关。进一步而言，"菲利普斯曲线"这一术语是指总体经济活动与通货膨胀率的任何正相关性。出于我们的分析目的，我们将菲利普斯曲线定义为通货膨胀率与实际总产出的趋势偏离正相关。如果我们用 Y^T 表示趋势实际总产出，用 Y 表示现实实际总产出，那么菲利普斯曲线可以用如下关系式描述：

$$i = H(Y - Y^T)$$

式中，i 为通货膨胀率，H 为增函数，如图 18-1 所示。

我们能从美国的经验数据中观察到菲利普斯曲线吗？图 18-2 显示的是 1947—2012 年通货膨胀率与实际 GDP 偏离趋势的百分比散点图。从图中难以辨别出菲利普斯曲线关系，但若将样本期分成三个时期，菲利普斯曲线就开始显现出来。也就是划分成 1947—1969 年、1970—1984 年和 1985—2012 年这三个时期，分别是低通

18

---

① A. W. Phillips, 1958. "The Relationship Between Unemployment and the Rate of Change of Money Wages in the United Kingdom, 1861-1957," *Economica* 25, 283-299.

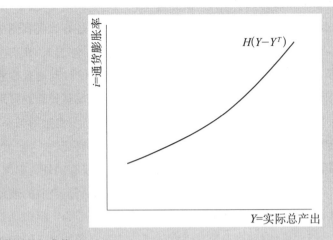

图 18 - 1　菲利普斯曲线

这是一条理想化的菲利普斯曲线，它表示通货膨胀率与实际总产出正相关。

货膨胀时期、高通货膨胀时期和低通货膨胀时期。图 18 - 2 描绘出的线性菲利普斯曲线是这三个时期的最佳统计拟合。其中最重要的是，菲利普斯曲线是不稳定的。在 1947—1969 年和 1970—1984 年期间，菲利普斯曲线向上移动，而在 1985—2012年，菲利普斯曲线向下移动，而且变得不那么陡直。在下一小节，我们将用弗里德曼-卢卡斯货币意外模型来探讨这意味着什么。

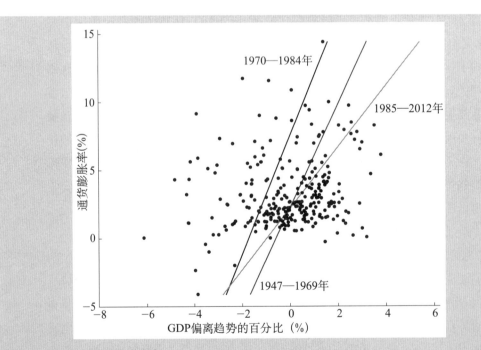

图 18 - 2　菲利普斯曲线的移动

在该散点图中不太容易辨别出菲利普斯曲线，然而若分成 1947—1969 年、1970—1984 年和 1985—2012 年这三个时期，则菲利普斯曲线与数据拟合，但变化很大。

弗里德曼-卢卡斯货币意外模型和菲利普斯曲线

我们已经研究了美国的经验菲利普斯曲线关系，揭示出周期性总体经济活动与通货膨胀之间关系的重要特点。现在，我们的目标是利用一种弗里德曼-卢卡斯货币意外模型来帮助我们理解这些经验数据。我们在第12章讲过，米尔顿·弗里德曼于1968年提出了货币意外模型的思想，后来罗伯特·卢卡斯对此作了系统阐述。[①] 在弗里德曼-卢卡斯货币意外模型中，工人不可能同时观察到所有可利用商品和服务的价格。结果，这些工人要就其名义工资的变化对实际工资有何影响作出有根据的推测。工人增加劳动供给，产出增加。根据货币意外模型，通货膨胀率的意外上升使总产出增至趋势之上。

于是，弗里德曼-卢卡斯货币意外模型可以概括为如下简化关系式：

$$i - t^e = a(Y - Y^T) \tag{18.1}$$

式中，i 为现实通货膨胀率；i^e 为预期通货膨胀率，即私人部门所认为的通货膨胀率；a 为一个正常数；Y 为总产出；Y^T 为趋势总产出。[②] 等式（18.1）表明，通货膨胀率对所预期的通货膨胀率的偏离与实际产出对趋势的偏离正相关。如果中央银行意外提高货币供给增长率，引起通货膨胀率意外上升，则该模型中的实际产出只会偏离趋势，上述关系因此产生。我们可以把等式（18.1）改写为：

$$i = i^e + a(Y - Y^T) \tag{18.2}$$

这便是图18-3所描绘的菲利普斯曲线关系。当 $i = i^e$ 时，我们有 $Y = Y^T$，即如果工人对当前通货膨胀率不感到意外，则产出就等于其趋势值。

根据等式（18.2），菲利普斯曲线的位置取决于 i^e，即取决于预期通货膨胀率。在图18-4中，我们说明了预期通货膨胀率从 i_1^e 提高到 i_2^e 的影响。结果，菲利普斯曲线按预期通货膨胀率的变动幅度 $i_2^e - i_1^e$ 上移。这正是解释所观察到的（如我们在图18-2中观察到的）菲利普斯曲线为什么会移动的一个因素。的确，根据我们的理论，1947—1969年、1970—1984年和1985—2012年这三个时期的估计菲利普斯曲线所暗含的预期通货膨胀率分别是 2.1%、7.5% 和 2.2%。这些估计的预期通货膨胀率与这三个时期存在的平均通货膨胀率相一致。

罗伯特·卢卡斯（Robert Lucas）在1972年的论文中提出的理论[③]指出了引起菲利普斯曲线移动的另一个因素。卢卡斯的理论告诉我们，菲利普斯曲线的斜率取决于货币政策。特别是，中央银行越企图利用菲利普斯曲线关系通过意外通货膨胀

18

---

① M. Friedman，1968. "The Role of Monetary Policy," *American Economic Review* 58，1-17；and R. Lucas，1972. "Expectations and the Neutrality of Money," *Journal of Economic Theory* 4，103-124.

② 用等式（18.1）代表弗里德曼-卢卡斯货币意外模型有风险。例如，如卢卡斯所指出的，常数 a 一般取决于中央银行行为的特定特征。不过，就我们在本章所希望达到的目的而言，将等式（18.1）作为弗里德曼-卢卡斯货币意外模型的简化形式问题不大。

③ R. Lucas，1972. "Expectations and the Neutrality of Money," *Journal of Economic Theory* 4，103-124.

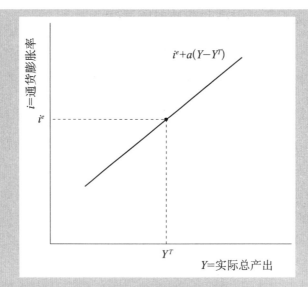

图 18 - 3 弗里德曼-卢卡斯货币意外模型中的菲利普斯曲线关系

这是一条线性的菲利普斯曲线关系，源自本章所用的一种弗里德曼-卢卡斯货币意外模型。当通货膨胀率等于预期通货膨胀率时，产出就等于趋势产出。

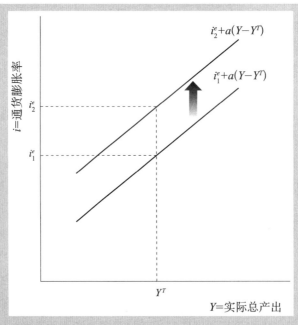

图 18 - 4 预期通货膨胀率提高的影响

i^e 提高，会使得菲利普斯曲线上移。

增加产出，等式（18.2）中的系数 a 就会越大。因此，如果中央银行过去经常产生意外通货膨胀，工人们就越倾向于认为他们的工资增加是货币供给增加导致的。因此，通货膨胀率大幅度上升将伴随着一定程度的产出增加，a 就会越大。

图 18 - 2 所示的估计菲利普斯曲线所隐含的 a 的估计值在 1947—1969 年、

1970—1984 年和 1985—2012 年这三个时期分别为 3.8、4.3 和 2.3。因此，在早期，a 的估计值告诉我们，产出提高 1% 需要通货膨胀意外上升 3.8 个百分点。同样，我们的估计告诉我们，在中期和后期，产出提高 1%，将分别需要通货膨胀意外上升 4.3 个百分点和 2.3 个百分点。我们得到的 a 的估计值衡量的是美联储的可信度。a 的值越大，意味着私人部门经济主体越习惯于被愚弄，因而通货膨胀意外上升的影响比较小。1985—2012 年 a 的估计值比较小是一件好事。自 20 世纪 80 年代中期以来，美联储似乎赢得了喜欢低通货膨胀的声誉。

理解美国的通货膨胀率变化情况

对于菲利普斯曲线的移动及其斜率的变化，弗里德曼-卢卡斯货币意外模型给我们提供了一种解释。该模型把菲利普斯曲线的这种不稳定性解释成源于货币政策如何实施的变化。如果美联储持续地抬高通货膨胀率，菲利普斯曲线就会向上移动。如果美联储试图更加频繁地利用菲利普斯曲线关系产生意外的通货膨胀和增加产出，菲利普斯曲线的斜率就会变化。但是，美联储为什么要做这些事情？我们在本节将说明美联储为何总是有利用菲利普斯曲线的诱惑，以及如果美联储不能承诺经受得住诱惑，这种诱惑就可能导致高通货膨胀。

为了说明这是如何发生的，我们首先要描述一下美联储的政策目标。一般来说，中央银行应关注大众的福利，当然尽管无法保证这一点，因为中央银行的决策者会受诸如升迁或掌握更多权力之类的自身利益动机的左右。不过，我们假定规范美联储行为的《联邦储备法》（Federal Reserve Act）和随后的一系列国会法律的制定者知道如何正确协调美联储官员的利己目标与公共利益。于是，若要假定美联储的目标是使公共福利最大化，就必须确定如何通过控制一些可观察的经济变量来间接地推动这一目标的实现。为了便于理解，我们假定美联储制定了有关通货膨胀和总产出的间接政策目标。首先，存在一个通货膨胀率 i^*，是美联储认为最优的。由一些经济模型可知，i^* 应是将名义利率压低至零的通货膨胀率（弗里德曼法则；见第 17 章），虽然在实践中，许多国家的中央银行仿佛是按照 $i^*=0$ 或 $i^*>0$ 但很小来行事的。如果 $i>i^*$，则美联储认为高通货膨胀会付出更大的代价，因此低通货膨胀要优于高通货膨胀。然而，如果 $i<i^*$，则高通货膨胀要优于低通货膨胀。另外，与减少总产出相比，美联储总是喜欢增加总产出，因为较高的 GDP 是公众所偏好的。我们可以通过无差异曲线来说明美联储对通货膨胀和总产出的偏好，如图 18-5 所示。当 $i>i^*$ 时，若通货膨胀下降、产出增加，则美联储会很高兴；当 $i<i^*$ 时，在通货膨胀上升、产出增加时，美联储会很高兴。此外，无差异曲线反映了对多样性的偏好，因为当 $i>i^*$ 时，这些曲线是凹形的；当 $i<i^*$ 时，曲线是凸形的。这就是说，当 $i>i^*$ 时，在我们沿某条无差异曲线向右上方移动时，产出不断增加，通货膨胀率不断上升。无差异曲线的斜率是下降的，因为给定总产出的增

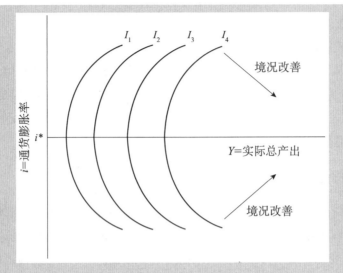

图 18-5　美联储对通货膨胀率与产出的偏好

该图显示了美联储的无差异曲线，反映了美联储对产出与通货膨胀的偏好。通货膨胀率 i^* 对美联储而言是最优的，且较之产出下降，美联储总是喜欢产出增加。如果 $i < i^*$，那么，美联储偏好通货膨胀上升，而不是下降；如果 $i > i^*$，则美联储偏好通货膨胀下降，而不是上升。

幅，通货膨胀率越高，美联储所愿意容忍的通货膨胀升幅就越小。不过，当 $i < i^*$ 时，沿无差异曲线下移，通货膨胀率下降，在产出增幅既定的情况下，美联储愿意容忍通货膨胀率下降的幅度比较小。

图 18-6 给出了等式（18.2）所示的菲利普斯曲线关系和美联储的无差异曲线。如果美联储认为菲利普斯曲线是一种固定关系，那么它认为，它完全能在菲利普斯曲线上选择最适合它的一点。因此，如果我们假设经过 A 点的无差异曲线（此时，$i = i^e$，$Y = Y^T$）比经过 A 点的菲利普斯曲线陡直，那么美联储就愿意提高货币供给增长率，工人因通货膨胀率高于预期通货膨胀率而感到意外，并使总产出水平高于趋势产出 Y^T。也就是说，美联储的最优选择是 B 点，在该点，无差异曲线正好与菲利普斯曲线相切。在 B 点，通货膨胀率为 i_1，总产出水平为 Y_1。请注意，$i_1 > i^e$，因此，现实通货膨胀率高于私人部门所预期的通货膨胀率；而且，$Y_1 > Y^T$，因而产出高于趋势。这反映出美联储所面临的诱惑。在预期通货膨胀 i^e 既定的情况下，美联储可能会试图使 $i_1 > i^e$，从而推动产出高于趋势。

我们想说明的是，美联储的短期诱惑产生意想不到的通货膨胀是一个**时间一致性问题**（time consistency problem）。我们这里要用的这个理论最早是由基德兰德和普雷斯科特提出的。[①] 时间一致性问题的基本思想可以通过一个简单的例子来解释。一个老师承担了一学期的宏观经济学课程，他的目标是保证班上的学生尽可能

---

① F. Kydland and E. Prescott，1977. "Rules Rather than Discretion：The Inconsistency of Optimal Plans," *Journal of Political Economy* 87，473-492.

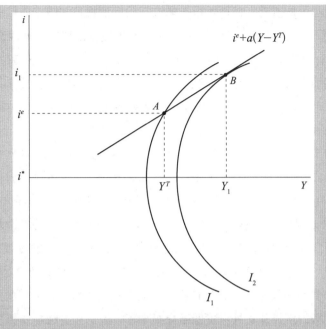

图 18 - 6 美联储利用菲利普斯曲线
面对美联储认为稳定的菲利普斯曲线，美联储通过选择 B 点实现最优，在该点，一条无差异曲线与菲利普斯曲线相切。

多地学到知识。学生只希望通过尽可能少的努力来获得高分，因为他们除学习宏观经济学外，还需要时间去做其他事。如果这门课有期末考试，学生就会为了得高分而努力学习，他们学习，老师会感到高兴。然而，问题是，老师不喜欢判卷考试。他可能会在学期初承诺要举行期末考试，而到了期末，不管怎么说，学生都学了该课程的内容，以期待考试时用得上。因此，老师就没有必要进行考试了，因为他的目标已经实现，同时还避免了判卷考试工作。学期初制定的期末考试计划就不是时间一致的。也就是说，当到了考试的时间时，老师却没有进行考试的动机。然而，学生不是傻瓜。他们了解老师的动机且知道他没有动力组织期末考试，即使他承诺过。因此，他们都不学习了。这样的结果是，学生不学习，老师不举行考试。与不举行判卷考试、学生不学习相比，老师举行考试并促进学生学习更可取，因而上面的结果显然是差的。

实质上，这里存在一个承诺问题。如果老师在学期初以某种方式承诺进行期末考试来约束自己，那么就会有好的结果。当然，在实践中，通过大学规章，要求老师履行在学期初布置课程大纲时所作的承诺，这类承诺就会得以实现。

在我们的模型中，美联储也会面临类似的问题。假定每个时期，私人部门与美联储之间都存在着博弈。期初，私人部门会选择预期通货膨胀率 i^e。然后，美联储选择可以有效决定 i 的货币增长率。因此，给定 i^e，美联储就会选择满足菲利普斯曲线关系的 i，即

$$i - i^e = a(Y - Y^T)$$

以使境况尽可能改善。然而，由于私人部门有预见且知晓美联储的意图，在均衡中公众肯定不会受到蒙骗，即 $i = i^e$。$i = i^e$ 这种假设是**理性预期假说**（rational expectations hypothesis）的一种形式，这种假设表明经济主体不会犯系统性错误，即他们能有效地利用所有信息。在这种情况下，有效地利用信息意味着，私人部门了解美联储对产出与通货膨胀的偏好，并能有效地利用这些信息预测美联储将如何行动。

在图 18-7 中，由于在均衡状态下 $i = i^e$，意味着均衡中 $Y = Y^T$。因此，如果美联储预先对通货膨胀率有承诺，它会选择 $i = i^*$，均衡则处于 A 点。不过，如果 $i^e = i^*$，那么经过 A 点的菲利普斯曲线是 PC_1，于是美联储会选择 D 点，在该点，$i > i^e = i^*$，所以 A 点就不是均衡点。在均衡状态下，美联储的无差异曲线一定与菲利普斯曲线相切，此时 $i = i_1^e$。也就是说，均衡点是菲利普斯曲线 PC_2 上的 B 点。较之 B 点，美联储严格偏好 A 点，但因美联储无力承诺，故 A 点无法实现。

尽管 B 点可能是一种永远持续存在的不良均衡状态，但美联储有可能获得追求低通货膨胀的声誉并永远保持低通货膨胀率。为了弄清这是如何发生的，我们假定在图 18-7 中，私人部门预期 $i^e = i^*$，虽然这会促使美联储设定的通货膨胀 $i > i^*$。然而，假如美联储这样做，私人部门将永远选择 $i^e = i_1^e$，因为业已证明美联储是不可靠的。美联储明白这一点，所以，它知道总产出也许会短期增加，但整个经济将永远处于 B 点。只要美联储充分关心未来，永远停留在图 18-7 中的 A 点就会更好一些。

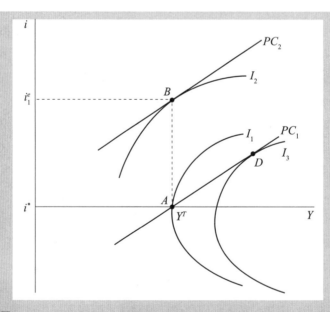

图 18-7 承诺问题

如果美联储对通货膨胀率有承诺，它会选择 i^*，均衡则位于 A 点；如果没有承诺，则均衡位于 B 点，此时，通货膨胀太高，在该点，一条无差异曲线与菲利普斯曲线在 $i = i_1^e$ 处相切（理性预期成立）。

　　我们可以说，1970—1984 年这一时期看起来像处于 B 点的不良均衡状态，而 1985—2012 年这一时期看似处于 A 点的良好均衡状态。在 20 世纪 80 年代初保罗·沃尔克（Paul Volcker）掌管美联储的时期，美联储明白中央银行创造低通货膨胀的声誉为什么是重要的，于是它就千方百计地树立这种声誉。在艾伦·格林斯潘（Alan Greenspan）和本·伯南克（Ben Bernanke）出任美联储主席期间，美联储就一直被认为是承诺低通货膨胀的中央银行。

菲利普斯曲线、通货膨胀预测与美联储的双重任务

　　在实践中，菲利普斯曲线对于美联储如何实施货币政策已变得很重要。作为这方面的证据，我们将美联储的一个决策部门——联邦公开市场委员会（FOMC）于 2012 年 6 月 19—20 日的会议结束之后的一段声明摘录如下：

　　　　……联邦公开市场委员会今天决定将联邦基金利率的目标区间维持在 0～0.25％，而且从目前的经济状况（包括较低的资源利用率和温和的中期通货膨胀前景）来看，很可能需要将超低水平的联邦基金利率至少保持到 2014 年末。

　　联邦公开市场委员会这里在说它预期通货膨胀是"温和的"，在一定程度上是因为"较低的资源利用率"。它的观点是，存在一条菲利普斯曲线。如果总体经济活动的水平比较低（资源利用率较低），那么通货膨胀就会比较低。

　　但是，总体经济活动水平有助于我们预测通货膨胀吗？事实上，菲利普斯曲线因货币政策变化而变化可能让我们表示怀疑，但如果我们考虑这些变化呢？短期菲利普斯曲线可能仍然会有助于我们预测通货膨胀。可是，有些宏观经济研究者特别是安德鲁·阿特基森（Andrew Atkeson）和李·奥哈尼恩（Lee Ohanian）指出[①]，情况并非如此。表达其观点的一种方式如下。预测通货膨胀的一种幼稚的方法可能是，预测未来某一时期的通货膨胀率就是当期通货膨胀率。令 π_{t+1}^f 代表 $t+1$ 时期的通货膨胀预测值，幼稚的预测可能是：

$$\pi_{t+1}^f = \pi_t$$

式中，π_t 是 t 时期的通货膨胀率。如果在预测通货膨胀时菲利普斯曲线有什么用处的话，至少要在这种幼稚的通货膨胀预测中添加一些东西。

　　这种幼稚的通货膨胀预测所产生的预测误差（用 e_t 来代表）是：

$$e_t = \pi_t - \pi_t^f = \pi_t - \pi_{t-1}$$

所以，如果菲利普斯曲线可用于预测通货膨胀，那么 e_t 就应当与实际 GDP 总量的趋势偏离正相关。当这种幼稚的预测让人感到惊诧时——通货膨胀超出了预期，如

18

　　① A. Atkeson and L. Ohanian, Winter 2001. "Are Phillips Curves Useful for Forecasting Inflation?" *Federal Reserve Banks of Minneapolis Quarterly Review* 25, (1), 2-11.

果菲利普斯曲线对于预测通货膨胀很重要，这应当是因为产出高于趋势。我们应当看一下经验数据，看这些数据会告诉我们什么。

在图 18-8 中，我们描绘出了通货膨胀率的变化（上述幼稚的预测所产生的预测误差 e_t）与实际 GDP 的趋势偏离百分比的散点图。这两个变量的相关性实际上是零。因此，菲利普斯曲线在预测通货膨胀时不见得有多大帮助，这与阿特基森和奥哈尼恩经过详细分析之后得到的结论是一致的。

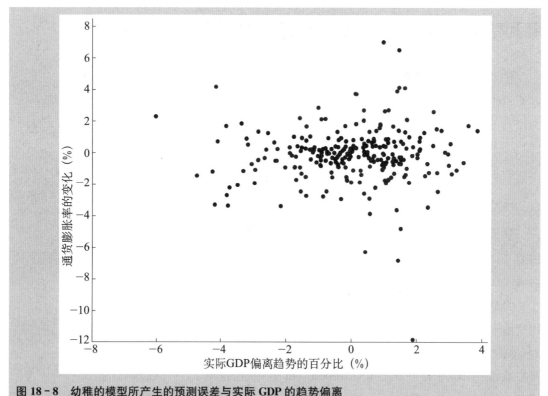

图 18-8 幼稚的模型所产生的预测误差与实际 GDP 的趋势偏离

如果菲利普斯曲线有助于预测通货膨胀，那么这两个变量应当是正相关的，但实际上这种相关性为零。

美联储当然肯定知道这一点，可为什么它在它的公开声明中还如此重视菲利普斯曲线关系？一种可能是，菲利普斯曲线有助于预测通货膨胀这种神话，会帮助联邦公开市场委员会的成员之间达成协议。比如，假定联邦公开市场委员会成员可分为两派，一派是凯恩斯主义者，认为美联储应当主要关注其双重任务的"实际"部分。在凯恩斯主义者看来，稳定实际产出要比控制通货膨胀更为重要。而在另一派——非凯恩斯主义者的眼里，控制通货膨胀是美联储的首要任务。倘若联邦公开市场委员会认为菲利普斯曲线有助于预测通货膨胀（即便情况并非如此），那么如果该委员会看到高涨的（低迷的）总体经济活动，所有成员可能都同意货币政策应当紧缩（宽松）。凯恩斯主义者看到高涨的（低迷的）总体经济活动，会乐于采取紧缩（宽松）政策，因为他们认为这将稳定产出。相信菲利普斯曲线的非凯恩斯主义者，认为高涨的（低迷的）总体经济活动意味着较高的（较低的）通货膨胀，他们会乐于支持紧缩（宽松）政策。皆大欢喜。

然而，虽然相信一个本不存在的菲利普斯曲线关系可能会协调联邦公开市场委员会的决策，但这不一定意味着这种政策决定是合理的。例如，在上述例子中，非凯恩斯主义者正在做错误的事情。如果菲利普斯曲线无助于预测通货膨胀，那么这一派就不应当支持基于高（低）产出就预示着高（低）通货膨胀这种错误想法所形成的政策。

专栏

宏观经济学实践：承诺与美国后金融危机时期的货币政策

当基德兰德和普雷斯科特于 20 世纪 70 年代末在宏观经济政策中首次写到时间一致性问题时，许多宏观经济学家把他们的结论解释为是规则还是相机抉择的政策争论。当时，主张规则的一派是货币主义者，他们认为，货币政策应当旨在实现某一既定的货币供给增长率目标。凯恩斯主义者则主张相机抉择——实质上是按照我们认为正确的去做，认为很难料想到未来所有要发生的事情，因此不可能制定出一个良好的货币政策规则。

最终，主张规则的人改变了他们有关规则是有用的想法。货币总量目标在中央银行不再是一种时尚，许多国家的中央银行逐渐偏向通货膨胀目标。正如第 12 章和第 17 章所述，美联储在国会赋予的双重任务下，似乎采取的是一种灵活的通货膨胀目标。美联储的长期通货膨胀目标是每年 2%，但如果总体经济活动比较低迷（高涨），它愿意容忍高于（低于）2% 的通货膨胀。

在金融危机期间以及之后，美联储开始试验不同寻常的货币政策工具。到 2008 年末，联邦基金利率已降低到 0~0.25% 这一区间，实际上已降低到零下限。随后美联储启动了量化宽松政策，后来成为所谓的"指导性建议"（forward guidance），这两种方法属于零下限的宽松货币政策。量化宽松政策曾在第 12 章作过详细讨论，从某种程度上说这是相当传统的方法。在量化宽松政策下，美联储认为该政策可以通过购买长期资产来降低长期利率，而不是像通常所做的那样，通过购买短期资产来降低短期利率。指导性建议有些不同寻常。指导性建议所体现的思想是，美联储有关未来政策措施的声明可产生当期效应。比如，倘若美联储宣布联邦基金利率目标在今后很长时期保持较低水平，这会对总体经济活动产生较大影响，而如果美联储承诺只在短时期保持较低的联邦基金利率，就不会产生那么大的影响。

金融危机爆发后的指导性建议最初很模糊。例如，联邦公开市场委员会于 2009 年 6 月 17—18 日的会议结束之后声明：

> 联邦公开市场委员会将联邦基金利率的目标区间维持在 0~0.25%，而且从经济状况来看很可能需要将超低水平的联邦基金利率延期。

18

这句话表明，美联储并没有说什么时候会采取紧缩政策，而是让读者自己判断"延期"的时间。不过，联邦公开市场委员会于 2011 年 8 月 9 日的会议之后声明：

> 联邦公开市场委员会从目前的经济状况（包括较低的资源利用率和温和的中期通货膨胀前景）来看，很可能需要将超低水平的联邦基金利率至少保持到 2013 年中期。

这句话似乎更加明确，而且被解释为是一种特定政策的承诺，但这种"承诺"随后又被修改——后来的联邦公开市场委员会声明把"2013 年中期"改为"2015 年中期"。这种指导性建议政策的一个关键问题是，它表面上看起来是承诺，而实际上可能会损害美联储的信誉。美联储明确表示，"低水平的联邦基金利率"将维持多长时间是不断修正的。因此，这并不是一种承诺。倘若美联储说低利率将持续到 2014 年末，这实际上没有传达给公众什么重要的信息。公众都知道，倘若情况发生变化，美联储就要改变政策。公众可能会怀疑听起来像承诺的其他美联储声明也会发生改变。于是，当美联储希望公众相信它所说的时，它的公开声明却可能会被大打折扣。

本章小结

- 本章所研究的菲利普斯曲线关系是通货膨胀率与实际总产出的趋势偏离之间的正相关关系。

- 所观察到的菲利普斯曲线随着时间的推移而发生变化，其斜率也会改变。

- 在我们所使用的这种弗里德曼-卢卡斯货币意外模型中，实际总产出的趋势偏离和现实通货膨胀率与预期通货膨胀率之间的差额正相关。如果美联储意外增加货币供给，导致通货膨胀意外上升，就会增加劳动供给、就业和实际产出。这是因为工人错误地把其名义工资增加看做实际工资增加，故而更加努力地工作。

- 货币意外模型预测菲利普斯曲线是不稳定

的，因为它会随着预期通货膨胀率的变化而变化，而且如果美联储较为频繁地利用菲利普斯曲线，菲利普斯曲线的斜率会改变。这有助于解释 1947—2012 年的经验数据。

- 高通货膨胀可能是由中央银行在试图利用短期菲利普斯曲线时不能承诺不产生意外通货膨胀的政策所致。美联储容易受控制通货膨胀的短期成效的诱惑，而长期结果不佳。

- 中央银行要建立起关注低通货膨胀的声誉，并且要表现良好，因为怕失去这种声誉。

- 美联储的行为有时好像认为菲利普斯曲线有助于预测通货膨胀，但在经验数据中看不出有这样的证据。

主要概念

时间一致性问题（time consistency problem）：当放弃先前公布的计划被证明是最优时所发生的情形。

理性预期假说（rational expectations hypothesis）：断言经济主体不会发生系统性错误的假设；经济主体会有效地利用信息。

复习题

1. 菲利普斯曲线是如何得此名的？

2. 本章所分析的菲利普斯曲线关系是指哪两个变量正相关？

3. 1947—2012 年间的菲利普斯曲线是如何移动的？

4. 请解释弗里德曼-卢卡斯货币意外模型的机理。

5. 本章的弗里德曼-卢卡斯货币意外模型总结的是什么关系？

6. 当实际总产出等于趋势产出时，通货膨胀率等于多少？

7. 预期通货膨胀率提高对菲利普斯曲线的影响是什么？

8. 什么原因引起菲利普斯曲线的斜率发生变化？

9. 如果中央银行认为菲利普斯曲线是稳定的，为什么它可能有提高通货膨胀率的动机？

10. 美联储能持久提高总产出水平吗？请解释你的结果。

11. 如果中央银行不能作出承诺，为什么通货膨胀率在长期会升高？

12. 如果中央银行关心它的声誉，通货膨胀率在长期会降低，这是为什么？

13. 什么是幼稚的通货膨胀预测？

14. 我们怎么知道菲利普斯曲线无助于预测通货膨胀率？

思考题

1. 假定私人部门没有理性预期，而是遵循适应性预期。也就是说，私人部门的预期通货膨胀率是上一期的通货膨胀率。画图说明，如果初始通货膨胀率是最优通货膨胀率 i^*，中央银行会利用菲利普斯曲线，随着时间的推移，通货膨胀率和产出会如何变化？请解释你的结果。

2. 假定经济处于长期均衡状态，此时的通货膨胀率高于最优通货膨胀率 i^*，于是中央银行会将通货膨胀率降到 i^*。

（a）假定中央银行决定在一时期内采取激进措施将通货膨胀率降到 i^*。再假定私人部门具有适应性预期，当期预期通货膨胀率为上一期的现实通货膨胀率。画图描述实际总产出和通货膨胀率随着时间推移的变化轨迹。

（b）现在，假定中央银行采取（a）中的激进策略，但私人部门具有理性预期，从而 $i=i^*$。再画图描述产出和通货膨胀率随着时间推移的变化轨迹。

（c）现在，假定中央银行采取渐进策略，通过若干步骤将通货膨胀率降到 i^*。在渐进策略下，说明理性预期与适应性预期对产出和通货膨胀率随着时间的推移而变化的轨迹有什么不同。

（d）请解释你对问题（a）～（c）的回答，并评论美国 20 世纪 80 年代初的情况。

3. 假定通货膨胀率高于 i^*，中央银行宣布它将降低通货膨胀率，并且实际上也开始这样做了。请回答下列问题：

（a）假定私人部门相信中央银行的声明。这对通货膨胀率和实际产出有什么影响？请画图说明。

（b）假定私人部门不相信中央银行的声明。这对通货膨胀率和实际产出有什么影响？请画图说明。

（c）请解释你对问题（a）和（b）的回答。

4.（提示：这个问题具有挑战性。）假定中央银行与私人部门是一种重复博弈的关系。如果通货膨胀率是 $i=i^*$，产出是 $Y=Y^T$，就再假定每个时期中央银行的报偿都是 u_1。如果消费者预期

18

$i^e = i^*$，那么在 $i > i^e$ 的条件下，中央银行从受蒙骗的消费者那里获得的一时期报偿是 u_2，我们将有 $i > i^e = i^*$。当中央银行不能作出承诺且存在理性预期时，则在 $i = i^e = i_1 > i^*$ 且 $Y = Y^T$ 的条件下，中央银行获得的报偿是 $u_3 < u_1$。现在，假定政府预期，如果它背离了 $i = i^*$，那么它将完全丧失其声誉，消费者此后将永远预期 $i = i_1$，以至于政府此后将永远获得 u_3 的报偿。也就是说，假定中央银行有两种选择，分别是（a）永远设定 $i = i^*$，获得报偿 u_1；（b）在这个时期采取蒙骗手段，获得报偿 u_2，这意味着未来每个时期的报偿都将是 u_3。假定中央银行对未来的折现率为 r。

（a）如果 $u_1(1+r) - u_3 \geq r u_2$，试说明永远选择 $i = i^*$ 对政府来说是一种均衡状态。

（b）解释问题（a）的条件。

（c）试说明随着 r 变小，问题（a）的条件一定成立，请对此作出解释。

数学附录

本附录对本书的一些模型进行了形式化处理，适合于掌握微积分知识和较高级代数方法且希望更深入研究本书中的一些议题的学生。本附录的经济学数学方法的难易程度与蒋中一（Alpha C. Chiang）和凯文·温赖特（Kevin Wainwright）所著的《数理经济学的基本方法》（*Fudamental Methods of Mathematical Economics*）相当。我们选择部分章节的部分模型结果展开分析。

第4章：消费者和企业行为

我们在第4章中讨论了封闭经济一时期模型中典型消费者和典型企业的最优化问题。我们确立了消费者问题和企业问题，现在对第4章中的主要结果进行形式化推导。

典型消费者

典型消费者的偏好由效用函数 $U(C,l)$ 定义，其中，C 为消费，l 为闲暇。函数 $U(\cdot,\cdot)$ 是两个自变量的增函数，且严格拟凹和二次可微。效用函数的这些特性意味着，无差异曲线向下倾斜、呈凸状，消费者绝对喜欢多而非少。消费者的最优化问题是选择 C 和 l，在满足其预算约束下，使 $U(C,l)$ 最大化，即

$$\max_{C,l} U(C,l)$$

满足约束条件：

$$C = w(h-l) + \pi - T$$

以及 $C \geqslant 0$，$0 \leqslant l \leqslant h$，其中，$w$ 为实际工资，h 为消费者可用的时间量，π 为股息收入，T 为一次总付税。这个问题是一个约束最优化问题，其拉格朗日函数（Lagrangian）是：

$$L = U(C,l) + \lambda[w(h-1) + \pi - T - C]$$

式中，λ 为拉格朗日乘子。

我们假定，消费者问题（$C>0$，$0<l<h$）有内解。通过假定 $U_1(0, l)=\infty$（即效用函数关于第一个自变量的导数，在极限中会随着消费趋于零而趋于无穷）和 $U_2(C,0)=\infty$，就可以保证内解的存在。这些假设意味着，在最优状态，$C>0$ 且 $l>0$。在竞争性均衡中，我们不可能让 $l=h$，因为 $l=h$ 就意味着没有产出，且 $C=0$。给定消费者问题有内解，通过选择 C、l 和 λ 以使 L 最大化而得出一阶条件，就可以描绘这个解的特征。这些一阶条件（分别求 L 关于 C、l 和 λ 的微分，并让每个一阶导数都等于零）是：

$$U_1(C,l)-\lambda=0 \tag{A.1}$$

$$U_2(C,l)-\lambda w=0 \tag{A.2}$$

$$w(h-l)+\pi-T-C=0 \tag{A.3}$$

在等式（A.1）和等式（A.2）中，$U_i(C,l)$ 是指以（C, l）表示的 $U(\cdot,\cdot)$ 关于第 i 个自变量的一阶导数。根据等式（A.1）和等式（A.2），我们就可求出下列一阶条件：

$$\frac{U_2(C,l)}{U_1(C,l)}=w \tag{A.4}$$

这就是消费者的最优条件，我们在第 4 章曾经用图 4-5 进行了阐释。等式（A.4）表明，在最优状态下，闲暇对消费的边际替代率（等式的左边）等于实际工资（等式的右边）。为了便于分析，我们把等式（A.4）改写为：

$$U_2(C,l)-wU_1(C,l)=0 \tag{A.5}$$

于是，给定 w、π 和 T，等式（A.3）和等式（A.5）是决定 C 和 l 的最优选择的方程式。

一般而言，若不假定显式效用函数 $U(\cdot,\cdot)$，我们就无法从等式（A.3）和等式（A.5）得出 C 和 l 的显式闭型解，但是，我们可以用比较静态方法，确定在 w、π 或 T 任何一个变化时 C 和 l 是如何变化的。为此，我们求等式（A.3）和等式（A.5）的全微分，得到：

$$-dC-wdl+(h-l)dw+d\pi-dT=0 \tag{A.6}$$

$$(U_{12}-wU_{11})dC+(U_{22}-wU_{12})dl-U_1dw=0 \tag{A.7}$$

在等式（A.7）中，U_{ij} 表示 $U(\cdot,\cdot)$ 关于第 i 个和第 j 个自变量的二阶导数。现在，我们用矩阵形式把等式（A.6）和等式（A.7）写成：

$$\begin{bmatrix} -1 & -w \\ U_{12}-wU_{11} & U_{22}-wU_{12} \end{bmatrix} \begin{bmatrix} dC \\ dl \end{bmatrix} = \begin{bmatrix} -(h-l)dw-d\pi+dT \\ U_1dw \end{bmatrix} \tag{A.8}$$

然后，利用克莱默法则（Cramer's rule），我们就能求出感兴趣的导数。

首先，分析股息收入 π 变化的影响。利用克莱默法则，由等式（A.8）可以得到：

$$\frac{dC}{d\pi}=\frac{-U_{22}+wU_{12}}{\Delta} \tag{A.9}$$

$$\frac{\mathrm{d}l}{\mathrm{d}\pi} = \frac{U_{12} - wU_{11}}{\Delta} \tag{A.10}$$

其中

$$\Delta = -U_{22} + 2wU_{12} - w^2U_{11}$$

式中，Δ 是有关消费者的约束最优化问题的加边黑塞矩阵（bordered Hessian）的行列式，效用函数的拟凹性意味着 $\Delta > 0$。然而，这无法让我们判别等式（A.9）和等式（A.10）中导数的正负号。我们在第 4 章关于消费和闲暇是正常品的假设，等价于条件 $-U_{22} + wU_{12} > 0$ 和 $U_{12} - wU_{11} > 0$。因此，给定正常品，则 $\dfrac{\mathrm{d}C}{\mathrm{d}\pi} > 0$ 和 $\dfrac{\mathrm{d}l}{\mathrm{d}\pi} > 0$，消费者选择的消费和闲暇量在股息收入增加时会增加。显而易见，$\dfrac{\mathrm{d}C}{\mathrm{d}T} = -\dfrac{\mathrm{d}C}{\mathrm{d}\pi}$，$\dfrac{\mathrm{d}l}{\mathrm{d}T} = -\dfrac{\mathrm{d}l}{\mathrm{d}\pi}$，所以减税的影响等价于股息收入增加的影响。

接下来，我们再利用克莱默法则，根据等式（A.8）推导出实际工资变化的影响，得到：

$$\frac{\mathrm{d}C}{\mathrm{d}w} = \frac{wU_1 + (h-l)(-U_{22} + wU_{12})}{\Delta} \tag{A.11}$$

$$\frac{\mathrm{d}l}{\mathrm{d}w} = \frac{-U_1 + (h-l)(U_{12} - wU_{11})}{\Delta} \tag{A.12}$$

现在，假定消费是正常品，则 $-U_{22} + wU_{12} > 0$，且由于 $\Delta > 0$ 和 $U_1 > 0$（效用随着消费的增加而增加），因此，我们由等式（A.11）可知 $\dfrac{\mathrm{d}C}{\mathrm{d}w} > 0$，则消费会在实际工资收入增加时增加。然而，因实际工资变化对闲暇的收入效应与替代效应是相反的，故我们无法由等式（A.12）判别 $\dfrac{\mathrm{d}l}{\mathrm{d}w}$ 的正负号。通过确定闲暇对实际工资变化的反应，并保持效用不变，就可以代数形式将等式（A.12）中的收入效应与替代效应分离开来。这就可以得出替代效应，它可以表示为：

$$\frac{\mathrm{d}l}{\mathrm{d}w}（替代效应）= \frac{-U_1}{\Delta} < 0$$

因此，替代效应是，当实际工资增加时，闲暇减少，工作时间增加。这意味着，根据等式（A.12），收入效应是：

$$\frac{\mathrm{d}l}{\mathrm{d}w}（收入效应）= \frac{\mathrm{d}l}{\mathrm{d}w} - \frac{\mathrm{d}l}{\mathrm{d}w}（替代效应）= \frac{(h-l)(U_{12} - wU_{11})}{\Delta} > 0$$

假定闲暇是正常品，这意味着 $U_{12} - wU_{11} > 0$。因此，收入效应是，当实际工资增加时，闲暇增加。一般来说，若不对效用函数加以额外的限制，我们就无法知道 $\dfrac{\mathrm{d}l}{\mathrm{d}w}$ 的正负号。

附录

典型企业

我们在第 4 章中假定，典型企业的生产函数如下：

$$Y = zF(K, N^d)$$

式中，Y 为产出，z 为全要素生产率，$F(\cdot, \cdot)$ 为函数，K 为资本存量，N^d 为企业的劳动投入。假定函数 $F(\cdot, \cdot)$ 是拟凹的、两个自变量的严格增函数、一次齐次函数、规模收益不变，以及二次可微的。我们还假定，$F_2(K, 0) = \infty$，$F_2(K, \infty) = 0$，以确保企业的利润最大化问题总有内解，这里，$F_2(K, N^d)$ 是函数 $F(\cdot, \cdot)$ 关于第二个自变量的一阶导数。企业的利润最大化问题是选择劳动投入 N^d，以使

$$\pi = zF(K, N^d) - wN^d$$

最大化，且满足约束条件 $N^d \geqslant 0$。其中，π 为用消费品表示的收入与劳动成本的差额。也就是说，企业求解

$$\max_{N^d}(zF(K, N^d) - wN^d) \tag{A.13}$$

对函数 $F(\cdot, \cdot)$ 的限制意味着问题式（A.13）有唯一内解，我们用一阶条件

$$zF_2(K, N^d) = w \tag{A.14}$$

来描绘这个解的特征，它表明，企业会一直雇用劳动，直到边际劳动产量 $zF_2(K, N^d)$ 等于实际工资 w 为止。

通过比较静态方法，我们可以确定 w、z 和 K 变化对劳动需求 N^d 的影响。等式（A.14）隐含地将 N^d 确定为 w、z 和 K 的函数，求等式（A.14）的全微分，得到：

$$zF_{22}\mathrm{d}N^d - \mathrm{d}w + F_2\mathrm{d}z + zF_{12}\mathrm{d}K = 0$$

然后，求解恰当的导数，得到：

$$\frac{\mathrm{d}N^d}{\mathrm{d}w} = \frac{1}{zF_{22}} < 0$$

$$\frac{\mathrm{d}N^d}{\mathrm{d}z} = \frac{-F_2}{zF_{22}} > 0$$

$$\frac{\mathrm{d}N^d}{\mathrm{d}K} = \frac{-zF_{12}}{zF_{22}} > 0$$

由于 $F_{22} < 0$（边际劳动产量随着劳动量的增加而减少）、$F_2 > 0$（边际劳动产量为正）且 $F_{12} > 0$（边际劳动产量随着资本投入的增加而增加），因而我们就能判别上述导数的正负号。这些就是对第 4 章所讨论的生产函数的限制。因 $\frac{\mathrm{d}N^d}{\mathrm{d}w} < 0$，所以劳动需求曲线向下倾斜。而且，$\frac{\mathrm{d}N^d}{\mathrm{d}z} > 0$ 和 $\frac{\mathrm{d}N^d}{\mathrm{d}K} > 0$ 意味着，当 z 或 K 提高时，劳动需求曲线向右移动。

附录

问题

1. 假定消费者的偏好由效用函数 $U(C, l) = \ln C + \alpha \ln l$ 给定，其中 $\alpha > 0$。确定消费者对消费和闲暇的选择，并解释你的答案。

2. 在消费者选择问题中，说明至少一种商品必须是正常品。

3. 假定企业的生产技术由 $Y=zF(K,N)=zK^{\alpha}N^{1-\alpha}$ 给定，其中 $0<\alpha<1$。确定企业的劳动需求是 z、K、α 和 w 的函数，并解释。

4. 假定企业的生产技术由 $Y=z\min(K,\alpha N)$ 给定，其中 $\alpha>0$。如问题 3 一样，确定企业的劳动需求是 z、K、α 和 w 的函数，并解释。

第 5 章：封闭经济下的一时期宏观经济模型

这里先从形式上说明竞争性均衡与帕累托最优在一时期模型中是等价的，然后利用比较静态学，确定政府支出和全要素生产率变化的均衡效应。

竞争性均衡

在竞争性均衡中，典型消费者在其预算约束下实现效用最大化；典型企业实现利润最大化；政府预算约束成立；用劳动交换消费品的市场出清。根据上一部分的分析，描述消费者最优化的两个公式是预算约束式（A.3）或（A.5），它们分别为：

$$w(h-l)+\pi-T-C=0 \tag{A.15}$$

和

$$U_2(C,l)-wU_1(C,l)=0 \tag{A.16}$$

典型企业的最优化意味着等式（A.14）成立，即

$$zF_2(K,N^d)=w \tag{A.17}$$

企业的利润是：

$$\pi=zF(K,N^d)-wN^d \tag{A.18}$$

政府的预算约束表明政府支出等于税收收入，即

$$G=T \tag{A.19}$$

最后，市场出清条件是：

$$h-l=N^d \tag{A.20}$$

或劳动供给等于劳动需求。给定外生变量 z 和 G，等式（A.15）到等式（A.20）是求解 C、l、N^d、T、π 和 w 这 6 个内生变量的方程式。为使这一方程组更易处理，我们可作下列简化。

首先，用等式（A.18）到等式（A.20）替换等式（A.15）中的 π、T 和 N^d，得到：

$$C=zF(K,h-l)-G \tag{A.21}$$

然后用等式（A.20）替换等式（A.18）中的 N^d，接着再用等式（A.18）替换等式（A.16）中的 w，得到：

$$U_2(C,l)-zF_2(K,h-l)U_1(C,l)=0 \tag{A.22}$$

这样，就可以用等式（A.21）和等式（A.22）求解出均衡 C 和 l。把等式（A.20）的 N^d 代入等式（A.17），就可确定实际工资 w：

$$w=zF_2(K,h-l) \tag{A.23}$$

最后，根据生产函数，总产出由下式给定：

$$Y=zF(K,h-l)$$

帕累托最优

为了确定帕累托最优，我们需要知道，给定生产技术，为使典型消费者的福利最大化，虚构的社会计划者如何选择消费和闲暇。社会计划者求解

$$\max_{C,l} U(C,l)$$

满足约束条件

$$C=zF(K,h-l)-G$$

为求解社会计划者问题，我们建立有关上面约束最优化问题的拉格朗日函数，这个函数是：

$$L=U(C,l)+\lambda[zF(K,h-l)-G-C]$$

于是，最优状态的一阶条件是：

$$U_1(C,l)-\lambda=0 \tag{A.24}$$

$$U_2(C,l)-\lambda zF_2(K,h-l)=0 \tag{A.25}$$

$$zF(K,h-l)-G-C=0 \tag{A.26}$$

由等式（A.24）和等式（A.25），我们得到：

$$U_2(C,l)-zF_2(K,h-l)U_1(C,l)=0 \tag{A.27}$$

现在，求解帕累托最优的闲暇 l 和消费 C 的等式（A.26）和等式（A.27），与等式（A.21）和等式（A.22）是等价的，因此，帕累托最优的闲暇和消费量与竞争性均衡的闲暇和消费量是一样的。结果，在这个模型中，竞争性均衡和帕累托最优相同，因而第一福利定理和第二福利定理成立。

等式（A.27）可以改写为（为方便起见，压缩了一些自变量）：

$$\frac{U_2}{U_1}=zF_2$$

该等式表明，在最优状态下，闲暇对消费的边际替代率等于边际劳动产量（边际转换率）。

比较静态

我们现在确定 G 和 z 的变化对均衡 C、l、Y 和 w 的影响。为此，我们求等式（A.26）和等式（A.27）的全微分，得到：

$$-dC-zF_2dl+Fdz-dG=0$$

$$(U_{12}-zF_2U_{11})dC+(U_{22}+zF_{22}U_1-zF_2U_{12})dl-F_2U_1dz=0$$

然后，把两式变为矩阵形式，有

$$\begin{bmatrix} -1 & -zF_2 \\ U_{12}-zF_2U_{11} & U_{22}+zF_{22}U_1-zF_2U_{12} \end{bmatrix}\begin{bmatrix} dC \\ dl \end{bmatrix}=\begin{bmatrix} -Fdz+dG \\ F_2U_1dz \end{bmatrix} \quad (\text{A}.28)$$

我们现在利用克莱默法则，确定政府支出 G 变化的影响。根据等式（A.28），有：

$$\frac{dC}{dG}=\frac{U_{22}+zF_{22}U_1-zF_2U_{12}}{\Delta}$$

$$\frac{dl}{dG}=\frac{-U_{12}+zF_2U_{11}}{\Delta}$$

其中，

$$\Delta=-z^2F_2^2U_{11}+2zF_2U_{12}-U_{22}-zF_{22}U_1$$

式中，Δ 为有关社会计划者的约束最优化问题的加边黑塞矩阵的行列式，效用函数和生产函数的拟凹性确保了 $\Delta>0$。为了判别上面导数的正负号，根据等式（A.17），在均衡状态下，$zF_2=w$。这就意味着，给定我们关于消费和闲暇是正常品的假设，$U_{22}-zF_2U_{12}<0$，且 $-U_{12}+zF_2U_{11}<0$（回忆我们在上一部分的讨论）；由于 $F_{22}<0$（边际劳动产量随着劳动投入的增加而减少），故 $\dfrac{dC}{dG}<0$，$\dfrac{dl}{dG}<0$，所以，当政府购买增加时，消费和闲暇会因负收入效应而下降。关于对实际工资 w 的影响，由于 $w=zF_2(K,h-l)$，有：

$$\frac{dw}{dG}=-zF_{22}\frac{dl}{dG}<0$$

因而实际工资下降。关于对总产出的影响，由于 $Y=C+G$，有：

$$\frac{dY}{dG}=\frac{dC}{dG}+1=\frac{-z^2F_2^2U_{11}+zF_2U_{12}}{\Delta}>0$$

原因是闲暇被假定是正常品，这意味着 $zF_2U_{11}-U_{12}<0$。

现在，为了确定 z 变化的影响，我们再利用克莱默法则以及等式（A.28），于是有：

$$\frac{dC}{dz}=\frac{-F(U_{22}+zF_{22}U_1-zF_2U_{12})+F_2^2zU_1}{\Delta}$$

$$\frac{dl}{dz}=\frac{-F_2U_1+F(U_{12}-zF_2U_{11})}{\Delta}$$

由于消费是正常品，故 $U_{22}-zF_2U_{12}<0$，同时给定 $F_{22}<0$、$F>0$ 和 $U_1>0$，有 $\dfrac{dC}{dz}>0$，消费会随着全要素生产率的提高而增加，如第5章的图5-9所示。不过，我们无法判别 $\dfrac{dl}{dz}$ 的正负号，因为收入效应与替代效应相反。在保持效用不变的情况下，通过确定闲暇对 z 变化的反应，我们就可以把收入效应与替代效应分离开。所得到的替代效应是：

附录

$$\frac{\mathrm{d}l}{\mathrm{d}z}（替代效应）= \frac{-F_2 U_1}{\Delta}$$

因而替代效应是，闲暇减少，就业（$=h-l$）增加。z 变化的收入效应是：

$$\frac{\mathrm{d}l}{\mathrm{d}z}（收入效应）= \frac{\mathrm{d}l}{\mathrm{d}z} - \frac{\mathrm{d}l}{\mathrm{d}z}（替代效应）= \frac{F(U_{12} - zF_2 U_{11})}{\Delta} > 0$$

因为闲暇是正常品。因此，z 提高对闲暇会产生正的收入效应。

问题

1. 对于封闭经济一时期模型，假定 $U(C,l) = \ln C + \beta l$，$F(K,N) = zK^\alpha N^{1-\alpha}$，其中，$\beta > 0$，$0 < \alpha < 1$。确定竞争性均衡中的消费、就业、产出、闲暇和实际工资，并解释你的答案。

2. 对于封闭经济一时期模型，假定 $U(C,l) = \min(C, \beta l)$，$F(K,N) = \alpha K + \delta N$，其中，$\beta > 0$，$\alpha > 0$，$\delta > 0$。确定竞争性均衡中的消费、就业、产出、闲暇和实际工资，并解释你的答案。画出消费者的偏好和生产可能性边界图，并用这个图说明竞争性均衡。

第 6 章：搜寻和失业

本部分将第 6 章的搜寻模型扩展到动态情形，从而与戴蒙德、莫特森和皮萨里迪斯研究的搜寻模型更加相符。克里斯托弗·皮萨里迪斯的著作[1]或理查德·罗杰森（Richard Rogerson）、罗伯特·夏默（Robert Shimer）和兰德尔·赖特（Randall Wright）的综述文章[2]具有参考价值。

在该模型中，工人和企业具有无限寿命。时间用 $t=0$，1，2，…表示。每个工人具有的偏好由下式给定：

$$E_0 \sum_{t=0}^{\infty} \left(\frac{1}{1+r}\right)^t c_t$$

式中，E_0 是在第 0 时期由已知信息决定的期望算子；r 为该工人的折现率；c_t 是第 t 时期的消费。企业的偏好是：

$$E_0 \sum_{t=0}^{\infty} \left(\frac{1}{1+r}\right)^t (\pi_t - x_t)$$

式中，π_t 代表企业在第 t 时期的利润，x_t 代表在招工时所作的努力。

我们将注意力始终只集中于一种稳定状态，在这种稳定状态下，所有变量一直都保持不变。令 Q 代表处于失业和正在寻找工作的工人数，A 代表在积极招工的企业数。如第 6 章所述，工人与企业之间的匹配数是：

附录

---

[1] C. Pissarides，1990. *Equilibrium Unemployment Theory*，Basil-Blackwell，Cambridge，MA.

[2] R. Rogerson，R. Shimer，and R. Wright，2005. "Search Theoretic Models of the Labor Market：A Survey," *Journal of Economic Literature* 43，959-988.

$$M = em(Q, A) \tag{A.29}$$

式（A.29）右边的函数是匹配函数，e 是匹配效率，$m(\cdot, \cdot)$ 是对两个自变量严格递增的一阶齐次函数。

令 W_u 和 $W_e(w)$ 分别代表一个工人失业的价值和就业的价值，是处于失业状态和就业状态之后的期望效用。就业的价值取决于工资 w。同样，令 $J(w)$ 代表企业与工人相匹配的价值，令 V 代表企业招工的价值。

当一个工人与企业相匹配时，他们就要对工资 w 进行讨价还价。纳什讨价还价理论告诉我们，求解

$$\max_w \left[(W_e(w) - W_u)^a \, (J(w) - V)^{1-a} \right] \tag{A.30}$$

得到工资。式中，a 代表工人的讨价还价能力，$W_e(w) - W_u$ 是工人从这次匹配中获得的剩余，$J(w) - V$ 是企业的剩余。根据式（A.30），均衡状态的一阶条件给出：

$$W_e'(w)a[J(w) - V] + J'(w)(1-a)[W_e(w) - W_u] = 0 \tag{A.31}$$

利用动态规划（如果你不大熟悉这种方法，请见下一部分对动态规划的详细解释），一个工人与一家企业匹配的价值分别由下列贝尔曼方程决定：

$$rW_e(w) = w + \delta[W_u - W_e(w)] \tag{A.32}$$

$$rJ(w) = z - w + \delta[V - J(w)] \tag{A.33}$$

式中，δ 是离职率，这是匹配不成功的外生比率。从这些方程式中求解出 $W_e(w)$ 和 $J(w)$，然后求导得到：

$$W_e'(w) = -J'(w) = \frac{1}{r + \delta}$$

如果将此式代入一阶条件式（A.31）并加以简化，则得到：

$$W_e - W_u = a(J - V + W_e - W_u) \tag{A.34}$$

在式（A.34）中，我们把自变量从价值函数中去掉了，因为这些值在稳定状态下都不变。式（A.34）告诉我们，纳什讨价还价意味着，工人来自匹配的剩余是来自匹配总剩余的一个不变比例。

接下来，决定一个工人失业的价值的贝尔曼方程是：

$$rW_u = b + em(1, j)(W_e - W_u) \tag{A.35}$$

式中，b 是失业保险金，$j = A/Q$ 是劳动力市场紧张度。正在招工的企业发生的成本用努力 k 代表，因而招工的价值由贝尔曼方程给定：

$$rV = -k + em\left(\frac{1}{j}\right)(J - V) \tag{A.36}$$

在均衡状态下，除非

$$V = 0 \tag{A.37}$$

否则，企业将一直招工。因为对企业来说，招工的机会成本为零。

为了求解本模型的均衡状态，首先将匹配的总剩余界定如下：

$$S = J - V + W_e - W_u$$

然后，利用式（A.32）～（A.37）得到两个等式，求解总剩余 S 和劳动力市场紧张度 j：

$$S = \frac{z-b}{r+\delta+aem(1,j)} \tag{A.38}$$

$$S = \frac{k}{(1-a)em\left(\frac{1}{j}\right)} \tag{A.39}$$

给定 S 和 j 的解，我们可以利用等式（A.32）～（A.37）回过头来再确定 j、W_e、W_u 和 w。

令 E 代表稳定状态下的就业工人数，我们必定有：

$$\delta E = em(1,j)Q \tag{A.40}$$

因为在稳定状态下，工人从就业到失业的流动必定等于工人从失业到就业的流动。我们可以利用等式（A.40）求解失业率：

$$u = \frac{Q}{Q+E} = \frac{\delta}{\delta+em(1,j)}$$

根据等式（A.40），职位空缺率是：

$$v = \frac{A}{E+A} = \frac{j\delta}{em(1,j)+j\delta}$$

问题

1. 确定离职率 δ 提高对 w、j、u 和 v 的影响。
2. 利用第 6 章所讲的同样方法，说明如何确定劳动力的规模 $Q+E$。
3. 确定匹配效率 e 提高对 w、j、u 和 v 的影响。

第 7 章和第 8 章：经济增长

本部分分析索洛增长模型中储蓄率、劳动力增长率和全要素生产率的变化对稳定状态的劳均资本量、劳均产出量的影响。我们省略了对马尔萨斯增长模型的代数分析，因为它非常简单。我们要确定索洛增长模型中的资本积累黄金律；要构建消费-储蓄决策是内生作出的增长模型。在求解这个模型时，我们提供了动态规划方法的某些细节，这种方法在上一部分已用到，本附录后面还将用到。

索洛增长模型的显式结果

从第 7 章的分析可知，索洛增长模型中资本总量的变化可以表示为：

$$K' = (1-d)K + I \tag{A.41}$$

式中，K' 为未来资本；d 为折旧率；K 为当期资本；I 为当期投资。在均衡状态下，储蓄等于投资，因此 $sY=I$，其中，s 是储蓄率，Y 是总收入。而且，生产函

数由 $Y=zF(K,N)$ 给定，其中 z 是全要素生产率，N 是劳动力，因此代入等式（A.41），有：

$$K'=(1-d)K+zF(K,N) \tag{A.42}$$

现在，我们用描述劳动力增长的关系式 $N'=(1+n)N$（N' 表示未来劳动力，n 表示人口增长率），将等式（A.42）左右两边同时除以 N，并用表示劳均数量的小写字母变量形式，将上式改写为：

$$k'=\frac{szf(k)}{1+n}+\frac{(1-d)k}{1+n} \tag{A.43}$$

等式（A.43）就可以确定劳均资本存量从当期到未来的变化，其中，k 是当期劳均资本存量，k' 是未来劳均资本存量，$f(k)$ 是劳均生产函数。

在稳定状态下，$k'=k=k^*$，其中，k^* 是稳定状态的劳均资本量，根据等式（A.43），它满足

$$szf(k^*)-(n+d)k^*=0 \tag{A.44}$$

现在，为了确定 s、n 和 z 变化对稳定状态的劳均资本量的影响，我们求等式（A.44）的全微分，得到：

$$[szf'(k^*)-n-d]dk^*+szf(k^*)ds-k^*dn+sf(k^*)dz=0 \tag{A.45}$$

于是，求解恰当的导数，得到：

$$\frac{dk^*}{ds}=\frac{-zf(k^*)}{szf'(k^*)-n-d}>0$$

$$\frac{dk^*}{dn}=\frac{k^*}{szf'(k^*)-n-d}<0$$

$$\frac{dk^*}{dz}=\frac{-sf(k^*)}{szf'(k^*)-n-d}>0$$

这里，劳均资本会随着 s 和 z 的提高而增加，随着 n 的提高而减少。我们得到这些结果，是因为在稳定状态下，$szf'(k^*)-n-d<0$。由于稳定状态的劳均产出是 $y^*=zf(k^*)$，因此，对于这些实验中的每一个实验，稳定状态的劳均产出与稳定状态的劳均资本同向变化。

在稳定状态下，劳均消费量是：

$$c^*=zf(k^*)-(n+d)k^*$$

现在，当储蓄率变化时，在稳定状态下，劳均消费的反应是：

$$\frac{dc^*}{ds}=[zf'(k^*)-n-d]\frac{dk^*}{ds}$$

虽然 $\frac{dk^*}{ds}>0$，但 $zf'(k^*)-n-d$ 的正负号是不确定的，所以随着储蓄率的提高，劳均消费可能增加，也可能减少。黄金律储蓄率是使得稳定状态的劳均消费最大化的储蓄率 s_{gr}。黄金律稳定状态的劳均资本量要求解的问题是：

$$\max_{k^*}[zf(k^*)-(n+d)k^*]$$

我们用 k_{gr}^* 表示劳均资本量，求解

$$zf'(k_{gr}^*)-n-d=0$$

得到 k_{gr}^*。同时，根据等式（A.44），求出 s_{gr}：

$$s_{gr}=\frac{(n+d)k_{gr}^*}{zf(k_{gr}^*)}$$

例如，如果 $F(K,N)=K^{\alpha}N^{1-\alpha}$（柯布-道格拉斯生产函数），其中 $0<\alpha<1$，那么 $f(k)=k^{\alpha}$，于是有：

$$k_{gr}^*=\left(\frac{z\alpha}{n+d}\right)^{\frac{1}{1-\alpha}}$$

$$s_{gr}=\alpha$$

问题

1. 假定在索洛增长模型中，政府支出通过一次总付税筹资，政府总支出 $G=gY$，其中 $0<g<1$。求解稳定状态的劳均资本、劳均消费和劳均产出，并确定它们是如何取决于 g 的。能确定 g 以使得稳定状态的劳均消费最大化吗？如果能，请确定政府购买的最优产出比例 g^*，并解释你的结果。

最优增长：内生消费-储蓄决策

在这个模型中，我们放宽了索洛增长模型中所作的储蓄率是外生的假设，使消费可以随着时间的推移得到最优确定。我们这里所构建的这个模型，是戴维·卡斯（David Cass）和佳林·库普曼斯（Tjalling Koopmans）最先提出的最优增长理论的一种形式。[1] 在这个模型中，第二福利定理成立，因此我们可以求解社会计划者问题，以确定竞争性均衡。我们省略了人口增长和全要素生产率的变化，以尽可能地让这个模型简单。不过，这些特征很容易加进来。

假定有一个长生不老的典型消费者，其偏好由下式给定：

$$\sum_{t=0}^{\infty}\beta^{t}U(C_t) \tag{A.46}$$

式中，β 为典型消费者的主观折现因子，$0<\beta<1$；C_t 为第 t 时期的消费。下标 t 自始至终都表示时期。这种时期效用函数 $U(\cdot)$ 是连续可微、严格递增、严格凹和有界函数。假定 $\lim_{C\to0}U'(C)=\infty$。每一时期，消费者都被赋予一单位时间，这个时间可用来供给劳动。

生产函数可以表示为如下形式：

$$Y_t=F(K_t,N_t)$$

① D. Cass，1965. "Optimum Growth in an Aggregative Model of Capital Accumulation," *Review of Economic Studies* 32，233-240；and T. Koopmans，1965. "On the Concept of Optimal Growth," in *The Econometric Approach to Development Planning*，T. Koopmans ed.，pp. 225-287. North Holland，Amsterdam.

式中，Y_t 为产出；K_t 为资本投入；N_t 为劳动投入。生产函数 $F(\cdot,\cdot)$ 是连续可微、对两个自变量严格递增、一次齐次和严格拟凹函数。假定 $F(0,N)=0$，$\lim_{K\to 0}F_1(K,1)=\infty$ 和 $\lim_{K\to\infty}F_1(K,1)=0$。

资本存量服从运动定律：

$$K_{t+1}=(1-d)K_t+I_t \tag{A.47}$$

式中，I_t 为投资；d 为折旧率，且 $0\leqslant d\leqslant 1$；K_0 为初始资本存量，是给定的。在均衡状态下，对于所有 t，都有 $N_t=1$，于是，就可用 $H(K_t)=F(K_t,1)$ 定义函数 $H(K_t)$。经济的资源约束是：

$$C_t+I_t=H(K_t) \tag{A.48}$$

即消费加投资等于所创造的全部产出量。把等式（A.48）中的 I_t 代入等式（A.47）并重新整理，可得到单一的约束：

$$C_t+K_{t+1}=H(K_t)+(1-d)K_t \tag{A.49}$$

我们可以把等式（A.49）右边的社会计划者在第 t 时期可利用的资源视作第 t 时期的产出加上未折旧的资本存量部分，于是等式（A.49）右边可以被划分为第 t 时期的消费和第 $t+1$ 时期的资本存量。

这种经济的社会计划者的问题是，确定每一时期的消费和资本存量，以使式（A.46）最大化，并满足约束条件式（A.49）。这个问题的解仍等价于竞争性均衡的解。给定 K_0 和等式（A.49），对于 $t=0,1,2,\cdots,\infty$，社会计划者求解：

$$\max_{\{C_t,K_{t+1}\}_{t=0}^{\infty}}\sum_{t=0}^{\infty}U(C_t) \tag{A.50}$$

但是，求解满足等式（A.49）的式（A.50）这个问题，似乎很棘手，因为我们需要求解无穷序列的选择变量。然而，动态规划方法基本上可以使我们将这个无穷维问题转变成二维问题。[①] 为了说明这是如何进行的，由等式（A.49）右边可知，当期资本存量 K_t 决定了社会计划者在第 t 时期之初的可用资源。因此，K_t 决定了社会计划者从第 t 时期起能够提供给消费者多少效用。假定社会计划者知道 $v(K_t)$，它是社会计划者从第 t 时期起可以提供给这个典型消费者的最大效用。那么，社会计划者在任何 t 时期所求解的问题是：

$$\max_{C_t,K_{t+1}}\left[U(C_t)+\beta v(K_{t+1})\right]$$

满足约束条件

$$C_t+K_{t+1}=H(K_t)+(1-d)K_t$$

也就是说，在资源约束条件下，社会计划者会选择当期消费和下一期的资本存量，以使当期效用与下一期后的效用折现值之和最大化。现在，由于社会计划者的问题在每个时期看起来都一样，所以

附录

① 关于经济学中动态规划方法的更多详情，参见 N. Stokey，R. Lucas，and E. Prescott，1989. *Recursive Methods in Economic Dynamics*，Harvard University Press，Cambridge. MA。

$$v(K_t) = \max_{C_t, K_{t+1}} \left[U(C_t) + \beta v(K_{t+1}) \right] \tag{A.51}$$

满足约束条件

$$C_t + K_{t+1} = H(K_t) + (1-d)K_t \tag{A.52}$$

等式（A.51）被称为贝尔曼方程（Bellman equation）或函数方程，这个方程决定了 $v(\cdot)$。我们称 $v(K_t)$ 为价值方程，因为由此可知，社会计划者在第 t 时期的问题价值是状态变量 K_t 的函数。给定我们所作的假设，存在一个唯一函数 K_t 来求解贝尔曼方程。虽然在某些情况下，我们可以得到 $v(\cdot)$ 的显式解（见本部分末的问题），但不管怎样，如果我们假定 $v(\cdot)$ 是可微和严格凹函数（给定我们的假设，这里正是如此），就可以对社会计划者的问题作动态规划表述，且等式（A.51）满足约束条件等式（A.52），以便于描述解的特征。

用约束条件式（A.52）替换目标函数中的 C_t，就可以将上述问题简化，得到：

$$v(K_t) = \max_{K_{t+1}} \{ U[H(K_t) + (1-d)K_t - K_{t+1}] + \beta v(K_{t+1}) \} \tag{A.53}$$

然后，给定价值函数 $v(\cdot)$ 是凹的和可微的，我们就能对等式（A.53）的右边求微分，得到最优状态的一阶条件，即

$$U'[H(K_t) + (1-d)K_t - K_{t+1}] + \beta v'(K_{t+1}) = 0 \tag{A.54}$$

现在，为了确定 $v'(K_{t+1})$，我们将包络定理（envelope theorem）应用于微分方程（A.53），得到：

$$v'(K_t) = [H'(K_t) + 1 - d]U'[H(K_t) + (1-d)K_t - K_{t+1}]$$

然后，我们将一时期更新，替换等式（A.54）中的 $v'(K_{t+1})$，有：

$$-U'[H(K_t) + (1-d)K_t - K_{t+1}] + \beta [H'(K_{t+1}) + 1 - d]$$
$$\times U'[H(K_{t+1}) + (1-d)K_{t+1} - K_{t+2}] = 0 \tag{A.55}$$

现在，我们知道，在这个模型中，资本量收敛于不变的稳定状态值 K^*。通过替换等式（A.55）中的 $K_{t+1} = K_t = K^*$，就能用等式（A.55）解出 K^*，经过简化，在最优稳定状态下，就可以得到：

$$-1 + \beta [H'(K^*) + 1 - d] = 0 \tag{A.56}$$

或

$$H'(K^*) - d = \frac{1}{\beta} - 1$$

也就是说，在最优稳定状态下，净边际资本产量等于典型消费者的主观折现率。

在这个模型中，储蓄率由下式给定：

$$s_t = \frac{I_t}{Y_t} = \frac{K_{t+1} - (1-d)K_t}{H(K_t)}$$

因此，在稳定状态下，储蓄率是：

$$s^* = \frac{dK^*}{H(K^*)}$$

在这个模型中，由于储蓄率是随着时间的推移最优选择出来的，因此选择"黄

金律储蓄率"就无意义了。的确，在这个模型中，稳定状态的最优储蓄率并未使得稳定状态的消费最大化。对于稳定状态的资本存量 K^* 的值，稳定状态的消费会实现最大化，使得 $H'(K^*) = d$，但这不同于等式（A.56）所确定的最优稳定状态的资本存量。

问题

1. 在最优增长模型中，假定 $U(C_t) = \ln C_t$，$F(K_t, N_t) = K_t^\alpha N_t^{1-\alpha}$，且 $d = 1$（100%折旧）。

（a）推测价值函数的形式是 $v(K_t) = A + B\ln K_t$，其中 A 和 B 是未定常数。

（b）用你的推测替代等式（A.53）右边的价值函数，求解最优化问题，并验证你的推测是正确的。

（c）通过替换你从（b）中得出的等式（A.53）右边的最优解，并使之等于这个等式两边的系数，求解 A 和 B。

（d）确定作为 K_t 的函数的 K_{t+1} 和 C_t 的解，并解释这些解。

第 9 章：两时期模型

本部分将从形式上推导单个消费者行为的结果，并说明消费者在两时期里如何通过选择消费和储蓄以实现最优，以及消费者如何对收入和市场实际利率的变化作出反应。

消费者的最优化问题

消费者的偏好由效用函数 $U(c, c')$ 定义，其中，c 是当期消费；c' 是未来消费；$U(\cdot, \cdot)$ 是严格拟凹的、对两个自变量是递增的且二次可微的。为了确保消费者的问题有内解，我们假定，当期消费和未来消费的边际效用会因当期消费和未来消费分别趋于零，每一个在极限中都趋于无穷。消费者在其一生预算约束下选择 c 和 c'，以使 $U(c, c')$ 最大化，也就是说，

$$\max_{c, c'} U(c, c')$$

满足约束条件

$$c + \frac{c'}{1+r} = y + \frac{y'}{1+r} - t - \frac{t'}{1+r}$$

式中，y 为当期收入；y' 为未来收入；t 为当期税收；t' 为未来税收。有关此受约束的最优化问题的拉格朗日函数是：

$$L = U(c, c') + \lambda(y + \frac{y'}{1+r} - t - \frac{t'}{1+r} - c - \frac{c'}{1+r})$$

式中，λ 为拉格朗日乘子。因此，最优状态的一阶条件是：

附录

$$U_1(c,c') - \lambda = 0 \tag{A.57}$$

$$U_2(c,c') - \frac{\lambda}{1+r} = 0 \tag{A.58}$$

$$y + \frac{y'}{1+r} - t - \frac{t'}{1+r} - c - \frac{c'}{1+r} = 0 \tag{A.59}$$

于是，在等式（A.57）和等式（A.58）中，我们消去 λ，得到：

$$U_1(c,c') - (1+r)U_2(c,c') = 0 \tag{A.60}$$

也可以将等式（A.60）改写为：

$$\frac{U_1(c,c')}{U_2(c,c')} = 1+r$$

这表明，在最优状态下，跨期边际替代率（当期消费对未来消费的边际替代率）等于 1 加上实际利率。

为方便起见，我们可以将等式（A.59）改写为：

$$y(1+r) + y' - t(1+r) - t' - c(1+r) - c' = 0 \tag{A.61}$$

给定当期收入 y 和未来收入 y'、当期税收 t 和未来税收 t'，以及实际利率 r，等式（A.60）和等式（A.61）就可以确定消费者所选择的 c 和 c'。

比较静态

为了确定当期收入、未来收入以及实际利率的变化对当期消费、未来消费以及储蓄的影响，我们对等式（A.60）和等式（A.61）求全微分，得到：

$$[U_{11} - (1+r)U_{12}]dc + [U_{12} - (1+r)U_{22}]dc' - U_2 dr = 0$$

$$-(1+r)dc - dc' + (y-t-c)dr + (1+r)dy + dy' - (1+r)dt - dt' = 0$$

这两个方程可以写成如下矩阵形式：

$$\begin{bmatrix} U_{11} - (1+r)U_{12} & U_{12} - (1+r)U_{22} \\ -(1+r) & -1 \end{bmatrix} \begin{bmatrix} dc \\ dc' \end{bmatrix}$$

$$= \begin{bmatrix} U_2 dr \\ -(y-t-c)dr - (1+r)dy - dy' - (1+r)dt - dt' \end{bmatrix} \tag{A.62}$$

首先，我们确定当期收入 y 变化的影响。把克莱默法则应用于等式（A.62），则有：

$$\frac{dc}{dy} = \frac{(1+r)[U_{12} - (1+r)U_{22}]}{\Delta}$$

$$\frac{dc'}{dy} = \frac{(1+r)[-U_{11} + (1+r)U_{12}]}{\Delta}$$

式中，

$$\Delta = -U_{11} + 2(1+r)U_{12} - (1+r)^2 U_{22}$$

给定我们对效用函数的限制，Δ（是有关消费者的约束最优化问题的加边黑塞矩阵的行列式）严格为正。而且，假定当期消费和未来消费是正常品，则 U_{12} —

$(1+r)U_{22}>0$ 和 $-U_{11}+(1+r)U_{12}>0$，故 $\dfrac{\mathrm{d}c}{\mathrm{d}y}>0$ 和 $\dfrac{\mathrm{d}c'}{\mathrm{d}y}>0$。因此，当期收入增加，

会使得当期消费和未来消费都增加。当期储蓄由 $s=y-c-t$ 给定，从而，

$$\frac{\mathrm{d}s}{\mathrm{d}y}=1-\frac{\mathrm{d}c}{\mathrm{d}y}=\frac{-U_{11}+(1+r)U_{12}}{\Delta}>0$$

原因是，由正常品的假设可以得出 $-U_{11}+(1+r)U_{12}>0$。因此，当 y 增加时，当期储蓄增加。

为了确定未来收入 y' 变化的影响，我们再把克莱默法则应用于等式（A.62），则有：

$$\frac{\mathrm{d}c}{\mathrm{d}y'}=\frac{1}{1+r}\frac{\mathrm{d}c}{\mathrm{d}y}>0$$

$$\frac{\mathrm{d}c'}{\mathrm{d}y'}=\frac{1}{1+r}\frac{\mathrm{d}c'}{\mathrm{d}y}>0$$

因而除了用一时期折现因子 $\dfrac{1}{1+r}$ 对导数折现外，y' 变化的影响实质上等同于 y 变化的影响。对储蓄的影响是：

$$\frac{\mathrm{d}s}{\mathrm{d}y'}=-\frac{\mathrm{d}c}{\mathrm{d}y'}<0$$

因此，当未来收入增加时，储蓄减少。

最后，为了确定实际利率 r 变化对当期消费和未来消费的影响，我们再把克莱默法则应用于等式（A.62），得到：

$$\frac{\mathrm{d}c}{\mathrm{d}r}=\frac{-U_2+[U_{12}-(1+r)U_{22}](y-t-c)}{\Delta}$$

$$\frac{\mathrm{d}c'}{\mathrm{d}r}=\frac{(1+r)U_2-[U_{11}-(1+r)U_{12}](y-t-c)}{\Delta}$$

这两个导数的正负号是不确定的，因为收入效应和替代效应也许相反。如上所述，保持效用不变，通过确定 c 和 c' 对 r 变化的反应，我们可以将收入效应与替代效应分离开来。替代效应是：

$$\frac{\mathrm{d}c}{\mathrm{d}r}(\text{替代效应})=\frac{-U_2}{\Delta}<0$$

$$\frac{\mathrm{d}c'}{\mathrm{d}r}(\text{替代效应})=\frac{(1+r)U_2}{\Delta}>0$$

从而替代效应是，当实际利率提高时，当期消费减少，未来消费增加。收入效应是：

$$\frac{\mathrm{d}c}{\mathrm{d}r}(\text{收入效应})=\frac{\mathrm{d}c}{\mathrm{d}r}-\frac{\mathrm{d}c}{\mathrm{d}r}(\text{替代效应})=\frac{[U_{12}-(1+r)U_{22}](y-t-c)}{\Delta}$$

$$\frac{\mathrm{d}c'}{\mathrm{d}r}(\text{收入效应})=\frac{\mathrm{d}c'}{\mathrm{d}r}-\frac{\mathrm{d}c'}{\mathrm{d}r}(\text{替代效应})=\frac{[U_{11}-(1+r)U_{12}](y-t-c)}{\Delta}$$

这里，由正常品的假设可以得出 $U_{12}-(1+r)U_{22}>0$ 和 $U_{11}-(1+r)U_{12}<0$。因此，给定这个假设，收入效应的正负号取决于消费者是贷方还是借方，即取决于

附录

$y-t-c$ 的正负号。如果消费者是贷方，则 $y-t-c>0$，那么收入效应是，当期消费和未来消费增加。不过，如果 $y-t-c<0$，则消费者是借方，那么收入效应是，当期消费和未来消费减少。

由于储蓄是 $s=y-t-c$，因此，实际利率变化对储蓄的影响取决于对当期消费的影响，即：

$$\frac{\mathrm{d}s}{\mathrm{d}r}=-\frac{\mathrm{d}c}{\mathrm{d}r}$$

问题

1. 假定 $U(c,c')=\ln c+\beta\ln c'$，$\beta>0$。确定消费者的当期消费和未来消费，并用收入效应和替代效应解释你的答案。

2. 假定 $U(c,c')=\ln c+\beta\ln c'$，$\beta>0$，并假定消费者按实际利率 r_1 贷款，按利率 r_2 借款，$r_1<r_2$。在什么条件下，（a）消费者是借方，（b）消费者是贷方，（c）消费者既不是借方也不是贷方？请解释你的结果。

第 11 章：包含投资的实际跨期模型

以代数形式分析本章所构建的模型，收获不大。可能要将这个模型线性化才适合于显式解，但是，对这个线性化的模型进行分析，需要冗长而烦琐的代数运算。就本章的分析来说，我们将集中于对典型企业投资问题进行形式化处理。

给定企业的当期生产函数和未来生产函数，它们分别是：

$$Y=zF(K,N) \tag{A.63}$$

和

$$Y'=z'F(K',N') \tag{A.64}$$

式中，Y 和 Y' 分别为当期产出和未来产出；z 和 z' 分别为当期全要素生产率和未来全要素生产率；K 和 K' 分别为当期资本存量和未来资本存量；N 和 N' 分别为当期劳动投入和未来劳动投入。资本存量的变化形式是：

$$K'=(1-d)K+I \tag{A.65}$$

式中，d 为折旧率；I 为第 1 时期的资本投资。该企业的利润现值是：

$$V=Y-I-wN+\frac{Y'-w'N'+(1-d)K}{1+r} \tag{A.66}$$

式中，w 为当期实际工资；w' 为未来实际工资；r 为实际利率。我们用等式（A.63）至等式（A.65）替换等式（A.66）中的 Y、Y' 和 K'，得到：

$$V=zF(K,N)-I-wN+\frac{z'F[(1-d)K+I',N']-w'N'+(1-d)[(1-d)K+I]}{1+r} \tag{A.67}$$

企业的目标是选择 N、N' 和 I，以使 V 最大化。求等式（A.67）关于 N、N' 和 I

的微分，就可以得出最优状态的一阶条件，它们分别是：

$$\frac{\partial \mathcal{N}}{\partial N} = zF_2(K,N) - w = 0 \tag{A.68}$$

$$\frac{\partial \mathcal{N}}{\partial N'} = \frac{z'F_2[(1-d)K+I, N'] - w'}{1+r} = 0 \tag{A.69}$$

$$\frac{\partial \mathcal{N}}{\partial I} = -1 + \frac{z'F_1[(1-d)K+I, N'] + 1 - d}{1+r} = 0 \tag{A.70}$$

等式（A.68）和等式（A.69）分别表明，企业在当期和未来分别使边际劳动产量等于实际工资以实现最优。我们可以把等式（A.70）简写为：

$$z'F_1[(1-d)K+I, \ N'] - d = r \tag{A.71}$$

或给定 N'，企业可以通过让未来净边际资本产量等于实际利率来选择最优投资。给定未来就业 N'，为了确定 z'、K、d 和 r 的变化对投资决策的影响，我们对等式（A.71）求全微分，得到：

$$z'F_{11}dI + z'(1-d)F_{11}dK + F_1 dz - (z'KF_{11} + 1)dd - dr = 0$$

于是，我们有：

$$\frac{dI}{dr} = \frac{1}{z'F_{11}} < 0$$

因此，当实际利率提高时，投资下降；

$$\frac{dI}{dK} = d - 1 < 0$$

因此，初始资本存量 K 越高，投资就越低；

$$\frac{dI}{dz'} = \frac{-F_1}{z'F_{11}} > 0$$

因此，当全要素生产率提高时，投资增加；

$$\frac{dI}{dd} = \frac{z'KF_{11} + 1}{z'F_{11}}$$

该式的正负号不确定，因而折旧率变化对投资的影响是不确定的。

问题

1. 假定企业创造的产出只来源于资本。当期产出由 $Y = zK^{\alpha}$ 给定，未来产出由 $Y' = z'(K')^{\alpha}$ 给定，$0 < \alpha < 1$。确定企业的投资，并说明投资是如何取决于实际利率、未来全要素生产率、折旧率和 α 的。请解释你的结果。

第 12 章：货币、银行、价格和货币政策

本部分将建立显式现金先行模型，该模型与第 12 章所构建的模型有些不同。特别是，在这个模型中，不存在投资或资本，且所有消费品都是用现金购买的；也不存在赊购。不过，我们可以利用这个模型详细解出第 12 章和第 17 章讨论货币跨

附录

期模型时得到的许多结果。

在现金先行模型中，假定有一个长生不老的典型消费者，其偏好由下列效用函数给定：

$$\sum_{t=0}^{\infty} \beta^t \left[U(C_t) - V(N_t) \right] \tag{A.72}$$

式中，β 为主观折现因子，且 $0 < \beta < 1$；C_t 为第 t 时期的消费；N_t 为第 t 时期的劳动供给；$U(\cdot)$ 为严格递增和严格凹函数，且 $U'(0) = \infty$；$V(\cdot)$ 为严格递增和严格凸函数，且 $V'(0) = 0$。假定 $U(\cdot)$ 和 $V(\cdot)$ 是二次连续可微的。

为简化起见，假定现金先行模型中没有资本或投资，这样就可将注意力集中在主要结果上，生产函数形式可以表示如下：

$$Y_t = zN_t \tag{A.73}$$

式中，Y_t 为第 t 时期的产出；z 为边际劳动产量。这个线性生产函数具有规模收益不变的特性。

在第 t 时期内，时间的安排如下：期初，典型消费者有 M_t 单位从上一期留下来的货币、B_t 单位的名义债券和 X_t 单位的实际债券。每一张第 t 时期发行的名义债券，承诺在第 $t+1$ 时期支付 1 单位的货币；每一张第 t 时期发行的实际债券，承诺在第 $t+1$ 时期支付 1 单位的消费品。在现金先行模型中，有了名义债券和实际债券，我们就能明确地确定名义利率和实际利率。一张在第 t 时期发行的名义债券，出售后获得 q_t 单位的货币；而一张实际债券，出售后获得 s_t 单位的第 t 时期的消费品。

期初，资产市场开市，消费者可以从其自上期以来持有的债券上获得报酬，消费者可以用货币交换于第 $t+1$ 时期到期的名义债券和实际债券。消费者也必须在这个时期缴纳实际一次总付税 T_t。在资产市场闭市后，消费者可以向企业供给 N_t 单位的劳动，并在商品市场上购买消费品，但是，他必须用资产市场闭市后所持有的货币来购买这些消费品。在第 t 时期，消费品按货币价格 P_t 出售。因此，典型消费者必须遵守现金先行约束：

$$P_t C_t + q_t B_{t+1} + P_t s_t X_{t+1} + P_t T_t = M_t + B_t + P_t X_t \tag{A.74}$$

当商品市场闭市时，消费者可以从典型企业那里以现金形式获得其劳动所得。于是，消费者所面临的预算约束是：

$$P_t C_t + q_t B_{t+1} + P_t s_t X_{t+1} + P_t T_t + M_{t+1} = M_t + B_t + P_t X_t + P_t z N_t \tag{A.75}$$

式中，M_{t+1} 为消费者期末所持有的货币量；z 为第 t 时期的实际工资，在均衡状态下，该工资一定等于不变的边际劳动产量。

我们用 $\overline{M}_t$ 表示第 t 时期期初的货币供给，则政府预算约束是：

$$\overline{M}_{t+1} - \overline{M}_t = -P_t T_t \tag{A.76}$$

政府征税，会使得货币供给按不变比率 α 增长。也就是说，对于所有的 t，都有 $\overline{M}_{t+1} = (1+\alpha)\overline{M}_t$。根据等式（A.76），这意味着：

$$_a\overline{M}_t = -P_t T_t \tag{A.77}$$

现在，将等式两边同时乘以 $\frac{1}{M_t}$，并用小写字母表示比例名义变量，例如 $p_t = \frac{P_t}{M_t}$，就可很方便地将约束条件式（A.74）和（A.75）按比例调整。于是，我们可以将等式（A.74）和等式（A.75）改写为：

$$p_t C_t + q_t b_{t+1}(1+\alpha) + p_t s_t X_{t+1} + p_t T_t = m_t + b_t + p_t X_t \tag{A.78}$$

和

$$p_t C_t + q_t b_{t+1}(1+\alpha) + p_t s_t X_{t+1} + p_t T_t + m_{t+1}(1+\alpha) = m_t + b_t + p_t X_t + p_t z N_t \tag{A.79}$$

典型消费者的问题是，在满足约束条件式（A.78）和式（A.79）下，在每一时期（$t = 0，1，2，\cdots，\infty$）选择 C_t、N_t、b_{t+1}、X_{t+1} 和 m_{t+1}，以使式（A.72）最大化。我们把这个问题用动态规划来表述，就可将此问题简化。用 $v(m_t, b_t, X_t; p_t, q_t, s_t)$ 表示价值函数，则有关消费者问题的贝尔曼方程是：

$$v(m_t, b_t, X_t; p_t, q_t, s_t)$$
$$= \max_{C_t, N_t, b_{t+1}, X_{t+1}, m_{t+1}} \left[U(C_t) - V(N_t) + \beta v(m_{t+1}, b_{t+1}, X_{t+1}; p_{t+1}, q_{t+1}, s_{t+1}) \right]$$

满足约束条件式（A.78）和（A.79）。用 λ_t 和 μ_t 表示有关约束条件式（A.78）和（A.79）的拉格朗日乘子，则最优状态的一阶条件是：

$$U'(C_t) - (\lambda_t + \mu_t)p_t = 0 \tag{A.80}$$

$$-V'(N_t) + \mu_t p_t z = 0 \tag{A.81}$$

$$-q_{t+1}(1+\alpha)(\lambda_t + \mu_t) + \beta \frac{\partial v}{\partial b_{t+1}} = 0 \tag{A.82}$$

$$-p_t s_t(\lambda_t + \mu_t) + \beta \frac{\partial v}{\partial X_{t+1}} = 0 \tag{A.83}$$

$$-(1+\alpha)\mu_t + \beta \frac{\partial v}{\partial m_{t+1}} = 0 \tag{A.84}$$

通过对贝尔曼方程求微分并运用包络定理，我们也能推导出下列包络条件：

$$\frac{\partial v}{\partial b_t} = \lambda_t + \mu_t \tag{A.85}$$

$$\frac{\partial v}{\partial X_t} = p_t(\lambda_t + \mu_t) \tag{A.86}$$

$$\frac{\partial v}{\partial m_t} = \lambda_t + \mu_t \tag{A.87}$$

现在，我们可以用包络条件等式（A.85）至等式（A.87）（已更新的一时期）替换等式（A.82）至等式（A.84）中的价值函数的导数，然后用等式（A.80）和等式（A.81）替换等式（A.82）至等式（A.84）中的拉格朗日乘子，得到：

$$\frac{-q_t(1+\alpha)U'(C_t)}{p_t} + \beta \frac{U'(C_{t+1})}{p_{t+1}} = 0 \tag{A.88}$$

附录

$$-s_t U'(C_t) + \beta U'(C_{t+1}) = 0 \tag{A.89}$$

$$\frac{-(1+\alpha)V'(N_t)}{p_t z} + \beta \frac{U'(C_{t+1})}{p_{t+1}} = 0 \tag{A.90}$$

接下来，对于所有 t，市场出清条件是：

$$m_t = 1, \ b_t = 0, \ X_t = 0$$

也就是说，在每一时期，货币需求等于货币供给，名义债券需求等于零值净名义债券供给，实际债券需求等于零值净实际债券供给。替换等式（A.78）和等式（A.79）中的市场出清条件，并用等式（A.77）替换 T_t，得到：

$$p_t C_t = 1 + \alpha \tag{A.91}$$

$$C_t = z N_t \tag{A.92}$$

等式（A.91）和等式（A.92）分别表明，在均衡状态下，全部货币在期初都由典型消费者持有并用于购买消费品，均衡中所创造的全部产出都被消费。

现在，假定存在均衡状态，在这种状态下，对于所有 t，都有 $C_t = C$，$N_t = N$，$p_t = p$，$q_t = q$ 和 $s_t = s$，我们可以用等式（A.88）至等式（A.92）求解 C、N、p、q 和 s，得到：

$$q = \frac{\beta}{1+\alpha} \tag{A.93}$$

$$s = \beta \tag{A.94}$$

$$(1+\alpha)V'(N) - \beta z U'(zN) = 0 \tag{A.95}$$

$$C = zN \tag{A.96}$$

$$p = \frac{1+\alpha}{C} \tag{A.97}$$

这里，等式（A.93）和等式（A.94）分别给出了 q 和 s 的解，而等式（A.95）隐含地给出了 N 的解。于是，给定 N 的解，我们就能根据等式（A.96）和等式（A.97）求出 C 和 p 的递归解。用等式（A.80）、等式（A.81）、等式（A.91）、等式（A.92）和等式（A.95），我们就能求解拉格朗日乘子 λ，得到：

$$\lambda = \frac{CU'(C)}{1+\alpha}\left(1 - \frac{\beta}{1+\alpha}\right) = \frac{CU'(C)}{1+\alpha}(1-q) \tag{A.98}$$

现在，值得注意的是，因为 $R = \frac{1}{q} - 1$，故名义利率由名义债券价格 q 决定，只要 $q < 1$，名义利率就为正。根据等式（A.93），当 $\alpha > \beta - 1$ 时，也就是说，只要货币增长率足够大，名义利率就为正。有关现金先行约束的拉格朗日乘子就为正，亦即，当且仅当 $q < 1$ 时，$\lambda > 0$。因此，正的名义利率与有约束力的现金先行约束相关。

根据等式（A.93），名义利率是：

$$R = \frac{1+\alpha}{\beta} - 1$$

实际利率是 $\frac{1}{s}-1$；根据等式（A.94），则有：

$$r = \frac{1}{\beta} - 1$$

它是典型消费者的主观时间偏好率。此外，通货膨胀率是：

$$i = \frac{P_{t+1}}{P_t} - 1 = \frac{p_{t+1}}{p_t}\frac{\overline{M}_{t+1}}{\overline{M}_t} - 1 = \alpha$$

因而通货膨胀率等于货币供给增长率。此时，根据上面的分析，费雪关系式显然成立，即

$$1 + r = \frac{1+R}{1+i}$$

货币增长对实际变量的影响可以通过求等式（A.95）关于 N 和 α 的全微分得到，即

$$\frac{\mathrm{d}N}{\mathrm{d}\alpha} = \frac{-V'}{(1+\alpha)V'' - \beta z^2 U''} < 0$$

因此，就业会随着货币增长率的提高而下降，且由于在均衡状态下，$Y = C = zN$，因此产出和消费也会下降。这种影响是因为通货膨胀扭曲了跨期决策而产生的。第 t 时期劳动所得以现金形式被持有，直到第 $t+1$ 时期才花费在消费上，因此，它会受到通货膨胀的侵蚀。于是，较高的通货膨胀率会减少劳动供给、产出和消费。

什么是最优通货膨胀率？为了确定帕累托最优，我们求解社会计划者问题，也就是求解

$$\max_{\{C_t, N_t\}_{t=0}^{\infty}} \sum_{t=0}^{\infty} \beta^t [U(C_t) - V(N_t)]$$

满足约束条件 $C_t = zN_t$（对于所有 t）。这个问题解的特征由下列一阶条件给定：

$$zU'(zN^*) - V'(N^*) = 0$$

式中，N^* 为每一时期 t 的最优就业。在均衡状态下，就业 N 取决于等式（A.95），在 $\alpha = \beta - 1$ 时，均衡就业等于 N^*。最优货币增长率 $\beta - 1$ 刻画了弗里德曼法则的特征，因为根据等式（A.93），这意味着名义利率为零，通货膨胀率是 $\beta - 1$，货币收益率是 $\frac{1}{\beta} - 1$，它等同于实际利率 r。根据等式（A.98），现金先行约束在 $\alpha = \beta - 1$ 时没有约束力，原因是 $\lambda = 0$。因此，弗里德曼法则放宽了现金先行约束，使得均衡状态下全部资产的收益率都相等。

问题

1. 假定在货币跨期模型中，$U(C) = 2C^{\frac{1}{2}}$ 和 $V(N) = \frac{1}{2}N^2$。确定消费、就业、产出、名义利率和实际利率的闭型解。在均衡状态下，z 和 α 变化的影响是什么？请解释你的结果。

第 17 章：货币、通货膨胀和银行

我们在这里分析两个模型的形式化结果，一个是清泷信宏-赖特货币搜寻模型（Kiyotaki-Wright monetary search model），另一个是戴蒙德-迪布维格银行模型。利用货币跨期模型推导的货币增长的结果已在上一部分完成。

清泷信宏-赖特货币搜寻模型

本部分建立一个清泷信宏-赖特随机匹配模型，说明不兑现货币是如何克服双方需要一致的缺失这个问题的。该模型与阿尔贝托·特雷乔斯（Alberto Trejos）和兰德尔·赖特（Randall Wright）在《政治经济学杂志》（*Journal of Political Economy*）上发表的一篇文章中所构建的模型联系紧密[①]，并把第 17 章的模型推广到有 n 种不同商品而不是 3 种商品的情形中。为了分析这个模型，需要具备基本的概率知识。

在这个模型中，有 n 种不同类型的消费者和 n 种商品，其中 $n \geqslant 3$。每个消费者的寿命都无限，并且使下式最大化：

$$E_0 \sum_{t=0}^{\infty} \left(\frac{1}{1+r} \right)^t U_t$$

式中，E_0 为 $t=0$ 时由信息决定的期望算子；r 为消费者的主观折现率；U_t 为第 t 时期消费所得的效用，若没有消费，则 $U_t=0$。给定消费者面临的不确定性，我们假定，他是预期效用的最大化者。i 类消费者生产 i 商品并消费 $i+1$ 商品（$i=1, 2, 3, \cdots, n-1$）；n 类消费者生产 n 商品并消费 1 商品。如果 $n=3$，则这与我们在第 17 章中分析的情况相同。在这个 n 商品模型中，存在双方需要一致的缺失问题，因为没有两个消费者生产彼此需要的东西。

商品是不可分的，因此，当商品被生产出来时，消费者也只能生产 1 单位。当 $t=0$ 时，有 M 比例的人口每人被赋予 1 单位的不兑现货币，且不兑现货币也是不可分的。此外，消费者一次至多可以持有 1 单位的某种东西，因此，在任何时期期末，消费者都要么持有 1 单位的商品，要么持有 1 单位的货币，要么什么也没有。生产商品没有成本，以存货形式持有 1 单位的商品或货币也无成本。

在第 0 时期期末，每个不持有货币的消费者所生产的商品，都会被该消费者以存货形式持有到第 1 时期。在第 1 时期，消费者之间随机地两两相配，因此在第 1 时期，某个消费者只能与另外一个消费者接触。相接触的两个消费者查看彼此的商品，并表明他们是否愿意进行交易。如果两个人都愿意，他们就进行交易，通过交

① A. Trejos and R. Wright, 1995. "Search, Bargaining, Money, and Prices," *Journal of Political Economy* 103, 118-141.

易而得到消费品的消费者会消费此商品（这是最优的），以从消费中获得效用 $u >$ 0，并生产另一种商品。依此类推，消费者进入第 2 时期，等等。两个消费者之间的接触不会超过一次，因为人口中有无穷多的消费者。我们假定，每一类型消费者的人数相同，因此，在人口中，某一类型消费者的比例是 $1/n$。于是，在任意时期，一个消费者遇到特定类型的另一个消费者的概率是 $1/n$。

在这个模型中，均衡是什么？一种均衡是，货币不受重视的均衡。即如果没有人认可货币，那么因双方需要一致的缺失问题，故没有人想持有它，交换不存在，每个人的效用都为零。如果没有人相信货币在交换中是有价值的，那么这种预期自然会演变成事实。还有一种较有趣的均衡是，每个人都认可货币的均衡。这里，我们用 μ 表示均衡中持有货币的人口比例，V_g 表示均衡中持有商品的价值，V_m 表示持有货币的价值。虽然有 n 种不同的商品，但在均衡中，全部消费者的最优化问题都一样，因此，持有商品的价值对每个消费者都相同。有关消费者的最优化问题的贝尔曼方程是：

$$V_g = \frac{1}{1+r}\left[(1-\mu)V_g + \mu\left(1-\frac{1}{n}\right)V_g + \mu\frac{1}{n}(V_m - V_g)\right] \tag{A.99}$$

$$V_m = \frac{1}{1+r}\left[(1-\mu)\left(1-\frac{1}{n}\right)V_m + (1-\mu)\frac{1}{n}(u+V_g) + \mu V_m\right] \tag{A.100}$$

在等式（A.99）中，当期期末持有商品的价值等于折现的下一期预期报酬总量。在下一期，消费者会以概率 $1-\mu$ 遇到持有商品的另一消费者，在这种情形下，交易未发生，这个消费者将在下一期期末持有商品，获得价值 V_g。在概率 $\mu\left(1-\frac{1}{n}\right)$ 下，这个消费者会遇到持有商品但不希望购买其商品的另一消费者，交易还是没有发生。在概率 $\mu\frac{1}{n}$ 下，这个消费者会遇到持有货币且想要其商品的一个消费者，交易发生，这个消费者在下一期期末将持有货币。在等式（A.100）中，持有货币的消费者，没有与持有货币的另一消费者或持有其不消费的商品的另一消费者进行交易。不过，在概率 $(1-\mu)\frac{1}{n}$ 下，这个消费者会遇到持有其消费品的另一消费者，在此情形中，交易发生，这个消费者将从消费该种商品中获得效用 u，然后生产另一种商品。

我们由等式（A.99）和等式（A.100）可以求解 V_g 和 V_m，得到：

$$V_g = \frac{\mu(1-\mu)u}{rn(1+rn)}$$

$$V_m = \frac{(rn+\mu)(1-\mu)u}{rn(1+rn)}$$

因而

$$V_m - V_g = \frac{(1-\mu)u}{1+rn} > 0$$

附录

因此，持有货币的价值大于持有商品的价值，使得均衡中（据推测）每个人都认可货币。而且，在任意时期都持有货币的消费者，偏好持有货币而不是生产商品，因此，在均衡状态下就有 $\mu = M$。

V_g 和 V_m 的价值分别是消费者从持有商品和货币中所获得的效用。由于 $V_g > 0$ 和 $V_m > 0$，同不使用货币的经济相比，每个人在使用货币的经济中的境况都会得到改善。

问题

1. 假定一个可能存在双方需要一致的搜寻经济；也就是说，假定当一个人生产商品时，其本人不消费它。在两个人相遇且每个人都拥有他们所生产的商品的随机匹配中，第一个人以概率 x 持有第二个人愿意消费的商品，第二个人以概率 x 持有第一个人愿意消费的商品，每个人都以概率 x^2 持有另一个人愿意消费的商品。

（a）说明在这种经济中，存在着三种均衡：一种是货币不被认可的物物交易均衡；一种是持有商品的人对认可和不认可货币都无差异的均衡；一种是持有商品的人总认可货币的均衡。

（b）说明在这种经济中，在用货币进行交易（实际上比物物交易能增加福利）之前 x 要足够小，并解释这种结果。

戴蒙德-迪布维格银行模型

假定有 0、1 和 2 三个时期，存在着使 1 单位第 0 时期商品转换为 $1+r$ 单位第 2 时期商品的跨期技术。这种跨期技术可以在第 1 时期被中止，对于每单位第 0 时期投入品，在第 1 时期有 1 单位的收益。假如生产在第 1 时期被中止，在第 2 时期就没有收益。商品可以从第 1 时期储存到第 2 时期，且没有折旧。有一组连续的消费者单位数量，且每个消费者都使如下预期效用最大化：

$$W = tU(c_1) + (1-t)U(c_2)$$

式中，c_i 为消费者在第 i 时期（$i=1, 2$）消费时的消费；t 为消费者早消费的概率。这里，t 也是人们当中成为早消费者的比例。我们假定，t 在第 0 时期已知，但消费者直到第 1 时期才知道他们是哪种类型（早或晚消费者）。每个消费者在第 0 时期被赋予 1 单位的商品。

假定没有银行，但消费者可以在第 1 时期对投资项目进行交易，一个项目的卖价是用消费品表示的 p。于是，每个消费者选择在第 0 时期将其全部商品投资于技术，消费者在第 1 时期必须决定要中止多少投资和买卖多少投资项目。在第 1 时期，若 $p > 1$，则早消费者想卖出投资项目；若 $p < 1$，则早消费者想中止投资项目并消费投资收益；如果 $p = 1$，则早消费者是无差异的。若 $p < 1$，则晚消费者在第 1 时期想中止投资项目并购买其他投资项目；若 $p > 1$，则晚消费者会选择持有投资项目；若 $p = 1$，则晚消费者会是无差异的。因此，均衡价格是 $p = 1$，在均衡下，

附录

在第 1 时期，全部项目中的 t 比例项目会被中止，早消费者消费 $c_1=1$，晚消费者消费 $c_2=1+r$。在第 0 时期，每个消费者的预期效用是：

$$W_1=tU(1)+(1-t)\ U(1+r)$$

现在，假定存在银行，在第 0 时期从消费者那里吸收存款，在第 1 时期按顺序为储户服务，并提供存款合同 $(d_1，d_2)$，其中，d_1 是每一单位存款可在第 1 时期提取的数量，d_2 是每一单位存款可在第 2 时期提取的数量。假定在第 0 时期所有消费者都在这家银行存款。然后，银行会选择 d_1、d_2 和 x（中止的生产数量），求解

$$\max[tU(d_1)+(1-t)U(d_2)] \tag{A.101}$$

满足约束条件

$$td_1=x \tag{A.102}$$

$$(1-t)d_2=(1-x)(1+r) \tag{A.103}$$

$$d_1\leqslant d_2 \tag{A.104}$$

这里，式（A.102）是银行在第 1 时期的资源约束，式（A.103）是在第 2 时期的资源约束，式（A.104）是激励约束，这个激励约束表明，晚提款（而不是充当早消费者并早提款）一定符合晚消费者的利益。

忽略约束条件式（A.104），用约束条件式（A.102）和式（A.103）替换目标函数式（A.101）中的 d_1 和 d_2，则最优状态的一阶条件是：

$$U'\left(\frac{x}{t}\right)=(1+r)U'\left(\frac{(1-x)(1+r)}{1-t}\right) \tag{A.105}$$

式中，$d_1=\dfrac{x}{t}$，$d_2=\dfrac{(1-x)(1+r)}{1-t}$。于是，式（A.105）意味着 $d_1<d_2$，因而满足约束条件式（A.104）。此外，如果我们假定 $\dfrac{-cU''(c)}{U'(c)}>1$，那么式（A.105）就意味着 $d_1<1$ 和 $d_2<1+r$。因此，在此条件下，银行保证了消费者在第 1 时期的流动性资产需要，与没有银行时相比，银行给消费者提供了较高的预期效用（若银行选择 $x=t$，则 $d_1=1$，$d_2=1+r$）。

然而，也存在着银行挤兑均衡。也就是说，如果晚消费者预期所有其他消费者在第 1 时期都跑到银行提款，那么他也会这么做。

问题

1. 假定消费者在第 1 时期就能相遇并交易，而不是按顺序到银行提款。请说明给定银行合同 $(d_1，d_2)$，在第 1 时期，存在着早和晚消费者可以进行的、使银行合同无效的帕累托改进的交易，因此这不会形成均衡。请讨论你的结果。

2. 请说明如果 $U(c)=\ln c$，那么在戴蒙德-迪布维格经济中就不需要银行，请解释这种结果。

附录

第 18 章：通货膨胀、菲利普斯曲线和中央银行承诺

本部分将对第 18 章分析用的模型构建更为显式的模型，以便更形式化地说明这一章的一些结果。

这个模型的第一个组成部分是菲利普斯曲线关系，它反映了第 11 章弗里德曼-卢卡斯货币意外模型的主要思想。也就是说，

$$i - i^e = a(Y - Y^T) \tag{A.106}$$

式中，i 为通货膨胀率；i^e 为私人部门的预期通货膨胀率；$a>0$；Y 为总产出；Y^T 为趋势产出。这个模型的第二个组成部分是中央银行的偏好，我们用假定中央银行最大化 $f(Y, i)$ 来表示这个偏好，其中 $f(\cdot, \cdot)$ 是一个函数。也就是说，中央银行关心产出水平和通货膨胀率。为简便起见，将 $f(Y, i)$ 表示为二次函数，也就是说，

$$f(Y,i) = \alpha (i - i^*)^2 + \beta (Y - Y^*)^2 \tag{A.107}$$

式中，α 和 β 为负的常数；i^* 为中央银行的目标通货膨胀率；Y^* 为中央银行的目标总产出水平。

现在，假定中央银行把预期通货膨胀率 i^e 作为给定的，并在给定等式（A.106）下选择 i 和 Y，以使等式（A.107）最大化。然后，求解这个最优化问题，中央银行会选择：

$$i = \frac{\alpha a^2 i^* + \beta i^e - \beta a(Y^T - Y^*)}{\alpha a^2 + \beta} \tag{A.108}$$

于是，可以得到：

$$i - i^e = \frac{\alpha a^2 (i^* - i^e) - \beta a(Y^T - Y^*)}{\alpha a^2 + \beta}$$

在这种情况下，如果中央银行的目标产出水平高于趋势产出，也就是说，$Y^T - Y^* < 0$，那么，即使 $i^e > i^*$（即预期通货膨胀率高于目标通货膨胀率），中央银行也会让 $i > i^e$，使得私人部门被正的意外通货膨胀所蒙骗。然而最终来看，私人部门不会长期被蒙骗，因而，$i = i^e$。如果中央银行对通货膨胀率作出承诺，那么中央银行根据等式（A.106）就会知道，它无法成就除 Y^T 之外的产出水平，因而中央银行的最佳战略是设定 $i = i^*$。

然而，假定中央银行不能对通货膨胀率作出承诺。私人部门首先选择 i^e，然后中央银行选择 i，在均衡状态下，$i = i^e$。在这种情形下，等式（A.108）是中央银行的反应函数，把 $i = i^e$ 代入等式（A.108），我们就可求解均衡通货膨胀率，得到：

$$i = i^* + \frac{\beta}{\alpha a}(Y^* - Y^T)$$

所以，如果 $Y^* > Y^T$，则在均衡状态下，通货膨胀率高于 i^*；如果中央银行能够自我约束并对通货膨胀政策作出承诺，它就会选择通货膨胀率 i^*。

问题

1. 假定预期不是理性的，而是适应性预期。也就是说，私人部门每一时期都预期通货膨胀率将是前一时期的通货膨胀率，即 $i^e = i_{-1}$，其中 i_{-1} 是上一时期的现实通货膨胀率。在这些情况下，给定 i_{-1}，确定现实通货膨胀率和产出水平将是多少。通货膨胀率和产出随着时间的推移将如何变化？通货膨胀率和产出水平在长期将是多少？请解释你的结果。

符号含义

a＝国民收入中的资本份额

a＝工人的讨价还价能力（第 6 章）

a＝信贷市场中借方违约比例（第 10 章）

b＝失业保险金（第 6 章）

b＝人力资本生产中的劳动生产率（第 8 章）

c＝个人的当期消费

d＝折旧率

e＝匹配效率（第 6 章）

$em(Q,A)$＝匹配函数（第 6 章）

e＝名义汇率（第 16 章）

f＝劳均生产函数

g＝马尔萨斯增长模型中描述当期人口与未来人口之间关系的函数

h＝消费者可用的时间

i＝通货膨胀率

i^e＝预期通货膨胀率

j＝劳动力市场紧张度

k＝劳均资本

l＝闲暇

l＝劳均土地（第 7 章）

n＝劳动力增长率

p＝住房价格（第 10 章）

p_c＝消费者找到工作的概率

p_f＝一个企业与一个工人相匹配的概率

q＝信用卡余额的价格

r＝实际利率

r^*＝世界实际利率

r_1＝消费者可以放贷的利率

r_2＝消费者可以借款的利率

s＝储蓄率（第 7 章和第 8 章）

t＝税率（第 5 章）

t＝个人支付的当期一次总付税（第 9 章）

t＝早消费者的比例（第 17 章）

u＝失业率

u＝生产消费品花费的时间（第 8 章）

v＝职位空缺率

w＝实际工资

we＝一生财富

x＝货币增长率

y＝个人当期收入

z＝全要素生产率

A＝积极企业的数量

B＝政府发行的债券

C＝总消费

CA＝经常账户盈余

D＝政府赤字

E＝就业

G＝政府支出

GDP＝国内生产总值

GNP＝国民生产总值

H＝人力资本（第 8 章）

H＝消费者持有的住房数量（第 10 章）

I＝投资

INT＝政府支付的利息

K＝资本存量

KA＝资本账户盈余

L＝土地数量（第 7 章）

L＝信誉好的借方选择的贷款数量（第 10 章）

L＝实际货币需求函数（第 12 章）

M＝货币供给

$MC(I)$＝边际投资成本

$MB(I)$＝边际投资收益

MPC＝边际消费倾向

MP_K＝边际资本产量

MP_N＝边际劳动产量

$MRS_{x,y}$＝x 对 y 的边际替代率

$MRT_{x,y}$＝x 对 y 的边际转换率

MU_c＝边际消费效用

N＝就业

NFP＝净要素支付

NL＝未计入劳动力的人数

NX＝净出口

P＝价格水平

P^*＝外国价格水平

PPF＝生产可能性边界

$P(Q)$＝正在找工作的工人的供给曲线

Q＝劳动力

R＝名义利率

S＝总储蓄

S^p＝私人储蓄

S^g＝政府储蓄

T＝税收总额

$TOT_{a,b}$＝贸易条件或用 b 表示的 a 的世界价格

TR＝政府的总转移性支出

U＝失业人数

U＝效用函数（第 17 章）

V＝利润现值

W＝名义工资

X＝实际信用卡余额

Y＝总实际收入

Y^d＝可支配收入

Y^T＝趋势产出水平

π＝利润

［说明］

·变量上标一撇代表未来变量，例如 C' 代表未来总消费水平。

·变量上标一横代表以前时期的变量，例如 B^- 在第 12 章中就代表以前时期买进的债券。

·变量上标 d 代表需求，例如 N^d 即劳动需求。

·变量上标 s 代表供给，例如 N^s 即劳动供给。

·在第 7 章和第 8 章中，小写字母表示劳均变量。

中国人民大学出版社经济类引进版教材推荐

双语教学用书

为适应培养国际化复合型人才的需求，中国人民大学出版社联合众多国际知名出版公司，打造"高等学校经济类双语教学用书"，该系列聘请国内外著名经济学家、学者及一线教师进行审核，努力做到把国外真正高水平的适合国内实际教学需求的优秀教材引进来，供国内外读者参考、研究和学习。

中国人民大学出版社将陆续修订出版该系列丛书中的经典之作，以飨读者。想要了解更多图书具体信息，可扫描下方二维码。

 高等学校经济类双语教学用书书目

经济科学译丛

20 世纪 90 年代中期，中国人民大学出版社推出了"经济科学译丛"系列丛书，引领了国内经济学汉译的第二次浪潮。"经济科学译丛"出版了上百种经济学教材，克鲁格曼《国际经济学》、曼昆《宏观经济学》、平狄克《微观经济学》、博迪《金融学》、米什金《货币金融学》等顶尖经济学教材的出版深受国内经济学专家和读者好评，已经成为中国经济学专业学生的必读教材。

中国人民大学出版社将陆续修订出版该系列丛书中的经典之作，以飨读者。想要了解更多图书具体信息，可扫描下方二维码。

 经济科学译丛书目

金融学译丛

21 世纪初，中国人民大学出版社推出了"金融学译丛"系列丛书，引进金融体系相对完善的国家最权威、最具代表性的金融学著作，将实践证明最有效的金融理论和实用操作方法介绍给中国的广大读者，帮助中国金融界相关人士更好、更快地了解西方金融学的最新动态，寻求建立并完善中国金融体系的新思路，促进具有中国特色的现代金融体系的建立和完善。

中国人民大学出版社将陆续修订出版该系列丛书中的经典之作，以飨读者。想要了解更多图书具体信息，可扫描下方二维码。

 金融学译丛书目

尊敬的老师：

您好！

为了确保您及时有效地申请培生整体教学资源，请您务必完整填写如下表格，加盖学院的公章后传真给我们，我们将会在 2～3 个工作日内为您处理。

请填写所需教辅的开课信息：

采用教材				☐ 中文版　☐ 英文版　☐ 双语版	
作　者			出版社		
版　次			ISBN		
课程时间	始于　　年　月　日		学生人数		
	止于　　年　月　日		学生年级	☐ 专科　　　☐ 本科 1/2 年级 ☐ 研究生　　☐ 本科 3/4 年级	

请填写您的个人信息：

学　校	
院系/专业	
姓　名	
通信地址/邮编	
手　机	
传　真	
official email（必填） （eg：×××@ruc. edu. cn）	
是否愿意接受我们定期的新书讯息通知：　　☐ 是　☐ 否	

职　称　☐ 助教 ☐ 讲师 ☐ 副教授 ☐ 教授

电　话

email
（eg：×××@163. com）

系/院主任：＿＿＿＿＿＿＿＿（签字）

（系 / 院办公室章）

＿＿＿＿＿年＿＿月＿＿日

资源说明：

——教材、常规教辅（PPT、教师手册、题库等）资源：请访问 www. pearsonhighered. com/educator；（免费）

——MyLabs/Mastering 系列在线平台：适合老师和学生共同使用；访问需要 Access Code。（付费）

100013　北京市东城区北三环东路 36 号环球贸易中心 D 座 1208 室

电话：(8610) 57355169

传真：(8610) 58257961

Please send this form to：Service. CN@pearson. com